2024

JURACI
MOURÃO LOPES
FILHO

OS PRECEDENTES JUDICIAIS NO CONSTITUCIONALISMO BRASILEIRO CONTEMPORÂNEO

REVISTA E ATUALIZADA | QUARTA EDIÇÃO

Dados Internacionais de Catalogação na Publicação (CIP) de acordo com ISBD

L864p   Lopes Filho, Juraci Mourão

Os Precedentes Judiciais no Constitucionalismo Brasileiro Contemporâneo / Juraci Mourão Lopes Filho. - 4. ed. - Indaiatuba, SP : Editora Foco, 2024.

416 p. ; 17cm x 24cm.

Inclui índice e bibliografia.

ISBN: 978-65-6120-122-3

1. Direito. 2. Direito constitucional. I. Título.

2024-1477

CDD 342   CDU 342

Elaborado por Vagner Rodolfo da Silva - CRB-8/9410

Índices para CatálogAo Sistemático:

1. Direito constitucional 342

2. Direito constitucional 342

JURACI MOURÃO **LOPES FILHO**

OS **PRECEDENTES JUDICIAIS** NO **CONSTITUCIONALISMO BRASILEIRO CONTEMPORÂNEO**

REVISTA E **ATUALIZADA** | **QUARTA** EDIÇÃO

2024 © Editora Foco

Autor: Juraci Mourão Lopes Filho
Diretor Acadêmico: Leonardo Pereira
Editor: Roberta Densa
Coordenadora Editorial: Paula Morishita
Revisora Sênior: Georgia Renata Dias
Revisora: Paola Caputo
Capa Criação: Leonardo Hermano
Diagramação: Ladislau Lima e Aparecida Lima
Impressão miolo e capa: META BRASIL

DIREITOS AUTORAIS: É proibida a reprodução parcial ou total desta publicação, por qualquer forma ou meio, sem a prévia autorização da Editora FOCO, com exceção do teor das questões de concursos públicos que, por serem atos oficiais, não são protegidas como Direitos Autorais, na forma do Artigo 8º, IV, da Lei 9.610/1998. Referida vedação se estende às características gráficas da obra e sua editoração. A punição para a violação dos Direitos Autorais é crime previsto no Artigo 184 do Código Penal e as sanções civis às violações dos Direitos Autorais estão previstas nos Artigos 101 a 110 da Lei 9.610/1998. Os comentários das questões são de responsabilidade dos autores.

NOTAS DA EDITORA:

Atualizações e erratas: A presente obra é vendida como está, atualizada até a data do seu fechamento, informação que consta na página II do livro. Havendo a publicação de legislação de suma relevância, a editora, de forma discricionária, se empenhará em disponibilizar atualização futura.

Erratas: A Editora se compromete a disponibilizar no site www.editorafoco.com.br, na seção Atualizações, eventuais erratas por razões de erros técnicos ou de conteúdo. Solicitamos, outrossim, que o leitor faça a gentileza de colaborar com a perfeição da obra, comunicando eventual erro encontrado por meio de mensagem para contato@editorafoco.com.br. O acesso será disponibilizado durante a vigência da edição da obra.

Impresso no Brasil (6.2024) – Data de Fechamento (30.04.2024)

2024
Todos os direitos reservados à
Editora Foco Jurídico Ltda.
Rua Antonio Brunetti, 593 – Jd. Morada do Sol
CEP 13348-533 – Indaiatuba – SP

E-mail: contato@editorafoco.com.br
www.editorafoco.com.br

A meus pais, sempre.
E para Diana, Paula e Alice.

APRESENTAÇÃO DA QUARTA EDIÇÃO

Ao longo dos últimos 12 anos, as ideias contidas desde a primeira edição desta obra foram submetidas ao teste do tempo pela prática e evolução do Direito. Acredita-se que resistiram. Seus pontos centrais se mostraram, e ainda se mostram, úteis para enfrentar desafios práticos e teóricos surgidos e debatidos durante esse período. Houve sua incorporação em julgados, teses, dissertações, artigos e peças jurídicas, sobretudo de quem defende uma perspectiva hermenêutica, profunda e refletida acerca dos precedentes judiciais e extrajudiciais. Houve, também, quem nos honrasse mediante a crítica a algumas dessas ideias, o que mereceu nossa atenção em tentar responder de maneira contributiva e respeitosa. De todo modo, a obra consta nas principais bibliografias nacionais do tema, encontrando mesmo alguma repercussão em obras estrangeiras.

Em atenção a tudo isso, a edição que se apresenta traz uma revisão do texto em busca de maior rigor terminológico. Por exemplo, no capítulo próprio, se propõe uma concepção de precedente, não mais um conceito, justamente por incorporarmos mais precisamente essa distinção, evidenciando que, em grande medida, todos compartilham de um certo modo do mesmo conceito de precedente, sendo os desacordos em torno de específicas concepções.

Foram enfrentados, ainda, alguns desdobramentos do trato de precedentes depois de quase uma década de vigência do atual Código de Processo Civil. Esse diploma prestigia procedimentos que facilitam a gestão de acervo de processos de massa, o que tem sido estimulado pelo Conselho Nacional de Justiça, sempre preocupado com produtividade e estatísticas. Em novos tópicos, busca-se demonstrar que essa é uma função válida atribuída aos precedentes, mas não a única nem a mais importante, e que deve merecer a atenção para ser exercida sob a adequada perspectiva hermenêutica, sob pena de se repetirem erros teóricos do passado.

Assim, espera-se que o leitor possa desfrutar das reflexões cuidadosamente apresentadas, para que a compreensão dos precedentes no Brasil se dê com o nível de reflexão adequada.

Boa leitura.

Fortaleza, abril de 2024.

Juraci Mourão Lopes Filho

PREFÁCIO

DESMI(S)TIFICANDO OS PRECEDENTES EM *TERRAE BRASILIS*

À guisa de prefácio

Por Lenio Luiz Streck

A aprovação da EC 45, introduzindo as Súmulas Vinculantes no Brasil, alçou a discussão da aplicação do direito a um patamar necessariamente reflexivo. Qualquer análise dogmática corre o risco de ficar no raso, sem compreender os efeitos colaterais desse tipo de importação. E isso por uma razão simples: confunde-se a Súmula Vinculante com a "questão dos precedentes" da *common law*.

Ora, a discussão das Súmulas é antiga. As Súmulas têm nos assentos da antiga Casa de Suplicação o seu DNA. Em Portugal, aliás, deu-se um fenômeno hermenêutico sem precedentes: a declaração da inconstitucionalidade da previsão do Código Civil, que estabelecia o efeito vinculante aos assentos do ordenamento lusitano. E foi pela pena de Castanheira Neves que esse processo teve o seu desiderato.

Castanheira Neves captou o âmago da questão "efeito vinculante da jurisprudência". Seu olhar foi efetivamente hermenêutico. Primeiro, mostrou que questão de fato e questão de direito não estavam – e nunca estarão, acrescento – cindidas. Segundo, mostrou que os assentos repristinavam a velha *Begriffjurisprudenz* (jurisprudência dos conceitos) da pandectística alemã.

A filosofia e a hermenêutica venceram a batalha em além-mar. Mas, aquém-mar, a história foi – e é – outra. Aprovamos em *terrae brasilis* o efeito vinculante nas Súmulas. Na verdade, institucionalizou-se na Constituição aquilo que já existia no plano de uma violência simbólica que as Súmulas sempre tiveram.

Eis o busílis da questão: na esteira da aprovação da emenda constitucional, surgiram várias "teorias" acerca das Súmulas. Parcela considerável dos comentadores passaram a sufragar a tese de que as Súmulas são precedentes ao estilo da *commom law*.

Pois é nesse contexto que a obra "Os precedentes judiciais no constitucionalismo brasileiro contemporâneo", de Juraci Mourão, ingressa sobranceira na discussão. Seu olhar à luz da hermenêutica clarifica a problemática. Para Juraci, no aspecto de definição, um precedente não se reduz a uma norma geral e abstrata inferida do julgamento e aplicável por subsunção. Embora seja possível se erigir uma norma do julgado, não é ela sua única dimensão nem a mais relevante, mas apenas parte dele. Para o autor, a generalização apregoada não é automática, por possuir força variável segundo as circunstâncias hermenêuticas posteriores. Então, "aplicar precedente no tudo ou nada, da maneira típica de regras, é um equívoco, porque repristina método exegético", diz Juraci.

Observe-se como o Juraci estabelece a conceituação correta do que seja um precedente. Um precedente não se aplica automaticamente. Ele não é um enunciado assertórico, como venho denunciando em *Hermenêutica Jurídica e(m) Crise, Verdade e Consenso* e *O Que é isto – os precedentes e as Súmulas vinculantes* (este escrito em coautoria com Georges Abboud). A subsunção teve a sua morte decretada por Gadamer em Verdade e Método. Essa superação da subsunção se dá em virtude, exatamente, da superação do esquema sujeito-objeto. Ou seja, o sujeito não mais "assujeita" o objeto. Tampouco ele é "assujeitado" ao objeto. Assim, nem a lei tem um conceito "em si" e nem qualquer precedente. Consequentemente, as Súmulas Vinculantes também não devem ser vistas como detentoras-de-um-sentido-antecipado-das- múltiplas-hipóteses-de-aplicação. Por outro lado, também a lei, o precedente ou a Súmula, levando em conta a equação "texto-norma", podem ser ignoradas pelo intérprete. Isto porque não há texto sem norma e norma sem texto. Ou seja, leis, precedentes jurisprudenciais e súmulas vinculantes são textos. Desse texto se extraem normas. Esse é o selo hermenêutico da questão.

Nessa linha, esta bela obra de Juraci Mourão vai desmi(s)tificando as "lendas urbanas" que se criam sobre a aplicação de precedentes, problemática que se agravou com o surgimento das Súmulas Vinculantes. De olho nas Súmulas, alguns autores chegaram a propor que se fizesse uma teoria geral da aplicação dos precedentes. De forma percuciente, Juraci faz a devida crítica aos diversos posicionamentos sobre a temática. Preocupado com a coerência e a integridade do direito – questão tão cara à hermenêutica –, o autor demonstra a importância do precedente, cujo raciocínio pode ser estendido à aplicação não somente de qualquer lei como das Súmulas Vinculantes. Isto porque, para Juraci, o precedente se impõe por causa de critérios de justiça substancial e não formal, reduzidos à mera previsibilidade e respeito hierárquico: "Não é pelo simples fato de haver um entendimento superior e uma prescrição legislativa obrigando sua observância que se irá reproduzi-lo acriticamente. É necessário aferir os vários elementos que tornam um precedente mais ou menos relevante para o caso posterior, o que, além de constituir uma avaliação dos elementos meramente formais, demanda uma análise de sua justificação e coerência ampla com outras fontes produtoras de sentido jurídico, afinal, o Direito não é apenas aquilo que os tribunais dizem que ele é; nem os tribunais superiores nem o Supremo Tribunal Federal podem ser considerados ilhas cognitivas de sentido, pois estão inseridos em uma rede sistêmica mais ampla".

Sempre se disse que "direito é uma questão de caso concreto". Ocorre que as práticas cotidianas do Judiciário, com o endosso de parcela considerável da doutrina, acabaram por institucionalizar o escondimento do "caso concreto". Nesse sentido, a hermenêutica assume especial relevância, ao demonstrar que todo o ato de interpretação já é um ato aplicativo. Mais do que isso, tem-se que "sempre aplicamos". E essa *applicatio*, como diria Gadamer, somente se dá no caso concreto. Não há conceitos sem coisas. Para isso, o estudo sobre o papel dos precedentes, em um país em que a aplicação do direito assume dia a dia maior fragmentação, é de fundamental importância. Como explicito em *Hermenêutica Jurídica e(m) crise*, o caso concreto é essa "coisa mesma" (*die Sache selbst*) que devemos encontrar no direito. E foi esse o intento – frise-se – bem alcançado na obra de Juraci Mourão, que tenho a honra de colocar à disposição da comunidade jurídica. Não poderá faltar nas melhores bibliotecas.

Da Dacha de São José do Herval, em marco de 2013, do alto da serra gauche, quando os primeiros ventos anunciam lá longe o sinuelo do frio que se avizinha, para a encantada Fortaleza do Ceará.

SUMÁRIO

APRESENTAÇÃO DA QUARTA EDIÇÃO VII

PREFÁCIO IX

CAPÍTULO 1 – INTRODUÇÃO 1

CAPÍTULO 2 – ANÁLISE DO QUADRO ATUAL DE USO DOS PRECEDENTES JUDICIAIS 7

2.1 O fortalecimento dos pronunciamentos jurisdicionais no Direito 7

2.2 Razões teóricas para o fortalecimento dos pronunciamentos jurisdicionais: a busca nos precedentes da precisão, previsibilidade e segurança exegéticas perdidas 14

    2.2.1 As grandes tradições jurídicas ocidentais 14

    2.2.2 O Estado Legislativo e o positivismo exegético 18

    2.2.3 A Crise do Estado Legislativo, o positivismo normativista e o realismo jurídico 22

    2.2.4 Estado Constitucional, pós-positivismo e neoconstitucionalismo 38

2.3 Razões político-institucionais para o fortalecimento dos pronunciamentos jurisdicionais: tentativa de controle pela cúpula judiciária dos novos poderes jurisdicionais 51

2.4 Razões práticas para o fortalecimento dos pronunciamentos jurisdicionais: maior facilidade de acesso aos precedentes e a economia argumentativa causada 64

2.5 Razão legislativa específica: a edição do Código de Processo Civil de 2015 68

2.6 Os erros sobre precedentes no Brasil 79

    2.6.1 Tomar ementa ou tese por precedente e aplicá-los por meio de um silogismo 79

    2.6.2 Indicar que o constitucionalismo contemporâneo implica uma aproximação ao *common law* 88

    2.6.3 Defender a ideia de que a vinculação dos precedentes é garantia de segurança jurídica enquanto previsibilidade 94

    2.6.4 Tomar indistintamente precedente, súmula e jurisprudência 102

CAPÍTULO 3 – O QUE É PRECEDENTE.. 109

3.1 Os três níveis de análise: necessidade de compreensão dos precedentes por meio dos vários níveis do Direito para evitar um amestramento de juízes e operadores por um positivismo judicial de cúpula 109

3.2 A infraestrutura filosófica: Filosofia moderna X Hermenêutica filosófica 114

3.3 Nível das estruturas profundas: teoria e ideologia do precedente 125

    3.3.1 Aspectos de definição: critério de distinção entre *ratio decidendi* e *obiter dictum*.. 136

    3.3.2 Aspectos de definição: ponto de referência na decisão 145

    3.3.3 Aspectos de definição: modal deôntico do precedente 151

    3.3.4 Aspectos de definição: grau de abstratividade da norma jurisprudencial... 157

    3.3.5 Aspectos sistemáticos: estática sistêmica do precedente 163

    3.3.6 Aspectos sistemáticos: dinâmica sistêmica do precedente 180

    3.3.7 Aspectos sistemáticos: abertura/fechamento argumentativo.................. 184

    3.3.8 Aspectos pragmáticos: fonte/efeito da *ratio* de um precedente 185

    3.3.9 Aspectos pragmáticos: método de argumentação.................................. 191

    3.3.10 Aspectos pragmáticos: critérios para não se utilizar um precedente 192

    3.3.11 Aspectos de justificação: critério de justiça... 195

    3.3.12 Aspectos de justificação: embasamento ideológico 197

    3.3.13 O paradigma normativo: *judicial reference* e *judicial legislation* 198

    3.3.14 O paradigma contextualista: *judicial exegesis, judicial analogy* e *judicial revaluation* 204

    3.3.15 O paradigma sistêmico: Dworkin e a incorporação da Hermenêutica filosófica 211

3.4 O referencial filosófico e teórico/ideológico adotado para estudo dos precedentes: Hermenêutica filosófica como infraestrutura adequada ao Direito como integridade e as estrutura em rede do sistema coerentista de precedentes 217

3.5 A concepção de precedente proposta 232

3.6 O nível superficial do Direito positivo: a contribuição prioritariamente formal para compreensão e estudo dos precedentes 236

    3.6.1 Uniformização íntegra, estável e coerente 241

    3.6.2 A observância do rol do art. 927.. 254

        3.6.2.1 O que faz um pronunciamento jurisdicional constar no art. 927 254

        3.6.2.2 O que se deve entender por "observar" o rol do art. 927.............. 261

        3.6.2.3 Inexistência de hierarquia entre os itens do art. 927: novas considerações sobre o sistema de precedentes 264

| | SUMÁRIO | XV |

3.6.3   A tese do julgamento de casos repetitivos e do Incidente de Assunção de Competência 269

CAPÍTULO 4 – AS FUNÇÕES E O USO DO PRECEDENTE 277

4.1   A identificação de característica própria do precedente na *applicatio* para definir sua função principal no Direito 277

4.2   Função principal do precedente: enriquecimento hermenêutico do sistema jurídico 290

4.3   Função secundária do precedente: segurança jurídica como coerência sistêmica e integridade 300

4.3.1   Critérios a serem observados na obtenção da segurança como coerência sistêmica e integridade 309

4.3.2   Coerência sistêmica ampla: a consideração de precedentes extrajudiciais 319

4.4   Função secundária do precedente: igualdade como dever de impedir a desintegração e a hiperintegração do Direito 327

4.5   Função secundária do precedente: a economia argumentativa 335

4.6   Função contingencialmente agregada de gestão de acervo processual 338

4.7   O uso do precedente com suporte em sua função principal e a insuficiência da subsunção 340

4.8   O uso do precedente arrimado na determinação de sua força hermenêutica 352

4.9   Elementos formais de determinação da força hermenêutica do precedente 358

4.9.1   Nível hierárquico da corte emissora 359

4.9.2   Tipo de processo, recurso ou incidente em que se emitiu o precedente 360

4.9.3   Órgão interno do tribunal emissor 361

4.9.4   Votação por maioria ou unanimidade 362

4.9.5   Modificação da composição da corte emissora 363

4.10   Elementos materiais de determinação da força hermenêutica do precedente 364

4.10.1   Elementos materiais de justificação: fundamentação adequada e detida .. 365

4.10.2   Elementos materiais de justificação: grau qualitativo e quantitativo de análise das questões de fato e de direito envolvidas 372

4.10.3   Elementos materiais de justificação: o ramo do Direito envolvido e o grau de complexidade da causa 373

4.10.4   Elementos materiais de justificação: a idade do precedente 374

4.10.5   Elementos materiais de coerência: coerência paradigmática ampla (observância do paradigma sistêmico-hermenêutico) 377

4.10.6   Elementos materiais de coerência: existência ou não de desafio ao precedente 377

| 4.10.7 | Elementos materiais de coerência: similitude hermenêutica das questões suscitadas | 378 |

4.10.7 Elementos materiais de coerência: similitude hermenêutica das questões suscitadas 378

4.10.8 Elementos materiais de coerência: guinada jurisprudencial e efeito *ex nunc* 379

4.10.9 Elementos materiais de coerência: observância a precedentes não judiciais 380

4.10.10 Elementos materiais de coerência: modificação do plano legislativo ou constitucional 381

4.10.11 Elementos materiais de coerência: modificação ou manutenção do quadro político e social geral 382

4.10.12 Elementos materiais de coerência: apoio ou desafio acadêmico 383

CAPÍTULO 5 – CONCLUSÃO 385

REFERÊNCIAS 391

Capítulo 1
INTRODUÇÃO

É muito comum que aquilo integrado ostensivamente à vida dos indivíduos se torne tão corriqueiro que deixa de demandar atenção, impedindo uma constante reavaliação e reflexão: de tão presente, torna-se imperceptível. As alterações por que passa deixam de ser percebidas instantaneamente, mesmo que exerçam necessária alteração de comportamentos e façam surgir problemas e soluções. Adaptações e dificuldades são tomadas sem que se dê conta dos reais motivos para tanto. Só em avançado estágio de mudança é que se tem a percepção sobre ela.

É possível exemplificar isso com as paulatinas mudanças do ambiente urbano. Quando se tem contato com imagens do passado da cidade, bairro ou mesmo vizinhança, percebem-se quão modificados estão. Só então é possível dar conta dos novos obstáculos que passaram a ser superados inconscientemente, o mesmo ocorrendo com as facilitações. Em outras ocasiões, as consequências dessas mudanças são de tal modo brutais que causam o brusco despertar desta condição letárgica de percepção.

Algo similar acontece com os precedentes no Brasil. De tão presente na atividade jurídica em suas mais diversas dimensões (profissionais, educacionais e científicas), parte-se da irrefletida premissa de que bem se sabe o que sejam, como se os utilizam e qual sua função. Até a primeira edição deste livro, eram poucas as obras no Direito brasileiro dedicadas ao tema.

Somente após a segunda metade da década de 2010, passou-se a ter cuidado em se promover abordagem focada mais detidamente sobre os precedentes, o que foi incrementado com a edição do atual Código de Processo Civil, não significando, porém, que tenha disseminado uma abordagem mais refletida e a apropriada para seus múltiplos aspectos. Inquestionavelmente a se fala e se escreve mais sobre o tema. É comum, entretanto, o uso de perspectiva teórica moldada para um Direito legislativo (típico da tradição jurídica nacional) ou a simples importação de institutos do âmbito inglês e americano. Ambas as posições não condizem com o constitucionalismo contemporâneo nem com as exigências próprias de um trato aprofundado sobre algo tão rico e relevante como os precedentes. Por outro lado, as novas prescrições codificadas não são suficientes para firmar a posição teórica pertinente para se explorar o assunto; ao contrário, são novos elementos sobre os quais o estudioso deve se debruçar com o referencial adequado.

Já passados vários anos da vigência do novo diploma processual, ainda é possível perceber duas abordagens distintas a respeito dos precedentes. A primeira é eminentemente prática e processual: tribunais e profissionais das diversas carreiras jurídicas buscam neles um instrumento para racionalizar e otimizar a gestão e o julgamento da descomunal quantidade de processos em tramitação no Judiciário. Nessa perspectiva, se prestigiam a logística de processos por temas, a formulação de teses sintéticas a serem replicadas em grande escala, sobrestamento de processos, tudo com foco em números e estatísticas. Nessa perspectiva, se fala dos precedentes "à brasileira", especialmente como meio de uniformização e racionalização do trato de demandas de massa. Uma segunda abordagem é mais teórica, se ocupando em lidar com o assunto de maneira mais detida, revisitando categorias de Teoria Geral do Direito, da separação dos poderes, da hermenêutica jurídica, ocupando-se em conhecer o Direito de matriz inglesa, que já está mais habituada a lidar com o assunto, para erigir um referencial teórico mais profundo a orientar a prática.

Não são duas concepções opostas e incompatíveis, mas apenas ênfases distintas sobre o mesmo objeto, que se complementam, pois não é possível realizar uma prática sem pressupor uma teoria. É necessário um adequado referencial teórico, que transcende um nível meramente dogmático, para que se possa extrair todas as potencialidades do uso de precedentes em uma ordem jurídica, inclusive para um eficaz manejo do avassalador número de causas em tramitação no Judiciário nacional. Precedente é uma categoria de Teoria Geral de Direito, é um assunto desse nível profundo de reflexão, que pressupõe posicionamentos em torno de questões de filosofia do conhecimento e ciência política. O direito processual, em um nível mais superficial próprio do direito positivado, faz uso dele, disciplinando instrumentos e técnicas procedimentais, sendo incapaz de fornecer todos os elementos necessários para sua perfeita compreensão e estudo.

Este livro tem por objeto uma apropriada análise dos precedentes, realizada segundo o constitucionalismo contemporâneo, o qual exige uma reavaliação da infraestrutura filosófica do Direito em prol da Hermenêutica Filosófica, bem como o estabelecimento de referenciais teórico e paradigmático construídos a partir do Direito como integridade e em um sistema jurídico coerentista. Só assim será possível bem apreender os cada vez mais comuns textos normativos, inclusive os recentemente codificados, disciplinando o respeito a julgados pretéritos, especialmente de tribunais superiores.

O estudo é dividido em cinco capítulos. No segundo, logo após esta introdução, faz-se uma apresentação do quadro geral dos precedentes atualmente no Brasil. Busca-se trazer os motivos de sua relevância atualmente, que são: a) teóricos, a busca de segurança jurídica por meio das alterações por que passou o Estado de Direito nas tradições alemã, francesa e inglesa; b) político-institucional, tentativa de concentração dos novos poderes judiciais nos órgãos de cúpula do Judiciário; c) prático, o mais fácil acesso aos mais diferentes julgados dos diversos tribunais da Federação. A essas três razões gerais, deve ser acrescentada razão legislativa específica: a edição do Código de Processo Civil de 2015, que trouxe inédito disciplinamento sobre o tema, o qual, contudo, não é exaustivo nem abrange todos os aspectos pertinentes, tendo o valor de fazer a doutrinária e a prática terem atenção específica sobre os precedentes.

Ainda no segundo módulo, são identificados os quatro erros mais expressivos que se percebem na doutrina e jurisdição brasileiras: a) tomar ementa, tese ou súmula por precedente e aplicá-las por subsunção; b) crer que o constitucionalismo contemporâneo causa a necessidade de importação de institutos do *common law* para lidar com a nova jurisdição de matiz constitucional e principiológica; c) indicar que precedente é capaz de garantir segurança jurídica como previsibilidade; e d) tomar indistintamente precedente, jurisprudência, tese e súmula. Desde a terceira edição desta obra, é destacado, adicionalmente, outro equívoco, potencializado nos últimos anos: considerar que temas e teses fixados em recursos repetitivos e com repercussão geral encapsulam todo o precedente ou mesmo traduzam sua *ratio decidendi*.

Feita a apresentação do atual estado de coisas, atenta-se para o que é um precedente, por que o respeito a ele e como ele deve ser usado. Essa estruturação tripartite permite a contextualização do assunto, a identificação de seus pontos fundamentais e, daí, a elaboração de uma proposta propriamente desenvolvida e adequada ao atual grau de desenvolvimento jurídico.

O terceiro segmento preocupa-se com a delimitação conceitual e o esquadrinhamento dos elementos constitutivos do precedente, segundo os vários paradigmas possíveis. Faz uma análise em três níveis. O primeiro é o da infraestrutura filosófica, em que se demonstram as características da Filosofia da Consciência que ainda remanescem no senso comum jurídico e que prejudicam a necessária incorporação dos aportes da Hermenêutica Filosófica própria para uma compreensão jurídica mais sofisticada para compreensão do Direito como um todo e dos precedentes mais precisamente. O segundo nível é das estruturas profundas, que se ocupa do detalhamento teórico dos vários aspectos de estudo dos precedentes (de definição, sistemáticos, pragmáticos e de justificação), cujas diversas abordagens podem ser agrupadas em três paradigmas ideológicos (normativo, contextualista e sistêmico). Com base na adoção do paradigma sistêmico, que alia Hermenêutica Filosófica, Direito como integridade e uma noção de sistema coerentista, propõe-se conceito de precedente que será pedra angular para desenvolvimento do tema.

Conclui-se o capítulo constatando-se que a contribuição do terceiro nível superficial do Direito positivo é majoritariamente formal, justamente porque várias questões, mesmo dogmáticas, não são respondidas por essa camada, não são solucionadas à luz do direito vigente, mas em razão de as questões filosóficas, políticas e teóricas dos dois primeiros níveis. De fato, a legislação não traz consigo uma perspectiva ostensiva sobre os níveis subjacentes, sendo papel da doutrina enriquecer a legislação com essa visão percuciente e aprofundada. A atenção a esse ponto será fundamental para se explorarem as novas prescrições codificadas.

Essa análise em três níveis é de suma importância, sobretudo porque se tem observado que alguns debates em torno do atual Código de Processual Civil e do papel do Judiciário na criação do Direito não são de ordem dogmática (conhecimento construído em torno dos enunciados normativos vigentes), nem mesmo de Teoria do

Direito (a respeito das categorias mais fundamentais da ciência jurídica), mas, sim, de ordem filosófica (a respeito da natureza da linguagem produzida pelos tribunais).

O capítulo quatro é desenvolvido com respaldo no conceito de precedente erigido e proposto no anterior. Dele se inferem as funções dos precedentes, cuja principal é enriquecer o sistema jurídico com sentidos não captáveis numa abordagem abstrata e desprendida da realidade. Dessa função principal, derivam outras três acessórias. A primeira é a garantia de segurança jurídica, não como mera previsibilidade, mas como integridade e coerência sistêmica, calcada em critérios próprios e, também, na consideração dos precedentes extrajudiciais. A segunda é a igualdade como dever de impedir a desintegração e a hiperintegração do Direito, as quais são irrefletidamente praticadas tanto pela excessiva distinção dos precedentes aplicáveis quanto pela extensão automática e acrítica da solução pretérita a situações novas sequer cogitadas anteriormente. A terceira e última função acessória e um precedente é a economia argumentativa que ele viabiliza, o que evita a rediscussão de matérias já enfrentadas e permite o adequado posicionamento de súmulas, temas e teses no sistema jurídico brasileiro. Essas funções teóricas dos precedentes orientam a compreensão das funções a eles atribuídas pela legislação, como obstar recursos, permitir decisões monocráticas nos tribunais, autorizar salto de instâncias via reclamação e mesmo autorizar a rescisão de julgados.

Aborda-se o estudo do uso do precedente no mesmo capítulo, o quatro, porque se propõe uma maneira apropriada a essas funções, e que exclui, de logo, o método subsuntivo atualmente utilizado. Precedente não se reduz a uma norma geral e abstrata, pelo que não pode um juízo dedutivo satisfazer a correta compreensão de seu uso. A abordagem adequada identifica uma força hermenêutica que faz a influência posterior do precedente variar segundo elementos formais e materiais (os quais se subdividem em integridade, justificação e de coerência). Esses elementos são detidamente explorados, incorporando, agora, reflexões surgidas em função da aplicação e discussões dessas ideias difundidas pelas edições anteriores deste livro

A pesquisa para elaboração desta obra desenvolveu-se nos níveis em que se estruturou o capítulo três. Foi feita incursão pelo pensamento filosófico que se julgou adequado. Os níveis teóricos foram buscados não só na doutrina nacional, como também, e principalmente, em obras estrangeiras, das mais diversas nacionalidades que expressassem as tradições inglesa, francesa e alemã. Sempre que possível, as posições foram justificadas com a indicação de julgados dos tribunais pátrios. Conquanto seja feita referência a precedentes estrangeiros, evitam-se essas citações porque, nos estudos desenvolvidos, percebeu-se que pouco revelam sobre o caso brasileiro, o que é recrudescido pela falta de domínio das estruturas jurídicas subjacentes imprescindíveis para a perfeita compreensão de seu impacto. Prefere-se explorar precedentes nacionais, tanto utilizando a técnica positivista costumeira, a fim de demonstrar suas insuficiências, quanto pela perspectiva da força hermenêutica proposta.

Conclui-se a obra arrematando respostas às perguntas lançadas: o que é precedente; por que se deve respeitá-los e como se faz uso deles; sempre tomando como referência as exigências próprias do constitucionalismo contemporâneo e as características próprias do Brasil. Assim, busca-se apresentar uma teoria que se apresente como a mais adequada explicação a respeito dos precedentes, segundo o constitucionalismo contemporâneo, servindo, adicionalmente, de ferramenta teórica apropriada para explorar as prescrições do Código de Processo Civil.

Capítulo 2
ANÁLISE DO QUADRO ATUAL DE USO DOS PRECEDENTES JUDICIAIS

2.1 O FORTALECIMENTO DOS PRONUNCIAMENTOS JURISDICIONAIS NO DIREITO

Há vários anos, no Brasil, se verifica um considerável aumento da importância dos mais diversos pronunciamentos jurisdicionais para as atividades jurídicas e para o estudo do Direito. As recentes alterações constitucionais e legislativas corroboram comportamento que já se consolidava na prática de juristas e profissionais forenses de utilizar entendimentos pretorianos prévios (pacificados ou isolados) como principal instrumento de justificação e fundamentação de argumentos e pretensões.

Súmula vinculante; repercussão geral, decisão em recursos repetitivos; jurisprudência dominante, precedentes autorizadores de decisões monocráticas pelo relator de recursos, de sustação da eficácia executiva de título executivo e julgamento liminar pelo juiz de primeiro grau são instrumentos processuais que surgiram nos últimos anos e que redimensionaram o papel dos precedentes. Tais instrumentos foram tratados com inovadora atenção no novo Código de Processo Civil, aos quais adicionou o incidente de resolução de demandas repetitivas e o incidente de assunção de competência. O novel diploma se ocupa ainda em trazer disposições gerais sobre os precedentes, valendo destacar, entre outros, o dever de os tribunais uniformizarem sua jurisprudência de modo a mantê-la estável, íntegra e coerente. Também trouxe avanço no disciplinamento da fundamentação das decisões judiciais com o uso de precedentes. Inquestionavelmente, ao lado da legislação, os pronunciamentos judiciais passaram a ser padrões de regulação do comportamento não só de advogados, promotores e magistrados como também das pessoas de uma maneira geral.

É inegável, nos dias atuais, a incomensurável influência que os julgamentos dos tribunais mais elevados, especialmente do Supremo Tribunal Federal, exercem sobre toda a comunidade jurídica e na configuração e delineamento de um direito ou obrigação.

Mesmo o estudo do Direito passa por esse prisma. Gradativamente, o ensino jurídico, com seus manuais didáticos, recorre com maior ênfase às manifestações jurisdicionais para delinear o conceito e alcance dos institutos jurídicos, tomando-as por dados de definitiva relevância. Na mesma medida, a doutrina deixa de adotar um viés crítico possível de ser realizado desde uma prévia elaboração de referencial teórico autônomo ao qual submeta os diferentes precedentes, súmulas, temas, teses e jurisprudência. Ao contrário, ganha espaço cada vez maior abordagem que simplesmente organiza e comenta determinado assunto, de forma acrítica, com amparo nas formulações pretorianas, sem que, para tanto, se tenha formado, testado e arraigado um pensamento nacional estruturado sobre o papel a ser desempenhado no sistema jurídico, ou mesmo se cogitar acerca da possibilidade de um sistema específico de precedentes tal qual estabelecido para as normas legislativas.

Paralelamente, e justo para suprir a lacuna teórica da tradição nacional, o estudo sobre o uso de precedentes vem ganhando espaço acadêmico. Até então, eram submetidos – e muitas obras ainda o fazem – a entendimento de orientação positivista sob a indistinta rubrica de jurisprudência ou costume judiciário, na qualidade de fonte subsidiária do Direito, sem prejuízo mesmo de autores iniciarem a abordagem discutindo se a jurisprudência é ou não fonte jurídica. Chega-se ao extremo de se propor erroneamente a divisão entre tribunais que criam precedentes e outros que só criam jurisprudência.

Ao iniciar os estudos para a elaboração deste trabalho, em janeiro de 2009, não mais do que duas obras tinham por objeto exclusivo a análise da teoria do precedente ou seu estudo como fonte do Direito[1]. Artigos publicados em periódicos científicos eram mais comuns[2], sobretudo após a aprovação da Emenda Constitucional nº 45, que inseriu

---

1. TUCCI, José Rogério Cruz e. **Precedente judicial como fonte do direito**. São Paulo: Revista dos Tribunais, 2004. MELLO, Patrícia Perrone Campos. **Precedentes**: o desenvolvimento judicial do direito no constitucionalismo contemporâneo. Rio de Janeiro: Renovar, 2008.

2. Sobre o tema, cfr. STRECK, Lenio Luiz. Súmulas vinculantes em *terrae brasilis*: necessitamos de uma "teoria para a elaboração de precedentes"?. **Revista brasileira de ciências criminais**. São Paulo: Revista dos Tribunais, 05/2009 a 06/2009, 2009b, p. 284-319. v. 17, fas. 78. LIMA, Augusto Carlos Rocha de. História do controle de constitucionalidade de atos normativos: precedentes e definição da sua concepção moderna. **Revista de direito constitucional e internacional**. São Paulo: Revista dos Tribunais, 01/2009 a 03/2009. p. 89-120, v. 17, fas. 66. DONOSO, Denis. Um novo princípio contraditório: análise de constitucionalidade das técnicas de massificação de soluções e da escalada da importância do precedente judicial. **Revista Dialética de Direito Processual – RDDP** São Paulo: Dialética, 04/2009. p. 22-35, fas.73. BARAVIERA, Ricardo Tavares. Da aplicação dos precedentes jurisprudenciais. **Revista de direito da ADVOCEF**. Londrina: advocef, 05/2010. p. 135-147. v. 5, fas.10. COLE, Charles D. *Stare decisis* na cultura jurídica dos Estados Unidos. O sistema de precedente vinculante do *common law*. **Revista dos tribunais**. São Paulo: Revista dos Tribunais, 06/1998. p. 11-21. v.87 fas. 752. FREITAS, Juarez. Respeito aos precedentes judiciais iterativos pela Administração Pública. **Revista de direito administrativo**. Rio de Janeiro: Atlas, 01/1998 a 03/1998. p. 117-123. fas. 211. BUENO FILHO, Edgard Silveira. Os precedentes no direito brasileiro. **Revista dos tribunais**. São Paulo: Revista dos Tribunais, 06/1995. p. 24-26. v.84 fas.716. FINE, Toni M. O uso do precedente e o papel do princípio do stare decisis no sistema legal norte-americano. **Revista dos tribunais**. São Paulo: Revista dos Tribunais, 12/2000. p. 90-96. v. 89 fas. 782. COLE, Charles D. Precedente judicial – a experiência americana. **Revista do Processo – REPRO**. São Paulo: Revista dos Tribunais, 10/1998 a 12/1998. p. 71-86. v. 23 fas.92. SCHIMIDT, Andrei Zenkner. Violência simbólica e precedentes jurisprudenciais. **Revista jurídica**. São Paulo: Nota Dez, 05/2005. p. 89-92. v 53 fas. 331. SILVA, Luis Renato Ferreira da. A regra do precedente no direito inglês. **Revista de Direito Civil**: imobiliário, agrário e empresarial. São Paulo: Revista dos Tribunais, 01/1996 a 03/1996. p. 48- 56. v. 20 fas. 75. MARINONI, Luiz Guilherme. Eficácia vinculante: a ênfase à ratio decidendi e à força obrigatória dos precedentes. **Revista do Processo – REPRO**. São Paulo: Revista dos Tribunais, 06/2010. p. 9-41. v. 35 fas.184. MARINONI, Luiz Guilherme. Os precedentes na dimensão da segurança jurídica. **Revista jurídica**. São Paulo: Nota Dez, 12/2010. p. 25-42. v. 58 fas. 398. SABINO, Marco Antonio da Costa. O precedente jurisdicional vinculante e sua força no Brasil. **Revista Dialética de Direito Processual – RDDP** São Paulo: Dialética, 04/2010. p. 51-72. fas. 85. MELLO, Patricia Perrone Campos. Precedentes e vinculação. Instrumentos do *stare decisis* e

no Texto Constitucional a previsão de súmula vinculante a ser editada pelo Supremo Tribunal Federal. Ao longo do estudo, viu-se surgir várias obras, inclusive coletivas, muitas vezes importando conceitos e instrumentos estadunidenses e ingleses. Após a publicação da primeira edição, incrementaram-se, ainda mais, as produções sobre o assunto, mantendo-se ainda ritmo.

Ressalvadas honrosas exceções, porém, alguns autores nacionais dedicados ao tema não realizam as necessárias categorizações – a começar pelas imprescindíveis distinções entre precedente, jurisprudência e súmula, bem como a devida colocação dos temas e teses fixados em recursos repetitivos e com repercussão geral. Por isso, nesta etapa do trabalho, será utilizado o termo precedente em um sentido amplo, como sinônimo de pronunciamento judicial. Mais adiante, serão feitas as distinções necessárias.

Muitos autores, como será visto, não demarcam um referencial teórico apropriado ao objeto de estudo, reeditando compreensões criadas e desenvolvidas em uma teoria centrada na proeminência da norma legislativa no Direito, mesclando-a com conceitos e noções recém-importados de outras tradições jurídicas. Há também quem queira propor uma análise exclusivamente processual e dogmática das disposições do atual Código de Processo Civil, como se fosse possível fazer isso sem invocar um referencial teórico mais profundo, o que termina inexoravelmente acontecendo, no entanto, por ser inevitável, e, em vez de se ter uma exposição às claras e refletida da teoria, termina-se por tê-la de maneira velada e meramente subjacente às premissas ocultas do raciocínio dogmático. Como resultado, tem-se um verdadeiro caos teórico a respeito de institutos jurídicos de importância cada vez maior. A relevância dos pronunciamentos jurisdicionais aumenta sem ainda se ter uma teorização adequada.

Tudo isso reflete no campo profissional. É notório o fato de que as carreiras públicas nos seus mais variados âmbitos (Magistratura, Ministérios Públicos, Advocacia Pública e outros) são bastante atraentes para os profissionais da área, situando-se, em muitos estados brasileiros, como preferência dos universitários. A forma de seleção mediante concurso público corrobora o prestígio dos pronunciamentos judiciais, pois cada vez mais questões de provas demandam conhecimento sobre a linha jurisprudencial, súmulas, teses ou enunciados do Supremo Tribunal Federal e dos tribunais superiores. É cobrado a simplória memorização de seus textos, sem demandar qualquer reflexão a

---

prática constitucional brasileira. **Revista de Direito Administrativo**. Rio de Janeiro: Editora Fórum, 07/2005 a 09/2005. p. 177-208. fas. 241. MOREIRA, José Carlos Barbosa. Súmula, jurisprudência, precedente: uma escalada e seus riscos. **Revista Dialética de Direito Processual – RDDP** São Paulo: Dialética, 06/2005. p. 49-58. fas. 27. THEODORO JÚNIOR, Humberto; NUNES, Dierle; BAHIA, Alexandre. Breves considerações sobre a politização do judiciário e sobre o panorama de aplicação no direito brasileiro – análise da convergência entre o civil law e o common law e dos problemas da padronização decisória. **Revista do Processo – REPRO**. São Paulo: Revista dos Tribunais, 11/2010. p. 9-52. v. 35. fas. 189. MIRANDA, Tássia Baia. *Stare decisis* e a aplicação do precedente no sistema norte-americano. **Revista da AJURIS**. Porto Alegre: Ajuris, 06/2007. 346 p. 259-292. v. 34. fas. 106. CAZETTA JÚNIOR, José Jesus. Os precedentes judiciais nos Estados Unidos: apontamentos para uma comparação. **Revista de Direito Administrativo**. Rio de Janeiro: Atlas, 01/2007 a 04/2007. p. 186-207. fas. 244. CARPENA, Márcio Louzada. Os poderes do juiz no *common law*. **Revista do Processo – REPRO**. São Paulo: Revista dos Tribunais, 02/2010. p. 195-220. v. 35. fas.180.

respeito ou conhecimento dos votos subjacentes. Toda pessoa que esteja se submetendo ou se tenha submetido a tais avaliações bem sabe a importância dos informativos de jurisprudência nos estudos preparatórios, os quais devem ser sistematicamente memorizados, inclusive com o exercício de um elevado grau de resignação em virtude das não raras mudanças de entendimento entre uma edição e outra e mesmo posicionamentos contraditórios entre órgãos fracionários do mesmo tribunal.

Uma vez tendo ingressado nos quadros públicos, a conduta do profissional continua a ser intensamente influenciada pelo posicionamento dos tribunais, tanto para definir a obrigação ou desobrigação de praticar atos processuais quanto para ascensão na própria carreira. Na magistratura, por exemplo, o respeito a pronunciamentos sumulados dos tribunais superiores, bem como a observância do que for fixados em suas teses oriundas de julgamentos repetitivos ou com repercussão geral, não são tomados apenas como parâmetro importante – ou mesmo obrigatório – para decidir, mas é, igualmente, critério para ascensão nos diversos níveis da carreira. Cogita-se mesmo de punição administrativa ao magistrado que não os observar. A Advocacia Pública e o Ministério Público podem deixar de recorrer de decisões que consubstanciem entendimento majoritário, repetitivo ou sumulado.

Tudo isso ocasiona o exercício, cada vez mais comum na vida forense, de atos processuais (sejam arrazoados das partes, sejam decisões dos magistrados) cujo principal ou único fundamento consista em ementas de julgados do tribunal em que se processa o caso, dos tribunais superiores ou do Supremo Tribunal Federal. Mesmo nas instâncias mais elevadas, é corriqueiro se encontrar como argumento decisório tão somente a transcrição de ementas de seus julgados. Em se tratando de questão que se considere sumulada ou julgado sob o regime dos repetitivos, a justificação comumente será a simplória menção ao respectivo texto da súmula ou tese fixada.

Esse tipo de comportamento evidencia o fato de que não só o respeito a precedentes se fortalece, mas, principalmente, que isso ocorre da maneira reducionista, sem a consideração de amplos aspectos hermenêuticos envolvidos na solução anterior e no novo caso em que está inserido. Não se levam em conta, ainda, a dimensão hermenêutica, o jogo interpretativo ocorrido no passado e exigido no futuro. Basta indicar uma ementa cuja generalidade do sentido literal permita a subsunção da nova situação que se tem por adimplido o dever de fundamentação e se encerrem as questões postas diante do juiz ou tribunal; tudo sem maiores reflexões e discussões.

Em meio a isso, a força dos julgamentos do Supremo Tribunal Federal, no exercício da jurisdição constitucional, se avulta. A definição de muitos direitos fundamentais só se aperfeiçoa em julgamentos da Corte. Nesse âmbito, os julgamentos do Supremo Tribunal Federal indicam o alcance, abrangência e contornos. Cada vez mais se realizam reformas legislativas e constitucionais para emprestar efeitos vinculantes às suas decisões.

Em seus julgamentos, estabelece um novo espaço na ordem jurídica por meio do dever de obediência a eles. A chamada abstrativização do controle concreto de constitu-

CAPÍTULO 2 • ANÁLISE DO QUADRO ATUAL DE USO DOS PRECEDENTES JUDICIAIS

cionalidade, que tenta se operar pelos votos dos ministros do Tribunal Supremo, é prova disso. Propõe a existência de efeito vinculante e eficácia *erga omnes* dos julgamentos proferidos neste, ao ponto de, alegadamente, ocasionar uma mutação constitucional do art. 52, X, da Constituição Federal. Esse dispositivo constitucional não mais asseguraria ao Senado Federal o poder de estender para todos os efeitos do controle concreto, mas simplesmente o de dar publicidade ao julgamento.

O incremento dos instrumentos de controle de constitucionalidade aliado à constitucionalização do Direito faz que as decisões pronunciadas no exercício da jurisdição constitucional repercutam por toda a ordem jurídica. O juiz constitucional, com seus juízos sobre princípios de moralidade política, que molda uma peculiar democracia judiciária, é figura da mais alta relevância nos sistemas jurídicos ocidentais, não sendo diferente no Brasil.

Esse crescimento da importância das manifestações jurisdicionais vem a reboque do crescimento da função jurisdicional no Estado Democrático de Direito, ou, mais precisamente, no Estado de Direito Constitucional. Os mais diversos países que adotam essa fórmula de Estado verificam, com maior intensidade depois da Segunda Guerra Mundial, a emergência do Judiciário no quadro institucional dos poderes e mesmo para determinação e criação do Direito, sendo comum referência ao surgimento de um "Estado jurisdicional" e do "governo dos juízes". Como causas gerais desse fenômeno, aponta Pier Paolo Portinaro:

> Na base dessa expansão do Poder Judiciário podem ser identificados fatores de vários tipos: entre os seus pré-requisitos normais são habitualmente arrolados a dinâmica do ordenamento democrático, o fortalecimento da independência da magistratura, a difusão de uma cultura dos direitos, a "revolução das expectativas crescentes"; entre os elementos patológicos, e todavia menos influentes, a corrupção das classes políticas, a ineficiência dos governos, a fragilidade das oposições, que obrigam a magistratura a desempenhar um papel substitutivo. Isso pode explicar por que a intervenção da magistratura tenha acabado por assumir o caráter de uma ação realizada para preencher um vazio político e tenha sido frequentemente interpretado como um ataque direto ao legislador por parte dos juízes – um ataque não limitado a decisões sobre os casos particulares[3].

Mais especificamente sobre os motivos da crescente força dos precedentes, e considerando a realidade brasileira, é possível sistematizar três razões gerais.

A primeira é teórica, pois a doutrina constitucionalista que aufere espaço no Brasil aponta, com esteio em correntes mais recente da Teoria Geral do Direito, o instante da aplicação da norma ao caso concreto como o mais relevante da fenomenologia jurídica. Desde o abandono da crença de que o texto legislativo determina previamente a norma a ser conhecida e aplicada pelo operador jurídico, o Direito legislado tornou-se indeterminado, ainda que não arbitrário, e carente de concretização. Em outras palavras, os enunciados legislativos deixaram de ser os dados suficientes que forneceriam

---

3. PORTINARO, Pier Paolo. Para além do Estado do Direito: Tirania dos juízes ou anarquia dos advogados? In: COSTA, Pietro; ZOLO, Danilo (org.). **Estado de Direito**: História, teoria, crítica. Tradução: Carlos Alberto Dastonli. São Paulo: Martins Fontes, 2006. p. 476-477.

a prescrição jurídica predeterminada pelo legislador e passaram a ser apenas um elemento inicial, ainda que relevante e vinculante, do processo hermenêutico que ao final determinará a prescrição aplicável.

Para se ilustrar esse quadro, basta imaginar que a leitura de qualquer dos incisos do art. 5º da Constituição Federal é insuficiente para se apreender toda a dimensão do direito fundamental nele prescrito.

Naturalmente, a posição institucional ocupada pelo Judiciário é única e estratégica por operar essa atividade hermenêutica necessária em um processo dialético com a contribuição argumentativa das partes interessadas em perspectivas fáticas e jurídicas distintas. Em processos objetivos e de maior repercussão, há a possibilidade de um contraditório ampliado pela participação de *amicus curiae*. Ademais, gozam suas decisões de um poder coercitivo inexistente nas lições doutrinárias ou no trabalho realizados por outros intérpretes e aplicadores, tais como grupos organizados da sociedade civil. Precedentes são fontes formais do Direito. Assim, é natural que a busca por segurança e previsibilidade tenha migrado do Direito legislado para os pronunciamentos jurisdicionais. É comum mencionar o surgimento de uma nova jurisdição constitucional, a qual, naturalmente, demanda uma nova teoria do precedente jurídico.

Mais do que representar, contudo, um movimento novo, faz-se no Brasil uma amálgama do realismo americano dos anos 1920 e 1930 com as pretensões exegéticas francesas do século XIX, e não algo realmente inovador em relação ao tema. Portanto, teoricamente se aponta para os pronunciamentos judiciais, mas sem ainda se ter um referencial adequado. Muito do que se vem escrevendo a respeito do Código de Processo Civil de 2015, no ponto que trata sobre esse assunto, padece disso. Essa é uma causa que traz consigo um problema teórico grave a ser cuidado neste livro.

A segunda razão para a emergência da força dos precedentes é político-institucional. A superação do Estado Legislativo (em que o centro preponderante de produção jurídica era um parlamento homogêneo e apto a dar conta das restritas demandas de um Estado liberal) pelo Estado Constitucional (voltado a satisfazer os inúmeros valores e demandas de um Estado Social) fez o Judiciário subir ao degrau institucional antes ocupado pelo Legislativo, que, por sua vez, entrou em crise de identidade.

No Judiciário, isso causou o inédito alargamento dos poderes dos juízes de todas as instâncias, mas em especial o do primeiro grau. De fato, se o constitucionalismo contemporâneo indica o ponto ideal para concretização e efetivação do Direito aquele próximo à realidade social que se pretende regular, ninguém mais bem situado do que o juiz de primeiro grau. Acrescente-se o fato de que, no Brasil, o juiz singular dispõe de poderes constitucionais, especialmente de controle de constitucionalidade das normas, sem parâmetros na Alemanha, principal fonte de importação doutrinária brasileira em âmbito constitucional. Isso subverteu a ordem da estrutura judiciária piramidal e hierarquizada pátria, porquanto acompanhada de um sobrecarregamento das instâncias superiores que se viram assoberbados pela grande quantidade de recursos e processos após a redemocratização do País, desde quando a população passou a ver as vias judiciais com maior naturalidade.

Para se evitar que o protagonismo judicial reste à base da pirâmide, lança-se mão da ideia de precedentes obrigatórios, sobretudo daqueles exarados pela cúpula. Com isso, se tem instrumento de controle da base pelo ápice, mantendo a ordem hierárquica para exercício do protagonismo judicial. Paralelamente, os tribunais superiores buscam um descolamento da doutrina e do Direito legislado, tomando como principal parâmetro decisório os próprios pronunciamentos, que, não raro, são alterados ou mesmo superados sem maiores constrangimentos. Dessa forma, destaque-se, não só se busca um protagonismo judicial, mas um especificamente realizado com preponderância pelos órgãos de cúpula.

A terceira e última razão é prática. Nunca foi tão fácil se ter acesso às mais diferentes decisões dos mais diversos tribunais do País. Isso é corroborado pela obrigação constitucional, inexiste em alguns outros lugares, de fundamentação e publicação dessas decisões. Até poucos anos, o acesso a essas decisões era dificultoso, pois, a despeito do dever de publicidade, não eram comuns meios de divulgação. O acesso se dava por onerosas e volumosas publicações privadas em tomos, umas reconhecidas pelos tribunais como repositório oficial, outras não.

Atualmente, não só publicações especializadas fazem essa divulgação. A possibilidade de pesquisa por termos nos *sites* de todos os tribunais da Federação popularizou as decisões judiciais. Não há tribunal que deixe de disponibilizar página em que se permita pesquisa terminológica ou por outros parâmetros organizados e bem sistematizados, inclusive por temas e teses. O Código de Processo Civil de 2015, de maneira inovadora, determina, no art. 927, § 5º, que "os tribunais darão publicidade a seus precedentes, organizando-os por questão jurídica decidida e divulgando-os, preferencialmente, na rede mundial de computadores". Ademais, os já mencionados informativos dos julgados mais importantes publicados pelos próprios tribunais são deveras populares e necessários para o bom desempenho profissional. Some-se a isso sites particulares que agregam a pesquisa jurisprudencial de todas as justiças.

Ao lado dessas três razões que podem ser denominadas de gerais, soma-se uma específica e, de certa forma, consequente dessas três primeiras, consistente na edição do Código de Processo Civil de 2015, que, de forma inédita e mesmo diferente do que se conhece da tradição inglesa, traz expresso disciplinamento sobre o uso de precedentes, ainda que seja limitado e sobre aspecto bem específico, deixando sem trato aspectos fundamentais do tema. É disciplinado primordialmente o alinhamento jurisprudencial em questões repetitivas, pouco ou nada se referindo ao uso de precedentes em questões complexas e singulares.

Desde o respectivo anteprojeto se tem a preocupação de, com o trato legislativo, se tentar pôr fim à chamada *jurisprudência lotérica* mediante um modo especial de vinculação de decisões das instâncias de cima para baixo. Isso causou o definitivo despertar da comunidade jurídica para o tema e seu fortalecimento não só no trato teórico e acadêmico, mas no cotidiano jurídico.

Tem-se, então, material legislativo sem paralelo nas tradições da Europa continental e inglesa, fazendo o Brasil trilhar caminho próprio no assunto, o que, contudo, não significa que os referenciais teóricos das referidas tradições não possam ser utilizados.

Eis um ponto que deve ser atentado a todo o momento: a simples existência de enunciados legislativos sobre o tema, por serem situados no nível superficial do direito positivado, não é suficiente para determinar tomadas de posições nas camadas mais basilares do Direito, compostas da teoria e da ideologia a serem adotadas no nível profundo do conhecimento do assunto. Esse direito legislado também tem pouco a dizer sobre a perspectiva filosófica a ser considerada no nível infraestrutural, do conhecimento pré-jurídico.

Em outras palavras, o novo código não traz consigo a teoria, o paradigma ou referencial filosófico adequados para interpretar a si mesmo, cabendo à doutrina tal tarefa. Os novos enunciados legislativos podem ter interpretações as mais diversas, variando segundo os referenciais teórico, ideológico ou filosófico utilizados, sem que se possa afirmar que tenha um único autorizado a partir do próprio texto normativo. O novo código nada diz – nem lhe caberia dizer – o que seja um precedente, como ele vincula ou como se sistematizam. Mesmo no que lhe cabe, traz pouco sobre o uso de precedentes.

Deve-se buscar, no entanto, o entendimento que, de maneira consistente nesses três níveis (infraestrutural da filosofia, profundo da teoria e da ideologia e superficial do direito positivado) melhor adeque as disposições legislativas à Constituição e ao constitucionalismo brasileiro contemporâneo, conforme será exposto nesta obra. Para melhor assimilação, é necessário o detalhamento dessas três razões para s proeminência atual dos pronunciamentos judiciais, bem como expor as características principais da razão específica, advinda com o novo diploma processual.

2.2 RAZÕES TEÓRICAS PARA O FORTALECIMENTO DOS PRONUNCIAMENTOS JURISDICIONAIS: A BUSCA NOS PRECEDENTES DA PRECISÃO, PREVISIBILIDADE E SEGURANÇA EXEGÉTICAS PERDIDAS

2.2.1 As grandes tradições jurídicas ocidentais

A atividade jurisdicional e a posição ocupada por seus pronunciamentos são intensamente influenciadas pela tradição jurídica em que um ordenamento está inserido. O conceito que se tem de precedentes e jurisprudência, a determinação de sua função ante as disposições constitucionais e legislativas, bem como a hermenêutica considerada para seu conhecimento e aplicação são de incomensurável relevância. Cada tradição tem a maneira própria de lidar com cada um desses aspectos.

Como muito bem ensina Lenio Streck[4], é possível destacar três tradições jurídicas que se irradiam pelo ocidente: a inglesa, com reconhecimento da figura do juiz na criação do Direito, a francesa, com proeminência do legislativo, e a alemã, com singular prestígio aos doutrinadores. Em cada uma delas, os elementos característicos das demais são conhecidos. Todas lidam como textos legislativos, doutrina e pronunciamentos jurisdicionais como componentes do Direito. O que diverge é a ênfase que se lhes atribui, a eficácia que se lhes confere e a maneira de operá-los.

A tradição jurídica inglesa[5] é historicamente apegada aos costumes e, no seu viés realista, à dimensão fática do Direito. Nele, se destacou inicialmente o papel do juiz em identificar o Direito arraigado pelas práticas sociais da comunidade para, então, utilizá-lo como parâmetro de julgamento. Tomou-se o juiz como um ator do processo natural de seleção de normas geradas espontaneamente pelos costumes.

A produção normativa do parlamento, existente e igualmente relevante, é voltada para o trato das matérias nevrálgicas e que demandam uma regulação ampla. Não se desconhecem leis nos países de cultura anglo-saxã, nem elas existem em menor quantidade do que nos demais países, apenas se lhes atribui função específica no sistema[6].

O Direito consuetudinário é apontado como o que deve regular os aspectos hodiernos da sociedade. Portanto, o protagonismo judicial nesse modelo, ao menos na fase inicial de cogitações dos séculos XVII e XVIII, não é autocrático nem imposto, mas sim fundado da função de curatela do *common law*[7]. Muito bem destaca José Rogério Cruz e Tucci que restou arraigada a "concepção de que a *common law* correspondia a uma ordem jurídica superior, cujos princípios foram conservados e somente poderiam

---

4. STRECK, Lenio Luiz. **Verdade e consenso**: Constituição hermenêutica e teorias discursivas. São Paulo: Saraiva, 2011. p. 28.
5. É importante ressaltar que quando se fala, aqui, de tradição inglesa ou mesmo de direito inglês se recorre a uma redução didática para significar a tradição jurídica dos países de cultura anglo-saxã fortemente influenciados pela Inglaterra. Conforme ensina René David, logo no início de sua obra sobre o tema, "o direito inglês é o direito aplicado na Inglaterra e no País de Gales. Não é o direito dos países de língua inglesa ou de *Commonwealth* nem o do Reino Unido ou da Grã-Bretanha. Os direitos de *Commonwealth* às vezes são próximos do direito inglês, mas, em outros casos, podem ser bastante diferentes. O direito da Irlanda do Norte e o da ilha de Man são bastante próximos do direito inglês, mas o da Escócia é muito diverso, como também o é o das ilhas anlgo--normandas" (DAVID, Renè. **O Direito inglês**. Tradução: Eduardo Brandão. São Paulo: Martins Fontes, 1997. p. VII).
6. Nesse sentido, explica Peter J. Messitte (A Administração da justiça federal nos Estados Unidos da América. **Revista do Processo – REPRO**. São Paulo: Revista dos Tribunais, 09/2004 a 10/2004. p. 210-219. v. 29 fas. 117): "Comparativamente, aliás, é correto afirmar que grande parte do Direito norte-americano, na verdade a maior parte, é composta de leis ordinárias, ou seja, leis oriundas do Poder Legislativo. Nós temos também muitos códigos tanto no sistema federal quanto nos estaduais. No sistema federal, por exemplo, temos o Código de Direito Tributário e nos estaduais temos os códigos criminais e comerciais, apenas para citar alguns. Além disso, é importante frisar que no sistema norte-americano as leis têm precedência sobre os precedentes jurisprudenciais. À exceção dos casos constitucionais, as leis posteriores sempre têm o condão de alterar os precedentes. Por último, é válido lembrar que o dever precípuo dos magistrados americanos é exatamente o mesmo de seus pares brasileiros, qual seja, o de decidir casos concretos".
7. Concordamos com Patrícia Perrone em usar no masculino a expressão *common law*, pois se refere a um sistema jurídico característico de países da tradição inglesa.

ser revelados pelos juízes, '*the depositaries of the law, the living oracles of the law*' em suas respectivas decisões"[8].

Os conflitos históricos entre o rei e os senhores regionais envolviam a concorrência entre o Direito real e as ordens locais, sendo palco dessa disputa os tribunais, que se posicionaram favoravelmente ao Direito descentralizado. Como na Inglaterra não houve uma ruptura revolucionária nos moldes franceses, esse quadro fez o papel do juiz ser paulatinamente incrementado. O contrário ocorreu na França, onde os juízes se puseram ao lado do rei, e foram, com a vitória da Revolução, amesquinhados no novo regime, sendo prestigiado o parlamento.

É preciso adiantar, porém, aqui, o que será detalhado mais adiante: essa relação inicial entre costume e precedente não persiste como a razão atual – ou mesmo o motivo principal – para a doutrina[9] do *stare decisis* no Reino Unido e nos Estados Unidos, mesmo porque *common law* não significa, necessariamente, obrigatoriedade de observar precedentes. Certamente, no entanto, esse entrelaçamento inicial é dado histórico relevante que moldou a característica da tradição inglesa.

Por sua vez, a tradição alemã é, conforme destaca novamente Lenio Streck, intensamente influenciada pelo modo de incorporação do Direito Romano, dada a resistência tedesca à importação de conceitos e institutos de outras civilizações em prestígio ao Direito comum encontrado nas comunidades. Toda essa discussão teve campo próprio nas universidades, onde os institutos romanos eram submetidos aos acadêmicos que ficavam responsáveis pelo redimensionamento por teoria própria. Essa característica moldou o imaginário jurídico alemão e fortaleceu o papel dos teóricos no Direito.

Nos séculos XVIII e XIX, era comum na Alemanha o juiz, em caso de dúvida, consultar acadêmicos de universidades próximas, cuja resposta era tomada como argumento de autoridade suficiente para fundamentar seu julgamento sem qualquer outro acréscimo.

A terceira tradição de que trata Lenio Streck é a francesa, que, como adiantado, dá proeminência ao parlamento na formação do arquétipo do Estado de Direito forjado pelos ideais racionalistas da modernidade e que virou padrão para o ocidente. Esse modelo francês foi tomado como referência que orientou inúmeros sistemas ocidentais, entre eles o brasileiro. As concepções teóricas, suas evoluções, retrocessos e desafios foram bem acompanhados e sentidos pela cultura jurídica nacional.

O mais expressivo produto da Revolução Francesa é o Estado de Direito, o Estado da Razão e da lei racional imposta por um legislador igualmente racional, representante objetivo da vontade geral. O embasamento teórico para esse pensamento é a crença de que a lei escrita e posta por um ato do Estado seria, assim, o dado objetivo por excelência do Direito, único passível de uma compreensão racional e neutra. Cogitava-se a elaboração dos textos legais segundo uma ciência legislativa pautada na razão, a qual

---

8. TUCCI, José Rogério Cruz e., *op. cit.*, p. 10-11.
9. Cfr. SELLERS, Mortimer N.S. The doctrine of precedent in the United States of America. Disponível em: **http://ssrn.com/abstract=1262933**. Acesso em: 6 jun. 2012.

CAPÍTULO 2 • ANÁLISE DO QUADRO ATUAL DE USO DOS PRECEDENTES JUDICIAIS

condicionaria sua aplicação. Eis o ponto fulcral para compreensão do Estado de Direito de contorno francês: caracterização inicial como um Estado Legislativo compreendido com arrimo em um positivismo exegético.

As agruras e evoluções experimentadas por esse modelo original refletiram amplamente. É baseado nesse prisma francês, acrescido de contribuições da doutrina alemã, que se desenvolveu a teoria do Direito na maior parte dos sistemas jurídicos ocidentais ao longo dos séculos XIX e XX, ressoando ainda atualmente, em que se tende para incorporação de alguns institutos ingleses. É possível dizer que se tem como padrão originário do Estado de Direito o modelo de Estado Legislativo exegético francês, que passou por crise no início do século XX, sendo redimensionado após as reflexões de um positivismo normativista, desembocando no Estado Constitucional no final do século XX e início do século XXI de intenção pós-positivista[10].

Essas três tradições, entretanto, são entrelaçadas ao longo da história, variando apenas de intensidade. Quando se faz uma divisão, é apenas didática e teórica, para indicar, como dito, a ênfase e elementos marcantes de cada tradição; não uma exclusividade ou monopólio de institutos.

Ademais, é preciso que se tome em consideração que, quando se refere à tradição, deve-se compreendê-la nos termos de Gadamer e não segundo o Iluminismo, que a contrapunha à razão, por configurar precipitação e sujeição. Gadamer não faz essa oposição, por entender que a tradição modela o raciocínio inexoravelmente. Como ensina, "a tradição é essencialmente conservação e como tal sempre está atuante nas mudanças históricas. Mas a conservação é um ato da razão, e se caracteriza por não atrair a atenção sobre si"[11].

Portanto, essas três tradições possuem mecanismos próprios que moldam os institutos jurídicos. Quem não integra uma específica tradição jurídica só pode entender seus institutos mediante uma compreensão geral, mas necessariamente com alguma defasagem, justamente porque influenciado pela sua própria.

Os intercâmbios de institutos que naturalmente se operaram não ocorrem de maneira pura. Na medida em que se importa um instituto, ele é modificado e adaptado pelos institutos característicos da tradição em que se insere. No Brasil, isso é um perfil marcante. Escreve Lenio Streck:

> Já no ambiente jurídico brasileiro, a impressão que se tem é de que todas essas tradições estão presentes no imaginário de forma difusa e, por vezes, acrítica. Falamos o tempo todo de precedentes, formalismo conceitual, "juiz boca da lei" e outras tantas expressões que remetem às mais diversas tradições dessa

---

10. Serão expostos mais adiante os cuidados que se devem ter com os termos pós-positivismo e neoconstitucionalismo. No entanto, o assunto é tratado em texto específico: LOPES FILHO, Juraci Mourão; LOBO, Júlio César Matias; CIDRÃO, Taís Vasconcelos. O positivismo jurídico foi superado no neoconstitucionalismo? **Revista de Estudos Constitucionais, Hermenêutica e Teoria do Direito (RECHTD)** 10(3):348-361, set.-dez. 2018, Unisinos. Disponível em: https://doi.org/10.4013/rechtd.2018.103.11. Acesso em 18 maio 2023.

11. GADAMER, Hans-Georg. **Verdade e Método I** – Traços fundamentais de uma hermenêutica filosófica. 9. ed. Tradução: Flávio Paulo Meurer. Rio de Janeiro: Vozes, 2008. p. 373.

cultura jurídica europeia. Para ficar apenas no âmbito dos códigos, vale lembrar, com José Rinaldo de Lima Lopes, que a comunidade jurídica brasileira que produziu o Código Civil de 1916 esteve sempre sob a influência direta da pandectista alemã, que acabou por gerar um direito privado cujo modelo era/é fortemente germanizado; mas, ao mesmo tempo, passamos a comentar e fazer doutrina com autores franceses e italianos, que pouco ou não têm que ver com o direito civil alemão[12].

Então, para entendimento das razões teóricas para o atual estádio de prestígio dos pronunciamentos jurisdicionais, é preciso ter em mente a evolução da teoria do Direito, desde o entrelaçamento dessas três tradições, bem como é imprescindível considerar a mutação ocorrida no Estado de Direito e como tudo isso repercutiu e foi incorporado pelo Brasil para, então, desembocar no atual estágio de desenvolvimento.

Deverá restar claro, ao final da análise, que a tradição brasileira se desenvolveu por influências francesas e alemãs, sem prejuízo da colaboração estadunidense do controle de constitucionalidade. Essa tradição de origem franco-germânica exerce forte interferência sobre a importação dos institutos sobre precedentes do *common law* que se tem buscado recentemente.

2.2.2 O Estado Legislativo e o positivismo exegético

Como adiantado linhas atrás, o Estado de Direito, com suporte nas ideias de John Locke e Montesquieu reverberadas na Revolução Francesa, nasceu na forma de um Estado Legislativo, cujo apogeu verificou-se no século XIX, sendo seu referencial teórico o positivismo exegético.

Sua característica mais marcante é, como a terminologia revela, a proeminência do Legislativo e de seu produto, a lei. A Constituição seria documento eminentemente político, responsável pelo ato de fundação do Estado, mesmo porque, no século XIX, ainda não se encontravam desenvolvidas a teoria da pirâmide normativa e a compreensão do Direito como sistema.

Para destacar a primazia da lei, mesmo diante da Constituição, basta constatar, na esteira do alerta que faz Maurizio Fioravannti[13], que a Declaração de Direitos de 1789 menciona a palavra constituição uma só vez (em seu penúltimo artigo ao dispor que "a sociedade em que não esteja assegurada a garantia dos direitos nem estabelecida a separação dos poderes não tem Constituição"), enquanto a referência à lei se dá onze vezes em sete artigos diferentes. Conquanto as constituições previssem direitos, eles só seriam invocáveis quando e como a lei os disciplinasse.

É reflexo da influência do pensamento de Montesquieu que, se abeberando do racionalismo da época, concebia a lei mais como produto da razão do que da vontade do soberano. Por outro lado, o pensamento de Rousseau se fez influente à época, porquanto esse Legislador racional é tomado como representante da vontade geral expressa em

---

12. STRECK, Lenio Luiz, *op. cit.*, 2011, p. 28-29.
13. FIORAVANTI, Maurizio. **Costituzionalismo**: percosi dela storia e tendeze attuali. Bari: Editori Laterza, 2009. p. 96.

assembleia. A lei, portanto, (entendida como o próprio enunciado escrito) é exaltada como produto da vontade popular expressa racionalmente. A ela são atribuídas, além da certeza, segurança e justiça, capacidades superiores. É o período do fetichismo legal, no qual o princípio da legalidade é a expressão máxima do direito fundamental de que dispunham as pessoas perante o Estado. Sobre ele, muito bem escreve Gustavo Zagrebelsky:[14]

> Il principio de la legalità, in generale, espreme l'idea della legge come atto regolativo supremo e irresistibile al aquele, in linea massima, non è opponibile alcun diritto piú forte, aquele che ne sia la forma e il fondamento: né il potere di eccezione del Re e della sua ammistratzione, in nome di una superior ragion di Stato; né la disapplicazione della parte dei giudici o la resistenza dei singoli in nome di un dirito piú alto (il dirito naturale o il dirito tradizionale) o di diritti particolari (i privilegi locali o sociali).

Importante destacar, conforme faz o mesmo autor, que, já por isso, se percebe a distinção entre as tradições inglesa e francesa. O princípio da legalidade vigente no Estado Legislativo tem contornos próprios fornecidos pela Revolução Francesa, tão influente na Europa continental. Isso o distingue de seu congênere inglês *Rule of Law*.

O *Rule of Law* tem perfil definido pela tradição inglesa da mencionada luta dos senhores feudais contra o rei realizada ao longo dos anos numa dialética processual perante os tribunais do *common law* e, posteriormente, nas cortes de *Equity*. Conforme narra Patrícia Perrone Campos Melo[15], por existir na Inglaterra uma miríade de normas costumeiras, cabia aos magistrados a função de ordenação do Direito. Como, inicialmente, as cortes eram locais, o rei criou um sistema formal e rígido de vinculação desses tribunais aos precedentes centrais.

Assim, na tradição anglo-saxã, o Governo das Leis se desenvolveu não sob a crença de ser fruto de um juízo racional, abstrato e universal, que busca se desprender da realidade e do mundo para atingir formulações puras e genericamente válidas por meio de uma ciência legislativa. Decorreu de um longo e contínuo processo histórico realizado ao longo de séculos, sendo suas prescrições sempre abertas a novas influências. Deve ser compreendido como o governo do direito comum, de origem histórica, consuetudinária, sendo decantado pelo Judiciário por meio de suas diversas cortes, sem prejuízo do trabalho parlamentar que se esforçava em legislar em aspectos específicos e considerando esse direito comum.

Nesse sentido, Daniel Henry Chamberlain, ao tratar sobre o surgimento da doutrina do *stare decisis*, que assegura a obediência aos precedentes, escreve que "precisely when it became a distinctly established doctrine of English law it is not easy to determine"[16]. Apesar dessa indeterminação da data de origem, bem descreve sua característica que molda o *Rule of Law* inglês: "The doctrine is simply that it is the duty of judges and courts

---

14. ZAGREBELSKY, Gustavo. **Il diritto mite**. Torino: Giulio Einaudi Editore, 1992. p. 24
15. MELLO, Patrícia Perrone Campos, *op. cit.*, 2008, p. 13-20.
16. CHAMBERLAIN, Daniel Henry. **The Doctrine of *Stare Decisis**: its reasons and its extent. New York: Baker, Voorhis & Co, Publishers, 1885. p. 5.

to follow established precedents, to adhere to settled law; in other words, to administer the law, *jus dicere*, and not to legislate, *jus facere* or *jus dare*"[17].

Diferente é o princípio da legalidade de origem francesa. Ele tem a mencionada característica de centralização da produção jurídica no Parlamento, dada a influência histórica da anterior centralização na figura do monarca. Verifica-se, portanto, uma substituição quanto ao sujeito (do monarca pelo Parlamento), mas mantendo-se a concepção concentrada de produção do Direito.

Dada a fundamentação filosófica na tradição metafísica ocidental (que defende a possibilidade de a razão humana acessar a essência das coisas para produzir um conhecimento puro invariável), a legalidade, sob tal perspectiva, aspira à criação de um Direito universal e atemporal. Um ato racional, objetivo, neutro e imparcial possibilitaria a emanação de prescrições com essa mesma adjetivação.

Por via de consequência, se crê em um sistema jurídico geral e abstrato que se alheava das especificidades de cada situação, de cada povo, de todo momento histórico. A força da razão reta e universal a tudo isso se imporia, o mesmo acontecendo com o Direito legislativo racional.

Isso, conforme adverte Zagrebelsky, alinhavava o positivismo e o liberalismo político primevo.

Alinhava-se ao positivismo exegético, porque a lei, com sua generalidade e abstratividade, condensaria a própria ideia de justiça, já que esta é reduzida à dimensão de um tratamento isonômico formal. Também com a lei se garantiria a legitimidade, porque, nesse âmbito, conforme revelava a declaração de Direitos de 1789, "a lei é a expressão da vontade geral", deixando esvaziada a busca de legitimação em qualquer outro elemento. Como muito bem destaca Maurizio Fioravanti, o positivismo exegético será forte enquanto for forte a presunção de legitimidade da lei nesses termos[18].

Ao situar a lei parlamentar como expressão do Direito, o Estado legislativo fazia centrar na soberania estatal toda a dimensão da juridicidade, pois "o positivismo desenvolve essa função, de Hobbes em diante, de qualificar o Direito como lei, apenas a lei do soberano, degradando os outros direitos a meras particularidades de fato"[19]. Nesse período, o constitucionalismo começa a ser tomado como freio político ao poder absoluto do Parlamento[20].

O raciocínio jurídico era reduzido ao esquema silogístico formal da subsunção, compreendida como uma dedução lógica de conclusões previamente inseridas no texto legislativo (que faria o papel de suficiente premissa maior) para os casos concretos (premissa menor). O aplicador do Direito, e em especial o juiz, deveria apenas enunciar

---

17. *Ibid.*, p. 6.
18. FIORAVANTI, Maurizio, *op. cit.*, p. 94.
19. *Ibid.*, p. 95.
20. FIORAVANTI, Maurizio. **Constitucion**: de la antigüedad a nuestros dias. Madrid: Editorial Trotta, 2007. p. 120-141.

aquilo já prenunciado na lei, deveria somente conhecer aquilo que nela estivesse contido. Não só se reduzia o Direito à norma, mas esta também possuía uma concepção reduzida, vez que confundida como o texto legislativo. Karl Larenz bem resume a operação lógica envolvida, quando escreve:

> Uma proposição jurídica completa, segundo o seu sentido lógico, diz: sempre que a previsão P está realizada numa situação de fato concreta S, vale para S a consequência jurídica C. A previsão P, conformada em termos gerais, realiza-se numa determinada situação de fato quando S, do ponto de vista lógico, é um caso de P. Para saber que consequência jurídica vigora para uma situação de fato – cuja procedência me é sempre dada – tenho, portanto, que examinar se esta situação de fato é de se subordinar, como "caso", a uma determinada previsão legal. Se assim for, a consequência jurídica resulta de um silogismo que tem a seguinte forma: se P se realiza numa situação de fato, vigora para esta situação de fato a consequência jurídica C (premissa maior); esta determinada situação de fato S realiza P, quer dizer, é um "caso" de P (premissa menor); para S vigora C.[21]

Essas concepções teóricas do positivismo exegético tiveram forte impacto sobre o modo de se compreender a jurisdição, sobretudo porque se somavam a razões históricas. Os magistrados se comprometeram com o *Ancien Régime*, fazendo-se, então, mal aos olhos dos revolucionários vencedores.

A atividade do magistrado seria, portanto, unicamente lógico-dedutiva, pois sua conclusão (decisão) já estaria implícita em sua premissa (lei). O trabalho do juiz seria mera reconstrução do sentido do discurso do legislador inserido na norma no momento de sua criação.

Não haveria razão para os pronunciamentos jurisdicionais desempenharem qualquer função de orientação de condutas futuras. Eles seriam vazios de sentido, já que meramente reprodutores de uma prescrição já contida na lei. Ao juiz não era deferido poder para acrescentar nada que já não lhe fosse comunicado pelo texto legislativo. Seu grau de deferência e resignação é máximo, ao ponto de se proibir interpretação e obrigar o juiz a realizar consulta ao parlamento no caso de dúvida. A famosa lei de 16-24 de agosto de 1790 determinava que o juiz deveria se dirigir ao Legislativo, por via de recurso geral, na necessidade de interpretação da lei.

As cortes de cassação surgem nesse período como delegatárias do Legislativo, com o objetivo de anular as decisões judiciais que extravasassem a simplória função enunciativa. Daí a figura do juiz "boca da lei" para demonstrar sua subserviência ante o produto parlamentar.

Era uma concepção que atendia plenamente às demandas do mercado em nascimento, pois ia ao encontro da necessidade de certeza e previsibilidade da sociedade então emergente. Esta é, portanto, a justificativa da aproximação do Estado Legislativo ao liberalismo político primevo de então mencionado por Zagrebelsky: partia de uma premissa de homogeneidade social, porquanto, nos parlamentos, já historicamente, a burguesia possuía maioria, sendo de certa maneira surdo a outros clamores sociais.

---

21. LARENZ, Karl. **Metodologia da ciência do Direito**. Lisboa: Fundação Calouste Gulbenkian, 1997. p. 380.

Tem-se, portanto, noções de precisão, segurança e previsibilidade especificamente atreladas a um raciocínio estritamente formal, reducionista e, por assim dizer, inviável, que atende a determinadas exigências ideológicas, cujo preço é pago pelo Judiciário que se vê ceifado.

2.2.3 A Crise do Estado Legislativo, o positivismo normativista e o realismo jurídico

O Estado legislativo começa a ruir ante a quebra da homogeneidade dos parlamentos. Se, no século XIX, o sufrágio era restrito, fazendo chegar aos parlamentos apenas pessoas de uma mesma camada social com visões de mundo e aspirações semelhantes; o alargamento desse direito, no início do século XX, pôs fim a esse quadro. Setores sociais antes ignorados pela política e mesmo pelas grandes teorizações jurídicas liberais do período ascenderam ao poder e passaram a dar novo molde ao Estado de Direito. Isso foi o ocaso da unidade de compreensão e pensamento, tornando o labor parlamentar mais renhido e travado. Não mais se acreditou em uma ciência legislativa reta e inexorável a orientar os trabalhos parlamentares.

Na mesma medida, o Estado liberal nos moldes do Século XIX não mais atendia às crescentes demandas sociais oriundas do que Mauro Cappelletti denominou de efeito colateral do capitalismo (disputas entre o capital e o trabalho)[22]. Passou-se a exigir do Estado o trato de matérias antes entregues à autorregulação social. Interesses coletivos não vislumbrados pela visão oitocentista ocasionaram o envelhecimento dos códigos. Políticas públicas intervencionistas passaram a ser ordem do dia para os gestores públicos. Esses novos assuntos, por óbvio, demandaram disciplinamento jurídico, o que, para o Estado Legislativo, significava a produção de textos prescritivos. Contudo, o parlamento heterogêneo, com disputas, discussões e debates dos representantes dos vários setores sociais interessados não se apresentou capaz de atender a essa demanda regulativa com a celeridade cabível. Nesse instante, ficaram cristalinas duas formas distintas de legislar, conforme expõe Mauro Cappelletti, citando Koopmans:

> O caráter dessa legislação, que tipicamente se destina a produzir transformações, [...] mudou de forma muito acentuada e quase imperceptivelmente. As leis mais velhas, em tema de trabalho, por exemplo, eram feitas ainda de acordo com a técnica legislativa tradicional. Elas formulavam, efetivamente, certas regras de conduta, sobre vários temas, como o da segurança e da higiene nas fábricas, da proibição do trabalho de crianças, das obrigações financeiras dos empregados ou dos efeitos jurídicos dos acordos coletivos. Esse método, porém, manifestou-se inadequado quando se tratou de formular esquemas de segurança social ou leis em matéria de investimentos e de concorrência. Nesses domínios, as leis possivelmente fixaram também certas regras de conduta, mas não se detiveram aí: dispuseram, além disso, sobre a criação de entes sociais e instituições e concederam ao Poder Executivo ou a outras entidades em determinados casos, certos poderes de decisão e também regulamentação e delegação legislativa. Com o aumento do âmbito e da intensidade das intervenções públicas, a tônica da atividade legislativa deslocou-se progressivamente das regras de conduta para as medidas de acomodação institucional. Pouco

---

22. CAPPELLETTI, Mauro. **Juízes legisladores?** Tradução: Carlos Alberto Alvaro de Oliveira. Porto Alegre: Sérgio Antônio Fabris Editor, 1993. p. 36.

CAPÍTULO 2 • ANÁLISE DO QUADRO ATUAL DE USO DOS PRECEDENTES JUDICIAIS

a pouco emergiu um novo tipo de legislação: as leis indicam certas finalidades e princípios, deixando as especificações a normas subordinadas, a decisões de ministros ou autoridades regionais ou locais, ou aos cuidados de novas instituições, como agência, comitês, tribunais administrativos etc. seria difícil encontrar regras clássicas de conduta em determinadas leis modernas, em domínios como o controle de preços, da industrialização regional ou renovação urbana[23].

Com o surgimento de uma miríade de leis, fruto das mais diversas disputas e choques, não mais se cria serem elas frutos de um legislador racional e objetivo. A lei, então, perdeu seu encanto romântico de instrumento reto produtor de efeitos superiores sobre a sociedade. O envelhecimento das leis não mais permitiu a contenção dos juízes dentro da literalidade textual (se é que algum dia isso foi realmente possível). Por força do *non liquet*, se viram obrigados a lançar mão de métodos hermenêuticos para ir além do literal e buscar sentido prescritivo a *partir dos* – e não somente *nos* – enunciados legislativos. Os tribunais de cassação foram redimensionados, deixaram de ser caudatários do Legislativo para, então, julgar recursos sob essa nova visão. O recurso geral ao Legislativo foi abolido em razão do abarrotamento causado, sem falar da constatação de que isso punha em risco a separação dos poderes, pois, a depender da interpretação expedida, o legislador estaria a determinar quem venceria e quem perderia a causa[24].

As grandes codificações oitocentistas, idealizadas por um intelectual ou grupo deles, que sistematizavam, sob única influência ideológica, uma série grande e conectada de condutas sociais, passaram a não mais ser a maior expressão do Direito positivo. Com os debates legislativos cada vez mais renhidos, não mais foi possível, com a mesma intensidade, a coordenação dos esforços necessários que uma codificação exige. O ritmo da evolução econômica e social também não mais permitiu que se aguardassem anos a fio para aperfeiçoamento sistemático da obra no trâmite parlamentar. Ao contrário, cada vez mais foram demandadas respostas céleres que se corporificavam em leis esparsas e contingentes, com larga dependência de posterior regulamentação a ser levada a efeito pelo Executivo, que se viu incluído de maneira inédita na produção normativa do Estado de Direito.

Nesse tocante, escreve Zagrebelsky:

La legge – a questo punto della sua storia – non è più l'espressione "pacificata" di una società politica al suo interno coerente, ma è manifestazione e strumento di competizione e confronto sociali; non è la fine ma il proseguimento di un conflitto; non è atto impersonale, generale e astratto, coincidente con interessi obiettivi, coerenti, razionalmente giustificabili e generalizzabili, cioè, se si vuole, "costituzionali" dell'ordinamento. Diviene invece atto personalizzato (nel senso di proveniente da grupi individuabili di persone e rivolto ad altri gruppi egualmente individuabilil) che persegue interessi particolari[25].

Não há como negar que a derrocada do Estado legislativo, em sua tônica liberal inicial, fortaleceu, inicialmente, o poder Executivo, que se agigantou.

---

23. *Ibid.*, p. 40-41.
24. Para uma reflexão sobre a separação dos poderes, cfr. CLAUS, Laurence. Montesquieu's mistakes and the true meaning of separation. **Oxford Journal of Legal Studies**. Vol. 25. Nº 3 (2005), 419-451.
25. ZAGREBELSKY, Gustavo, *op. cit.*, p. 45.

Portanto, a decadência do Estado legislativo foi seguida pela ascensão do Executivo no quadro institucional em dois pontos. Primeiro, o aumento institucional proporcional ao crescimento de seus deveres e obrigações de implementação de políticas públicas. Em se entendendo que o Executivo exerce a função de administração pública, o conceito desta é diretamente afetado pela concepção ideológica de Estado vigente. Se em um Estado liberal absenteísta se concebia um Estado mínimo, também diminuta era a coisa pública a ser administrada e, por via de consequência, o Poder Executivo. Ao contrário, em um Estado social intervencionista (fruto de uma versão mais madura dos valores do liberalismo político), há muito o que se administrar, demandando o aumento do Executivo não só quantitativamente (criação de mais órgãos e entidades da administração indireta), mas qualitativamente (mediante o incremento do Poder de Polícia e dos serviços públicos, como também a criação das funções de intervenção, fomento e regulação).

O segundo ponto refere-se ao incremento da delegação legislativa ao Executivo. A impossibilidade de consenso mais amplo que permitisse uma legislação mais apurada produziu, cada vez mais, leis carentes de regulamentação, ao que se somou a delegação direta do poder normativo primário para o chefe de governo. No Brasil, o uso das medidas provisórias, sobretudo antes da redação da Emenda Constitucional nº 32/2001, é demonstração eloquente de como o nível de estagnação parlamentar pode ocasionar o fortalecimento dos poderes normativos do Executivo.

O princípio da legalidade administrativa concebido no século XIX não mais se sustentava nem conseguia conter eficazmente a voracidade administrativa.

Naquele instante, ficou fácil constatar que o Estado legislativo atendia às demandas de um Estado liberal oitocentista, não sendo suas ferramentas teóricas, ideológicas e institucionais adequadas para reger o Estado social surgido no Século XX. Nessa crise, o positivismo exegético é arrastado. Destaque-se, aqui, o acerto da lição de Maurizio Fioravanti exposta linhas atrás: a crise do positivismo aconteceu com a perda da crença de que "a lei é a expressão da vontade popular".

Em resposta imediata, os acadêmicos socorreram-se de uma junção entre o historicismo e o jusnaturalismo. O positivismo, contudo, se reinventa sob a forma normativista, tendo Hans Kelsen como autor de maior influência sobre a tradição jurídica continental.

Essa remodelação é, muitas vezes, ignorada por parte da doutrina, que faz um salto do positivismo exegético para, alegadamente, um pós-positivismo. Nessa perspectiva simplista, acredita-se que as constatações de que texto e norma não são a mesma coisa e de que o juiz não mais pode ser apenas a "boca da lei" são suficientes para se avançar a um pós-positivismo. Ser "kelseniano" consistiria em ser exegético[26]. Um erro teoricamente imperdoável.

---

26. Nesse tocante, cfr. STRECK, Lenio. **Verdade e consenso**: Constituição hermenêutica e teorias discursivas. São Paulo: Saraiva, 2011.

Constatar, no entanto, que o Direito não é inteira e completamente predeterminado pelo enunciado normativo não é uma visão pós-positivista, ao contrário, a discricionariedade em face das regras, justamente por causa da impossibilidade de predeterminação absoluta, é uma das características fundamentais do positivismo normativista do século XX, seja em função do quadro hermenêutico de Kelsen, seja em razão da textura aberta de que fala Hart.

Kelsen, em sua teoria pura, já afirmava que "a norma jurídica geral positiva não pode prever (e predeterminar) todos aqueles elementos que só aparecem através das particularidades do caso concreto"[27]. Para os "pós-positivistas" mais apressados, essa seria a descrição precisa da necessidade de "concretização" da lei.

Mesmo o dever de prévio cotejo da legislação a ser aplicada com a Constituição – que atualmente poderia ser enquadrada em um conceito amplo de "filtragem constitucional" (expressão comum atualmente) – era prevista na Teoria Pura do Direito, ainda que nos parâmetros formais que lhes são característicos. Segundo Kelsen, "[...] o tribunal que tem de aplicar as normas gerais vigentes de uma ordem jurídica a um caso concreto precisar decidir a questão da constitucionalidade da norma que vai aplicar, quer dizer: se ela foi produzida segundo o processo prescrito pela Constituição ou por via de costume que a mesma Constituição delegue"[28].

Portanto, vislumbrar os problemas do positivismo exegético e propor-lhes soluções não significa ser pós-positivista. O positivismo normativista já lidou com eles muito bem. É certo que de uma maneira ainda axiologicamente neutra, pois sustenta que, conquanto importante, a dimensão de moralidade é meramente incidental no Direito, que pode ser definido sem qualquer juízo dessa espécie. Muitos que alegadamente se dizem "pós-positivistas" não conseguem, na verdade, ir além de uma má leitura do positivismo normativista, deixando intocadas suas bases, quando muito, refletem um mais avançado positivismo inclusivo. Não inovam na explicação de como uma norma passa a integrar o ordenamento, como superar a discricionariedade judicial, lidar com os desacordos jurídicos e como redimensionar as instâncias de segurança e previsibilidade. Limitam-se a superar o positivismo exegético do século XIX com novas pinceladas sobre velhos dogmas.

No enfrentamento dos desafios do século XX, Kelsen manteve a centralidade da produção jurídica no Estado, mas pôs fim ao fetichismo legal ao retirar a lei de sua posição especial de expressão jurídica máxima. Inseriu-a em uma pirâmide normativa na qual ocupa posição intermediária. No ápice dessa pirâmide, estaria a Constituição e na base os atos executivos exercidos pelo juiz, e como instância última transcendental a norma hipotética fundamental.

---

27. KELSEN Hans. **Teoria pura do Direito**. Tradução: João Baptista Machado. São Paulo: Martins Fontes, 1999. p. 272.
28. *Ibid.*, 264.

Todas as normas positivadas, cuja diferença seria apenas de grau, teriam a mesma forma de se expressar por descritor e prescritor: "se f, então Sc" (f → Sc). Nessa expressão, "f" e "c" são duas enunciações, a primeira como descritor (hipótese de incidência) e a outra como consequência (uma relação jurídica), enquanto "S" é o modal deôntico (deve-ser) exprimindo uma permissão, uma obrigação ou uma proibição de maneira cogente no tudo ou nada, sem comportar grau de realização: ou a norma se aplica, ou ela não é vigente (válida[29]).

Para Kelsen, a expressão mais relevante do Direito (denominada por ele como norma primária) é aquela que estabelece uma sanção em face de um ilícito penal ou civil. Na estrutura "se f, então Sc" da norma primária, "f" é a descrição de um fato ilícito (violação do prescritor de uma regra secundária, que determina qual a conduta devida) e "c" a relação jurídica na qual se aplica a sanção. Ele dizia ser essa a expressão mais relevante do Direito porque a norma secundária poderia ser dela inferida, ou seja, a conduta exigida pode ser obtida, *contrario sensu*, daquela a que aplica a sanção. Ademais, a norma primária contém o elemento diferenciador entre Moral e Direito, qual seja, a prescrição da sanção institucionalmente organizada. Para o autor, não existe Direito sem sanção institucionalizada, o que não ocorre na Moral, em que a repreensão é apenas social.

Como a pirâmide normativa é ponto relevante de sua teoria, Kelsen se dedica a analisar, sob a denominação de dinâmica jurídica, o modo de uma norma ingressar nela (obter validade) e como se relaciona com as demais integrantes. De fato, no positivismo normativista, um dos assuntos fulcrais é a ideia de vigência (para saber como e a partir de que momento uma norma integra a ordem jurídica para, então, produzir efeito de obrigar os indivíduos) e coerência (para determinar como a norma se relaciona com as demais). Ambas demandam a ideia de sistema, pois tomar o Direito como sistema pressupõe unidade e coerência, no sentido de entender que não podem viger, no mesmo tempo e lugar, normas com prescrições conflitantes, contrapostas ou contraditórias. Por essa razão, entende-se que uma norma passa a viger com um ato de promulgação operado pelo órgão ou autoridade competente, segundo procedimento predeterminado e outras normas, e as antinomias são solucionadas pelos clássicos critérios temporal, hierárquico e da especialidade.

Mais especificamente no que interessa aqui (a atividade jurisdicional e seu produto), Kelsen afasta, e mesmo critica, a crença exegética segundo a qual o juiz exerceria uma atividade meramente declaratória de um direito predeterminado pelo legislador.

---

29. É preciso destacar que as expressões vigência e validade terão, neste instante, o mesmo significado: fazer parte da ordem jurídico do Estado e irradiar efeitos jurídicos. No entanto, é bem arraigado na Teoria Geral do Direito que vigência é característica que indica uma norma integrar o ordenamento jurídico com capacidade de gerar efeitos objetivos (revogar normas contrárias anteriores, por exemplo) subjetivos (autorizar condutas). Por sua vez, validade é adequação vertical da norma de conduta às normas superiores, que disciplinam sua criação e limites. A utilização dessas duas expressões também são tomadas como sinônimos em muitos textos de teoria analítica da tradição anglo-saxã, daí sempre merecer muita atenção do leitor.

Para ele, "uma decisão judicial não tem, como por vezes se supõe, um simples caráter declaratório. O juiz não tem simplesmente que descobrir e declarar um direito já de antemão firme e acabado, cuja produção já foi concluída. A função do tribunal não é simples 'descoberta' do Direito ou juris-'dição' ('declaração' do Direito) nesse sentido declaratório"[30]. Ele considera a decisão judicial "a continuação do processo de criação jurídica", pois ela também é uma norma, cuja diferença para a legislativa é apenas de grau: aquela é geral e esta é concreta, mas seguem linha prescritiva única.

Embora entenda que o conteúdo da decisão é determinado pela norma legislativa, não defende uma determinação unívoca sempre, no sentido de submeter inexoravelmente o juiz a um só sentido autorizado. É nesse ponto que surge a tão famosa figura do quadro hermenêutico[31].

A escolha entre as várias opções igualmente válidas dentro do quadro não deriva de um juízo cognitivo ou mesmo predeterminado racionalmente e sim de um ato de vontade do juiz. Por isso se fala que o positivismo deixou de ser racionalista para ser voluntarista. Com esse entender, Kelsen não queria deixar o juiz livre e desresponsabilizado, ao contrário, queria fazê-lo responsável por suas decisões, impedindo que se escondesse por trás do argumento de que seria apenas a "boca da lei" e que não teria qualquer responsabilidade pelo conteúdo de sua decisão.

Assim, aquelas ilusórias concepções de precisão, segurança e previsibilidade do positivismo exegético, tão caras à ideologia de mercado liberal oitocentista, não sobrevivem sequer à primeira metade do século XX e a um positivismo mais bem concebido. Kelsen explica que se a pessoa quiser saber, de antemão, como deve se comportar em face de uma determinada norma, deve realizar a escolha dentro do quadro hermenêutico. Porém, como essa sua opção não é autêntica (no sentido de que não é autoridade com poder para criar Direito coercitivamente), há o risco de um órgão estatal posteriormente, em julgamento de seu comportamento, realizar uma escolha interpretativa distinta. Esse é um risco inerente ao fenômeno jurídico, que, portanto, possui uma inerente dimensão de insegurança e indefinição.

É certo que ele aponta esse risco quando "tal conduta não se encontra univocamente determinada na norma que se tem de observar". Ele não explica, contudo, quando e como

---

30. KELSEN, Hans, *op. cit.*, p. 264

31. "Se por 'interpretação' se entende a fixação por via cognitiva do sentido do objeto a interpretar, o resultado de uma interpretação jurídica somente pode ser a fixação de uma moldura que representa o Direito a interpretar e, consequentemente, o conhecimento das várias possibilidades que dentro desta moldura existem. Sendo assim, a interpretação de uma lei não deve necessariamente conduzir a uma única solução como sendo a única correta, mas possivelmente às várias soluções que – na medida em que apenas sejam aferidas pela lei a aplicar – têm igual valor, se bem que apenas uma delas se torne Direito positivo no ato do órgão aplicador do Direito – no ato do Tribunal, especialmente. Dizer que uma sentença judicial é fundada na lei, não significa, na verdade, senão que ela contém dentro da moldura ou quadro que a lei representa – não significa que ela é 'a' norma individual, mas apenas que 'uma' das normas individuais que podem ser produzidas dentro da moldura da norma geral" (*Ibid.*, p. 390-391).

ocorre essa univocidade. Em sendo aceita sua concepção de quadro hermenêutico, isso só pode acontecer com a incidência de fatores não jurídicos.

Portanto, precisão, segurança e previsibilidade demandam algo além da norma e da simples crença de mecânica reprodução do sentido literal de um enunciado previamente conhecido ou mesmo da fenomenologia da incidência normativa por si só. Também não se pretende amordaçar o juiz para extorquir-lhe isso. Seu alcance passa pelo conhecimento do contexto mais amplo em que está inserido o sujeito, envolvendo informações políticas, sociais e econômicas. A ilusão exegética sobre esses três princípios vai por terra.

Despende-se análise mais detida sobre o pensamento de Kelsen, pois ele foi mais influente na Europa continental e, por via de consequência, no Brasil. No Direito de tradição inglesa, por sua vez, o positivismo analítico clássico de Bentham e Austin também se opuseram à função meramente declaratória dos juízes. Com essa atitude, fortaleceram o *stare decisis* já no século XIX, ao ponto de se cogitar que a verdadeira razão de vinculação dos precedentes tem base nesse positivismo.

Ao se referir ao modo de como Austin concebe o trabalho dos juízes, Neil Duxbury explica que "the notion that they are merely mouthpieces declaring the law he memorably dismissed as a 'childish fiction', promoted mainly by the judges themselves"[32].

A resistência analítica ao positivismo exegético fortaleceu o *stare decisis* (ou mesmo deu sua feição atual), pois apetrechou juízes e advogados de recursos teóricos para identificar a *ratio* de um julgado e o modo de utilizá-lo posteriormente. Ademais, o *stare decisis* significou uma solução confortavelmente intermediária entre "a boca da lei" e o "juiz legislador".

Somando essas cogitações teóricas à resistência inglesa às concepções próprias do Estado Legislativo, pode-se concluir que, para essa tradição jurídica, as ilusões exegéticas do fetichismo legal nunca se fizeram fortes, mesmo porque já se experimentara, séculos antes, a ideia de absoluta vinculação a preceito prévio nas cortes do *common law*, no caso, aos *writs* estabelecidos judicialmente, a qual se mostrou injusta, ocasionando as cortes de *Equity*.

Conquanto Kelsen, na *Teoria Pura do Direito*, parta da mesma desmistificação operada por Bentham e Austin quanto à função jurisdicional, ele não chegou à conclusão de fortalecer a importância dos pronunciamentos judiciais na ordem jurídica, pois não abandona a posição de que a decisão é primordialmente uma norma individual e concreta. Mesmo analisando a hipótese de um ordenamento outorgar poderes ao juiz para, diante de lacuna, criar uma norma geral e abstrata, ele, ainda assim, situa o *decisium* na posição mais abaixo na pirâmide, na condição de norma individual e concreta. Nessa hipótese,

---

32. DUXBURY. **The nature and the authority of precedent**. Cambridge: Cambridge Universit Press, 2008. p. 39.

[...] isto significa que o tribunal recebe poder ou competência para produzir, para o caso que tem perante si, uma norma jurídica individual cujo conteúdo não é de nenhum modo predeterminado por uma norma geral de direito material criada por via legislativa ou consuetudinária[33].

Ainda na *Teoria Pura do Direito*, ele aborda o conceito de precedente sob o viés normativista, ou seja, como um uma norma geral obtida por abstrativização da decisão (norma individual e concreta). Escreve:

> Uma decisão judicial pode ter caráter de precedente quando a norma individual por ela estabelecida não é predeterminada, quanto a seu conteúdo, por uma norma geral criada por via legislativa ou consuetudinária, ou quando essa determinação não é unívoca e, por isso, o tribunal cria, com a sua decisão dotada de força de precedente, Direito material novo; no segundo caso, a interpretação contida na decisão assume o caráter de uma norma geral[34].

Em sua *Teoria Geral do Direito e do Estado*, ele também lida com o conceito de precedente nesses termos normativistas, ao entendê-los como um caráter a ser assumido por uma sentença ao admitir que "decisão judicial também pode criar uma norma geral"[35]. Para ele,

> [...] a decisão de um tribunal num caso concreto assume o caráter de precedente obrigatório para as decisões futuras de todos os casos similares por meio de uma generalização da norma individual criada pela primeira decisão. É a força da obrigatoriedade da norma geral assim obtida que é a essência de um chamado precedente[36].

Vê-se que Kelsen compreende os precedentes sob o prisma do Direito enquanto norma com as características que expõe. Coloca o precedente como veículo de uma norma geral, inferida da norma individual contida no dispositivo de uma sentença. Por essa razão, ensina que "dentro de tal sistema jurídico, os tribunais são órgãos legislativos exatamente no mesmo sentido em que o órgão é chamado de legislativo no sentido mais restrito do termo. Os tribunais são criadores de normas jurídicas gerais"[37].

O autor austríaco faz, ainda que sem maior desenvolvimento, a distinção entre precedente e a jurisprudência reiterada, a que chama de costume judiciário. Aquele precedente é uma decisão isolada que origina uma norma geral. "Esse tipo de criação de Direito deve ser claramente distinguido da criação de normas gerais através da prática permanente dos tribunais, *i.e.*, através do costume"[38].

Dessa relação que Kelsen faz entre precedente e norma geral derivam alguns entendimentos que permeiam o imaginário dos juristas, sobretudo daqueles que propõem a compreensão de um precedente a partir da busca de uma norma nele contida, identificando-a como a *ratio decidendi* mediante a abstrativização do comando (norma

---

33. KELSEN, Hans, *op. cit.*, p. 271.
34. *Ibid.*, p. 278.
35. KELSEN, Hans. **Teoria Geral do direito e do Estado.** Tradução: Luiz Carlos Borges. São Paulo: Martins Fontes, 2005. p. 216.
36. *Ibid.*, p. 216.
37. *Ibid.*, p. 216.
38. *Ibid.*, p. 217.

individual e concreta contida no dispositivo do julgado). Também daí vem a aplicação do precedente sob os moldes idênticos da aplicação de uma lei: mediante subsunção. Isso evidencia que algumas teses recentes, que se proclamam neoconstitucionais, possuem, em verdade, fortes raízes positivistas. É o que ocorre com Luiz Guilherme Marinoni, ao propor essa abstrativização do comando sentencial:

> Considerada a sua finalidade, o precedente deve ser aplicado até os seus limites, regulando todos os casos aí cabíveis. É tal potencialidade, inerente ao precedente, que torna possível a sua adoção para solução de casos particularizados por outras circunstâncias ou situações inicialmente não tratadas[39].

Eis um problema sério a ser superado: conquanto o recurso a precedentes no Brasil se dê sob alegadas necessidades "pós-positivistas", utiliza-se raciocínio do positivismo normativista.

Herbert Hart, em uma versão mais recente do positivismo, também renega muitos dos postulados exegéticos e vai adiante em algumas posições de Kelsen. Além de confrontar as dificuldades do positivismo exegético, faz uma análise mais detida sobre os precedentes.

O inglês explana que o principal instrumento de controle social é o estabelecimento de padrões gerais de condutas a serem seguidos por uma quantidade indefinida de pessoas. Segundo ele, esses padrões gerais podem ser obtidos de duas fontes: dos precedentes ou das leis. Escreve:

> Tem-se usado dois expedientes principais, à primeira vista muito diferentes um do outro, para comunicação de tais padrões gerais de conduta, com antecipação de ocasiões sucessivas em que devem ser aplicados. Um deles faz um uso máximo o outro faz o uso mínimo de palavras gerais a estabelecer classificações. O primeiro é exemplificado por aquilo que chamamos de legislação e o segundo pelo precedente. Podemos ver os aspectos que os distinguem nos exemplos simples de casos não jurídicos que a seguir apresentamos. Um pai antes de ir à igreja diz ao filho: "Todos os homens e os rapazes devem tirar o chapéu ao entrar em uma igreja". Outro diz, descobrindo a cabeça quando entra na igreja: "Olha, eis a forma correta de nos comportarmos nessas ocasiões"[40].

O autor indica que, *a priori*, a regulação por exemplos traz um grau de incerteza maior, pois a consideração daquilo que é ou não importante para o padrão de conduta não se mostra clara. O risco de se confundir um dado importante com outro irrelevante é grande. No exemplo dado, é indicado que são possíveis intermináveis discussões do tipo se há ou não relevância para a conduta em se retirar o chapéu com a mão esquerda ou com a direita, qual a velocidade em que isso deve ocorrer ou onde se deve colocar o chapéu posteriormente.

Hart em nenhum momento aponta que o uso dos precedentes possa elevar, de maneira mais influente, o grau de determinabilidade do Direito. Ao contrário, para ele, conceitos fundamentais para o *stare decidis*, como *ratio decidendi*, fatos materiais

---

39. MARINONI, Luiz Guilherme. **Precedentes obrigatórios**. São Paulo: Revista dos Tribunais, 2010. p. 332.
40. HART, Herbert L.A. **O conceito de Direito**. 3. ed. Tradução: A. Ribeiro Mendes. Lisboa: Fundação Calouste Gulbenkian, 2001. p. 137.

e interpretação, têm sua penumbra própria de incerta tal qual as regras legislativas, se não maior. Não constrangem, por meio do exemplo, absolutamente, o juiz; também não o deixa plenamente livre, sobretudo para a maioria dos casos corriqueiros. Escreve:

> Qualquer descrição séria do uso do precedente no direito inglês deve atribuir um lugar aos seguintes pares de fatos contrastantes: em primeiro lugar, não há um método único de determinar a regra relativamente à qual um dado precedente dotado de autoridade funciona como autoridade. Não obstante tal, na vasta maioria de casos decididos há muito poucas dúvidas. A nota de epígrafe é geralmente bastante correta, em segundo lugar, não há nenhuma formulação dotada de autoridade ou unicamente correta de qualquer regra que deva extrair-se dos casos. Por outro lado, há frequentemente um consenso muito geral, quando a relação de um precedente com um caso posterior está em causa, de que uma dada formulação é adequada. Em terceiro lugar, seja qual for o estatuto dotado de autoridade que uma regra extraída de um precedente possa ter, é compatível com o exercício pelos tribunais por ela vinculados dos dois tipos seguintes de atividade criadora ou legislativa: por um lado, os tribunais que decidem um caso posterior podem chegar a uma decisão oposta à contida num precedente e da admissão de alguma exceção a ela que não foi antes considerada ou, se foi considerada, foi deixada em aberto[41].

Ante essas indefinições da teoria dos precedentes, aliada às dificuldades próprias de se extraírem regras gerais de exemplos, a comunicação de padrões de condutas mediante uma lei parece ser, também numa análise preambular, mais precisa e segura do que os precedentes, já que usa conceitos amplos que tratam diretamente do que se tem por devido, bastando uma subsunção do particular ao geral. Isso elidiria as incertezas e inseguranças frutos de uma discussão acerca dos aspectos relevantes do exemplo dado.

Hart, no entanto, não se ilude com essa conclusão apriorística, nem com a subsunção permitida pelo método legislativo de classificações gerais. Ele não se encanta com a crença exegética de sentido único, pois "em todos os campos de experiência, e não só no das regras, há um limite, inerente à natureza da linguagem, quanto à orientação que a linguagem geral pode oferecer"[42]. Isso torna menos contrastante uma alegada maior incerteza dos exemplos dotados de autoridades (precedentes) diante de uma afirmada certeza da linguagem geral dotada de autoridade (legislação). Um não é, necessariamente, dotado de mais certeza e garantidor de maior previsibilidade do que o outro.

Ademais, esses métodos de disciplinamento (por exemplos e por expressões gerais), aparentemente tão díspares, não resistem a uma análise mais detida, pois a legislação, para impor condutas, também considera em sua terminologia casos de aplicação, ainda que padronizados ou, por assim dizer, mais singelos e corriqueiros, ou seja, toma em consideração um exemplo geral abrangente. E ambos padecem da mesma consequência da textura aberta da linguagem. Para ele,

> seja qual for o processo escolhido, precedente ou legislação, para a comunicação de padrões de comportamento, este, não obstante a facilidade com que atuam sobre a grande massa de casos correntes, revelar-se-ão como indeterminados em certo ponto em que a sua aplicação esteja em questão; possuirão aquilo que foi designado como textura aberta.

---

41. *Ibid.*, p. 147-148.
42. *Ibid.*, p. 139.

Hart entende que as regras legislativas só possuem certeza em casos singelos e padrões tão facilmente reconhecíveis como o caso absolutamente análogo ao do exemplo dotado de autoridade (precedente), o que os poria no mesmo nível nesse aspecto. Repita-se: tanto a legislação quanto os precedentes têm como referência uma situação de fato, a diferença está em que, na legislação, essa situação de fato é abrangente e padronizada, enquanto no precedente é uma situação realmente verificada e julgada.

Considerada essa margem de indeterminabilidade, contudo, fruto da textura aberta da linguagem, ele teme que um ceticismo exagerado em relação às leis leve a crer que o Direito seja simplesmente aquilo que os tribunais dizem que ele é. Ele faz interessante afirmação que confirma a premissa de autoritarismo não confessada pelos exegéticos (que substituíram a centralidade e autoridade do rei pelas da lei). Escreve que

> [...] o cético acerca das regras é por vezes um absolutista desapontado; descobriu que as regras não são tudo o que seriam no paraíso de um formalista, ou num mundo em que os homens fossem iguais a deuses e pudessem prever todas as combinações possíveis de fato, de tal forma que a textura aberta não fosse um aspecto necessário das regras[43].

Assim, em virtude dessa frustração diante da lei, o cético poderia ser levado a crer numa fatídica resignação diante dos tribunais, sobretudo em razão da inexistência de sanção ao juiz que se afastar mesmo dos precedentes. Como dito, porém, isso seria simplesmente consequência da frustração de um autoritário, que, mais recentemente, se ilude com a certeza e previsibilidade do precedente.

Tal conclusão não é válida porque, "em qualquer momento dado, os juízes, mesmo os do supremo tribunal, são partes de um sistema cujas regras são suficientemente determinadas na parte central para fornecer padrões de decisão judicial". Portanto, tem-se consideração similar à do quadro hermenêutico de Kelsen, porque, conquanto não se possa falar de um sentido unívoco, também não se há de cogitar em uma arbitrariedade absoluta, haja vista os limites determinados por padrões mínimos.

Com essa crítica aos céticos, Hart não estava a se opor ao positivismo exegético, embora suas lições também sirvam, com se viu, para revelar as falhas de premissa dessa corrente. Na verdade, Hart se opunha ao extremo oposto: o realismo jurídico, tão comum nos Estados Unidos. Os céticos, portanto, são os realistas.

Desfrutando de bastante importância nos anos 1920 e 1930, com variados expoentes e visões, surgiu no Direito dos EUA uma atitude pragmática ao propor que o Direito seria composto eminentemente pelas decisões judiciais, consistindo o trabalho jurídico numa predição desses julgamentos. Ao constatarem que as regras legislativas não eram capazes de predeterminar com certeza absoluta a prescrição aplicável, tomaram-nas como de menor importância, abandonando-as em prol dos precedentes. Isso foi facilitado porque, como visto, nos países de tradição inglesa, o modelo de Estado legislativo exegético francês nunca ressoou com a mesma intensidade que em outros países com

---

43. *Ibid.*, p. 152.

influência da Europa continental. O jurista eficaz seria, então, aquele que bem soubesse o posicionamento das cortes, por ser o dado que contava para determinar a conduta das pessoas. Entre eles, havia a preocupação de, em tomando as decisões como integrantes do Direito, desenvolver uma teoria do precedente.

No realismo, inserem-se pensadores de vários tons, sendo os mais extremados Holland, Gray e Jethro Brown, que defendem a não existência de direito antes das decisões judiciais. As leis escritas não são ainda Direito por carecem de posterior atuação jurisdicional para determinar-lhe o significado mediante interpretação. Ao lado dos precedentes, dos costumes, da moralidade geral e da doutrina, as leis formam fontes jurídicas, mas não no sentido adotado pelo positivismo – como fatos sociais onde se identificam normas jurídicas – mas simplesmente aparências que se transformarão em realidade jurídica com a sentença. Conforme destaca Cardozo[44], realista mais moderado, "nem mesmos as decisões passadas constituem direito. Os tribunais podem revogá-las. Pela mesma razão, decisões presentes não são direito, exceto para as partes litigantes". Nessa perspectiva, "o direito nunca é; está sempre prestes a ser", pelo que "não existem coisas como normas ou princípios: há somente sentenças isoladas".

Posicionamento tão radical é mitigado entre os integrantes da mesma linha de pensamento, como é exemplo o próprio Cardozo, que declaradamente se expressa em uma posição intermediária desse realismo radical e a concepção de Blackstone de que a atuação jurisdicional é meramente declaratória.

É interessante notar, portanto, que o realismo jurídico americano decorre de uma frustração quanto às regras legislativas, incapazes de assegurar certeza. Migram para os pronunciamentos jurisdicionais, buscando uma predição, mas sem a ilusão exegética de que é possível pela razão reta ou via raciocínios lógicos apurados se antever todas as consequências jurídicas de uma ação. Por esse motivo, nem mesmo os próprios precedentes são firmes em assegurar uma absoluta antevisão de como será o julgamento posterior.

Nesse tocante, Cardozo, em posição similar mesmo a Kelsen, acentua que há situações de certeza nas quais não sobram margem de discricionariedade para o juiz ou intérprete. Em outras palavras, "só o que as partes envolvidas na demanda podem fazer é antecipar a declaração da norma da melhor forma que puderem e conduzir-se de acordo"[45]. A diferença entre ambos está em Kelsen entender que se chega a esse ponto por motivos eminentemente formais, deixando livre o juiz para a escolha discricionária dentro desses limites formais; enquanto isso, Cardozo admite se lançar mão, antes e no momento da escolha, de dados históricos, costumeiros e, principalmente, sociológicos, na intenção de satisfazer o bem social mesmo em detrimento de um entendimento mais formal de uma lei.

---

44. CARDOZO, Benjamin. **A natureza do processo judicial**. Tradução: Silvana Vieira. São Paulo: Martins Fontes, 2004. p. 92-93.
45. *Ibid.*, p. 94.

O último elemento (sociológico) é exaltado por Cardozo, que aponta a grande finalidade do Direito à satisfação do bem comum. Eis por que o realismo muitas vezes é denominado de jurisprudência sociológica. Para justificar esse pensamento, faz amplo recurso ao pensamento de Gény, e de sua escola da livre investigação científica. "Livre porque aqui fica longe da ação da autoridade positiva; e científica, ao mesmo tempo, porque só pode encontrar fundamentos sólidos nos elementos objetivos que somente a ciência é capaz de lhe revelar"[46].

Defende o argumento de que uma boa decisão depende da experiência do juiz, o que faz elidir uma apartação rígida entre padrões objetivos e subjetivos de interpretação, já que, justamente essa experiência, molda o modo de o magistrado encarar o caso posto diante de si.

Famosa frase de Holmes, muitas vezes citadas e mal compreendida, expõe as bases do realismo: "a vida do direito não tem sido lógica; tem sido experiência". O erro consiste em crer que há uma negação do uso de instrumentos lógicos no Direito. Em verdade, não se negam essas ferramentas, apenas não se as tomam como suficientes. Com isso, se queria negar que a fenomenologia jurídica se reduz à subsunção, exaltada pelos exegéticos. Cardozo lembra que "a proibição justiniana de qualquer comentário sobre o produto de seus codificadores só é lembrada por sua futilidade"[47].

Cardozo aceita a lógica, mas combate o seu abuso. Citando mais uma vez Gény, assevera que "não se deveria cogitar de banir o raciocínio e os métodos lógicos da ciência do direito positivo", pois o abuso seria "imaginar que as concepções ideais, cuja natureza é provisória e puramente subjetiva, são dotadas de realidade objetiva permanente"[48]. Tem-se, mais precisamente, uma refutação das crenças metafísicas de verdades absolutas obtidas por raciocínio puro e desprendido da experiência do plano fático. Como afirma, "o *common law* não segue uma trajetória que parte de verdades preestabelecidas, de validade universal e inflexível, para chegar a conclusões delas derivadas por dedução"[49].

Indica, assim como Kelsen e Hart, o método indutivo para se extraírem preceitos gerais dos casos particulares analisados, os quais serão, posteriormente, utilizados pela dedução. Não reduz, no entanto, o Direito a esse apego lógico, lembrando Cardozo que isso sempre foi uma preocupação dos juristas de influência romana e não daqueles de raízes inglesas. Nesse âmbito, "as sórdidas controvérsias entre os litigantes são a matéria a partir da qual se formulam, no fim, as grandes e ilustres verdades. O acidental e o transitório produzirão o essencial e permanente"[50]. Por esse motivo, crê que, a longo prazo, não há garantia de justiça, a não ser a personalidade do juiz, que legisla nas lacunas do Direito, cuja existência é detectada por ele próprio.

---

46. *Ibid.*, p. 89.
47. *Ibid.*, p. 8.
48. *Ibid.*, p. 31.
49. *Ibid.*, p. 11-12.
50. *Ibid.*, p. 21.

CAPÍTULO 2 • ANÁLISE DO QUADRO ATUAL DE USO DOS PRECEDENTES JUDICIAIS | **35**

Em verdade, Cardozo é bastante cético com relação à certeza jurídica, concebida como um ideal imaginado pelas pessoas. Segundo escreve, "gostamos de imaginar que o campo do direito se encontra delineado e mapeado com precisão. Traçamos nossas pequenas linhas e, antes que cheguem a se fixar, já não conseguimos distingui-las"[51]. O autor, em tom de testemunho pessoal, assegura a inviabilidade de realização dessa ideologia oitocentista:

> Em meus primeiros anos como juiz, era tamanha minha perturbação de espírito que eu não conseguia perceber que não havia rastros ou vestígios no oceano em que me lançara. Eu buscava certeza. Fiquei deprimido e desanimado quando descobri que essa busca era fútil. Estava tentando alcançar a terra, a terra firme das normas fixas e estabelecidas, o paraíso de uma justiça que se revelasse ainda mais clara e mais dominante do que meus pálidos e tênues reflexos em minha própria mente e consciência vacilantes. Descobri, "com os viajantes em 'Paracelso', de Browing, que o verdadeiro paraíso sempre esteve mais além". À medida que nos anos passavam e eu refletia mais e mais sobre a natureza do processo judicial, fui me resignando com a incerteza[52].

Quanto aos precedentes, ele os submete a uma compreensão de grau. Entende que ele é um ganho prático, pois evita que toda causa seja reaberta no Judiciário para uma discussão inteiramente nova, mas os tem por caros somente na medida em que realizem a justiça na dimensão social já exposta. Por isso, para ele, não se pode tratar de uma subordinação absoluta aos pronunciamentos proferidos, mas em graus ajustados por essa dimensão sociológica.

Neste ponto vale um destaque, tanto Kelsen quanto Hart e Cardozo relacionam precedente a um ganho: para Kelsen, um ganho normativo (com uma nova norma geral e abstrata); para Hart, um ganho de um novo padrão de comportamento; e para Cardozo um ganho prático.

A despeito da divergência entre os integrantes do realismo, percebe-se que todos se preocupam com o âmbito onde o juiz está inserido – porquanto pontos não determinados por uma lógica pura interferem na fenomenologia jurídica – bem como apontam uma responsabilidade do juiz em considerar as consequências de sua decisão para a sociedade e, por fim, rejeitam métodos puros e formais para o estudo do Direito.

Em decorrência dessas concepções, André Ramos Tavares e Carla Osmo[53] constatam de maneira percuciente que a oposição de Hart aos realistas era mais quantitativa do que qualitativa, porque não deixa de considerar que, efetivamente, os tribunais exercem papel influente, com uso de poder discricionário não regido pelas regras legislativas. As ideias de Hart bem se contrapõem ao realismo de Gray, mas acredita que os realistas não estejam inteiramente equivocados, apenas exageram em descrer por completo da capacidade das regras condicionarem o comportamento dos juízes.

---

51. *Ibid.*, p.119.
52. *Ibid.*, p.123.
53. TAVARES, André Ramos; OSMO, Carla. Interpretação jurídica em Hart e Kelsen: uma postura (anti)realista? *In*: DIMOLIUS, Dimitri; DUARTE, Écio (coords.). **Teoria do Direito Neoconstitucional**: Superação ou reconstrução do positivismo jurídico? São Paulo: Método, 2008. p. 129-158.

Assim como Cardozo, no entanto, Hart compreende uma atividade criativa do juiz nas deficiências legislativas. Essa ausência de satisfatória solução legislativa são os *Hard Cases*. Não se quer defender também a ideia de que haja similitude absoluta entre as teorias de ambos, pois Hart se mantém fiel ao positivismo que reformula, enquanto Cardozo, com base em sua adesão ao pensamento de Gény, vai em busca de cogitações eminentemente sociológicas.

Outro ponto que merece destaque no pensamento de Hart diz respeito ao que ele chama de regra de reconhecimento, a qual define quando uma norma passa a integrar o Direito de um determinado Estado e, portanto, passa a irradiar efeitos para produzir obrigações. Na primeira leitura de *"O Conceito de Direito"*, tem-se um critério formal como exemplificado na consideração de que "tudo o que a Rainha pronunciar no Parlamento é Direito". Assim, uma vez editada a norma pela autoridade competente segundo as exigências da regra de reconhecimento, ela passa instantaneamente a ocasionar efeitos, os quais cessarão abruptamente após sua revogação, também segundo essas mesmas exigências.

Tal visão formalista – que reduz o assunto a uma questão de *pedigree* – foi objeto da famosa crítica de Dworkin, que apontou os princípios jurídicos como integrantes do Direito, não tendo eles esse abrupto ingresso na ordem jurídica segundo exigências formais. Também sua retirada não se dá mediante o "torpedeamento" por uma revogação, mas mediante uma "erosão" lenta e gradual. A validade ou invalidade de um princípio decorre de seu peso moral[54] e não da obediência a um procedimento formal preestabelecido.

No posfácio, publicado após seu passamento, Hart responde a essas críticas de Dworkin (a quem acusa em outro escrito de elaborar um sonho posicionado no extremo oposto do pesadelo realista) e afirma não se apegar a esse formalismo exacerbado, pois admite que ordenamentos jurídicos também podem utilizar critérios materiais de moralidade e justiça para dar validade a uma regra. Em verdade, a leitura que Dworkin faz de Hart não é muito precisa. O posfácio apenas elucida com mais ênfase o conceito de norma de reconhecimento já contido na versão original de *"O Conceito de Direito"*, que é traduzida como algo complexo, que envolve, normalmente, uma constituição, a promulgação de leis por um processo legislativo formal e precedentes judiciais, e não apenas uma regra única e simples, caracterizada por critérios formais. Com essa visão, elementos morais também podem ser eleitos pela regra de reconhecimento como critérios de validade jurídica.

---

54. O debate Hart/Dworkin é objeto de intensa discussão acadêmica há mais de quarenta anos, sobretudo na *jurisprudence* da tradição anglo-saxã, mas pouco desenvolvida no Brasil, em que, curiosamente, primeiro se conheceu o pensamento de Dworkin e sua teoria dos princípios. Somente nos últimos anos, uma nova geração de juristas nacionais, como André Coelho e Horário Neiva, bem atentos à teoria analítica do Direito, vem colocando o debate no seu devido patamar. Para uma visão geral do debate, recomenda-se a leitura de SHAPIRO, Scott J. **The Hart-Dworkin Debate**: A Short Guide for the Perplexed, Mar. 2007. Disponível em: https://ssrn.com/abstract=968657. Acesso em: 19 maio 2018. Sobre a colocação do Direito brasileiro sob a luz desse debate, temos LOPES FILHO, Juraci Mourão, *op. cit.*

CAPÍTULO 2 • ANÁLISE DO QUADRO ATUAL DE USO DOS PRECEDENTES JUDICIAIS **37**

Mesmo expondo esse ponto com mais clareza, tem-se que Hart, entretanto, não abandona a discricionariedade judicial combatida por Dworkin e apenas a mitiga, porque, a seu ver, como será exercida apenas nos casos difíceis (nos quais inexiste prévia solução normativa), não haverá justa expectativa das partes a serem frustradas.

Como se percebe, o positivismo, já no século XX, abandonou muitas das crenças exegéticas que moldaram o imaginário dos teóricos da concepção originária do Estado de Direito. Nos países de tradição inglesa, ao longo do século XIX, o positivismo clássico de Bentham e Austin fortaleceu o *stare decisis*. Nos Estados Unidos, a frustração com as regras levou a um realismo jurídico nos anos 1920 e 1930.

No Brasil, o positivismo normativista não teve esse efeito de incrementar o labor jurisdicional. O imaginário da função meramente declaratória do juiz resistiu, sendo tomada a decisão simplesmente como uma norma concreta e individual, derivada da regra geral e abstrata. A essa teoria geral do Direito se somou a teoria do processo, influenciada pelo pensamento italiano forjado no final do século XIX e começo do século XX.

Com efeito, as ideias de Chiovenda e Carnelutti, divulgadas aqui por Liebman, moldaram, e ainda repercutem com bastante vigor, no modo de se entender jurisdição, ação e processo.

Chiovenda, ao engendrar suas ideias no final do século XIX e início do século XX, estava preocupado em garantir a independência do Direito Processual em relação ao material, embora os colocasse de maneira relacionada. A jurisdição, pois, consistirá na atuação concreta da vontade da lei. Perceba-se, nisso, a afinação com a centralidade legislativa típica do Estado legislativo do período.

Por sua vez, Carnelutti avança e entende que a sentença não é mera atuação da lei, pois, na condição de norma individual e concreta, compõe o ordenamento jurídico em um nível mais baixo. A justa composição da lide – dado característico da atividade jurisdicional e sua dimensão primordial – se dá, então, mediante a declaração do Direito aplicável, bastando lembrar que nas três espécies de sentenças conhecidas (declaratória, constitutiva e condenatória) a dimensão declaratória (na qual se afirma o direito aplicável à espécie) está presente em todas. E os três tipos de processo também satelitizam em torno dessa declaração[55].

Enrico Tulio Liebman, autor que moldou a formatação da teoria do processo brasileiro, incorpora e reverbera o pensamento desses autores italianos. Já nas primeiras páginas de seu manual, resta claro seu alinhamento ao positivismo normativista de

---

55. Alfredo Buzaid: "Vistos em seu conjunto apresenta-se o processo civil em três funções. Uma é a de conhecimento, que se inicia com a propositura da ação e termina de ordinário, pelo julgamento da lide ou por meios excepcionais, como a extinção sem julgamento do mérito. Outra é o processo de execução, que começa com a propositura da ação correspondente ao título executivo e deve termina normalmente com a satisfação do credor. E, por último, a terceira, que serve para garantir o resultado útil das duas primeiras, realiza uma atividade cautelar. A sua função é preventiva" (BUZAID, Alfredo. **Estudos e Pareceres de Direito Processual Civil**. São Paulo: Revista dos Tribunais, 2002. p. 222-223)

matiz próprio da *"Teoria Pura do Direito"*, e bem resume a linha de pensamento dessa corrente italiana:

> Giudicare vuol dire valutare un fatto del passato come giusto od ingiusto, come licito od illecito, secondo il criterio di giudizio fornito dal diritto vigente, ed enunciare in conseguenza la regola giuridica concreta destinata a valere come disciplina della fattispecie prese in esame ("Caio è debitore di mille verso Tizio", "Sempronio ha commeso furto ed è condannato alla reclusione"). L'oprazione logica del giudizio può essere fatta da chiunque sia dotato delle necessarie cognizioni e darà luogo a un parere, a un'opinione; ma solo quella ch'è opera del giudice ed è espressa in una sensata ha un contenuto iperativo e un'efficacia vincolante[56].

A adoção do pensamento da teoria pura, contudo, é incompleta, porque não chega a incorporar a discricionariedade decorrente do quadro hermenêutico, nem alcança as cogitações kelsenianas em sua posterior *"Teoria Geral do Direito e do Estado"*. Nesse tocante, prevalece uma visão exegética, mitigada por uma óptica parcial de Kelsen, porquanto crê em uma inarredável correlação lógica entre lei e sentença.

Foi a busca por uma dimensão de valor dentro do Direito, bem como o abandono de algumas crenças hermenêuticas, que criaram espaço próprio para abordagens não positivistas e a superação do Estado Legislativo na Europa e, por via de consequência, no Brasil.

2.2.4 Estado Constitucional, pós-positivismo e neoconstitucionalismo

O Estado constitucional emergiu da crise do Estado legislativo e da busca de alternativas ao positivismo normativista com sua outorga de discricionariedade ao aplicador do Direito, em especial, ao Executivo[57].

De fato, o positivismo exegético não mais servia de suporte teórico para a afirmação de que administração pública atuava apenas a "vontade da lei", só agindo quando expressamente permitido segundo estrita e determinada ordenação. A textura aberta de Hart e o quadro hermenêutico de Kelsen mostraram que não há como se falar de uma aplicação automática da lei que obrigaria mediante um só sentido que constrangeria qualquer margem de liberdade. Na condição de intérprete e aplicador, o agente público integrante do Executivo também desfruta dessa liberdade interpretativa, a qual passa a ser tomada como algo pernicioso para a ordenação social.

Surge, então, o Estado constitucional para melhor amoldar o Estado de Direito ao Estado do bem-estar social. Consequentemente, ocorrem a constitucionalização do Direito e o fortalecimento do Judiciário. Alguém poderia indicar que não seria coincidência, mas, sim, falta de alternativa o Judiciário ter ascendido no século XXI, já que precedido pelo Legislativo no século XIX e pelo Executivo no século XX.

---

56. LIEBAMAN, Enrico Tullio. **Manuale di diritto processuale civile**. Milano: Giuffrè Editore, 1984. p. 4-5.
57. Bruce Ackerman enfrenta, em sua mais recente obra, o que chamou que de declínio e queda da República Americana desde a análise do Executivo sob o aspecto sistêmico, históricos, dinâmicos e interativos (ACKERMAN, Bruce. **The decline and fall of the American Republic**. Cambridge: The Balknao Press of Harvard University Press, 2010).

Tal ascensão do Judiciário, entretanto, também traz um problema se ainda concebida sua função sob a óptica do positivismo normativista: a discricionariedade. Abandonara-se a crença de previsibilidade, certeza e seguranças forjadas pelo congênere exegético (o juiz, há muito, não é a boca da lei), passando a admitir uma discricionariedade do intérprete e aplicador para arrematar o processo de definição da norma jurídica a se aplicar. Ocorre que tais valores são caros, ainda, à economia de mercado e à sociedade como um todo. O Estado social, sobretudo depois de reformado por uma visão neoliberal, representa um arrefecimento e não um abandono de tais exigências. Se é inconveniente, em uma economia de mercado, a ordenação social ser fluida, imprevisível e imprecisa, entregue à discricionariedade de agentes públicos do Executivo com amplos poderes normativos distribuídos por uma série grande de entidades e órgãos, também não é admissível uma atuação *post facto* de um juiz exortado a decidir conforme sua consciência, segundo referencial teórico eminentemente formalista.

Foi necessário, portanto, se buscar um novo referencial teórico. Surgem, sobretudo na Europa continental, as ideias chamadas de pós-positivistas que apontam para uma reconciliação entre Direito e valores de justiça levados a efeito pelo capítulo constitucional dos Direitos Fundamentais. A referência jurídica migra da lei para a Constituição, que é tomada como o instrumento adequado para expurgar do sistema a discricionariedade do positivismo normativista, indicando que, dentro do quadro ou espectro de liberdade interpretativa conferido pela regra legal, o intérprete/aplicador estaria vinculado aos princípios. Nesse sentido, escreve Zagrebelsky:

> Ai grandi e gravi problemi di cui tale mutamento è conseguenza e, a sua volta, causa, la risposta è ricchiusa nella formula dello "Stato costituzionale". La novità che essa contiene è capitale e riguarda la posizione della legge. Questa, per la prima volta in epoca moderna, viene messa in rapporto di conformità e quindi subordinata a uno strato più alto di diritto, stabilito dalla Costituzione.[58]

No mundo ocidental, sejam os ordenamentos de tradição inglesa – como a Inglaterra que criou sua Corte Constitucional – sejam os de tradição alemã – com forte influência de seus pensadores ao redor do mundo – ou os de influência francesa – sendo a França, contudo, que apresentou maior resistência – todos experimentaram a constitucionalização e a judicialização do Direito[59]. Enquanto nos países de influência continental buscou-se, com essa constitucionalização, superar a centralidade ocupada pelos códigos oitocentistas no sistema jurídico; nos países de tradição anglo-saxão, o novo papel das constituições, em especial de seu *Bill of Rights,* veio como aporte teórico para remodelar o positivismo em um positivismo inclusivo, de modo a permitir se utilizarem critérios de moralidade política como parâmetros para julgamento da validade

---

58. ZAGREBELSKY, Gustavo, *op. cit.,* p. 39.
59. Cfr. TATE, C. Neal; VALLINDER, Torbjörn (eds.). **The global expansion of judicial power**. New York: New York University Press, 1995.

de atos jurídicos em prol de minorias que não conseguiriam, no palco parlamentar, maioria suficiente para proteger seus interesses[60].

Quando se dá ênfase, portanto, à evolução político-econômica (de um Estado liberal para um Estado do bem-estar social) que desembocou no Estado constitucional e na nova jurisdição, não se quer dizer que seja a única maneira de enfrentar o assunto. Em verdade, é possível destacar, por abordagens distintas, as várias causas do ocorrido.

Ran Hirschl[61], ao analisar o assunto, inicia afirmando que normalmente se apontam como causas maiores as três ondas de expansão e de consolidação da democracia. A primeira no sul da Europa, no final dos anos 1970; a segunda na América Latina, ao longo dos anos 1980; e a terceira no centro e leste europeus, no início dos anos 1990. Acentua que, realmente, é natural imaginar que um regime democrático importe a adoção de uma série de instrumentos de controle político e de tomada de decisões regidos por uma constituição eficaz que assegure um Judiciário imparcial e forte. Porém, ele acertadamente indica que essa é uma explicação simplista, que recorre a uma série de atalhos ao partir da democratização para chegar ao novo constitucionalismo e à nova jurisdição. Entende que:

> The widespread transition to democracy cannot provide a coherent explanation for the significant variations in judicial power among new democracies. What is more, the expansion-of-democracy thesis fails to account for the significant variations in the timing, scope, and nature of the expansion of judicial power among establish democracies[62].

Então, Hirschl organiza as explicações mais significativas em três grupos: a) Teorias evolucionistas (*Evolutionist Theories*); b) Explicações Funcionalistas (*Funcionalist Explanations*); e c) Modelos econômicos institucionais (*Institutional Economics Models*).

As teorias evolucionistas indicam que o desenvolvimento da ordem jurídica e da teoria que lhe dá suporte está intimamente relacionado com a passagem do sistema político de um estágio socioeconômico para outro, segundo as aspirações dominantes. Assim teria ocorrido com a implantação de sistema de consolidação da agricultura, sob as ideias de Adam Smith, para assegurar a propriedade e os contratos, valores caros naquela quadra histórica. Mais recentemente, se apontam as fortes variações culturais como fator determinante e mesmo o natural progresso econômico e político que gradativamente se contrapõe a regimes autoritários ou ditatoriais. Nesse sentido, a tese mais aceita para o atual grau de desenvolvimento indica a expansão universal

---

60. Nesse sentido, fundamental a obra de Will Waluchow sobre a realidade canadense, ao adotar, somente nos anos 1980, um Bill of Rights: WALUCHOW, Wil. **The living tree** – a Common Law theory of judicial review. Cambridge: Cambridge University Press, 2007.

61. HIRSCHL, Ran. **Towards Juristocracy**: the origins and consequences of the new constitucionalism. Cambridge: Harvard University Press, 2004.

62. Em tradução livre: "A transição generalizada para a democracia não pode fornecer uma explicação coerente para as significativas variações no Poder Judiciário entre as novas democracias. E mais, a tese da expansão da democracia não dá conta em considerar as significativas variações de tempo, escopo e natureza da expansão do Poder Judiciário entre as democracias estabelecidas" (*Ibid.*, p. 32).

dos Direitos Humanos, principalmente após a Segunda Guerra Mundial, como o vetor axiológico a coordenar uma série de esforços para remodelagem dos Estados nacionais. Desprende-se a democracia da mera regra majoritária para, então, assegurar também às minorias instrumentos hábeis a realizarem direitos inseridos na Constituição, que passam a ter uma relevante função contramajoritária ante as disposições parlamentares e ante as centralizadas ações do Executivo[63].

Tem-se, de fato, uma nova separação de poderes, desta vez mais efetiva, pois não mais situa um deles como produtor do centro de atuação estatal, como se deu no Estado legislativo, que fazia Executivo e Judiciário orbitarem em torno da lei parlamentar. O Judiciário ergue-se por se crer que seu corpo de magistratura, bem protegido do jogo político-partidário e de paixões ou arroubos de multidões, estará mais apto a satisfazer o Direito com apoio nos valores centrados nos Direitos Fundamentais. Segundo Hirschl, "according to this view, the presence of an effective written bill of rights is the crowing proof of constitutional development"[64].

Já segundo as explicações funcionalistas, a transformação constitucional decorre de uma reação às pressões sobre o sistema político. Quanto mais ineficiente é o sistema político para lidar com tais pressões, mais elas escoarão para o Judiciário, que, então, assumirá tal função desde uma perspectiva constitucional. Explica Hirschl que "a constitucionalização é vista como o melhor caminho possível para superar o desgoverno político e assegurar a unidade e o normal funcionamento da política"[65]. Também sob esse enfoque, a constitucionalização é tomada como reação ao crescimento do Executivo a que se reportou há pouco. Sobretudo em países sem a estrutura piramidal administrativa de origem francesa, a Administração Pública é composta por uma série de agências independentes que atuam sobre o mercado e a sociedade de maneira, muitas vezes, descoordenada e incoerente, causando instabilidade. Ainda que com menor ênfase, tal fenômeno também ocorre nos países com Direito Administrativo de molde francês, com seus órgãos e entidades. Assim, o *judicial review* é encarado como um meio de se assegurar uma ordenação dessa atuação. Portanto, as explicações funcionalistas situam a constitucionalização e a judicialização como instrumentos para combater a uma degradação das instituições políticas e da Administração Pública.

Por fim, os modelos econômicos institucionais justificam o aumento do papel da Constituição no sistema jurídico como consequência das exigências econômicas de previsibilidade e certeza, a fim de assegurar o ambiente propício para a atuação do mercado. Conforme escreve Hirschl, "dois pressupostos para o desenvolvimento econômico são a existência de normas previsíveis disciplinando o mercado e um regime jurídico que proteja a formação de capital e garanta os direitos de propriedade". Um Judiciário independente e comprometido com tais valores plasmados em uma

---

63. *Ibid.*, p. 31-34.
64. *Ibid.*, p. 32-33.
65. *Ibid.*, p. 34-35.

constituição que não está à disposição dos humores dos governantes de ocasião nem do aparelho burocrático é, portanto, algo caro para o mercado, porquanto assegura a confiança do empreendedor.

Interessante é destacar ponto relevante para este trabalho. Hirschl, valendo-se dos ensinamentos de Douglas North e Barry Weingast, evidencia que a judicialização é apenas o instrumento do momento, já que ao longo da história foram utilizadas outras ferramentas. O sucesso de todo o mercado capitalista depende de instituições que garantam a previsibilidade das consequências das condutas. É exemplo de instrumento do passado a limitação jurídica ocorrida na emergente Europa capitalista. Embora os autores não o digam, o instrumento histórico para essa contenção jurídica, como visto, aconteceu por meio das concepções do positivismo exegético e da ideologia do Estado Legislativo.

Como se percebe, os grupos de abordagem sistematizados por Hirschl podem ser encarados como sendo teórico (*Evolutionist Theories*), político (*Funcionalist Explanations*) e econômico (*Institutional Economics Models*). Eles não são estanques e independentes, ao contrário, a divisão sucede para efeitos didáticos, porque todos se entrelaçam na realidade. Ao se verificar uma degradação do ambiente político, que exerce forte influência sobre o imenso conjunto de entidades e órgãos públicos de atuação marcante na sociedade e no mercado, que passam a apresentar comportamento errático, as demandas próprias de segurança e estabilidade fazem uma seleção das teorias que melhor expliquem o ocorrido e que apresentem soluções compatíveis com essas respectivas aspirações.

A constitucionalização, nesse âmbito, faz recobrar papel ancião exercido pela primeira onda do constitucionalismo[66] que, conforme ensina Fioravanti[67], assegurava um pacto de preservação das diversas realidades sociais que cederam espaço para criação dos Estados Nacionais. Nessa perspectiva, como agora, o constitucionalismo se propõe, ainda que por instrumentos absolutamente distintos, a mediar e conformar uma série de valores concorrentes em torno de uma unidade.

O constitucionalismo passa a se opor ao positivismo normativista, especialmente no debate em torno dos princípios, da interpretação e da discricionariedade. Em verdade, o constitucionalismo remodela os dois primeiros para tentar controlar a última[68].

---

66. O termo constitucionalismo pode ser utilizado em um sentido mínimo e em um sentido pleno, conforme ensina Santiago Nino. O primeiro (sentido mínimo) se refere tão somente à exigência de uma *constituição* no ápice do ordenamento jurídico. Já o segundo defende ter nascido o constitucionalismo propriamente dito somente com as cogitações iluministas acerca do Estado de Direito nos séculos XVII e XVIII. Caracteriza-se, só então, como um movimento jurídico-político definido e com propósitos bem alinhados às tendências sociais surgidas na modernidade. Assim, quando se menciona, com Fioravanti, um sentido ancião de constitucionalismo no século XV, estar-se-á utilizar o sentido mínimo.

67. FIORAVANTI, Maurizio, 2009, *op. cit.*, p. 99-100.

68. Cfr. ZAGREBELSKY, Gustavo. **La legge e la sua giustizia.** Torino: Il Mulino Saggi, 2008.

Como ainda ensina Fioravanti[69], as cortes constitucionais europeias apresentaram--se, então, para fomentar o diálogo com o legislador – no intuito de debater e controlar o conteúdo da legislação – e com os intérpretes com base nos casos concretos. Nesse tocante, a Alemanha de destacou.

A tradição alemã, talvez por mais ter amargado a crise humanitária da Segunda Guerra, se mostrou mais vigorosa em inserir os valores de justiça política nas discussões jurídicas. Não por acaso, isso ocorreu principalmente pelos julgamentos de sua Corte Constitucional. Não se queria reeditar a timidez constitucional do período de Weimar, encarado como um dos fatores para ascensão nazista. Com igual intensidade, se buscava dar legitimidade a uma lei fundamental que não fora democraticamente aprovada pelo povo alemão, mas imposta pelos aliados vencedores da Guerra. O famoso caso Lüth é o estopim e dá as bases do novo pensamento constitucional. Nele, pela primeira vez, se fez referência à Constituição como uma ordem objetiva de valores a guiar os intérpretes:

> [...] a *Grundgesetz,* que não pretende ser um ordenamento neutro do ponto de vista axiológico (BVerfGE 2, 1 [12]; 5, 85 [134 et seq., 197 et seq.]; 6, 32 [40 s.]), estabeleceu também, em seu capítulo dos direitos fundamentais, um ordenamento axiológico objetivo, e que, justamente em função deste, ocorre um aumento da força jurídica dos direitos fundamentais [...]. Esse sistema de valores, que tem como ponto central a personalidade humana e sua dignidade, que se desenvolve livremente dentro da comunidade social, precisa valer enquanto decisão constitucional fundamental para todas as áreas do direito; Legislativo, Administração Pública e Judiciário recebem dele diretrizes e impulsos. Desta forma, ele influencia obviamente o direito civil. Nenhuma norma do direito civil pode contradizer esse sistema de valores, cada norma precisa ser interpretada segundo o seu espírito. O conteúdo normativo dos direitos fundamentais enquanto normas objetivas desenvolve-se no direito privado por intermédio do veículo (*Medium*) das normas que dominem imediatamente aquela área jurídica. Assim como o novo direito precisa estar em conformidade com o sistema axiológico dos direitos fundamentais, será, no que tange ao seu conteúdo, o direito pré-existente direcionado a esse sistema de valores; dele flui para esse direito pré-existente um conteúdo constitucional específico, que a partir de então fixará a sua interpretação. Uma lide entre particulares sobre direitos e obrigações decorrentes destas normas comportamentais do direito civil influenciadas pelo direito fundamental permanece, no direito material e processual uma lide cível. Interpretado e aplicado deve ser o direito civil, ainda que sua interpretação tenha que seguir o direito público, a Constituição.[70]

Nesse julgamento, é possível constatar as três características fundamentais do constitucionalismo contemporâneo: o compromisso moral, ao tomar o capítulo dos direitos fundamentais como uma ordem objetiva de valores; a constitucionalização do Direito, ao propor a interpretação jurídica em cotejo com tais valores constitucionais, mesmo nas relações privadas regidas pelo direito civil; e a força normativa da Constituição, que vincula a todos por meio das disposições de direitos fundamentais, independentemente da mediação de leis parlamentares[71].

---

69. FIORAVANTI, Maurizio, 2009, *op. cit.,* p. 99-100.
70. SCHWABE, Jügen. **Cinquenta anos de jurisprudência do Tribunal Constitucional Alemão**. Org. Leonardo Martins. Tradução: Beatriz Hennig e outros. Montevideu: Fundação Konrad – Adenauer – Stiftung, 2005. p. 387-388.
71. Cfr. CARBONELL, Miguel. **Neoconstitucionalismo(s)**. Madrid: Editorial Trotta, 2009.

Comumente, se aponta que o novo constitucionalismo representa uma superação do positivismo, mas não necessariamente. É possível abandonar algumas premissas de Kelsen, inclusive no que tocante à discricionariedade, mas manter-se, ainda, dentro do espectro do positivismo inclusivo, no sentido de entender que há uma separabilidade entre Direito e Moral, no sentido de que o ingresso de valores morais no Direito ainda depende da Tese das Fontes, ou seja, de que esse ingresso deve ser prescrito por uma fonte do Direito, normalmente uma constituição escrita em seu capítulo dos Direitos Fundamentais. Há correntes distintas do positivismo inclusivo, mas essas são suas linhas gerais, as quais são muito bem expostas por Wil Waluchow[72].

É na doutrina analítica da tradição anglo-saxã, especialmente nas críticas de Dworkin a Hart, que se tem referência para boa compreensão de como se superar o positivismo e não apenas migrar para sua versão mais branda (inclusiva). Como expressamente declara Dworkin, ele utiliza as ideias de Hart para realizar um ataque geral ao positivismo[73].

As críticas de Dworkin são inicialmente formuladas no artigo chamado de "*Modelos de Regra*", *que passou a integrar obra de compilação juntamente com outros ensaios intitulada "Levando os Direitos a Sério". Nessa primeira fase, Dworkin se ocupa com a crítica ao positivismo e* tem a preocupação de combater a discricionariedade normativista mediante a inserção dos princípios no Direito, deixando-os de tomá-los como algo exógeno. Segundo Dworkin, "os positivistas falam como se sua doutrina do poder discricionário judicial fosse um *insight* e não uma tautologia; como se ela tivesse alguma incidência sobre a análise dos princípios"[74]. Portanto, não há que se falar de uma liberdade em face dos princípios, porque há, em verdade, uma obrigação. Uma vez agindo os princípios no combate à discricionariedade, a atuação moral no Direito está assegurada porque, para ele, princípio é entendido como "um padrão que deve ser observado, não porque vá promover ou assegurar uma situação econômica, política ou social desejável, mas porque é uma exigência de justiça ou equidade ou alguma outra dimensão da moralidade".[75] Em outras palavras: a validade de um princípio (ele integrar o Direito e vincular condutas) decorre não de uma obediência a uma norma de reconhecimento assentada por critérios formais de fatos sociais, mas por seu peso moral, não de uma moral privada, mas de uma moral política que molda a específica comunidade de princípios.

Com essas ideias, Dworkin afasta as teses fundamentais do positivismo, pois entende não haver uma separação (ou mesmo separabilidade) estanque entre Direito e Moral (o Direito seria um ramo da moralidade pública), e que a validade de uma

---

72. WALUCHOW, Will. **Inclusive Legal Positivism**. Cambridge: Cambridge University Press, 1994.
73. DWORKIN, Ronald. **Levando os direitos a sério**. Tradução: Nelson Boeira. São Paulo: Martins Fontes, 2002. p. 35.
74. *Ibid.*, p. 55.
75. *Ibid.*, p. 36.

norma jurídica não necessariamente decorre de um fato social identificado como fonte do Direito.

Em uma segunda fase de seu pensamento, com maior desenvolvimento, em *"O Império do Direito" e "Justiça de Toga"*[76], traz sua compreensão do Direito como integridade, na qual o Direito é tomado como integrante de uma realidade interpretativa levada a efeito coletivamente e não por pessoas isoladas. Não há um trabalho interpretativo não situado em um determinado ponto da humanidade, no qual se deve considerar as influências do passado e do presente. "O direito como integridade, portanto, começa no presente e só se volta para o passado na medida em que seu enfoque contemporâneo assim o determine"[77].

Propõe que os princípios organizam e justificam a prática jurídica atual, razão pela qual "o direito como integridade deplora o mecanismo do antigo ponto de vista de que 'lei é lei', bem como o cinismo do novo 'realismo'. Considera que esses dois pontos de vista são enraizados na mesma falsa dicotomia entre encontrar e inventar a lei"[78].

Daí nascem algumas figurações que marcam a obra de Dworkin: a do juiz Hércules e da *chain novel, as quais são excelentes recursos para ilustrar aspectos relevantes de sua teoria de um modo geral e sua importância em particular para a compreensão dos precedentes.*

O juiz Hércules se caracteriza como aquele que bem entende o contexto em que se encontra, dominando não só todas as facetas do Direito, sua história, evolução e fundamentação, mas que também se preocupa com uma fundamentação que bem considere os argumentos das partes e o caso concreto do modo como cada parte o apresenta, e que busque demonstrar ser a sua decisão a única correta na hipótese.

A ideia de *chain novel* (romance em cadeia) de Dworkin nasce de seu recurso à literatura para expor suas posições sobre o Direito. Escreve:

> Decidir casos controversos no Direito é mais ou menos como esse estranho exercício literário. A similaridade é mais evidente quando os juízes examinam e decidem os casos do *common law*, isto é, quando nenhuma lei ocupa posição central na questão jurídica e o argumento gira em torno de quais regras ou princípios de Direito "subjazem" a decisões de outros juízes, no passado, sobre matéria semelhante. Cada juiz, então, é como um romancista na corrente. Ele deve ler tudo o que outros juízes escreveram no passado, não apenas para descobrir o que disseram, ou seu estado de espírito quando o disseram, mas para chegar a uma opinião sobre o que esses juízes fizeram coletivamente, da maneira como cada um de nossos romancistas formou uma opinião sobre o romance coletivo escrito até então. Qualquer juiz obrigado a decidir uma demanda descobrirá, se olhar nos livros adequados, registros de muitos casos plausivelmente similares, decididos há décadas ou mesmo séculos por muitos outros juízes, de estilos e filosofias judiciais e políticas diferentes, em período nos quais o processo e as convenções judiciais eram diferentes. Ao decidir o novo caso, cada juiz deve considerar-se como parceiro de um complexo empreendimento em cadeia, do qual essas inúmeras decisões, estruturas, convenções e práticas são a história; é seu trabalho continuar essa

---

76. DWORKIN, Ronald. **A justiça de toga**. Tradução: Jefferson Luiz Camargo. São Paulo: Martins Fontes, 2010.
77. DWORKIN, Ronald. **O império do Direito**. Tradução: Jefferson Luiz Camargo. São Paulo: Martins Fontes, 1999. p. 274.
78. *Ibid.*, p. 274.

história no futuro por meio do que ele faz agora. Ele deve interpretar o que aconteceu antes porque tem a responsabilidade de levar adiante a incumbência que tem em mãos e não partir em uma nova direção. Portanto, deve determinar, segundo seu próprio julgamento, o motivo das decisões anteriores, qual realmente é, tomado como um todo, propósito ou o tema da prática até então"[79].

Na terceira fase de seu pensamento, concentrado em sua obra "A raposa e o porco-espinho – justiça e valor", Dworkin aprofunda o aspecto filosófico de sua abordagem, buscando uma unidade de valor em um holismo axiológico em que todos os valores verdadeiros formam uma rede interligada e íntegra, rejeitando o choque de princípios, que seriam meramente aparentes diante dessa compreensão holística mais profunda. Aperfeiçoa sua epistemologia moral, que, a seu ver, é interpretativa, que se liga a uma responsabilidade moral, que exige da pessoa moralmente responsável a busca de uma integridade geral das diversas interpretações concretas e específicas. Uma interpretação assim entendida entrelaça os diversos valores para indicar uma única resposta "verdadeira" do ponto de vista moral[80].

Como se vê, o pensamento de Dworkin é firme em se opor ao decisionismo e à concepção normativista de que seria comum se estar diante de várias opções para decidir um caso, cuja escolha seria exercida por ato de vontade. Seu direito como integralidade incorpora preocupações deontológicas no Direito. E ao adotar o interpretativismo como premissa epistemológica (no sentido de que as concepções de Direito são influenciadas por princípios de moralidade política) tem-se perspectiva efetivamente não positivista, superando mesmo a versão branda do positivismo inclusivo[81].

Quanto aos precedentes, Dworkin alerta para o fato de que os tomar como leis e aplicar-lhes os métodos interpretativos destas é um erro, mesmo porque a razão para seguir os precedentes não pode ser a mesma para se seguirem as leis, que se fundam na teoria democrática geral. Embora em um precedente se possa encontrar uma enunciação canônica semelhante à de uma lei, no sentido de trazer uma prescrição geral e abstrata a abranger uma grande quantidade de situações particulares, ele não pode ser resumido a isso de modo a permitir a subsunção de uma grande gama de casos concretos futuros.

Com base nessa constatação, ele trabalha com a distinção entre a força de promulgação e a força gravitacional, esta própria dos precedentes. A força de promulgação consiste na produção, pelo precedente, de uma norma em moldes parecidos com uma legislativa. "Não obstante, descobrirá que, quando um precedente tem força de promulgação, não se considera que sua influência sobre casos posteriores se limite a essa força"[82]. O juiz "insistiria em que a decisão anterior exercer uma força gravitacional sobre as decisões posteriores"[83]. Por sua vez, a "força gravitacional do precedente não pode ser

---

79. DWORKIN, Ronald. **Uma questão de princípios**. Tradução: Luiz Carlos Borges. São Paulo: Martins Fontes, 2005. p. 237-38.
80. Essa é uma abordagem geral dessa fase mais sofisticada do pensamento de Dowrkin. Para mais aprofundamento, cfr. DWORKIN, Ronald. **A raposa e o porco-espinho** – Justiça e Valor. São Paulo: Martins Fontes, 2014.
81. Para o estudo do positivismo inclusivo, recomenda-se WALUCHOW, Will, 1994, *op. cit.*
82. DWORKIN, Ronald, 2002, *op. cit.*, p. 174.
83. *Ibid.*, p. 174.

apreendida por nenhuma teoria que considere que a plena força do precedente está em sua força de promulgação, enquanto uma peça de legislação"[84].

Portanto, Dworkin aceita a ideia de que os precedentes forneçam padrões que exerçam influência nas decisões posteriores, uma vez que "contribuem na formulação de regras novas e controvertidas de uma maneira distinta do que no caso da interpretação"[85]. Refuta, porém, a noção de que isso se dê nos moldes de uma norma legislativa que se impõe inarredavelmente por simplesmente ter sido posta por um tribunal, ficando a depender da ocorrência de outros fatores que aumentam ou diminuem a influência sobre o caso posterior.

A contraposição das ideias de Dworkin a Kelsen, da maneira exposta na *"Teoria Geral do Direito e do Estado" deste*, é clara, pois, se relembre, este põe o precedente na condição de uma norma geral e abstrata obtida por meio da ampliação da norma de julgamento utilizado. Convém adiantar que será exposta, neste trabalho, a noção de que essa perspectiva de Dworkin se aperfeiçoará com as considerações da Hermenêutica filosófica.

Robert Alexy, com procedência em suas concepções sobre a argumentação jurídica[86], parte das lições de Dworkin, mas sem adotá-las integralmente e mesmo fastando-se de suas formulações mais aprofundadas. Passa a analisar os direitos fundamentais[87] e estabelecer uma teoria discursiva do Direito[88], especialmente do Direito Constitucional[89]. Diverge do autor norte-americano ao detalhar o conceito de princípio como um mandado de otimização que prescreve um valor a ser realizado sempre que for fática e juridicamente possível. Eis por que, para o autor alemão, há uma dimensão axiológica do Direito, enquanto para o jurista americano, a dimensão seria deontológica.

Alexy também difere os princípios das regras pelo arranjo lógico, pois estas têm a estrutura fechada em que bem se descreve um fato e lhes atribui uma consequência; já os princípios, por causa de sua estrutura aberta, para serem aplicados, demandam concretização, ou seja, necessitam ser transformados em regras mediante um labor que envolve a ponderação com outros princípios. Para tentar controlar essa ponderação, Alexy desenvolve a proporcionalidade, com sua subdivisão em adequação, necessidade e proporcionalidade em sentido estrito. Nos trabalhos seguintes, o autor tedesco recorre às concepções de cálculos infinitesimais para montar a fórmula do peso, como instrumento último para o controle racional da ponderação.

---

84. *Ibid.*, p. 176.
85. *Ibid.*, p. 175.
86. ALEXY, Robert. **A Theory of legal argumentation**: The theory of rational discourse as theory of legal justification. Great Britain: Oxford University Press, 1989.
87. ALEXY, Robert. **Teoria dos direitos fundamentais**. Tradução: Virgílio Afonso da Silva. São Paulo: Malheiros, 2008.
88. ALEXY, Robert. **Direito, razão, discurso**: Estudos para a filosofia do direito. Tradução: Luís Afonso Heck. Porto Alegre: Livraria do Advogado, 2010.
89. ALEXY, Robert. **Constitucionalismo discursivo**. Tradução: Luis Afonso Heck. Porto Alegre: Livraria do Advogado, 2007.

Como se percebe, Dworkin e Alexy não ignoram a discricionariedade do intérprete/aplicador como fizeram os exegéticos. Não se resignam diante dela como fizeram os normativistas. Também não se contentam com uma dimensão estritamente pragmática como os realistas. Ao contrário, se esforçam por controlá-la racionalmente e restringi-la aos casos difíceis, sem negar a relevância da jurisdição nesse tocante, a qual se apresenta como fornecedora de experiências reais que possibilitam não só a análise das circunstâncias fáticas consideradas como também fornecem argumentações já testadas em um choque de princípios.

Portanto, a decisão judicial não é mais simplesmente a enunciação de algo prefixado em lei (posição exegética); também não é tomada como um ato de vontade que completa, mediante a emissão de normas individuais e concretas, a produção normativa (como querem os normativistas). Em verdade, ela se exibe como uma solução argumentativa que concilia aspectos fáticos, normativos e axiológicos ou deontológicos, incrementando a noção a respeito ao Direito legislado e solucionando um caso concreto, tudo dentro de um jogo hermenêutico próprio. Para casos futuros, essa decisão prévia servirá como uma experiência real que poderá orientar os trabalhos posteriores na concretização futura dos princípios.

É preciso destacar o fato de que, tanto para Dworkin (em sua primeira fase) quanto para Alexy, o sopesamento não deve ocorrer de forma constante, no dia a dia do magistrado, no trato das situações mais corriqueiras para as quais o Direito legislado já exprime solução possível de ser obtida pela subsunção. Na segunda e terceira fase de Dworkin, ela sequer é considerada na responsabilidade interpretativa na busca de integridade. Não se propõe, pois, fortalecer a discricionariedade jurisdicional em face das regras legislativas, ao contrário, tentam combatê-la onde estas não são eficazes em atuar.

A despeito disso, no Brasil, houve paradoxal recepção do Estado constitucional, do novo constitucionalismo e da nova jurisdição. Diferentemente de outros países, que tiveram essas novidades inseridas pelas respectivas cortes constitucionais, a inovação se deu pelos esforços doutrinários. Houve um profundo sincretismo metodológico, que, em vez de ocasionar a mitigação da discricionariedade, autorizou o recrudescimento do decisionismo.

Com sustentáculo na incorporação da distinção entre regras e princípios se trouxe a reboque a ideia de ponderação destes últimos. Além disso, a força normativa da Constituição assegurou a incidência dos princípios jurídicos, em especial daqueles que versam sobre direitos fundamentais, transpondo os casos difíceis, fazendo-os instrumentos corriqueiros. Some-se a isso o fato de que, em vez de se analisar a estrutura lógica da norma (critério para classificá-la como regra ou princípio) ou peso moral, para, então, dispensar o tratamento próprio a cada espécie, recorreu-se a um nominalismo: o que corriqueiramente fosse conhecido com princípio receberia o tratamento como tal, independentemente de sua estrutura lógica ou peso moral. Não bastasse isso, mesmo uma ponderação de regras é propagada pela doutrina[90].

---

90. BARCELLOS, Ana Paula de. **Ponderação, racionalidade e atividade jurisdicional**. Rio de Janeiro: Renovar, 2005.

Formou-se, então, cabedal teórico que amplamente viabilizou o ativismo judicial, autorizando o uso da interpretação constitucional como instrumento de voraz interferência em políticas públicas e mesmo substituição das deliberações legislativas por uma exclusivamente judicial. A alegada inexistência de controle racional para manejo da ponderação levou a uma discricionariedade, mesmo na aplicação de normas legislativas que delineiam a conduta devida.

Conquanto se indique ser o pós-positivismo um dos marcos teóricos do neoconstitucionalismo[91], não se abandona, ao contrário, se incrementa, uma das mais marcantes características do positivismo normativista, precisamente a discricionariedade. Lenio Streck explica que isso ocorre pela má importação da teoria da ponderação de Alexy, da jurisprudência dos valores e do ativismo estadunidense. Com suporte nessa constatação, arremata:

> Destarte, passadas duas décadas da Constituição de 1988, e levando em conta as especificidades do direito brasileiro, é necessário reconhecer que as características desse "neoconstitucionalismo" acabaram por provocar condições patológicas que, em nosso contexto atual, acabaram por contribuir para a corrupção do próprio texto da Constituição. Ora, sob a bandeira "neoconstitucionalista" defendem-se, ao mesmo tempo, um direito constitucional de efetividade; um direito assombrado pela ponderação de valores; uma concretização *ad hoc* da Constituição e uma pretensa constitucionalização do ordenamento a partir de jargões vazios de conteúdo e que reproduzem o prefixo *neo* em diversas ocasiões, como: neoprocessualismo e neopositivismo. Tudo porque, ao fim e ao cabo, acreditou-se ser a jurisdição responsável pela incorporação dos "verdadeiros valores" que definem o direito justo (vide, nesse sentido, as posturas decorrentes do instrumentalismo processual)[92].

De fato, esse quadro teórico brasileiro implica um generalizado âmbito de incerteza no Direito e um protagonismo judicial sem um controle racional exauriente[93]. A isso se soma a notória crise do Legislativo não só na dimensão de legitimidade, mas, sobretudo, por sua cooptação pelo Executivo, que o pauta e coordena em torno de uma agenda em característica nacional apartidária que ficou conhecida como Presidencialismo de Coalizão[94]. Essa estagnação da instância política, aliada à ostensiva presença do Executivo na vida social, leva muitos dos anseios sociais a recaírem sobre o Judiciário da forma mencionada há pouco por Hirschl, retroalimentando o âmbito de incertezas, sem falar de seu uso estratégico por partidos políticos, que se veem derrotados em debates parlamentares.

---

91. BARROSO, Luiz Roberto. Neoconstitucionalismo e constitucionalização do Direito: o triunfo tardio do Direito Constitucional no Brasil. **Interesse Público**: Revista Bimestral de Direito Público. Belo Horizonte: Fórum, 09/2005 a 10/2005. p. 13-54, v. 6 fas.33.

92. STRECK, Lenio Luiz **Verdade e consenso**: Constituição hermenêutica e teorias discursivas. São Paulo: Saraiva, 2011. p. 36.

93. Essa falta de critérios racionais exaurientes no neconstitucionalismo brasileiro pode ser percebida pela tese de Ana Paula de Barcellos. Conquanto, a autora busque contingenciar a liberdade ponderativa, e, de fato, consiga apresentar elementos para mitigá-la, não consegue apresentar critérios suficientes, findando por deixar, ainda, uma margem intocada em que o juiz age livremente.

94. Sobre o presidencialismo de coalizão, conferir ABRANCHES, Sérgio. **Presidencialismo de Coalizão** – Raízes de evolução do modelo político brasileiro. São Paulo: Companhia das Letras, 2018.

Em meio a tudo isso, busca por certeza e previsibilidade, porém, remanesce. Ainda se tem uma sociedade de mercado que prima por esses dois valores. Naturalmente, passaram a ser buscadas também na atividade jurisdicional. É desde então que se tenta atribuir novo papel aos precedentes no Brasil, mas não por uma construção teórica nova. As velhas aspirações exegéticas se expressam com roupagem nova, sendo substituído o fetichismo legal por um fetichismo dos precedentes, que passam a desfrutar das características redentoras antes outorgadas à lei do Estado Legislativo.

Destaque-se: em razão do quadro instaurado pelo neoconstitucionalismo brasileiro, não se buscou constituir outras concepções de certeza e previsibilidade, simplesmente se reeditou a visão exegética do século XIX e se substitui a lei pelo precedente. Luiz Guilherme Marinoni, o maior entusiasta dessa perspectiva, toma os precedentes de uma forma obrigatória, independentemente de previsão normativa nesse sentido e do conteúdo do julgado, e como norma geral com capacidades superiores mesmo à lei:

> Relevante é que o precedente obrigatório orienta os cidadãos, pois lhes diz o modo como devem se comportar e lhes dá previsibilidade acerca do resultado dos reclamos jurisdicionais, tendo, nesta dimensão, a característica de norma geral que, além disso, é capaz de oferecer maior segurança que a própria norma legislativa[95].

Pode-se perceber nessa lição a mistura de uma credulidade ingênua (ou, quando menos, ideologicamente tendenciosa) típica do positivismo exegético, apenas substituindo a lei pelo precedente, com um ceticismo em relação às leis próprio do realismo americano dos anos 1920/30. Não se detecta algo realmente novo ou que parta de uma nova teoria do Direito que tente superar as crendices do passado, as quais foram infirmadas já pelo positivismo normativista. Isso representa um paradoxo, pois a causa apontada para essa nova função dos precedentes é atribuída ao novo constitucionalismo.

Essa amálgama da crença exegética com o ceticismo realista põe o precedente numa posição de superioridade não admitida mesmo por adeptos mais moderados do realismo, como Benjamin Cardozo, como visto. Ele nega qualquer superioridade do precedente sobre a lei, ao refutar a ideia de que aqueles "sejam as fontes últimas do Direito, fornecendo o único equipamento necessário ao arsenal da lei, as ferramentas exclusivas da 'forja da lei', para citar Maitland"[96].

Assim, a pretexto de se lançar outra visão a respeito dos precedentes com penhor nas contribuições pós-positivistas do neoconstitucionalismo, está a ganhar corpo no Brasil uma doutrina do precedente de ambíguas bases – exegética e realista. Nos termos cunhados por Austin e Hart, essa compreensão posiciona-se entre a ficção infantil (exegética) e o pesadelo (realista). Nada mais justo, então, do que se refutar essa compreensão e se buscar o sonho (dos precedentes incorporados no Direito como integridade).

---

95. MARINONI, Luiz Guilherme, 2010, *op. cit.*, p. 95.
96. CARDOZO, Benjamin, *op. cit.*, p. 9.

Portanto, o neoconstitucionalismo e o Estado constitucional, no Brasil, em vez de representarem esforços contra a discricionariedade judicial, a recrudesceram, o que ocasionou a tomada dos precedentes como normas obrigatórias que visam a reaver as ilusórias e inalcançáveis certeza e previsibilidade de matiz oitocentista, oriundo de um ceticismo realista em face das regras parlamentares.

Não se quer dizer, aqui, que os pronunciamentos judiciais no constitucionalismo contemporâneo não tenham uma nova feição. O que não se admite é simplesmente reeditar concepções antigas e de outras culturas, todas com aparência impecável, sem buscar base efetivamente inovadora. A presente obra tem a intenção de trazer essa nova visão.

2.3 RAZÕES POLÍTICO-INSTITUCIONAIS PARA O FORTALECIMENTO DOS PRONUNCIAMENTOS JURISDICIONAIS: TENTATIVA DE CONTROLE PELA CÚPULA JUDICIÁRIA DOS NOVOS PODERES JURISDICIONAIS

A posição atribuída, atualmente, à atividade jurisdicional no Estado de Direito fez emergir um desafio interno no Judiciário, pois subverte a ordem hierárquica em que é estruturado. De fato, as cogitações teóricas antes expostas atribuem novo papel à magistratura como um todo e, sob alguns aspectos, com maior ênfase ao juiz de primeiro grau, mais próximo da realidade em que está inserida a causa.

A Hermenêutica jurídica até admite uma variação de eficiência no exercício dos poderes interpretativos a depender do caso em julgamento, mas não uma discriminação estática e imutável em razão do *status* do órgão julgador. Os poderes são os mesmos, apenas são exercidos de maneira mais ou menos eficiente em razão da maior ou menor capacidade de apreender os dados fáticos e contextuais, se mais gerais ou mais específicos.

No Brasil, ao historicamente se adotar o controle difuso de constitucionalidade, não se estabelecem disciplinamentos ou poderes diferenciados entre magistrados. Mesmo o juiz recém-empossado na mais longínqua comarca de um Estado-membro possui, a princípio, diante de um caso concreto, os mesmos poderes de revisão, controle e interpretação dos atos legislativos de que desfruta um ministro do Supremo Tribunal Federal. Considerando sua proximidade dos fatos e das pessoas, está mais apto, em casos complexos e não repetitivos, a exercer uma concretização adequada das prescrições jurídicas incidentes. Isso desafia a ordenação vertical que a estrutura judiciária brasileira tradicionalmente preservava, pois o Direito passa a ser mais bem determinado pelas instâncias mais baixas em muitas situações.

O incremento da obrigatoriedade dos precedentes dos tribunais superiores é uma reação a essa reviravolta. É uma tentativa de graduar entre os escalões judiciais os poderes prescritos pelo constitucionalismo contemporâneo. A intenção é o novo papel do Judiciário ser protagonizado apenas ou preponderantemente pelos órgãos mais elevados. Visa a preservar a concentração dos novos poderes jurisdicionais no vértice da pirâmide judiciária, assegurando o funcionamento típico dessa estrutura rigidamente hierarquizada, em que o ápice controla a base. Nesse âmbito, também se insere a chamada abstrativização do controle difuso de constitucionalidade, cujo intuito é privilegiar as decisões proferidas pelo Supremo Tribunal Federal justamente no instrumento processual que compartilha com as demais instâncias.

Na mesma medida em que pretende consolidar sobre instâncias inferiores a imposição de decisões obrigatórias, paradoxalmente, o Supremo Tribunal Federal e os tribunais superiores adotam em seus julgamentos atitude que os põe livre de vinculação mais rígida, seja ao Legislativo, seja aos costumes, à doutrina ou mesmo aos próprios precedentes. A intenção de um controle rígido da discricionariedade judiciária só se faz mais firme sobre o nível intermediário para baixo. Nos escalões superiores, ela não só é aceita, mas também é exortada por suas decisões.

As camadas mais altas, portanto, veem sua atividade ou sob o enfoque do positivismo normativista – com a margem de liberdade inatingível pelas regras – ou pela perspectiva teórica do neoconstitucionalismo brasileiro, com amplos poderes de ponderação, interpretação e controle sobre os enunciados legislativos e constitucionais. Não se cogita, por exemplo, em qualquer vinculação horizontal aos próprios precedentes, algo já discutido e experimentado em países de tradição inglesa. Em verdade, nesse tocante, são comuns julgamentos que, expressamente, deixam de aplicar as próprias súmulas, as mesmas que são consideradas para dispensar julgamentos colegiados, barrar recursos e mesmo julgar a conduta profissional dos magistrados em razão da deferência a elas. Isso é comprovado pelos inúmeros julgamentos do Supremo Tribunal Federal que afastam a incidência da Súmula 691[97].

Por outro lado, esses mesmos tribunais enxergam a atuação dos tribunais de segundo grau e dos juízes monocráticos mediante rígida deferência exegética. De fato, após proferida a decisão superior, busca-se consolidar a ideia de que ela se transforma em precedente vinculante da atuação dos tribunais inferiores, os quais passam a ter o dever de meramente reproduzir os comandos nele contidos. Nesse tocante, entende-se vinculação em um aspecto formal, independentemente do conteúdo da decisão, tenha ela boa ou má fundamentação, seja justa ou injusta, seja coerente ou não com outras fontes jurídicas, entre outros critérios materiais que podem ser investigados. Esses precedentes, assim como o foi a norma legislativa oitocentista, são tomados como prescrições plenas de significado a que não se pode fazer acréscimo ou subtração. Substitui-se, pois, a norma legislativa pelo precedente vinculante, chegando-se ao extremo de se mimetizar com o instrumento da reclamação o vetusto mecanismo de consulta ao legislador. Ambos seriam a maneira de se acessar a interpretação autêntica e devida do preceito obrigatório.

---

97. "Não compete ao Supremo Tribunal Federal conhecer de *habeas corpus* impetrado contra decisão do relator que, em *habeas corpus* requerido a tribunal superior, indefere a liminar."

CAPÍTULO 2 • ANÁLISE DO QUADRO ATUAL DE USO DOS PRECEDENTES JUDICIAIS **53**

Repita-se, está cada vez mais evidente a constatação de que, na mesma medida em que se impõe maior vinculação dos níveis inferiores, se fortalece a compreensão de que as instâncias mais elevadas atuam desprendidas de parâmetros normativos que não sejam julgados por eles mesmos. Resta, quando muito, um dever de consciência exercida pelos membros dessas cortes.

O esforço mais destacado recentemente quanto a uma autocontenção de um integrante do Supremo Tribunal Federal, em prestígio aos próprios precedentes da corte, pode ser encontrado no voto da ministra Rosa Weber no julgamento da HC 152.752. Nele, foi enunciada a obediência ao que se denominou de princípio da colegialidade, o qual, no entanto, levou a um verdadeiro paradoxo.

Tratava-se de *habeas corpus* impetrado pelo então ex-Presidente Luiz Inácio Lula da Silva contra decisão do Superior Tribunal de Justiça que autorizara o cumprimento provisório de sentença penal condenatória antes do trânsito em julgado, em função de entendimento firmado pelo Supremo Tribunal Federal. Nesse precedente do STF utilizado pelo STJ, a ministra havia sido vencida, pois seu voto fora pela impossibilidade da execução da pena antes do trânsito em julgado.

Acontece que STF sinalizava poder superar esse precedente ante a mudança de composição pelo ingresso do ministro Alexandre de Moraes e pela sinalização da mudança de entendimento dos ministros Dias Toffoli e Gilmar Mendes. Mantivesse a ministra seu entendimento pessoal, se confirmaria o *overruling*.

No entanto, a partir de lições de Frederick Schauer, Neil MacCormick e outros autores, no sentido de que um tribunal dever manter a linha de entendimento, mediante o respeito a seus precedentes, mesmo após mudança de sua composição, erigiu o chamado princípio da colegialidade, como "método decisório dos julgamentos em órgãos coletivos pelo qual o decidir se dá em conjunto", o qual "impõe, aos integrantes do grupo, da assembleia ou do tribunal, procedimento decisório distinto daquele a que submetido o juiz singular". Acrescenta que "as vozes individuais vão cedendo em favor de uma voz institucional, objetiva, desvinculada das diversas interpretações jurídicas colocadas na mesa de deliberação". Em função disso, em deferência ao que fora decidido pelo STF no precedente seguido pelo STJ, entendeu por denegar o *habeas corpus*, ressalvando seu entendimento pessoal.

O paradoxo está em que ela obedeceu ao que decidira o colegiado, por compreensão que só não era modificado no novo julgamento pelo mesmo colegiado porque ela não julgou de maneira igual ao que fizera no caso anterior.

Não bastasse isso, foi sinalizado que poderia voltar a julgar como no passado, caso não estivesse a julgar um processo subjetivo, mas, sim, um processo objetivo de controle de constitucionalidade, como se esse critério formal fosse autorizador para comportamento que causava a oscilação jurisprudencial que ela combatia, na ocasião, com o chamado princípio da colegialidade. De fato, em julgamento de processos objetivos posterior, a ministra excepcionou a colegialidade, sustentou sua compreensão original, ocasionando a superação pelo STF do precedente que autorizava a execução provisória de pena antes do trânsito em julgado. E o proclamado princípio da colegialidade não se fez mais presente em outras manifestação da Corte Suprema.

Outros pronunciamentos não jurisdicionais bem demonstram, já há algum tempo, quão livres os tribunais mais elevados concebem a própria atuação e quão subordinada têm passado a idealizar a atividade dos demais tribunais e magistrados.

Na abertura do ano judiciário de 2012, o presidente do Supremo Tribunal Federal, ministro Cesar Peluso, proferiu discurso que ilustra a atitude aqui descrita. Em meio à tensão dos dias que antecediam o julgamento sobre os poderes investigativos do Conselho Nacional de Justiça (em torno do qual havia clamor popular pela "abertura da caixa preta do Judiciário"), ressaltou a necessidade de certo distanciamento das reivindicações sociais e a colocação da consciência do próprio magistrado como padrão de julgamento por excelência. Eis suas palavras:

> O papel dito antimajoritário ou contramajoritário, em especial, das cortes constitucionais, não significa apenas dever de tutelar direitos das minorias perante risco de opressão da maioria, mas também de enfrentar, não críticas ditadas pelo interesse público, mas pressões impróprias tendentes a constranger juízes e ministros a adotarem interpretações que lhes repugnam à consciência. O dissenso hermenêutico faz parte da discutibilidade das questões jurídicas, na vida republicana. Pressões, todavia, são manifestação de autoritarismo e desrespeito à convivência democrática.

Perceba-se que as pressões são reputadas impróprias porque "lhes repugnam à consciência", ou seja, a consciência do integrante de um Supremo Tribunal ou de uma Corte Constitucional é tomada como o critério definitivo para avaliar como devem ser tomados os anseios dos diversos setores sociais que, naturalmente, incidem mais acentuadamente em virtude da constitucionalização do Direito e da judicialização dos mais diversos assuntos. Não importa que, no Brasil, a redemocratização tenha causado mais acentuada busca de satisfação de direitos no Judiciário. Também indiferente é a emergência de uma nova classe social que, ao passar a acessar os meios de informação e instrução, fez mudar o tom e o perfil desses anseios. Nada disso é relevante, se não receber a aprovação da íntima convicção da consciência dos 11 ministros do Supremo Tribunal Federal.

Em tomando como parâmetro essa cogitação de ordem íntima, percebe-se uma aproximação ao realismo de Cardozo, pelo que possível a invocação, aqui, de sua lição: a longo prazo, não há garantia de justiça, a não ser a personalidade do juiz, no caso a consciência dos ministros do Supremo.

Mas não só em discursos se verifica o desprendimento das instâncias elevadas. Já se tornou famoso, em trabalhos e artigos acadêmicos, o voto do ministro Humberto Gomes de Barros, do Superior Tribunal de Justiça, no AgReg em ERESP nº 279.889-AL:

> Não me importa o que pensam os doutrinadores. Enquanto for Ministro do Superior Tribunal de Justiça, assumo a autoridade da minha jurisdição. O pensamento daqueles que não são Ministros deste Tribunal importa como orientação. A eles, porém, não me submeto. Interessa conhecer a doutrina de Barbosa

> Moreira ou Athos Carneiro. Decido, porém, conforme minha consciência. Precisamos estabelecer nossa autonomia intelectual, para que este Tribunal seja respeitado. É preciso consolidar o entendimento de que os Srs. Ministros Francisco Peçanha Martins e Humberto Gomes de Barros decidem assim, porque pensam assim. E o STJ decide assim, porque a maioria de seus integrantes pensa como esses Ministros. Esse é o pensamento do Superior Tribunal de Justiça, e a doutrina que se amolde a ele. É fundamental expressarmos o que somos. Ninguém nos dá lições. Não somos aprendizes de ninguém.
>
> Quando viemos para este Tribunal, corajosamente assumimos a declaração de que temos notável saber jurídico – uma imposição da Constituição Federal. Pode não ser verdade.
>
> Em relação a mim, certamente, não é, mas, para *efeitos constitucionais, minha investidura obriga-me a pensar que assim seja.*

No primeiro momento, parece louvável o juiz se submeter à sua consciência, pois dá a impressão de que, dessa maneira, deixaria de se submeter a outros caprichos da personalidade humana que seriam menos louváveis. Contudo, denota, na verdade, a ideia de que o tribunal considera que suas decisões, todas, fazem tábula rasa da questão posta em juízo, como se a cognição do magistrado se reiniciasse sempre sem qualquer deferência ao que já fora colocado a respeito, como que desprendido de tudo e de todos, como se não inserida em uma história jurídica que indica o ponto de desenvolvimento de determinado assunto, ou mesmo que não está imersa em uma tradição determinada pela cultura no momento do julgamento, nem haja um dever de integridade ao conjunto de princípios de moralidade política legitimamente acolhidos pelos diversos agentes sociais. Eis por que Lenio Streck, em obra dedicada exclusivamente ao tema, indaga: "onde ficam a tradição, a coerência e a integridade do direito? Cada decisão parte (ou estabelece) um grau zero de sentido?"[98].

Essa é uma atitude solipsista, porque submete o conhecimento da controvérsia unicamente à perspectiva individual dos julgadores, como se a introspeção interna, desprendida da realidade, fosse o método filosófico próprio para se acessar o adequado conhecimento das coisas. Por esse motivo, a todo momento, a interpretação jurídica está sujeita a bruscas modificações, a depender unicamente da consciência do juiz e seu modo próprio de apreender a realidade, o Direito e as pretensões sociais.

Vai-se mesmo além do realismo mais radial de Gray – ao entender que o Direito era apenas a decisão judicial – pois nele, segundo Kelsen[99], ainda assim, o juiz se submeteria ao controle – não inteiramente jurídico – pelos precedentes, opiniões dos especialistas, costumes e princípios de moralidade, o que não se verifica no Brasil, cujos tribunais de vértice não conferem mais relevância aos próprios precedentes sobre si.

Essas são concepções filosóficas de outro tempo, do tempo modernista, já postas em debate ao longo do século XX.

Nos sistemas de tradição inglesa, a relevância dos pronunciamentos jurisdicionais não implica o amesquinhamento da doutrina; ao contrário, como os precedentes não

---

98. STRECK, Lenio Luiz. **O que é isto – decido conforme minha consciência?** Porto Alegre: Livraria do Advogado, 2010. p. 27.
99. KELSEN, Hans, *op. cit.*, 2005, p. 221.

possuem qualquer tendência inata para uma coerência sistemática, a tarefa resta ao cargo dos acadêmicos – tudo a se iniciar nos famosos comentários de Blackstone do século XVIII. Nesse sentido, há firme depoimento de magistrado estadunidense:

> Através das centenas de anos da tradição da *Common Law*, tratadistas têm organizado e sistematizado um todo composto de informações de natureza legal. Excelentes tratados e compêndios, além de enciclopédias, apresentam o Direito, seja ele constitucional, ordinário, *case law*, em forma bastante lógica e sistemática. Nós podermos ler nossos tratados e enciclopédias para estabelecer uma visão coordenada da lei e do Direito, e, depois, se necessário for, nós podemos nos dirigir aos relatórios dos casos em separados e lê-los.[100]

Portanto, na tradição inglesa, a coerência do Direito é cometida à doutrina, e o que os doutrinadores pensam importa.

Em outra oportunidade, o Supremo Tribunal Federal, em julgamento histórico, deixou transparecer entendimento em que também é possível identificar o alheamento à realidade em prol de cogitações que tomam as questões jurídicas a partir da identificação de elementos metafísicos e solipsistas, acessíveis apenas por uma cogitação intelectual íntima, pura e isolada. Trata-se do voto do ministro Paulo Brossard no julgamento da importante ADI 534 sobre o plano Collor, que bloqueara os ativos financeiros depositados em cadernetas de poupança por dezenas de milhões de brasileiros. Expõe o Ministro:

> Por entender que se trata de uma questão que não poderá deixar de ser mencionada na história deste STF, refleti serenamente sobre o caso, como se estivesse longe dos homens e fora do tempo, como se estivesse a contemplar o mar imenso, em eterno movimento, e as montanhas coroadas de neve eternas em sua imobilidade milenar, e conclui que entre o discurso econômico, de duvidosa correção, e o discurso jurídico claramente enunciado na Constituição, não havia o que hesitar.

Em vez de julgar o abrupto ato de bloqueio – tomado por um presidente legitimamente eleito após anos de regime autoritário – mediante a compreensão do Direito como integridade com base na realidade brasileira naquele instante de grande instabilidade econômica, investigando estágio evolutivo dos preceitos pertinentes ou mesmo das diversas abordagens sobre o assunto, preferiu o julgador pensar em montanhas, neves milenares e no mar, crendo que com essa postura estaria mais apto a compreender o caso.

Em outro marcante julgamento, em 2011, o Supremo Tribunal Federal, na ADI 4277 e na ADF 132, deu interpretação conforme à Constituição a dispositivos do Código Civil, a fim de tomar por constitucional a união homoafetiva. Não se questiona o mérito do julgamento, mas não se pode negar que, nele, a Corte exerceu poderes com alto grau de desprendimento da literalidade dos enunciados constitucionais e também legais, com pródigo recurso a juízos inerentes à jurisprudência dos valores, o que mereceu a acusação por parte de alguns de que se estaria a exercer um ativismo judicial extremado. O parlamento debatia o assunto há anos e não chegava a um consenso com os vários setores sociais nele representados.

---

100. MESSITTE, Peter J., *op. cit.*

Inegavelmente, foi uma decisão que não poderia ser tomada antes daquele específico momento evolutivo da constitucionalização do Direito e da judicialização das questões mais relevantes na sociedade e caras às minorias. Também a dogmática de teor clássico não seria capaz de fornecer instrumentos teóricos para tanto. Portanto, a decisão foi altaneira e bastante evoluída teoricamente.

Ocorre que, poucos dias após esse julgamento, repercutiu na imprensa nacional a decisão de um magistrado de primeiro grau do Estado de Goiás que anulou o registro de uma união homoafetiva por considerá-la inconstitucional. Obviamente, esse foi um desafio à decisão do Supremo. No *stare decisis*, esse tipo de decisão divergente recebe um tratamento já sistematizado, pois faz parte de seu cotidiano haver desafios em maior ou menor grau, mesmo diante de decisões tidas por vinculantes. É assim que o Direito evolui no que toca aos precedentes. No Brasil, também não é incomum haver evolução do entendimento de decisões de ADIs, mesmo dotadas de eficácia *erga omnes* e efeito vinculante, desde desafios avaliados posteriormente em reclamações constitucionais.

Essa decisão, contudo, não colheu um tratamento fisiológico, como um desacordo inerente ao Direito e que fosse tratado naturalmente com os meios conhecidos e sistematizados. Ao contrário, foi tratada como uma patologia a ser severamente expurgada e repreendida. Em manifestações na imprensa, o ministro do Supremo Tribunal, Luiz Fux, foi enfático ao afirmar: "se ele [o juiz] foi contra ao entendimento do Supremo Tribunal Federal, eu entendo isso como um atentado à decisão do Supremo, que é passível de cassação". O instrumento, para tanto, é a reclamação constitucional, a qual, segundo o mesmo ministro, comumente ocasiona repercussão sobre a vida funcional do magistrado: "Sempre se encaminha aos órgãos disciplinares para que a autonomia [de um juiz] não prejudique o povo".[101] Nessa enérgica reação, sequer cogitou em considerar os fundamentos da decisão, perquirir se houve algum ponto diferenciado não abordado nas decisões da ADI e da ADPF.

Portanto, mesmo o Supremo tendo chegado, reconhecidamente, às raias de uma decisão ativista, a divergência dela é tomada como um atentado a ser cassado, e o magistrado punido.

De fato, ao examinar o posicionamento das instâncias inferiores ante seus julgamentos, a margem de liberdade e desprendimento enxergada em seus próprios pronunciamentos desaparece por completo. Concebe-se a atuação do magistrado sob o rígido dever de deferência, recrudescido pela necessidade de obediência hierárquica, ao ponto de se equiparar os pronunciamentos do Supremo Tribunal Federal à força normativa da própria Constituição Federal:

---

101. Disponível em: http://www.correiobraziliense.com.br/app/noticia/brasil/2011/06/20/interna_brasil,257709/para-fux-anulacao-de-uniao-homoafetiva-por-juiz-de-goias-e-atentado-ao-stf.shtml. Acesso em: 10 fev. 2012.

Impossibilidade de coexistência no sistema de decisão de tribunais inferiores contrários aos julgamentos do STF, porquanto considerou o excelso pretório que ofender suas decisões corresponde desconsiderar a força normativa da constituição de quem é intérprete autêntico e final[102].

Como arauto doutrinário dessa posição, Luiz Guilherme Marinoni, conquanto afirme incorporar os avanços do neoconstitucionalismo, diminui a função das instâncias iniciais, pois, para ele, "em termos de eficácia do sistema e do Poder, não importa se o juiz inferior concorda com a decisão do juiz superior – é apenas essa que vale e produz efeitos"[103].

Ao se referir à deferência aos tribunais superiores que uniformizam jurisprudência, como o Superior Tribunal de Justiça, leciona que "não há racionalidade na decisão ordinária que atribui à lei federal interpretação distinta da que lhe foi dada pelo órgão jurisdicional incumbido pela Constituição Federal de uniformizar tal interpretação, zelando pela unidade do direito federal"[104].

Mais adiante, entende que entre essas duas instâncias não há que se falar propriamente em divergência, mas em desrespeito. Escreve:

> Bem vistas as coisas, divergência jurisprudencial apenas pode existir entre tribunais de igual estatura, e não entre um tribunal ordinário e aquele a quem incumbe unificar a interpretação da lei federal, zelando pela unidade do direito federal no país. Um Tribunal de Justiça ou Regional Federal não diverge do Superior Tribunal de Justiça, mas desrespeita a autoridade de suas decisões[105].

Em outras palavras: o juiz ordinário não contribui de maneira eficaz para o aperfeiçoamento do sistema jurídico, porque só o que vale é a decisão superior, e, se ele discordar, além de praticar um ato tido por irracional, é um profissional desrespeitoso.

No mesmo sentido de tentar orquestrar a preponderância do ápice sobre a base judiciária deve ser entendida a proposta da Daniel Mitidiero em dividir Cortes de Justiça e Corte de Precedentes. Escreve:

> A solução que melhor atende à necessidade de economia processual e tempestividade da tutela jurisdicional, no entanto, é a que partilha a tutela dos direitos em dois níveis judiciários distintos, correspondentes às duas dimensões da tutela dos direitos. O ideal é que apenas determinadas cortes sejam vocacionadas à prolatação de uma decisão justa e que outras cuidem tão somente da formação de precedentes. Assim, uma organização judiciária ideal parte do pressuposto da necessidade de uma cisão entre cortes para decisão justa e cortes para formação de precedentes – ou, dito mais sinteticamente, entre Cortes de Justiça e Cortes de Precedentes[106].

Essa proposta é puramente ideológica, sem qualquer respaldo teórico, dogmático ou filosófico. Traduz-se na única intenção de criar, no Brasil, tribunais de primeira

---

102. RE 227001 ED, Rel. Min. Gilmar Mendes, Segunda Turma, j. 18.09.2007, *DJe*-117 divulg 04.10.2007, public 05.10.2007, *DJ* 05.10.2007, p. 37, Ement vol-02292-03, p. 654.
103. MARINONI, Luiz Guilherme, 2010, *op. cit.*, p. 209.
104. *Ibid.*, p. 145.
105. *Ibid.*, p. 387.
106. MITIDIERO, Daniel. **Precedentes** – da persuasão à vinculação. São Paulo: Revista dos Tribunais, 2016. p. 88.

categoria – que do alto da estrutura judiciária não se ocupam da composição de lides concretas apresentadas por aqueles que acionam o sistema de justiça, mas apenas de enunciar orientações puras para os demais tribunais -, e cortes de segunda categoria, que enfrentariam o volume de processos, as pretensões e anseios das partes, mas de maneira deferente ao que for posto pelos superiores, sob pena de punição administrativa. Como será exposto ao longo desta obra, não é possível essa cisão proposta por Mitidiero, pois todos os tribunais do país exercem o mesmo poder jurisdicional e os precedentes não podem ser reduzidos a comandos produzidos unilateralmente por uma corte superior de maneira abstrata, de modo a extirpar qualquer contribuição dos demais juízes na criação e conformação do Direito. Colocar o tema nesses termos é mais temerário do que afirmar ser o juiz simplesmente a boca da lei, porque o positivismo exegético assim enxergava todos os magistrados, sem qualquer discriminação em função de seu *status* como ora se faz, em que há magistrados de primeira categoria e outros de segunda.

Ao longo de suas obras, Marinoni e Mitidiero são enfáticos em expressar a obediência aos precedentes em termos de uma reverência hierárquica, o que é estranho, pois as contribuições da jurisprudência dos valores que inspirou o neoconstitucionalismo, em que ambos alegam se abeberar, não concebeu a atuação jurisdicional com essa bipartição.

Tão feroz reação ante o incremento de poderes das instâncias inferiores se torna compreensível ao se considerar como costumeiramente funcionam judiciários hierárquicos e piramidais como o brasileiro.

Mirjan Damaška[107] trabalha com arquétipos de estruturação do Poder Judiciário para bem compreender as influências que exercem no efetivo e real exercício da atividade jurisdicional. Em sua investigação, ele indica que, em termos gerais, no mundo, se encontram duas maneiras de organizar os membros da magistratura: uma piramidal e hierarquizada e outra paritária[108].

A primeira é de origem napoleônica, que remodelou o Judiciário à semelhança de uma estrutura militar, e traz escalonamento em vários níveis em que os superiores controlam e revisam a atividade dos inferiores. A ordenação das atividades e a garantia de sua coerência se dão exclusivamente pelo controle vertical rígido, razão pela qual os processos são divididos em várias fases e todos os atos são documentados e reunidos em autos, de modo a permitir o conhecimento deles pelas instâncias superiores. Pelo mesmo motivo, há uma grande quantidade de recursos com o objetivo de permitir a ascensão das causas, o que torna as decisões de primeiro grau quase que pronunciamentos provisórios, chegando a extremos, como na antiga União Soviética, a serem concebidas, realmente, como meras propostas a serem homologadas pelas instâncias superiores. Portanto, é característica desse tipo de estruturação a existência de vários recursos.

---

107. DAMAŠKA, Mirjan R. **I volti della giustizia e del potere – Analisi comparatistica del processo**. Società editrice il Mulino: Milano, 2000.

108. Para uma análise histórica detida do Judiciário brasileiro, e em especial do Supremo Tribunal Federal, cf. SANTOS, Marcelo Paiva dos. **A história não contada do Supremo Tribunal Federal**. Porto Alegre: Sérgio Antônio Fabris Editor, 2009.

Esse típico funcionamento traz o problema intrínseco de estrangulamento dos órgãos superiores, em menor quantidade, pelo imenso volume de causas julgadas pela base, com maior quantidade de unidades. Para esse abarrotamento não ocorrer, deve haver uma redução da base ou, preferencialmente, uma rígida seleção do que poderá subir. Em países que costumam adotar esse modelo, não se cogita seriamente em simplesmente impedir a ascensão das causas pela redução drástica do número de recursos. A opção mais frequente e eficaz é criar filtros de seleção dos recursos que podem acessar as instâncias superiores. Só com isso se força a escolha por assuntos mais facilmente verificáveis por um órgão distante dos fatos e das partes, ou seja, que somente conhecerá aquela pequena fração da realidade que – com a defasagem natural e inevitável – for reduzida a termo e colacionada aos autos.

O bom funcionamento depende da subida para o vértice da pirâmide apenas de questões gerais e de ampla repercussão, que possam ser julgadas com base em cogitações de igual ordem. Isso permite uma tipificação das questões pelos órgãos de cúpula, a serem consideradas pelos demais órgãos, sem prejuízo daquilo que lhes é próprio: a análise de particularidades.

Essa forma de ordenação não pode olvidar questão fundamental para qualquer tipo de estruturação, qual seja, a divisão dos assuntos que de forma inata dizem respeito a cada nível. Aos níveis mais elevados, deve ser atribuída a solução de questões mais gerais, padronizadas e repetitivas – possíveis de precisa avaliação por eles – enquanto à base devem restar as questões mais particularizadas, complexas e cheia de pormenores, as quais são remetidas acima com grande deficiência. Portanto, a criação do filtro de recursos com a tipificação de julgamentos não pode impedir que as demais instâncias tratem das particularidades que lhes são próprias, a fim de evitar que relevantes elementos específicos sejam desconsiderados para poder o julgamento se adequar aos arquétipos gerais[109].

---

109. DAMAŠKA, Mirjan R., *op. cit.*, p. 57. No original: "*È importante notare la tensione tra attività decisionale individualizzata e riesame* completo a livello superiore. Se si deve evitare una paralisi amministrativa a livello del vertice, dove ci sono meno organi decisionali che alla base, il controllo deve essere ristretto ad un numero llimitato di punti, preferibilmente a quelli che si prestano facilmente ad una verifica. In altre parole, il potere superiore su aspetta che i livelli inferiori schematizzino la complessità delle materie su cui sono chiamati a decidere. Certo, questa schematizzazione è simplificata nelle gerarchie che insistono anche sulla professionalità dei funzionari: la ripetitività del lavoro aumenta la capacità di 'tipizzare' le situazioni. Tutativa, questa capacità non è ugualmente distribuita attraverso l'apparato gerarchico. Gli organi decisionali iniziali sono più vicini ai disordinati dettagli della vita, incluso il dramma umano, e perciò possono meno prontamente essere immunizzati dagli aspetti individuali dei casi. Nel contempo, i funzionari superiori affrontano realtà preconfezionate o manipolate dai loro subordinati; i destivi equitativi dei casi che devono decidere. Il vantaggio della loro insensibilità allle circostanze individuali è sono meno visibili. In virtú di questa mediazione, i più alti in grado possono più facilmente trascurare gli elementi equitativi dei casi che devono decidere. Il vantaggio della loro insensibilità alle circostanze individuali è che esse sono liberi di concentrarsi sulla correzione delle irregolarità contenute nelle decisioni di livello inferiore, e sulla elaborazione di ampi schemi ordinatori per l'attività decisionale. Come negli ordini degli angeli, allora, la superiorità dei funzioneri aumenta in proporzione alla maggior generalità del loro sapere. È in questo senso che, come alcuni studiosi della burocrazia hanno affermato, il vertice comprende l'universale; i gradi inferiori comprendono il particolare".

O alerta é feito por ser comum nos judiciários hierarquizados e piramidais as instâncias iniciais buscarem, espontaneamente, fazer o caso em julgamento se inserir nos julgamentos dos superiores que revisarão seu trabalho. De fato, é corriqueiro um juiz monocrático ou tribunal de segundo grau forçar a adequação de uma causa a um precedente superior, mediante a desconsideração de suas especificidades. Eles hiperintegram o sistema.

Tal comportamento é denunciado, no Brasil, por Maurício Ramires. Em obra específica sobre o tema[110], indica casos que revelam bem o problema, os quais podem ser sistematizados da seguinte forma: a) abstração do precedente, permitindo sua aplicação a situação posterior essencialmente diversa da que fora decidida; b) utilização de um precedente como razão de decidir sem justificar a não opção por outro do mesmo ou de outro tribunal, mesmo superior, em sentido diametralmente oposto; c) variação do entendimento de magistrados de graus inferiores com a simples e constante oscilação do entendimento dos tribunais superiores, sem qualquer justificação adicional para essa mudança; d) hiperintegração do sistema jurídico, consistente no ato de desconsiderar dados concretos e determinantes de um caso posterior para permitir a aplicação de um precedente em que tais situações não foram consideradas.

Tal comportamento, porém, é patológico e não fisiológico.

A adesão aos julgamentos dos tribunais superiores só deve ocorrer quando a causa envolver aquilo que é próprio desses julgamentos (questões gerais e padronizadas). Em havendo notas de individualidade e especificidade, os julgamentos devem ser considerados, por certo, mas não podem constranger absolutamente, não podem impedir a análise das minúcias, não devem ser tomados como único fundamento de decisão. Não se pode artificialmente empobrecer o círculo hermenêutico.

A tensão entre a análise das peculiaridades e a padronização com o topo, assim, é amenizada: somente no pertinente a questões abstratas deve haver um alinhamento com os graus superiores, dada a cegueira quanto a pormenores, especialmente de ordem fática.

Em se considerando essa divisão de atribuições, percebe-se o desacerto de qualquer consideração no sentido de que no duplo grau de jurisdição estaria embutido qualquer premissa de desprestígio ou inferioridade inata das instâncias iniciais.

A repercussão geral em recurso extraordinário exerce esse papel de filtro de recursos. A outrora cogitada súmula impeditiva de recurso teria o mesmo desiderato, instrumento que permite aos níveis mais elevados proferirem decisões segundo os aspectos gerais que lhes são possíveis. Ainda assim, não são eficientes para arrefecer o típico ímpeto de ascensão das causas, pois, segundo estatística divulgada pelo Supremo Tribunal Federal, é baixa a quantidade de recursos extraordinários em que a repercus-

---

110. RAMIRES, Maurício. **Crítica à aplicação de precedentes no direito brasileiro**. Porto Alegre: Livraria do Advogado, 2010.

são geral não é conhecida, em razão do temor do tribunal em renunciar de maneira definitiva a possibilidade de se pronunciar sobre o assunto.

Considerando a gestão por temas até o início do ano de 2024, apenas 423 dos 1290 temas apreciados não tiveram repercussão geral conhecida, sendo que, desses, em sua maioria não foram conhecidos por versarem sobre questão infraconstitucional, ou seja, quando sequer seria cabível Recurso Extraordinário. Poucos temas foram rejeitados por outros motivos que, a princípio, autorizariam a espécie recursal. A grande maioria (851) teve a repercussão geral conhecida, implicando, pois, na persistência da manifestação do Supremo Tribunal Federal na maior parte das questões constitucionais nacionais.

A diferença é que não mais se aprecia todo e qualquer recurso, julga apenas alguns representativos da controvérsia, delegando para os tribunais ordinários o julgamento mediante o uso do precedente firmado. Segundo dados disponibilizados pelo tribunal, somente a partir de 2016, foram dezenas de milhares de casos (entre agravos em recursos extraordinários, recursos extraordinários e agravos de instrumentos) devolvidos para as demais instâncias para que aplicassem o precedente. Isso deve ser encarado não como uma cisão entre cortes de precedentes e cortes de justiça, mas na distribuição de competência constitucional, racionalizando o trabalho judicial, pois caberá aos demais tribunais a última palavra em matéria constitucional sem repercussão geral e também agente ativo na construção de precedentes, mesmo daquelas causas com repercussão geral decididas pelo Supremo Tribunal Federal, pois não é razoável sequer imaginar que haverá uma aplicação automática, acrítica e sem reinserção no círculo hermenêutico das teses firmadas nos paradigmas aos milhares de casos remetidos para as instâncias ordinárias. O conhecimento apropriado do fenômeno hermenêutico assegura que, em tão elevado nível de casos, a existência de peculiaridades aptas a forçar o círculo hermenêutico levará a nova interpretação do precedente formado.

A Recomendação nº 134/2022 do Conselho Nacional de Justiça, que versa sobre o uso de precedentes, reconhece essa impossibilidade de aplicação automática dos precedentes, declarando em seu art. 39 que "aplicação do precedente envolve operação cognitiva e deve ser sempre devidamente fundamentada". Por operação cognitiva deve ser entendida justamente como atividade interpretativa, pois demanda o correto conhecimento do alcance e força vinculante do precedente, sobretudo porque o parágrafo único do mesmo dispositivo destaca que deve ser levando em conta que o efeito vinculativo estabelecido se encontra limitado às questões e fundamentos que tenham sido efetivamente suscitados e analisados no julgamento que deu origem ao precedente.

Haverá problema se as nuanças das causas que compõem o círculo hermenêutico forem sistemática e forçosamente relegadas para se fazê-las inserir nos enunciados já proferidos nesses parâmetros gerais. Se os precedentes forem tomados como comandos que se impõem, independentemente de qualquer avaliação própria das instâncias iniciais, se prestigiará o funcionamento patológico e não fisiológico da estrutura piramidal e hierarquizada. Caso prevaleça o entendimento de Luiz Guilherme Marinoni no sentido de que divergência vertical deve ser encarada como ofensa à função constitucional do superior, então estará consagrada a patologia, pois, para não ser um infrator, os juízes e tribunais iniciais jamais ousarão desafiar precedentes ou súmulas superiores em prol de cogitações específicas. Mesmo a realização do chamado *distinguish* sempre envolverá o risco de punição administrativa se não convalidado pela instância superior.

A isso deve ser acrescido outro dado. Embora Damaška indique que é característico dos judiciários hierárquicos e piramidais o fato de terem uma magistratura profissionalizada e de carreira, ele não aponta como padrão comum as instâncias superiores controlarem as carreiras dos inferiores como no Brasil.

De fato, como muito bem já apontou José de Albuquerque Rocha[111], no Judiciário brasileiro, os mesmos membros de tribunais que controlam a atividade do juiz de primeiro grau, mediante o julgamento dos recursos contra suas decisões, são aqueles que decidem sua progressão funcional na carreira, se serão promovidos, transferidos ou utilizados em funções diferenciadas. Isso cria uma dupla subordinação que incentiva o alinhamento dos julgamentos: em prol de sua progressão na carreira, o juiz não desafia os julgamentos dos tribunais.

Essa deletéria mistura entre o controle da função jurisdicional – de uma instância sobre a outra – e da progressão funcional, a estimular a patologia hierárquica, foi institucionalizada pelo Conselho Nacional de Justiça pela Resolução nº 106/10. Prescreve seu art. 5º, "e", que a avaliação da qualidade das decisões proferidas pelo magistrado deve considerar "o respeito às súmulas do Supremo Tribunal Federal e dos Tribunais Superiores". Portanto, se a concentração, nos tribunais de segundo grau, do controle recursal e do controle funcional age tacitamente para um alinhamento dos julgamentos, o dever de deferência aos tribunais superiores, nesse tocante, é imposto explicitamente.

O parágrafo único do art. 10 da mesma resolução estabelece:

> A disciplina judiciária do magistrado, aplicando a jurisprudência sumulada do Supremo Tribunal Federal e dos Tribunais Superiores, com registro de eventual ressalva de entendimento, constitui dado a ser valorizado para efeito de merecimento, nos termos do princípio da responsabilidade institucional, insculpido no Código Ibero-Americano de Ética Judicial.

Em outras palavras, é prestigiado e merecedor de elogios o magistrado que destaca na decisão que segue uma súmula superior mesmo tendo ele a convicção de que a melhor solução para o caso seria em sentido contrário. Onde está a consciência do magistrado exortada em discursos e decisões como parâmetro maior de julgamento? Ficou contingenciada nas instâncias superiores. O bom juiz, sob esse prisma, é aquele resignado, que ostensivamente expõe o sacrifício pessoal em prestígio de um posicionamento superior sumulado.

Isso demonstra que o juiz brasileiro é constrangido a respeitar os pronunciamentos dos órgãos posicionados em níveis superiores ao seu, e isso é tomado como padrão não só para avaliar a correção de sua decisão para efeitos de reforma, mas também para

---

111. ROCHA, José de Albuquerque. **Estudos sobre o Poder Judiciário**. São Paulo: Malheiros, 1995.

definir sua ascensão nos quadros profissionais. É uma característica única do sistema nacional, não verificado nem nos Estados Unidos nem do Reino Unido. Algo parecido só é encontrado na sabatina realizada pelo Senado ianque aos candidatos à *Supreme Court*, e, mesmo assim, sem a determinação de uma norma. Quando tais candidatos são indagados sobre seu posicionamento a respeito da deferência aos precedentes, o teor da resposta tem avaliação que varia segundo sabores políticos vigentes. Não há uma imposição institucionalizada como ora se vê.

Os países da tradição inglesa têm um Judiciário que Damaška denomina de paritário, porquanto, mesmo havendo tribunais de revisão recursal, estes não possuem a superioridade hierárquica experimentada nos países de tradição continental. Não há, como dito, a reverência funcional, pois o controle da carreira dos juízes não cabe aos tribunais. Ademais, muitos julgamentos ficam a cargo de júris, formados por leigos que temporariamente exercem a função, os quais, por óbvio, se valem de critérios de justiça substancial. Assim, a estrutura judiciária, sem a rígida hierarquização, somada à existência de julgadores leigos, não agem em prol de um tácito alinhamento, ao contrário, há forças de desagregação espontânea. Eis uma das funções do *stare decisis*: funcionar como um instrumento para garantir uma certa uniformização, mas sem uma obrigação jurídica absoluta imposta por lei. Conforme expõe Daniel Henry Chamberlain, "it is not possible to lay down with mathematical precision any rule in regard to the authority of precedents[112].

De fato, como se verá em passagem oportuna, a observância dos precedentes no *common law* não é uma imposição feita por lei, o que seria, para alguns, uma indevida interferência de um poder em outro. É uma doutrina desenvolvida no seio da própria magistratura em busca de uma coerência orgânica.

Como se percebe, o incremento da força vinculante dos precedentes, no Brasil, tem por objetivo preservar a estrutura hierarquizada do Judiciário com seu funcionamento típico de controle da base pela cúpula. Para tanto, além de impor por lei a obrigação, que autoriza a reforma da decisão divergente, se institucionaliza o funcionamento patológico desse tipo de estrutura mediante a criação de sanções funcionais aos recalcitrantes.

2.4 RAZÕES PRÁTICAS PARA O FORTALECIMENTO DOS PRONUNCIAMENTOS JURISDICIONAIS: MAIOR FACILIDADE DE ACESSO AOS PRECEDENTES E A ECONOMIA ARGUMENTATIVA CAUSADA

O aumento da importância dos precedentes também possui causa próxima bem simples: a maior facilidade de acesso a eles, especialmente por sua divulgação oficial *on line*, o que inclusive é fomentado não só pelo Código de Processo Civil quanto pelo Conselho Nacional de Justiça, com a finalidade de facilitar o acesso à consulta de precedentes. Os tribunais mais elevados disponibilizam informativos periódicos sobre os

---

112. CHAMBERLAIN, Daniel Henry, *op. cit.*, p. 6.

principais casos, bem como a gestão de casos com repercussão geral e repetitivos por meio de temas e fixação de teses de fácil identificação do assunto. Isso permitiu uma "economia hermenêutica", pois são utilizados como justificações preestabelecidas e pré-aprovadas para julgamentos judiciais ou teses doutrinárias e advocatícias.

Em matéria divulgada nos idos de 2008, o Supremo Tribunal já fornecia espantosos dados a respeito do acesso ao seu sítio que, no mês de março daquele ano, atingiu os 16,5 milhões de acessos, apenas nesse período mensal. Pesquisas de jurisprudência superavam os 35 mil acessos diários, ao que se somavam os 2,4 mil acessos ao Diário de Justiça eletrônico. Embora esses dados não tenham sido atualizados para o público, certamente são ainda mais expressivos nos dias presentes.

Não é muito diferente nas demais cortes. Não há tribunal no País que deixe de disponibilizar, com maior ou menor qualidade, o acesso aos seus precedentes, merecendo destaque, nesse quesito, os tribunais superiores com ferramentas avançadas e ágeis, organizações por assuntos e distribuição fácil por meio eletrônico.

Como no Brasil há a obrigatoriedade de publicação, tem-se assegurado inesgotável fonte de suprimento de bancos de dados. Nos últimos anos, e com velocidade cada vez maior, têm sido realizados estudos por meio de novas ferramentas de inteligência artificial e *machine learn*, inclusive por escritórios de advocacia que realizam predições e identificam tendências de julgamentos não só de tribunais, mas também de magistrados individualmente, com eficácia e precisão que deixariam os realistas americanos dos anos 1920 e 1930 entusiasmados

Há não muitos anos, o acesso público era viabilizado apenas por caras publicações impressas privadas, adotadas como repositórios oficiais. A pesquisa se dava em índices disponibilizados de tempos em tempos ou sobre a análise de cada volume. Somente órgãos públicos, tribunais, universidades e grandes escritórios possuíam condições financeiras e de espaço físico para comportar a aquisição. A manutenção da regularidade era um problema adicional. Não era raro encontrar falhas de continuidade na sequência de volumes. Portanto, se tinha uma realidade bem mais dificultosa do que a de hoje.

Naturalmente, a facilidade de acesso propiciada pelos meios eletrônicos – inicialmente CD-ROM e finalmente a *internet* – torna os precedentes algo muito mais próximo do dia a dia dos profissionais do Direito, o que engrandeceu sua importância. O trabalho de qualquer profissional jurídico se inicia na legislação pertinente e segue, inevitavelmente, pela busca de expressões e palavras nos buscadores de jurisprudência.

Isso não é uma peculiaridade do Direito brasileiro contemporâneo. Neil Duxbury[113] informa que, na Inglaterra, o uso do precedente judicial só se tornou realmente considerável com a obrigatoriedade de fundamentação escrita das decisões judiciais no século XVI e a publicação destas, permitindo, então, que partes e juízes recorressem a julgados prévios para aproveitar suas fundamentações, evitando todo o desenvolvimento

---

113. DUXBURY, Neil, *op. cit.*

de motivação desde o zero a cada novo julgamento. Na medida em que se desenvolveram os meios de documentação das decisões, mais comum foi a busca por eles e mais importância ganharam. Isso se confirma hoje em dia, sobretudo em razão das novas ferramentas de informática.

Na França dos dias atuais, o maior acesso a decisões das mais distintas cortes por meios eletrônicos cada vez mais sofisticados é uma preocupação dos acadêmicos, pois enseja um uso meramente reprodutivo vazio. Nesse sentido, destacam Michel Troper e Christophe Grzegorczyk:

> The use of precedents is sometimes criticized. Some French scholars fear that this tendency to imitate the examples of higher jurisdictions could even, if exaggerated, be dangerous, if it leads to the simple mechanical of the solution in every more or less similar case. The danger is due not only to the fact that lower courts tend to mimic the higher courts, but also to the working habits of the Court of Cassation itself. The first task of a reporting judge, writes Saluden:
>
> "Is to search for precedents. The "conseillers référendaires" also work with files, thus also looking for precedents... It is probable that the generalization of computerized data will encourage these habits...A government regulation ("décret nº 84-134 du 20 février 1984") even prescribes that the documentation services analyses and stores data regarding arguments in appeals filed by plaintiffs, in order to bring together cases in store...It is easy to imagine what consequences such a program will have. It could even be said that adjudication might degenerate into administration (SALUDEN, 1985, p. 193ff).[114]

De fato, o conhecimento e o uso de julgamentos pretéritos acarretam uma economia argumentativa, pois, como dito, os precedentes se apresentam, *a priori*, como respostas preestabelecidas à disposição de advogados e magistrados.

Esse maior acesso, contudo, também ocasiona um comportamento patológico, pois a resposta à pesquisa eletrônica se dá pelas ementas, súmulas, temas ou teses. Somente se buscando acesso diferenciado é possível o conhecimento do inteiro teor da decisão subjacente. Ao aliar isso à difusa compreensão do precedente como norma, aplicada por silogismo, toma-se principalmente a ementa como a *ratio decidendi,* ou seja, o único elemento vinculante do julgamento, o que é algo absolutamente diferente do que ocorre no *stare decisis*. A mesma tendência reducionista é observada no uso de enunciado de súmulas e teses. A economia hermenêutica se traduz em uma pobreza argumentativa.

Assim, no Brasil, o uso dos precedentes é fortalecido pelo uso indiscriminado das ementas e dos enunciados sintéticos que representam uma gama maior de precedentes. Na tradição jurídica nacional, ainda é bem arraigado o modelo subsuntivo de aplicação do Direito, em que os fatos postos diante do juiz são premissas menores a serem subsumidas a uma premissa maior que tenha hipótese de incidência geral e abstrata hábil a abarcar o caso concreto, autorizando, então, um remate que já estaria de alguma forma inserido naquela premissa maior. Então, o precedente (ou mais comumente sua ementa) passou simplesmente a substituir o enunciado legislativo no espaço da premissa maior, sem justificações mais detidas.

---

114. TROPER, Michel; GRZEGORCZYK, Christophe. Precedent in France. In: MACCORMICK, D. Neil; SUMMERS, Robert S.; GOODHAT, Arthur L. **Interpreting precedents.** Great Britain: Aushgate Publishing Limited, 1997. p. 103-140.

CAPÍTULO 2 • ANÁLISE DO QUADRO ATUAL DE USO DOS PRECEDENTES JUDICIAIS **67**

É possível exemplificar essa pobreza argumentativa extremada com a jurisprudência do Superior Tribunal de Justiça sobre a divisão de atribuições fiscalizatórias entre os Conselhos Regionais de Farmácia e a Vigilância Sanitária. No AgRg no REsp 995800/SP, julgado em abril de 2010, a fundamentação do acórdão, que reiterou entendimento sobre o poder fiscalizatório desse Conselho sobre a verificação da presença de farmacêutico em farmácias e drogarias, traz apenas uma série de ementas de julgados anteriores exortando de maneira generalizada qual o entendimento do Tribunal. Por sua vez, a íntegra dos acórdãos referentes a essas ementas citadas revela uma fundamentação que também somente traz menção a ementas anteriores. E assim se segue ao longo de oito anos de julgamentos analisados retroativamente, até se encontrar o primeiro julgamento desse Tribunal Superior (RESP 274.415/SP julgado em fevereiro de 2002), em que houve uma fundamentação específica sobre o assunto baseado no Direito legislado.

Essa atitude do Superior Tribunal de Justiça é paradoxal. Por força do que dispõe o art. 105, III, "c" da Constituição Federal, tem essa Corte a singular função de uniformização da jurisprudência, ou seja, tem uma competência constitucional para lidar com precedentes. Então, para receber um recurso especial com base nesse permissivo constitucional, exige a juntada da íntegra das decisões e a realização de cotejo analítico entre os precedentes que se julgam conflitantes. Esse tribunal é incisivo em afirmar que a mera citação de ementas não satisfaz essa exigência[115]. O cotejo analítico entre julgados, portanto, demanda transcrições de passagens dos acórdãos e das motivações de fato e de direito apresentadas em cada um, com argumentação específica, demonstrando a similaridade de casos e a distinção de conclusões. Contraditoriamente, no entanto, muitos de seus julgamentos, como visto, apenas fazem menção a ementas de julgados pretéritos sem qualquer fundamentação adicional ou demonstração de similitude entre ambas as situações.

Portanto, o maior acesso a decisões, ementas, súmulas, temas e teses fez elevar seu papel no arrazoado das decisões, bem como é a principal referência utilizada pelas partes e advogados ao realizar qualquer análise, mas se opera de maneira patológica, é preciso acesso, no mínimo, à íntegra do acórdão que corporificada a decisão que servirá de precedente, sendo, no entanto, o ideal o acesso a todo o processo, com as peças dos advogados inclusive, para que se tenha real conhecimento das questões de fato e de direito que foram suscitadas no feito e que moldam o contexto de julgamento, que não pode ser ignorado. Analisar o precedente nessa perspectiva ampla é mesmo uma exigência do contraditório e da ampla defesa, pois, do contrário, seria imaginar que argumentos das partes por seus causídicos não interferem no julgamento, sendo apenas meras formalidades.

---

115. Para comprovar esse entendimento no período do julgamento em análise, cfr. "(...) Com relação à divergência pretoriana acerca da necessidade de citação pessoal, ressalte-se que a mera transcrição de ementas, sem a realização do necessário cotejo analítico, não é suficiente para comprovação do dissídio porque não demonstra a similitude fático-jurídica entre as decisões confrontadas, o que obsta o conhecimento do recurso pela alínea 'c' (...)" (REsp 1.152.269/SC, Rel. Min. Castro Meira, Segunda Turma, j. 11.05.2010, *DJe* 21.05.2010).

2.5 RAZÃO LEGISLATIVA ESPECÍFICA: A EDIÇÃO DO CÓDIGO DE PROCESSO CIVIL DE 2015

O atual Código de Processo Civil trouxe inédito regramento sobre os precedentes e jurisprudência no Direito nacional. É algo inovador mesmo se considerados os países de tradição inglesa, nos quais o *stare decisis* se desenvolveu por paulatino labor pretoriano e sistematizado pela doutrina, sem um trato legislativo correspondente. O característico apego normativo brasileiro, entretanto, atribuiu ao legislador a tarefa de erigir o disciplinamento do assunto.

O surgimento desse regramento no atual momento, com os objetivos a que se propõe, só foi possível pelas razões gerais de natureza teórica, político-institucional e práticas acima apontadas. Por isso, deve ser considerada uma decorrência delas. Conforme muito bem destaca Thomas da Rosa de Bustamante, nenhuma regra de direito positivo é capaz de, por si só, assegurar inteiramente o papel que os precedentes desempenham em uma ordem jurídica atualmente. Razões materiais, como as descritas acima, são muito mais determinantes. Escreve:

> A razão desse apelo maciço e reiterado – em nível global – ao precedente judicial muitas vezes nada tem a ver com o conteúdo do direito positivo ou com qualquer norma jurídica expressa que estabeleça uma obrigação *stricto sensu* de se seguir os precedentes dos tribunais superiores. A existência de uma norma desse tipo deve ser considerada apenas "possível" em cada sistema particular.

A nova legislação é, assim, uma causa específica para o fortalecimento dos precedentes no Brasil, pois todo operador do Direito que faça uso dela deverá se familiarizar com o instituto. Entretanto, é na mesma medida um efeito dos motivos teóricos, políticos-institucionais e práticos mais amplos estudados. A interpretação e a aplicação do diploma legislativo devem se dar, então, em atenção a esse contexto maior, observando-se os obstáculos e os cuidados respectivos.

Não fosse a atual quadra do debate teórico que coloca a jurisdição no processo de criação do Direito, inclusive em posição de vantagem por fazer uma mediação concreta entre Direito e realidade – permitindo a obtenção de novas interpretações forçadas por peculiaridades fáticas e jurídicas não vislumbradas em análise abstrata e padronizada das prescrições normativas –, não haveria viabilidade teórica para se proporem os precedentes e a jurisprudência como alternativas de solução para problemas há muito conhecidos na ordem jurídica, como eficiência processual, uniformização de julgados, racionalização do trabalho judiciário e segurança jurídica (ainda aspirada como previsibilidade de resultados).

Só com o consenso doutrinário de que o juiz não é apenas a "boca da lei" nem um arbitrário construtor de sentidos é que se pôde voltar atenção aos precedentes como objeto de estudo autônomo, com características próprias e funções específicas, e não simples retrato de uma inferência dedutiva daquilo que já estaria integralmente posto pelo enunciado normativo. Também não se proporia o atual papel dos precedentes se eles fossem compreendidos apenas como reflexos de uma escolha casual e volitiva do tribunal ou magistrado, variável ao sabor da ocasião.

Por isso, é preciso ficar atento para que, na aplicação do código atual, não se recorra a referenciais teóricos do passado, como o positivismo exegético e o realismo estadunidense dos anos 1920/1930, desalinhados às exigências do constitucionalismo contemporâneo, que inspirou o texto legal, conforme indicado em sua exposição de motivos. Não se podem buscar velhas aspirações exegéticas, substituindo a lei pelos julgados de cortes superiores, nem se cair no ceticismo realista de que o Direito é apenas e tão somente o que os tribunais superiores dizem que ele é, seguindo-se acriticamente seus julgados e restando apenas uma técnica de predição de resultados.

Esse é um risco que paira constantemente no trato do assunto e na aplicação do Código. Muitos de seus artigos se ocupam em explicitar o dever de observância de julgados simplesmente porque provenientes do Supremo Tribunal Federal, do Superior Tribunal de Justiça ou da Corte a que esteja ligado funcionalmente o magistrado. Pouco ou quase nada versa sobre como o conteúdo desses julgados ou sua fundamentação apropriada, por exemplo, podem interferir nessa vinculação. Pode ser entendido pelos mais apressados que, para definir a força vinculante de um precedente, bastam investigar seus estratos formais, como a corte de origem do julgado e o procedimento em que foi proferido, sendo irrelevantes elementos materiais.

No entanto, a fundamentação adequada, o grau de acuidade e amplitude da solução das questões de fato e de direito submetidas em juízo, a coerência com a doutrina e outras fontes jurídicas, a integridade principiológica, a existência ou não de desafios ao entendimento, o contexto jurídico, histórico, políticos e social; todos esses e alguns outros que serão adiante estudados são aspectos materiais que, sem dúvidas, interferem na força vinculante de um precedente, mas que o atual Código de Processo Civil não trata. Essa omissão, contudo, não é capaz de impedir a incidência desses elementos materiais e mesmo de outros de ordem formal não contemplados no texto legislativo.

A ênfase no aspecto formal, especialmente quanto ao *pedigree* do precedente, decorre da influência das razões político-institucionais de controle da base judiciária pelo ápice, e não podem ser justificadas por uma perspectiva teórica, pois a ciência jurídica indica outras alternativas possíveis de se uniformizar a jurisprudência, que não o alinhamento hierárquico desprendido de qualquer valoração do conteúdo material e hermenêutico do julgado.

De fato, o Código de Processo Civil parece se preocupar, *a priori*, com uma relação unidirecional entre julgados, do topo da pirâmide judiciária para a base, o que pode causar a impressão de ser algo natural ou mesmo evidente, que prescinde de explicações, afinal, espelharia o escalonamento do Judiciário. A própria fenomenologia inerente aos precedentes, contudo, depõe contra essa irrestrita pretensão unicamente hierarquizada, formal e unidirecional, que se justifica mais determinantemente por atender ao velado interesse político da cúpula judiciária do que por refletir uma tomada de posição teórica em prol de uma perspectiva constitucional de jurisdição.

Como se pretende demonstrar nesta obra, há outras formas de se ordenarem os inúmeros julgados e fazer valer a jurisprudência dominante, uniformizando-a de maneira íntegra, coerente e estável sem superdimensionar – mas também sem excluir – os elementos formais e hierárquicos. É possível colocá-los em conjunto com outros componentes materiais relacionados à justificação, à coerência sistêmica e à integridade do julgado que se pretende impor como padrão de conduta aos juízes e cidadãos, na qualidade de precedente vinculante.

O próprio código dá inquestionáveis sinalizações nesse sentido ao estatuir, em seu art. 926, que "os tribunais devem uniformizar sua jurisprudência e mantê-la estável, íntegra e coerente". A estabilidade, integridade e coerência não necessariamente se operam por hierarquização formal, há uma série bem maior de elementos, tanto formais quanto materiais, atuando.

Também há preocupação com a fundamentação dos julgados, a qual certamente influencia a força de um precedente, ainda que de um tribunal de cúpula. O art. 489, § 1º, de maneira louvável, indica as fragilidades de motivação, indicando mesmo quando uma decisão é apenas aparentemente fundamentada.

Como decorrência desse dispositivo, tem-se que precedente com fundamentação débil, também se mostrará débil para se fazer modelo de conduta, ainda que proferido por tribunal de *status* elevado. O constitucionalismo contemporâneo exige que, além do *pedigree*, o precedente seja aquilatado em função de seu conteúdo (elemento de justificação) e da integridade e coerência com o restante da rede jurídica.

O código, portanto, traz ostensivo prestígio a elementos formais – sobretudo ao colocar topograficamente os precedentes no Livro III, referente ao processo nos tribunais. Entretanto, outras disposições do mesmo diploma acrescentam aquilo que é inevitável: elementos materiais de justificação, integridade e coerência para determinação da força de um precedente. Ademais, a própria fenomenologia jurídica no constitucionalismo contemporâneo faz incidir a influência dos elementos materiais no trato com precedentes ainda que o código não aluda a eles expressamente.

O referencial teórico em prol do constitucionalismo contemporâneo, subjacente a vários dispositivos codificados, em especial nos arts. 10, 926 e 489, § 1º, arrefece o explícito apego formal hierárquico indicado em outros artigos, incutido por um inconfesso interesse de uma ordenação de cúpula, independentemente da qualidade material de seus julgados.

Por fim, o fácil acesso aos inúmeros julgados dos mais diversos tribunais, que compõe a razão geral prática acima exposta, coloca os precedentes e a jurisprudência como solução ostensivamente integrada à prática jurídica. O novo código consagra isso em seu art. 927, § 5º, ao estipular o dever de os tribunais divulgarem suas decisões preferencialmente na rede mundial de computadores, organizando-os por questões jurídicas decididas.

O Código de 2015, calcado em bases teórica, político-institucional e prática (não necessariamente harmônicas entre si), rompe, então, com o padrão de seu anterior. Uma análise literal já destaca isso. Enquanto o Código de Processo Civil de 1973 só trazia o termo "precedente" uma única vez (no art. 479 sobre a uniformização de jurisprudência), o novo diploma o enuncia seis vezes, somando-se a doze menções a "jurisprudência" e vinte alusões a "súmulas".

Desde o anteprojeto, buscam-se na jurisdição instrumentos assecuratórios das aspiradas segurança jurídica e previsibilidade, com a promessa de "evitar a dispersão excessiva da jurisprudência", denominada por parte da doutrina de *jurisprudência lotérica*. Promete-se conforto e estabilidade nas relações jurídicas.

Deu-se, inicialmente, ênfase à jurisprudência, mais do que ao precedente, cuja distinção será detalhada a seguir, em tópico próprio, mas que pode, aqui, ser compreendida pelo dado de a jurisprudência ser um conjunto de decisões do mesmo sentido, enquanto precedente é uma única decisão que traz, por si só, ganho hermenêutico ao sistema, enriquecendo-o.

A comissão de juristas responsável pelo texto inicial ressalta, na exposição de motivos, que foi uma das principais linhas de trabalho a solução de problemas, deixando "de ver o processo como uma teoria descomprometida de sua natureza fundamental de método de solução de conflitos, por meio do qual se realizam valores constitucionais". Em seguida, escrevem:

> Com evidente redução da complexidade inerente ao processo de criação de um novo Código de Processo Civil, poder-se-ia dizer que os trabalhos da Comissão se orientaram precipuamente por cinco objetivos: 1) estabelecer expressa e implicitamente verdadeira sintonia fina com a Constituição Federal; 2) criar condições para que o juiz possa proferir decisão de forma mais rente à realidade fática subjacente à causa; 3) simplificar, resolvendo problemas e reduzindo a complexidade de subsistemas, como, por exemplo, o recursal; 4) dar todo o rendimento possível a cada processo em si mesmo considerado; e, 5) finalmente, sendo talvez este último objetivo parcialmente alcançado pela realização daqueles mencionados antes, imprimir maior grau de organicidade ao sistema, dando-lhe, assim, mais coesão.

Nessa intenção de estabelecer uma relação com a Constituição, reduzir complexidade e dar mais coesão ao sistema, buscou-se tolher posicionamentos diferentes e incompatíveis em torno da mesma norma jurídica. Segundo a comissão de juristas, isso "fragmenta o sistema, gera intranquilidade e, por vezes, verdadeira perplexidade na sociedade". Daí por que se buscou, declaradamente, seguir direção já apontada pela súmula vinculante e dos julgamentos de recursos repetitivos, no sentido de "criar estímulos para que a jurisprudência se uniformize, à luz do que venham a decidir tribunais superiores e até de segundo grau, e se estabilize".

O alinhamento dessa forma de compreender o tema com o objetivo político-institucional de colocar a cúpula judiciária nas rédeas da jurisdição, subjugando o restante da magistratura, é decantando em termos mais eufemísticos. Afirma-se, como se fosse uma verdade autoevidente, que "essa é a função e a razão de ser dos tribunais superiores: proferir decisões que moldem o ordenamento jurídico, objetivamente considerado. A função paradigmática que desempenham é inerente ao sistema". Isso, no entanto, não é verdade.

Essa suposta função dos tribunais superiores não é paradigmática nem inerente ao sistema jurídico. É uma proposta ideológica – compromissada com o protagonismo de cúpula – entre pelos menos três opções de paradigmas existentes, conforme será exposto. A comissão de juristas, portanto, tinha outras possibilidades. A teoria jurídica oferta um leque maior para escolha. Propôs-se uma delas, a normativista, com viés de uma ideologia ora de referência judicial (*judicial reference)*, em que o aplicador do precedente é não mais do que a boca que pronuncia a solução do tribunal superior, ora de legislação judicial (*judicial legislation*), em que o tribunal superior é encarado como um legislador em pequena escala, que cria normas, cuja interpretação/aplicação pelo tribunal posterior se dá de maneira similar à de uma norma legislativa.

O padrão normativista é percebido quando a comissão de juristas exalta, ainda na exposição de motivos, passagem contida na redação original do anteprojeto, no sentido de que "a jurisprudência do STF e dos Tribunais Superiores deve nortear as decisões de todos os Tribunais e Juízes singulares do país, de modo a concretizar plenamente os princípios da legalidade e da isonomia". Lucas Buril de Macêdo tece preciso e percuciente comentário sobre essa prescrição proposta:

> A disposição foi elaborada em claro prestígio da função nomofilácica e paradigmática desses tribunais, embora ainda demasiadamente arraigada na perspectiva declaratória e legalista da jurisdição. Veja-se que se invoca a legalidade como um fundamento para a força da jurisprudência, em previsão que não deixa de ser, em certa medida, esquizofrênica[116].

Disposição tão exaltada, que indica um parâmetro normativo definido pelo critério subjetivo (ser jurisprudência do STF ou dos tribunais superiores), independentemente da averiguação de qualquer elemento material, felizmente, não restou na versão definitiva do Código.

Perceba-se nessa passagem mesmo a similaridade com as aspirações exegéticas, que pressupunha um legislador racional capaz de ordenar de maneira clara e objetiva o Direito, assegurando aos cidadãos previsibilidade e certeza. Agora, pressupõe-se que os tribunais superiores e o Supremo Tribunal Federal também seriam capazes de, sempre e em toda ocasião, proferir precedentes dotados de qualidades tais que encerrem qualquer dúvida hermenêutica, assentando uma segurança jurídica entendida em termos de previsibilidade e certeza apenas. Por isso, crê-se que eles "fechem" o sistema, encerrando o processo criativo, quando, ao contrário, eles "abrem" o sistema

---

116. MACÊDO, Lucas Buril de. A disciplina dos precedentes judiciais no direito brasileiro: do anteprojeto ao código de processo civil. *In*: DIDIER JR., Fredie; CUNHA, Leonardo Carneira da; ATAÍDE JÚNIOR, Jaldemiro Rodrigues; MACÊDO, Lucas Buril de. **Precedentes.** Salvador: JusPodivm, 2015. p. 459-490.

para novas possibilidades interpretativas não alcançadas em uma análise abstrata dos enunciados normativos e constitucionais utilizados. Também não se pode impedir que seus precedentes sejam reinseridos em outros círculos hermenêuticos, podendo resultar novos sentidos.

Diferentes contextos hermenêuticos podem ensejar resultados distintos. A análise histórica da jurisprudência do Supremo Tribunal Federal já demonstrou a existência de casos cujos precedentes restaram afastados e o entendimento neles contidos foi modificado em razão do desafio jurisprudencial realizado pelas instâncias inferiores. Diante disso, o tribunal supremo foi levado a reconhecer, inicialmente, que peculiaridades do caso concreto poderiam afastar a tese posta no precedente e, depois, declarar sua própria superação em razão da evolução no quadro social do Brasil. É exemplo disso o julgamento envolvendo a constitucionalidade do parâmetro de renda de um quarto do salário mínimo para fins de concessão de amparo social ao deficiente ou ao idoso.

A comissão de juristas, dessa forma, realmente propôs claramente um paradigma normativista calcado em algumas premissas bastante otimistas em torno da jurisprudência dos tribunais de cúpula, cuja prática revela ser, ela mesma, composta de julgamentos contraditórios, oscilantes e em algumas ocasiões pouco compromissados com a integridade do Direito.

Esse paradigma normativista é plenamente diverso, por exemplo, do paradigma contextualista encontrado no *stare decisis* de tradição inglesa. Também se distingue do paradigma sistêmico-hermenêutico que juristas buscam erigir em torno do Direito como integridade[117].

No código, ainda segundo a comissão responsável pelo anteprojeto, encampou-se "expressamente princípio no sentido de que uma vez firmada jurisprudência em certo sentido, esta deve, como norma, ser mantida, salvo se houver relevantes razões recomendando sua alteração".

Também felizmente, as disposições que sobrevieram do processo legislativo mitigaram as rigorosas tintas em prol do protagonismo normativista de um positivismo judicial de cúpula, o qual certamente é desalinhado dos postulados e princípios constitucionais. O texto legal aprovado, no entanto, ainda possui rastros dessa intenção, que podem exercer equivocada influência sobre o intérprete/aplicador.

As pretensões alinhadas à razão político-institucional descrita anteriormente são apresentadas, ainda na exposição de motivos, sob as vestes de um compromisso teórico em prol de princípios constitucionais, que, em verdade, contrariam, pois não é possível realizar qualquer princípio constitucional apenas por critérios formais. É o caso verificado ao se recorrer à segurança jurídica para propor obediência hierárquica formal, sem cotejo do conteúdo, coerência e integridade da decisão paradigma:

---

117. Os três paradigmas em que se agrupam as seis ideologias pelas quais se compreendem os precedentes serão detalhadamente expostos no capítulo 3, mais precisamente os itens 3.3.13 a 3.3.15.

Evidentemente, porém, para que tenha eficácia a recomendação no sentido de que seja a jurisprudência do STF e dos Tribunais superiores, efetivamente, norte para os demais órgãos integrantes do Poder Judiciário, é necessário que aqueles Tribunais mantenham jurisprudência razoavelmente estável.

A segurança jurídica fica comprometida com a brusca e integral alteração do entendimento dos tribunais sobre questões de direito.

No entanto, se a intenção é pôr o processo civil brasileiro em "sintonia fina com a Constituição Federal", é imprescindível que o presente tema evite referenciais teóricos do passado, como realizar uma amálgama entre as aspirações do positivismo exegético com os referenciais do positivismo normativista para resultar no mencionado positivismo judicial de cúpula. Não se deve ceder à cooptação dos poderes jurisdicionais pelo ápice judiciário. É preciso que a facilidade de acesso aos julgados seja instrumento de conhecimento mais profundo do modo de agir dos tribunais, e de como foi a construção hermenêutica dos precedentes e seus limites, e não instrumento de vulgarização superficial dos entendimentos pretorianos, sob perspectivas simplificadoras de fórmulas supostamente autoevidentes.

Não se nega a necessidade de se tutelarem as justas expectativas e se garantir a segurança jurídica, o que não se admite é que a única maneira de se realizar isso seja por um alinhamento subordinado aos precedentes do ápice da pirâmide jurisdicional, independentemente de uma avaliação material de seus conteúdos. E isso não significa uma irrestrita autorização para se desconsiderar os precedentes superiores. Ao se colocarem elementos materiais na determinação da força vinculante do precedente, não se está entregando ao arbítrio de cada magistrado o livre convencimento para seguir ou não o paradigma. Nesse tocante, é feliz a colocação da comissão de juristas:

Se, por um lado, o princípio do livre convencimento motivado é garantia de julgamentos independentes e justos, e neste sentido mereceu ser prestigiado pelo novo Código, por outro, compreendido em seu mais estendido alcance, acaba por conduzir a distorções do princípio da legalidade e à própria ideia, antes mencionada, de Estado Democrático de Direito. A dispersão excessiva da jurisprudência produz intranquilidade social e descrédito do Poder Judiciário.

Ao se encarar que os precedentes possuem elementos ricos do ponto de vista hermenêutico além de seu *pedigree* para assegurarem estabilidade, coerência e integridade, apenas se encara sinceramente a fenomenologia própria do instituto, sem repristinar um fetichismo legalista transmudado em um fetichismo em torno dos precedentes superiores, sobretudo porque o constitucionalismo contemporâneo impõe uma análise material do Direito, contrapondo-se ao formalismo exagerado do positivismo de matiz exegético e normativista.

Nesse sentido, como se disse, a intenção formalista inicial da comissão de juristas foi mitigada ao longo do processo legislativo. Houve, efetivamente, inúmeras alterações no projeto do código ao longo de sua tramitação no que concerne ao tema em estudo. Tais modificações indicam que a "sintonia fina com a Constituição Federal" deve se dar sem rigorismos formais e hierárquicos.

A tramitação se iniciou pelo Senado Federal, cuja versão final teve poucas alterações, mais de ordem textual, em relação ao anteprojeto. O art. 882 da versão dessa Casa iniciadora dispunha que os tribunais velariam pela uniformização e estabilidade da jurisprudência, indicando, em seus incisos, a necessidade de observar o seguinte: a) sempre que possível, na forma e segundo as condições fixadas no regimento interno, deveriam editar enunciados correspondentes à súmula da jurisprudência dominante; b) os órgãos fracionários seguiriam a orientação do plenário, do órgão especial ou dos órgãos fracionários superiores aos quais estiverem vinculados, nesta ordem; c) a jurisprudência pacificada de qualquer tribunal deveria orientar as decisões de todos os órgãos a ele vinculados; d) a jurisprudência do Supremo Tribunal Federal e dos tribunais superiores deveria nortear as decisões de todos os tribunais e juízos singulares do país, de modo a concretizar plenamente os princípios da legalidade e da isonomia.

Tais disposições, com o traço formalista e normativista, vinham inseridas no livro referente aos processos nos tribunais, como restou prevalecendo ao final.

A Câmara dos Deputados, porém, realizou inúmeras audiências públicas, resultando em várias alterações, especialmente no tema precedentes, a começar pela criação de um capítulo próprio "do precedente judicial", no livro do processo de conhecimento, em que o matiz formalista e hierarquizado foi amenizado. Esse capítulo foi depois excluído do projeto, voltando o assunto ao capítulo original.

Percebe-se isso mesmo pela terminologia utilizada. Ao lado da uniformização e estabilidade, por exemplo, somaram-se a integridade e a coerência.

A despeito disso, buscou-se, na Casa Revisora, uma ordem de primazia entre os pronunciamentos jurisdicionais no art. 521, que não chegou a ser aprovado e indicava, em primeiro lugar, as decisões do Supremo Tribunal Federal em controle concentrado de constitucionalidade. Após isso, as súmulas vinculantes, os precedentes em assunção de competência ou de resolução de demandas repetitivas e em julgamento de recurso especial ou extraordinário repetitivos. Em seguida, indicava-se o dever de se seguirem as súmulas, sem caráter vinculantes do Supremo e do Superior Tribunal de Justiça. Somente na hipótese de inexistir súmula, é que se indicava seguir as manifestações do plenário do Supremo em controle difuso de constitucionalidade e os precedentes da Corte Especial do Superior Tribunal de Justiça.

Esse escalonamento, sobretudo no tocante à última parte que indica o uso de certos precedentes apenas na ausência de súmula, foi, como dito, eliminado pelo Senado Federal quando o projeto retornou para lá. Não se manteve sequer capítulo próprio sobre os precedentes, voltando a matéria ao capítulo inicial dos processos nos tribunais.

Foi estatuído o art. 927 que indica um rol de pronunciamentos que devem ser observados:

Art. 927. Os juízes e os tribunais observarão:

I – as decisões do Supremo Tribunal Federal em controle concentrado de constitucionalidade;

II – os enunciados de súmula vinculante;

III – os acórdãos em incidente de assunção de competência ou de resolução de demandas repetitivas e em julgamento de recursos extraordinário e especial repetitivos;

IV – os enunciados das súmulas do Supremo Tribunal Federal em matéria constitucional e do Superior Tribunal de Justiça em matéria infraconstitucional;

V – a orientação do plenário ou do órgão especial aos quais estiverem vinculados.

Esse rol não traz todas as decisões que podem veicular precedentes. Apenas indica pronunciamentos que desfrutam de uma medida protetiva indireta específica (reclamação) ou uma medida promocional indireta (autorização para julgamento liminar improcedente, decisões por parte do relator de recursos, entre outros).

Não pode representar uma ordem de prioridade ou hierarquia, porque, de um modo geral, a sistematização dos precedentes se dá em rede e não de forma piramidal, conforme será detidamente exposto nesta obra. Corrobora esse entendimento a retirada da menção à aplicação apenas subsidiária de algum deles.

Ao retornar ao Senado Federal, muitas disposições da Câmara dos Deputados foram rejeitadas. É o caso do aludido retorno do tema ao Livro sobre os processos nos tribunais, com a exclusão do capítulo próprio sobre os precedentes judiciais. A intenção, acredita-se, foi dar ênfase ao papel de ordenação pelos tribunais. Contudo, conforme destaca mais uma vez Lucas Buril de Macêdo, esse posicionamento topográfico, embora sedutor, não pode ser tido por determinante para o tema:

> Precedentes Judiciais podem surgir em decisões relativas a qualquer procedimento. Na verdade, a procedimentalização do direito material ou a instância de julgamento é pouco importante para a existência de precedente judicial, que é efeito anexo da decisão judicial: portanto, ocorrendo decisão, há precedente. Sua destinação correta seria, sem dúvidas, a Parte Geral[118].

Esse reposicionamento exposto pelo autor, com o qual se concorda, seria recomendável apenas para efeitos de técnica legislativa e estruturação textual, mas não tem influência mais determinante para conhecimento da matéria. O mais relevante é tomar o referencial teórico mais alinhado ao constitucionalismo contemporâneo, como se verá. Não se duvida, assim, que as novas prescrições se aplicam aos precedentes e a jurisprudência erigidos nos mais diversos procedimentos judiciais.

O código suscitará, de maneira inédita, debates mais francos e ostensivos sobre a mudança do entendimento jurisprudencial, porquanto o art. 927, § 2º, estatui que "a alteração de tese jurídica adotada em enunciado de súmula ou em julgamento de casos repetitivos poderá ser precedida de audiências públicas e da participação de pessoas, órgãos ou entidades que possam contribuir para a rediscussão da tese".

---

118. MACÊDO, Lucas Buril de., *op. cit.*, p. 473.

CAPÍTULO 2 • ANÁLISE DO QUADRO ATUAL DE USO DOS PRECEDENTES JUDICIAIS

Acredita-se que esse dispositivo, aliado ao dever de uniformização estável, impedirá guinadas jurisprudenciais sem que sejam refletidos e debatidos os efeitos e as causas para essa mudança. Não será mais válido um tribunal mudar linha jurisprudencial ignorando tal fato, sob o simples pretexto de se aplicar melhor o Direito ao caso. Isso importa mesmo um dever de observância de um tribunal a seus próprios julgados, de modo a garantir uma coerência interna, que não poderão ser ignorados. Tem-se, então, subjacente a esse dispositivo, o dever de autovinculação de um tribunal a seus próprios julgados, o que não é a tônica na realidade brasileira, em que os órgãos jurisdicionais, sobretudo de cúpula, não se sentem constrangidos de maneira mais determinante pela própria jurisprudência ou por um precedente específico.

O diploma legislativo de 2015 cria, ainda, instrumentos até então inexistentes para o trato de casos repetitivos. Além dos já conhecidos recursos especiais e extraordinários repetitivos, o art. 928 arrola o incidente de demanda repetitiva, cujo esquadrinhamento se dá no Capítulo VIII, do Livro III, arts. 976-987.

O IRDR permite que, no tribunal, se instaure instrumento voltado especialmente para proferir julgamento que sirva de precedente para as demais causas sobre o assunto reiterado. É possível mesmo se suspenderem processos pendentes, nos termos art. 982, I, e § 3º, até o julgamento. Também será possível, para instruir o incidente, o relator "designar data para, em audiência pública, ouvir depoimentos de pessoas com experiência e conhecimento na matéria". Assim, tem-se meio próprio para um amplo debate para formação inicial do precedente, que se fará vinculante posteriormente.

Ao lado desse instrumento voltado para causas repetitivas, há o Incidente de Assunção de Competência, em que se permite levar para órgãos interno de composição maior o julgamento de matéria complexa, que servirá de precedente para causas posteriores, não necessariamente repetitivas. O art. 947, § 3º, determina que "o acórdão proferido em assunção de competência vinculará todos os juízes e órgãos fracionários, exceto se houver revisão de tese". Esse é um instrumento para reforço de elemento formal que compõe a força hermenêutica do precedente formado.

Há ainda disposições fora do Livro III que certamente incrementarão os debates e as discussões em torno de precedentes. É o caso do art. 489, § 1º, V e VI, que versa quando se deve entender que uma decisão não está fundamentada.

O inciso V indica como não fundamentada decisão que "se limitar a invocar precedente ou enunciado de súmula, sem identificar seus fundamentos determinantes nem demonstrar que o caso sob julgamento se ajusta àqueles fundamentos". A correta aplicação desse inciso impedirá o erro comum, que será descrito ainda neste capítulo, consistente em se confundir precedente com a ementa do julgado ou mesmo reduzi-lo à tese firmada em repetitivo, aplicando-a como premissa maior de um silogismo. Dever-se-á mensurar, como é proposto neste livro, a força hermenêutica do precedente, determinando a maior ou menor similaridade do caso e verificando, do ponto de vista hermenêutico, como ele influencia o novo julgamento. Para tanto, é necessário ser evitada redução do precedente a fórmulas canônicas genéricas e abstratas, sendo necessário se compreender o jogo hermenêutico subjacente.

Por sua vez, o inciso VI, do mesmo artigo, tem por não fundamentada decisão que "deixar de seguir enunciado de súmula, jurisprudência ou precedente invocado pela parte, sem demonstrar a existência de distinção no caso em julgamento ou a superação do entendimento". Isso fará que se levem os precedentes e a jurisprudência a sério. Se a vinculação não se dá por uma inarredável submissão e deferência, a distinção ou o desafio a um precedente devem ser expostos de maneira clara e evidente, invocando elementos novos ou que não foram considerados anteriormente.

Esses dois dispositivos já seriam razões suficientes para uma relevância incrementada dos precedentes na realidade jurídica brasileira, mas quando se somam às outras prescrições codificadas, têm-se, inquestionavelmente, motivos suficientes para que o tema ganhe relevância atualmente no Brasil.

É preciso destacar, porém, que, a despeito da modificação paradigmática, o regramento codificado não é exauriente. Não versa sobre todas as formas de precedentes nem sobre todas as hipóteses e maneiras de usá-los. Os únicos dispositivos que colhem todos os precedentes são justamente os arts. 489, § 1º, e 926, que, embora importantes, não detalham aspectos relacionados à maneira de o precedente vincular, o que se deve entender mesmo por seu conteúdo vinculante ou a maneira de interpretá-lo. As demais disposições se ocupam primordialmente de elementos formais a serem utilizados em casos repetitivos. É um engano, portanto, imaginar que a nova codificação versa de maneira ampla sobre o assunto. Ao contrário, tratou de uma pequena parcela dele, voltada a solucionar primordialmente problemas bem delimitados, existentes em torno das demandas de massa, as quais se colocam entre as individuais e metaindividuais.

Mesmo os instrumentos voltados para questões relevantes e não necessariamente repetitivas, como o incidente de assunção de competência, corporificam regramento que sequer chega próximo a alcançar todos os aspectos que influenciam o uso dos precedentes e a determinação de suas funções na ordem jurídica.

Além dessa incompletude quantitativa (disciplinamentos de poucos aspectos pertinentes), há uma insuficiência qualitativa, porque estruturou o assunto em torno de uma noção formal e hierarquizada de vinculação, tutelada pelo também formal e hierarquizado veículo da reclamação e outros remédios processuais, a qual será incapaz de atender as expectativas e esperanças depositadas nessa parte do recém-editado diploma.

Assim, o Código de Processo Civil de 2015 força inquestionavelmente uma revisão geral no trato do assunto no Brasil. Tem o valor de pôr fim, definitivamente, à vetusta questão de saber se o juiz cria ou não Direito, no sentido, de criar padrões de vinculação. Também apresenta uma solução própria e inovadora, pois se desconhecesse nas demais tradições jurídicas norma legislativa que tenha tratado tanto do assunto, ainda que sem exauri-lo. Portanto, a partir de sua vigência, será necessária uma reflexão profunda sobre o tema para calcar a prática que será intensa.

É preciso ter atenção que será travada intensa disputa hermenêutica em torno do significado de seus enunciados. Nenhum texto é capaz de fixar autonomamente o referencial teórico, filosófico e ideológico para ser interpretado. Por isso é de extrema importância que se lancem luzes sobre os inúmeros aspectos pertinentes a essas camadas mais profundas do conhecimento jurídico, e mesmo pré-jurídico, para que se realize a correta interpretação/aplicação do diploma processual atual. Caso não ocorram essas reflexões e análises mais profundas, haverá, por inércia, a utilização do senso comum teórico dos juristas, mediante uma superficialidade dogmática, calcada em concepções vetustas e desalinhadas ao constitucionalismo contemporâneo. Sem esse cuidado, em vez de evolução, haverá retrocesso.

2.6 OS ERROS SOBRE PRECEDENTES NO BRASIL

2.6.1 Tomar ementa ou tese por precedente e aplicá-los por meio de um silogismo

Como visto anteriormente, o maior acesso aos precedentes por meio de *sites* se dá por buscas que apresentam como primeira resposta ementas; criação da cultura jurídica brasileira para a catalogação de decisões. Em documentos escritos e nos diários de justiça, a economia de espaço para apresentação dos julgados forçou a publicação apenas dessa parte do julgado: extrato do raciocínio utilizado em termos gerais com conclusão sumária do provimento ou não do recurso.

De fato, a ementa normalmente é estruturada em uma geral e curta descrição dos fatos da causa, seguida da apresentação do critério jurídico utilizado, nos moldes de um enunciado normativo, concluindo com a asserção de provimento ou improvimento do recurso. Também é bastante comum a simples enunciação do critério jurídico considerado pela Corte.

São típicas dos julgamentos colegiados, cuja obrigatoriedade é de leitura do voto integral pelo relator e sobre ele girar o julgamento. O voto, por sua vez, deve ser estruturado em relatório, fundamentação e dispositivo. Nele, deve haver a análise dos argumentos das partes e a plena exposição e julgamento das questões suscitadas e controvertidas. Eventual divergência deverá também ser exposta de maneira fundamentada e completa. Mesmo se manifestada oralmente, deverá ser reduzida a escrito posteriormente. Esse é o disciplinamento de um julgamento colegiado. Nada versa sobre ementas, nem mesmo o modo de redigi-las. Surgiram como simples instrumento de catalogação para posterior consulta, não compondo o raciocínio decisório.

Por questão de economia de tempo nas sessões, entretanto, tornaram-se comuns julgamentos tidos pelo relator como de casos-padrão se darem pela simples enunciação do número do recurso e leitura da respectiva ementa. Esse, em verdade, é um julgamento nulo, pois não obedece ao dever de plena exposição e fundamentação plenária. Também não é correto o julgador expor razões que não sejam reduzidas a escrito para posterior controle pelas partes.

A redação em fórmulas gerais resumidas fez a tradição pátria, fortemente marcada pelo normativismo, enxergar nesses resumos uma norma a ser utilizada como premissa maior de um silogismo. Paulatinamente, a simples menção à ementa com a subsunção a ela dos fatos da nova causa ganhou relevo, chegando ao nível desmensurado exemplificado há pouco pelos julgamentos do Superior Tribunal de Justiça. Sobre o fenômeno, muito bem escreve Maurício Ramires:

> Ementas e verbetes extraídos dos julgados pretéritos são aceitos como "universais". Assim, basta amarrar o particular em um desses universais e se tem a aparência de uma conclusão científica: cria-se o "método jurisprudencial". E, se a menção isolada de texto de lei é uma fundamentação deficiente, pouco há a dizer da decisão que simplesmente ancora em um ou mais verbetes jurisprudenciais, citando-os como se trouxessem a solução invencível do caso jurídico presente[119].

Para o autor, essa indistinta prática de simplesmente citar ementas causa uma decisão explicada e não justificada:

> Fundamentar validamente não é explicar a decisão. A explicação confere à decisão uma falsa aparência de validade. O juiz explica, e não fundamenta, quando diz que assim decide por ter incidido ao caso "tal ou qual norma legal". A atitude do juiz que repete o texto normativo que lhe pareceu adequado, sem justificar a escolha, não vai além do que faria se não explicasse de forma alguma o motivo da decisão[120].

É contundente o ponto fulcral da crítica de Ramires: qual o critério de escolha da ementa a ser utilizada como parâmetro de julgamento? Se há uma divergência jurisprudencial, qual escolher? É possível utilizar ementa de uma decisão que foi reformada? A simples variação de posicionamento superior é suficiente para a incondicional mudança de entendimento do magistrado? Uma ementa mais recente "revoga" uma anterior?

Da mesma forma que não se pode confundir ementa e precedente, não se pode alegar que a aquela equivale à explicitação da *ratio decidendi* pelo próprio tribunal judicante. A *ratio* de um caso não é algo imposto por quem proferiu a decisão. O *stare decisis*, origem do instituto, bem indica ser algo intensamente debatido pelas partes e pelos juízes, havendo uma infinidade de técnicas que disputam entre si a prevalência.

A *ratio* de um julgamento não é apontada topograficamente no texto. Em verdade, muito se questiona se é o próprio tribunal que julgou o caso quem a define, sendo o mais preciso indicar que se dá em uma dialética exercida pelos futuros aplicadores. O aperfeiçoamento do precedente ocorre pelas cortes posteriores. Não fosse assim, ter-se-ia o tribunal, realmente, como legislador, de modo a determinar, por um ato de vontade, o critério jurídico a ser utilizado no futuro pelas demais cortes em inúmeros casos, tal qual preconizado por Kelsen em sua *Teoria Geral do Direito e do Estado*. Eis um paradigma positivista que reflete na concepção de que se deve ter do precedente: se a decisão é simples ato de vontade, assim o é o precedente a ser seguido adiante, pelo que não restaria diferença entre jurisdição e legislação.

---

119. RAMIRES, Maurício, *op. cit.*, p. 45.
120. *Ibid.*, p. 46.

A ideologia que se tem acerca dos precedentes também interfere fortemente na definição da *ratio*, ora fazendo-a colocar-se entre os fatos da causa, ora equiparando-a a questão de direito. Para os realistas estadunidenses, por exemplo, são os fatos que determinam o uso posterior do critério de julgamento. Já para os positivistas do *common law*, é a regra de direito subjacente dos julgamentos.

É preciso, todavia, adiantar que um pronunciamento jurisdicional pode ser considerado em três aspectos: a) preceitos jurídicos enunciados nele, restringindo-se o uso posterior à sua aplicação descontextualizada; b) aspectos fáticos, autorizando as similitudes e divergências encontradas entre um caso e outro; e c) fundamentação e argumentação expedidas, a fim de reutilizá-las e reconstituí-las no caso posterior.

O adequado uso do precedente deve considerar necessariamente os três aspectos e outros elementos hermenêuticos, como será visto. Só assim é possível aferir a *ratio decidendi* em seu devido matiz dialético, apreendendo o jogo de perguntas e respostas do ciclo hermenêutico. É a existência de todos esses elementos que indica a importância dos precedentes no sistema jurídico, pois eles possuem o arcabouço hábil a determinar seu uso posterior, sendo justamente esta sua principal diferença para uma norma legislativa. Em se prestigiando um desses aspectos, em detrimento dos outros, há mera alusão superficial a um precedente e não verdadeiro e adequado uso.

Nesse sentido, o Código de Processo Civil é bastante feliz ao dispor em seu art. 489, § 1º, V, que não se considerar fundamentada uma decisão, seja ela interlocutória, sentença ou acórdão, que "se limitar a invocar precedente ou enunciado de súmula, sem identificar seus fundamentos determinantes nem demonstrar que o caso sob julgamento se ajusta àqueles fundamentos".

Essa exigência de fundamentação adequada pelo atual diploma processual emprestou, portanto, específica consequência ao erro que ora se denuncia, pois nulifica por carência de fundamentação a decisão que simplesmente reduzir precedente à ementa, aplicando-a por silogismo.

No mesmo sentido, o art. 489, § 1º, VI, do Código de Processo Civil, dispõe que não será fundamentada a decisão que "deixar de seguir enunciado de súmula, jurisprudência ou precedente invocado pela parte, sem demonstrar a existência de distinção no caso em julgamento ou a superação do entendimento".

Essa obrigação do magistrado faz surgir, de um modo correlato, dever similar para as partes, que também não podem apenas arrolar uma série de ementas e exigir que o julgador verse detidamente sobre o porquê de não as seguir. As partes, então, para exigir o comportamento do art. 489, § 1º, VI, do Código de Processo Civil, devem utilizar adequadamente os precedentes, citando seus fundamentos, demonstrando as semelhanças fáticas e jurídicas pertinentes, mediante um cotejo analítico entre os casos. Em não fazendo essa devida invocação do precedente em suas peças e arrazoados, a parte não poderá exigir do magistrado a realização da distinção, superação ou desafio.

Não se pode simplesmente pressupor, portanto, a ideia de que a ementa brasileira seja alguma espécie de predeterminação do ponto vinculante do precedente ou que o contenha por inteiro, pois, quando muito, ela apresenta o preceito jurídico utilizado, não considerando os demais pontos. Quem primeiro denunciou a cultura ementária *prêt-à-porter* no Brasil foi Luís Alberto Warat[121], na década de 1970. Essa crítica foi transferida da matriz analítica seguida por Warat para a vertente da Hermenêutica filosófica por Lenio Streck[122], que demonstrara, bem antes das súmulas vinculantes, o poder de violência simbólica dos verbetes jurisprudenciais e das próprias súmulas.

Embora também critique a redução de precedente à ementa, Luiz Guilherme Marinoni ressalta seu componente normativo, o que, paradoxalmente, pode ocasionar a redução rejeitada. Para ele, "a fundamentação não diferencia a norma judicial da legislativa no que diz respeito às suas essências, mas no que toca a aspectos que lhes são externos, necessários à sua legitimação"[123].

Ora, em sendo a fundamentação algo alheio à "norma judicial", a argumentação que a integra e que revela o jogo hermenêutico ocorrido também será exógena, restando os fatos e a norma declarada, os quais podem, habilmente, ser levados para a ementa.

Não é possível concordar com o autor. Como expresso, a fundamentação é essencial, pois permite maior conhecimento do âmbito hermenêutico em que expedido o julgamento, elucidando o uso do raciocínio dialético. Desprender os elementos normativos de seus fundamentos consiste em uma perspectiva reducionista de influência positivista normativista, que não se coaduna com a compreensão adequada do precedente enquanto fruto do exercício da jurisdição que, por essência, é dialética e motivada.

Eis ponto importante: característica fundamental da jurisdição é seu exercício limitado a um processo dialético solucionado por ato exaustivamente fundamentado. Por via de consequência, em sendo o precedente resultado dessa atividade, não se pode tomá-lo de modo a desprendê-lo dessa dialeticidade e fundamentação. Se é possível propor o desprendimento de uma lei das razões legislativas subjacentes, como faz Frederick Schauer para as regras[124], isso não é válido para os precedentes, pois a jurisdição que os produz somente poder ser exercida dentro dos limites do processo proposto, dada a inércia jurisdicional. Não é possível conceber que se crie precedente desconsiderando, ou considerando como algo que lhe seja acessório, aquilo que foi submetido ao Judiciário e por ele decidido da maneira própria que lhe é característica. Esse é um erro decorrente justamente da falta de domínio sobre o uso de precedente, conforme muito bem adverte Raimo Siltala:

---

121. WARAT, Luis Alberto. **Mitos e teorias na interpretação da lei**. Porto Alegre: Síntese, 1977.
122. STRECK, Lenio. **Hermenêutica jurídica e(m) crise** – Uma exploração hermenêutica da Construção do Direito. 8. ed. Porto Alegre: Livraria do Advogado, 2009a.
123. MARINONI, Luiz Guilherme, 2010, *op. cit.*, p. 93-94.
124. SCHAUER, Frederick. **Playing by the rules** – A philosophical examination of rule-based decision making in l law and in life. New York: Oxford University Press, 2002.

> If the proper techniques of how to do things with precedents are note mastered by the members of the legal profession, the resulting system of precedents and precedent-following may be turned into a system of judicial quasi-legislation where the more familiar logic of deductive reasoning will be adopted even in the context of precedent-following[125].

Precedente não se resume, pois, à norma ou parte normativa do caso já julgado, pelo que não pode ser aplicado como tal. Não pode ser abstrativizado de modo a reduzir sua contribuição hermenêutica para o sistema a esse elemento normativo, o que só pode ser realizado se considerados todos os seus elementos hermenêuticos. O precedente é mais do que eventual norma que nele possa ser identifica ou dele possa ser inferida. Por isso não pode ser esse acidental elemento normativo a definir sua aplicação e alcance, sobretudo em equiparação a uma norma legislativa.

Cuidado similar deve ser tomado com o uso de teses fixadas em recursos repetitivos ou com repercussão geral, as quais são, muitas vezes, retiradas da ementa do acórdão paradigma. Consoante recobra Christine Oliveira Peter da Silva[126], iniciou-se na década de 1990, no Supremo Tribunal Federal, a catalogação dos recursos por assuntos pré-definidos em tabela fechada e organizada em torno de palavras-chave, o que, posteriormente, foi adotado pelo Conselho Nacional de Justiça, que formou a "Tabela Única de Assuntos". Esse foi o embrião para a gestão dos recursos extraordinários por temas, que, em seguida, autorizam a formação de teses, conforme destaca a autora:

> Nesse contexto é que foi concebida a gestão por temas como um projeto abrangente destinado a, paulatinamente, retirar o recurso da posição de objeto central da análise da repercussão geral e dar projeção ao tema.
>
> Com isso, o recurso passou a ser visto como veículo de temas constitucionais que, para serem apreciados e decididos pelo STF, devem apresentar relevância política, econômica, social ou jurídica. Deixam de importar as peculiaridades de cada caso, sobrelevando-se a questão constitucional, e o Supremo Tribunal Federal passou, então, a ser um tribunal de questões jurídicas, e não de números e estatísticas megalomaníacas.
>
> Para realizar essa diretiva, foram necessárias diversas adaptações nos sistemas da Corte, o incremento da equipe da Presidência responsável pela repercussão geral e a elaboração de novas metodologias e procedimentos, que implicaram o envolvimento de diferentes áreas do Tribunal. As principais consequência desse novo modelo foram: a) considerar o tema como uma categoria processual autônoma; b) desenvolvimento de uma metodologia específica para elaboração do tema.

A metodologia específica proposta pela autora demonstra um indevido desprendimento da demanda deduzida em juízo, tanto que atribui sua aplicação não aos ministros que titularizam a jurisdição, mas, sim, ao serviço de apoio exercido pelos auxiliares do juízo. Propõe que, na formação do tema para os ministros, a secretaria judiciária envolva servidores com "conhecimentos básicos da teoria da Constituição, os principais conceitos da dogmática constitucional", de modo a não descrever no tema argumentos das partes nem a questão constitucional ser conhecida por meio do que sustentam. Daí conclui:

---

125. SILTALA, Raimo. **A Theory of the precedent** – from analytical positivism to a post-analytical Philosophy of law. Oxford: Portland, 2000. p. 90.
126. SILVA, Christine Oliveira Peter da. Repercussão Geral em evolução: narrativa histórica, teórica e metodológica. **Revista Síntese Direito Civil e Processual Civil**. v. 19. nº 110 nov./dez. 2017. p. 9-31.

> Em termos práticos, o título deve ser sintético e substantivo (em geral, uma oração de uma ou duas linhas), enquanto a descrição deve ser analítica (discursiva e explicativa) e carregada de informações, tais como o fundamento constitucional positivado do recurso, a questão recursal em si mesma e a questão concreta de direito (que pode ser legal, administrativa ou judicial) debatida.

Naturalmente, isso influencia o modo de se formar a tese decorrente, que também será formulada nesses termos sintéticos e canônicos. Não se poderia discordar mais da autora. Há fortes razões filosóficas (de ordem hermenêutica e mesmo ontológica), teóricas e dogmáticas para divergir.

Conquanto seja uma forma inteligente e eficiente de gerir o trato burocrático dos vários processos que versam sobre os mesmos assuntos, autorizando controlar quais processos sobrestar ou remeter para a origem, em uma salutar delegação de competência mediante posterior aplicação do precedente, o tema e a consequente tese não podem ser uma categoria processual autônoma, de modo a desprendê-lo do caso julgado pelo Supremo Tribunal Federal, pois o limite da atuação desse tribunal e do Judiciário como um todo é precisamente o caso que lhe é submetido, ainda que por processo objetivo de controle de constitucionalidade. Nenhum tribunal decide em tese, apenas casos.

Do ponto de vista filosófico, não é possível entender qualquer significado se não for dentro de um contexto, ou mais precisamente, fora do círculo hermenêutico, que no âmbito processual é determinado em função dos argumentos e contra-argumentos suscitados pelas partes. Portanto, não é possível tomar a questão recursal "em si mesma". Por mais que se queira e se busque formular um texto "analítico e carregado de informações", as palavras jamais serão capazes de encapsular tudo aquilo que compõe a causa, seus elementos fundamentais. Como se disse, isso é uma impossibilidade não só do ponto de vista da legislação ou da teoria do Direito, mas de ordem filosófica, pois é uma impossibilidade hermenêutica e ontológica, antes mesmo de qualquer imprecisão jurídica, que também o é.

De fato, do ponto de vista teórico, o exercício da jurisdição, mesmo que trate de assuntos que possam ser organizados por temas dos quais se formulem teses, ainda é uma atividade de composição de lides, pretensões deduzidas em juízo, uma realidade concreta apresentada pelas partes. O Supremo Tribunal Federal e o Superior Tribunal de Justiça ainda julgam os recursos, ainda que tomados como paradigmas, mediante o exercício regular da jurisdição. A solução do tema, que poderá resultar na tese, é apenas um capítulo dessa decisão, que, embora seja possível de ser projetado para outras causas, não se desprende do jogo hermenêutico ocorrido naquele caso, naquele específico julgamento, porque é o limite da própria atividade jurisdicional, que não pode ir além daquilo que foi deduzido em juízo.

A atuação processual é eminentemente jurisdicional, a despeito da louvável contribuição do serviço de apoio mediante a gestão administrativa dos inúmeros feitos. No caso de recursos, implica, necessariamente no julgamento de pretensões apresentadas pelas partes, segundo a causa de pedir e os argumentos deduzidos em juízo. Querer tratar o STF ou o STJ como cortes de julgamentos tão só de temas e não de casos, apesar de esses temas serem suscitados em demandas concretas, implica, no ponto de vista da Teoria do Direito, concluir que o contraditório e a ampla defesa são meras formalidades, porquanto não têm o condão de efetivamente interferir na conclusão do julgado nem de acrescentar algo ao julgamento da causa.

Por fim, do ponto de vista dogmático, não há absolutamente nada na Constituição Federal que autorize que um tribunal possa atuar somente em tese, ainda que seja o Supremo Tribunal Federal ou o Superior Tribunal de Justiça. A repercussão geral, inserida no texto constitucional pela Emenda nº 45/2004, não precisa ser entendida em termos de gestão por temas e formulação de teses. Essa é uma escolha que é útil do ponto de vista administrativo e procedimental, sendo importante como instrumento de delegação de competência constitucional, mas que não pode condicionar a atuação do tribunal em sua substância jurisdicional. Com relação ao Superior Tribunal de Justiça, tal disposição sequer consta no texto constitucional.

Basta imaginar que o *Writ of Certiorari* americano[127] funciona como instrumento similar à repercussão geral, pois é filtro que impede que toda e qualquer causa seja decidida pela Suprema Corte. No entanto, caso o *writ* seja acolhido pelo tribunal, a causa originária é avocada e decidida, sem temas ou teses. O uso e a vinculação ao precedente formado serão discutidos em função desse julgamento concreto, sem qualquer prejuízo para o *stare decisis* ou para a força dos precedentes. Não se cogita seriamente nos países já habituados ao uso de precedentes em se falar na dicotomia proposta por Daniel Mitidiero entre Cortes de Justiça e Corte de Precedentes, já analisada em item anterior. Trata-se, pois, de uma escolha de eficiência administrativa que vai ao encontro da tradição nacional de apego a fórmulas canônicas próprias de um estado legislativo de origem francesa, mas que não pode redundar em uma redução do que se deva entender por precedente ou qual sua apropriada função no ordenamento jurídico, muito menos na natureza da atividade exercida por qualquer tribunal.

É certo que a fixação de uma tese terá consequências processuais, como autorização do uso de reclamação, julgamento monocráticos, improvimento de recursos na origem e outros atalhos processuais. Contudo, jamais o tema poderá deixar de ser conhecido em função do que foi tratado de discutido no julgamento que lhe é subjacente, o qual é produzido pelo exercício ordinário da jurisdição mediante contraditório e ampla defesa com decisões fundamentada.

Para exemplificar o que se diz, considere-se a tese fixada em torno do Tema 69, que é assim delineado: "O ICMS não compõe a base de cálculo para a incidência do PIS e da Cofins". O caso subjacente é o RE 574.706, cujo acórdão possui 227 páginas, que retrata profunda discussão a respeito de aspectos teóricos basilares do direito

---

127. Sobre o assunto, cfr.: FELDMAN, Adam; KAPPNER, Alexander. Finding Certainty in Cert: An Empirical Analysis of the Factors Involved in Supreme Court Certiorari Decisions from 2001-2015 (February 4, 2016). USC CLASS Research Paper No. 16-5; USC Law Legal Studies Paper No. 16-5; 61 Villanova Law Review 795 (2016). Disponível em SSRN: https://ssrn.com/abstract=2715631 or http://dx.doi.org/10.2139/ssrn.2715631. Acesso em 31 jul. 2012

constitucional-tributário com apreciação de vários argumentos distintos. Não é sequer razoável se desprezar toda a riqueza hermenêutica possível de serem daí extraídas para se reduzir tudo a essa única linha da tese, formulada a partir de temas estruturados por servidores que recomendavelmente devem ter apenas "conhecimentos básicos da teoria da constituição".

O enunciado da tese fixada sobre esse tema terá utilidade para deferir a outras partes que o discutem em seus próprios processos algumas faculdades processuais – como exigir que o juiz o considere sob pena de proferir decisão nula –, mas sua compreensão jamais poderá ser reduzida ao enunciado da tese ou à ementa do julgado, mesmo porque o acórdão servirá também de precedente – ainda que não dotado dos mesmos instrumentos formais – não só para este como para outros casos, como a discussão da retirada do ISS da base de cálculo dos mesmo PIS e Cofins, em processos em discussão por contribuinte desse imposto municipal e não do estadual ICMS.

Portanto, as ementas, os temas e as teses certamente são úteis e mesmo processualmente têm sua função, mas não podem ser superdimensionadas.

Outros países enfrentaram dilema semelhante em torno de resumos e sumários. Esse fenômeno de redução também é encontrado na Finlândia, cujos julgamentos de sua Suprema Corte têm como parte inicial a *rubrication*, assim descrita por Aulis Aarnio:

> The rubrication (headline) of the case includes a summary of the legal question solved in the decision and, if needed, other information about the case and the reasons for decision (holding of an issue). References to the statutes and previous precedents, if there are such, are written at the end of the rubrication. On the top left of the rubrication text there are entries which make it easier to fund the precedent in the register[128].

Como se percebe, há bastante similaridade com as ementas e teses nacionais, o que é agravado pelo dado de que nem todas as decisões da Suprema Corte finlandesa são publicadas. É a própria corte quem escolhe o que será. Ademais, tal qual no Brasil, os sistemas informatizados de pesquisa as catalogam pela *rubrication*. Ao se juntar isso à tradição legislativa finlandesa, também há a redução do precedente a esse sumário. São, pois, as "normas editadas pela corte".

Outro fator que contribui é o comportamento do tribunal, pois – como não há preceito legal estabelecendo a força de seus precedentes – se tornou comum o uso de expressões gerais próximas às legislativas para, como isso, reforçar seu uso no futuro.

Houve quem defendesse, teoricamente, que a afirmação de que a *headnote* deveria, corretamente, ser tomada como a *ratio*. Raimo Siltala, declaradamente seguindo as lições de Aarnio, explica que o *Chief of Justice* Heinonen, nos anos 1980, ostensivamente defendia essa abordagem, crendo que a *headnote* refletiria a questão jurídica a ser reproduzida no futuro. O mesmo magistrado, conforme reproduz Siltala, entendia

---

128. AARNIO, Aulis. Precedent in Finland. In: MACCORMICK, D. Neil; SUMMERS, Robert S.; GOODHAT, Arthur L., *op. cit.*, p. 76.

que, em se tomando que a regra principal é a *ratio* de um caso, então ela é dada pela *rubrication*[129].

Acontece que, no início dos anos 1990, o Magistrado modificou diametralmente seu entendimento, rejeitando expressamente o anterior. Passou a defender que um precedente, na qualidade de julgamento de uma situação concreta, restringe-se àquilo que foi apreciado e decidido, sendo a *headnote* apenas o indicativo de onde se devem buscar os elementos principais a serem compreendidos juntamente com os demais que compõem a manifestação. Tomar a *headnote* como a *ratio* implica autorizar o Judiciário a legislar ultrapassando sua função jurisdicional.

O próprio Aarnio é um severo crítico dessa redução, que denomina de *"case-positivism"*: uma versão moderna do positivismo normativista. Suas críticas podem ser perfeitamente trazidas para o Brasil:

> The statutes have been replaced by the rubrications that, interpreted according to their wording, are used as valid norms of law. Then the critical attitude disappears and the practice slavishly drifts in the direction of the guiding information given by rubrications. This is what has to some extent happened in Finland, especially where the statutes have left area of law open to interpretation through precedents.

Como se vê, a doutrina finlandesa se debate quanto a esse novo positivismo: um positivismo judicial de cúpula, que substitui norma legislativa por ementas.

Na Itália, há um curioso sistema para os precedentes de sua Corte de Cassação, que julga uma grande quantidade de recursos, mas sem haver publicação regular de todos eles. Conforme explica Michele Taruffo, nesse tocante atua uma instituição criada nos anos 1940 e que é um anexo da corte – é o *Ufficio del Massimario*, composto por juízes. Sua principal função é analisar as inúmeras decisões da Corte de Cassação e extrair-lhe uma *massima*. Ela consiste em uma "curta declaração (normalmente de cinco a dez linhas) relativa à norma jurídica que foi utilizada na decisão: isso é declarado em termos bastante gerais, usualmente sem qualquer referência expressa aos fatos do caso específico, e leva em consideração apenas o aspecto jurídico da decisão"[130]. Essas *massime* são divulgadas por meios eletrônicos e publicações semioficiais, razão por que se tornam ferramenta conhecida do dia a dia dos operadores do Direito.

Portanto, não se tem acesso direto às decisões da Corte de Cassação, apenas a suas *massime*. Ainda assim, contudo, Taruffo se recusa a considerá-las como *ratione decidendi*, pois defende a compreensão de que, nelas, também há considerações *obiter dicta*. Eis por que elas são o início do trabalho dos juristas que deve recorrer a publicações não oficiais que divulgam a íntegra dos julgamentos mais importantes. Em não sendo possível, a *massima* terá efeito persuasivo, demandando a conjugação de outros elementos da ordem jurídica. Aquilo que é acessório em um julgamento não pode se transformar em essencial por simplesmente constar em texto-resumo.

---

129. SILTALA, Raimo, *op. cit.*, p. 138.
130. TARUFFO, Michele. Precedent in Italy. *In*: MACCORMICK, D. Neil; SUMMERS, Robert S.; GOODHAT, Arthur L., *op. cit.*, p.148.

No mesmo sentido de que o precedente não pode se reduzir à *massima*, apesar de essa equiparação ser um lugar comum na Itália, tem-se Luca Passananti, inclusive se valendo de ideias desta obra, ao comparar com o Direito brasileiro. Para o autor, a *massima* pode servir para orientar a interpretação do precedente, mas jamais para reduzi-lo a seu enunciado, na qualidade de uma norma geral e abstrata:

> La duplice tendenza, da um lado, ad utilizzare le massime come eunciati normativi e, dall'altro lato, ad equipararle acriticamente ai precedenti rivela il tentativo, no smepre aprezzabile, di semplificare ciò che non può essere simplificato: lo studio dei precedenti è operazione complessa e laboriosa, non riduzibile – nemmeno in um contesto de *civil law* – alla compilazione di raccolte di massime, per quanto accurate e complete. Il "diritto giurisprudenziale" è, per sua natura, più complesso del diritto legislativo e l'interno di forzare il primo nelle forme del secondo – oggi più disperatamente che in passato, per la mole incredibile di provvedimenti prunciati ogni anno dalla Cassazione – non può che risolversi in um pericoloso inganno, che minaccia seriamente di privare il precedente della funzione "didattica" che gli è propria. In sintesi estrema potremmo dire, infatti, che il precedente esige apprendimento laddove la massima esige obbedienza[131].

É possível concluir este tópico, afirmando, com segurança, que há uma rejeição internacional à redução do precedente, ou equiparação de sua *ratio*, a qualquer espécie de sumário emitido pelo tribunal. Usar precedente, pois, envolve conhecer e lidar com a integralidade da decisão, seus argumentos, fatos e fundamentação, bem como uma série maior de elementos, como serão visto.

2.6.2 Indicar que o constitucionalismo contemporâneo implica uma aproximação ao *common law*

Dois autores de importantes obras brasileiras sobre precedentes, Patrícia Perrone e Luiz Guilherme Marinoni, escrevem que o neoconstitucionalismo, ou mais precisamente a nova jurisdição constitucional, fez o *civil law* se aproximar do *common law*.

Em atenção, contudo, a uma maior precisão de análise, é necessário ressaltar que a expressão *common law* pode ter várias conotações, como observa Guido Fernando Silva Soares[132]. Ela pode designar antigo sistema judiciário inglês, concebido como delegação real, que concebia a função do direito, e, portanto, do juiz, como eminentemente prática, para solução de situações concretas mediante um *writ* predefinido, sem o qual não era possível qualquer proteção. Nesse sentido, se opõe a *Equity*, sistema surgido de medidas concedidas pelo Chanceler (confessor do rei inglês) justamente para combater o formalismo do *common law*, propondo soluções com base na equidade, o que resultou em uma justiça paralela às cortes de Westminster. Essa distinção, conquanto remanesça como orientação para entendimento de alguns institutos, não mais persiste, ante a unificação inglesa no século XIX, bem como pelo motivo de os EUA nunca terem feito a distinção.

---

131. PASSANANTE, Luca. **Il precedente impossibile** – Contributo allo studio del diritto giurisprudenziale nel processo civile. Torino: Gianppichelli Editore, 2018. p. 152-153.

132. SOARES, Guido Fernando Silva. **Common Law** – Introdução ao Direitos dos EUA. 2. ed. São Paulo: Revista dos Tribunais, 2000. p. 31-57.

CAPÍTULO 2 • ANÁLISE DO QUADRO ATUAL DE USO DOS PRECEDENTES JUDICIAIS

O *common law* também pode designar conjunto de padrões jurídicos determinados em juízo, o que o faz se contrapor ao *statute law*, direito criado por um ato legislativo vindo de fora do Judiciário, normalmente do Parlamento. Como observa Guido Fernando Silva Soares, "embora seja o *case law* a principal fonte do direito, pode ele ser modificado pela lei escrita, que, nos EUA, lhe é hierarquicamente superior; diz-se então que um *case* foi *reversed by statute*"[133].

A esses dois sentidos, que traçam realidades dentro do sistema de tradição inglesa, se pode somar um sentido amplo de *common law* como equivalente a essa tradição na forma descrita há pouco, ao qual se contrapõe o *civil law*. É nesse último sentido, portanto, que se fala de uma aproximação entre as tradições.

Patrícia Perrone, logo no início de sua introdução, escreve:

> A indiscutível expansão do controle concentrado de constitucionalidade, as discussões empreendidas pelo Supremo Tribunal Federal acerca da eficácia transcendente da motivação nesta sede, e, finalmente, a criação da súmula vinculante, através da Emenda Constitucional nº 45/2004, apontam para um novo momento da hermenêutica constitucional. Tais fatos expressam a evolução dos mecanismos de jurisdição constitucional, no Brasil, para uma direção comum, da atribuição de uma força vinculante geral aos precedentes judiciais. Representam, assim, uma aproximação do nosso sistema jurídico, correspondente a um modelo de direito codificado-continental (civil law), ao sistema de *common law*, no qual a ideia de vinculação ao julgado possui papel central[134].

Com base nesse posicionamento, a autora passa a descrever a criação de emendas constitucionais e leis que, paulatinamente, emprestaram força obrigatória aos julgamentos de controle de constitucionalidade, ao que deve ser acrescentada a edição do Código de Processo Civil de 2015.

Eis o primeiro dado que impede se falar de uma simples aproximação do sistema nacional ao *common law*, pois, neste, o *stare decisis* não é uma imposição legislativa, mas concepção elaborada no exercício da jurisdição e bastante controvertida na doutrina e nos próprios tribunais. Gustavo Santana Nogueira ensina que "a teoria do *stare decisis* preconiza, pois, o respeito ao precedente, vinculando o Judiciário para os casos futuros, porém sem previsão normativa expressa acerca desse efeito vinculante (*biding effect*)"[135]. Não há, pois, lei que regule o tema com um rigor sistemático, mediante estabelecimento de uma sanção específica. Há, em verdade, intenso debate de fórmulas e concepções.

O autor explica que mesmo o instante do surgimento dessa teoria nos Estados Unidos é ponto em disputa. Chega-se a remontá-la à edição da Constituição estadunidense, por incorporar a tradição jurídica inglesa. Há consenso, entretanto, de que adquiriu mais expressão ao longo do século XIX, em lides sobre direitos de propriedade. Também foi esse o período de surgimento na Inglaterra. Basta lembrar ter sido o positivismo

---

133. *Ibid.*, p. 38.
134. MELLO, Patrícia Perrone Campos, 2008, *op. cit.*, p. 1.
135. NOGUEIRA, Gustavo Santana. ***Stare decisis et non quieta movere***: a vinculação aos precedentes no direito comparado e brasileiro. Rio de Janeiro: Lumen Juris, 2011. p. 163.

de Austin que permitiu racionalizar, nesse período, os respectivos institutos, mas sem expor o porquê de segui-los.

Isso é percebido pela acurada exposição de Daniel Henry Chamberlain, ainda no século XIX, acerca das mais aceitas descrições do *stare decisis*:

> A wide search will hardly discover a more pregnant, accurate or condensed expression of the doctrine of *stare decisis,* stating as it does, at once the doctrine as well as hinting at its reason and its limitation. Blackstone's statement is possibly more luminous. 'The doctrine of the law then is this: that the precedents and rules must be followed unless flatly absurd or unjust; for, though their reason be not obvious at first view, yet we owe such a deference to former times as not to suppose that they acted wholly without consideration'. Kent's definition is certainly more ample:'A solemn decision upon a point of law, arising in any given case, becomes an authority in a like cases, because it is the highest evidence which we can have of the law applicable to the subject, and the judges are bound, unless it can be shown that the law was misunderstood or misapplied in that particular case[136].

Nem mesmo é possível se equiparar o *common law* ao *stare decisis*. Neil Duxbury, ao citar A.W.B. Simpson, é enfático:

> Any identification between the *common law* system and the doctrine of precedent, any attempt to explain the nature of the *common law* in terms of *stare decisis*, is bound to seem unsatisfactory, for the elaboration of rules and principles governing the use of precedents and their status as authorities is relatively modern, and the idea that there could be binding precedents more recent still. The *common law* had been in existence for centuries before anybody was very excited about these matters, and yet it functioned as a system of law without such props as the concept of the ratio decidendi and functioned well enough[137].

Stefanie Lindquist e Frank Cross[138] também ensinam que o *stare decisis* é uma prescrição informal que os juízes seguem por prudência ou por outras razões. Sequer há uma teoria dominante explicando por que se deve segui-los. Simplesmente é algo arraigado mediante entendimento difuso.

Por não ser uma imposição legislativa bem-posta sistematicamente, essa doutrina possui viés bem mais mitigado se fosse consequência de uma obrigação legal ou mesmo constitucional. Por isso, é comum o fato de as discussões judiciais versarem sobre como deve ser essa vinculação, a que ponto da decisão isso se dá e com que grau de deferência. Tudo é tomado como algo privativo do Judiciário, havendo quem considere inconstitucional lei que se imiscua no assunto.

De fato, a *binding force* no *stare decisis* não é algo imposto externamente. Sua amplitude e o modo de se sujeitar a ela são intensamente debatidos processualmente, havendo mesmo nítida variação do grau de deferência entre os Direitos inglês e estadunidense.

No Reino Unido, o respeito aos precedentes é bem mais recrudescido, tanto no sentido vertical (das cortes inferiores em relação às superiores) quanto horizontal (no

---

136. CHAMBERLAIN, *op. cit.*, p. 6.
137. DUXBURY, Neil, *op. cit.*, p. 35.
138. LINDQUIST, Stefannie; CROSS, Frank B. Empirically testing Dworkin's chian novel: Studying the path of precedent. **New York University Law Review**, 1156, 2005.

famoso caso *London Tramways v. London County Council, a House of Lords,* última instância recursal, à época, julgou-se, no século XIX, obrigada a seguir seus próprios precedentes). Naquele País, a difusa ideia consiste no dever de o magistrado observar os pronunciamentos pretéritos incondicionalmente, salvo os conhecidos casos de *overruling* e *distinguish*. A flexibilização desse rigorismo foi bastante contida e ocorreu muitos anos depois, em 1966, quando a *House of Lords* admitiu não ser submissa aos seus pronunciamentos anteriores. Como sua função foi substituída, em 2005, pela nova Corte Constitucional, é prudente aguardar como esse novo órgão entenderá seu próprio papel.

É preciso destacar, entretanto, uma característica importante existente mesmo no Reino Unido: ainda que a lógica seja a obediência de uma corte inferior aos precedentes de uma superior, a corte superior também deve observar a linha jurisprudencial inferior que tenha gerado estabilidade social. Só poderá romper com esse padrão já firmado se forem apontadas razões suficientes. Em outras palavras: as decisões inferiores "importam", ao contrário do que propõe Marinoni para o Brasil. Os tribunais superiores não julgam a partir do zero. Na medida em que se admite que os precedentes servem de orientação jurídica à população, devem as instâncias recursais reconhecer e considerar a orientação jurídica já emprestada judicialmente. Esse é outro ponto relevante da distinção da chamada aproximação, pois se está a propor, atualmente, uma convergência não a algo efetivamente verificado, mas a uma ideia de obediência legal a julgados que não guardam correspondência com o que se verifica nos países "exportadores".

Do outro lado do Atlântico, o assunto é considerando em tom até mais ameno se comparado ao Reino Unido. Conforme escrevem Rupert Cross e J.W. Harris[139], apesar de o sistema dos EUA ser próximo do inglês, a Suprema Corte e as cortes de apelação dos diferentes estados não se consideram absolutamente constrangidos por decisões já tomadas. São muitos os exemplos em que se reformam os próprios entendimentos, o que denota mitigada força horizontal. Na dimensão vertical, não é raro o recurso pródigo ao *distinguish* e mesmo o desafio ao julgado superior. Um motivo comum para a revogação de um precedente é justamente sua reiterada rejeição e desafio por outros tribunais, mesmo inferiores.

Nos Estados Unidos – cuja doutrina parece exercer mais influência sobre os brasileiros – não se propõe indistintamente que o juiz deva aplicar incondicionalmente o precedente, mesmo com ele discordando. Há um consenso de que, caso se entenda que o pronunciamento passado de alguma maneira é inaplicável ou inviável, não se deve pautar por ele o julgamento presente.

Preceito como o do art. 10, da Resolução nº 106/10 do Conselho Nacional de Justiça, citado anteriormente, não é próprio daquele sistema. Ao contrário, deve prevalecer o critério de julgamento do magistrado, que terá, é certo, de justificar por qual razão

---

139. CROSS, Rupert; HARRIS, J.W. **Precedent in English Law.** New York: Oxford University Press Inc., 2004. p. 19.

está a se afastar do padrão estabelecido. Não há risco de punição por não se reproduzir mecanicamente um enunciado judicial.

Mesmo na *Supreme Court* há uma inconclusa discussão acerca dos critérios que podem autorizar a superação de seus próprios precedentes. Colin Starger[140] ao se debruçar sobre os julgamentos do tribunal especificamente a respeito do uso de seus próprios precedentes, identifica uma variação entre uma concepção forte e outra fraca de *stare decisis* entre os *justices*. Em uma concepção fraca, a superação dos próprios precedentes pode se dar apenas porque a corte entendeu por assim fazê-lo, bastando considerar errado o julgamento anterior, sem nenhum motivo especial. Por sua vez, a concepção forte exige que haja algo a mais, uma justificação objetiva adicional, que não simples mudança de entendimento.

Julgamento da Suprema Corte dos EUA, no caso Montejo v. Louisiana, bem evidencia a controvérsia sobre o modo de se seguir um pronunciamento anterior:

> We do not think that stare decisis requires us to expand significantly the holding of a prior decision—fundamentally revising its theoretical basis in the process—in order to cure its practical deficiencies. To the contrary, the fact that a decision has proved "unworkable" is a traditional ground for overruling it. Payne v. Tennessee, 501 U. S. 808, 827 (1991).
>
> Beyond workability, the relevant factors in deciding whether to adhere to the principle of stare decisis include the antiquity of the precedent, the reliance interests at stake, and of course whether the decision was well reasoned. Pearson v. Callahan, 555 U. S. ___, ___ (2009) (slip op., at 8). The first two cut in favor of abandoning Jackson: the opinion is only two decades old, and eliminating it would not upset expectations. Any criminal defendant learned enough to order his affairs based on the rule announced in Jackson would also be perfectly capable of interacting with the police on his own. Of course it is likely true that police and prosecutors have been trained to comply with Jackson, see generally Supplemental Brief
>
> [...]
>
> While stare decisis is not "an inexorable command," we adhere to it as "the preferred course because it promotes the evenhanded, predictable, and consistent development of legal principles, fosters reliance on judicial decisions, and contributes to the actual and perceived integrity of the judicial process" Payne v. Tennessee, 501 U. S. 808, 827–828 (1991).
>
> Paying lip service to the rule of stare decisis, the majority acknowledges that the Court must consider many factors before taking the dramatic step of overruling a past decision. See ante, at 12. Specifically, the majority focuses on four considerations: the reasoning of the decision, the workability of the rule, the reliance interests at stake, and the antiquity of the precedent. The Court exaggerates the considerations favoring reversal, however, and gives short shrift to the valid considerations favoring retention of the Jackson rule.

Como se percebe, para a *Suprem Court*, ao menos na percepção exposta nesse julgamento, um juiz deve considerar vários aspectos antes de simplesmente aplicar um precedente. Deve apreciar, em especial, a fundamentação, a sua viabilidade, os interesses em questão e a antiguidade do pronunciamento anterior. E esse, repita-se, é apenas um dos muitos modos de encarar o assunto, mas, já por ele, se percebe o quão diferente é da ideia de força vinculante que aufere espaço na normatização citada por Perrone.

---

140. STARGER, Colin. The dialectic of Stare Decisis Doctrine. In: PETERS, J. Christopher J. **Precedent in the United Stade Supreme Court**. Baltimore: Springer, 2013.

As decisões proferidas pelo Supremo Tribunal Federal, via de regra, são tomadas como comandos normativos, sobretudo as súmulas que sequer fundamentação possuem. É reflexo, repita-se, da tradição fortemente normativista, ainda influenciada por aspirações exegéticas. Considerar que a força vinculante se dá por causa de uma aproximação ao sistema de tradição inglesa, a fim de justificar os rigorismos locais, é um erro. Não dá para justificar o incremento normativo e a insistente sujeição normativa dos magistrados de segundo e primeiro graus aos julgamentos superiores com a indicação de analogia a institutos estrangeiros, pois tem sido uma característica bem brasileira a tônica imprimida.

Luiz Guilherme Marinoni também propõe que o neoconstitucionalismo fez o sistema brasileiro caminhar em direção ao *common law*, embora admita que, realmente, este não se confunda com o *stare decisis:*

> A dificuldade em ver um papel do juiz sob o neoconstitucionalismo impede que se perceba que a tarefa do juiz no *civil law*, na atualidade, está muito próxima da exercida pelo juiz do *common law*. Ora, é exatamente a cegueira para aproximação das jurisdições destes sistemas que não permite enxergar a relevância de um sistema de precedentes no *civil law*[141].

É preciso considerar dois sentidos que podem ter a afirmação de que o *civil law* se aproximou do *common law*: a) o neoconstitucionalismo ocasionou a importação dos institutos alienígenas porque o arcabouço teórico destes é mais apto a lidar com os desafios da atualidade; b) o constitucionalismo contemporâneo, na qualidade de fenômeno mundial, forçou os dois sistemas a se moverem conjuntamente em um mesmo sentido, implicando, portanto, uma indistinta troca de institutos na busca de uma solução nova e adequada ao atual estádio de desenvolvimento jurídico de ambos.

É rejeitado neste trabalho, e considerado um erro, o constructo "a". Deve ter ficado claro, ao se expor as razões teóricas para expansão da jurisdição, que o *stare decisis* possui bases realistas e positivistas, ainda que sem as influências da exegética continental. Como, então, um sistema com bases positivistas poderia oferecer soluções adequadas a um fenômeno jurídico que propõe superação do positivismo?

Em verdade, simplesmente importar esses institutos causará uma aparência de inovação, pois lida com o exótico; contudo, não serão ferramentas apropriadas para os verdadeiros desafios da constitucionalização e judicialização do Direito. Seria a repetição do erro denunciado por Lenio Streck quanto ao neoconstitucionalismo, que se vale de conhecimento alienígena, mas sem romper com na tradição normativista brasileira.

De fato, os institutos do *stare decisis* sofrem a remodelagem pela tradição do *civil law* como visto a respeito da força vinculante, em que no sistema de tradição inglesa é uma concepção do próprio Judiciário, enquanto, aqui, vem se traduzindo em imposição legislativa e constitucional.

---

141. MARINONI, Luiz Guilherme, 2010, *op. cit.*, p. 71-72.

A compreensão acertada é a indicada no constructo "b", qual seja, há, inegavelmente, um intenso intercâmbio dos dois sistemas, não porque o estrangeiro esteja mais apto a lidar como constitucionalismo moderno, e sim porque ambos estão a experimentar o mesmo fenômeno inédito, sendo a troca algo indispensável para se constituir o referencial teórico apropriado ao Estado constitucional. É com esteio na admissão de uma união em uma jornada comum que deve ser compreendida a reconhecida aproximação dos institutos processuais do *civil law* e do *common law*, bem descrita por Taruffo[142] em trabalho específico.

Ademais, na tradição inglesa, não se encontra ambiente teórico mais calmo e definido. Tanto nos Estados Unidos quanto no Reino Unido se debatem métodos positivistas e analíticos, com críticas recentes como a de Dworkin, ou seja, não há nesses países, como aqui também não há, um consenso teórico, pelo que não há de se falar de uma aproximação sem se ter consciência de que é isso de que se aproxima. Como explica Michele Taruffo em outro trabalho[143], não há um bem talhado bloco chamado *common law*, com um bem identificado *stare decisis*. Tal qual na tradição brasileira, há intensas disputas entre positivistas, jusnaturalistas, pós-analíticos e muitos outros, mas ainda com prevalência de concepções da origem do raciocínio jurídico do século XIX, antes da constitucionalização e da judicialização do Direito. Há o risco, portanto, de se importar algo que já esteja sendo posto em dúvida em sua origem.

Os reais motivos para o fortalecimento dos precedentes no Brasil, como visto, em seu aspecto teórico, foram a constitucionalização e a judicialização do Direito, fenômenos igualmente recentes nos Estados Unidos e na Inglaterra (que os experimenta com menor intensidade). É necessário, então, que se conheçam institutos destes últimos, mas não para simplesmente reproduzi-los e, sim, para tomá-los como dados de elaboração de um referencial inédito.

Então, o correto não é simplesmente propor a aproximação do sistema brasileiro ao *common law* ou importar a teoria do *stare decisis*. Muito menos correto é propor uma aproximação ao que se diz ser o *common law* e o *stare decisis*. Deve-se intercambiar elementos que puderem contribuir para modelagem de um novo raciocínio jurídico, baseado nas conquistas da Hermenêutica. O que estiver fora disso ou em dissonância deve ser rechaçado.

2.6.3 Defender a ideia de que a vinculação dos precedentes é garantia de segurança jurídica enquanto previsibilidade

Esse é um erro que depende da identificação de que segurança jurídica se pretende garantir e de que maneira se quer alcançá-la.

---

142. TARUFFO, Michele. **Precedente e giurisprudenza**. Editoriale Scientifica, 2007.
143. TARUFFO, Michele. Observações sobre os modelos processuais de *civil law* e de *common Law*. **Revista de Processo**. São Paulo: Revista dos Tribunais, abr.-jun. 2003, ano 28, p. 141-158, n. 110.

Se segurança jurídica se resumir a previsibilidade de resultados em razão de um enunciado preestabelecido, os precedentes não estão em posição melhor do que as leis para garanti-la. As lições de Hart, nesse ponto, são definitivas, pois aplica sua ideia de textura aberta e zona de penumbra tanto para regras com enunciados canônicos quanto para precedentes. Será inevitável, em várias situações, uma zona de incerteza para o intérprete. Em outras palavras: caso se tente buscar a ilusão exegética de previsibilidade, o próprio positivismo normativista já se encarregou de mostrar sua inviabilidade.

Trocar a lei pelo precedente pode parecer uma inovação no Brasil, onde há até bem pouco tempo o assunto não havia sido considerado mais detidamente; entretanto, países já habituados ao seu uso não mais se iludem com a perspectiva de que sejam provimentos jurisdicionais mais eficientes para uma predeterminação de resultados, mesmo porque possuem os próprios problemas nesse tocante. Dworkin bem denuncia uma dificuldade ínsita ao *judge made law*: quando um juiz modifica uma linha jurisprudencial, quando realiza um *distinguish* ou julga um caso de *first impression*, o sucumbente é apenado não por causa do direito existente quando da prática do ato, mas em razão do direito fixado no instante de sua derrota, ou seja, *a posteriori*. Há uma retroação do direito judicialmente acertado. A própria identificação do padrão a ser utilizado posteriormente é complexo, variando em função do caso posterior.

Em um sistema embasado em precedentes, se compreende o Direito em uma dimensão prática para solução de problemas da vida real, pelo que não se preocupa em se estabelecer uma estruturação sistemática hierarquizada e organizada de maneira piramidal e formal. A própria ideia de sistema, entendido como um todo em que as partes guardam coerência lógica entre si e que possui critérios para solução de incongruências, não se expressa como algo relevante ou mesmo perseguido. Nesse tocante, escreve Guido Fernando Silva Soares:

> Inútil buscar uma imagem ou figura geométrica, pelo menos na geometria cartesiana, que permita descrever o *common law*; se existe uma figura que se possa aproximar à mesma, seria a de uma colcha de retalhos, que cumpre, à perfeição, sua finalidade, que é dar abrigo à sociedade, e pensar os seus ferimentos, representados em violações da paz social[144].

René David, citado por Guido Fernando, reforça essa ideia:

> Nos países de direito escrito em que o direito se apresenta principalmente sob a forma de direito legislativo, as regras de direito são formuladas com um tal grau de generalidade que o apelo à razão se processa, normalmente, no quadro das fórmulas legais, sob a forma de aplicação e interpretação destas regras; a existência de lacunas na legislação dificilmente é reconhecida; mais que complementar a ordem jurídica, a razão desempenha uma função na interpretação da lei. Num sistema jurisprudencial, como é o direito inglês, a situação apresenta-se muito diferente. O aspecto casuístico que reveste o direito deixa subsistir, de forma intencional, muitas lacunas; e a razão é francamente reconhecida como uma fonte subsidiária do direito, chamada a preencher estas lacunas. A uma técnica de interpretação substitui-se uma técnica de distinções, visando estabelecer regras novas, cada vez mais precisas, em vez de aplicar uma regra preexistente.

---

144. SOARES, Guido Fernando Silva, *op. cit.*, p. 54.

> Os sistemas de direito da família romano-germânica são sistemas fechados, o *common law* é um sistema aberto, em que novas regras são continuamente elaboradas; estas novas regras baseiam-se na razão[145].

Como se percebe, o Direito fortemente fundado em precedente não propõe nem persegue uma rigidez lógica, fundada em raciocínio formal. Ao contrário, se propõe aberto, inclusive admitindo aplicação retroativa, para bem solucionar o caso posto diante do juiz, de modo a satisfazer a dimensão prática do Direito e não render maiores deferências a juízos abstratos ou raciocínios embasados em silogismos.

Já por isso, não se pode aliar um sistema de precedentes – tomados apenas como normas – à previsibilidade e certeza de matiz exegético.

Ao se tentar buscar a antevisão mediante a vinculação a julgados pretéritos, se terá como resultado, quando muito, uma previsibilidade artificialmente determinada pelos tribunais superiores, que serão a palavra autorizada a ser repetida pelas demais instâncias judiciárias, sob pena de cassação e punição. Será, pois, algo decorrente de um prestígio ao ato da autoridade e não de alguma característica ínsita dos precedentes.

Além disso, pronunciamentos superiores não deixam de ser, em alguma medida, discricionários, sobretudo em se considerando o normativismo com que enxergam sua própria atuação. Ainda assim, mesmo se os julgamentos do Supremo Tribunal Federal e dos tribunais superiores forem indicados como norma vinculante, não é possível afastar a textura aberta, não se poderá impedir a interpretação dos juízes. Tal qual as normas legislativas, as decisões de que derivam os precedentes terão de ser interpretadas, discutidas e debatidas. Haverá desafios por decisões posteriores e inferiores. Em cada processo, as partes, por seus advogados, destacarão os aspectos que mais lhes interessam, com soluções diametralmente opostas.

Stefanie Lindquist e Frank Cross[146] escrevem:

> Precedent is thus no straitjacket. On occasion, it may be simply ignored or overruled if it does not come from a superior court. More frequently, when a judge wishes to avoid a previous ruling, the precedent is distinguished. A court has discretion in the principles it extracts from prior precedent, which may be broad or narrow. Depending on the breadth of the principle, the court may find that the prior decision does or does not control the facts before it in the present case. Although the language of the precedential opinion will illuminate the nature of the principles on which it relies, the subsequent court may even dismiss some of that language of the prior case as dicta, which does not form the basis of a binding precedential rule.

Os autores chegam a essa conclusão, porque partem da acertada compreensão de que o caso pretérito não é um monólito rígido e inquebrantável. Em sua flexibilidade, é possível um aplicador retirar-lhe apenas o que convém. Mesmo em situações similares, questões jurídicas não enfrentadas anteriormente podem emergir e concorrer com o critério de direito contido no precedente. Tudo a depender de um extenso raciocínio

---

145. DAVID, René. **Os grandes sistemas do direito contemporâneo.** São Paulo: Martins Fontes, 2002. p. 439-440.
146. LINDQUIST, Stefannie; CROSS, Frank B., *op. cit.* p. 1163-1164.

de equiparação e distinção, similar, mas não igual, a uma analogia[147], já que deve se dar em padrões hermenêuticos. Por isso, afirmam: "this process of legal reasoning cleary leaves substantial room for discretionary decision-making"[148]. Discricionariedade. Como dito, tal qual as normas legislativas, os precedentes, na perspectiva atual do *stare decisis*, permeada do positivismo normativista, não conseguem superá-la. Os precedentes com nada contribuirão se não forem submetidos a uma nova perspectiva que abandone o positivismo. Daí se propor, aqui, a perspectiva da hermenêutica filosófica.

Enfim, o precedente não tem nenhuma característica para assegurar uma absoluta antevisão de resultado, se tomado como simplesmente um padrão normativo definido com a abstrativização. Insistir nisso ocasionará uma frustração ou uma simples concentração de poder na última instância jurisdicional, que terá o único diferencial de ser a palavra final, fazendo que todo o arquétipo surgido tenha como pedra angular puramente autoridade do Supremo Tribunal Federal ou dos tribunais superiores. Não se pode admitir isso no constitucionalismo contemporâneo.

Tentar alcançar a previsibilidade exegética mediante uma ingênua crença na vinculação é um grande equívoco. Essa é a razão para se criarem instrumentos acessórios de constrangimento da atividade do juiz, tais como a ideologia de subordinação hierárquica, difundindo a ideia de que as decisões de primeiro e segundo graus "não importam" para a determinação do Direito construído no exercício da atividade jurisdicional, bem como os mecanismos de punição administrativa para os recalcitrantes; tudo a revelar não a força do precedente, mas sua fraqueza e debilidade nesse tocante.

Dados coletados alhures são suficientes para demonstrar que a isolada determinação de observar julgamentos anteriores é insuficiente para assegurar plena previsibilidade judicial. Michael Gerhardt[149] bem demonstra que, nos Estados Unidos, entre 1900 e 2005, se revogaram sete vezes mais precedentes do que em todos os anos anteriores, desde a independência daquele País. Ao longo do século XIX, quando ainda se formatava o *stare decisis*, e ainda não estava arraigada a ideia de vinculação, houve menos alterações do que quando a doutrina se consolidou no século XX.

Por óbvio, esse quadro não decorre de qualquer mudança mais radical sobre o *stare decisis* ou o grau de deferência devido pelas cortes e sim às intestinas mudanças sociais por que passou o ocidente nesse período. Em face delas, de nada valeu qualquer espécie de obrigação impondo reprodução de resultados judiciais.

O mesmo autor aponta levantamento dos julgamentos da *Supreme Court* para identificar quanto tempo se passava até um precedente ser revogado. A média encontrada foi de 29,2 anos, o que é compatível com a média de 30 anos de duração do mandato de um

---

147. Sobre analogia no uso do precedente, cfr. SCHAUER. Frederick. Why Precedent in Law (and Elsewhere) is Not Totally (or Even Substantially) About Analogy. Disponível em: **http://ssrn.com/abstract=1007001**. Acesso em: 25 jun. 2012.
148. LINDQUIST, Stefannie; CROSS, Frank B., *op. cit.*
149. GERHADT, Michael. **The power of precendent**. New York: Oxford University Press, 2008.

justice, ou seja, um precedente vale enquanto se mantiver em linhas gerais o equilíbrio de entendimento da composição de juízes em que se o editou. Em todo o período de investigação, apenas quatro precedentes foram revogados sem haver modificação de qualquer dos membros que o julgaram.

Também se perceberam mais fracos os julgamentos com maioria apertada ou de apenas um voto. Valeriam estes menos do que os julgados à unanimidade? Caso a função prestigiada seja a previsibilidade, a resposta é sim, o que autorizaria uma "hierarquia normativa" não só pelo tribunal emissor, mas também pelo placar. Como, então, a teoria positivista da regra de reconhecimento lida com isso? Se um precedente é "vigente", por que seria mais fraco do que outro editado pelo mesmo tribunal? O positivismo normativista não possui resposta satisfatória para isso.

Em outra experiência, a influência pessoal dos julgadores se manifestou. Selecionaram-se três diferentes grupos para tentar prever os resultados de julgamentos em pauta na *Supreme Court*. O primeiro era de estatísticos sociais que utilizou cálculos cujas variáveis eram a origem do recurso, a matéria, o autor, os réus, a orientação ideológica do julgamento recorrido e o modo de se alegar a inconstitucionalidade. O segundo grupo era de juristas e acadêmicos voltados ao estudo teórico do assunto. O terceiro e último foi de advogados que militavam com frequência na corte e que bem conheciam o perfil de cada *justice*.

O primeiro grupo previu acertadamente 75% dos resultados dos julgamentos, enquanto o segundo grupo se manteve em 59,1%. Com relação aos votos individuais, os estatísticos acertaram 67,9%, enquanto os acadêmicos 66,7%. Os resultados mais precisos vieram do grupo de advogados que estavam no dia a dia da corte e bem conheciam o perfil de cada membro. Eles acertaram 92% dos resultados.

É em função desses dados que Gerhardt[150] identifica cinco correntes das diversas ciências sociais que se opõem a uma visão forte de vinculação do precedente. São elas: a) *strong attitudinalists;* b) teóricos da escolha racional forte; c) empiristas que sintetizam os dois modelos anteriores; d) pós-positivistas; e e) céticos irrestritos que simplesmente não se convencem de qualquer modelo geral.

As críticas mais ácidas à força dos precedentes vêm dos três primeiros grupos, os quais defendem a ideia de que, na realidade, os precedentes não exercem qualquer influência sobre os julgamentos posteriores, sendo utilizados como meros recursos argumentativos segundo a conveniência do julgador. Afirmam que os levantamentos estatísticos indicam que a efetiva influência sobre o juiz vem de fatores externos e são os mais diversos. Também têm grande influência as preferências pessoais e políticas do julgador.

Para o primeiro grupo (*strong attitudinalists*), a concepção jurídica segundo a qual o juiz é influenciado pelos fatos da causa enfocados sob o sentido evidente das

---

150. GEHARDT, Michael, *op. cit.*, p. 67.

normas legislativas e constitucionais, bem como dos precedentes, está errada. Como justificativa, apontam levantamentos em várias centenas de julgados nos quais pouco se viu de vinculação a posicionamentos pretéritos. Quando existente, era em situações irrelevantes ou cotidianas.

Por sua vez, os defensores da teoria da escolha racional indicam que muitas vezes os precedentes são simplesmente manipulados para dar uma aparência de observância e manter a posição de domínio das cortes sobre a interpretação jurídica. Já os pós-positivistas apontam que um juiz de boa-fé é tudo o que se pode esperar. Essa corrente indica a existência de dados suficientes para crer que se proferem as melhores decisões possíveis dentro daquilo que foi ensinado nos bancos universitários e segundo o senso de profissionalismo.

Certamente, não se pode concordar com essas colocações, nem se há de ceder a um novo ceticismo que se conforma com a mera sujeição a um julgador arbitrário. O próprio Gerhardt[151] muito bem se prontifica em apresentar refutações a essas críticas das ciências sociais, sob os seguintes argumentos: a) as correntes atacam um antagonista inexistente, porquanto o Direito não é uma ciência com as mesmas bases teóricas e empíricas das demais ciências sociais, pelo que seus métodos não podem lhes extrair resultados similares; b) muitos críticos não admitem a real possibilidade de uma divergência de boa-fé na interpretação jurídica, pois creem sempre haver por trás disso um objetivo consciente e perseguido, ainda que inconfesso; c) diminuem, em suas análises de dados, as influências de elementos especificamente jurídicos; d) tomam como premissa a compreensão de que o precedente não é dúbio e qualquer afastamento do que creem ser o correto é considerada uma deliberada insurgência; e) a maior parte das correntes sociais presume que o único objetivo dos tribunais é aumentar o próprio poder político; e f) as estruturas teóricas das ciências sociais não são aptas a apreender todas as mudanças constitucionais ao longo do tempo.

Portanto, é correto assinalar que o precedente é capaz de assegurar uma estabilidade do sistema jurídico, no sentido de que o raciocínio a ser desenvolvido em uma decisão deverá considerar toda a linha de pensamento em curso sobre o tema, seja em que instância for, não para propor repetição e reprodução mecânica, mas para impedir que o novo trabalho hermenêutico seja desenvolvido de um grau zero de conhecimento (como se isso fosse possível). Os precedentes e o novo julgamento devem ser considerados no jogo hermenêutico próprio, de modo a que eles possam ser compreendidos com integridade (própria uma convergência principiológica) e coerência (consistência lógica), de modo que cada nova decisão de tribunal diverso seja um novo capítulo harmonioso no trato do assunto, de onde se retira a comparação com um romance em cadeia (*chain novel).

Desse modo, as alterações e modificações serão decorrências de uma tendência mais ampla já observada e não uma abrupta modificação porque o tribunal, ainda que

---

151. *Ibid.*, p. 72-75.

superior, simplesmente passou a entender o tema de uma maneira supostamente melhor. Some-se a isso o fato de que alterações não devem retroagir a fim de prejudicar quem tenha adotado comportamento em atenção a precedente ou linha jurisprudencial já definida; e isso já como componente do sistema e não a depender da vontade do tribunal em declarar um *prospective overruling*[152].

Sob esse prisma, abandona-se o positivismo normativista (como sua ínsita discricionariedade), não se reedita a ilusão exegética (com previsibilidade embasada em aplicação autômata de normas), e leva-se a questão para o campo hermenêutico. Não será uma norma judiciária a dar estabilidade, mas a tradição judiciária incorporada na argumentação de vários julgados que fará que o jogo hermenêutico do novo caso considere esse passado e permita, quando possível, a repetição do mesmo resultado. A segurança jurídica deve se traduzir, portanto, em termos de integridade e coerência em sentido amplo.

É certo que mesmo o modelo de *chain novel* proposto por Dworkin tem suas limitações. O multicitado trabalho de Stefanie Lindquist e Frank Cross tem por objeto justamente submetê-lo a um teste empírico que evidenciou algumas variações. Concluem que o precedente realmente evita que os magistrados julguem segundo sua perspectiva ideológica própria, a qual se faz mais evidente nos casos de *first impression*. Rejeitam, porém, a tese de Dworkin de que o incremento dos números de precedentes tenderá a uma redução dessa influência pessoal, dada a maior disponibilidade de opções a serem utilizadas.

Os autores verificaram que a deferência das cortes, depois de atingido um certo nível, tende a se preservar. Percebem também que outros fatores, além de preferências individuais dos julgadores, exercem influência, como, por exemplo, o litigante. Em demandas contra o Governo dos EUA, o índice de vitória do ente público é bastante expressivo, revelando-se uma distorção se comparado com os demais critérios considerados, como matéria e origem. Concluem sua análise da seguinte forma:

> The research suggests that precedent has some constraining effect on judicial decisions but not that precedent is the overriding determinant. Precedent appears to have a moderate constraining effect on judicial freedom. The associations of ideology and outcome in the cases provide measured support for the realist hypotheses, but the study of cases of first impression refutes the most extreme claims of realism. Judicial decision making is influenced by precedent but also by ideology and other factors. The growth of precedent in an area does not appear to restrict judicial discretion; if anything, the development of the law may increase such discretion. Hence, while our system of precedent creates some path dependence in law, it is relatively weak path dependence, with ample opportunity for judges to abandon a given path of the law, should it appear, in the clearer light of hindsight, unwise[153].

---

152. Como será visto mais detidamente em capítulo próprio, a ideia de *prospective overruling* consiste, em suma, na possibilidade de o tribunal que modifica uma linha jurisprudencial modular temporalmente os efeitos dessa modificação, determinando marco a partir de quando valerá.

153. LINDQUIST, Stefannie; CROSS, Frank B., *op. cit.*

Michael Gerhardt[154], então, propõe que a *path dependency* demanda uma série de fatores, tais como: a) permanência, existente quando um julgamento se torna referência sobre determinada questão, sobretudo constitucional, sendo reiteradamente utilizado; b) sequencialismo, entendido como uma sucessão de julgamentos e sua ordenação em determinado sentido evolutivo, autorizando que muitos avanços jurisdicionais sejam possíveis em razão de evoluções pretéritas que criam espaço para o passo seguinte; c) coerência, ou seja, adequação lógica da linha de precedentes; d) compulsoriedade, necessidade de tomar os pronunciamentos pretéritos, mesmo do próprio tribunal, como dado relevante e necessário de ser observado, forçando, em algumas ocasiões, que juízes tomem decisões que não sejam preferências pessoais; e e) previsibilidade, considerada a possibilidade de, efetivamente, ser possível antecipar um julgamento.

Como se percebe, a previsibilidade, em uma análise mais detida, é apenas um elemento em um conjunto mais elaborado que permite trabalhar com precedentes. Como integrante de um conjunto, ela poderá ter o grau variado sem prejudicar a segurança jurídica, se contrabalançada com outros elementos.

O valor das colocações de Gerhardt também consiste em evidenciar aspectos que devem ser considerados para determinar a *gravitational force* de um precedente, conforme será exposto em capítulo próprio.

Outro acertado alerta do autor consiste em afirmar que a força do precedente não é estática e uniforme para todas as situações e em todos os ramos do Direito. O autor verifica três campos de influência distintos: o *common law*, o *statutory law* e o Direito constitucional.

No primeiro, em que não há relevante produção legislativa, o magistrado só encontra referência institucional bem definida em julgamentos pretéritos que, por via de consequência, passam a ter influência determinante. Aqui, se nota que *common law* é considerado não como a tradição jurídica geral em que está inteiramente inserido o Direito americano, mas apenas uma parte dele, regida principalmente pelos pronunciamentos judiciais.

Diferentemente, ocorre no Direito legislado, que alcança vários ramos do Direito dos EUA[155]. Nestes, os julgamentos exercem uma função similar à de uma glosa, um comentário colateral à disposição normativa, que não deixa de ser considerada e tomada como principal referência judicial para os julgamentos. Naturalmente, nesta hipótese, a função do precedente é reduzida, pois, se repita, tem-se uma norma legislativa que não pode ser ignorada. Leciona:

> Yet, justices do not treat constitutional precedents as they treat common-law ones. To begin with, the structure of the legal system reflects these differences. The structural differences between constitutional

---

154. GERHARDT, Michael, *op. cit.*, p. 84-94.
155. Sobre os aspectos gerais dos diversos ramos do Direito estadunidense e a influência maior ou menor da legislação ou dos precedentes, cfr. SCHEB, John M.; SCHEB II, John M. **An introduction to the american legal system**. 2. ed. Austin: Wolters Kluwer, 2010.

adjudication an judicial resolution of common-law and statutory issues dictate a different status for precedent in each context. In a common-law system, precedents are the exclusive source of legal authority. By definition, common-law case are those in which a legislature or higher authority has not yet spoken (at least explicitly) to the issues. While it is true that in common-law cases the judges may be trying to resolve particular disputes in light of some abstract principles of the law, they are common-law cases precisely because these abstract notions have not been codified. In the common-law system, cases thus are the primary constituents. What follows is that path dependency then becomes a basic expectation in the common-law system. While cases are not the primary or sole constituent of litigation over the meaning or application of a statute, statutory and may overrule or displace a court's decision on the meaning of either the common-law or a statute. Because of this common feature, judges have tended to defer to earlier common-law or statutory decisions so as to give legislatures a fixed target they may regulate[156].

Por fim, no Direito Constitucional é um caso à parte, em razão de sua relevância e da característica própria[157]. Escreve, ainda, Gerhardt:

But the court shows less deference to precedent in constitutional adjudication. There, the primary constituent is the Constitution. There is nothing analogous to the Constitution in the American common-law system. In common-law adjudication, cases – precedents if you will- are the principal framework. Precedent is only medium of exchange in the common-law cases; arguments are based solely on precedent. In constitutional adjudication, arguments may be based not only on precedent, but also on other conventional modes of constitutional discourse – text, original meaning, structure, moral reasoning, and consequences. The choice of which arguments to make in a common-law case is almost always defined by prior cases. The primary issue is which prior case is most like the one before court. But the choices of which arguments to make in constitutional adjudication and which are persuasive are not just based on which precedent(s) ought to control[158].

No Brasil, não existe qualquer ramo do Direito que seja predominantemente regido pelo costume, razão por que não se pode falar de precedentes com a força de determinação e identificação como as descritas no *common law* por Gerhardt. Os precedentes, aqui, são todos pronunciamentos que atuam baseados na legislação ou na Constituição. Fornecerão a esses enunciados normativos novas possibilidades hermenêuticas, sendo esse o seu valor no sistema jurídico. É certo que esse enriquecimento permitirá maior segurança no sentido de ofertar soluções já testadas ao intérprete e demonstrando uma linha de tradição traçada. Só assim, como uma consequência de uma função hermenêutica mais ampla, pode-se falar que precedentes garantem segurança jurídica.

2.6.4 Tomar indistintamente precedente, súmula e jurisprudência

Até aqui, se empregou o vocábulo precedente em um sentido amplo, para designar qualquer pronunciamento jurisdicional pretérito que sirva de padrão para julgamentos posteriores. Deve-se começar, entretanto, a realizar algumas categorizações que serão mais aprofundadas nas seções seguintes.

---

156. GERHARDT, Michael, *Ibid.*, p. 97.
157. Cfr. SHAPIRO, David L. The Role of Precedent in Constitutional Adjudication: An Introspection. **Texas Law Review**, Volume 86, Number 5, April 2008.
158. GERHARDT, Michael, *op. cit.*, p. 97.

CAPÍTULO 2 • ANÁLISE DO QUADRO ATUAL DE USO DOS PRECEDENTES JUDICIAIS **103**

Precedente não equivale à súmula ou à jurisprudência, e os três não devem ser utilizados/aplicados da mesma forma. Pode-se adiantar que precedente é um julgamento que passa a ser referência em julgamentos posteriores. Jurisprudência é um conjunto de decisões sobre o mesmo assunto. E súmula constitui um ato administrativo de tribunal pelo qual exprime o resumo do entendimento contido em uma jurisprudência dominante. Eis a primeira distinção importante: precedente e jurisprudência são fruto de atividade jurisdicional, enquanto súmula decorre de uma atividade administrativa.

A legislação brasileira empresta tratamento diferenciado a essas três espécies de pronunciamentos. As súmulas são tomadas como expressivas de entendimento bem arraigado e pacificado, pois se pressupõem sumários da jurisprudência dominante de um tribunal e, portanto, algo mais estável. Desfrutam, então, de uma relevância maior no sistema, mesmo se comparada à jurisprudência. Muitas vezes a jurisprudência tem tratamento especial apenas quando dominante. É o caso da possibilidade de se modular a alteração jurisprudencial dominante para que tenha efeitos apenas prospectivos (*prospective overruling*), prevista no art. 927, § 3º, do Código de Processo Civil, ou quando se presume a repercussão geral do Recurso Extraordinário, quando o julgamento recorrido contrarie jurisprudência dominante do Supremo Tribunal Federal (art. 1.035, CPC).

A menção a precedente tornou-se comum apenas no atual Código de Processo Civil. Assim, o art. 489, § 1º, V e VI, disciplina quando se realiza a fundamentação inadequada com precedente, ou seja, apenas quando se faz referência a ele, sem perquirir acerca das razões de aproximações entre os dois casos, ou quando se deixa de aplicar algum precedente invocado pela parte sem declinar as razões para tanto. Vale destacar o inciso VI do art. 489, § 1º, alude de maneira correta a precedente, súmula e jurisprudência de maneira separada, evitando a indevida confusão entre os institutos. No mesmo sentido, o Código de maneira correta atrela, em seu art. 926, § 2º, a criação de súmulas às circunstâncias fáticas e jurídicas dos precedentes que motivaram sua criação, daí por que a aplicação/interpretação da súmula é condicionada também por esses elementos. Por fim, o art. 927, § 5º, determina que os tribunais deverão dar publicidade a seus precedentes, inclusive na rede mundial de computadores.

O antigo Código, por sua vez, só mencionava precedente em apenas uma oportunidade, no disciplinamento da uniformização de jurisprudência, ao prescrever, no art. 479, que "o julgamento, tomado pelo voto da maioria absoluta dos membros que integram o tribunal, será objeto de súmula e constituirá precedente na uniformização da jurisprudência". Utilizava-se, nesse enunciado, o termo precedente em um sentido amplo, de simples padrão passível de consideração em julgamento futuro. Não havia mais aprofundamento.

Percebe-se que a legislação diferencia súmula e jurisprudência, tomando em consideração o grau de consenso jurisdicional que cada um representa. Parte-se da premissa de que súmula é a mais estável, daí poder ser fundamento de maior quantidade de atos posteriores, inclusive decisões e "atalhos" processuais. Já a jurisprudência, admite-se ser controvertida, tanto que há incidente para sua uniformização, sendo dada maior relevância apenas quando dominante.

Quanto ao precedente, não se supõe representar consenso justamente por ser decisão única. Possui relevância mais evidente apenas na jurisdição constitucional, pois a Constituição e a legislação específica emprestam força vinculante às decisões em controle concentrado. Do mesmo modo, as decisões em recursos extraordinários podem reverberar sobre casos similares em virtude da repercussão geral atualmente exigida para seu julgamento, bem como as decisões em casos repetitivos do Superior Tribunal de Justiça

A jurisprudência não é algo que se ingresse de rompante da ordem jurídica. Mais se assemelha, como muito bem indica Kelsen, a um costume, a uma sedimentação de pronunciamentos no mesmo sentido, a algo que demanda necessariamente tempo de maturação. Súmulas são diferentes – possuem uma data de ingresso no sistema jurídico.

Portanto, há uma distinção intrínseca entre cada um desses institutos além da simplória ideia de representarem ou não um grau maior ou menor de consenso sobre a matéria.

Contudo, a legislação brasileira, como visto, diz *quando* uma súmula, uma jurisprudência dominante e um precedente tem relevância, não tratam *como* deverão ser utilizados/aplicados. Toma-se isso como uma obviedade que não demanda explicação, autorizando pensar que se dão da mesma maneira. Como permeia o imaginário jurídico brasileiro a aplicação silogística, tanto jurisprudência quanto súmula e precedente são utilizados da mesma forma: como premissa maior de um silogismo. Isso não pode se dar.

Precedente é um julgamento que ocasiona um ganho hermenêutico e que é tomado como referência individual em casos posteriores. Já a jurisprudência é um conjunto de julgamentos em um mesmo sentido, representando a reiteração de uma mesma resposta hermenêutica em várias situações distintas. Já a súmula é ato administrativo de um tribunal que sintetiza, mediante abstrativização, uma linha jurisprudencial. Dada essa distinção, o uso de cada um é diferente.

Precedente, como uma resposta isolada, só pode ser utilizado como padrão para casos futuros diante de uma similitude hermenêutica entre os casos. A jurisprudência, justamente por significar a reiteração de uma resposta hermenêutica em várias situações, pode ser utilizada sem necessidade de uma similaridade mais estreita. Já a súmula é apenas ilustrativa da jurisprudência que representa, razão pela qual sua aplicação se restringe aos precisos lindes hermenêuticos dessa mesma jurisprudência[159]. Neste

---

159. Sobre a apropriada análise das súmulas no direito brasileiro, contrapondo-as aos precedentes, cfr. STRECK, Lenio Luiz; ABBOUD, Georges. **O que é isto – precedente judicial e as súmulas vinculantes?** Porto Alegre: Livraria do Advogado, 2013.

CAPÍTULO 2 • ANÁLISE DO QUADRO ATUAL DE USO DOS PRECEDENTES JUDICIAIS **105**

tocante, Hugo de Brito Machado Segundo, ao discorrer sobre as súmulas dos Supremo Tribunal Federal e do Superior Tribunal de Justiça, deixa claro que, não é raro, que seu sentido literal a põe muito aquém ou muito além dos julgados subjacentes[160].

Não se pode, portanto, aplicar uns como se fossem os outros. Exemplo dessa confusão se verifica na análise que Caio Márcio Guterres Taranto faz da súmula 339 do Supremo Tribunal Federal, como se fosse ela um precedente, inclusive buscando a distinção entre *ratio decidendi* e *obiter dictum*:

> Como exemplo de decantação desses elementos na estrutura linguística dos precedentes no Brasil, veja-mos a Súmula n. 339 do Supremo Tribunal Federal. Esse verbete dispõe que "não cabe ao Poder Judiciário, que não tem função legislativa, aumentar vencimentos de servidores públicos sob o fundamento de isonomia". A questão nuclear desse precedente, ou seja, a *ratio decidendi*, representa a impossibilidade de o Poder Judiciário conceder aumento de vencimento a servidores públicos com o fundamento no princípio da isonomia. Já a *obiter dictum* extraída, por exclusão, consubstancia a impossibilidade de o Judiciário legislar[161].

Não se pode falar que uma súmula seja precedente ao ponto de possuir *obiter dictum* (ponto não vinculante e de menor importância para compreensão do caso). Como a própria terminologia revela, já representa o sumário do núcleo central de julgamentos que lhe autorizam a criação.

Tanto é assim que estas são drasticamente distinguidas dos precedentes típicos da tradição inglesa para serem equiparadas a normas legislativas, sobretudo porque aplicadas sob a forma de um silogismo. É o que defende Georges Abboud[162], recorrendo às famosas lições de Castanheira Neves em sua veemente refutação aos assentos portugueses que, em muito, se assemelham às súmulas vinculantes brasileiras.

Os precedentes na tradição inglesa não são encarados dessa maneira tão simplificada. Tanto na Inglaterra quanto nos Estados Unidos, o uso do precedente é atividade complexa, não inteiramente reduzida a um só método aceito indistintamente. Permite-se, em verdade, um amplo debate sobre fatos e direito na própria formação do parâmetro jurídico que servirá de critério para julgar a causa e mesmo selecionar os fatos que lhe são importantes. Tem-se atividade menos formalista e mais dialética.

Em razão disso, tanto os assentos quanto as súmulas em nada se assemelhariam aos precedentes propriamente ditos, por quatro aspectos: a) modo de aplicação, porque a "súmula vinculante prescreve um enunciado literal tal como a lei, que estabelece uma solução para casos fixos e determinados, enquanto os precedentes possuem uma maleabilidade normativa característica da ponderação de cada caso concreto"[163]; b)

---

160. MACHADO SEGUNDO, Hugo de Brito. **Direito Tributário nas súmulas do STF e do STJ**. São Paulo: Atlas, 2010a.

161. TARANTO, Caio Márcio Guterres. **Precedente Judicial**: Autoridade e Aplicação na jurisdição constitucional. Rio de Janeiro: Forense, 2010. p. 17.

162. ABBOUD, Georges. Súmula vinculante *versus* precedentes: notas para evitar alguns enganos. **Revista do Processo – REPRO**. São Paulo: Revista dos Tribunais, 11/2008. p. 218-230. v. 33 fas.165.

163. *Ibid.*

alcance, a súmula vinculante, tal qual uma peça legislativa, abrange todos os casos que sua literalidade "canônica" comportar, desprendendo-se dos casos que a ensejaram, enquanto os precedentes do sistema inglês são vinculados aos fatos materiais da causa que lhe deram origem, demandando, para aplicação posterior, uma similitude fática, pois partem da concepção de que *like cases must be decided alike*; c) finalidade, enquanto a força dos precedentes do sistema inglês tiveram por finalidade garantir a autonomia periférica em face do poder central e, em momento posterior, assegurar algum grau de previsibilidade dos pronunciamentos jurisdicionais, Abboud sustenta que as súmulas, sobretudo quando vinculantes, se assemelham aos assentos portugueses e às instruções normativas dos tribunais socialistas da extinta União Soviética e visam a garantir um controle autoritário do Judiciário por meio dos órgãos de cúpula, no qual o Executivo possui forte influência política; e d) âmbito de vinculação, os precedentes, no molde inglês, problematizam as questões jurídicas subsequentes permitindo um enriqueci-mento do Direito, enquanto a súmula vinculante, aplicada de maneira silogística, tolhe qualquer nova discussão.

Adiante-se a noção de que as lições de Abboud e Castanheira Neves são precisas para distinguir súmula e precedente, bem como para evidenciar que aquela é utilizada tal qual uma norma, o que também é um equívoco. A despeito de assim se estar a fazer, súmula não deve ser equiparada e aplicada como uma lei parlamentar, pois a função sistemática e a origem institucional são bem distintas. Súmula, tanto as vinculantes quanto as não vinculantes, possuem modo específico e próprio de uso: mediante o cotejo com os elementos dos julgamentos que lhe deram origem, conforme será aprofundado em capítulo adiante.

Dadas essas noções suficientes para evidenciar o equívoco em não se fazer a dife-renciação, será deixado para o próximo capítulo o maior aprofundamento do assunto.

Por fim, deve ser rejeitada a consideração de que existe uma incompatibilidade teórica em o Direito brasileiro prever súmulas e, ao mesmo tempo, querer estabelecer um sistema de precedentes, pois seriam maneiras plenamente distintas de lidar com julgamentos prévios e fazê-los vinculantes para casos futuros. Entretanto, tal incompati-bilidade somente surgirá em se entendendo, como denunciado por Castanheira Neves, que súmula deva ser aplicada tal qual uma norma legislativa a partir de seu enunciado, de maneira desprendida dos julgamentos de base e se projetando para questões e nuances que não foram apreciadas nesses mesmos julgamentos subjacentes. Em tal hipótese, a corrente jurisprudencial é tomada apenas e tão somente em seu caráter de produção normativa, consubstanciando seu produto na súmula, que incidiria de maneira auto-mática e infalível, segundo uma interpretação centrada em sua literalidade.

O que se deve atentar é que o atual Código de Processo Civil não fez essa esco-lha, nem poderia fazê-la, pois se trata de um paradigma teórico, que não é imposto pelos enunciados legislativos, mas escolhido pelos intérpretes/aplicadores. O código sequer disciplina detalhadamente como deva ser produzida uma súmula ou como ele deve ser aplicada, assim como não indica como se produzem precedentes ou jurisprudência. Cabe a doutrina evitar essa incompatibilidade por meio de referencial teórico adequado.

Portanto, caso se entenda súmula apenas como representativo de um consenso jurisprudencial e que autoriza o uso de alguns instrumentos processuais formais, mas cuja intepretação deva se dar mediante a aferição da força hermenêutica dos precedentes que lhe são subjacentes, segundo a adequada perspectiva hermenêutica ora proposta, então não haverá qualquer incompatibilidade, podendo, sim, o Direito brasileiro bem compatibilizar um sistema de precedentes com o uso de súmula vinculantes ou não.

Capítulo 3
O QUE É PRECEDENTE

3.1 OS TRÊS NÍVEIS DE ANÁLISE: NECESSIDADE DE COMPREENSÃO DOS PRECEDENTES POR MEIO DOS VÁRIOS NÍVEIS DO DIREITO PARA EVITAR UM AMESTRAMENTO DE JUÍZES E OPERADORES POR UM POSITIVISMO JUDICIAL DE CÚPULA

Pela exposição feita no capítulo anterior, percebe-se a falta de maior coerência na abordagem dos precedentes. A doutrina brasileira e mesmo o Judiciário detectam o fato de que, em razão do fortalecimento da jurisdição em um Estado de Direito Constitucional, há a necessidade de se reavaliar o papel dos pronunciamentos jurisdicionais porque eles, cada vez mais, vêm sendo utilizados como fundamentos jurídicos para decisões e comportamentos em geral. Em vez, porém, de se construir novo referencial teórico, importam-se institutos da tradição inglesa, e se os remodelam pela tradição normativista nacional. Como resultado, tem-se um paradoxo de motivos ditados pelo constitucionalismo contemporâneo com resultados próprios do positivismo normativista e pretensões, ainda, exegéticas, mesclados com o ceticismo realista.

Nesse contexto, mesmo precisar o que seja um precedente é motivo de controvérsia. Importante, então, destacar a distinção entre conceito e concepção para se poder saber o que é um precedente.

O conceito traduz os elementos necessários e nucleares compartilhados pelas pessoas e que as permitem identificar algo. O conceito de precedente é, nesse sentido, uma decisão do passado que possui relevância em um caso ou circunstância posterior. Não há maiores debates quanto a isso. No entanto, para fazer uso, compreender mais profundamente e mesmo estudar apropriadamente algo, seu conceito não é suficiente, é preciso agregar mais elementos de compreensão, é preciso formular uma concepção, e nesse ponto surgem os desacordos. Se o conceito reflete consenso, as concepções normalmente trazem divergências.

A análise feita até agora reflete isso. Partindo do conceito indisputado, restam discussões se a decisão do passado que tem importância no futuro é utilizada em sua inteireza ou se tem que extrair dela por indução uma norma geral e abstrata com a mesma estrutura da norma legislativa, que, então, será o núcleo de aplicação do precedente. E mais. O que se identifica no caso posterior que justifica buscar uma decisão anterior? Essa decisão anterior é apenas judicial ou pode ser uma decisão administrativa? A relevância que se identifica no caso anterior sobre o posterior leva a uma obrigação no tudo ou nada de seu uso? A resposta a esses muitos aspectos e detalhes que precisam ser respondidos para bem compreender o que seja um precedente, como se faz uso dele, como ele vincula, o que dele vincula, quem o produz e vários outros pontos forma a concepção de precedente. Respostas diferentes a essas várias questões propiciam concepções diferentes de precedentes, que disputam entre si a preferência e a primazia que irá orientar sua teoria e prática.

Uma concepção será tanto melhor quanto mais coerentes entre si forem as respostas às várias indagações em torno do conceito de que deriva. Também para se ter um rigor é preciso que tais respostas sejam coerentes com outros conceitos e concepções vigentes no Direito. No caso, a concepção de precedente que se deve adotar no Brasil precisa ter não apenas uma coerência interna no enfrentamento dos vários detalhes e aspectos que compõe o tema, é preciso também guardar coerência e integridade com os conceitos e concepções próprias do constitucionalismo contemporâneo, sob pena de se ter um desalinhamento não só teórico, mas, igualmente, principiológico.

Para se ter uma concepção é necessário, então, explorar os vários níveis do Direito a fim colher de maneira consistente e rigorosa todos os elementos necessários para responder a todas as perguntas necessárias para se formar uma adequada concepção de precedente, que permita seu uso e estudo da maneira mais consistente com o restante do Direito. É preciso elaborar com essa profundidade uma concepção de precedente, pois é o único modo de fazê-la compatível com a atual fase do Estado Democrático de Direito. Só assim será possível não só evidenciar a raiz dos problemas expostos no capítulo anterior como também servirá de critério a condicionar as propostas teóricas e dogmáticas deste trabalho.

Deverá restar evidente que os erros cometidos decorrem, mais precisamente, de concepções de precedentes incoerentes internamente em seus vários aspectos ou atreladas a perspectivas teóricas, ideológicas e filosóficas forjadas na Modernidade, e remodeladas pelo positivismo e pelo realismo, e que não são mais aptas a lidar com os desafios contemporâneos do Direito como um todo. Servirá, igualmente, para uma fundamentação mais aprofundada das colocações defendidas aqui.

Assim, os precedentes devem ser abordados, estudados, compreendidos e utilizados a partir de concepção erigida nos três níveis do Direito expostos em Raimo Siltala[1] com amparo nas ideias de Tuori e Hänninen.

Siltala harmoniza a proposta de Tuori que, por sua vez, se inspira em Hänninen, e aponta que há o nível superficial do Direito positivo e sua dogmática estrita[2] (*sur-*

---

1. SILTALA, Raimo, *op. cit.*, p. 151-163.
2. Quando se menciona dogmática, refere-se ao conhecimento jurídico construído primordialmente a partir do texto positivado e estruturado segundo uma técnica formal derivada do positivismo, sem atentar para uma visão mais aprofundada dos critérios teóricos e filosóficos que embasam essa forma de compreensão. É certo que há críticas que, acertadamente, indicam a inviabilidade de um conhecimento assim estruturado, como é exemplo a obra de Hugo de Brito Machado Segundo (**Por que dogmática jurídica?** Rio de Janeiro: Forense, 2008). Contudo, mesmo sendo questionável teórica e filosoficamente, é esse o tipo de conhecimento que prevalece na análise do direito positivo e no cotidiano dos operadores do Direito. Os manuais acadêmicos primam com exclusividade por essa forma de abordagem.

face-structure level of law), o nível das estruturas profundas (*deep-structure of law*), o qual se divide nos aspectos ideológicos e propriamente teóricos, e, por fim, o nível infraestrutural (*infrastructure level of law)*, composto pelos elementos pré-jurídicos condensados por áreas afins, como sociologia, ciência política e, sobretudo, pela Filosofia que influenciam o assunto.

Esses níveis interagem, e a existência ou não de alinhamento entre eles é critério definitivo para se acusar ou não a existência de erros de abordagem e de inconsistência teórica sobre o assunto. Não são estanques ou mesmo possíveis de um isolamento absoluto, mas bem se prestam para uma clareza de estudo.

É possível se fazer um resumo exemplificativo. Na infraestrutura do Direito moderno, tem-se a Filosofia alinhada à tradição ontológica, ainda que amenizadas com as críticas kantianas, que propõe o conhecimento cartesiano obtido pela razão reta. Têm-se bases epistemológicas que propõem um método racional de apreensão do objeto pelo sujeito, os quais são concebidos como coisas estanques (na expressão de Lenio Streck, esquema sujeito-objeto). Nessa perspectiva, somente pelo método científico seria possível obter o conhecimento adequado, porquanto afastaria as distorções advindas dos costumes ou tradições, mediante a formulação de postulados gerais e universalmente válidos.

Como consequência dessa concepção filosófica geral, a teoria do Direito busca um método científico e um objeto bem delimitado e neutro para explorar. Encontram-se, então, inicialmente o jusnaturalismo racionalista, que erige e estrutura o sistema jurídico com base em ilações lógicas de axiomas gerais. Posteriormente, atrelado ao fortalecimento da figura do Estado como produtor do Direito, impõe-se o positivismo jurídico com sua Teoria Geral do Direito. Apresentam-se a hermenêutica metodológica e a lei para ocupar os papéis de método e objeto. Esse alinhamento é bem percebido no positivismo exegético e mesmo normativista de bases kantianas.

Por essa razão, o Direito positivo, da estrutura superficial, se sobressai. A preocupação maior dos juristas e aplicadores do Direito é a formulação de instrumental para bem compreender o texto legislativo, o que normalmente se dá pelo recurso aos clássicos cânones hermenêuticos. Nesse aspecto, as bases filosóficas, teóricas e ideológicas prestigiam a camada superficial da dogmática, da técnica de apreensão de um objeto posto pelo legislador, que se expressa por disposições gerais e abstratas, numa tentativa de reproduzir os juízos universais e essencialistas próprios da filosofia da consciência (afinal o "verdadeiro" conhecimento está acessível por meio da mente do indivíduo).

Ocorre que, se não for reavaliado esse quadro amplo, os precedentes irão, inexoravelmente, se inserir nesse modo de compreensão. Ainda que se aleguem motivos "neoconstitucionais" (que buscam romper com esse modelo nos três níveis jurídicos), não será possível escapar da abordagem que busca superar.

Sem se revisitar a Filosofia do Direito mediante os instrumentos da Filosofia do século XX – que definitivamente rompeu com a ontologia clássica e incorporou as contribuições das reviravoltas linguísticas – não é possível apresentar uma teoria dos precedentes atualizada. Reedita-se a busca de ilusões exegéticas e se equipara precedente à norma legislativa. Também é necessário se pôr em perspectiva o paradigma dominante, fruto daquilo que se aspira, do Direito e dos precedentes, para evidenciar ser apenas uma entre as várias opções possíveis de se encarar o tema.

No nível da estrutura profunda, própria da teoria do Direito e da ideologia, o positivismo normativista ainda se faz forte, justamente porque a base ontológica o sustenta.

Consequentemente, o Direito positivo (nível superficial) traz prescrições cuja interpretação é coerente com essas instâncias mais aprofundadas. Daí a razão das disposições do Código de Processo Civil conferindo maior prestígio às súmulas e considerando a jurisprudência apenas quando dominante, porque seriam universais a alcançar a maior parte de situações possíveis mediante um juízo silogístico. As características marcantes da estrutura filosófica assim se revelam.

Crê-se que a súmula e mesmo a tese fixada em repetitivos, por suas linguagens resumidas, abrangentes e amplas, além de representarem a manifestação de um consenso mais arraigado do respectivo tribunal, trazem mais segurança por permitirem mais claramente a subsunção de casos futuros, bem traduzindo aquilo que a corte quis comunicar. A linguagem, portanto, é compreendida em uma função designativa apta a apontar de maneira objetiva aquilo que deverá ser reproduzido. O método de apreensão dessa designação aliena o sujeito da realidade maior em que inserido e, ao mesmo tempo, concentra na cúpula emissora da súmula ou tese o "poder hermenêutico" de afastá-la ou determinar-lhe o sentido.

Por mais que se invoque o constitucionalismo contemporâneo, repita-se, em não se procedendo a reavaliações da infraestrutura filosófica e da estrutura teórica e ideológica profundas, será inevitável uma leitura positivista dos precedentes e das normas legislativas que o disciplinam, corrompendo não só a separação dos poderes, mas, sobretudo, causando uma técnica autoritária de uso e aplicação. Ter-se-á, como dito, um positivismo judicial de cúpula.

Em o juiz ou operador do Direito não tendo consciência de seu trabalho nesse grau de profundidade, nem a doutrina descer a esses pormenores, o novo será tratado por meio do velho, com algumas contribuições contingenciais de institutos estrangeiros que darão a mera aparência de inovação.

Isto enseja, adicionalmente, o nefasto risco, como muito bem adverte Siltala, de haver o mero amestramento de acadêmicos e operadores, que lidarão com as questões pertinentes mediante uma técnica rasa de simplório manuseio passivo dos institutos superficiais, sem ter consciência dos motivos de base. Tal alheamento será terreno propício para o controle unidirecional (de cima para baixo), bem como submeterá todo o Direito a um positivismo judicial cético e conformado com as imposições das instâncias superiores.

A instabilidade institucional será imensa, pois, em se calcando o conhecimento sobre precedentes em uma dogmática jurídica preocupada apenas com o texto legislativo e os enunciados pretorianos, sem cabedal teórico bem construído, bastarão modificações simplórias em poucas palavras de códigos e leis específicas, e mesmo uma bem conduzida modificação de orientação jurisprudencial – bastante corriqueira no País – para que tudo seja alterado e reavaliado com o deletério efeito retroativo (lembre-se da constatação pacífica entre os autores de que um *judge made law* com bases positivistas tem *a piori* efeito retroativo em sua aplicação).

Não é essa a ideia que o constitucionalismo atual propõe. Também não é o perfil adequado para qualquer acadêmico, que tem o dever de produzir conhecimento jurídico firme e crítico, não meramente descritivo.

O risco é tangível, especialmente no Brasil, que é pródigo em paradoxos dessa espécie. Basta relembrar que, no século XIX, o constitucionalismo se deu sob alegadas bases liberais de inspirações iluministas, tendo resultado, contraditoriamente, em um Estado monarquista e escravocrata, intimamente ligado à Igreja Católica[3].

O passado serve de alerta. Portanto, é preciso evitar-se que o neoconstitucionalismo seja pretexto para uma visão autoritária e positivista sobre os precedentes.

O plano de análise deste capítulo será extenso e estruturado primeiro na explanação das bases filosóficas em que se buscará contrapor as características da Filosofia moderna (Filosofia da consciência) com a Hermenêutica filosófica surgida com a reviravolta linguística.

Em seguida, se passará para a estrutura profunda da ideologia e da teoria sobre os precedentes. Será nesse segundo ponto que se esquadrinharão os elementos mais relevantes da análise. Serão expostos os vários aspectos do precedente, organizados em quatro gêneros: conceitual, sistêmico, pragmático e de justificação. Também serão apresentadas as seis ideologias ou aspirações identificadas (*Judicial reference, Judicial Legislation, Judicial exegesis, Judicial analogy, Systemic construction of underlying reasons from a prior case, Judicial revaluation*) conjugadas em três paradigmas macro (norma-

---

3. "Liberdade, igualdade e fraternidade! A famosa tríade que caracterizou a Revolução Francesa também ecoou no mundo luso-brasileiro, especialmente a partir da Revolução de 24 de agosto de 1820. No entanto, devido às mitigadas Luzes portuguesas, estas palavras não vibravam entre os membros da elite do Reino Unido com a mesma intensidade encontrada nos homens esclarecidos do mundo europeu além Pirineus. De qualquer modo, serviram de esteio para o novo vocabulário político que permeou as principais discussões na imprensa e nos folhetos e panfletos de 1820 a 1823, publicados tanto no Brasil, quanto em Portugal.(...) Os principais valores da cultura política do mundo luso-brasileiro eram aí definidos: uma monarquia constitucional, que continuava aliada à Igreja, colocada doravante inteiramente a seu serviço, pois ainda se fazia necessária à doutrina cristã para um maior controle dos cidadãos; uma sociedade em que reinavam os homens ilustrados cujo papel consistia em orientar a opinião do povo; uma liberdade que não ultrapassava os direitos alheios e uma igualdade restrita ao plano da lei. Era a visão de um mundo em que a secularização ainda estava incompleta, em que a ideologia, no sentido de F. Furet e J. Ozouf, não se fazia realidade" (NEVES, Lúcia Maria Bastos Pereira das. **Corcundas e constitucionais**: A cultura política da independência (1820-1822). Rio de Janeiro: Faperj. p. 141-151).

tivo, contextualista e sistêmico) que explicam as diversas abordagens encontradas nas várias tradições jurídicas.

Com base nessa exposição, serão tomadas as posições teóricas e paradigmáticas deste trabalho, as quais são adequadas para alinhar o estudo à Hermenêutica filosófica. Só, então, será proposta a concepção de precedente e se passará a analisar a camada superficial com ela em mente.

3.2 A INFRAESTRUTURA FILOSÓFICA: FILOSOFIA MODERNA X HERMENÊUTICA FILOSÓFICA

O conhecimento jurídico ainda é impregnado da Filosofia moderna influenciada pela Metafísica de conteúdo clássico redimensionada pelo pensamento kantiano[4], como dito. Predominam a técnica e uma epistemologia metodológica.

A luta intelectual característica do período de afirmação do Estado de Direito consistiu em defender o Direito como ciência. Uma vez assim declarado, procedeu-se à defesa dessa cientificidade de maneira tão firme e enfática que não se permitiu a abertura para outros influxos filosóficos. Ignorou-se, por várias décadas, a ideia de que a Filosofia retirou o conhecimento humano dos exclusivos domínios da ciência de base cartesiana, a qual, por sua vez, não poderia mais ser contraposta à Filosofia. Talvez porque os juristas tiveram que defender tão arduamente a cientificidade de seu objeto de estudo, eles não concederam, posteriormente, qualquer espaço para os arrefecimentos filosóficos ocorridos desde o final do século XIX.

Menezes Cordeiro sumaria o entendimento de que "o formalismo e o positivismo, apresentados, respectivamente, com o predomínio de estruturas gnosiológicas de tipo neo-kantiano e como a recusa na Ciência do Direito de considerações não estritamente juspositivas constituem o grande lastro metodológico do século XX"[5] . Essa é a razão para o autor entender que "o século XX representa, na Ciência do Direito, um espaço de letargia relativa. Uma agitação prenunciadora de mudança viria a registrar-se apenas no seu último quartel"[6].

De fato, o estudo jurídico se desenvolveu por quase todo o último século sem considerar mais seriamente as modificações da Filosofia que lhe serviu de base. Os debates iniciados com a fenomenologia de Edmund Husserl e intensificados com a nova visão sobre a linguagem (*linguistic turn*) ainda não foram incorporados mais detidamente no discurso jurídico com um grau de profundidade que permitisse o redimensionamento mais amplo de seus institutos. Nesse sentido, escreve Walber Araújo Carneiro:

---

4. Cfr. HEIDEGGER, Martin. **História da filosofia**: de Tomás de Aquia a Kant. Petrópolis: Editora Vozes, 2009.
5. CORDEIRO, A. Menezes. In: CANARIS, Claus-wilhelm. **Pensamento sistemático e conceito de sistema na ciência do direito**. 3. ed. Lisboa: Fundação Calouste Gulbenkian. 2002. p. XVI.
6. *Ibid.*, p. IX.

No direito, as repercussões desse movimento são dispersas e tímidas. O senso comum teórico dos juristas, denunciado por Luís Alberto Warat, é dominada pelo paradigma tecnológico, sedimentando a crença de que tudo pode ser pensado isoladamente em um sistema que vai dos princípios constitucionais às normas individuais e concretas. O problema do fundamento do direito ainda é deixado de lado ou, quando abordado, não passa de uma outra camada metafísica que encobre novamente o seu sentido. Mesmo em estudos mais avançados, percebemos a preocupação de cindir filosofia e ciência, como se aquela fosse sinônimo de insegurança e subjetividade, e esta a marca da objetividade e verdade. Desenvolveu-se uma dogmática analítica sem que se tenha a menor consciência dos seus limites e acredita-se que poderemos, a partir de conceitos e classificações, dar respostas a questões jurídicas. Pretensões de racionalidade sobre questões jurídicas são opostas sem que se tenha a menor consciência sobre o paradigma que as sustenta ou, até mesmo, sob a crença de que é possível manipular o conhecimento jurídico de modo aparadigmático. Discursos autodenominados revolucionários assumem um discurso filosófico desencontrado e, quase sempre, caem nas armadilhas da metafísica. Por outro lado, os conservadores recusam a incursão filosófica e acreditam estar efetuando proposições imunes à filosofia. O estudo e abordagens do direito são desde o séc. XIX o resultado de uma evolução isolada, onde o direito passa a ser visto como um mundo que pode ser pensado à parte, não se adaptando, consequentemente, às revoluções filosóficas surgidas no séc. XX, especialmente àquela diretamente ligada ao giro linguístico[7].

Portanto, segundo o autor, no senso comum teórico dos juristas, ainda persistem as concepções cartesianas e kantianas, as quais possuem como elementos de definição: a) secularização; b) subjetividade; c) neutralidade e d) prática como mera aplicação da teoria.

A secularização responde pela colocação do método no centro da atividade racional, propondo a realização de silogismos que excluem distorções do senso comum, dos elementos sensíveis e históricos. O conhecimento científico deve eliminar, mediante regras metodológicas prévias e exaurientes, o modo de se exercitar o conhecimento do objeto. Aquilo que é mera imposição social, oriundo de costumes, tradições e da cultura em geral, é posto de lado. Busca pontos de partida firmes que se imponham, independentemente do meio em que se encontrem. Nem mesmo a observação empírica é inteiramente confiável, já que comporta distorções.

Como base para isso, tem-se a Filosofia cartesiana, voltada a

[...] proporcionar a segurança quanto aos pontos de partida do conhecimento científico, condição que poderá ser satisfeita com a transformação do conhecimento filosófico em uma espécie de "matemática universal", isto é, de uma "ciência onde tudo é obtido a partir dos princípios básicos mais simples, por meio de rígidas deduções"[8].

A neutralidade decorre dessa secularização, pois o raciocínio é ligado a um predeterminado procedimento de validade universal para se chegar à verdade sobre aquilo que se busca conhecer, a qual se traduz como relação entre a teoria proposta e a coisa como realmente é, sem interferências mundanas. O método é tido como algo que simplesmente interliga o sujeito ao objeto sem qualquer ordem de distorções, assegurando uma compreensão objetiva.

---

7. CARNEIRO, Wálber Araujo. **Hermenêutica jurídica heterorreflexiva**. Porto Alegre: Livraria do Advogado, 2011. p. 54-55.
8. *Ibid.*, p. 41.

É, ainda, universal porque ditada pela razão inerente ao ser humano. Propõe-se a ser, pois, um instrumento céptico apto a conduzir o sujeito cognoscente ao objeto de conhecimento.

Então, a prática não passa de mera realização da teoria previamente definida racionalmente na consciência pensante do indivíduo. Não tem ela qualquer parcela contributiva na formulação do conhecimento, porquanto representa mera aplicação. Os fatos são tomados como casos concretos de uma formulação teórica geral prévia, sendo apreendidos nos limites e segundo as propostas desta mesma teoria. Isso permite uma antevisão de resultados, daí advindo a noção de segurança e previsibilidade, tão caras ao pensamento cartesiano. Nessa perspectiva, "o antigo ideal do conhecimento seguro da realidade, que diferentes filósofos da Antiguidade tiveram diante dos olhos, parecia então ter-se tornado realizável"[9].

O subjetivismo decorre da dúvida metódica, porque Descartes, ao buscar um princípio primeiro que não pode ser posto em dúvida, encontra apenas no "eu pensante" a firmeza para iniciar todo o conhecimento científico. Mesmo as mais abstratas cogitações matemáticas não escapam dessa dúvida. Quando se volta atenção ao sujeito, porém, não se põe em questão a existência de que há alguém praticando tal cogitação, pois, para pensar, é preciso antes ser. Com a colocação do "penso, logo existo" como verdade inabalável sobre a qual ergue seu pensamento, Descartes situa o sujeito como elemento dominante no processo de conhecimento. A ele tudo se submete.

Percebe-se, portanto, em Descartes a proposta de um isolamento do mundo. O pensamento abstrato, a verdade deve ser produto de cogitações íntimas, alheias às contaminações dos acontecimentos que poderiam distorcer o raciocínio reto. O contato com um mundo exterior deveria se dar de maneira racionalmente controlada, a fim de confirmar as premissas teóricas desenvolvidas pelo raciocínio puro.

Isso rompe mesmo com as concepções aristotélica que punha, ao lado da *espisteme* e da *technè*, a *phronesis* (prudência) como instrumento de conhecimento determinado pela prática.

Até o século XVI, a concepção racionalista dedutiva era dominante: formulavam-se teoricamente axiomas de cujas inferências lógicas (por dedução) se apreendia a realidade. Só posteriormente se adicionou no rol de opções o empirismo, de origem na Medicina grega, que prima pela indução realizada a partir de experimentos e observações dos fenômenos, a qual, uma vez complementada por aportes teóricos, completa o conhecimento neutro do objeto[10].

Tais posições que definiam a própria essência da cientificidade foram transpostas para os domínios do conhecimento sobre a conduta humana a fim de torná-lo científico.

---

9. RÖD, Wolfgang. **O caminho da filosofia**. Tradução: Maurício Mendoza Cardozo, Caio Heleno da Costa e Roniere Ribeiro do Amaral. Brasília: Editora da Universidade de Brasília, 2008. v. 2. p. 25.

10. LOPES FILHO, Juraci Mourão. Linguagem e método: abordagem hermenêutica do direito como alternativa ao purismo metodológico. **Revista opinião jurídica**. Fortaleza: Faculdade Christus, 2009. p. 199-223. v. 7 fas.11.

As influências metafísicas se fizeram presentes por essa via. Gadamer chama atenção para o fato de que "aquilo que denominamos na Alemanha as ciências do espírito (ciências humanas) e que se chamam em inglês *humanities* e em francês *lettres* encontra-se justamente no curso da herança metafísica"[11].

Coube a Dilthey essa tarefa de maneira pioneira, e o fez mediante a agregação do elemento histórico, o qual bem distinguiria ciências do espírito e ciências da natureza. Para ele, os atos humanos só poderiam ser compreendidos se considerados adicionalmente seu valor, sentido, significação e finalidade. Eis por que concebeu uma hermenêutica metodológica que prima pelo elemento histórico para compreensão[12]. Essa hermenêutica metodológica foi a responsável pela cientificidade do Direito, que passou a ter um método, sendo o objeto, como dito e repetido, a lei.

Nesse tocante, Dennis Lloyd afirma não se surpreender com o fato de que,

> [...] numa época em que a ciência e o método científico estavam adquirindo um prestígio sem precedentes, e quando se dedicava séria reflexão ao desenvolvimento das ciências como sociologia, a antropologia social e a psicologia, os juristas estivessem persuadidos de que a teoria do direito também podia e devia ser capaz de se desenvolver em bases científicas[13].

É interessante notar que a tradição metafísica moderna ocidental não se fez presente com a mesma ênfase nos países anglófonos. A Filosofia analítica impediu que as características marcantes da secularização, subjetividade, neutralidade e prática como mera aplicação da teoria se arraigassem de maneira mais determinante nas *humanities*. Não que fossem desconhecidas, já que ainda descendentes da tradição grega, mas não ensejaram as mesmas ilusões universalistas. Gadamer, ao passar a lecionar nos Estado Unidos e no Canadá, após se aposentar na Alemanha, dá o testemunho de que a Filosofia analítica possuía pontes trafegáveis com a Hermenêutica, tanto que, ao estudar o segundo Wittgenstein, viu colocações com que estava familiarizado, já que compartilhava entendimento sobre os "jogos de linguagem"[14].

---

11. GADAMER, Hans-Georg. **Hermenêutica em retrospectiva**: a posição da filosofia na sociedade. Petrópolis: Vozes, 2007. v. IV. p. 93.
12. Sobre o assunto, José Luis Brandão da Luz: "Por oposição aos factos materiais, os factos da consciência põem às ciências humanas o problema da sua interpretação e conduzem-nos à dissociação que Dilthey estabeleceu entre explicação causal e compreensão. Os factos de consciência constituem um sistema de implicações entre conceitos, valores afetivos, morais etc., que se não deixam interpretar em termos de relação causais, como acontece com os fenômenos naturais, sejam, por exemplo, as conexões do sistema nervoso ou até mesmo os resultados duma máquina de calcular. Deste modo, não é evidência que acompanha o desenvolvimento consequente dos factos de consciências que, segundo regras da lógica, confere inteligibilidade a esses enunciados, mas antes a reconstituição do processo cognoscitivo que conduziu à sua formação e determinou o seu lugar no contexto de significados que dão sentido à realidade. É nesta linha que podemos entender a afirmação do autor, segundo a qual 'a compreensão e a interpretação constituem o método que informa as ciências do espírito'" (LUZ, José Luis Brandão da. **Introdução à epistemologia**: Conhecimento, verdade e história. Lisboa: Imprensa Nacional – Casa da Moeda, 2002. p. 80).
13. LLOYD, Dennis. **A ideia de lei**. Tradução: Álvaro Cabral. São Paulo: Martins Fontes, 2000. p. 126-127.
14. GADAMER, Hans-Georg, **Hermenêutica em retrospectiva**: a posição da filosofia na sociedade. Petrópolis: Vozes, 2007. v. IV., p. 92.

Esse abrandamento da base infraestrutural[15] permitiu que, na camada profunda da teoria e da ideologia, o Direito da tradição inglesa tivesse terreno mais propício para sustentar as novas necessidades do constitucionalismo contemporâneo alinhado à Hermenêutica filosófica. Sem negar cientificidade, deu-se atenção aos casos e suas peculiaridades, admitindo a impossibilidade de método rígido e formal para lidar com eles. Crê-se, declaradamente, na necessidade de um conhecimento decantado pela experiência e pela prática para bem conhecer e lidar com o Direito. Eis o exemplo patente da influência da infraestrutura sobre as camadas mais superficiais. O raciocínio estruturado em universais não é tomado nos tons firmes das *Lettres* francesas.

Ocorre que, ao longo do século XX, a própria epistemologia, em sua acepção mais crédula, foi relativizada. As pretensões absolutas e universais da Filosofia moderna deram evidências claras de inviabilidade no grau pretendido. Karl Popper expõe as deficiências do indutivismo para assegurar de maneira absoluta certeza e previsibilidade:

> Ora, está longe de ser óbvio, de um ponto de vista lógico, haver justificativa no inferir enunciados universais de enunciados singulares, independentemente de quão numerosos sejam estes; com efeito, qualquer conclusão colhida desse modo pode revelar-se falsa: independentemente de quantos casos de cisnes brancos possamos observar, isso não significa a conclusão de que todos os cisnes são brancos. [16]

Popper, dessa maneira, coloca em cores vivas o salto indutivo lógico: a passagem de casos particulares para um geral e universal comporta uma boa dose de presunção inferida de amostragens. Por mais que sejam numerosas tais amostragens, elas não abarcam, de maneira inarredável, todos os casos efetivamente existentes. A ciência seria provisória em razão disso, pois, à medida que se expandem as análises, é possível encontrar um caso particular que fuja das características encontradas nas amostras[17].

Com essa colocação, Popper não renega por inteiro o empirismo, apenas o põe no devido limite e incapacidade de assegurar uma perfeita validade da afirmação geral. A

---

15. Não só a hermenêutica filosófica de Gadamer, a partir da fenomenologia de Heidegger, propõe a superação da metafísica aqui proposta. Entre os filósofos do século XX, também se destaca Jürgen Habermas em obra específica (HABERMAS, Jürgen. **Pensamento pós-metafísico**: Estudos filosóficos. Rio de Janeiro: Tempo Brasileiro, 2002). Conquanto houvesse mútuo respeito entre esses pensadores, tanto que Habermas proferiu o discurso de congratulações à Gadamer quando este foi laureado com Prêmio Hegel da cidade de Stuttgart em 13 de junho de 1979, aquele traz reflexões sobre a hermenêutica filosófica em obra específica (HABERMAS, Jürgen. **Dialética e hermenêutica**: para a crítica da hermenêutica de Gadamer. Porto Alegre: L&PM, 1987). O corte epistemológico realizado neste livro nos impede de se imiscuir mais sobre esse embate filosófico.

16. POPPER, Karl. **A lógica da pesquisa científica**. São Paulo: Cultrix, 2007. p. 27-28.

17. "Qualquer que possa ser nossa resposta final à questão da base empírica, um ponto deve ser deixado claro: se concordarmos com a nossa exigência de que enunciados científicos devem ser objetivos, então os enunciados que se refiram à base empírica da ciência deverão também ser objetivos, isto é, suscetíveis de teste intersubjetivo. A possibilidade de teste intersubjetivo implica em que outros enunciados suscetíveis de teste possam ser deduzidos dos enunciados que devam ser submetidos a teste. Assim, se os enunciados básicos devem ser, por sua vez, suscetíveis de teste intersubjetivo, não podem existir enunciados definitivos em ciência – não pode haver, em Ciência, enunciado insuscetível de teste e, consequentemente, enunciado que não admita, em princípio, refutação pelo falseamento de algumas das conclusões que dele possam ser deduzidas", *Ibid*. p. 49

certeza científica fica reduzida a uma conjectura provisória válida até seu falseamento por outra melhor[18].

Portanto, em vez de uma certeza inabalável, há a firme convicção de que será possível avançar no conhecimento. Não mais se admite a viabilidade da pretensão da ciência de dominar a existência de maneira firme e imutável.

O estudo das ciências humanas também foi afetado pelas considerações de Popper. Ele próprio propôs para elas um novo paradigma, mas ainda partindo da premissa de que tanto as ciências humanas quanto as sociais compartilhariam o mesmo método. Propunha a unicidade científica mediante a criação da ideia de "sociedade aberta", cujo paradigma seria a argumentação crítica da comunidade de cientistas. Conforme exposto em outro trabalho[19] a esse respeito, Karl-Otto Apel[20] explica que Popper "pretendia extrapolar o paradigma normativo do método científico, no sentido de uma filosofia da sociedade e do progresso histórico possível que se mostrasse ética e politicamente relevante".

O mesmo Apel, entretanto, acusa Popper de se basear em aporia: "A meu ver, há de fato dois tipos de 'falácias abstrativas' [*abstraktive fehlschüsse*] na estratégia popperiana de extrapolação, que, se não estou enganado, coexistem lado a lado na obra sem qualquer explicação"[21]. A primeira, "a falácia cientificista-tecnicista, em sentido mais estrito, consiste no fato de Popper tomar a um só tempo o ideal metódico da ciência unitária (*social engeering*), para fazer de ambos os fundamentos da racionalidade crítica na política social de uma 'sociedade aberta'"[22]. A outra falácia abstrativa seria que, sendo a argumentação crítica o paradigma da "sociedade aberta", "ignora-se com facilidade que, dessa maneira, já se terão instituído um interesse cognitivo e o estabelecimento prático de certos fins como parâmetro para a argumentação crítica, e que, com isso, eles terão sido eximidos de qualquer discussão"[23].

Na mesma medida, não mais se pode submeter a Filosofia à Ciência, no sentido proposto por Descartes de situar a Filosofia na condição de ciência absoluta. Essa separação foi uma preocupação de Heidegger, para quem a "filosofia não é uma ciência – e isso não

---

18. "Pode-se formular o terceiro ponto de vista a respeito das teorias científicas em poucas palavras, dizendo que elas são conjecturas genuínas, altamente informativas, que, embora não verificáveis (isto é: passíveis de ser provadas) resistem a testes rigorosos. São tentativas sérias de descobrir a verdade. Sob esse aspecto, as hipóteses científicas são exatamente como a famosa conjectura de Goldbach a propósito da teoria dos números. Goldbach pensou que ela pudesse ser verdadeira o que pode acontecer, embora não saibamos, e talvez nunca cheguemos a saber se de fato é verdadeira ou não" (POPPER, Karl. **Conjecturas e refutações**: O progresso do conhecimento científico. 5. ed. Brasília: UNB, 2008. p. 142).

19. LOPES FILHO, Juraci Mourão. Linguagem e método: abordagem hermenêutica do direito como alternativa ao purismo metodológico. **Revista opinião jurídica**. Fortaleza: Faculdade Christus, 2009. p. 199-223. v.7 fas.11.

20. APEL, Karl-Otto. **Transformação da Filosofia I**: Filosofia analítica, semiótica, hermenêutica. Tradução: Paulo Asfor Soethe. São Paulo: Edições Loyola, 2000. p. 16.

21. *Ibid.*, p. 17.

22. *Ibid.*, p. 17.

23. *Ibid.*, p. 20.

por uma carência, mas por um excesso que é aqui principal e não apenas quantitativo"[24]. Escreve:

> Portanto, se dizemos que a filosofia não é uma ciência, e se a ciência não é a ideia ou o ideal a partir do qual a filosofia pode e deve ser medida, então a tese que recusa à filosofia o caráter de ciência não pode afirmar sem dificuldades que a filosofia está tomada por uma falta de cientificidade não lhe pode ser imputada como uma falha grave. Já ouvimos, porém, o seguinte: a afirmação de que a "filosofia não é ciência" não diz que ela é acientífica, se é que acientífico choca-se com as normas e os métodos da ciência. A filosofia não é acientífica porque também não é científica – em um sentido primário, esses não são predicados possíveis da filosofia. E a única coisa clara por enquanto é a seguinte. A tese diz: a filosofia não pertence ao "gênero" ciência, se é que podemos fazer uso desse termo lógico-formal[25].

É importante destacar no pensamento de Heidegger isto: ele não defende um afrouxamento do conhecimento filosófico, como se fosse algo alheio ao exercício da razão, mas sim uma forma diversa de exercê-la, não submetida aos parâmetros metodológicos da ciência, ou pelo menos do que se defendia como ciência a seu tempo. Isso é importante na medida em que não é deferido a alguém se colocar fora da Filosofia, porque "a própria filosofia pertence à essência da existência do ser-aí"[26].

Por essa razão, ele põe o conhecimento filosófico ligado à visão de mundo e à historicidade, impedindo uma compreensão pura e abstrata, pois, para ele, "a filosofia e o filosofar, justamente em sua automeditação, remontam sempre ao que denominamos de história"[27].

Embora Heidegger tenha tido a influência de Dilthey para inserir a história em seu pensamento, ambos tinham visões diferentes do que esta consistiria e como seria inserida no conhecimento. Enquanto Dilthey a punha como mais um elemento a compor o método de análise, Heidegger situa a história como algo ínsito ao conhecimento e que condiciona a própria compreensão. Não é possível isolar o dado histórico para, em momento posterior, de maneira esterilizada, pô-lo no método.

Quando se refere à visão de mundo, não está a se referir a "um olhar psicológico embasbacado e mesmo egoísta de si mesmo", pois o filosofar não se "confunde com uma contemplação moralmente edificada do próprio eu"[28]. Esse modo de entender as coisas retira o protagonismo do cientificismo moderno e da respectiva visão filosófica, afastando a secularização metodológica, a subjetividade sujeitadora, a neutralidade (como se possível) e a submissão da prática à teoria.

O pensamento heideggeriano permite a Reviravolta hermenêutico-transcendental de Gadamer, na expressão de Manfredo Araújo Oliveira, a qual se insere na reviravolta linguística da Filosofia ocidental[29].

---

24. HEIDEGGER, Martin. **Introdução à filosofia.** Tradução: Marco Antônio Casanova. São Paulo: Martins Fontes, 2008. p. 19.
25. *Ibid.*, p. 18.
26. *Ibid.*, p. 11.
27. *Ibid.*, p. 10.
28. *Ibid.*, p. 11.
29. Sobre a relevância da Filosofia da linguagem para a Filosofia ocidental no século XX, escreve o autor: "A linguagem se tornou, em nosso século, a questão central da filosofia. O estímulo para sua consideração surgiu a

Nessa reviravolta, há inegável superação da Filosofia moderna, pois ela própria se torna hermenêutica. Não mais se crê, nesse âmbito, em verdades absolutas e desprendidas da cultura, compreensão e história. O ser humano não é capaz de obter um conhecimento puro, fora do horizonte em que está inserido. "Não é que a investigação deva desenvolver um questionamento de história efeitual paralelo ao questionamento voltado diretamente à compreensão da obra. A exigência tem um cunho teórico[30]". É dessa maneira que Gadamer destaca a historicidade heideggeriana inata do conhecimento de qualquer coisa. Entrelaça visão de mundo, situação e história, porque esta condiciona inexoravelmente aquela, que, por sua vez, influencia inarredavelmente a compreensão:

> A consciência da história efeitual é em primeiro lugar consciência da situação hermenêutica. No entanto, o tornar-se consciente de uma situação é uma tarefa que em cada caso se reveste de uma dificuldade própria. O conceito de situação se caracteriza pelo fato de não nos encontrarmos diante dela e, portanto, não dispormos de um saber objetivo sobre ela. Nós estamos nela, já nos encontramos sempre numa situação cuja elucidação é tarefa nossa. Essa elucidação jamais poderá ser cumprida por completo. E isso vale também para a situação hermenêutica, isto é, para a reflexão da história efeitual, não pode ser realizada plenamente. Essa impossibilidade, porém, não é defeito da reflexão, mas faz parte da própria essência do ser histórico que somos. Ser histórico quer dizer não se esgotar nunca no saber-se[31].

Nada é passível de uma objetivação absoluta. O indivíduo não pode se colocar fora da história que o integra e forma seu inarredável horizonte de compreensão. Esse horizonte condiciona a apreensão do objeto em um jogo hermenêutico de-e-para. Ou seja, o intérprete influencia o próprio objeto, porque este não é passível de uma apreensão fora desse círculo hermenêutico no qual o sujeito lhe projeta sentido com origem em suas pré-compreensões.

Basta fazer a já batida remissão à figura da mitologia grega de Hermes (de onde proveio a expressão hermenêutica). Ele era o tradutor dos deuses para os homens. Ocorre que estes são incapazes de saber o que os deuses disseram, mas apenas o que Hermes disse o que eles disseram. Não existe, pois, para os homens, o que os deuses disseram e o que Hermes disse. Para os homens, não há como apreender como duas realidades autônomas e estanques, simplesmente porque não acessam o dizer dos deuses. Objeto se lhes apresenta unicamente da forma proposta por Hermes, sendo impossível verificar qualquer diferença.

---

partir de diferentes problemáticas: na teoria do conhecimento, a crítica transcendental da razão foi, por sua vez, submetida a uma crítica da linguagem; a lógica se confrontou com o problema das linguagens artificiais e com a análise das linguagens naturais; a antropologia vai considerar a linguagem um produto específico do ser humano e tematizar a correlação entre forma da linguagem e visão do mundo; a ética, questionada em relação a sua racionalidade, vai partir da distinção fundamental entre sentenças declarativas e sentenças normativas. Com razão se pode afirmar, com K.-O. Apel, que a linguagem se transformou em interesse comum de todas as escolas e disciplinas filosóficas na atualidade" (OLIVEIRA, Manfredo de Araújo. **Reviravolta linguístico pragmática na filosofia contemporânea**. 3. ed. São Paulo: Loyola, 2006. p. 11).

30. GADAMER, Hans-Georg, **Verdade e Método I** – Traços fundamentais de uma hermenêutica filosófica. 9. ed. Tradução: Flávio Paulo Meurer. Rio de Janeiro: Vozes, 2008, p. 397.

31. *Ibid*., p. 399.

Gadamer não aceita, portanto, a ideia de que algo seria compreensível abstrata e objetivamente ao ponto de permitir uma síntese universalizante que constitui sua essência imutável, à qual se submete os casos particulares que nada contribuiriam para um conhecimento mais aprimorado. O homem não é capaz dessa objetivação porque ele está imerso em uma cultura histórica linguisticamente construída que a tudo condiciona. Propõe um pensamento provisório que jamais explica e entende total e completamente o ser.

Todo o conhecimento, portanto, é necessariamente mediado; mas isso não significa que haja um relativismo subjetivo, pois a mediação é histórica, cultural, hermenêutica, se pondo, pois, fora da simples manifestação da vontade do indivíduo, do querer do intérprete.

Gadamer, no prefácio da segunda edição de sua obra magna, tentando desfazer compreensões equivocadas de suas lições, destaca que a analítica temporal da existência heideggeriana aponta que a compreensão não é um entre os outros modos de comportamento do sujeito, "mas o modo de ser da própria pré-sença (*Dasein*)"[32]. Eis por que ele destaca que o conceito de Hermenêutica que desenvolve não repete o outro já conhecido como técnico (que pretende formular regras que disciplinam um método objetivo de conhecimento). O conceito proposto "designa a mobilidade fundamental da pré-sença, a qual perfaz sua finitude e historicidade, abrangendo assim o todo de sua experiência de mundo"[33].

Ele se coloca afastado tanto da objetividade absoluta quanto do subjetivismo, com a ideia de círculo hermenêutico que

> [...] não é objetivo nem subjetivo, descreve, porém, a compreensão como o jogo no qual se dá o intercâmbio entre o movimento da tradição e o movimento do intérprete. A antecipação de sentido, que guia nossa compreensão de um texto, não é um ato da subjetividade, já que se determina a partir da comunhão que nos une com a tradição[34].

Gadamer redefine a ideia de círculo hermenêutico já apresentada por Schleiermacher e Dilthey. Embora concorde com ambos no sentido de ser a Hermenêutica o modo próprio de compreender os objetos das ciências sociais, Gadamer os critica por terem caído no "canto da sereia da modernidade". Esses autores submetem a Hermenêutica à metodologia, a qual contrapõe e isola sujeito e objeto, ignorando que ambos existem na linguagem, e o objeto é inarredavelmente influenciado pelas pré-compreensões e pré-juízos do intérprete moldados por essa imersão na linguagem. Em outras palavras, ignoram que o objeto não é em si, ele é para.

Ante a impossibilidade de afastar da cultura, tradição e momento histórico em que está inserido o sujeito – os quais compõem seu horizonte – critica o método divinatório de Schleiermacher, por ser impossível ao intérprete se colocar "no lugar do autor".

---

32. *Ibid.*, p. 16.
33. *Ibid.*, p. 16.
34. *Ibid.*, p. 388.

CAPÍTULO 3 • O QUE É PRECEDENTE **123**

Critica ainda a subordinação da interpretação à vontade do autor. Quanto a Dilthey, se contrapõe ao distanciamento entre o sujeito e contexto atual.

Precisamente por ser o objeto não "algo em si", mas "algo para", Gadamer combate o que chama de mito do dado: não admite que o conhecimento parta de um dado que independa de interpretação do sujeito. A compreensão decorreria da fusão de horizonte que se opera em um jogo de perguntas e respostas, plenamente condicionado pela história e cultura em que se encontra o sujeito. Isso impede que a prática seja mera confirmação da teoria e afasta a compreensão de que os casos particulares em nada contribuiriam para o conhecimento inserido em uma premissa geral e universal.

Na interpretação de textos, não existe algo por traz deles, com o que a interpretação deva guardar rígida correspondência e, postular, então, a qualidade de verdadeira ou correta. Na Hermenêutica filosófica, não é deferido defender conhecimento como uma relação entre o que se conhece e alguma representação metafísica ideal que sirva de parâmetro de correção. O conhecimento é uma experiência surgida da fusão de horizontes. Não é um desvelamento daquilo que esteja por trás das aparências mundanas e que só é acessível pela razão abstrata pura. Não se pode defender, pois, a existência de um dado, um ponto inicial neutro, livre de qualquer influência. Tudo é condicionado pelo mundo linguisticamente constituído e compreendido dentro de um círculo hermenêutico.

Nesse âmbito, a linguagem deixa de ter uma mera função descritiva, passando a ser propriamente constitutiva, pois nada pode ser racionalmente apreendido e conhecido fora dela. A cultura, a visão de mundo de mundo e a historicidade se fazem presentes pela linguagem. O que Gadamer entende por mundo, evidencia a posição da linguagem na própria ontologia (que deixa de ser uma abordagem abstrata e puramente ideal dos seres):

> A linguagem não é somente um dentre muitos dotes atribuídos ao homem que está no mundo, mas serve de base absoluta para que os homens tenham o mundo, nela se apresenta o mundo. Para o homem, o mundo está aí como mundo numa forma como não está para qualquer outro ser vivo que esteja no mundo. Mas esse estar-aí do mundo é constituído pela linguagem [35].

Lenio Streck deixa bastante claro o significado desse ponto da lição de Gadamer:

> Estamos mergulhados em um mundo que somente aparece (como mundo) na e pela linguagem. Algo só é algo se podemos dizer que é algo. Esse poder-dizer é linguisticamente mediado, porque nossa capacidade de agir e de dizer-o-mundo é limitada e capitaneada pela linguagem[36].

Em outra obra, o autor alemão faz boa figuração de suas ideias, ao escrever que "as palavras que usamos na linguagem nos são a tal ponto familiares, que estamos aí por assim dizer nas palavras. Elas não se tornam objeto. O uso da língua não é de modo

---

35. *Ibid.*, p. 571.
36. STRECK, Lenio Luiz, *op. cit.*, 2009, p. 234.

algum o uso de algo. Nós vivemos em uma língua como em um elemento, como o peixe na água"[37].

É nesse existir *na* linguagem que tudo é conhecido. Não há um ponto de partida considerando uma existência autônoma. É nele em que se dá o jogo de-e-para que caracteriza o círculo hermenêutico. Essa é a razão da famosa lição gadameriana; "o ser que se conhece é linguagem".

Não apreende diretamente o "ser enquanto ser", por meio de um raciocínio que se abstraia em busca de uma essência intangível materialmente (objeto de estudo da metafísica clássica), apenas o "ser no mundo" (*Dasein*), ou seja, o ser imerso na historicidade, perspectiva e cultura. Supera-se, dessa maneira, tanto a metafísica de conteúdo clássico quanto a moderna moldada pela Filosofia da consciência.

A secularização característica da Filosofia moderna (Filosofia da consciência) vai por terra juntamente com o método científico e suas regras preestabelecidas que pretenderem apreender todo o processo de produção do conhecimento. Tanto que já na introdução de *Verdade e Método*[38] (mais bem compreendida como verdade contra o método), Gadamer se preocupa em colocar o método científico como algo alheio a seu pensamento:

> O fenômeno da compreensão impregna não somente todas as referências humanas ao mundo, mas apresenta uma validade própria também no terreno da ciência, resistindo à tentativa de ser transformado em método da ciência. A presente investigação toma pé nessa resistência que vem se afirmando no âmbito da ciência moderna, contra a pretensão de universalidade da metodologia científica. Seu propósito é rastrear por toda parte a experiência da verdade, que ultrapassa o campo do controle da metodologia científica, e indagar por sua própria legitimação onde quer que se encontre. É assim que as ciências do espírito acabam confluindo com as formas de experiência da arte e com a experiência própria da história. São modos de experiência nos quais se manifesta uma verdade que não pode ser verificada com os meios metodológicos da ciência[39].

Na apresentação da segunda edição, o autor reitera essa sua posição ante o método científico, ao escrever que sua proposta

> [...] não é uma diferença de métodos, mas uma diferença entre os objetivos do conhecimento. A questão colocada aqui quer descobrir e tornar consciente algo que foi encoberto e ignorado por aquela disputa sobre os métodos, algo que, antes de limitar e restringir a ciência moderna, precede-a e em parte torna-se possível.[40]

---

37. GADAMER, Hans-Georg. **Hermenêutica em retrospectiva**: a posição da filosofia na sociedade. Petrópolis: Vozes, 2007. v. IV. p. 95.
38. Conquanto a principal obra do autor seja "Verdade e método", ele produziu textos espaços valiosos reunidos no Brasil em tomos, entre os quais se sugere: GADAMER, Hans-Georg. **Hermenêutica em retrospectiva**: hermenêutica e a filosofia prática. Petrópolis: Vozes, 2007. v. III; e GADAMER, Hans-Georg. **Hermenêutica em retrospectiva**: a virada hermenêutica. Petrópolis: Vozes, 2007. v. II.
39. *Ibid*. p. 29.
40. *Ibid.*, p. 15.

CAPÍTULO 3 • O QUE É PRECEDENTE **125**

Como ele propõe que o intérprete deve buscar racionalizar seus pré-conceitos e pré-juízos, a fim de verificar a maneira pela qual influenciam a compreensão do objeto, diz que a interpretação é descobrir o não dito, levando-o para um diálogo com o dito. Essa tarefa nunca, no entanto, poderá se exaurir porque os horizontes de compreensão nunca se estagnam, nem o sujeito é capaz de se colocar fora do seu próprio horizonte, ele não pode se colocar além da história, da cultura e da linguagem.

Como se percebe, Gadamer, com base heideggeriana, propõe uma maneira completamente distinta de entender a compreensão humana. Conquanto tenha se preocupado em apresentar novos parâmetros para as ciências sociais, sua explicação extravasa esse âmbito e realmente muda o modo de se compreender os questionamentos filosóficos.

Em resumo, é possível se lançar as seguintes características da Filosofia hermenêutica em contraposição às concepções modernas: a) historicidade; b) contribuição da prática para formação e conformação da teoria; c) compreensão como fusão de horizontes representado por um jogo de-e-para (círculo hermenêutico); d) predomínio da linguagem.

Será mediante a substituição, na infraestrutura da Teoria do Direito, dessas características que se iniciará corretamente a abordagem dos precedentes segundo as exigências do constitucionalismo contemporâneo.

3.3 NÍVEL DAS ESTRUTURAS PROFUNDAS: TEORIA E IDEOLOGIA DO PRECEDENTE

A filosofia moderna manifestou-se primeiramente no Direito por meio de um jusnaturalismo racionalista, como é exemplo o de Leibniz, que estruturava o sistema jurídico a partir de postulados axiomáticos racionalmente obtidos desde um ideal de justiça. Como seu pensamento foi formulado no século XVII, foi influenciado não pelo indutivismo cartesiano, mas pelo dedutivismo clássico baseado em cogitações gerais e racionais acerca do que seja justo.

Esse conjunto de axiomas mais amplos seria desenvolvido por meio de deduções lógicas, desde uma relação material, para disposições mais específicas. Nessa perspectiva, "la ciencia del derecho se construye así del mismo modo que la geometría y a partir de una serie de primeros principios entendidos como verdades necesarias e innatas"[41].

Leibniz, conforme muito bem expõe Bermejo[42], com a noção geral de justiça (consistente na busca do bem comum), desenvolve três princípios: o *honeste vivere,* o *neminem laedere* e o *suum cuique tribuere.* O primeiro (*honeste vivere)* é apontado como princípio universalmente aplicado ao Direito ante a exigência de uma virtude moral no comportamento. O segundo e o terceiro seriam princípios particulares. O *neminem*

---

41. BERMEJO, J.M. Pérez. **Coherencia y sistema jurídico.** Madrid: Marcial Pons, Ediciones Jurídicas y Sociales, 2006. p. 39.
42. *Ibid.,* p. 42.

laedere rege as relações privadas, resumindo-se à proibição de praticar dano a terceiro, de onde sobreviriam todas as demais disposições para tratar as relações privadas, emergindo, inclusive, o direito de propriedade. O *suum cuique tribuere* rege as relações públicas, não só vedando danos a terceiros como também impondo o incremento da felicidade de todos.

Desses postulados, como dito, se fazem inferências lógicas dedutivas. A atividade de juristas e legisladores é, assim, eminentemente declaratória, regida pela razão, pois toda e qualquer afirmação ou prescrição que se fizessem deveriam ter por fundamento essas premissas gerais, podendo a eles ser logicamente reinserida. "La lógica en general, y la lógica jurídica en particular, han de construir-se como el reflejo de una matemática universal"[43].

Isso permitia a dicotomia entre Direito e lei. Aquele desenvolvido materialmente pela lógica dedutiva baseado nos axiomas, e esta fruto de um legislador, que, para se tornar Direito, deveria laborar na esteira dessa linha racional, cuja ruptura demonstraria a distinção.

Essa concepção jusnaturalista – mesmo alinhada à Filosofia moderna – não resistiu às revoluções liberais do século XVIII, calcadas na supremacia do parlamento e da vontade popular. Na estruturação do Estado de Direito legislativo do século XIX, era inconcebível o legislador estar subordinado a uma série de axiomas imposta de maneira cogente, sem respaldo na vontade popular. A atividade meramente declaratória também não se coadunava com a intenção de mudanças e constituição de um novo modelo de Estado e sociedade. Daí a emergência do positivismo estatal com suas vertentes exegéticas e normativistas.

Em vez de se buscar uma estruturação sistemática substancial, se prestigiou uma estruturação formal, baseada na autoridade de quem punha a lei. Os aspectos da adaptação da Filosofia moderna ao positivismo jurídico são bem conhecidos, porque ainda arraigada na corrente cultura jurídica. Assim, a secularização ensejou a Hermenêutica metodológica, cujo objeto é o texto normativo. A subjetividade coloca a norma e sua interpretação como um ato de vontade do intérprete/aplicador. A neutralidade propõe o Direito centrado no Estado e plenamente desprendido de outras fontes de formação de sentido jurídico existentes na sociedade, prestigiando-se juízos universais, amplos, que abarquem grande número de casos concretos. Por fim, a prática como mera aplicação da teoria fundamenta a crença de que os casos particulares são resolvidos por mera aplicação do juízo geral e abstrato com base nos textos normativos, em nada contribuindo para formação da própria norma a ser aplicada, que já estaria plenamente constituída em momento anterior (positivismo exegético) ou pendente de complementação ante o quadro hermenêutico e a estrutura aberta (positivismo normativista).

Na Europa continental, essas concepções afetam a teoria dos precedentes da seguinte maneira: o precedente é, genericamente, resumido a uma norma geral e abstrata

---

43. *Ibid.*, p. 44.

obtida pela abstrativização da norma individual e concreta contida no julgamento, a qual é fruto de um ato de vontade do julgador. Haveria a necessidade de objetivação dessa parte nuclear do precedente. A aplicação se daria nos moldes de qualquer outra norma geral e abstrata, mediante a subsunção de todos os casos particulares possíveis ao juízo universal. Admite-se, portanto, a aplicação do precedente para questões jurídicas e fáticas não examinadas no caso anterior. A compreensão dos precedentes é centralizada na própria corte emissora do julgado, pois qualquer divergência pode ser considerada mesmo insubordinação do magistrado colocado em um nível inferior na estrutura judiciária. Prestigia-se a busca pela previsibilidade mediante a produção de enunciados amplos, na crença de que essa amplitude linguística, por comportar a inserção de casos futuros em seu sentido literal vasto, é capaz de antecipar resultados.

Portanto, teoricamente, se tem o positivismo e, ideologicamente, o liberalismo político primevo buscado pelo Estado de Direito legislativo.

Ao se analisar as mais comuns concepções sobre precedentes na doutrina brasileira, é possível claramente perceber essas bases positivistas. Por exemplo, Patrícia Perrone[44] apreende o que seja precedente, sua função e aplicação com amparo na distinção entre *ratio decidendi* (também chamada de *holding)* e *obiter dicta*:

> O *holding* ou *ratio decidendi* constitui a norma extraída do caso concreto que vincula os tribunais inferiores. Trata-se de uma das noções mais importantes para a operação com julgados normativos e, paradoxalmente, uma das mais controvertidas, como já antecipado. Nas palavras de Marcelo Alves de Souza: "afora alguns pontos onde há certa concordância, a doutrina diverge – e muito – na definição do que seja *ratio decidendi* e na escolha do método mais eficaz de identificá-la no bojo de um precedente judicial".

Caio Márcio Gutterres Taranto[45], embora declare a distinção entre precedente e norma, não consegue se livrar inteiramente dos padrões positivistas:

> O precedente não se confunde com as normas que dele emanam. Logo, há uma relação de conteúdo e contingente entre um dado precedente e a norma dele oriunda. O conjunto de orientações expresso pelos precedentes em vigor representa o Direito aplicado em determinado contexto de tempo e lugar, ou seja, o direito vivo. Ao atribuir temporariedade e racionalidade à decisão, o magistrado que utiliza o precedente aplica o conhecimento pré-constituído de forma positiva ou negativa, sendo que essa orientação assume normatividade, na medida em que consubstancia comando abstrato a ser aplicado em um caso concreto posterior.

A partir daí, o autor dá sua concepção de precedente:

> Nesse contexto, propõe-se a conceituar precedente judicial como instrumento mediante o qual o Poder Judiciário, como instituição e no exercício da Jurisdição Constitucional, edita normas jurídicas a serem aplicadas em decisões posteriores atribuindo-lhes racionalidade na medida em que o julgador expressa as razões de decidir.[46]

---

44. MELLO, Patrícia Perrone Campos, 2008, *op. cit.*, p. 118-119.
45. TARANTO, Caio Márcio Gutterres, *op. cit.*, p. 7-8.
46. *Ibid.*, p. 8.

O autor propõe que o precedente é instrumento de produção de comandos abstratos a serem utilizados posteriormente. Em outras palavras, admite um desprendimento de uma norma jurisdicional do contexto concreto em que foi produzido, a fim de permitir que figure como premissa maior num futuro silogismo. Não se utilizaria, no caso posterior, o precedente como um todo, mas a norma dele emergente. Isso permitiria uma equiparação entre aplicação da lei e uso do precedente. E é justamente nessa linha que trabalha Teresa Wambier[47], ao equiparar a aplicação dos precedentes ao de uma norma legislativa:

> Então, grosso modo, os passos seriam:
>
> 1) examinar o caso;
>
> 2) verificar a *relevant similarity* entre ambos os casos, o que deve ser decidido e o precedente (*analogy*);
>
> 3) determinação da *ratio decidendi*;
>
> 4) decisão de aplicar o precedente para resolver o caso.
>
> Correspondentemente, em países do *civil law*:
>
> 1) Examinar o caso;
>
> 2) Verificar a semelhança ou a identidade do caso a ser decidido com aquele descrito na norma, ou abrangido pela norma;
>
> 3) Determinar exata e precisamente o sentido da norma;
>
> 4) Decisão de aplicar a norma ao caso concreto.

É fácil perceber como essas concepções se aproximam da já citada lição kelseniana contida em sua *Teoria Geral do Direito e do Estado* nos dois pontos relevantes: precedente como norma geral obtida por abstrativização e aplicada aos casos posteriores de maneira similar a uma norma legislativa.

A doutrina estrangeira de origem europeia continental também apresenta classicamente o Direito judicial como norma fruto de uma abstração, conforme escreve Jean-Louis Bergel[48]:

> Esse processo de transformação de simples decisões judiciais em verdadeiras normas jurídicas repousa ao mesmo tempo num fenômeno de generalização das soluções jurisprudenciais e num fenômeno de sedimentação da jurisprudência que procedem a um só tempo de argumentos de analogia e de autoridade implicados pelas soluções particularmente significativas.

Em se tratando de súmulas, vimos no capítulo anterior que Georges Abboud, com base nas lições de Castanheira Neves, comprova que as súmulas brasileiras, sobretudo as vinculantes, vêm se equiparando indevidamente a normas legislativas. No mesmo sentido, José de Albuquerque Rocha[49].

---

47. WAMBIER, Teresa Arruda Alvim. Interpretação da lei e de precedentes: *civil law e common Law*. **Revista dos Tribunais**, nº 893, mar. 2010, 99º ano.

48. BERGEL, Jean-Louis. **Teoria Geral do Direito**. Tradução: Maria Ermanita Galvão. São Paulo: Martins Fontes, 2001. p. 82.

49. ROCHA, José de Albuquerque. **Súmula vinculante e democracia**. São Paulo: Atlas, 2009.

Em trabalho mais recente e acurado, com o qual se teve contato em fase já avançada do desenvolvimento desta obra, quando já se tinha tomado as posições fundamentais, Thomas da Rosa de Bustamante mantém a proposta de precedente como norma, sendo mesmo subtítulo de seu trabalho "a justificação e aplicação de regras jurisprudenciais". O autor possui ideias mais avançadas, pois menciona peso do precedente, controle de sua abstração, variação de sua força vinculante e sua determinação em padrão hermenêutico. Ainda assim, defende que a *ratio* do precedente "é uma norma do tipo regra, então segue-se que a operação básica necessária para sua aplicação em um caso futuro será a subsunção"[50].

O autor recorre a um conceito semântico de norma, ou seja, a encara como sentido extraído de enunciados normativos. Declara expressa filiação ao pensamento de Alexy e a intenção de adotar uma visão pós-positivista, mas não nega que esse conceito semântico de norma é compartilhado pelo positivismo normativista de Kelsen[51]. É certo que avança em sua análise, apresentando visões convergentes com as que serão expostas aqui; porém, não incorpora uma revisão mais profunda da infraestrutura filosófica em sua análise, o que é denotada pela ausência de referência bibliográfica a Heidegger ou Gadamer, bem como a juristas que adaptam o pensamento desses para o Direito, como Lenio Streck ou José Lamego. Por essa razão, não rompe completamente com o canto da sereia da Modernidade. As citações que faz de Dworkin não são determinantes para incorporar as premissas interpretativistas do autor. A atenção que dá ao pensamento de Neil MacCormick, que, como se verá, é integrante de um paradigma contextualista herdeiro da Filosofia analítica que ainda não rompe com o positivismo, reforça a ideia de que traz avanço em relação a outras abordagens brasileiras, mas, ainda assim, não atende plenamente às demandas do constitucionalismo contemporâneo.

A versão normativista sobre o precedente (precedente reduzido à norma ou unicamente como veículo de uma norma), no nível teórico e ideológico, não é a única válida para enfrentar o assunto. O mesmo ocorre com as súmulas. Embora estas muitas vezes venham sendo, inegavelmente, aplicadas como instrumentos legislativos, não significa que essa seja a única maneira existente. Ao contrário, isso deriva muito mais de uma escolha acerca do que se concebe como súmula e precedente do que uma consequência inarredável da fenomenologia jurídica. Basta constatar que, na tradição inglesa, mesmo sem romper com o positivismo normativista, os precedentes não são encarados da maneira formalista com que se propõe na tradição continental e, atualmente, no Brasil de um modo geral.

---

50. BUSTAMANTE, Thomas da Rosa de. **Teoria do precedente judicial**: a justificação e aplicação de regras jurisprudenciais. São Paulo: Noreses, 2012. p. 468.
51. *Ibid.*, p. 232.

O realismo jurídico estadunidense e as condições históricas de formação do sistema jurídico do Reino Unido não permitiram os influxos mais fortes das concepções metafísicas mais radicais. Por esse motivo, sempre houve maior abertura do Direito aos fatos e ao contexto em que estavam inseridos. Houve uma luta para manter o direito comum, como aquele marcado pelas particularidades regionais contra cogitações gerais centralizadas em Londres. É possível resumir, pois, que a tradição inglesa arrefeceu o positivismo normativista com um contextualismo ainda vigorante que abranda algumas notas características que aquele assume na Europa continental.

Mesmo sem se fazer, portanto, uma reavaliação mais profunda das premissas filosóficas pertinentes, é possível encontrar outras opções além daquela que se vê ora a se arraigar. Há diferentes matizes de positivismo, abrandadas pelas críticas realistas, que exercem influência, e atitudes que buscam rompê-los, preparando o terreno para as contribuições da Hermenêutica, esta, sim, calcada em novas bases filosóficas.

É por essa razão que se põe em dúvida a existência de uma só teoria do precedente, sendo o mais sensato se falar em múltiplas correntes a abordar o assunto, variando segundo as influências da base infraestrutural. O próprio papel desempenhado pelo juiz na formulação dos precedentes cambia, havendo abordagem que o põe sob um enfoque declaratório, outros como criativo de direito novo ou em um ponto intermediário.

Dizer, então, que precedente, ou súmula, é norma não é suficiente sequer para fixar o positivismo de que se pode valer para conhecê-lo ou ainda definir seus contornos. Mesmo que se o considere norma, restaria saber qual sua espécie, se regra, se princípio ou uma terceira. E mais: se seria apenas norma ou há outros componentes que os integram. Também é necessário definir o modo de obter essa norma, se exclusivamente do julgado inicial ou se, adicionalmente, se consideram outros julgamentos que aplicaram o precedente.

O mesmo se dá em relação às súmulas, vinculantes ou não. Tomá-las como enunciados autorreferentes desprendidos dos julgamentos que autorizam sua edição é uma escolha entre as várias opções. Aplicá-las como textos legislativos também é uma opção ideológica e não uma imposição teórica.

Por exemplo, é possível conceber precedente como uma regra inteiramente predeterminada pela corte que a emitiu, em nada contribuindo para sua compreensão os julgados posteriores que o aplicam e que se desprendem dos fatos da causa que lhe deram origem. Porém, ainda nesse espectro infraestrutural moderno, também é possível tomá-lo como um princípio que se complementa em julgados posteriores, segundo as circunstâncias do novo caso. Ou, ainda, uma combinação diversa.

E não é só a definição de que espécie normativa ou o sujeito que a define, há vários outros pontos definidores, como a dinâmica e a estática sistemática do precedente, sua função pragmática e justificação.

De fato, há quatro aspectos, quatro facetas dos precedentes que carecem de análise a par da simplória afirmação de que ele é, ou contém, uma norma. São aspectos de definição propriamente dita, aspectos sistemáticos, aspectos pragmáticos e aspectos de justificação. Cada um desses pontos receberá influência da abordagem ideológica que se tem de precedente. É neles que se manifestam as influências da tomada de posição nesse nível da estrutura profunda.

Caio Márcio Guterres Taranto expõe que as teorias dos precedentes normalmente abordam o "sentido, a natureza, a autoridade, o efeito vinculante ou persuasivo, o fundamento, a formação, a aplicação, a distinção e a revogação"[52]. Assim, comprovando a validade da abordagem, todos esses pontos são bem sistematizados nos quatro aspectos aqui propostos.

Para efeitos de definição, Siltala, embora não o diga explicitamente, trabalha com esteio na premissa de que precedente é, ou pelo menos contém, uma norma. Ele destaca quatro pontos importantes: a) o critério de distinção entre *ratio decidendi* e *obiter dictum* (*operative precedent-norm conception*); b) em que parte da decisão deve ser buscada a parte vinculante do precedente (*point of reference: rule, facts and consequences, or reasons*); c) o modo de o precedente vincular (*deontic mode)*, se por uma regra ou por um princípio; d) o grau de abstratividade da norma erigida a partir do precedente (*precedent norm individuation)*.

Como dito, a maneira de Siltala esquadrinhar os aspectos de definição são intimamente ligados à ideia de que o precedente é ou contém uma norma. A terminologia utilizada por ele já evidencia isso (identificação norma-precedente, modal deôntico, concepção operativa norma-precedente). Assim, embora relevantes, e de adoção neste trabalho, serão feitas algumas alterações nas abordagens do autor nesse aspecto para atenuar a influência normativista na compreensão dos precedentes. Com isso, não se quer afastar por completo a constatação de que um precedente tem relação com uma norma, mas se quer mitigar a ascendência desse aspecto sobre os demais. Precedente não pode ser reduzido a uma norma geral e abstrata.

Essa influência normativista não é percebida nos aspectos sistemáticos, pragmáticos e de justificação expostos por Siltala. Ao contrário, é neles que se obterão elementos para mitigar sua importância. Nesses aspectos, a adesão ao pensamento do autor será mais estrita.

Com efeito, no aspecto sistemático, se destacam três pontos: a) abertura/fechamento argumentativo, em que se verifica se é admita apenas fontes formais para o raciocínio jurídico ou se são aceitos argumentos axiológicos, sociológicos ou de outras fontes sociais de produção de sentido normativo, todas fora dos elementos estritamente sistemáticos; b) estática sistêmica do precedente, em que se perquire se, em uma específica ordem jurídica, há ou não arcabouço teórico suficiente para formar um conjunto de precedentes em que cada uma das partes guarde coerência, não redundância e não contradição entre si; e c) dinâmica sistêmica, em que se analisa o grau de deferência

---

52. TARANTO, Caio Márcio Guterres, *op. cit.*, p. 10.

que um tribunal ou juiz deve ter em relação ao precedente e mesmo na identificação do que tenha sido prescrito no caso anterior.

O aspecto pragmático do precedente envolve: a) fonte/efeito da *ratio* de um caso, em que se perquire quem determina a *ratio* de um caso, se o tribunal que produziu o precedente ou aquela que irá aplicar, ou algo entre um extremo e outro; b) método de argumentação com precedentes, em que se estuda como interpretar precedentes, se mediante uma análise literal, sistemática ou na busca do sentido que quis dar o tribunal original; e c) técnicas para não aplicar um precedente.

Por fim, no aspecto de justificação, se analisa por que seguir precedentes, daí se questionar qual critério de justiça força a vinculação a um precedente e qual o embasamento ideológico para tanto. Aqui, ficará evidente a ideia de que o embasamento na Filosofia da consciência, ainda difundida, representa empecilho para o pleno desenvolvimento de uma teoria dos precedentes adequada ao constitucionalismo contemporâneo.

Então, com suporte nas lições de Siltala[53], acrescidas das reformulações aqui propostas, é possível montar o seguinte quadro de análise do precedente:

1) Aspectos de definição
   a) Critério de distinção de *ratio decidendi* e *obiter dictum*.
   b) Ponto de referência na decisão.
   c) Modo de vinculação do precedente.
   d) Grau de abstratividade da norma jurisprudencial.

2) Aspectos sistemáticos
   a) Estática sistêmica do precedente.
   b) Dinâmica sistêmica do precedente.
   c) Abertura/Fechamento argumentativo.

3) Aspectos pragmáticos
   a) Fonte/efeito da *ratio* de um precedente.
   b) Método de argumentação.
   c) Critérios para não se utilizar um precedente.

4) Aspectos de justificação
   a) Critério de justiça.
   b) Embasamento teórico/ideológico.

Mediante a análise de cada um dos pontos dos aspectos ora expressos, será possível detectar e demonstrar com um bom grau de detalhamento as insuficiências dos paradigmas teóricos em que se podem agrupar as diversas ideologias sobre os precedentes,

---

53. SILTALA, Raimo, *op. cit.*, p. 75.

evidenciando que o que melhor lida com os novos desafios será o paradigma sistemático, composto pela conjugação da Hermenêutica filosófica com o interpretativismo e o Direito como integridade de Dworkin.

Todos esses aspectos são influenciados pela ideologia que se tem dos precedentes. Por exemplo, de um positivismo exegético resultará um precedente tomado como regra inteiramente formada pelo órgão que exarou a decisão, em nada sendo relevante o uso posterior pelas cortes inferiores ou mesmo pela própria corte emissora. O ponto relevante da decisão seria o comando normativo a compor um sistema rígido hierarquicamente, com origem na posição do tribunal emissor, para posterior aplicação silogística.

Por outro lado, a compreensão do precedente como produto sistemático não reduzido à norma que o integra permite uma análise do precedente com fulcro nos princípios que lhes são subjacentes, determinados por uma análise sistêmica da questão e não subjetiva (em que se perquire "quem" produz o precedente). Sua determinação se dará ao longo de suas novas aplicações por diversos julgados, considerando as circunstâncias fáticas e jurídicas a que se submeteu, e toda a cadeia sistêmica que o antecede. Isso não permitirá uma aplicação no "tudo ou não" de uma regra, mas comportará um reforço de compreensão em maior ou menor grau, a depender das diversas circunstâncias hermenêuticas pertinentes.

Portanto, como é possível perceber, o nível teórico exprime várias possibilidades pouco exploradas pela doutrina nacional, que se contenta em dizer que precedente é norma, o que encerraria qualquer discussão posterior, pois, afinal, todo jurista sabe lidar com normas. Isso não é suficiente. E as possibilidades se ampliam ao se revisitar as bases filosóficas do tema.

O assunto, pois, é complexo e profundo. Pontos básicos da Teoria do Direito – criada tendo em consideração normas legislativas – serão postos mesmo em dúvida se aplicáveis aos precedentes, como, por exemplo, a sistematicidade: a teoria do ordenamento jurídico como conhecida absorve uma compreensão de precedente que não seja a de uma simples regra tal qual a legislativa? Seria possível, então, se falar em sistema de precedentes? São questionamentos como esses que merecem análise detida.

Fala-se de precedente como se, no Brasil, já se soubesse o que ele é, como se os aplicam e qual sua função. Quando muito, se busca formar, com aportes estrangeiros, um "sistema de precedentes" sem realizar essas reflexões. Seria um "sistema de precedentes" ou um "sistema das normas legislativas sobre precedentes"? A partir da edição do Código de Processo de 2015, processualistas tentam lidar com precedentes sem considerar algo extremamente relevante: o tema é próprio da Teoria Geral do Direito, que demanda reflexão sobre categorias fundamentais, baseadas em premissas filosóficas. O direito processual, pois, se apropria dos precedentes para lhe dar um disciplinamento dogmático e específico, mas só cogitações mais detidas exporão seus contornos básicos.

Os quatro pontos de análise de Siltala aqui adotados recebem determinantes influências das seis ideologias também identificadas pelo autor da seguinte forma:

1) *Judicial reference:*

   a. *reference model*

2) *Judicial legislation*

   b. *Quasi-legislative model*

   c. *Binding reasons model*

3) *Judicial exegesis*

   d. *Reconstructed rule model*

   e. *Material facts model*

   f. *Material reasons model*

4) *Judicial analogy*

   g. *Model rule approach*

   h. *Paradigm case model*

   i. *Model reasons approach*

5) *Systemic construction of underlying reasons from a prior case (or a line of cases):*

   j. *Underlying reasons model*

6) *Judicial revaluation*

   k. *revaluated reasons model*

   l. *requalified facts model*

   m. *reavalued reasons model*

As duas primeiras são fortemente influenciadas pelo positivismo, ora exegético, ora normativista, e pela Filosofia moderna. O terceiro e quarto ainda possuem tal sorte de influência, mas arrefecida sobretudo pelo realismo jurídico. O quinto é o que se considera mais adequado, porque calcado na teoria de Dworkin, a qual abre espaço para a Hermenêutica filosófica que será o referencial teórico aqui adotado. Enquanto o sexto ponto é muito próximo, embora não se declare assim, do neopositivismo normativista repercutido pelo neoconstitucionalismo, dado o grau elevado de discricionariedade conferido, mas, ainda, assim, pode ser conduzido juntamente com o terceiro e o quarto ao paradigma meramente contextualista.

Neste capítulo, se opta por uma abordagem de cada um dos pontos acima referidos (definição, sistêmico, pragmático e de justificação) para que fiquem claros. Conceituar-se-á cada um deles, dando-lhes definição, e se destacará como a tradição inglesa conhecida os trata, bem como vêm sendo abordados no Brasil e suas origens na Europa continental. Esse confronto de duas maneiras distintas e conhecidas de lidar com precedentes, em seus diversos aspectos, realçará as características e opções existentes em cada um. Sempre que possível, as abordagens serão exemplificadas com análise de precedentes brasileiros e estrangeiros, dando-se prestígio àqueles, justamente para realçar tomadas de posições ou contradições.

Alguns aspectos considerados nevrálgicos serão imediatamente desenvolvidos, sobretudo para criticar a perspectiva normativa dominante na doutrina nacional contrapondo-a à perspectiva defendida neste trabalho. Outros serão delineados em suas linhas gerais para uma abordagem mais detalhada na análise de cada uma das seis perspectivas ideológicas identificadas.

A análise da tradição inglesa, onde o estudo de muitos dos aspectos já foram desenvolvidos, demonstrará que as amarras normativistas já estão bem mais frouxas, mas ainda existentes, pelo que se opta por demonstrar que os exageros verificados nos países de tradição francesa e alemã podem ser mitigados por considerações da tradição inglesa, o que será o ponto de partida necessário para se avançar e se constituir uma abordagem apropriada ao constitucionalismo moderno. A infraestrutura da Filosofia analítica inglesa, a meio caminho entre a Filosofia da consciência e a Hermenêutica filosófica, bem preparou o terreno para o desenvolvimento das ideias cabíveis.

De fato, como já ressaltado, simplesmente importar institutos do *common law* não será suficiente para se atender às novas demandas do Estado Constitucional, pois tais desafios também se apresentam para aquele sistema sem uma resposta acabada.

Só ao final do capítulo serão organizadas as seis ideologias apresentadas em três paradigmas claros: a) normativo; b) contextualista; e c) sistêmico-interpretativo. As características dos dois primeiros paradigmas serão identificadas com aquelas apresentadas em cada ponto referente à tradição inglesa e continental. Já o terceiro se mostrará inédito e pouco explorado nos dias atuais, justamente porque moldado desde a perspectiva filosófica (Hermenêutica filosófica) que rompe com a Filosofia da consciência e teoria forjada para superar o positivismo normativista (interpretativismo e direito como integridade de Dworkin).

Ao se fazer essa arrumação final, desde o embasamento teórico/ideológico, restará claro para o leitor quão inadequadas são as concepções reinantes na Europa continental e Brasil (paradigma normativo), o quanto a tradição inglesa é capaz de avançar (com o paradigma contextualista) e qual seu limite, exigindo, pois, as considerações sistêmicas (paradigma sistêmico-hermnêutico).

Não será desenvolvido paradigma proposto por Siltala com base em novas ideologias sobre a jurisdição como um todo, justamente porque não especificamente construído para análise dos precedentes. Trata-se do paradigma extralegal (ou não formal) que trabalha com abordagem substancial da jurisdição e uma livre disposição semântica. Como mesmo nesse aspecto amplo se tem uma contribuição tímida e extremamente discricionária, não será considerada determinante para um apropriado conhecimento do precedente.

3.3.1 Aspectos de definição: critério de distinção entre *ratio decidendi* e *obiter dictum*

Ao se referir à "concepção operativa norma-precedente", Siltala[54] aborda a divisão analítica delineada entre o elemento vinculante de um caso (*ratio decidendi*) da parte não vinculante em que consiste a *obiter dictum* (no plural: *obiter dicta*). Efetivamente, esse é ponto bastante discutido nos mais diversos escritos sobre o tema: como dividir *ratio* e *dictum*. Original da tradição inglesa, vem se tornando cada vez mais habitual também nos países de tradição do *civil law*.

É possível iniciar essa distinção com uma afirmação simplória que pouco elucida a questão: *ratio decidendi* é o núcleo vinculante, a parte relevante do julgamento, o qual será aplicado no futuro; já *obiter dicta* são comentários colaterais que não obrigam os casos futuros; contudo, definir os critérios para operar essa divisão com precisão envolve grande debate.

Na tradição inglesa, é bastante antiga. Cross e Harris dão conta de que já em 1673 Vaughan CJ fazia referência a ela ao indicar que, "an opinion given in court, if not necessary to the judgment given of record, but that have been as well given if no such, or a contrary had been broach'd, is no judicial opinion; but *gratis dictum*"[55].

Na prática forense dos países afeitos ao *common law*, grande parte das discussões de advogados e juízes estão ao redor da rotulação de um argumento como *ratio* ou como *dictum*, mesmo porque, na decisão que serve de precedente, não se indica obrigatoriamente o que seja uma ou outra, e mesmo que se indicasse ainda remanesceria a discussão, pois não se outorga pacificamente tal poder à corte que emite o precedente.

Não é possível determinar, na decisão, como os futuros juízes irão tomar e utilizar o precedente. Ela não pode dizer o que seja *ratio* e o que seja *dictum*. Daí por que Cross e Harris indagam: "If a judge has this amount of freedom to determine which of his observations is *ratio decidendi* and which *obiter dictum*, is there not a grave danger that he will exercise an undue influence on the future development of the law?"[56]. Como exemplificam, bastaria um tribunal expor vinte razões para uma decisão e declará-las, todas, *ratione decidendi* para que vinte novas regras jurídicas passassem a integrar a ordem jurídica. Na mesma linha de raciocínio, um tribunal não tem o poder de impedir que o julgador posterior utilize uma decisão sua, em que parte for, como precedente[57].

---

54. SILTALA, Raimo, *op. cit.*, p. 68.
55. CROSS, Rupert; HARRIS, J.W., *op. cit.*, p. 41.
56. *Ibid.*, p. 42.
57. Essa constatação arraigada na tradição inglesa comprova quão incomum foi a decisão da Suprema Corte Americana no caso Bush v. Gore em que decidiu a eleição presidencial de 2000 naquele país. Ao final da polêmica decisão, a Suprema Corte declarou que a decisão que então tomava era apenas para aquela situação excepcional, não podendo ser utilizada como parâmetro de julgamento no futuro. Foi postura inédita e deveras criticada. Sobre o assunto, cfr.: HASEN, Richard L., A Critical Guide to Bush V. Gore Scholarship (2004). Loyola-LA Public Law Research Paper No. 2004-02. Disponível em: https://ssrn.com/abstract=491326. Acesso em: 23 nov. 2019.

Não parece, de fato, que ao Judiciário, em um Estado que prime pela separação de poderes, se outorgue tanto poder.

Eis, portanto, um matiz positivista que refuta uma das maneiras também positivistas de se encarar um precedente: ele, em seu núcleo central, não é um ato de vontade da corte emissora. É uma elaboração pretoriana que se aperfeiçoa *a posteriori*, por decisões seguintes, que extraem a *ratio decidendi* do caso. Por isso, é comum haver mutação da *ratio* de um precedente ao longo do tempo, ou mesmo a inversão entre *ratio* e *dictum*.

Já por essa mesma linha de raciocínio, uma súmula brasileira não pode ser encarada como um mero ato de vontade do tribunal para abranger as situações que ele bem entender inserir em sua literalidade. No mesmo sentido, não pode uma tese fixada em recurso repetitivo ou com repercussão ter seu alcance determinado pela corte emissora. Demanda-se mais um estudo detido, a fim de perquirir o que realmente é determinante para a compreensão do julgado a ser utilizado como precedente.

Não que nos países de tradição inglesa haja maior consenso quanto ao modo de se determinar o que seja *ratio* ou *dictum*. Recorrem-se a fórmulas predefinidas, brocados, exortações etc., que orientam como encontrar o ponto fulcral de um precedente. O problema é que existe uma grande quantidade de fórmulas, métodos, critérios mutuamente excludentes e que se apresentam como o definitivo e único.

Um dos mais antigos, difundidos e conhecidos é o método de Wambaugh, concebido no final do século XIX, e que é apontado por Patrícia Perrone como critério definitivo:

> Em caso de dúvida, recorre-se ao seguinte método: destaca-se a questão sobre cuja essencialidade se debate e procede-se à inversão de seu significado. Se disto decorrer uma alteração do resultado, será possível afirmar que ela constitui preceito fundamental à solução do caso. Do contrário, configurará mera consideração marginal, prescindível para a conclusão e, portanto, não vinculante[58].

A ideia central do método, portanto, é inverter o significado de uma questão ou argumento e verificar se altera ou não o resultado do julgamento. Referido método, contudo, a despeito de o autor original indicar seu uso em alguns julgados da Suprema Corte dos EUA, não é mais aceito seriamente por seus conterrâneos.

Neil Duxbury é expresso em rotulá-lo como equivocado:

> There are some things that can be said about *ratio decidendi* with certainty. It is certainly wrong, for example, to define the *ratio decidendi* as a proposition in a judgment which, were its meaning to be inverted would have altered the decision.' [T]he beginner can determine whether a given proposition of law is involved in a given case', Eugene Wambaugh argued in 1892, by "first fram[ing] carefully the supposed proposition of law'. 'Let him then insert the proposition a word reversing its meaning. Let him then inquire whether, if the court had conceived this new proposition to be good and to be the point upon which the case ought to turn, the decision could have been the same. If the answer be affirmative, then, however excellent the original proposition may be, the case is not precedent for that proposition..."[59]

---

58. MELLO, Patrícia Perrone Campos, 2008, *op. cit.*, p. 120.
59. DUXBURY, Neil, *op. cit.*, p. 76.

Duxbury fundamenta sua rejeição enfática a esse método ante a possibilidade de um precedente possuir mais de um fundamento, sendo que a inversão isolada de apenas um deles não é suficiente para alterar o resultado, pelo que, para ele, há apenas *dictum* segundo esse método, o que é equivocado. O mesmo pode ser dito em julgamentos colegiados em que cada magistrado apresenta fundamentos distintos para chegar à mesma conclusão.

Concorda-se com esse raciocínio e mais. Trata-se de um argumento a *contrario sensu* que não é definitivo ou válido em qualquer situação. Aproxima-se mesmo de um sofisma. Não se pode afirmar que a simples inversão de um raciocínio posteriormente é bastante para concluir ser ele o cerne de um precedente. Trabalha-se, em verdade, com mera suposição. A vida forense demonstra que nem sempre é certo isso ocorrer.

Cross e Harris garantem que esse método, quando muito, é eficiente para determinar o que não seja *ratio*, não sendo preciso em apontar o que seja:

> In short, Wambaugh's test assumes that the *ratio decidendi* is a proposition of law considered by the court to be necessary for its decision. We shall see that there is much to be said for this as a description of what lawyers mean by ratio decidendi, but the test is not of much assistance in the search for ways and means of determining what proposition of law considered necessary by the court for its decision. The merit of Wambaugh's test is that it provides what may be an infallible means of ascertaining what is not ratio decidendi. It accords with generally accepted view that a ruling can only be treated as ratio if it supports the ultimate order of court.[60]

Portanto, ainda que permeie o imaginário dos juristas, ao ponto de Perrone recorrer a ele sob o manto do neoconstitucionalismo, o método Wambaugh é vetusto e com utilidade limitada. Apenas afasta da *ratio* as colocações que não suportam a conclusão judicial.

Outro conhecido método é o de Goodhart, exposto em seu famoso trabalho dos anos 1930[61], muito bem analisado por Cross e Harris[62]. A ênfase desse método é colocar a *ratio* do caso, a que ele também denomina de princípio (daí a necessária atenção para o termo princípio), nos fatos materiais da causa e na conclusão, e não nas razões ou em algum enunciado jurídico contido no julgamento. Cross e Harris sistematizam o pensamento de Goodhart em seis pontos.

O primeiro consiste na consideração de que a *ratio*, diferentemente do que seria comum se presumir, não é encontrada nas razões dadas no julgamento. Afirma ser possível haver razões equivocadas, mas, mesmo assim, se poder extrair uma *ratio* acertada do precedente. Defende, ainda, a possibilidade (existente apenas na tradição inglesa e não brasileira) de decisões sem arrazoado, o que não seria empecilho para se extrair sua *ratio decidendi*.

---

60. CROSS, Rupert; HARRIS, J.W., *op. cit.*, p. 56.
61. GOODHART, Arthur L. Determing the *ratio decidendi* of a case. **Yale Law Review**. Vol. XL, December 1930, nº 2.
62. CROSS, Rupert; HARRIS, J.W., *op. cit.*, p. 63-72.

CAPÍTULO 3 • O QUE É PRECEDENTE **139**

O segundo ponto consiste em considerar que a *ratio* não reside em uma regra jurídica afirmada no julgamento. Nessa perspectiva, ele se contrapõe a outra concepção comum na tradição inglesa, exemplificada pela difundida obra de Halsbury, que define a *ratio decidendi* como a enunciação da razão ou princípio jurídico utilizado pela corte em seu julgamento. Goodhart se contrapõe a esse entendimento porque "there may be no rule of law set forth in the opinion, or the rule when stated may be too wide or too narrow. In appellate courts, the rules of law set forth by different judges may have no relation to each other. Nevertheless each of case contains a principle which can be discovered on proper analysis"[63].

O terceiro ponto trata sobre os fatos. Conquanto o método de Goodhart dê ênfase a eles, a *ratio* não deriva de todo e qualquer fato levado em conta pelo julgador. Com isso, ele se opõe ao método Oliphant, bastante difundido ao tempo de seu trabalho, que indicava os fatos indistintamente considerados no julgado. Goodhart defende a noção de que mais do que o entendimento exposto, o que importa é a maneira como se decide, sem crer que todos os fatos foram igualmente relevantes para a conclusão chegada, daí sua divisão entre fatos materiais e imateriais, que consiste no quarto ponto de seu método.

Os primeiros são aqueles que são a base do julgamento e que, por via de consequência, autorizam a formulação do direito a ser utilizado no futuro. Importante, pois, é perceber que Goodhart não se contenta com a regra jurídica dada ou enunciada pela corte, mas dá ênfase aos fatos considerados e que são, pois, os elementos relevantes para formar o direito a ser aplicado posteriormente. Os fatos materiais devem ser considerados, portanto, nesse entrelaçamento com as consequências jurídicas deles extraídas. Tal posição já rompe com o positivismo mais extremado de que precedente é um ato de vontade posto pelo tribunal derivado apenas da regra individual e concreta contida no dispositivo do julgamento.

É necessário, portanto, isolar os fatos da causa, dividindo-os entre aqueles que foram considerados como base ou não do julgamento. Os primeiros serão materiais, integrantes da *ratio*, enquanto os segundos são imateriais (*obiter dicta*).

Como quinto ponto, tem-se que Goodhart indica quais fatos necessariamente são imateriais e, portanto, não compõem a *ratio*. São eles: a pessoa, o tempo, o lugar e o tipo. Todos, claro, em sua especificidade da causa. Por exemplo, não importam o nome da pessoa, o horário ou um lugar em sua concretude, se não em aspectos gerais que possam se repetir em outro julgamento.

Nessa linha de ideias, o último ponto do pensamento de Goodhart consiste em que qualquer fato hipotético considerado na decisão, e que não componha a realidade julgada, é, necessariamente, *obiter dictum*.

---

63. GOODHART, Arthur L. *apud* CROSS, Rupert; HARRIS, J.W., *op. cit.*, p. 64.

Para aperfeiçoá-la e repelir algumas críticas, Cross e Harris tecem algumas considerações sobre a técnica de Goodhart. No ponto um, afirmam que embora se possa aceitar que as razões não sejam a *ratio*, elas, certamente, descrevem e são indicativas desta. Por isso, trabalham com a distinção entre a parte descritiva (o direito considerado pelo próprio julgador da decisão utilizada como precedente) e a parte prescritiva da *ratio* (o direito erigido pela corte posterior com esteio no precedente).

Quanto ao segundo ponto, ele tem o valor de indicar que a *ratio* não é uma regra imposta pelo julgador. Demonstra que o juiz ou tribunal não tem poder de condicionar de maneira inarredável aqueles que lhe seguirem, que não têm o condão de, por um ato de vontade, obrigar outro juiz ou tribunal. Isso, contudo, não significa que a regra jurídica não tenha qualquer relevância. Na qualidade de critério de julgamento, ela influenciará, justamente, na escolha daquilo que o juiz ou tribunal considera fato relevante para formular seu julgamento.

O próprio Goodhart, em artigo dos anos 1950[64], no qual repele as críticas de Montrose e Simpson, afirma isso. O que se percebe, portanto, é a rejeição de Goodhart à predeterminação da *ratio* pelo tribunal originário, que proferiu o julgamento base do precedente. A regra jurídica que ele enunciar servirá, como dito, como guia para reconstrução e uso posterior do raciocínio jurídico desenvolvido, mas que a ela não se reduz.

Ao se referirem ao quinto ponto, Cross e Harris rejeitam a irrelevância que Goodhart confere às razões expostas sobre certos aspectos fáticos, pois, como dito, servem de guia para chegar à *ratio*. O mesmo se dá com relação ao ponto seis. Mesmo sendo hipotético, um acontecimento pode ser determinante para um julgamento e, portanto, compor a *ratio decidendi*.

O método Goodhart é muitas vezes reduzido à afirmação de que ele resume a *ratio* de um caso aos fatos materiais acrescidos da conclusão chegada pelo tribunal. O próprio autor, contudo, refuta essa simplificação de sua tese. Escreve:

> I suggest that the principle of the case could be found by determining: a) the facts treated by the judge as material, and b) his decision was based on them. I stated this as follows: The judge, therefore, reaches a conclusion upon the facts as he sees them. It is in these facts that he bases his judgment, and not on any others. It follows that our task in analyzing a case is not to estate the facts and the conclusion, but to estate the material facts as seen by the judge and his conclusion based on them. It is by his choice of the material facts that the judge creates law[65].

Portanto, percebe-se que Goodhart se importa com o modo pelo qual a corte produziu o precedente, a maneira como elaborou o entendimento e não com alguma enunciação descontextualizada contida em seu arrazoado ou afirmação voluntarista sua. Isso elucida outro equívoco atribuído a sua tese e que ele rejeita enfaticamente: não significa que a *ratio* seja criada inteiramente pelo tribunal seguinte. Refuta que a *ratio* seja simplesmente aquilo que a corte emissora diga que ela seja: não importa o que ela

---

64. *Ibid.*
65. *Ibid.*

disse, importa o que ela fez para constituir seu julgamento. Eis o grande valor da técnica de Goodhart: rejeitar que a *ratio* decorra de um mero ato de vontade em assim apontá-la o julgador da decisão utilizada como precedente. Repita-se, Goodhart preocupa-se em considerar o que o tribunal fez no julgamento e não aquilo que o tribunal disse que fez.

Ao considerar que o direito enunciado no precedente é apenas guia para essa reconstrução, mitiga a carga normativista do precedente, obrigando o julgador posterior a considerar o julgamento por inteiro, e não parte descontextualizada dele.

Conquanto avançada, a técnica de Goodhart pode receber duas críticas.

A primeira diz respeito à ênfase que dá aos fatos e à conclusão *como* percebidos pelo julgador. Com isso, ele ainda liga o precedente à subjetividade do órgão emissor e ignora que, uma vez emitido, o julgamento integra a tradição judiciária, despersonalizando-se. Acrescente-se que, em órgãos colegiados, em que cada membro pode emitir voto em separado, em um modelo de julgamento *seriatim*[66], é, muitas vezes, difícil identificar um entendimento unívoco, sendo comuns múltiplas visões sobre os fatos, e mesmo sobre o direito, para se chegar à mesma conclusão.

A segunda crítica concerne à restrição que faz da *ratio,* ao atrelá-la à conclusão do julgamento. Tal entendimento trabalha com a premissa de que o julgamento possui um só raciocínio linear para chegar à conclusão principal. Em verdade, a conclusão de procedência ou improcedência de uma ação pode ser – e na maior parte das vezes o é – fruto de uma série prévia de decisões sobre várias questões de direito material e mesmo processual, cada uma delas comportando um raciocínio jurídico completo e autônomo, apto a ensejar um critério possível de ser utilizado como parâmetro de julgamento no futuro.

Contudo, a noção de *ratio decidendi*, repita-se, é atrelada à ideia de um raciocínio linear único. É por isso que a pluralidade de *ratione* é algo estranho na tradição inglesa, ou mesmo rejeitada. Com efeito, quando o tribunal aponta duas formas autônomas para chegar a uma conclusão, ambas são tomadas indistintamente como *ratio*, sendo discutível se o julgador posterior deverá seguir necessariamente ambas as *ratione* ou é livre para escolher qualquer uma delas. No mesmo sentido, tem-se dificuldade em julgamentos colegiados, quando cada membro apresenta voto com fundamentação própria e distintas dos demais, ocasião em que se chega a mencionar ambas como *dicta*, não podendo um julgador posterior se valer, como autoridade, de qualquer dos votos.

Há autores, da própria tradição inglesa, que se contrapõem a essa restrição. É o caso de Neil MacCormick, ao escrever sobre a não ocorrência, em muitas situações, de sentenças claras e explícitas, bem como de julgamentos colegiados com votos conflitan-

---

66. Normalmente, qualificam-se os modelos de julgamentos em órgão colegiados em duas espécies: a) *seriatim*, em que cada integrante apresenta seu próprio entendimento, sendo apurado, em função disso, o resultado ao final; b) *per curiam*, em que é indicado entendimento já consolidado como sendo do próprio tribunal, e não de seus integrantes individualmente, cabendo, quando muito, a apresentação de manifestação representativa da divergência em julgamentos por maioria.

tes, mas que chegam à mesma conclusão. Acentua que a dificuldade reside precisamente na crença na singularidade da *ratio*, concluindo que "um dogma desses é mera ficção e, na realidade, uma ficção nociva"[67].

A segunda crítica evidencia que a tradição inglesa não está habituada ao conceito de questão criada por Carnelutti e desenvolvida no Brasil por Dinamarco[68] como capítulo de sentença. Muitas dúvidas e estranhezas expostas por Cross e Harris (como o julgamento possuir pontos dependentes e independentes, sendo que a *ratio* só poderia ser encontrada, necessariamente, em apenas um deles) podem ser facilmente enfrentadas pelas lições carnelutianas sobre questão.

Para Francesco Carnelutti[69], o próprio conceito de decisão é erigido sobre a definição de questões. Para o italiano, decisão é o ato jurisdicional de resolver questões de fato ou de direito. Por sua vez, ele bem define o que é uma questão ao escrever:

> Quando uma afirmação compreendida na razão na pretensão ou da discussão possa engendrar dúvidas e, portanto, tenha de ser verificada, converte-se em uma questão. A questão pode-se definir, pois, como um ponto duvidoso, de fato ou de direito, e sua noção é correlativa da afirmação[70].

Portanto, a própria atividade jurisdicional ganha uma dimensão bem definida, circunscrita a pontos suscitados por uma parte e repelidos pela outra, formando as questões, substrato sobre o qual o juiz ou tribunal desenvolverá seu trabalho. Tal concepção situa bem a matéria numa dimensão dialética, evidenciando que cada ponto passa pelo crivo das partes e do magistrado mediante um raciocínio próprio.

Seguindo os ensinamentos do autor italiano, João Batista Monteiro, em trabalho clássico na doutrina brasileira, delineia conceito genericamente aceito ao "definir decisão pela forma seguinte: 'decisão é o ato jurídico pelo qual o juiz resolve uma questão ou um conjunto de questões surgidas no processo'"[71].

Portanto, o deslinde de cada questão de um julgamento (cada decisão, portanto) pode possuir *ratio* própria, dependente ou não da questão ou questões de mérito. Quando Goodhart relaciona a *ratio* à conclusão, ele restringe a análise fazendo que pontos fundamentais para várias questões sejam tidos como simples *obiter dicta*. Tanto é assim que Cross e Harris diferenciam dois tipos de *obiter dictum*:

> In first place, there is an obvious contrast between *dicta* which are irrelevant to the case in which they occur, and those which relate to some collateral issue in that case although they do not form part of the *ratio decidendi*. The term *obiter dicta* is appropriate to the former which often consist of statements made in the course of the argument of a case, while *dicta* relevant to collateral issues are said to be "judicial dicta"[72].

---

67. MACCORMICK, Neil. **Argumentação jurídica e teoria do direito**. Tradução: Waldéa Barcellos. São Paulo: Martins Fontes, 2006. p. 106.
68. DINAMARCO, Cândido Rangel. **Capítulos de sentença**. São Paulo: Malheiros, 2004.
69. CARNELUTTI, Francesco. **Sistema de Direito Processual Civil**. São Paulo: ClassicBooks, 2000. v. I. p. 407.
70. *Ibid.*, p. 39.
71. MONTEIRO, João Batista. O conceito de decisão. **Revista do Processo – REPRO**. São Paulo: Revista dos Tribunais, fas. 23. p. 61.
72. CROSS, Rupert; HARRIS, J.W., *op. cit.*, p. 81.

Com arrimo nessa constatação, os autores transcrevem passagem da decisão *Brunner v. Greenslade*, em que a corte ressaltou que uma abordagem ou afirmação sobre algo que não foi arguido em juízo é uma coisa, outra bem distinta é a decisão sobre ponto plenamente arguido pelas partes e sobre o qual o juiz ou tribunal exara um juízo. Embora não componha a *ratio*, fica em um meio-termo entre ela e mera *obiter dictum*, tendo relevância para julgamentos posteriores. Nessa linha de raciocínio, Marcelo Alves Dias de Souza[73], atento à lição de McLeod, menciona *gratis dicta* como "meros desperdícios (afirmações que são jogadas fora, como se fossem de graça), e, assim, de pouquíssimo, se houver, valor ou força persuasiva", ao lado das *judicial dicta* que "podem ser tão fortemente persuasivas como praticamente indistinguíveis da *ratio*".

Isso pode ser bem exemplificado em *Perry v. Kendrick's Transport*. Havia duas questões ante o tribunal: a) se a indenização por danos pessoais pleiteada estaria sob a regra erigida no precedente Rylands v. Fletcher; e b) se o fato de o dano ter sido causado por terceiro aproveitaria à defesa. O primeiro ponto foi decidido em favor do autor, porém o segundo foi *pro-reo*, sendo a ação julgada improcedente. O juízo sobre o primeiro ponto, segundo o método Goodhart, é considerado *dictum*, pois não foi base para a conclusão chegada pelo tribunal; contudo, não pode ser desconsiderado no futuro.

Nessa linha de raciocínio, menciona-se que a *obiter dictum* não é inteiramente desprovida de toda força, possuindo, em muitos casos, força persuasiva e em outros sendo inviável fazer distinção para a *ratio*.

Tal divisão do *dictum*, contudo, só torna ainda mais complexa a já confusa diferenciação para *ratio decidendi*. Daí por que erigir a referida distinção deve, necessariamente, considerar o conceito carnelutiano de questão. A solução de cada questão tem a própria *ratio*, passível de ser utilizada posteriormente, independentemente de ser uma premissa lógica necessária para o raciocínio conclusivo do julgamento. A *judicial dictum* é, em verdade, *ratio* da decisão de uma questão prévia ou colateral à de mérito.

Nesse tocante, Caio Márcio Guterres Taranto é preciso quando propõe que "cada *quaestio iuris* que forma o *thema decidendum* e que seja expressamente enfrentada no paradigma represente uma diversa *ratio decidendi*"[74]. Também há convergência com os pensamentos de Marinoni, pois é com base nesse raciocínio que o autor erige, para o Brasil, a distinção entre *obiter dictum* e *ratio decidendi*.

Essa aligeirada análise dos três principais métodos da tradição inglesa (Wambaugh, Oliphant e Goodhart), cada um com as próprias deficiências, concorrem para a constatação de inexistir uma teoria universal do precedente ou mesmo uma doutrina única.

Ante essa dificuldade e falta de consenso, os realistas estadunidenses, mais uma vez, dão demonstração de seu ceticismo. Para eles, o dia a dia revela intensa disputa que, em um pragmatismo determinado pelos interesses de cada um, faz prevalecer o

---

73. SOUZA, Marcelo Alves Dias de. **Do precedente judicial à súmula vinculante**. Curitiba: Juruá Editora, 2008. p. 140.

74. TARANTO, Caio Márcio Guterres, *op. cit.*, p. 16.

método que convém a cada uma das partes, restando ao juiz uma discricionariedade (mais uma vez ela) na escolha do critério definitivo para solucionar a causa. Tomam a sério uma provocação respondida por Lord Asquith: "The rule is quite simple, if you agree with the other bloke you say it is part of the *ratio*; if you don't you say it is *obiter dictum*, with the implication that he is a congenital idiot"[75].

Para enfrentar tamanho ceticismo, autores ianques, como Henry Campbell exerceram grande influência com manual que continham um compêndio de regras práticas e brocardos aptos a orientar a doutrina do precedente. O autor adverte, contudo, para o fato de que essa divisão não é mais do que simples consequência de uma série de formulações prévias a respeito do que o jurista ou aplicador do Direito entende por precedente. Não é ponto de partida para se estruturar o conhecimento acerca dele, é consequência se uma série de tomadas de posições em outros aspectos.

Percebe-se que, em todas, a busca da distinção entre *ratio* e *dictum* prima por instrumentos argumentativos de aproximação e rejeição de argumentos fáticos, desdobramentos sociais e contextuais, o que não seria passível de uma apreensão teórica geral.

É interessante notar, porém, nesse intenso debate da tradição anglo-americana, três pontos considerados importantes para as ideias defendidas neste livro: pouca força de uma noção normativista, uso de precedente fora de um simples silogismo e elaboração conjunta da *ratio decidendi* dos precedentes.

A tradição europeia continental, que há pouco desenvolve essa divisão, não atenta para esses pontos, reduzindo a *ratio* simplesmente à regra jurídica de julgamento enunciado pela corte emissora ou dela inferida. Com isso, equipara-se precedente à lei, conforme propõe Kelsen.

É possível perceber, porém, que a tradição inglesa, a despeito das várias técnicas, prestigia uma avaliação contextualizada, ora inserindo-a nos fatos, ora no direito. Por sua vez, a tradição continental se apega ao positivismo ora exegético, ora normativista.

No Brasil, a dicção *ratio decidendi* não recebe, por parte dos tribunais, qualquer rigor teórico. Seu uso, normalmente, é apenas como sinônimo de fundamentos da decisão ou, literalmente, as razões para decidir. É assim que se percebe sua menção em julgados do Supremo Tribunal Federal[76] e Superior Tribunal de Justiça[77]. Vale destacar

---

75. CROSS, Rupert; HARRIS, J.W., *op. cit.*, p. 50.

76. "Recurso. Extraordinário. Inadmissibilidade. Parecer do Ministério Público como custos legis. Adoção pelo acórdão impugnado, como razão de decidir. Ofensa à ampla defesa e à necessidade de motivação das decisões judiciais. Não ocorrência. Agravo regimental improvido. Não fere as garantias do contraditório, da ampla defesa, nem da motivação das decisões judiciais, a adoção, como *ratio decidendi*, da manifestação, a título de custos legis, do Ministério Público" (RE 360037 AgR, Rel. Min. Cezar Peluso, Segunda Turma, j. 07.08.2007, *DJe*-101, divulg 13.09.2007, public 14.09.2007, *DJ* 14.09.2007, p. 79, ement vol-02289-04, p. 671).

77. "[...] 2. O julgamento da demanda com base no art. 285-A, do CPC, sujeita-se aos seguintes requisitos: i) ser a matéria discutida exclusivamente de direito; ii) haver o juízo prolator do decisum julgado improcedente o pedido em outros feitos semelhantes, fazendo-se alusão aos fundamentos contidos na decisão paradigma, demonstrando-se que a *ratio decidendi* ali enunciada é suficiente para resolver a nova demanda proposta. 3. No caso, o acórdão recorrido indeferiu a inicial, ao argumento de que não havia direito líquido e certo à com-

CAPÍTULO 3 • O QUE É PRECEDENTE **145**

a irrefletida correlação verificada em recente julgado entre tese firmada em repetitivo, *ratio decidendi* e norma[78]. Na doutrina, o mais comum é se verificar a importação das técnicas da tradição inglesa, prestigiando-se uma visão normativista. Há muito o que evoluir.

3.3.2 Aspectos de definição: ponto de referência na decisão

Ao longo de toda a explanação do item anterior, se fez menção propositadamente à *ratio decidendi* sem maiores critérios em tratá-la como norma, arrazoado, fato importante, questão ou mesmo uma combinação de tudo isso. É fácil perceber que várias vezes se mencionou como proposição, arrazoado, regra de julgamento, fatos materiais com conclusão etc. Foram expostos os vários critérios sem firmar um posicionamento.

Isso se deu porque é justamente objeto de um dos aspectos específicos ressaltados por Siltala: a identificação de qual ponto da decisão em que se deve buscar a *ratio decidendi*, sendo algo fortemente influenciado pela teoria/ideologia que se tem do precedente.

De fato, uma concepção realista aproximará à questão fática, já uma normativista a uma regra jurídica, sem falar da perquirição de qual seria o papel da fundamentação entre um extremo e outro.

Assim, o "ponto de referência" (*point of reference: rule, facts and consequences, or reasons) possui relação com a distinção entre *ratio decidendi e obiter dictum (operative precedent-norm conception)*, pois se ocupa em indicar em qual parte da decisão se encontra a primeira, se na parte que trata dos pontos jurídicos, se nos fatos ou no raciocínio desenvolvido. Saber, portanto, se a *ratio* consiste nos fatos, em uma norma ou em um argumento, são assuntos do "ponto de referência".

Mesmo em lições mais recentes, se percebe uma falta de acuidade ou, ao menos, um indistinto entrelaçamento dessas várias abordagens. É o que se verifica em Mac-Cormick ao escrever que, "quando se diz que um precedente tem caráter vinculante, não é cada palavra proferida pelo juiz ou pelos juízes na justificação da decisão que é transubstanciada em lei vinculante – mas somente a fundamentação, a *ratio deciden-*

---

pensação do tributo, tendo em vista precedente da Corte Especial do Tribunal de Justiça do Estado do Paraná, que reconheceu a constitucionalidade do Decreto 418/2007. Não se indicou expressamente a aplicação do art. 285-A, do CPC, nem houve menção aos fundamentos de decisões anteriormente proferidas pelo mesmo juízo em processos semelhantes. 4. O aresto impugnado deve ser anulado para que seja reapreciada a petição inicial do mandado de segurança, à luz dos dispositivos processuais incidentes na espécie. 5. Recurso ordinário em mandado de segurança provido" (RMS 31.585/PR, Rel. Min. Castro Meira, Segunda Turma, j. 06.04.2010, *DJe* 14.04.2010).

78. "[…] O caso concreto se amolda perfeitamente aos fundamentos determinantes do recurso representativo da controvérsia REsp. 1.144.469/ PR (Tema 313). Isto por que o repetitivo não se restringe à análise da aplicação artigo 3º, § 2º, III, da Lei 9.718/1998, como entende a recorrente, mas parte dessa análise (caso concreto) para afirmar a tese (regra de aplicação – *ratio decidendi*) de que 'integram o faturamento e também o conceito maior de receita bruta, base de cálculo das contribuições ao PIS/PASEP e COFINS, os valores que, computados como receita, tenham sido transferidos para outra pessoa jurídica'. […]" (AgInt no REsp 1793369/SP, Rel. Min. Herman Benjamin, Segunda Turma, j. 01.10.2019, *DJe* 18.10.2019).

di"[79]. Como se lê, para esse autor, a *ratio* é identificada na fundamentação apresentada pelo julgador, transformando-se em norma para posterior aplicação. Essa aplicação normativa posterior é expressamente afirmada pelo autor, ao propor "tratar a sentença proferida como *ratio decidendi* do caso e usá-la como norma para o futuro"[80].

Esse entrelaçamento simplificado (erigir norma dos argumentos), porém, não é a única opção de uso do precedente no futuro. É possível fazer o uso dialético dele, mesmo como *topus* argumentativo para um novo raciocínio a ser desenvolvido, sem necessitar de um silogismo próprio de uma regra. Portanto, mesmo tendo a qualidade de relacionar pontos relevantes do precedente, o pensamento de MacCormick é apenas um entre os vários existentes.

William Twining e David Miers[81] sistematizam as cinco noções mais comuns de *ratio decidendi* encontradas no direito inglês, o que bem explicita a variação do ponto de referência de cada uma. São elas:

1. A(s) regra(s) de Direito explicitamente declaradas pelo juiz como base de sua decisão, isto é, a resposta explícita para a(s) questão(ões) de Direito do caso;

2. A(s) razão(ões) explicitamente dada(s) pelo juiz para a decisão, ou seja, a explícita justificação para a(s) resposta(s) dada(s) à questão no caso;

3. A(s) regra(s) de Direito implícita(s) no arrazoado do juiz para justificar a decisão, ou seja, a(s) resposta(s) implícita(s) à(s) questão(ões) de Direito do caso;

4. A(s) razão(ões) implicitamente dada(s) pelo juiz para a decisão, ou seja, a justificação implícita para a(s) resposta(s) dada(s) à questão do caso;

5. A(s) regra(s) de Direito na(s) qual(is) se fundamenta o caso ou é (são) citada(s) pelo intérprete como vinculantes, ou seja, a(s) resposta(s) atribuída(s) à questão de Direito do caso[82].

Essas perspectivas variam entre caracterizar a *ratio* como razão ou norma.

Como visto até aqui neste trabalho, o positivismo, sobretudo o influente na Europa continental, é enfático em pôr ênfase em uma norma encontrada ou encontrável no julgamento ou dele inferida. Mas isso é uma simples decorrência do quadro maior do positivismo normativista. Não se poderia imaginar Kelsen elaborando a concepção de

---

79. MACCORMICK, Neil, *op. cit.*, p. 105.
80. *Ibid.*, p. 107.
81. TWINING, William; MIERS, David. **How to do things with rules**. Fifth edition. New York: Cambridge University Press, 2010. p. 305.
82. No original: "1. The rule(s) of law explicitly stated by the judge as the basis for the decision, that is, the explicit answer to the question(s) of law in the case. 2. The reason(s) explicitly given by the judge for decision, that is, the explicitly justification for the answer(s) given to the question(s) in the case. 3. The rule(s) of law implicit in the reasoning of the judge in justifying the decision, that is, the implicit answer(s) to the question(s) of law in the case. 4. The reason(s) implicitly given by the judge for the decision, that is, the implicit justification for the answer(s) given to the question(s) in the case. 5. The rule(s) of law which the case is made to stand or is cited as authority by a subsequent interpreter, that is, the imputed answer(s) to the question(s) of law in the case".

precedente de outra forma, já que toda sua teoria é erigida em torno da concepção de norma e sua distinção para proposição jurídica.

É curioso, no entanto, o fato de que a tradição continental tenha difundido essa ideia, pois, na origem do Estado legislativo, o art. 5 do Código Civil francês ainda vigente proíbe que o magistrado, em prestígio à separação dos poderes, se pronuncie em termos de disposições jurídicas gerais e regulamentares[83].

Por sua vez, os realistas americanos dos anos 1920/30, por exemplo, divergem, porque sua compreensão geral do Direito também é distinta. Assim, estes últimos colocavam o ponto fulcral nos fatos e nas consequências deles extraídas. Chegavam a rejeitar mesmo a possibilidade, e utilidade, de as cortes expedirem normas gerais vinculantes, pois tudo giraria em torno da realidade traduzida pelos fatos e consequências, já que o Direito vivo, praticado efetivamente, se sobreporia a cogitações abstratas.

Dois métodos dão ênfase à dimensão fática: o de Oliphant e o já bem explorado método de Goodhart.

O primeiro propõe que "os fatos levados ao tribunal devem ser considerados estímulos a uma resposta, que é a decisão do caso"[84]. Nessa técnica, os fatos são tomados de maneira abrangente, ensejando a já conhecida crítica de Goodhart, mediante a elaboração do conceito de fatos materiais.

Por sua vez, o aspecto sobre os fatos no método de Goodhart, divido em dez pontos, é bem traduzido por Marcelo Alves Dias de Souza:

(1) Todos os fatos sobre pessoa, tempo, lugar, espécie e quantia não são fundamentais, a menos que tenham sido estabelecidos como fundamentais.

(2) Em não havendo *opinion*, ou a *opinion* nada dizendo quantos aos fatos, todos os outros fatos do relatório devem ser tidos por fundamentais.

(3) Se há uma *opinion*, então os fatos como estabelecidos nela são concludentes e não põem ser contestados no relatório.

(4) Se a *opinion* omite um fato que aparece no relatório, isso se deve a um descuido ou à conclusão implícita sugerindo que o fato é irrelevante. O segundo caso será presumido na falta de outra evidência.

(5) Todos os fatos que o juiz especificamente estabelece como não fundamentais devem ser considerados como não fundamentais.

(6) Todos os fatos que o juiz implicitamente trata como não fundamentais devem ser considerados como não fundamentais.

(7) Todos os fatos que o juiz especificamente estabelecer como fundamentais devem ser considerados como fundamentais.

---

83. "Il est défendu aux juges de prononcer par voie de disposition générale et régle-mentaire sur les causes qui leur sont soumises."
84. SOUZA, Marcelo Alves Dias de, *op. cit.*, p. 127.

(8) Se a *opinion* não distingue entre fatos fundamentais e não fundamentais, então todos os fatos apresentados devem ser considerados fundamentais.

(9) Se num caso há várias *opinions* que concordam quanto ao resultado, mas divergem quanto aos fatos fundamentais, então o princípio do caso está assim limitado a ajustar-se à soma dos fatos que sejam tidos como fundamentais pelos vários juízes.

(10) Uma conclusão baseada num fato hipotético é uma *dictum*. Como fato hipotético entende-se qualquer fato cuja existência não tenha sido determinada ou aceita pelo juiz[85].

Em assim se posicionando o tema, naturalmente, o método silogístico não é cabível, demandando um raciocínio plenamente diverso no uso de precedentes.

O precedente se desprende mesmo de um método predeterminado, revelando a maneira de raciocinar plenamente diversa da encontrada na tradição do *civil law*. Por isso a figura do advogado, em processos assim estruturados, é elevada. Eles não "darão" os fatos para que o juiz os devolva o "direito". Eles serão agentes construtivos porque o recorte que fazem do caso e os modos de cotejá-lo com os elementos que compõem o precedente estarão diretamente ligados a sua habilidade. Serão os artifices que trabalharão o caso concreto que não será tomado simplesmente como uma situação particular a ser submetida a uma formulação geral. O caso particular fomentará ativamente o direito a ser aplicado, sendo esse o motivo para se falar de um direito vivo (*case law*) contraposto ao *book law*. Eis o primeiro ponto que a teoria toma da Filosofia analítica: o caso particular não é mera confirmação de uma teoria geral.

Por sua vez, em se imprimindo ênfase na argumentação desenvolvida, se terá o precedente como um *standard* geral a ser utilizado dentro de uma nova estrutura argumentativa sem necessariamente encilhá-lo um só ponto relevante, seja um fato, seja uma norma. Essa será a posição a ser desenvolvida ao longo deste trabalho, sem se esquecer-se da ideia de resposta desenvolvida pelos realistas; mas não uma resposta aos fatos, mas uma resposta hermenêutica (dentro de um círculo hermenêutico específico) abrangente a todo o caso julgado no precedente.

Destaque-se, novamente: uma acurada análise da tradição inglesa põe em xeque as intenções normativistas do positivismo continental.

Colocar como ponto de referência da *ratio decidendi* nas razões, nos fatos ou em normas tem extrema relevância, pois molda a natureza do que seja a *ratio* e, por via de consequência, como será a definição e o uso posterior do precedente. Decidir por razões é diferente de decidir com base em regras ou fazer analogias de fatos para se repetir a mesma solução jurídica.

---

85. *Ibid.*, p. 130-131.

CAPÍTULO 3 • O QUE É PRECEDENTE **149**

Decidir por razões se aproxima de um modelo dialógico em que se observam o que foi decidido no passado para tentar adaptar ao que se tem no precedente tomando-se todos os elementos relevantes em ambas as situações. Leva-se em consideração as expectativas criadas, mas reavaliando todo o processo de raciocínio antes operado para averiguar sua aplicabilidade para o caso seguinte, segundo um novo juízo, o que se dá mediante avaliação – ou reavaliação – de todas as circunstâncias e dados relevantes pertinentes.

Larry A. Alexander e Emily L. Sherwin[86] referem-se a esse modelo como *Natural Model of Precedents* ou *All Things Considered*, ou seja, se observa o que foi realizado no passado e se reconsidera tudo novamente para, se for o caso, adaptar as razões para o novo caso. Segundos os autores "este processo de raciocínio, no entanto, nunca resulta em um julgamento que difira da própria conclusão do tribunal sobre a decisão que é melhor considerar todas as coisas, tendo em conta os efeitos do passado. As decisões judiciais anteriores não têm autoridade. Eles não têm efeito sobre as decisões atuais além das suas consequências moralmente relevantes (dependência e igualdade) e, talvez, seu valor epistêmico[87].

Frederick Shauer denomina esse modelo de particularizado, pois se busca uma solução própria, específica e adequada para o caso posterior, o que implica a perda de segurança jurídica, pois todas as situações seguintes de aplicação trazem particularidades que merecem ser consideradas e dificilmente se repetem, permitindo se distanciar da solução precedente, caso assim se deseje.

Algo diverso é decidir com base em regras, quando o parâmetro de julgamento é "uma prescrição, aplicável a uma plêiade de fatos, que exerce uma força de preempção sobre os julgadores"[88]. O raciocínio de aplicação, aqui, não comporta uma reavaliação, resume-se à estrutura da norma e a suas características definidoras de se desprender das justificativas que fundam sua criação.

Nessa concepção, se busca realizar uma generalização dos critérios de direito contidos no julgamento base, forma-se uma norma com estrutura lógica de uma regra, que se desprende de todos os elementos de justificação considerados, sendo o precedente, ou, mais precisamente, sua *ratio decidendi* tomada como uma prescrição geral e abstrata. As razões do julgamento base podem até orientar essa generalização para evitar que ela seja arbitrária, mas fazer um parâmetro decisório operar como uma regra implica necessariamente esse desprendimento (ao que Frederick Schauer chama

---

86. ALEXANDER, Larry A.; SHERWIN, Emily L. Judges as rulemakers. **Legal Studies Research Paper Series**, Research Paper No. 05-14, September 2004. Disponível em: http://ssrn.com/abstract=591666. Acesso em: 24 jul. 2017.

87. No original: "This reasoning process, however, never results in a judgment that differs from the court's own conclusion about what decision is best all-things-considered, taking the effects of the past into account. Past court decisions are not authoritative. They have no effect on current decisions apart from their morally relevant consequences (reliance and equality) and, perhaps, their epistemic value".

88. ALEXANDER; SHERWIN, *op. cit.*

de *entrechment*[89] e que Alexander e Sherwin chamam de *preemptive authority*) dessa justificação subjacente, retirando-lhe influência na condução da aplicação posterior, pois deve ser aplicada aos casos enquadráveis em sua hipótese de incidência, a qual, também necessariamente, será *under and over inclusive* (sub ou sobreinclusiva), no sentido de que colherá situações que, em se tomando as razões originárias, não deveriam ser abarcadas, assim como não abarcará situações que, se voltando a uma perscrutação das razões subjacentes originárias, deveriam ser alcançadas.

É certo que essa sub ou sobre-inclusão característica da aplicação de regras pode ocasionar injustiças pontuais (justamente por aplicar suas consequências a situações que, em se tomando as razões subjacentes, não deveriam ser aplicadas ou deixa-las de aplicar quando seriam exigíveis) essa característica permite um ganho de certeza e previsibilidade, por não se reabrir a todo novo caso a análise de todos os elementos pertinentes e incidentes. Prestigia-se, assim, uma justiça formal em detrimento de uma justiça substancial[90] .

Eis um ponto importante: as razões subjacentes que justificam as regras orientam sua elaboração, mas não necessariamente sua aplicação, em se tomando um modelo estrito de regra.

Para demonstrara essas características das regras em geral, basta imaginar uma placa de trânsito indicando a velocidade máxima em determinado local que se justifica para garantir a segurança de pedestres no local. Essa razão subjacente (segurança dos pedestres) orienta em estabelecer a velocidade máxima em 60 km/h, por exemplo, e não em 120 km/h. Expedida a regra, ela se desprende dessa justificativa para poder incidir, que será orientada apenas por sua hipótese de incidência. Caso alguém ultrapasse o limite de 60km desrespeitará a regra e merecerá uma multa. Em não ultrapassando, estará em conformidade a ela, não se justificando qualquer penalização.

Dizer que a regra será sobreinclusiva significa admitir que, em certas circunstâncias, dirigir mesmo abaixo desse limite será perigoso, mas, ainda assim, não se poderá multar o motorista em tal ocasião, justamente porque o único parâmetro que irá importar será o critério da hipótese de incidência da regra (dirigir acima de 60 km/h), que se desprende da razão original de sua criação (segurança do pedestre). Da mesma forma, em outras circunstâncias dirigir a 70 km/h será seguro para pedestres, mas, ainda assim, a multa não deverá ser aplicada, demonstrando um caso de subinclusão da regra.

Em ambas as situações, um agente de trânsito não está autorizado a desconsiderar a regra contida na placa (velocidade máxima de 60 km/h), tomar apenas a razão originária da segurança ou insegurança dos pedestres e, no caso concreto, deixar de aplicar a multa ou aplicá-la, sob pena de simplesmente esvaziar a regra de trânsito. Em sendo

---

89. SCHAUER, Frederick. **Playing by the rules** – A philosophical examination of rule-based decision making in law and in life. New York: Oxford University Press, 2002.

90. Sobre como o Supremo Tribunal Federal variar nos votos de seus ministros entre um modelo e outro, cfr.: LOPES FILHO, Juraci Mourão; CIDRÃO, Taís Vasconcelos, 2018, *op. cit.* Aceso em: 12 mai. 2023.

a regra o critério de ação do agente de trânsito, ele não tem o poder de "modular" sua incidência segundo as razões que justificaram sua criação, pois isso significa agir não por regras, mas por outro critério decisório diverso, algo como um misto entre regras, analogia e razões, que, normalmente, autoriza arbitrariedades.

Portanto, buscar erigir regras em julgados anteriores para que elas orientem a aplicação do precedente no futuro, significa vedar à corte posterior em verificar as razões subjacentes dessa regra, autorizando situações de sub e sobre-inclusão. "Modular" a aplicação das regras, significa julgar segundo outro critério, não por regras.

Por sua vez, fazer analogias consiste em utilizar apenas a similaridade dos fatos existentes no julgamento base do precedente e o novo caso para, então, aplicar a mesma consequência jurídica. Nessa hipótese, dá-se ênfase aos fatos e toma-se o direito apenas como uma consequência predeterminada e autônoma. É muito comum, e mesmo intuitivo, conceber o uso do precedente em termos de analogia. No entanto, conquanto a verificação da similaridade fática seja importante para o uso do precedente, não se deve dar ênfase absoluta a essa dimensão, sobretudo porque ignora a interrelação e mútua influência entre direito e fatos. O raciocínio analógico é guiado pelo efeito de confirmação que ocasiona, ou seja, busca-se a similaridade apenas entre casos cujo resultado seja aquele já predefinido pelo julgador seguinte. Essa é a poderosa crítica de Frederick Schauer[91].

Defende-se nesta obra o padrão hermenêutico, que se traduz, como se verá no último capítulo, em critério diverso e mais acurado, conduzido pela força hermenêutica do precedente sobre situação futura e que é identificada em função do ganho interpretativo ocasionado ao sistema no julgamento anterior.

3.3.3 Aspectos de definição: modal deôntico do precedente

Na alternativa normativista, ou seja, em se considerando o precedente uma norma ou que ele se aplica por meio de uma norma dele extraída, será ainda necessário indicar seu "modal deôntico". Embora Siltala não o diga, esta perquirição só se faz pertinente quando se identifica ou relaciona precedente à norma. Não tem sentido falar em modal deôntico de fatos ou argumentos.

Também merece atenção a expressão "modal deôntico". É comum ela ser utilizada para designar o modo de o consequente normativo se relacionar com sua hipótese de incidência: se proibido, obrigatório ou permitido. Ao se referir a "modal deôntico", no entanto, se está a referir que tipo de norma o precedente pode expressar: se regra, princípio ou um terceiro tipo.

Na lição de Dworkin, constatou-se que o modal deôntico "S" na expressão normativa "se f, então Sc", comporta gradação, não sendo o consequente normativo sempre aplicado no tudo ou nada, o que seria característico de uma regra. Nos princípios,

---

91. SCHAUER, Frederick, 2007, *op. cit.*

esse elo deôntico seria fraco, comportando cotejo com outros princípios, segundo as circunstâncias fáticas[92].

Assim, dizer que a *ratio* de um precedente é uma norma é afirmação incompleta, pois ainda carente de determinação de que espécie seja. Deve-se investigar se o precedente se aplica no tudo ou nada ou comporta alguma espécie de gradação ou ponderação com outros precedentes.

Ocorre que, quando se menciona efeito vinculante de um precedente, e se entende que sua desconsideração pode mesmo configurar infração administrativa, põe-se a questão em um tudo ou nada, típico de uma regra. É possível afirmar, entretanto, que, em verdade, o mais comum é que a expressão normativa do precedente se dá por princípios e não regras, justamente porque seu uso posterior não obedece à sujeição plena típica de uma regra, como se verá.

O elo deôntico que liga a hipótese à consequência da norma que possa ser retirada de um precedente não se impõe invariavelmente, de maneira inarredável. Ele é fraco, justamente porque é argumentado, depende da aferição da força hermenêutica do precedente como um todo, da observação de sua integridade, motivação e coerência com outras decisões ou jurisprudência, alinhamento com a Constituição, entre outros. Por isso, se afirma que o precedente não é aplicado no tudo ou nada, via subsunção, por meio de uma regra que dele possa ser erigida. Além disso, não pode ocorrer o enraizamento (*entrenchment*) de justificativas de que fala Schauer, de maneira a determinar que a aplicação do precedente se desprende de sua justificação subjacente, incluindo e excluindo situações que, por essas mesmas justificativas, não deveriam ser incluídas ou excluídas. Há mais elementos envolvidos, sobretudo de feição material, que exigem lógica dialética, não formal exigida para a aplicação de uma regra.

Quando muito, é possível equiparar precedente por inteiro a uma norma, caso a concepção desta seja bastante ampla, correspondendo a todo e qualquer padrão juridicamente vinculante, e não necessariamente expresso na estrutura "se f, então Sc". Essa noção ampla de norma também exclui a aplicação mediante uma lógica formal, como a subsuntiva. Por exemplo, Hart utiliza um sentido amplo de norma, que não se reduz a essa estrutura formal, e que é delineado por ser um padrão de conduta tido por obrigatório diante de uma perspectiva de um observador interno do sistema jurídico. Nesse sentido amplo, que não traz consigo uma lógica própria e sobretudo formal de aplicação é possível se falar que precedente, como um todo, seria uma norma, mas cuja aplicação seria bastante diferente do que corriqueiramente se entende. Em outras palavras: a concepção hartiana não fecharia um modo próprio e específico de aplicação,

---

92. A divisão das normas jurídicas entre normas e princípios é bastante conhecida e discutida no Brasil, razão pela qual não será objeto de maiores considerações neste trabalho, por pressupor o pleno conhecimento da discussão envolvendo o tema, sem falar que os aspectos necessários para compreensão do que aqui é exposto já foi apresentado no capítulo 1. Caso o leitor queira aprofundamentos, cfr.: SILVA, Virgílio Afonso da. Princípios e regras: mitos e equívocos acerca de uma distinção. **Revista latino-americana de estudos constitucionais**. Fortaleza: Fundação Demócrito Rocha, 01/2003 a 06/2003. p. 607-630. fas.1.

CAPÍTULO 3 • O QUE É PRECEDENTE **153**

como a concepção genérica de norma em Kelsen e a concepção específico de regra em Schauer impõem.

A resistência que se tem em reduzir precedente como um todo ou sua *ratio decidendi* a uma norma, a qual determina o modo de se usar e aplicar o precedente, se deve à noção normativa consagrada pelo positivismo jurídico, em especial pela teoria kelseniana, que influenciou a concepção vigente de uma maneira geral. Essa noção positivista de norma jurídica pressupõe uma estrutura lógica bem definida, que traz em si os dados necessários para seu uso e incidência, principalmente acarretando a preempção ou enraizamento das justificativas subjacentes, levando a uma aplicação guiada por uma lógica formal.

No entanto, a estrutura "se f, então Sc" não é capaz de abarcar todos os elementos do círculo hermenêutico de que é fruto o precedente. Pode até ser possível se erigir uma norma com referida estrutura, mas ela não corresponderá à integralidade do precedente, pois não é possível fixar nem traduzir todo o jogo hermenêutico em estrato tão simples.

É mesmo possível se erigirem várias regras ou nenhuma regra, como pode ocorrer com a determinação de um conceito, como, por exemplo, o de casa para efeitos de definição do que seja asilo inviolável, integrando o princípio da inviolabilidade de domicílio, cujos demais componentes desse princípio e mesmo as regras dele inferidas, não são definidas ou alcançadas pelo precedente que se limita a tratar desse específico aspecto do princípio.

A identificação da *ratio* dependerá, ainda, do cotejo com o caso posterior em que se deseja utilizá-la, daí por que ela não pode ser equiparada a uma regra pré-definida de maneira integral e unilateral pela corte emissora, aplicada no tudo ou nada em situações posteriores em que se verificar uma específica hipótese de incidência. Como explica mais uma vez Schauer, as regras – como suas características específicas de enraizamento, sub e sobre inclusão, com aplicação determinada por lógica formal – é instrumento de alocação de poder naquele que expede a norma, que, no caso dos precedentes, seria alocar poder apenas de tão somente na corte emissora do julgamento que serve de precedente. No entanto, precedente – ou mesmo sua *ratio* – é uma construção dialógica entre a corte emissora e a corte aplicadora.

Diante disso, é possível afirmar que, em se entendendo norma como um padrão que tenha a estrutura "Se f, então Sc", ela será, quando muito, uma parte do precedente e não sua integralidade. O elo deôntico dessa norma será, necessariamente, fraco (típico de um princípio), justamente porque existem outros elementos no precedente e no restante do sistema jurídico que fazem graduar sua aplicação a casos futuros.

Para o precedente como um todo corresponder a uma norma, então a concepção de norma jurídica deve ser bem mais amplo do que o de algo expresso pela estrutura "Se f, então Sc". Deve corresponder a qualquer padrão de obrigatória observância, cuja aplicação deve ser argumentada por lógica dialética e não formal. Na doutrina brasileira, quem percebeu com percuciência a possibilidade de se extrair dos precedentes diferentes tipos de norma foi Thomas da Rosa de Bustamante. Contudo, ele empresta relevância apenas para aqueles de que se extrai uma regra. Conquanto vislumbre princípios, "essa hipótese, no entanto, é excepcional, e não nos interessa no momento, pois tal tipo de *ratio decidendi* não tem um valor como 'precedente judicial', já que as normas adscritas que têm caráter de 'princípio' valem não por sua força como precedente, mas pela sua própria correção substancial". Para ele, precedente propriamente dito deve veicular uma regra, porque somente nessa hipótese "cumprem sua função de produzir certeza e objetividade para o Direito"[93].

Lucas Buril de Macêdo possui entendimento similar. O autor indica que há três graus de precedentes. O primeiro refere-se aos julgados cuja *ratio decidendi* apenas declara norma pré-existente em lei ou em outro julgado. O segundo abarca aqueles que apenas agregam sentido a uma norma anterior também já existente. Já o terceiro grau diz respeito a precedentes originários, que criam regras a partir de princípios. Segundo o autor, "quando o precedente é originário, a sua *ratio decidendi* conterá, sempre, uma regra jurídica. Isso se dá porque não é possível resolver casos sem uma regra. Os princípios constituem razões *prima facie* que servem para, por meio do processo argumentativo, construção de uma regra específica, decorrente dele que, por sua vez, solucionará o caso conceito e, em seguida, poderá ser aplicada aos casos subsequentes mediante universalização"[94].

Com o devido respeito, não se concorda com a proposta de ambos os autores. A função a ser proposta nesta obra para os precedentes não é, como propõe Thomas Da Rosa Bustamante, a de garantir certeza (enquanto previsibilidade) e objetividade, mas sim ganho hermenêutico, integridade e coerência sistêmica. Como se verá no respectivo tópico a seguir, o critério de justiça que orienta a compreensão de precedente não é o de uma justiça formal, mas uma justiça substancial. Esse ganho hermenêutico não se dá apenas por meio da identificação no precedente de uma norma, seja ela regra ou princípio. Isso é apenas uma parte dele. O relevante é a *applicatio* verificada que se manifesta em outros aspectos além do normativo.

No mesmo sentido, entende-se ser possível resolver problemas jurídicos sem, necessariamente, recorrer a uma regra, diferentemente do que afirma Lucas Buril. As razões, as concepções e mesmo a linha argumentativa constante em um precedente, conforme deve ficar mais claro no Capítulo 4, podem ser suficientes, em julgamentos posteriores, para solucionar litígios, incrementar o conhecimento sobre o Direito e assegurar coerência sistêmica, sem para tanto ter que encapsular tudo em uma estrutura "Se f, então Sc", cujo elo deôntico seja forte.

Não se concebe qualquer diferença ontológica entre os três graus de precedentes expostos pelo autor, pois nos três se tem um ganho hermenêutico como contribuição autônoma do julgado. No primeiro grau, ao se declarar uma norma prévia, tem-se, por

---

93. BUSTAMANTE, Thomas da Rosa de, *op. cit.*, p. 468.
94. MACÊDO, Lucas Buril de, *op. cit.*, p. 215-249.

força do julgamento, firmado aquele específico sentido declarado em detrimento de outros possíveis de serem obtidos. No segundo, o ganho é evidente, por se agregarem novos dados hermenêuticos a uma norma legislativa ou constitucional, os quais não seriam possíveis sem a *applicatio*. Já no terceiro grau, tem-se que é possível, sim, se erigir um princípio por meio de precedentes, embora, repita-se sempre, ele não corresponda à totalidade do precedente.

Esse último ponto pode ser demonstrado pelo princípio da simetria constitucional erigido pelos julgados do Supremo Tribunal Federal para compreensão das competências federativas. Em várias decisões, foi identificado um dever geral de se estruturarem os poderes dos entes federados periféricos nos moldes simétricos aos poderes da União Federal, mesmo sem isso estar previsto expressamente na Constituição. Inquestionavelmente, em vários julgados, foi possível se identificar referido princípio, uma ou mais regras, além das razões subjacentes que se mostraram, em casos posteriores, de igual relevância[95].

Por fim, a universalização de que fala Buril não pode ser automática e acrítica, sempre para o grau de abstratividade mais elevado. Essa universalização, quando for o caso, comporta um juízo argumentado e dialógico, conforme se passa a expor no próximo tópico.

O autor, na terceira edição de sua obra, rebate a refutação que ora se apresenta de precedente ou mesmo sua *ratio* ser uma regra. Após sumariar passagens deste livro, escreve:

> Primeiro, a discordância de premissa não ficou clara. Não compactuamos com a ideia de que, juridicamente, pode-se resolver problemas jurídicos sem regras jurídicas. Essa linha não está de acordo com o Estado de Direito. O juiz não pode decidir com base em sua moral própria ou a partir de um subsistema ético que entenda particularmente melhor – o sistema jurídico serve para evitar esse solipsismo, não para estimulá-lo. Ainda que subsistemas sociais diversos apresentem-se relevantes para a solução que problemas jurídicos, eles sempre têm relevância pautada em norma jurídica que estabeleça esse canal comunicativo[96].

Talvez por não terem ficado claras para o autor as colocações feitas aqui, ele imputa a esta obra proposta que não é feita. Não se propõe, de forma alguma, a utilização de critérios morais individuais do julgador. Não há qualquer passagem deste ou de outros capítulos que autorizem tal ilação. Ao contrário, a junção do Direito como integridade com a hermenêutica filosófica e a estruturação de um sistema coerentista em rede de precedentes combatem a discricionariedade que autorize solipsismo. A proposta aqui é que o Direito é algo mais rico, cuja expressão e aplicação não são reduzidas necessariamente à estrutura estrita de uma regra. Em verdade, nem mesmo a afirmação geral do autor de que o Estado de Direito proíbe solução de problemas jurídicos sem regras

---

95. O exemplo do princípio da simetria será abordado novamente no item 3.3.15. Contudo, para maior aprofundamento sobre o tema, cfr. LOPES FILHO, Juraci Mourão. **Competências Federativas na Constituição e nos precedentes do STF**. 3. ed. Salvador: Foco, 2024.

96. MACÊDO, Lucas Buril de. **Precedentes judiciais e o direito processual civil**. 3. ed. Salvador: JusPodivm, 2019. p. 271-272.

é acertada. O positivismo exclusivo rígido de Joseph Raz, que não se adota nesta obra, demonstra, por exemplo, que os juízes, comumente, decidem não só com o Direito, mas também com uma série ampla de critérios, incluindo juízos morais, autorizados juridicamente por termos abertos que invocam juízos de valor, os quais não necessariamente se estruturam na forma de regra. No entanto, não é preciso adentrar nessa discussão de como o Direito se expressa, pois é de certa forma um consenso em todas as teorias positivistas e não positivistas que o Estado de Direito não exige que problemas jurídicos sejam solucionados apenas por meio de regras. Some-se a isso que a proposta desta obra é uma não positivista, mais ligada ao interpretativismo de Dworkin, que demonstra justamente que o Direito não se expressa somente por meio de normas com estrutura de regra.

Em verdade, é para ter ficado claro que a oposição feita aqui é à redução de precedente a uma regra com as características estritas de uma regra, ou seja, com aplicação por subsunção, alocação de poder na autoridade que a emite, enraizamento das justificativas que lhe deram origem e posterior inclusão e subinclusão de situações autorizados pela abstrativização em um grau máximo da hipótese de incidência. Esse é o ponto. Nada tem que ver com o juiz "decidir com base em sua moral própria ou a partir de um subsistema ético que entenda particularmente melhor". Não consegue se identificar como Buril chegou a essa suposição.

Por certo, nem mesmo o autor propõe o uso de precedentes enquanto regras em um sentido estrito, com as consequências próprias acima descritas, pois ele rejeita o desprendimento da interpretação da regra das razões do caso de origem. Ora, ao propor isso, o autor rejeita o modelo específico de regras para adotar um outro que não explica muito bem qual seja, com o agravamento de continuar chamando de regra. Defende-se, aqui, que precedente é um parâmetro de conduta (que apenas muito genericamente pode ser denominado de norma, mas não de regra) que vincula *juridicamente* de maneira distinta das regras. Tal vinculação é também e principalmente substancial e não apenas formal, e se dá pela aferição de sua força hermenêutica, nos termos do capítulo 4 deste livro.

Mesmo Frederick Schauer explica, em sua obra tomada aqui como referência para a compreensão da estrutura e aplicação de regras, que a prática do *common law* mais indica a aplicação dos precedentes como razões ou justificativa do que como regras em um sentido estrito que ele propõe. Isso se dá porque o precedente não se impõe em situações recalcitrantes, ou seja, situações em que a justificativa do precedente aponta uma solução e a regra erigida a partir dessas razões aponta outra. É característica definidora de regra exatamente sua resistência em tal sorte de situação. Por isso, o autor explica: "the common law process is characterized by the way in wich its rules are subject to change in the course of their application, a phenomenon plainly in tension with the account of rules I have offered in previous chapters"[97]. Acrescenta ainda: "if what appears to be a

---

97. SCHAUER, Frederick, 2002, *op. cit.*, p. 175-176.

rule can thus be modified when its indications are inconsistent with wise policy or the purpose behind the rule, then as we have seen the rule itself furnishes no constraint"[98].

O mesmo autor explica que a doutrina do *stare decisis* busca justamente aproximar a aplicação dos precedentes ao modo próprio de regras. No entanto, essa não é a melhor solução, ao menos no Brasil, com seu constitucionalismo brasileiro contemporâneo, ou mesmo na realidade anglo-saxã, pois representa uma equiparação ao uso de normas legislativas, cujos problemas e insuficiências a busca por precedentes tenta agregar. De fato, em se repetindo o mesmo modo de aplicação, se repetirá as mesmas insuficiências hermenêuticas, justamente as insuficiências que levam à busca por precedentes. Por essa razão, acredita-se que a proposta aqui apresentada se encontra como alternativa própria entre um modelo de decisão por justificativo (razões), regras e analogia.

Concorda-se, então, com Lucas Buril quando ele afirma que as divergências dele com as propostas feitas nesta obra e na dele não são fundamentais. Ela reside basicamente em o autor insistir chamar de regra o que efetivamente não o é, e nem ele próprio propõe ser aplicado enquanto tal.

Outra crítica injusta realizada é que, ao se afirmar acima não haver distinção ontológica entre os três tipos de precedente que Lucas Bruril propõe, isso implicaria não haver contribuição dos precedentes que ele denomina de declaratórios. Não foi defendido isso. Repita-se a passagem *supra*: "nos três se tem um ganho hermenêutico como contribuição autônoma do julgado". Há, portanto, contribuição. Essa contribuição é hermenêutica e é explicada da seguinte forma: "ao se declarar uma norma prévia, tem-se, por força do julgamento, firmado aquele específico sentido declarado em detrimento de outros possíveis de serem obtidos". A posição aqui defendida é que os três graus apresentados podem ser traduzidos nos mesmos termos de ganho hermenêutico. Assim, não se compreende a razão da crítica dirigida, pelo que a divergência é meramente aparente.

3.3.4 Aspectos de definição: grau de abstratividade da norma jurisprudencial

Enquanto o modal deôntico indica a espécie normativa do precedente (quando ele é identificado como uma norma ou, ao menos, contendo uma norma), a identificação da norma-precedente de Siltala se relaciona com o grau de abstratividade.

É possível perceber, de antemão, uma diferença entre a tradição inglesa e as tradições continentais (francesa e alemã). Naquela, quando se equipara a *ratio decidendi* a uma norma (uma das várias posições daquela tradição), ela é em termos mais estreitos do que verificado nestas últimas tradições. No *common law,* a influência dos fatos da causa é mais determinante na formação do elemento normativo, pelo que se propõem normas bem específicas. Há um inexorável condicionamento pelo contexto de produção do precedente. Por isso, são comuns grandes discussões sobre os fatos e delimitação de seus efeitos jurídicos.

---

98. *Ibid.*, p. 177.

A influência do Estado legislativo nas tradições francesas e alemãs, com suas pretensões de universalidade, fez, contudo, incrustar nessas culturas jurídicas a busca de normas as mais abrangentes possíveis. Parte-se da premissa da igualdade formal de tratamento, mediante desconsiderações de distinções específicas para se inserirem no padrão geral e abstrato. Propõe-se uma abstração automática e no nível mais alto possível.

Em se colocando o precedente em termos mais amplos, se permite uma mais cômoda posição para o magistrado seguinte decidir e fundamentar suas decisões, sem se preocupar com "detalhes menos importantes" no caso julgado.

No Brasil, de influência da tradição continental, esse maior grau de abstrativização da norma a que se reduz o precedente dificulta mesmo o conhecido *distinguish* da tradição inglesa. A tendência é a prevalência de precedente que se estrutura de maneira mais larga em detrimento de um precedente mais particular.

É possível exemplificar isso em julgados do Superior Tribunal de Justiça no que concerne aos efeitos da sentença de primeiro grau sobre o agravo de instrumento interposto em face de medida liminar em mandado de segurança. Embora o próprio tribunal tenha precedentes mais precisos e atentos a particularidades possíveis de serem encontradas nos diversos casos concretos, mantém-se a prevalência de precedentes que erigem norma ampla.

O Código de Processo Civil vigente à época regia apenas indiretamente o assunto em seu art. 559[99], cujos termos foram reproduzidos quase que literalmente pelo art. 946[100] do atual Código, pelo que se manteve o mesmo trato legislativo do assunto. Pela leitura desse enunciado normativo, é possível se concluir que não necessariamente a superveniência de sentença causa a perda de objeto do agravo de instrumento interposto na mesma ação. Em sendo possível a pendência no tribunal do agravo e da apelação, ao ponto de o Código de Processo Civil estabelecer a ordem de julgamento de ambos, é porque é admissível sentença no primeiro grau (impugnada pela apelação) juntamente com a persistência da necessidade de julgamento do agravo de instrumento.

Já por isso, repita-se, percebe-se que pela codificação processual não há uma inexorável perda do objeto do agravo de instrumento com a simples superveniência da sentença de primeiro grau.

Nesse ponto, é de certa forma pacífica a doutrina em indicar que a extinção do agravo de instrumento depende do conteúdo da decisão interlocutória que tem por objeto. Muitas vezes, a decisão versa sobre questão prévia (preliminar ou prejudicial) que interfere no próprio juízo principal na qualidade de seu pressuposto lógico. Imagine-se

---

99. "Art. 559. A apelação não será incluída em pauta antes do agravo de instrumento interposto no mesmo processo. Parágrafo único. Se ambos os recursos houverem de ser julgados na mesma sessão, terá precedência o agravo."

100. "Art. 946. O agravo de instrumento será julgado antes da apelação interposta no mesmo processo. Parágrafo único. Se ambos os recursos de que trata o *caput* houverem de ser julgados na mesma sessão, terá precedência o agravo de instrumento."

o deferimento, em sede de interlocutória, de uma intervenção de terceiro. Nesses casos, o agravo interposto não perde o objeto em sobrevindo a sentença, ao contrário, poderá torná-la nula, considerando a participação do terceiro. Na condição de ato processual posterior, a sentença deve guardar adequação com a interlocutória que resolve questão prévia que impacte seu conteúdo. No exemplo dado, cada decisão resolve questão específica diversa (uma prévia, passível de agravo, e outra principal, na sentença), e os resultados devem ser coerentes entre si, sob pena de nulidade da segunda, por força do princípio informativo lógico do processo.

Por isso, uma sentença que, com base na decisão interlocutória anterior que admite a intervenção de terceiro, julga a demanda, pode vir a ser anulada caso em sede de agravo de instrumento o tribunal reforme a interlocutória e tenha por indevida a participação do terceiro, cuja atuação tenha sido influente no caso.

Portanto, havendo dependência lógica entre as questões decididas na sentença e outras questões enfrentadas na interlocutória, o processamento do agravo de instrumento que tenha esta por objeto não é prejudicado com o proferimento da sentença em primeiro grau; ao contrário, esta será prejudicada pelo julgamento daquele.

Feita essa constatação, a doutrina e os tribunais passaram a categorizar hipóteses em que haveria ou não a perda do objeto do agravo de instrumento considerando seu conteúdo decisório. O esvaziamento do agravo pela sentença depende das questões tratadas e solucionadas em cada um. Nesse sentido, o Superior Tribunal de Justiça indica uma análise ponderada:

> [...] 2. A orientação do STJ de que a superveniência de sentença de mérito acarreta a perda do objeto do agravo de instrumento deve ser observada com ponderação e a perda de objeto do agravo há de ser verificada no caso concreto, visto que, em determinadas situações, a utilidade do agravo mantém-se incólume mesmo após a prolação da sentença [...][101].

Isso ocorre porque o que delineia e qualifica uma decisão judicial não é a forma que esta possui, nem o nome que se lhe dá, mas as questões que soluciona. É segundo esse prisma que se analisa o agravo de instrumento que tenha por objeto medidas de urgências, tais como tutelas provisórias. Diferentemente das interlocutórias que possuem como conteúdo uma questão prévia (distinta, mas logicamente interligada com a questão principal julgada na sentença), o juízo exercido em interlocutórias que deferem ou indeferem tutelas de urgência, a princípio, sobre os assuntos que serão posteriormente objeto da sentença. Diferenciam-se apenas pelo grau de cognição que o Judiciário tem sobre elas.

O provimento interlocutório de urgência, seja no primeiro grau ou em sede recursal, se baseia em perfunctório conhecimento das questões postas em juízo. Já o provimento final, *a priori*, compreende um juízo mais bem calcado sobre as mesmas questões.

---

101. REsp 962.117/BA, Rel. Min. João Otávio de Noronha, Quarta Turma, j. 04.08.2011, *DJe* 05.09.2011.

Como decisão é definida em função daquilo que soluciona, um juízo mais profundo sobre o mesmo conteúdo substitui, naturalmente, o juízo inicial e perfunctório típico de uma tutela provisória. Daí por que, como regra, a discussão acerca de um juízo de verossimilhança ou de aparência do Direito em um agravo de instrumento perde sua razão de ser quando proferido um juízo definitivo em sentença sobre elas.

Não há, nessa hipótese, uma dependência lógica entre duas questões distintas – a prévia (objeto da interlocutória e do agravo) e a principal (objeto da sentença) – se têm, em verdade, dois juízos sobre as mesmas questões, sendo um mais profundo do que o outro. É por esse motivo, repita-se, que se aceita como lugar-comum a ideia de que a superveniência da sentença causa a perda do objeto do agravo de instrumento que verse sobre antecipação de tutela ou cautelar.

O Superior Tribunal de Justiça assenta de maneira generalizada o entendimento de que a superveniência da sentença prejudica o agravo de instrumento que versa sobre medida cautelar ou de antecipação[102]. Essa linha de pensamento remonta à já antiga linha de pensamento desse Tribunal Superior, erigido sob o código anterior:

> Processual civil. Recurso especial. Medida liminar. Superveniência de sentença julgando a causa. Perda de objeto do recurso relativo à medida antecipatória.
>
> 1. As medidas liminares, editadas em juízo de mera verossimilhança, têm por finalidade ajustar provisoriamente a situação das partes envolvidas na relação jurídica litigiosa e, por isso mesmo, desempenham no processo uma função por natureza temporária. Sua eficácia se encerra com a superveniência da sentença, provimento tomado à base de cognição exauriente, apto a dar tratamento definitivo à controvérsia, atendendo ou não ao pedido ou simplesmente extinguindo o processo.
>
> 2. O julgamento da causa esgota, portanto, a finalidade da medida liminar, fazendo cessar a sua eficácia. Daí em diante, prevalece o comando da sentença, e as eventuais medidas de urgência devem ser postuladas no âmbito do sistema de recursos, seja a título de efeito suspensivo, seja a título de antecipação da tutela recursal, providências cabíveis não apenas em agravo de instrumento (CPC, arts. 527, III e 558), mas também em apelação (CPC, art. 558, § único) e em recursos especiais e extraordinários (RI/STF, art. 21, IV; RI/STJ, art. 34, V).
>
> 3. Consequentemente, a superveniência de sentença acarreta a inutilidade da discussão a respeito do cabimento ou não da medida liminar, ficando prejudicado eventual recurso, inclusive o especial, relativo à matéria.
>
> 4. A execução provisória da sentença não constitui quebra de hierarquia ou ato de desobediência a anterior decisão do Tribunal que indeferira a liminar. Liminar e sentença são provimentos com natureza, pressupostos e finalidades distintas e com eficácia temporal em momentos diferentes. Por isso mesmo, a decisão que defere ou indefere liminar, mesmo quando proferida por tribunal, não inibe a prolação e nem condiciona o resultado da sentença definitiva, como também não retira dela a eficácia executiva conferida em lei.
>
> 5. No caso específico, a liminar no mandado de segurança foi indeferida em primeiro grau, mas deferida pelo tribunal local, ao julgar agravo de instrumento. Pendente recurso especial dessa decisão, sobreveio sentença definitiva, denegando a segurança, tornando inútil qualquer discussão a respeito do objeto do recurso especial. Aplicável ao caso a Súmula 405/STF: "Denegado o mandado de segurança pela sentença,

---

102. "(...) Com a prolação de sentença nos autos do processo principal, perde o objeto, restando prejudicado, o recurso especial interposto de acórdão proferido em agravo de instrumento contra decisão liminar. (...)" (EDcl no AgRg no REsp 1186146/MS, Rel. Min. Jorge Mussi, Quinta Turma, v.u., j. 14.06.2011, *DJe* 27.06.2011).

ou no julgamento do agravo, dela interposto, fica sem efeito a liminar concedida, retroagindo os efeitos da decisão contrária".

6. Recurso especial não conhecido, por prejudicado[103].

Confirmando esse precedente, existem muitos outros julgados à unanimidade. Eles moldam o entendimento do Tribunal sobre a Súmula 405 do Supremo Tribunal Federal que dispõe: "denegado o mandado de segurança pela sentença, ou no julgamento do agravo, dela interposto, fica sem efeito a liminar concedida, retroagindo os efeitos da decisão contrária". Também orientam a interpretação do art. 7º, § 3º, da Lei nº 12.016/2009: "Os efeitos da medida liminar, salvo se revogada ou cassada, persistirão até a prolação da sentença".

Em se compreendendo que a *ratio decidendi* aplicável se traduz em uma norma geral e abstrata que vincula os tribunais subsequentes de uma maneira cogente, os precedentes citados são aplicados para os casos futuros, via de regra, mediante um silogismo deduzido da seguinte regra: "dado o fato de ser proferida a sentença, deve ser a obrigação de extinção do agravo de instrumento que verse sobre a tutela de urgência".

É lícito imaginar-se, contudo, uma situação concreta e específica que foge desse padrão geral, qual seja, de a sentença não trazer cognição mais profunda, decidindo as mesmas questões de maneira idêntica à medida de urgência impugnada em sede de agravo. O Superior Tribunal de Justiça julgou caso assim no Recurso Especial nº 742.512-DF, publicado em 11 de outubro de 2005, analisando essa especificidade:

> Processual civil. Recurso especial. Agravo de instrumento em processo cautelar julgado posteriormente à sentença. Dúvida quanto à perda de objeto. Alegação de julgamento *ultra petita*. Ausência.
>
> 1. A superveniência da sentença no processo principal não conduz, necessariamente, à perda do objeto do agravo de instrumento. A conclusão depende tanto "do teor da decisão impugnada, ou seja, da matéria que será examinada pelo tribunal ao examinar o agravo, quanto do conteúdo da sentença" (O destino do agravo depois de proferida a sentença. Aspectos Polêmicos e Atuais dos Recursos Cíveis e de Outros Meios de Impugnação às Decisões Judiciais. Série 7. Nelson Nery Jr. e Teresa Arruda Alvim Wambier – coordenadores. São Paulo: Revista dos Tribunais, 2003).
>
> 2. A questão soluciona-se pela aplicação de dois critérios: a) o da hierarquia, segundo o qual a sentença não tem força para revogar a decisão do tribunal, razão por que o agravo não perde o objeto, devendo ser julgado; b) o da cognição, pelo qual a cognição exauriente da sentença absorve a cognição sumária da interlocutória. Neste caso, o agravo perderia o objeto e não poderia ser julgado.
>
> 3. Se não houver alteração do quadro, mantendo-se os mesmos elementos de fato e de prova existentes quando da concessão da liminar pelo tribunal, a sentença não atinge o agravo, mantendo-se a liminar. Nesse caso, prevalece o critério da hierarquia. Se, entretanto, a sentença está fundada em elementos que não existiam ou em situação que afasta o quadro inicial levado em consideração pelo tribunal, então a sentença atinge o agravo, desfazendo-se a liminar.
>
> 4. Trata-se de medida cautelar no curso da qual não houve alteração do quadro probatório, nem qualquer fato novo, entre a concessão da liminar pelo tribunal e o julgamento de improcedência do pedido do autor. Prevalência do critério da hierarquia. Agravo de instrumento não prejudicado.

---

103. REsp 857.058/PR, Rel. Min. Teori Albino Zavascki, Primeira Turma, v.u., j. 05.09.2006, *DJ* 25.09.2006, p. 244.

5. Ausência de julgamento ultra petita.

6. Recurso especial improvido[104].

Esse entendimento que pugna por uma análise mais atenta às peculiaridades do caso concreto é mais correto, porque revela a premissa da corrente majoritária, qual seja, a de que a perda do objeto do agravo de instrumento ocorre quando há um juízo de maior cognição no primeiro grau ou que envolva questões novas. Dessa maneira, se restringe o âmbito de aplicação da norma jurisprudencial antes exposta, evitando indevida generalização dos precedentes.

De fato, não é raro acontecer, sobretudo em mandados de segurança, de o juízo sentencial não ser mais aprofundado do que o liminar, apresentando, em verdade, a mesma abordagem com igual solução para as mesmas questões de fato e de direito. Em tais hipóteses, se tem substancialmente a mesma decisão. Tendo ela sido impugnada por agravo de instrumento no qual o segundo grau expediu juízo substitutivo, deve prevalecer esta decisão superior.

Contudo, repita-se, esse entendimento mais restrito, ainda que proferido pelo mesmo tribunal superior, não foi capaz de impedir a predileção dos tribunais inferiores pela regra geral.

Por sinalizar uma mudança de paradigmas e incorporar lição de Nelson Nery Jr, tal precedente repercutiu na doutrina. Dois trabalhos foram publicados na prestigiada *Revista de Processo* especificamente sobre ele, porém com visões diferentes.

No primeiro deles, Walter Moura, dois anos após o julgamento, exorta a visão mais aguda, escrevendo:

> Os prejuízos e ameaças concretos dos jurisdicionados que experimentam a situação retratada ocorrem normalmente após a sentença de mérito improcedente e antes da definição sob o qual será processada a apelação. Daí, também ao socorro de economia processual e pela amplitude de soluções que se oferecem ao destinatário da norma processual (isto é, medida cautelar originária visando atribuição de efeito suspensivo do agravo de instrumento deduzido contra a decisão do juiz que define os efeitos da apelação ou, pedido dirigido ao próprio magistrado sentenciante) é inteiramente razoável que o próprio relator do agravo (art. 524 do CPC), após o exame da sentença que lhe foi encaminhada, determine expressamente se houve revogação ou não da tutela anteriormente definida[105].

O segundo artigo sobre o tema é o de autoria de Juliana Lopes da Cruz publicado quatro anos após o julgamento. Traz uma visão mais cética quanto à mudança de perspectiva, tanto que se dedica em destacar o voto divergente da Ministra Eliana Calmon:

> Em declaração de voto-vencido, a Min. Eliana Calmon expôs seu posicionamento contrário à tese do relator, ressaltando que, ao adotar o critério da hierarquia, o STJ'está a dizer que vale mais um exame per-

---

104. REsp 742512/DF, Rel. Min. Castro Meira, Segunda Turma, j. 11.10.2005, *DJ* 21.11.2005, p. 206.

105. MOURA, Walter. Efeitos do agravo de instrumento (art. 524 do CPC) interposto contra liminares antecipatórias ou acautelatórias e a sentença posteriormente prolatada: estudo do REsp 742.512-DF do STJ. **Revista do Processo – REPRO**. São Paulo: Revista dos Tribunais, 09/2007. 375p. p. 241-274. v. 32 fas.151.

functório, em decisão interlocutória do Tribunal, do que uma sentença de mérito, com juízo exauriente, do magistrado de primeiro grau'.

A Ministra, vencida, adotou o critério da cognição, entendendo que a sentença tem prevalência sobre a decisão do tribunal.

Embora interessante os fundamentos do voto-vencedor, esse não é o entendimento predominante na jurisprudência, conforme já esclarecido no item anterior, que prefere adotar a teoria da cognição para solucionar a questão do agravo contra decisão liminar de julgamento[106].

Convém destacar o fato de que a divergência da ministra Eliana Calmon foi mais aparente do que substancial. Ela fundamenta seu entendimento precisamente na premissa de que o julgamento parece assegurar, qual seja, de que só haverá perda do objeto do agravo se a sentença trouxer cognição maior. Contudo, seu alinhamento à regra jurisprudencial generalizada é expresso, o que corrobora a afirmação de que o uso de precedentes no Brasil se pauta pela compreensão mais ampla e ignora as peculiaridades do caso concreto.

Como dito, esse exemplo confirma a preferência nacional por se extraírem dos precedentes as normas mais amplas possíveis, pois, mais facilmente, permitem a solução já pronta para a maior quantidade de casos posteriores.

3.3.5 Aspectos sistemáticos: estática sistêmica do precedente

A análise dos aspectos sistemáticos dos precedentes é de incomensurável relevância, mas pouco desenvolvida. Por isso, neste ponto, se dará imediatamente mais atenção, porque simplesmente é algo inexplorado, tanto na tradição continental quanto inglesa. A despeito de sua relevância, não se despende maiores análises sobre a verificação se a concepção majoritária, erigida para normas legislativas, é viável para a estruturação coerente dos precedentes. Caso não seja, é necessário se buscar a alternativa. Esses são pontos ignorados na prática e na dogmática sobre o assunto[107].

A importância do tema se impõe em razão da relevância de sistema para o Direito como um todo, na medida em que este queira se estruturar racionalmente. Canaris, em obra específica sobre o assunto, sumaria o essencial para compreensão de sistema nas noções de ordenação e unidade: como ordenar várias partes de um conjunto de modo que se apresentem de maneira unitária. O autor faz essa síntese após o exame dos mais diversos conceitos de sistemas com que se deparou:

Assim, por exemplo, segundo Savigny, o sistema é a "concatenação interior que liga todos os institutos jurídicos e as regras de Direito numa grande unidade", segundo Stammler "uma unidade totalmente

---

106. CRUZ, Juliana Lopes da. Considerações sobre o destino do agravo de instrumento na superveniência da sentença. **Revista do Processo – REPRO**. São Paulo: Revista dos Tribunais, 03/2009. p. 251-268. Português. v. 34 fas. 169.

107. Como aprofundamento das ideias aqui desenvolvidas e apresentação de um modelo complexo de ordenamento jurídico composto de dois subsistemas, um de normas legislativas, constitucionais e regulamentares, com estrutura piramidal e hierarquizada, e outro subsistema em rede de precedentes, conferir LOPES FILHO, Juraci Mourão. Sistematização de precedentes e ordenamento jurídico: proposta de um paradigma teórico. **Revista de Direito Brasileira**. São Paulo. v. 18. n. 7. p. 149-172. set./dez. 2017.

coordenada", segundo Binder, "um conjunto de conceitos jurídicos ordenado segundo pontos de vistas unitários", segundo Hegler, "a representação de um âmbito de saber numa estrutura significativa que se apresenta a si própria ordenação unitária e concatenada" e segundo Coing uma "ordenação de conhecimento segundo um ponto de vista unitário"[108].

Naturalmente, as formas de se obter ordenação e unidade, e mesmo a identificação das partes, variam desde quesitos formais e lógicos a substanciais e argumentativos.

É imprescindível, pois, averiguar a possibilidade da existência de um sistema de precedentes, ao menos um sistema de precedentes nos moldes do padrão atualmente aplicado genericamente para o Direito, qual seja, o parâmetro teórico utilizado por Kelsen e Bobbio para montar a compreensão sistemática de ordenamento jurídico com sua estrutura piramidal. Deve-se buscar, se for o caso, alternativa para se conceber e organizar os vários precedentes em um conjunto sistemático.

É preciso destacar que quando se alude a sistema de precedentes, aqui, menciona-se o conjunto de precedentes estruturados e organizado de maneira racional e não um grupo de normas legais a respeito de precedentes. Isso é importante, porque tem sido cada vez mais comum se aludir ao "sistema de precedentes obrigatórios" no Código de Processo Civil para se referir a suas disposições que versam sobre instrumentos processuais que tratam do assunto. Tais normas não formam um sistema de precedentes obrigatórios, quando muito são, mais precisamente, um subconjunto codificado de normas *sobre* precedentes, que sequer exaure todo disciplinamento sobre o tema.

Feita essa observação, deve-se recobrar que a concepção corrente que se tem de sistema jurídico é erigido com base nas lições de Kelsen e Bobbio. Fala-se do ordenamento jurídico como sistema, porque suas partes (normas) guardam harmonia entre si. O ingresso dessas partes (normas) no todo (ordenamento) obedece a critérios formais previamente estabelecidos, normalmente mediante processo do legislativo (no caso das normas primárias, como são exemplos as do art. 59 da Constituição Federal) ou ato normativo de outra autoridade previamente definida (comumente normas de natureza regulamentar, como decreto, portaria, instrução normativa, entre outras). Caso uma parte ingresse no conjunto, mas entre em antinomia com outra, surgem critérios de saneamento, os conhecidos hierárquico, temporal e da especialidade. Assim, mantém-se a higidez e a coerência. É o que ensina Bobbio:

> Aqui, "sistema" equivale à validade do princípio que exclui a incompatibilidade das normas. Se em um ordenamento vêm a existir normas incompatíveis, uma das duas ou ambas devem ser eliminadas. Se isso é verdade, quer dizer que as normas de um ordenamento têm um certo relacionamento entre si, e esse relacionamento é o relacionamento de compatibilidade, que implica a exclusão da incompatibilidade[109].

Para se falar de sistema de precedente nesses moldes propostos por Bobbio, portanto, deve-se dar ênfase a sua dimensão normativa: precedente como norma. E mais,

---

108. CANARIS, Claus-wilhelm, *op. cit.*, p. 10-11.
109. BOBBIO, Norberto. **Teoria do Ordenamento Jurídico**. 10. ed. Tradução: Maria Celeste Cordeiro Leite dos Santos. Brasília: Editora da Universidade de Brasília, 1999. p. 80.

CAPÍTULO 3 • O QUE É PRECEDENTE **165**

tal norma deve ser geral e abstrata, porque, se individual e concreta, ela integra o dispositivo de uma decisão, compondo a coisa julgada e a base da pirâmide, como proposto por Kelsen. Eventuais incompatibilidades são resolvidas por critérios eminentemente processuais, como recursos e mesmo questões preliminares em uma nova ação, como o é a arguição de coisa julgada.

Com efeito, não pode haver, por exemplo, duas normas individuais incompatíveis, uma norma A prescrevendo que João da Silva deve pagar R$ 100,00 a Pedro Alcântara, e outra norma A' dispondo que João da Silva nada deve a Pedro Alcântara. Ao longo da tramitação do processo, as normas A e A' não coexistem, podendo até haver uma decisão de primeiro grau consagrando A, mas na medida em que seja reformada em recurso, passa a "viger" a norma A'. Se outro processo for concomitantemente ajuizado, com as mesmas partes, objeto e causa de pedir (o que poderá ensejar normas individuais e concretas incompatíveis), haverá litispendência, sendo o segundo processo extinto. Por sua vez, se a decisão que consagrou a norma A' transitar em julgado, a exceção de coisa julgada impedirá o surgimento de outro processo que potencialmente enseje norma individual e concreta incompatível.

Portanto, para tentar integrar precedentes em um sistema dinâmico, nos moldes conhecidos, deve-se, inicialmente, considerar precedente como norma geral e abstrata, mesmo porque Kelsen e Bobbio erigiram um sistema normativo.

Em assim tomando a questão, surge o primeiro ponto de análise: qual o nível hierárquico da norma jurisdicional (precedente)? A resposta parece fácil: dependerá do nível da questão de direito enfrentada no caso, se constitucional, terá *status* constitucional, se de nível legislativo, *status* ordinário e assim por diante. Isso é percebido ao considerar que o entendimento do Supremo Tribunal Federal a respeito de um dispositivo constitucional só poderá ser alterado por emenda constitucional. Enquanto isso, um posicionamento envolvendo norma legislativa poderá ser alterado por lei ordinária ou complementar conforme for o caso. Como exemplo dessa última hipótese, no Brasil, é possível citar o entendimento do Supremo Tribunal Federal sobre anatocismo, que foi consubstanciado na Súmula 121: "é vedada a capitalização de juros, ainda que expressamente convencionada". Imaginando-se precedente como norma, e que referida súmula traduziu, em sintéticas linhas, a *ratio* de vários julgados, tem-se uma norma de nível ordinário, pois o fundamento para essa conclusão foi a chamada Lei da Usura (Decreto nº 22.626/33). Acontece que essa "norma jurisdicional de nível ordinário" foi derrogada pela Medida Provisória nº 1.963-17/2000, que permitiu a prática de anatocismo por instituições financeiras.

Outro exemplo recente, ainda que não concretizado, pode ser observado na discussão travada pela imprensa entre parlamentares e ministros do Supremo às vésperas do julgamento sobre os poderes do Conselho Nacional de Justiça. Parlamentares afirmaram que, se o julgamento do Supremo emprestasse entendimento restritivo aos poderes do CNJ (o precedente se traduzisse em uma norma restritiva), seria votada emenda constitucional dando amplos poderes àquele Conselho. Ou seja, um precedente constitucional só poderia ser alterado por norma de nível constitucional. É o fenômeno conhecido como *backlash*, bem estudado na realidade dos EUA, e que foi experimentado, no Brasil, no caso do julgamento que declarou inconstitucional lei estadual regulamentadora da vaquejada. Após o julgamento do Supremo Tribunal Federal que implicou, na prática, a proibição da modalidade esportiva, o Congresso Nacional aprovou emenda constitucional para permiti-la.

Em atenção a essa dinâmica da alteração dos precedentes, Ravi Peixoto propõe a determinação da hierarquia do precedente:

> Se o precedente é norma, incumbe fixar seu nível hierárquico, que, geralmente, irá depender do nível da questão de direito solucionada. Se ela possuir natureza constitucional, o precedente terá *status* constitucional, já se possuir natureza infraconstitucional, terá *status* de norma infraconstitucional. A constatação é relevante para se verificar de que forma o Poder Legislativo e o Poder Executivo poderão ir de encontro a ele, já que, no caso de norma de precedente infraconstitucional, ele poderá ser revogado por lei de igual hierarquia. Porém, um precedente de natureza constitucional só poderá ser revogado por meio de uma emenda constitucional.

Embora o autor parta de uma constatação verdadeira, concernente ao modo de superação de um precedente pelo Legislativo e pelo Executivo, chega a uma conclusão falsa, pois isso não é critério para determinar seu *status*, o qual sequer se reduz a uma norma (ao menos uma norma no formato "Se f, então Sc"), conforme se tem exposto ao longo desta obra. Para o precedente ser equiparado a uma norma, a concepção desta deve ser bem mais abrangente, não se reduzindo a essa estrutura lógica simples, tendo, ainda, um critério de aplicação plenamente diverso de uma lógica silogística.

O erro principal, no entanto, reside no fato de que, em um sistema dinâmico, conforme é a proposta majoritariamente aceita em função do entendimento de Kelsen e Bobbio, a hierarquia é critério para assegurar sua unidade, sendo cada escalão determinado pela autoridade que a põe e não pelo conteúdo que a norma eventualmente possui. Escreve Kelsen:

> O sistema de normas que se apresenta como uma ordem jurídica tem essencialmente um caráter dinâmico. Uma norma jurídica não vale porque tem um determinado conteúdo, quer dizer, porque o seu conteúdo pode ser deduzido pela via de um raciocínio lógico uma norma fundamental pressuposta, mas porque é criada por uma forma determinada – em última análise, por uma forma fixada por uma norma fundamental pressuposta. Por isso, e somente por isso, pertence ela a uma ordem jurídica cujas normas são criadas de conformidade com esta norma fundamental.

Portanto, o conteúdo não determina o nível hierárquico de uma norma. Quem o determina é a autoridade que a produziu, dentro do conjunto escalonado de delegações de competências. A hierarquia é uma questão relacionada à unidade do sistema jurídico, porque as normas podem ser reconduzidas a uma única (hipotética e fundamental) por uma série de delegações sucessivas de poderes. O fato de uma norma constitucional, legislativa ou regulamentar poder superar precedente com conteúdo a eles relacionados diz respeito à questão de coerência do sistema e não de sua unidade.

Segundo Bobbio "a coerência não é condição de validade, mas é sempre condição para a justiça do ordenamento"[110].

O fato, então, de um precedente sobre matéria constitucional só pode ser alterado, no plano normativo, por uma emenda constitucional, não lhe garante hierarquia constitucional, pois somente normas do poder constituinte originário ou derivado (em processo de emenda) possuem tal hierarquia. Essa relação entre precedente e emenda constitucional se refere simplesmente à salvaguarda da coerência do ordenamento jurídico, de modo a impedir coexistência de disposições incompatíveis, e não à definição do escalão normativo relacionado a sua unidade.

Não se pode dizer que um juiz tem o seu poder jurisdicional de emitir precedentes em razão de uma delegação de poder do Tribunal que integra. Nem mesmo se poder dizer que a apreciação, por um tribunal local, sobre questões constitucionais se dê nos moldes de uma delegação oriunda do Supremo Tribunal Federal. Todo e qualquer magistrado, independentemente do tribunal que integra ou de seu nível na pirâmide judiciária, retira seus poderes da mesma fonte normativa: a Constituição Federal. É dela que provém a delegação de poderes para que cada magistrado possa proferir julgamentos e, por via de consequência, produzir precedentes.

Como se verá, a hierarquia da corte emissora interfere na força de um precedente, mas não determina isolada e autonomamente seu papel ou *status* no sistema jurídico. A hierarquia entre as Cortes, portanto, não importa, necessariamente, uma hierarquia entre os precedentes. São pontos diferentes.

Daí surge outro questionamento: esses precedentes formam estrutura própria e apartada ou integram a mesma estrutura piramidal das normas constitucionais e legislativas? Lembre que Kelsen elaborou a ideia de pirâmide normativa na *Teoria Pura do Direito*, e nela concebeu a ideia de que o Judiciário apenas elaborava normas individuais e concretas. Não explorou a posição hierárquica ao mencionar precedente como norma geral e abstrata em sua *Teoria Geral do Direito e do Estado*. É certo que Kelsen repete na *Teoria Pura do Direito* a ideia de que o precedente é uma norma geral criada a partir da norma individual e concreta contida na decisão, formando um sistema jurídico descentralizado, mas não discorre detalhadamente sobre sua posição hierárquica.

Em se considerando que os precedentes (na qualidade de norma geral e abstrata) integram a mesma estrutura piramidal das normas constitucionais e legislativas, ocorre o rompimento da própria ideia de escalonamento da ordem jurídica normativa. Bobbio[111] e Kelsen concebem a ordem jurídica como um sistema dinâmico: um sistema no "qual as normas que o compõem derivam umas das outras através de sucessivas delegações de poder, isto é, não através do seu conteúdo, mas através da autoridade que as colocou, até chegar à autoridade suprema que não tem nenhuma outra acima de si". Por esse

---

110. BOBBIO, Norberto, *op. cit.*, p. 113.
111. *Ibid.*, p. 72.

motivo, o Autor italiano explica que "a relação entre as várias normas é, nesse tipo de ordenamento normativo, não material, mas formal".

Assim, escalonam-se as normas em função da autoridade que as situa no sistema e de onde ela retira seu fundamento de validade. As normas regulamentares do chefe do Executivo colhem seu fundamento de validade nas normas legislativas postas pelo Legislativo, que colhem o fundamento de validade nas normas constitucionais postas pelo Poder Constituinte. Todas elas seriam gerais e abstratas, variando apenas em grau. As sentenças, por sua vez, seriam normas individuais e concretas exaradas pelos magistrados e colhem seu fundamento de validade em normas legislativas ou mesmo regulamentares, pois, lembre-se, na formulação kelseniana original, o comum era que as normas constitucionais demandassem regulamentação legislativa.

Ocorre que, em tomando o precedente como norma geral e abstrata, variando seu *status* em virtude da questão decidida, ter-se-á a mesma autoridade, um magistrado ou tribunal, emitindo normas nos variados níveis do escalão normativo. Um tribunal de justiça estadual ou um Tribunal Regional Federal poderá inserir no sistema jurídico normas de nível legislativo, regulamentar e constitucional. Isso já é uma modificação drástica na teoria kelseniana e que inspira toda a teoria de sistema jurídico positivista.

Nem se alegue que a hierarquização do Judiciário impediria isso, ou seja, que o escalonamento normativo derivaria da hierarquia da corte que produziu o precedente. Basta não haver recursos para as instâncias superiores ou para o Supremo Tribunal Federal para que o precedente (na condição de norma) verse sobre questão constitucional sem pronunciamento das instâncias mais elevadas.

Além disso, pode um tribunal decidir questão constitucional na qual não haja repercussão geral. Seu pronunciamento, então, será definitivo sobre o assunto, integrando o precedente o nível hierárquico maior, mesmo sem ser exarado pelo órgão de cúpula do Judiciário. Isso não é raro no Brasil, como demonstra julgamento sobre a cobrança de "selo de IPI" para bebidas.

A União obriga que fabricantes de bebidas e cigarros só possam comercializar seu produto mediante a aposição de um selo fornecido pela Receita Federal que serve de controle para pagamento do Imposto sobre Produtos Industrializados – IPI, para o qual se passou a exigir cobrança tida por inconstitucional. O Tribunal Regional Federal da Quinta Região, por exemplo, pacificou o entendimento pela inconstitucionalidade:

Constitucional. Tributário. Arguição de inconstitucionalidade do artigo 3º do Decreto-lei nº 1.437/1975. Ressarcimento do custo dos selos de controle de IPI. Estampilhas.

1. A competência para a declaração de inconstitucionalidade de ato normativo do poder público, mesmo anterior à atual constituição da república é do plenário do tribunal, consoante dispõe o artigo 97 da lei maior, mormente se há precedentes deste e doutras cortes regionais que vinham aplicando paradigma do Supremo Tribunal Federal destoante com a matéria examinada.

2. É inconstitucional o disposto no artigo 3º do Decreto-Lei nº 1.437/1975, que autoriza a cobrança de taxa para ressarcimento do custo das estampilhas.

3. Arguição de inconstitucionalidade conhecida e provida[112].

Por sua vez, o Supremo Tribunal Federal decidiu que referida matéria não tem repercussão geral, e, portanto, não se pronunciará sobre ela:

Imposto sobre produtos industrializados. Selo de controle do imposto. Ressarcimento. Artigo 3º do Decreto-lei nº 1.437/1975. Ausência de recepção pela Carta de 1988. Declaração na origem. Na dicção da ilustrada maioria, não possui repercussão geral controvérsia sobre a harmonia, ou não, com a Carta da República, da delegação contemplada no artigo 3º do Decreto-Lei nº 1.437/1975, considerado o princípio da legalidade estrita[113].

Portanto, tem-se um precedente constitucional não exarado pela autoridade judiciária mais elevada, rompendo a ideia de ordenamento dinâmico proposto por Kelsen e Bobbio, pois será "norma" do mais alto escalão posta por órgão que não é o mais elevado na estrutura do Judiciário. Isso se se der hierarquia ao precedente segundo a matéria que encerra.

Acrescente se que não se pode alegar que esse precedente (norma) só teria eficácia vertical, porque só aplicável aos juízes inferiores ao tribunal que o proferiu, pois se teria a paradoxal situação de uma disposição jurisprudencial de nível constitucional, mas de aplicação apenas regional, o que vai de encontro à própria natureza constitucional do assunto decidido. Tal pronunciamento da Quinta Região servirá de precedente para juízes de outras regiões de maneira similar a um precedente do tribunal de sua Região, mesmo que sem a mesma força hermenêutica.

Essas constatações levam a outro questionamento importante: se precedente é uma norma geral e abstrata, como se dá a "vigência" de um precedente? A ideia de vigência é fundamental para a concepção de norma e de ordenamento jurídico. Como explica Arnaldo Vasconcelos, "define-se vigência como instância técnico-formal"[114]. Acrescenta que é "termo utilizado para fixar o período de disponibilidade da norma jurídica, a dimensão temporal"[115]. Pode-se sumariar, então, vigência como o critério que determina em que momento uma norma integra a ordem jurídica e passa a irradiar efeitos.

A primeira ideia que se faz é que o precedente terá vigência quando a decisão que lhe dá suporte transitar em julgado, ou seja, quando a decisão não puder ser mais reformada. Mas isso não é um critério válido, pois muitas decisões de tribunais proferidas em processos com recursos pendentes são prodigamente utilizadas como precedentes.

---

112. Processo: 200083000099429, INREO75987/PE, Des. Federal Paulo Roberto de Oliveira Lima, Pleno, j. 07.08.2002, *DJ* 02.12.2002, p. 591.

113. RE 559994 RG, Rel. Min. Marco Aurélio, j. 05.06.2008, *DJe*-157, divulg. 21.08.2008, public. 22.08.2008, ement vol-02329-04, p. 658, republic. *DJe*-204, divulg. 28.10.2009, public. 29.10.2009.

114. VASCONCELOS, Arnaldo. **Teoria da Norma Jurídica**. 3. ed. São Paulo: Malheiros, 2003. p. 228.

115. *Ibid.*, p. 227.

Não é prática comum, ao se fazer uma pesquisa jurisprudencial, se verificar se o processo ainda tramita ou está pendente de algum recurso.

No Brasil, nem mesmo o Supremo Tribunal Federal utiliza tal critério, pois, por exemplo, as decisões proferidas em 5 de maio de 2011, na ADI 4277 e na ADF 132, sobre a união homoafetiva, tiveram repercussão jurídica imediata, levando vários cartórios por todo o País a realizar registro de uniões dessa espécie, mesmo pendente, ainda, embargos de declaração que evitam o seu trânsito em julgado. Também não foi impeditivo para os já aludidos comentários do Ministro Luiz Fux na imprensa de que o juiz singular ou tribunal que desconsiderasse tais precedentes estaria cometendo insubordinação. Mais especificamente, o Supremo Tribunal já se pronunciou que os precedentes formados com repercussão geral podem ser utilizados como parâmetro decisório mesmo pendentes embargos de declaração contra a decisão de onde provém[116].

É certo que, em se tratando de controle abstrato de constitucionalidade, poder-se-ia considerar a vigência do precedente a publicação no Diário Oficial de que trata a Lei nº 9.868/1999. Isso não resolve, contudo, a questão para os demais precedentes, mesmo de jurisdição constitucional, quando expedidos no controle difuso. Sem falar que confirma a invalidade do critério do trânsito em julgado, pois tal publicação ocorre sendo ainda possível embargos de declaração.

Por essas dificuldades, parece evidente que os precedentes são refratários à concepção de sistema nos moldes propostos por Kelsen e Bobbio, tanto que a concepção de vigência lhe é estranha. Acertada é a lição de Arnaldo Vasconcelos que, mesmo equiparando jurisprudência e precedente à norma, afirma que vigência "constitui conceito de aplicação restrita à lei. As outras espécies de normas jurídicas se subtraem a seu domínio, transferindo-se a indicação de sua validade formal para a instância da eficácia, como ocorre relativamente ao costume à doutrina e à jurisprudência não sumulada"[117]. Como se vê, o autor excepciona apenas jurisprudência sumulada porque terá técnica formal de vigência similar à de uma norma legislativa.

Mesmo que se considere que os precedentes integram um sistema distinto e específico, colateral ao sistema formado pelas normas constitucionais e legislativas, bem como as individuais e concretas do próprio Judiciário, os questionamentos acima formulados, especialmente sobre vigência do precedente, ainda se manteriam. Ele não pode ter os moldes do sistema jurídico dinâmico proposto por Kelsen e Bobbio, pois não é a autoridade que põe o precedente que definirá seu nível hierárquico, e, mesmo

---

116. "Direito Processual Civil. Agravo regimental. Insurgência veiculada contra a aplicação da sistemática da repercussão geral (arts. 543-B do CPC e 328 do RISTF). Possibilidade de julgamento imediato independentemente da publicação ou do trânsito em julgado do paradigma. Precedentes. Acórdão recorrido publicado 01.10.2010. A existência de precedente firmado pelo Plenário desta Corte autoriza o julgamento imediato de causas que versem sobre o mesmo tema, independente da publicação ou do trânsito em julgado do paradigma. Precedentes. Adequada à espécie, merece manutenção a sistemática da repercussão geral aplicada (arts. 543-B do CPC e 328 do RISTF). Agravo regimental conhecido e não provido" (ARE 673256 AgR, Rel. Min. Rosa Weber, Primeira Turma, j. 08.10.2013, processo eletrônico *DJe*-209 divulg 21.10.2013, public 22.10.2013).

117. VASCONCELOS, Arnaldo, *op. cit.*, p. 227.

que fosse, os critérios de resolução de antinomias não se aplicam inteiramente ao conflito de precedentes. Em verdade, os precedentes não comportam hierarquia entre si, eles se organizam em uma estrutura de rede, com força hermenêutica variável em que a hierarquia da corte que o proferiu (que não se confunde com uma hierarquia do próprio precedente) é um entre os vários elementos que definem essa força hermenêutica.

O critério temporal não é aplicável integralmente aos precedentes, pois não significa que um mais recente, só por esse motivo, anule um anterior. Em verdade, a dimensão temporal pode laborar para fortalecer a força de um precedente. Quanto mais arraigado ele estiver na tradição jurídica, quanto mais tempo ele tiver passado definindo comportamentos, integrando o corpo de orientações de indivíduos, empresas e instituições, mais força ele terá, não podendo ser simplesmente "revogado" por um mais recente.

É por essa razão que Michael Gerhardt trabalha com o conceito de superprecedentes, como o grau mais alto de força vinculante, determinado justamente pelo arraigamento temporal. Seriam precedentes praticamente insuperáveis ou de difícil superação. Normalmente, são julgamentos da corte maior, mas não necessariamente. Escreve:

> Super precedents are not unique to the courts, but rather are constitutional decisions in which public institutions have heavily invested, repeatedly relied, and consistently approved over significant periods. These are decisions which have been so repeatedly and widely cited for so long that their meaning and value have increased to the point of being secured by enduring networks. They are deeply and irrevocably embedded into our culture and national consciousness, so much so that it seem in American to attack, much less to formally reconsider them. These decisions are the clearest instances in which the institutional values promoted by fidelity to precedent – consistency, stability, predictability and social reliance – are compelling[118].

O autor alude a três tipos de superprecedentes: a) *Foundational Institutional Practices; b) Foundational Doctrine; c) Foundational decisions.*

O primeiro tipo, que pode ser compreendido como referentes a práticas institucionais fundamentais, são precedentes que moldam a própria atuação do Judiciário, como é exemplo, no Direito dos EUA, o caso *Madison v. Marbury*, em que se inaugurou o *judicial review* no plano federal, bem como os precedentes que assentam o dever de seguir precedentes.

O segundo tipo mencionado por Gerhardt trata de doutrinas fundamentais, consistente em decisões que consagram certas categorias de funcionamento de tribunais e outras instituições públicas acerca de questões constitucionais.

Por fim, o que ele chama de decisões fundamentais são aqueles que atendem às seguintes exigências: a) consolidadas no tempo; b) repetidamente citadas com aprovação por autoridades públicas; c) delineiam o desenvolvimento de uma ou mais área do Direito; d) desfrutam de largo reconhecimento social; e) largamente reconhecida e aplicada pelos tribunais firmemente definida como fonte segura do Direito.

---

118. GERHADT, Michael, *op. cit.*, p. 178.

Apesar de o autor dividir em três categorias, entende-se que a última, por ser mais ampla, abrange, em verdade, as outras duas. É possível, realmente, se falar em superprecedente que atenda às cinco exigências do terceiro tipo e, ao mesmo tempo, molde o funcionamento do Judiciário e o modo de se tratar questões constitucionais.

No Brasil, a ideia de superprecedente pode ser desenvolvida, embora as rupturas constitucionais demandem uma adaptação de sua dimensão de longevidade. Com exceção de exemplos contingenciais, cada ordem constitucional inaugura uma realidade que reinicia as práticas jurisdicionais. Some-se a isso o fato de que não é da tradição nacional o recurso ao precedente, sendo possível se falar de superprecedente pelo menos na dimensão de doutrina assentada pelos tribunais numa mesma linha jurisprudencial.

Assim, o que se tem como superprecedente, por exemplo, que resistiu a várias mudanças constitucionais, é o entendimento pretoriano sobre o que seja direito líquido e certo que autoriza o uso do remédio constitucional do mandado de segurança.

Com esse redimensionamento temporal, é possível se imaginar superprecedentes no Brasil formados após 1988, com a nova ordem constitucional. Temos exemplo disso nas decisões do Supremo Tribunal Federal que moldaram o funcionamento das comissões parlamentares de inquérito.

O art. 58, § 3º, da Constituição Federal não é detalhado o suficiente para erradicar todas as dúvidas que as práticas das CPIs fizeram surgir, tendo cabido ao Supremo definir-lhes os contornos. São, portanto, superprecedentes do segundo tipo aludido por Gerhardt, pois definem as práticas parlamentares.

O próprio Supremo Tribunal Federal expõe em seu *site* publicação sistematizando suas decisões sobre o funcionamento e os poderes das CPIs. A publicação inicia arrolando o que indica como precedentes históricos. Cita, por exemplo, o Recurso em Habeas Corpus nº 32.678[119] e o Mandado de Segurança 1.959[120]. Em seguida, são arroladas

---

119. "Comissões Parlamentares de Inquérito. Comissões Parlamentares. Poderes. Soberania. atribuição da Comissão e alçada do Poder Judiciário. Competência do Supremo Tribunal Federal para conhecer do pedido de ordem de *Habeas corpus* em que a Comissão e a apontada como autoridade coatora. Liberdade de inquirição das testemunhas. Sanção contra os que recusam dizer a verdade. Compete ao Supremo Tribunal Federal, e não a juízes singulares, conhecer, originariamente, do pedido de *habeas corpus* em que se aponte como autoridade coatora qualquer das câmaras legislativas ou suas Comissões Parlamentares. São tais comissões o próprio Poder Legislativo e, por motivos de economia e eficiência de trabalho, funcionam com reduzido número de membros. No encargo que lhe está afeto, a comissão de inquérito é tão prestigiosa como o Congresso. Tão soberana como este, dentro dos preceitos constitucionais. Extremadas ficaram, pela Lei n. 1.579, de 18 de março de 1952, atribuições da comissão e competência dos juízes. Determinar diligências, requerer convocação de ministros de Estado, tomar o depoimento de quaisquer autoridades federais, estaduais ou municipais, ouvir os indiciados, inquirir testemunhas sob compromisso, requisitar de repartições públicas e autárquicas informações e documentos, tudo isso, pelo art. 2º da Lei n. 1.579, é cometido à comissão. Obrigar as testemunhas faltosas a comparecer, cominar-lhes a pena devida, processá-las e puni-las, se houverem omitido a verdade, é da alçada do Judiciário. Limitações à liberdade de inquirição das testemunhas. Perguntas impertinentes. Sanção contra os que recusam dizer a verdade. Indeferimento do pedido de *habeas corpus*" (RHC 32.678, Rel. Min. Mário Guimarães, j. 05.08.1953).
120. "Mandado de segurança requerido pelo Sindicato dos Bancos do Rio de Janeiro. Desde que se recorre ao Judiciário alegando que um direito individual foi lesado por ato de outro Poder, cabe-lhe examinar se esse direito

várias decisões em que se defiram aspectos fundamentais como o direito das minorias, o funcionamento de CPIs estaduais e municipais, o direito ao silêncio, o exercício da advocacia entre vários outros.

É possível falar que essas decisões do Supremo Tribunal Federal sobre as comissões parlamentares de Inquérito resistem ao critério temporal de solução de eventual antinomia com um julgamento mais recente. Ao contrário, um novel posicionamento, ainda que do próprio STF, não irá, somente por esse motivo, automática e abruptamente pôr fim àquilo que foi assentado nos julgamentos históricos mencionados. Também não terão o condão de, de um instante para o outro, modificar a maneira de tão importante instrumento de controle funcionar. Quando um novo precedente se contrapõe a um superprecedente, é aquele que, *a priori*, merece reservas de aplicação e consideração, não devendo ser aplicado de maneira instantânea e irrefletida, como se uma tradição jurídica não tivesse se formado, e expectativas e condutas não tivessem já se constituído em torno do superprecedente. Os deveres de coerência e integridade impendem que apenas esse critério temporal seja determinante, porquanto demanda uma análise substancial do julgado posterior, sobretudo em consideração dos vários elementos hermenêuticos pertinentes.

Portanto, repita-se, esse acertado conceito invalida a aplicação irrestrita do critério temporal para solucionar antinomias em um sistema de precedente que queira se formar como um sistema dinâmico nos moldes de Kelsen e Bobbio. Um precedente mais recente contrário a outro mais antigo não necessariamente invalida este, ao ponto de inutilizá-lo por completo, expurgando-o do sistema jurídico. Ele persiste, embora, sem dúvida, com eficácia mitigada.

O critério hierárquico também não é suficiente para solucionar conflitos entre precedentes. Não é correto afirmar que o precedente de um tribunal superior, necessariamente, se sobrepõe a de uma corte inferior. Ao contrário, é comum se verificar na prática a mudança de orientação superior em razão dos desafios ao precedente realizado pelas cortes situadas abaixo na hierarquia judiciária. Essa é, inclusive, uma das hipóteses de enfraquecimento de um precedente, e que indica seu iminente *overruling* na tradição inglesa.

Mesmo no Brasil, em decisão de controle de concentrado de constitucionalidade, cujo efeito vinculante é determinado por lei e mesmo pela Constituição Federal, não

---

existe e foi lesado. Eximir-se com a escusa de tratar-se de ato político seria fugir ao dever que a Constituição lhe impõe, máxime após ter ela inscrito entre as garantias fundamentais, como nenhuma outra antes fizera, o princípio de que nem a lei poderá excluir da apreciação do Poder Judiciário qualquer lesão de direito individual (art. 141, § 4º). Se compete ao Supremo Tribunal conhecer do mandado de segurança contra ato da Mesa de uma Câmara Legislativa, competente também há de ser, por mais forte razão, já que outro tribunal superior a ele não existe, para conhecer do pedido quando o ato impugnado é da própria Câmara. O pretendido direito a um segredo já quebrado não pode ser contraposto ao direito que tem a Câmara de publicar no seu órgão oficial um inquérito realizado no Banco do Brasil, cuja divulgação a maioria dos representantes do povo deliberou como conveniente aos 11 interesses da Nação. Indeferimento da segurança" (MS 1.959, Rel. Min. Luiz Gallotti, j. 23.01.1953).

é estranho se experimentar modificação de entendimento por desafio de cortes inferiores. Foi o caso do benefício assistencial julgado pela ADI 1.232, que será examinado mais detidamente a seguir. Decisões de juizados especiais federais fizeram o Supremo Tribunal Federal modificar, diametralmente, o entendimento acerca do conteúdo do que fora decidido nessa ADI.

No mesmo sentido, o Tribunal de Justiça do Rio Grande do Sul desafiou entendimento do Supremo Tribunal Federal, que, no RE 428.991, entendeu, por julgamento de sua Primeira Turma, possível conhecer recurso extraordinário por ofensa reflexa à Constituição Federal a fim de julgar inválidos os reajustes do valor do vale-refeição pago aos servidores do poder Executivo daquele estado. Mesmo diante de precedente superior recente, o Tribunal gaúcho indicou sua quebra de coerência com linha anterior de julgados mais arraigada não só para aquela específica questão, mas também para inúmeras outras, no sentido de que ofensa reflexa não autoriza recurso extraordinário. Com isso, indicou que o precedente recente era isolado, prevalecente em órgão fracionário por unanimidade eventual, ante a ausência justificada de dois dos cinco integrantes do colegiado. A decisão estadual foi objeto de recurso extraordinário, com repercussão, confirmando o STF o desafio, fazendo prevalecer a linha jurisprudencial mais antiga e arraigada.

Portanto, apenas o critério temporal não é suficiente para determinar a prevalência de um precedente.

O critério da especialidade também não se impõe como prevalecente sempre. É identificado genericamente como um equívoco, um modo indevido de se furtar do respeito ao precedente, a realização de um excessivo *distinguish*. Assim, esse precedente mais restrito, exarado como uma burla a outro precedente mais amplo, em vez de prevalecer, deverá ser evitado justamente pelo fato de representar um equívoco. Como se percebe, há uma brutal incompatibilidade dos precedentes com a concepção de sistema normativo formal moldado por Bobbio e Kelsen. Como dito, porém, não se desenvolve mais detidamente o assunto. Ao contrário, na tradição continental, ignora-se por completo essas colossais incoerências e se propõe a solução de conflito entre precedentes pelos critérios há pouco citados e reconhecidos para antinomias legislativas. É o que propõe, por exemplo, Robert Alexy, ao examinar o assunto em trabalho específico sobre o tema:

> There are, as mentioned in the answer in Section II.2. above, procedures to prevent the development of conflicts of precedents. But in case a conflict still arises, there are no firm rules. It could be said that the generally recognized rules of posteriority, speciality and superiority (compare Alexy and Drier, 1991, p. 99) have a certain prima facie force not only on statutes but also on precedents. Yet, in contrast to statutes, precedents are always capable of being subverted by a change in the balance of substantive reasons on a given point[121].

---

121. ALEXY, Robert; DREIER, Ralf. Precedent in Federal republic of Germany. In: MACCORMICK, D. Neil; SUMMERS, Robert S.; GOODHAT, Arthur L., *op. cit.*, p. 59.

Os critérios que o autor assere já haver mencionado são processuais, de controle mediante recurso e a existência de corte superior com função de uniformização de jurisprudencial, tal qual o Superior Tribunal de Justiça. Contudo, ante a falha desses critérios formais e autoritários, insiste nos critérios clássicos de resolução de antinomias legislativas, demonstrados aqui incabíveis. É certo que vislumbra o critério próprio concernente aos precedentes, que é a alteração de circunstâncias analisadas, mas não o desenvolve adequadamente nem explora outros.

Na tradição continental, quando muito, se prestigia o controle autoritário mediante uma ou mais cortes com o encargo de unificar a jurisprudência. É o que se verifica na França, conforme demonstram Michel Troper e Christophe Grzegorczyk[122].

Mesmo nos Estados Unidos, os critérios positivistas se sobressaem. É o que se percebe na lição de Robert Summers:

> Sometimes one finds lines of cases or individual precedents that conflicts when applied to a particular set of facts. Courts have a variety of methods for resolving such conflicts. First, the court should determine whether one precedent comes from a court higher in the judicial hierarchy than the other precedent. If such is the case, the court will usually follow the precedent set by higher court. Another approach is to examine whether one line of precedents is based on facts distinguishable from the case under consideration. If this is so, then the precedent or precedents which are determined not to be in point of disregarded. Yet another method is for the court to take note of which of the precedents is more recent. Alternatively, the court may choose the precedent that seems best justified in substantive policy. Or a court may follow the precedent that seems to 'do justice' in the particular case under consideration[123].

É interessante notar que tanto nas lições de Alexy quanto de Summers eles recorrem aos métodos clássicos, mas apontam sua insuficiência, indicando outros que atentam para questões substanciais. Summers chega a lançar mão de critério de justiça.

Tais dificuldades, as quais se consideram insuperáveis, se impõem, com maior ênfase, ante a consideração do precedente como norma geral e abstrata, daí serem, em verdade, constatações que corroboram o entendimento de que precedente não pode ser reduzido a tal. É possível se falar em um sistema de precedentes apenas se se mudar o paradigma, não se falando de um sistema normativo, tal qual um ordenamento nos moldes concebidos por Kelsen e Bobbio.

Não se põe em questão a necessidade de os precedentes guardarem coerência entre si, tanto que a própria Constituição Federal elege órgãos jurisdicionais superiores para realizar a unificação da jurisprudência, mas a ideia de sistema a ser desenvolvida deve ser outra.

A concepção de Kelsen e Bobbio pode ser enquadrada no gênero de sistema que Bermejo[124] denomina de fundacionalista, o qual se caracteriza por ser hierárquico,

---

122. TROPER, Michel; GRZEGORCZYK, Christophe. Precedent in France. In: MACCORMICK, D. Neil; SUMMERS, Robert S.; GOODHAT, Arthur L., *op. cit.*, p. 136.

123. SUMMERS, Robert S. Precedent in the United States (New York State). In: MACCORMICK, D. Neil; SUMMERS, Robert S.; GOODHAT, Arthur L., *op. cit.*, p. 400.

124. BERMEJO, J.M. Pérez, *op. cit.*

axiomático e fechado. Conquanto os autores proponham seu sistema dinâmico como oposto ao sistema estático, ambos se assemelham por essas características comuns do sistema fundacionalista, divergindo apenas no tocante a observâncias dos critérios materiais ou formais de relação.

Portanto, a ideia jusnaturalista de Leibniz exposta anteriormente, conquanto se enquadre em um sistema estático, compõe o gênero fundacionalista. Por isso Bermejo recobra que "no es casual que la *Stufenbau* de Merkl e Kelsen haya sido interpretada com uma secularización de los postulados teológicos del iusnaturalismo y como un caballo de Troya de la tradición que pensaban haber exorcizado, pero que, inadvertidamente, se adaptó cómodamente en la nueva maquinaria"[125].

Esse gênero de sistema é hierárquico porque suas partes são distribuídas em planos ou estratos, em que os inferiores devem obediência hierárquica aos superiores por meio de relação de lógica formal. Cada parte integrante é tomada como peça fixa, rígida e pré-definido com espaço específico e imutável em um escalão que se relaciona com o superior e o inferior por uma linha unidirecional de hierarquia.

A relação entre as peças é assimétrica, sempre no mesmo sentido: das camadas superiores para as inferiores, por meio de uma lógica formal dedutiva.

> El sistema jurídico consta así de una base fundamental de normas 'formuladas', o enunciadas por alguna autoridad o fuente del derecho reconocida, y de un conjunto de normas 'derivadas' cuya pertenencia al sistema depende, como condición necesaria y suficiente, de ser lógicamente deducibles de las primeras[126].

Como se percebe, essa característica de assimetria do sistema fundacionalista expõe uma incoerência de Kelsen sobre os precedentes: se o sentido das relações lógicas é único (de "cima para baixo"), como é possível se falar que precedente é uma norma geral e abstrata inferida de uma individual e concreta? De fato, nessa afirmação, há a inversão de sentido (propondo uma inferência "de baixo para cima") não comportada pelos aspectos gerais de sua teoria sistêmica. Essa não é a única incoerência de Kelsen. Embora se esforce por se apresentar como um sistema dinâmico (formal), não resiste a relações de conteúdo, como é possível facilmente se verificar pela constatação de inconstitucionalidade material. É certo que se tenta sustentar o dinamismo, alegando que ela se ocupa apenas das relações essenciais que definem o sistema. Acredita-se, porém, ser esse argumento um escape retórico que não se sustenta.

O sistema fundacionalista é axiomático porque as camadas mais altas são postas sem qualquer fundamento de validade, apresentando-se como verdades autoevidentes. São esses axiomas que fixam "algoritmos" formais reguladores da entrada e saída das partes no conjunto sistemático. Essa é a função exercida pela norma hipotética fundamental de Kelsen e a regra de reconhecimento de Hart. Sobre esse aspecto escreve Bermejo:

---

125. *Ibid.*, p. 78.
126. *Ibid.*, p. 82.

> En todo caso, con independencia de la cantidad y naturaleza de los axiomas, pude concluirse que, en las versiones positivistas contemporáneas del sistema jurídico, se abriga la percepción de que el sistema se ordena desde un nivel básico o fundamentador. Este nivel se compone de una serie de normas independientes, originarias, no derivadas, y que se asumen como puntos fijos e intangibles del sistema jurídico. El resto del sistema jurídico ha de comprenderse así como una inferencia de la base axiomática, y ha de poder mostrar algún tipo de conexión lógica, directa o indirecta, con algún elemento de la misma[127].

Já por essas duas características é possível apurar a incompatibilidade entre precedentes e sistema fundacionalista.

É certo que os precedentes formam um sistema próprio distinto do sistema normativo, mas ele não tem as características axiomáticas há pouco apontadas, como preceitos fundamentais, independentes, originais e não derivados. Não existe, por exemplo, o precedente hipotético fundamental. Mesmo os mais arraigados precedentes do tribunal de cúpula, como o Supremo Tribunal Federal, não possuem essas feições, não autorizam uma derivação lógica por dedução de toda a produção jurisdicional do nível inferior.

Os precedentes não podem compor a mesma estrutura hierárquica das normas legislativas, dada a insuperável dificuldade da relação linear que caracteriza a hierarquia do ordenamento normativo. Com quem o precedente deve guardar coerência lógica, com uma norma legislativa ou com o precedente de uma corte superior? Não pode ser aos dois, porque, então, a relação não seria linear. Também não pode ser a uma amálgama deles (a lei segundo o precedente), porque com isso se tem uma ilusão exegética, não se admitindo que o precedente seja uma autônoma fonte jurídica.

Igualmente, não é correto tratar os precedentes, nem a jurisprudência ou súmula, como peças fixas do Direito. Eles não possuem idêntica força em toda e qualquer situação em que possam ser invocados. Sua importância e sua influência sobre um caso posterior variam em razão de uma série de fatores. Como será visto, eles não se aplicam no "tudo ou nada".

O sistema fundacionalista é, ainda, fechado e autônomo, ou seja, um conjunto limitado, finito e de limites precisos e componentes enumeráveis. Tais características se harmonizam com peças unitárias igualmente fixas, imutáveis, predefinidas que obedecem a critérios lógicos claros para inclusão e exclusão nesse universo finito e bem delineado. Tais critérios atuam como algoritmos que definem as fronteiras dos elementos sistêmicos de que se pode lançar mão em qualquer raciocínio jurídico. Ocorre que os precedentes também rechaçam esse fechamento justamente porque não comportam essa lógica binária de pertencer ou não pertencer ao conjunto. Eles podem pertencer com graus diferenciados de eficácia independentemente de nível hierárquico.

Em verdade, Bermejo muito bem expõe a ideia de que a teoria de Dworkin de Direito como integridade rejeita como um todo essa concepção de sistema jurídico fundacionalista. O modelo de Kelsen e Bobbio não lhes é útil, portanto. Essa a razão por que se dedica a erigir um outro com características diversas, denominado de

---

127. *Ibid.*, p. 90.

coerentista. De fato, os precedentes apenas expõem as insuficiências do sistema de moldes positivistas para o Direito como um todo. Essa lógica formal, assimétrica, embasada em axiomas que estruturam hierarquicamente partes fixas e rígidas não se adapta ao constitucionalismo contemporâneo que tem como paradigma o Direito como interpretação.

Esse novo modelo, capaz de assegurar de uma maneira diferente (substancialmente) a demanda de unidade e coerência no trato dos precedentes, será mais bem exposto ao se delinear o referencial teórico desta tese. Será esse modelo de sistema coerentista que molda um sistema de precedentes atualizado e adequado ao constitucionalismo contemporâneo.

Neste ponto, contudo, é importante ficar claro que a noção positivista de sistema não serve para o estudo dos precedentes, tanto que as tradições inglesa e continental falham brutalmente nesse aspecto.

Essas críticas apresentadas desde a primeira edição deste livro receberam honroso comentário de Ravi Peixoto em sentido contrário. Após sintetizar as razões acima apontadas para a insuficiência dos critérios da hierarquia, especialidade e temporal, o autor as rejeita.

Quanto à indicação que se faz a respeito de superprecedentes encontrados na tradição anglo-saxã e sua possibilidade de adoção no Direito brasileiro para comprovar a insuficiência do critério temporal, demonstrada inclusive com exemplos, afirma o autor que se trata de uma equivocada importação da "teoria". Para demonstrar esse equívoco, defende que "tais precedentes podem ser superados pelo STF, desde que presentes os requisitos para tanto. Além do mais, não há sequer qualquer tipo de justificativa de razões para a importação dessa teoria, que simplesmente é transplantada de um sistema jurídico para o outro"[128].

Com a devida vênia, referida crítica decorre de uma leitura parcial da presente obra. Uma leitura dos outros capítulos e mesmo dos itens seguintes deste segundo capítulo demonstra claramente que a crítica é incompatível com o que se expõe aqui. Em nenhum momento se defende a impossibilidade de superação de qualquer precedente, muito menos pelo critério único de sua longevidade. Ao contrário, busca-se demonstrar, a toda passagem, que nenhum critério, sobretudo formal, é suficiente e autônomo para determinar a força de um precedente, quanto menos sua cristalização em um sistema jurídico. No quarto capítulo, evidenciar-se-á, ainda, que se indica a idade do precedente ao lado de outros dezessete critérios (cinco formais e doze materiais) para aferição da força hermenêutica do precedente e, portanto, sua prevalência de aplicação em um caso posterior. Assim, a longevidade de um precedente, seu arraigamento na tradição institucional como um superprecedente, conta, mas não é determinante isoladamente para aferição de sua força hermenêutica como parece ter entendido o ilustre jurista.

---

128. PEIXOTO, Ravi. **Superação do precedente e segurança jurídica.** Salvador: JusPodivm, 2015. p. 181.

CAPÍTULO 3 • O QUE É PRECEDENTE **179**

Não se importa, portanto, o conceito (não "teoria") de maneira acrítica, ele é redimensionando em concepções formadas segundo os referenciais filosófico, teórico e ideológico expostos expressamente desde a introdução deste livro.

No item 3.3.15., a seguir, neste mesmo capítulo, defender-se-á justamente a inadequação do paradigma contextualista típico da tradição anglo-saxã ao constitucionalismo brasileiro contemporâneo, propondo-se, então, a adoção do paradigma sistêmico, alinhado à hermenêutica filosófica, ao Direito como integridade e a um modelo coerentista de sistema, o que impõe uma série de constatações a respeito do critério temporal e dos precedentes longevos, segundo essas referências. Repita-se: a honrosa oposição do autor não se justifica.

Quanto ao critério hierárquico, Ravi Peixoto informa ser formulada uma crítica "injustificável", pois "uma corte inferior não pode superar o precedente de um tribunal superior". Segundo ele, "o máximo que pode ocorrer mediante a utilização da superação antecipada pelas Cortes inferiores é a mitigação da eficácia vinculante do precedente; jamais a sua superação"[129]. Ora, essa é justamente a conclusão que será apresentada no capítulo 4, ao se arrolar como critério material de coerência para aferição da força hermenêutica do precedente a existência ou não de *desafios*, sejam jurisprudenciais ou mesmo doutrinários. Tais desafios enfraquecem um precedente. Ao lado dos outros dezessete já mencionados, eles influem na mensuração da força hermenêutica.

Ocorre é que não se utiliza nesta obra a expressão *antecipatory overruling*, preferindo-se o termo desafio, porque o termo *overruling* indica ato que se caracteriza pelo critério subjetivo, ou seja, é o abandono do precedente pelo próprio tribunal emissor. Entende-se, então, incoerente um tribunal diverso *antecipar* algo que não pode ser feito por ele mesmo. Ao defender que uma corte *antecipa* o comportamento de outra, parece se equiparar uma atitude sistêmica e dialética a um mero exercício divinatório de futuro comportamento subjetivo diverso. Prefere-se, pois, o termo desafio para se evitar uma acrítica importação de conceitos e teorias da tradição anglo-saxã.

Por fim, quanto ao critério da especialidade, Ravi Peixoto não aceita que se indique o excessivo *distinguish* como critério de demonstração de sua utilidade, pois "se a técnica é utilizada erroneamente, sem que haja, de fato, uma situação específica, ela foi deturpada". Acrescenta, então, que a crítica aqui exposta "é dirigida à errônea utilização da técnica da distinção"[130].

Tem razão o autor em descrever que se indicou uma irresignação ao uso incorreto do *distinguish*. Contudo, mesmo a determinação dessa incorreção deriva da aferição de outros critérios hermenêuticos, que não exclusivamente a especificidade da norma possivelmente erigida do precedente. Um precedente mais específico, mas que seja mal fundamentado, julgado por maioria em processo sem força vinculante e constantemente contestado pela doutrina e por outros julgados deve ceder a um mais genérico, que, ao

---

129. *Ibid.*
130. *Ibid.*, p. 181-182.

contrário, seja bem fundamentado, proferido por unanimidade e com força vinculante, recebendo apoio de outras fontes jurídicas. Assim, persiste a validade da crítica de que a especificidade de um precedente, ou da norma dele erigida, não é suficiente para compor incompatibilidade entre precedentes.

3.3.6 Aspectos sistemáticos: dinâmica sistêmica do precedente

A dinâmica sistêmica do precedente, como expõe Siltala[131], identifica o grau de rigidez ou flexibilidade com que o juiz ou tribunal subsequente encara o precedente. Pode variar entre dois extremos: desde uma submissão absoluta (caso em que o precedente é reduzido a uma regra em sentido estrito e aplicado enquanto tal) a uma discricionariedade de aderência sob a indistinta afirmação de autonomia intelectual do magistrado e seu livre convencimento (em se tomando os precedentes como razões não vinculantes para decidir).

Como é de se imaginar, tanto um extremo quanto o outro indicam equívocos já denunciados por Maurício Ramires[132].

A submissão absoluta, normalmente, é acusada de ocasionar a estagnação do Direito, pois impediria seu desenvolvimento pelas várias instâncias jurisdicionais. Tal afirmação recebe ardorosas resistências. Ela estimula, ainda, prática reprovável: o descompromisso do juiz ou tribunal subsequente em analisar detidamente as peculiaridades do caso posto diante de si para simplesmente solucioná-lo segundo uma simplória adequação ao precedente ou, mais precisamente, a uma regra geral e abstrata extraída do precedente. Nessa perspectiva, simplesmente não se realiza um juízo concreto formulado com suporte em questões efetivamente trazidas pelas partes. Amesquinha-se o dever constitucional de fundamentar as decisões, pois basta a simples menção ao posicionamento jurídico genericamente consagrado numa corte superior para se dar por fundamentada uma decisão. Ocorre, como muita frequência nessa perspectiva, a hiperintegração do Direito, a desconsideração das peculiaridades do caso para adequar ao padrão superior.

Some-se a tudo isso o deletério efeito de permitir uma onda de alteração jurisprudencial com a simples modificação de um precedente superior, sem que o magistrado tenha que apresentar mais extensas fundamentações sobre a razão para passar a julgar diversamente. Nesses casos, faz-se mera menção ao novo posicionamento pretoriano.

Esse grau de deferência máximo é bastante deletério, pois, como dito, além de impor uma subordinação não apregoada pelo constitucionalismo contemporâneo, importa um prejuízo para os preceitos fundamentais inerentes ao dever de fundamentação e julgamento dialético, considerando os argumentos e contra-argumentos apresentados pelas partes, mediante o exercício do contraditório e da ampla defesa. Além disso,

---

131. SILTALA, Raimo, *op. cit.*, p. 71-72.
132. RAMIRES, Maurício, *op. cit.*

CAPÍTULO 3 • O QUE É PRECEDENTE **181**

concentra nos tribunais de cúpula poder que a Constituição Federal atribuiu indistintamente a todos os magistrados.

Por outro lado, a liberdade absoluta submete o Direito à subjetividade de cada juiz, permitindo que ele se desprenda da tradição institucional em que está inserido e das demais fontes produtoras de sentido jurídico, como se cada juiz ou tribunal analisasse o caso desde uma cognição inicial, livre e solta.

É possível ilustrar ambos os extremos perniciosos com o entendimento do Superior Tribunal de Justiça, ao longo do tempo, sobre a legitimidade processual do contribuinte de fato em impugnar judicialmente a exação tributária.

Até 1999, esse Tribunal Superior não tinha consolidado um entendimento, até que a 2ª Turma se posicionou pela falta de legitimidade[133]. Assim, alinharam-se tribunais do País inteiro.

Ocorre que em 2001, o próprio Superior Tribunal de Justiça começou a apresentar posicionamentos opostos, admitindo que o contribuinte de fato questionasse a exação tributária[134], considerando situações específicas contempladas pelo art. 166 do Código Tributário Nacional. Tais exceções foram se estendendo em outros julgados[135]. Especificamente em relação ao ICMS, fixou-se a legitimidade do contribuinte de fato.

Matéria relativa a esse imposto muito comum nesse período versava sobre o questionamento de sua incidência sobre a demanda de potência energética contratada

---

133. "Processual civil e tributário – ICMS – Substituição tributária para a frente – Venda de veículos automotores novos – Substituído ou contribuinte de fato (concessionárias, revendedoras) – Substituto legal tributário (montadoras) – Ilegitimidade ativa 'ad causam' – Extinção do processo – Precedentes. A Eg. 2ª Turma deste STJ assentou o entendimento no sentido de que o substituído, ou contribuinte de fato (concessionária) é o responsável pelo pagamento do tributo, por isso que é a pessoa vinculada ao fato gerador; não participa, portanto, da relação jurídico-tributária, faltando-lhe 'legitimidade' para discuti-la. Recurso conhecido e provido, para extinguir o processo, sem julgamento do mérito" (REsp 74.826/SP, Rel. Min. Francisco Peçanha Martins, Segunda Turma, j. 02.09.1999, *DJ* 11.10.1999, p. 57).
134. "Tributário – Repercussão – Contribuinte de fato – Restituição – Legitimidade – CTN art. 166. O contribuinte de fato está legitimado para reclamar a devolução do tributo indevidamente recolhido pelo contribuinte de direito. Assim dispõe, a contrário senso, o art. 166 do CTN" (REsp 276.469/SP, Rel. Min. Humberto Gomes de Barros, Primeira Turma, j. 14.08.2001, *DJ* 01.10.2001, p. 165).
135. "Tributário e processual civil. Contribuição previdenciária do produtor rural. Recolhimento. Substituição tributária. Lei 8.212/1991, arts. 25 e 30. Restituição do indébito. Legitimidade 'ad causam' para o pedido. Prova do encargo financeiro. CTN, art. 166. Súmula 546/STF. 1. A legitimidade para postular em juízo a restituição de valores indevidamente recolhidos, em princípio, é do sujeito passivo da obrigação tributária, isto é, daquele a quem a lei impõe o dever de pagar o tributo, seja ele contribuinte (CTN, art. 121, I) ou responsável (CTN, art. 121, II). 2. Moderando essa orientação, a fim de evitar enriquecimento ilícito de quem não suportou de fato o ônus financeiro da tributação, o art. 166 do CTN e a Súmula 546/STF preconizam que somente cabe a restituição quando evidenciado que o contribuinte de direito não recuperou do contribuinte de fato o valor recolhido. 3. Na hipótese da contribuição previdenciária exigida do produtor rural (Lei 8.212/1991, art. 25, I e II) incumbe ao adquirente de sua produção destacar do preço pago o montante correspondente ao tributo e repassá-lo ao INSS (Lei 8.212/1991, art. 30, III e IV). 3. Evidencia-se, nessa sistemática, que o adquirente não sofre diminuição patrimonial pelo recolhimento da exação, pois separou do pagamento ao produtor rural o valor do tributo. 4. Hipótese em que o adquirente não detém legitimidade ad causam para postular a repetição de valores indevidamente recolhidos a título da referida contribuição. 5. Recurso especial improvido" (REsp 515.207/SC, Rel. Min. Teori Albino Zavascki, Primeira Turma, j. 10.02.2004, *DJ* 03.05.2004, p. 106).

e paga, mas não consumida. Os consumidores de grande porte eram apenas contribuintes de fato, já que a relação jurídico-tributária se dava entre os Estados-membros e as concessionárias de energia elétrica, que repassavam, nas contas, o encargo financeiro ao consumidor. Fundando-se, porém, na moderação[136] de entendimento anterior do Superior Tribunal de Justiça, esses consumidores passaram a questionar em massa tal exação, sendo, indistintamente, reconhecida a legitimidade para tanto[137].

Em 2009, o Superior Tribunal de Justiça sumulou o entendimento sobre a questão material de fundo: acatou o entendimento dos contribuintes de que o ICMS só deveria incidir sobre a demanda de potência energética efetivamente utilizada, ainda que houvesse contratado e pago um montante maior[138]. Isso, naturalmente, fez aumentar o número de ações ajuizadas pelos contribuintes de fato.

Ocorre que, em março de 2010, a Primeira Secção do Superior Tribunal de Justiça julgou o Recurso Especial nº 903.394 – AL, sob o regime do art. 543-C, do Código de Processo Civil anteriormente, que regulamentava o rito dos recursos repetitivos. Tratava o caso sobre tributação de Imposto de Produto Industrializado – IPI. Julgou, nessa oportunidade, que o contribuinte de fato não possuía legitimidade para questionar judicialmente referida exação tributária.

Interessante é destacar o fato de que, no voto do relator, ministro Luiz Fux, seguido à unanimidade por seus pares, a questão jurisprudencial foi praticamente ignorada. Não se emprestou fundamentação mais detida sobre os posicionamentos anteriores do próprio Tribunal, não se levantaram as inúmeras particularidades enfrentadas nas várias relações tributárias levadas àquela Corte. Não se considerou como os demais tribunais ou os contribuintes vinham levando em conta as dezenas de julgamentos proferidos em mais de dez anos para pautar seus julgamentos e decisões administrativas de pla-

---

136. "Previdenciário – Contribuição – Empresas prestadoras de serviço – Lei 9.711/1998 – Substituição tributária – Legitimidade ativa. 1. Segundo a jurisprudência pacífica do STJ, o substituído tributário, na qualidade de contribuinte de fato, tem legitimidade ativa 'ad causam' para discutir a legalidade da sistemática da arrecadação instituída pela Lei 9.711/1998, o que afasta a alegação de infringência aos arts. 47 e 267, VI, do CPC. 2. Nova redação do art. 31 da Lei 8.212/1991 pela Lei 9.711/1998 não alterou a fonte de custeio nem elegeu novo contribuinte. 3. A alteração foi apenas da sistemática de recolhimento, continuando a contribuição previdenciária a ser calculada pela folha de salário, tendo como contribuinte de direito a empresa prestadora do serviço de mão de obra. 4. A nova sistemática impôs ao contribuinte de fato a responsabilidade pela retenção de parte da contribuição, para futura compensação, quando do cálculo do devido. 5. Sistemática que se harmoniza com o disposto no art. 128 do CTN. 6. Recurso especial provido" (REsp 661.184/SP, Rel. Min. Eliana Calmon, Segunda Turma, j. 26.10.2004, *DJ* 17.12.2004, p. 502).

137. "Processo civil e tributário – Embargos de declaração – Erro material – ICMS – Energia elétrica – Repetição de indébito – Legitimidade do contribuinte de fato. 1. Erro material no julgamento do recurso especial, no qual se discutiu a legitimidade do substituto tributário e não a do contribuinte de fato. 2. O consumidor de fato que assume o ônus econômico do ICMS incidente sobre o consumo de energia elétrica está legitimado a pleitear a repetição do indébito da exação que lhe desfalcou o patrimônio (precedentes do STJ). 3. Embargos de declaração acolhidos para rejulgar o recurso especial e negar-lhe provimento" (EDcl no REsp 209.485/SP, Rel. Min. Francisco Peçanha Martins, Rel. p/ Acórdão Min. Eliana Calmon, Segunda Turma, j. 15.05.2003, *DJ* 01.09.2003 p. 243).

138. Súmula 391: "O ICMS incide sobre o valor da tarifa de energia elétrica correspondente à demanda de potência efetivamente utilizada".

CAPÍTULO 3 • O QUE É PRECEDENTE **183**

nejamento tributário. Também não se utilizou qualquer técnica conhecida na tradição inglesa para se operar o *overruling* ou mesmo se realizar *distinguish*.

A matéria foi enfrentada com base em várias lições doutrinárias, como se o próprio Tribunal não possuísse pródiga produção. Partiu-se como que de um grau zero de conhecimento, ignorando-se tudo o mais que havia sobre o tema. Fez-se citação de uma só ementa, escolhida sem nenhum motivo expresso. A única peculiaridade era ser na mesma linha defendida na fundamentação, ou seja, escolheu-se arbitrariamente, entre dezenas de precedentes, aquela cuja particularidade era corroborar o entendimento exposto, sem sequer aprofundar análise dos fundamentos ou particularidades fáticas daquele, tomando por suficiente a ementa.

Com tal posição, a Primeira Seção deu mostra da falta de critério no uso de seus precedentes, ratificando o uso arbitrário determinado apenas pela conveniência de fundamentar o que se afirmava naquele específico recurso. A mudança foi incoerente e surpreendeu vários contribuintes de fato que ajuizaram a ação em atenção ao que o próprio Superior Tribunal de Justiça vinha decidindo. Também ofendeu a integridade, porque não invocou qualquer elemento principiológico, constitucional ou sistêmico que, confrontado expressamente com a jurisprudência dominante, prevalecesse, mediante uma adequada exposição dos motivos.

Após esse julgamento, contudo, mesmo por força da tramitação sob a forma do art. 543-C, que versava sobre recursos repetitivos, houve abrupta mudança nos julgamentos da Corte, todos convergindo para esse novo entendimento, sem se apresentar qualquer motivo adicional, além da mera citação do julgado.

Embora exarado em uma relação tributária sobre IPI, o precedente foi aplicado, ainda em 2010, ao ICMS, inclusive para os casos que versavam a respeito de sua incidência sobre a demanda contratada e não utilizada, no qual já se consolidava entendimento de mérito pela legitimidade dos contribuintes de fato. Nessa brusca mudança, também não houve qualquer recurso a qualquer técnica de *overruling* ou *distinguish*. Simplesmente o motivo foi o precedente exarado no Recurso Especial nº 903.394 – AL[139]. Os inúmeros contribuintes de fato, sobretudo aqueles instigados pela Súmula 391, foram surpreendidos com a perda súbita de legitimidade.

---

139. "Tributário. ICMS. Energia elétrica. Demanda contratada. Imposto indireto. Mandado de segurança. legitimidade ativa 'ad causam'. Contribuinte de direito. 1. A partir do julgamento do REsp 903.394/AL, realizado sob o rito do art. 543-C do Código de Processo Civil (recurso repetitivo), ficou decidido que apenas o contribuinte de direito tem legitimidade ativa ad causam para demandar judicialmente a restituição de indébito referente a tributos indiretos. 2. No julgamento do REsp 928.875/MT, a Segunda Turma reviu sua posição para considerar que somente o contribuinte de direito possui legitimidade ad causam para figurar no polo ativo das demandas judiciais que envolvam a incidência do ICMS sobre a demanda contratada de energia elétrica. 3. Nas operações internas com energia elétrica, o contribuinte é aquele que a fornece ou promove a sua circulação (definição disposta no art. 4º, *caput*, da Lei Complementar 87/1996). Assim, ainda que se discuta a condição da concessionária, é certo que não é possível enquadrar o consumidor final na descrição legal de contribuinte de direito. 4. Na ausência de uma das condições da ação – legitimidade ativa da parte recorrida –, impõe-se a denegação da segurança, sem resolução do mérito, consoante disposto no art. 6º, § 5º, da Lei 12.016/2009. 5. Recurso especial provido" (REsp 1147362/MT, Rel. Min. Castro Meira, Segunda Turma, j. 10.08.2010, *DJe* 19.08.2010, RTFP vol. 94, p. 418).

Essa extensão do julgado para casos de ICMS era tão flagrantemente inapropriada que não se manteve por muito tempo, sendo reformada justamente para retornar ao entendimento anterior[140], mediante a operação do *distinguish*.

No Brasil, portanto, se varia de um extremo ao outro mencionado por Siltala, pois ora se entende pela extrema deferência, ora as mudanças são drásticas e sem qualquer motivação própria e adequada. A única tendência verificada já foi denunciada: os tribunais superiores e o Supremo Tribunal Federal veem sua atuação com margem de liberdade bem maior, inclusive em face de seus precedentes, do que aquela que vêm tentando impor às cortes posicionadas em grau menos elevado.

A importação de institutos da tradição inglesa, como os motivos autorizadores do *overruling* e as várias técnicas de *distinguish* já seria útil para restringir a arbitrariedade ante a existência de precedentes conflitantes, bem como para evitar uma servil subordinação. Propor-se-á, todavia, neste trabalho, a ideia de que todos os precedentes devem ser examinados e aplicados segundo sua força hermenêutica, aferida em cada situação partindo-se do jogo hermenêutico ocorrido no caso anterior e naquele posto diante do julgador ou tribunal subsequente. Assim, repita-se, são aliadas as ideias de Dworkin com as contribuições da Filosofia gadameriana.

3.3.7 Aspectos sistemáticos: abertura/fechamento argumentativo

Esse específico aspecto do precedente indica quais tipos de argumentação restam válidos para o desenvolvimento de um sistema de precedentes. Siltala[141] bem expõe as duas possibilidades:

> A system of precedents which gives exclusive effect to formally valid arguments may be called closed-ended. Open-endness, on the other hand, refers to a system of law and legal argumentation where the argumentative impact of non-formal, extra-legal reasons of either axiological or teleological kind is officially recognized in law-application.

Pelo modelo de sistema a ser desenvolvido para os precedentes no Brasil, com amparo nas ideias de Dworkin, certamente defende-se neste trabalho uma abertura argumentativa no uso dos precedentes. A força gravitacional, *rectius* a força hermenêutica de um precedente, irá variar caso a caso segundo razões formais e não formais. A

---

140. "Recurso especial. Representativo da controvérsia. Art. 543-C Código de Processo Civil. Concessão de serviço público. Energia elétrica. Incidência do ICMS sobre a demanda 'contratada e não utilizada'. Legitimidade do consumidor para propor ação declaratória c/c repetição de indébito. – Diante do que dispõe a legislação que disciplina as concessões de serviço público e da peculiar relação envolvendo o Estado-concedente, a concessionária e o consumidor, esse último tem legitimidade para propor ação declaratória c/c repetição de indébito na qual se busca afastar, no tocante ao fornecimento de energia elétrica, a incidência do ICMS sobre a demanda contratada e não utilizada. – O acórdão proferido no REsp 903.394/AL (repetitivo), da Primeira Seção, Ministro Luiz Fux, *DJe* 26.04.2010, dizendo respeito a distribuidores de bebidas, não se aplica ao casos de fornecimento de energia elétrica. Recurso especial improvido. Acórdão proferido sob o rito do art. 543-C do Código de Processo Civil" (RESP 1299303/SC, Rel. Min. Cesar Asfor Rocha, Primeira Seção, j. 08.08.2012, *DJe* 14.08.2012).

141. SILTALA, Raimo, *op. cit.*, p. 71.

estrutura rígida do sistema fundacionalista refutada linhas atrás não deve prevalecer no estudo dos precedentes, dada a função primordial destes de mediar as fontes formais com a realidade em que está inserida.

Na tradição inglesa, mesmo sem haver a ruptura com o positivismo normativista, percebe-se que a maior atenção aos dados fáticos diminui a aridez argumentativa calcada apenas nas clássicas fontes formais do Direito. As contribuições do realismo jurídico, nessa seara, são relevantes, ensejando a busca do que, genericamente, se convencionou chamar de "Direito vivo". Embora se empreste peso relevante para a posição hierárquica do tribunal de onde provêm, as técnicas conhecidas para não aplicar um precedente consideram, justamente, a possibilidade de desafios inferiores por motivos amplos, inclusive de justiça. Eis um risco de algumas posições difundidas no Brasil, em que o mero aspecto hierárquico aufere destaque.

Não é só o fato de um precedente provir do Supremo Tribunal, de algum tribunal superior ou de alguma corte regional ou estadual que será determinante para se formar o sistema de precedentes, aferir sua força hermenêutica ou regular sua dinâmica sistêmica. Outros fatores, além dos formais, entram, certamente, em consideração.

No entanto, sobretudo após a edição do Código de Processo Civil de 2015, há uma tendência para que, em processos de massa, que repetem indistintamente a mesma questão de direito, haja uma lógica fechada na aplicação dos precedentes firmados em procedimentos específicos em tribunais superiores, resultando em súmulas ou teses. Erige-se, então, um confronto entre propostas teóricas querendo que as demais cortes sejam apenas reprodutoras da solução sumulada ou inserida em tese, e outras que ainda defenderá uma aplicação aberta e justificada. No entanto, isso é um falso dilema, ao menos ao se considerar a proposta aqui realizada.

Quando um caso é padronizado e repetido, que traz sem qualquer particularidade a mesma questão jurídica já solucionada de maneira formalmente vinculante nas instâncias superiores, essas categorias formais têm maior força e determinação na aplicação do precedente, cabendo o afastamento dele se dá apenas quando haja razões próprias a serem justificadas mediante uma distinção hermenêutica (e não meramente fática). Por outro lado, em um caso complexo, em que a matéria jurídica já pacificada ganha contornos singulares em função do caso, os critérios formais que apontam para a mera repetição perdem força diante de critérios materiais.

Essa abertura e fechamento em torno de questões padrões ou complexas ficará mais clara ao longo deste trabalho, sobretudo no capítulo sobre uso dos precedentes.

3.3.8 Aspectos pragmáticos: fonte/efeito da *ratio* de um precedente

Esse aspecto aprofunda tema de certa forma já tocado: quem produz o procedente, a corte que o julgou ou quem o aplica? Siltala[142] expõe as três óbvias possibilidades:

---

142. SILTALA, Raimo, *op. cit.*, p. 72.

o tribunal original ter inteiro poder nessa definição, o tribunal subsequente possuir larga margem de discricionariedade para tanto, ou um meio-termo balanceado entre os dois extremos.

Interessante é destacar que, desde as discussões surgidas em torno do trabalho de Goodhart, não se defende mais seriamente, no sistema inglês, a ideia de que a corte emissora tenha o poder absoluto para determinar a *ratio decidendi* de um precedente. A incorporação das diversas técnicas a refutarem a ideia de que o núcleo vinculante consistiria no critério jurídico posto pelo julgador comprova isso. Mesmo quem, naquela tradição, se apega a tal critério apresentado pela corte emissora não põe a questão em termos unilaterais. Não se toma, portanto, a *ratio* apenas como um ato de vontade do tribunal emissor, pois há clara variação no uso do precedente, alternando entre tomá-lo como imperativo formal ou um critério substantivo de raciocínio.

Mesmo Kelsen[143], em uma visão normativista, reconhece que o precedente não é um produto unilateralmente construído. Ao tomar o precedente como uma norma obtida por generalização de uma decisão concreta, assume que essa "generalização, quer dizer, a formulação da norma geral, pode ser realizada pelo próprio tribunal que cria o precedente, mas também pode ser deixada aos outros tribunais que se encontram vinculados pelo dito precedente". Para o autor, "não se pode impedir que diferentes tribunais generalizem por forma diferente a decisão que constitui o precedente". É certo que essa pluralidade de autores da generalização concorre contra a uniformização, mas se devem criar outros instrumentos para viabilizar a convergência, porquanto a simples proibição de outras cortes erigirem a norma jurisprudencial não é viável.

No Brasil, em algumas passagens de julgados e opiniões doutrinárias, percebe-se a intenção de tratar precedente como uma manifestação imposta pelo tribunal de origem. Basta recapitular o já citado posicionamento do Supremo Tribunal Federal de que ofender suas decisões corresponde a desconsiderar a força normativa da Constituição de quem é intérprete autêntico e final[144]. É possível perceber, nessa afirmação, que se concebe o precedente como uma manifestação de vontade, tendo um só autorizado a dizer-lhes os contornos.

E mais. Instrumentos como a reclamação constitucional e disposições como o efeito vinculante e eficácia *erga omnes* parecem reforçar o entendimento de que, de fato, quem determina a *ratio* é o tribunal emissor.

---

143. KELSEN Hans, 1999, *op. cit.*, p. 278.
144. "Embargos de declaração em recurso extraordinário. 2. Entidade fechada de previdência privada. Contribuição por parte dos empregados. Ausência. Imunidade tributária devida. Art. 150, VI, "c" da CF/1988. Precedente. 3. Acórdão recorrido em conformidade com a jurisprudência desta Corte. 4. A manutenção de decisões divergentes da interpretação constitucional revela-se afrontosa à força normativa da Constituição e ao princípio da máxima efetividade da norma constitucional. 5. Embargos de declaração rejeitados" (RE 227001 ED, Rel. Min. Gilmar Mendes, Segunda Turma, j. 18.09.2007, *DJe*-117, divulg 04.10.2007, public 05.10.2007, *DJ* 05.10.2007, p. 37, ement vol-02292-03, p. 654).

CAPÍTULO 3 • O QUE É PRECEDENTE **187**

A reclamação seria instrumento similar à vetusta consulta ao legislador do positivismo exegético: meio de se acessar diretamente a única opinião competente para determinar o sentido autorizado. Já a eficácia *erga omnes* e o efeito vinculante, por serem costumeiramente assimilados à força de lei de que desfrutam as decisões da Corte Constitucional alemã, corroborariam essa unilateralidade da imposição, pois lei, nesse âmbito, é tomada pela teoria do Direito como uma manifestação de vontade.

A prática jurídica refuta, no entanto, tais posições, desnuda serem mais uma intenção ditada por motivos político-institucionais do que algo efetivamente calcado em uma adequada constatação da fenomenologia jurídica. Exemplo pátrio demonstra a inviabilidade de se tentar restringir ao tribunal originário a determinação do precedente, ainda que em julgamento com eficácia *erga omnes* e efeito vinculante. Nesse tocante, interessantíssimo é o caso da ADI 1232.

O procurador-geral da República ajuizou referida Ação Direta de Inconstitucionalidade contra o art. 20, § 3º, da Lei nº 8.742/1993, que regulamentou o art. 203, V, da Constituição Federal.

Esse dispositivo constitucional trata sobre a assistência social de quem dela necessitar. O aludido inciso estabelece "a garantia de um salário mínimo de benefício mensal à pessoa portadora de deficiência e ao idoso que comprovem não possuir meios de prover à própria manutenção ou de tê-la provida por sua família, conforme dispuser a lei". A lei que dispôs sobre o assunto foi justamente a Lei nº 8.742/1993, estabelecendo que se considera "incapaz de prover a manutenção da pessoa portadora de deficiência ou idosa a família cuja renda mensal *per capita* seja inferior a 1/4 (um quarto) do salário mínimo".

Como motivo para a inconstitucionalidade, o Procurador-Geral da República alegou que o estabelecimento desse critério não era preciso e que poderia haver outros meios para se aferir o estado de necessidade de uma pessoa.

O relator da ação, ministro Ilmar Galvão, acatou o entendimento, citando expressamente o posicionamento posterior do Ministério Público Federal, e votou pelo provimento parcial da ação para dar interpretação conforme à Constituição. Entendeu que o critério legal estabelecia uma presunção *jure et jure* para quem se encontrasse na hipótese legal, não impedindo, contudo, que se aferisse, no caso concreto, por outros meios, a real e efetiva necessidade a ser reparada pelo benefício constitucional.

O relator foi vencido nesse entendimento, tendo sido acompanhado apenas pelo ministro Néri da Silveira. Os demais ministros, em julgamento concluído em agosto de 1998, rejeitaram expressamente a hipótese de interpretação conforme e julgaram improcedente a ação, entendendo, então, o critério legal como objetivo e válido.

Ocorre que diversos juizados especiais da Justiça Federal em todo o país passaram a desafiar esse julgamento do Supremo Tribunal Federal. Muitos deles, na esteira do voto vencido na ADI 1232, não entendiam por inconstitucional o critério estabelecido na legislação, apenas o julgavam insuficiente, pelo que, mediante a comprovação no caso concreto da efetiva necessidade, concediam o benefício.

Contra uma dessas decisões, foi ajuizada pelo Instituto Nacional do Seguro Social – INSS a Reclamação nº 2303, arguindo-se, justamente, o descumprimento da decisão tomada pelo Supremo Tribunal na ADI 1232. A relatora, ministra Ellen Gracie, liminarmente, deu provimento à reclamação e, em plenário, no julgamento do agravo manejado contra sua decisão monocrática, destacou que o julgamento reclamado, na esteira de vários outros, vinha adotando o entendimento do ministro Ilmar Galvão, expressamente vencido no julgamento da ação direta de inconstitucionalidade. Tal constatação foi tida por suficiente para caracterizar o desrespeito ao efeito vinculante da decisão do Supremo Tribunal Federal.

O ministro Ayres Britto divergiu da relatora e entendeu não haver qualquer violação, porque os julgadores inferiores não estavam a declarar a inconstitucionalidade da lei, apenas reconhecendo sua insuficiência para aferir a necessidade ante provas de sua existência.

Houve intenso debate entre os ministros, mas prevaleceu o voto da relatora de que configuraria ofensa ao precedente, porque adotava tese de voto vencido. Destaca-se o voto do ministro Gilmar Mendes que advertia o risco de os inúmeros juizados em todo o território nacional se valerem dos mais diversos critérios para conceder o benefício assistencial.

Nessa perspectiva, pode-se perceber, portanto, que a reclamação recuperou a *ratio* do precedente tal qual fora posta pelo julgamento originário. Houve expressa recusa em se buscar qualquer elemento novo para interpretá-lo. Na reclamação, o Supremo Tribunal Federal pareceu corroborar o entendimento de que o precedente e sua parte vinculante devem ser compreendidos nos estreitos limites por que foram postos no julgamento originário, em uma atitude de se reaver o que fora feito na ocasião. Perceba-se que o único fundamento da ministra Ellen Gracie para dar provimento à reclamação foi o fato de a decisão reclamada adotar tese vencida na ADI.

O entendimento sobre essa matéria, porém, mudou diametralmente no Supremo Tribunal Federal, mediante reavaliação do que se considerava vinculante na ADI 1232. O ministro Gilmar Mendes, que na Reclamação 2303 acompanhara a relatora, mudou sua compreensão sobre o referido precedente. Em uma nova reclamação, Rcl nº 4374, ele, monocraticamente, entendeu que o provimento daquela ação direta não proibia que os magistrados buscassem aferir a necessidade do postulante por outros critérios reais e concretos. Ressaltou que, em outros julgamentos, o Tribunal mantivera o entendimento consagrado na Reclamação 2303, porém, em outros mais recentes, flexibilizou o entendimento. Daí concluiu:

A análise dessas decisões me leva a crer que, paulatinamente, a interpretação da Lei nº 8.742/1993 em face da Constituição vem sofrendo câmbios substanciais neste Tribunal.

De fato, não se pode negar que a superveniência de legislação que estabeleceu novos critérios mais elásticos para a concessão de outros benefícios assistenciais – como a Lei nº 10.836/2004, que criou o Bolsa Família; a Lei nº 10.689/2003, que instituiu o Programa Nacional de Acesso à Alimentação; a Lei nº 10.219/2001, que criou o Bolsa Escola; a Lei nº 9.533/1997, que autoriza o Poder Executivo a conceder apoio financeiro a Municípios que instituírem programas de garantia de renda mínima associados a ações socioeducativas; assim como o Estatuto do Idoso (Lei nº 10.741/2003) – está a revelar que o próprio legislador tem reinterpretado o art. 203 da Constituição da República.

CAPÍTULO 3 • O QUE É PRECEDENTE **189**

Os inúmeros casos concretos que são objeto do conhecimento dos juízes e tribunais por todo o país, e chegam a este Tribunal pela via da reclamação ou do recurso extraordinário, têm demonstrado que os critérios objetivos estabelecidos pela Lei nº 8.742/1993 são insuficientes para atestar que o idoso ou o deficiente não possuem meios de prover à própria manutenção ou de tê-la provida por sua família. Constatada tal insuficiência, os juízes e tribunais nada mais têm feito do que comprovar a condição de miserabilidade do indivíduo que pleiteia o benefício por outros meios de prova. Não se declara a inconstitucionalidade do art. 20, § 3º, da Lei nº 8.742/1993, mas apenas se reconhece a possibilidade de que esse parâmetro objetivo seja conjugado, no caso concreto, com outros fatores indicativos do estado de penúria do cidadão. Em alguns casos, procede-se à interpretação sistemática da legislação superveniente que estabelece critérios mais elásticos para a concessão de outros benefícios assistenciais.

Tudo indica que – como parecem ter anunciado as recentes decisões proferidas neste Tribunal (acima citadas) – tais julgados poderiam perfeitamente se compatibilizar com o conteúdo decisório da ADI nº 1.232.

Em verdade, como ressaltou a Ministra Cármen Lúcia, "a constitucionalidade da norma legal, assim, não significa a inconstitucionalidade dos comportamentos judiciais que, para atender, nos casos concretos, à Constituição, garantidora do princípio da dignidade humana e do direito à saúde, e à obrigação estatal de prestar a assistência social'a quem dela necessitar, independentemente da contribuição à seguridade social', tenham de definir aquele pagamento diante da constatação da necessidade da pessoa portadora de deficiência ou do idoso que não possa prover a própria manutenção ou de tê-la provida por sua família". (Rcl nº 3.805/SP, *DJ* 18.10.2006).

Portanto, mantendo-se firme o posicionamento do Tribunal em relação à constitucionalidade do § 3º do art. 20 da Lei nº 8.742/1993, tal como esposado no julgamento da ADI 1.232, o mesmo não se poderia afirmar em relação ao que decidido na Rcl – AgR 2.303/RS, Rel. Min. Ellen Gracie (*DJ* 01.04.2005).

O Tribunal parece caminhar no sentido de se admitir que o critério de 1/4 do salário mínimo pode ser conjugado com outros fatores indicativos do estado de miserabilidade do indivíduo e de sua família para concessão do benefício assistencial de que trata o art. 203, inciso V, da Constituição. Entendimento contrário, ou seja, no sentido da manutenção da decisão proferida na Rcl 2.303/RS, ressaltaria ao menos a inconstitucionalidade por omissão do § 3º do art. 20 da Lei nº 8.742/1993, diante da insuficiência de critérios para se aferir se o deficiente ou o idoso não possuem meios de prover a própria manutenção ou de tê-la provida por sua família, como exige o art. 203, inciso V, da Constituição.

A meu ver, toda essa reinterpretação do art. 203 da Constituição, que vem sendo realizada tanto pelo legislador como por esta Corte, pode ser reveladora de um processo de inconstitucionalização do § 3º do art. 20 da Lei nº 8.742/1993.

Atualmente, o Tribunal, que teve sua composição bastante alterada, mudou claramente o modo de apreender aquilo que fora decidido na ADI 1232. Pode-se arriscar a dizer que houve verdadeira inversão do julgamento, pois os pronunciamentos mais recentes convergem para o voto vencido. Isso explica a conclusão do voto indicando a "inconstitucionalização" da lei declarada constitucional com força vinculante:

Agravo regimental. Benefício assistencial. Lei 10.741/2003, art. 34, parágrafo único. Lei 8.742/1993, art. 20, § 3º. A Turma Recursal de origem não afastou o critério estabelecido no art. 20, § 3º, da Lei 8.742/1993, ao julgar procedente o pedido de concessão de benefício assistencial nos termos do Estatuto do Idoso. Decisão em conformidade com o decidido por esta Corte no julgamento da ADI 1.232, rel. min. Ilmar Galvão. Matéria diversa daquela tratada no RE 567.985, cuja repercussão geral já foi reconhecida por este Tribunal. Agravo regimental a que se nega provimento[145].

---

145. RE 569065 AgR, Rel. Min. Joaquim Barbosa, Segunda Turma, j. 10.08.2010, *DJe*-185, divulg 30.09.2010, public 01.10.2010, ement vol-02417-05, p. 1145.

Esse vigoroso exemplo é cabal em demonstrar que o precedente não é determinado unilateralmente pela corte emissora. Os julgamentos posteriores, mesmo provindos de autoridades judiciárias situadas em nível hierárquico inferior, conformam o julgado, sua eficácia e alcance. Os desafios mediante motivos diversos são essenciais para o jogo hermenêutico. Por essa razão, se pode afirmar com segurança que o precedente é moldado pelas manifestações posteriores a ele, a despeito de a intenção político-institucional ditar que haveria um ato unilateral de imperativa imposição, uma ordem, a que os julgadores subsequentes, sobretudo inferiores, deveriam estreita obediência.

A situação ora ilustrada ainda dá indícios dos elementos que determinam a força de um precedente, podendo ser adiantados os seguintes: a) tipo de processo, recurso ou incidente em que é proferido; b) manutenção ou alteração da composição do tribunal emissor; c) modificação do quadro legislativo respectivo, mesmo que não se altere a específica lei considerada no precedente.

Uma análise mais detida do próprio positivismo normativista demonstra que, em verdade, nem Kelsen nem Hart autorizam o entendimento de que o precedente seja colocado de maneira predeterminada ao aplicador. Kelsen, ao definir precedente como uma norma geral e abstrata inferida da norma individual e concreta do dispositivo, aplicada tal qual uma norma legislativa, autoriza a transferência da discricionariedade de seu quadro hermenêutico. Em outras palavras, o intérprete do precedente, ao realizar a abstrativização respectiva, se encontraria diante de um quadro de discricionariedade similar ao do intérprete de uma lei. Por sua vez, Hart, ao tomar precedente como exemplo, deixa expressamente ao intérprete a perquirição de seus elementos relevantes e conteúdo.

A tradição inglesa renega, por outro lado, o extremo oposto: que o precedente seja algo posto à disposição do julgador que irá aplicá-lo. Marinoni, mesmo com posicionamentos favoráveis à compreensão hierarquizada dos precedentes, se vale de lições dessa tradição para amenizar sua própria compreensão. Lança mão dos conceitos de *ratio* descritiva e *ratio* prescritiva expostos nas lições de Cross e Harris ao aludirem a Julius Stone:

> Destaque-se de forma breve, ainda, o problema relativo a se saber quem define a *ratio decidendi*, se o órgão que institui o precedente ou se aquele que está a analisar se o precedente há de ser aplicado ao caso que está em suas mãos para julgamento. Não há dúvida que, mesmo que a *ratio decidendi* seja instituída pelo órgão que elaborou o precedente, isso não isentará os juízes de, no futuro, compreendê-la diante de novos casos sob julgamento.
>
> Note-se que, ao se supor que a Corte subsequente cria, estabelece-se um efeito retroativo, não desejável e admissível quando se têm em conta a segurança jurídica e a previsibilidade. O novo caso dá à Corte posterior apenas a possibilidade de compreender o precedente, que existe desde quando instituído pela primitiva Corte. Portanto, ainda que se admitisse que o juiz do novo caso elabora a *ratio decidendi*, ter-se-ia necessariamente duas ratio decidendi, uma elaborada pelo juiz do caso originário e outra pelo juiz do novo caso. Lembre-se que é nesta dimensão que Julius Stone falou em *ratio decidendi* descritiva e *ratio decidendi* prescritiva, também atribuindo a esta última a qualificação de obrigatória, já que reveladora das razões que uma corte posterior está obrigada a seguir[146].

---

146. MARINONI, Luiz Guilherme, 2010, *op. cit.*, p. 231.

CAPÍTULO 3 • O QUE É PRECEDENTE **191**

Embora seja correta a posição intermediária de Marinoni, é possível fazer duas oposições a sua lição: a) a preocupação que ele expõe sobre a retroatividade não deve se restringir à aplicação do precedente, pois o próprio precedente pode ter um deletério efeito retroativo na interpretação/aplicação da lei, sendo assunto, pois, a permear todo o estudo sobre o tema, e não apenas na determinação da *ratio* (como se fosse isolável); b) a distinção entre *ratio* descritiva e prescritiva põe a questão em termos de uma interpretação histórico-evolutiva na linha do entendimento de Dilthey; porém, neste trabalho, se expressa a historicidade nos termos de Heidegger e da hermenêutica filosófica, bem como as ideias de integridade e coerência de Dworkin, pelo que não é possível o intérprete se pôr fora da história para contemplar os dois momentos. Ele, em verdade, se insere em um círculo hermenêutico, devendo compreender o jogo de-e-para existente, considerando as perguntas e resposta daquele que ocorreu, para apurar as razões subjacentes do precedente.

Portanto, vê-se que a proposta de plena definição da *ratio* (*rectius*: do precedente) pelo tribunal de origem atende muito mais a interesses políticos do que descreve a fenomenologia jurídica. Verificar-se-á, portanto, que posição nesse sentido são extremismos inconciliáveis mesmo com o positivismo normativista mais elaborado. Por sua vez, dizer que ele é definido pelo tribunal ou juiz que irá aplicá-lo autoriza uma arbitrariedade não admitida nem mesmo na tradição inglesa que incorporou críticas dos céticos realistas.

3.3.9 Aspectos pragmáticos: método de argumentação

Por método de argumentação, Siltala indica o modo pelo qual se faz uso de um precedente, o que varia desde um estrito literalismo a um anarquismo metodológico. Indica ainda que o grupo coordenado por MacCormick, que produziu relevante obra já diversas vezes citada neste trabalho[147], sistematiza as opções existente em três, a variar segundo a ideologia reinante: a) dedutiva ou discursiva; b) legalista ou substantiva; e c) magisterial ou argumentativa.

Já deve ter ficado claro, na altura deste ensaio, que, no Brasil, sem um maior desenvolvimento de uma teoria específica sobre o precedente, lança-se mão de técnicas positivistas para interpretar/aplicar os precedentes, pondo-se como um modo dedutivista (em razão do método subsuntivo utilizado), legalista (pois não se entra no âmago das discussões eventualmente travadas no julgado anterior, contentando-se com ementa) e magisterial (a simples menção ao precedente, muitas vezes, é tida por suficiente para fundamentar um novo julgado).

Por sua vez, no âmbito de um positivismo normativista, a tradição inglesa se caracteriza por ser discursiva, substantiva e argumentativa. Mesmo a existência de uso imperativo de precedente não elide essas características gerais, pois, quando existente,

---

147. MACCORMICK, D. Neil; SUMMERS, Robert S.; GOODHAT, Arthur L., *op. cit.*

decorre, justamente, de razões ditadas pelo caso, não sendo algo tido como premissa indiscutível ou de caráter geral.

Este tópico não demanda desenvolvimento específico, pois seu objeto permeia as várias páginas deste trabalho, enquanto a atitude própria a ser proposta será tratada no capítulo sobre uso do precedente. Além disso, ao se explorar as diversas ideologias dos precedentes, essas opções serão novamente abordadas.

3.3.10 Aspectos pragmáticos: critérios para não se utilizar um precedente

As razões que autorizam a não aplicação de um precedente são bastante desenvolvidas na tradição inglesa. Em verdade, é ponto fulcral da doutrina do *stare decisis*. Conquanto sejam mais difundidos o *overruling* e o *distinguish*, muitas vezes alçados à condição de gênero das várias espécies possíveis, há várias outras.

Não se apresentam como técnicas rígidas e exaustivas, até porque a própria doutrina assim não o é naquela tradição, e isso tem relação com o que foi destacado no tópico anterior quanto ao método argumentativo tender a ser discursivo, substantivo e argumentativo. Assim, o fato de se permitir ampla argumentação com os precedentes autoriza mesmo proposta imperativa de seu uso como argumento de autoridade, mediante técnica similar à simples subsunção.

É importante a lição de William Twining e David Miers[148], indicando a ideia de uma possível explicação para o aparente paradoxo da doutrina do *stare decisis,* que é indeterminada, mas relativamente estável. É que o uso dos precedentes se dá pelas duas formas, tanto substantiva quanto imperativa. Destacam: "the law reports are not merely a collection of authorities; they are also a massive treasury of substantive arguments". Como concluem, "a doutrina do precedente faz pouco mais que prescrever qual o peso é para ser dado a um caso como imperativo, uma vez que devem ser interpretados"[149].

Por essa razão, são desenvolvida técnicas argumentativas, consolidadas pela prática, tanto para se aplicar quanto para se deixar de aplicar um precedente, evitando que o julgador posterior simplesmente ignore os julgados anteriores ou os deixe de considerar sob alegação de livre convencimento.

A primeira e mais conhecida técnica de não uso é distinguir os dois casos. Em outras palavras, tomar o precedente como substancialmente distinto do outro caso em tela. Contudo, mesmo ante uma similaridade fática ou mesmo jurídica, se pode afirmar que o precedente[150]: a) envolve uma interpretação falha de outros precedentes prévios a ele; b) foi uma decisão proferida *per incuriam*, ou seja, ignorando a obrigatoriedade de uma lei ou de outro precedente; c) foi, posteriormente superado ou questionado por outros julgamentos; e d) é inconciliável com julgados anteriores ou posteriores a ele.

---

148. TWINING, William; MIERS, David, *op. cit.*, p. 295.
149. *Ibid.*, p. 296.
150. *Ibid.*, p. 296.

CAPÍTULO 3 • O QUE É PRECEDENTE **193**

Esses são os motivos principais, mas os autores a eles somam outros secundários, arguindo que: a) a corte que proferiu o precedente tem baixa autoridade, ou seja, é de um escalão inferior da hierarquia do Judiciário; b) o alcance do precedente não é claro; d) o argumento utilizado no precedente é fraco; e) a decisão do tribunal foi decisivamente influenciada por considerações especiais; f) as condições sociais mudaram; g) a fundamentação não é confiável; e h) o precedente é criticado pela doutrina.

William Twining e David Miers lecionam que essa enumeração não é exaustiva, entrando em consideração outros menos comuns, como, por exemplo, o maior ou menor prestígio do magistrado que proferiu a decisão.

Esses motivos podem ser tomados isoladamente ou combinados, sendo comum que do mesmo precedente se retirem conclusões distintas, variando de acordo com essa combinação. Seja como for, cria na tradição inglesa maior estabilidade não porque o precedente desfruta de uma obrigatoriedade especial, ou força vinculante ou de lei. Sua importância reside justamente nessa obrigatoriedade do magistrado posterior ter que justificar por que irá ou não seguir um precedente, mesmo que ele provenha de uma corte inferior, pois, como ensinam, é uma convenção tácita da doutrina que, mesmo um precedente inferior não tendo a mesma vinculação, ainda assim deve ser considerado nos casos posteriores.

Tal comportamento imprime uma racionalidade ao sistema e evidencia os critérios decisórios e a linha de julgamento do Judiciário.

No Brasil, tais técnicas são pouco desenvolvidas. Mesmo o incremento da vinculação aos precedentes verificado nos últimos anos se expressa como questão de mera imperatividade das decisões superiores, o que elide a riqueza do embate argumentativo que deve existir na aplicação ou não de um precedente ainda que de tribunal, seja de que nível for.

O atual Código de Processo Civil impõe uma mudança nesse cenário ao prever, por exemplo, o direito de a parte alegar a distinção de seu caso para o padrão utilizado no julgamento de recurso especial ou extraordinário repetitivos. De maneira mais evidente e geral, qualifica com viciada por fundamentação deficiente, em seu art. 489, § 1º, a decisão que "deixar de seguir enunciado de súmula, jurisprudência ou precedente invocado pela parte, sem demonstrar a existência de distinção no caso em julgamento ou a superação do entendimento". Naturalmente, para realizar a distinção ou demonstrar a superação será necessária a adoção de critérios bem definidos primeiro para definir o que seja o precedente, como ele vincula e, só então, erigir critérios para demonstrar quais diferenças são relevantes e em quais hipóteses ele pode ser considerado superado. Para cumprir, portanto, a exigência que emerge do dispositivo legal é necessária uma reflexão mais profunda.

Esforço doutrinário de Patrícia Perrone busca detalhar as hipóteses de *distinguish*:

> O critério utilizado para dissociar casos é similar àquele utilizado para associá-lo. Quatro elementos essenciais devem ser consultados: a) os fatos relevantes apresentados por cada um; b) os valores e normas que

eles suscitam; c) a questão de direito em exame; d) os fundamentos imanentes da decisão. A semelhança ou a diferença entre tais elementos será objeto de argumentação e de exames valorativos, decidindo-se, afinal, se a nova demanda é (ou não) idêntica e, por isso, se deve (ou não) receber tratamento conferido ao precedente invocado. Assim, constituem hipóteses de distinção, exemplificativamente:

a) A diferenciação entre casos, ao argumento de que seus fatos relevantes diferem e demandam tratamento específico;

b) A afirmação de que a nova demanda provoca incidência de normas e valores diversos daqueles examinados no julgado anterior;

c) A alegação de que a questão de direito colocada pela ação subsequente é diversa;

d) O argumento de que os fundamentos da decisão invocada como modelo não são aplicáveis ao caso decidido;

e) A reformulação do *holding* do caso paradigma, em razão do reconhecimento de que a regra dele emergente foi definida em termos muito amplos, abrangendo casos que a corte vinculante não desejaria abranger;

f) A constatação de que o precedente entra em conflito com normas derivadas de outros julgados, limitando-se sua incidência, a fim de acomodá-la às últimas; e

g) O enfrentamento na nova causa de algum argumento que poderia ter sido, mas não foi examinado pela corte vinculante, e que implica o afastamento parcial de suas conclusões[151].

Já deve ter ficado claro neste trabalho que, no país, se tomam os precedentes pelas técnicas do positivismo normativista ou mesmo exegético, tolhendo grandemente a abertura argumentativa existente na tradição inglesa, que, mesmo positivista, relativiza seus rigores.

Além da distinção, há a superação do precedente, que consiste em seu abandono operado pela corte emissora. As razões para tanto devem ser aferidas de modo interpretativo, autorizando ocorrer apenas quando existirem razões próprias decorrentes de novos elementos incidentes no círculo hermenêutico. É muito comum se falar que a superação se equipara a uma revogação legislativa. Na medida em que se propõe, aqui, que nem o precedente nem sua *ratio* podem ser resumidos a uma norma, essa equiparação não prospera, mesmo porque um precedente não é eliminado por completo do sistema jurídico, perdendo abruptamente sua relevância. A decisão proferida não pode ser considerada expurgada do mundo jurídico, pois, afinal, ainda é o julgamento de um caso, é uma resposta dada a uma lide. Ele persiste, ainda que com efeitos mitigados ou mesmo eliminados.

Conquanto seja medida que caiba a corte emissora, os aplicadores do precedente que merece ser superado não devem ficar simplesmente esperando passivamente a manifestação dessa corte, eles podem tomar uma atitude em relação a eles, consistente no desafio, traduzido na indicação, precisamente, de razões da defasagem do julgado padrão, deixando-se de utilizá-lo. O desafio pode ser encarado, portanto, como uma proposta de superação feita pelas cortes aplicadoras ao tribunal emissor do precedente. A existência de muitos desafios fundamentados é indicativa da iminente superação de um precedente, já que o jogo hermenêutico respectivo não fica submetido apenas à

---

151. MELLO, Patrícia Perrone Campos, *op. cit.*, 2008 p. 202-203.

mera vontade da corte emissora. Ravi Peixoto, em obra específica sobre o tema, ainda que tratando precedente como norma, menciona a "incompetência" da corte aplicadora para superar o precedente, mas admite que ela possa não o aplicar, em hipótese que denomina de superação antecipada. A seu entender a *ratio decidendi* continuaria em "vigor", até ser abatida pela corte emissora. Não havendo razão para a superação antecipada, configurar-se-ia um *error in judicando ou in procedendo*[152].

Esse é um bom exemplo para demonstrar que precedente não pode ser estudado segundo os institutos criados para as normas legislativas. Não há "competência" para criação de precedente ou sua revogação. Quando se diz que a superação cabe apenas à corte emissora, isso significa que um dos aspectos para mensurar sua força hermenêutica – consistente precisamente na origem do julgado – só pode ser eliminado pela própria corte emissora, ou seja, quando ela mesma afirma não ser mais um entendimento seu. Isso não significa que a autoridade para pôr ou retirar um precedente no sistema jurídico seja de "competência exclusiva" dessa corte, justamente porque precedentes não são abatidos nem erigidos por um único ato formal. Falar em possibilidade de desafio como uma superação antecipada subverte justamente o conceito de "competência exclusiva".

Assim, embora o autor apresente conclusões corretas e de maneira inteligente, recorre, por empréstimo, a conceitos e institutos forjados para outros institutos jurídicos, que causam, ao final, uma imperfeita compreensão do fenômeno em torno de precedentes.

Diante disso é que se propõe, nesta obra, a utilização de instrumentos hermenêuticos, com vocabulário próprio para o sistema de precedentes, sem tomar "emprestado" conceitos desenvolvidos para leis em geral.

3.3.11 Aspectos de justificação: critério de justiça

Esse tópico se ocupa de determinar qual critério de justiça subjaz no dever de seguir precedente. Conforme expõe Siltala[153], há uma variação entre dois extremos: a) critérios formais de justiça que inspiram uma uniformidade que releve questões mais particulares em nome de maior previsibilidade e certeza; e b) critério de justiça substancial em prol de uma coerência sistêmica e integridade de conteúdo sem apego mais determinante a formalidades. Contrapõem-se, pois, previsibilidade formal e correção substancial.

No Brasil, conforme já exposto, busca-se a ilusão exegética de previsibilidade formal, calcada em artificialidades, não podendo ser, seriamente, tomada como objetivo central, sem prejuízo de questões substanciais do constitucionalismo contemporâneo. Por isso, feliz a menção do art. 926 do Código de Processo Civil ao dever de coerência e integridade, pois evita a tentação de se recorrer ao senso comum imantado de noções positivistas que, por sua vez, pressupõem uma justiça apenas formal.

---

152. PEIXOTO, Ravi, *op. cit.*, p. 198.
153. SILTALA, Raimo, *op. cit.*, p. 74.

Na tradição inglesa, também já deve ter ficado claro, sobretudo em razão da pouca influência que sofreu do Estado de Direito legislativo, que, conquanto se verifique, também, a existência de critérios formais, eles não são únicos nem determinantes. A existência de forte embate com os realistas, sobretudo nos Estados Unidos, fez que a doutrina do *stare decisis* se desenvolvesse sem demandar maiores amarras formais para bem se colocar entre um extremo e outro. A afirmação de que *like cases must be treat alike* não possui a conotação formalista que se quer dar no Brasil. Não se elidem particularidades relevantes para se inserir em uma fórmula geral, não se reduz a *ratio* a enunciados abrangentes como as súmulas. A igualdade seria, pois, substancial; entretanto, essa maior acuidade se liga mais a questões fáticas ou pontualidades jurídicas, não chegam a alargar as fronteiras para outras dimensões hermenêuticas, embora, inegavelmente, tenha ensejado terreno mais propício para tanto, não sendo de estranhar ter vindo de um pensador dessa tradição o desenvolvimento mais apropriado do assunto.

É nisso que os desafios postos pelo constitucionalismo contemporâneo exigem um pouco mais. Exigem aportes mais amplos da Hermenêutica filosófica que pode se valer do profícuo campo preparado pela exigência de integridade de Dworkin que, sem exaltar nem anular mecanismos formais, garante uma satisfatória conjugação de segurança e correção.

É nesse ponto que a tomada de posição na infraestrutura filosófica se faz mais evidente. Em se partindo da Filosofia moderna (Filosofia da consciência), suas notas características moldam os precedentes em pontos sensíveis. A subjetividade fará que o aspecto subjetivo ganhe proeminência, ou seja, o tribunal de onde proveio o precedente aufere maior relevância, pois, por se colocar em grau hierárquico superior, imporá uma obediência a sua particular maneira de compreender as questões resolvidas. Ocasionaria uma previsibilidade obtida pela autoridade: o critério de julgamento por excelência será aquele posto pelo grau de jurisdição mais elevado a se pronunciar sobre o assunto. Por óbvio, mesmo essa perspectiva traz uma boa medida de instabilidade ao se aguardar até sobrevir a manifestação dessa autoridade mais elevada.

A secularização propõe a disposição prévia de técnicas procedimentais formais de uso, *overruling* e *distinguish*, entre outros.

A neutralidade aliena os aplicadores de precedentes de considerações extrassistêmicas.

E, por fim, a prática como mera aplicação da teoria subordina as particularidades dos casos concretos posteriores a considerações generalizadas propostas nos precedentes mais amplos.

Por sua vez, a adoção da Hermenêutica filosófica fará que suas notas exerçam igual influência delineadora. A historicidade demandará a abertura argumentativa, autorizando considerações extrassistêmicas na aplicação e suspensão daquelas detectadas no precedente. Em se partindo de que a prática conforma as contribuições teóricas gerais, ter-se-á uma justiça substancial que prima pelas considerações específicas, elidindo mera sujeição a elementos formais que prestigiam generalizações. A compreensão do jogo hermenêutico de-e-para, mediante a perquirição das perguntas e respostas existentes no precedente e demandadas no novo caso, é o instrumento fundamental para compreensão/uso do precedente, dentro do círculo hermenêutico. Isso permitirá uma integridade apta a ensejar a única segurança jurídica possível: a que não é mera previsibilidade de resultados calcada em artifícios formais, mas de uma convergência principiológica geral.

3.3.12 Aspectos de justificação: embasamento ideológico

A noção de ideologia de que se lança mão – assim como Siltala – não envolve a dimensão política atribuída normalmente ao termo. A ideologia acerca do precedente, portanto, indica a tomada de posição em face dos paradigmas existentes para dar unidade de compreensão em todos os aspectos analisados até aqui. Ele indica o panorama geral com que se concebe o precedente no Direito.

Siltala, com base na exposição do que ele denomina de regra de reconhecimento do precedente, inspirando-se nas lições hartianas, relaciona todos os aspectos já abordados em uma regra de reconhecimento do precedente. Com esse recurso, bem demonstra a influência da ideologia adotada. Escreve:

> A norm that is defined Cm as to its constitutive structure and Sn as to its structure of signification is valid law under the conception of precedent ideology Ip.
>
> Cm refers to the various elements of formal precedent-norm constitution, i.e. point of reference, deontic mode, norm-individuation, systematicity, degree of biding force, source/(effect) and the theoretical rationale of the ratio of a case. The variable m may hold the values defined above, e.g. the different degrees of legal formality under a precedent-norm's deontic mode, the degree of malleability in terms of its mandatory force, etc. Sn refers to the various elements of meaning production in the context of precedent, i.e. argumentative closure, systematicity, degree of biding force, (source)/effect, criteria of justice and the method of argumentation adopted in reading a ratio of a case. The variable n may hold the values defined above, e.g. formal predictability and the substantive correctness in terms of the criteria of justice, etc. Ip refers to the cluster or sum total of the ideological fragments of precedent-identification and precedent-following adopted by the judge or judges concerned[154].

O próprio autor acentua que a colocação de uma norma de reconhecimento do precedente nesses termos é bastante estreita, optando por trabalhar com uma formulação mais ampla. Neste trabalho, em que se rejeita uma norma de reconhecimento para fazer um precedente integrar um sistema fundacionalista, a menção a ela tem efeitos apenas didáticos, para esclarecer a inter-relação dos vários aspectos analisados e como o quadro geral de como a posição ideológica os influencia.

As seis ideologias identificadas acerca da atividade jurisdicional podem ser agrupadas em quatro paradigmas: a) legislativo (normativo); b) contextualista; c) sistêmico; e d) extralegal (não formal).

---

154. SILTALA, Raimo, *op. cit.*, p. 163.

Aqui serão explorados apenas os três primeiros, por serem os que se relacionam mais estreitamente com os precedentes.

3.3.13 O paradigma normativo: *judicial reference* e *judicial legislation*

O paradigma normativo (legislativo) abarca a *judicial reference* e a *judicial legislation*. Propõe o juiz como um legislador em pequena escala, que põe na ordem uma norma imperativa a ser seguida de maneira cogente e sem desvios pelo julgador seguinte, que a aplica por procedimentos de lógica formal, sobretudo por silogismos. Como Siltala ilustra, os juízes são equiparados a legisladores de toga. Nele, há uma autorreferência sistêmica, pois se busca recuperar e reproduzir o sentido original do precedente assim como foi posto pelo tribunal de origem.

A ideologia de referência judicial é o que mais se aproxima do positivismo exegético da origem do Estado de Direito legislativo. Concebe-se uma absoluta predeterminação da *ratio*, reduzida a sua dimensão normativa estreita. Dificilmente, porém, se aceita abertamente que o precedente seja uma fonte autônoma do Direito, imputando-lhe o papel intermediário de interpretar a legislação. Utiliza-se um texto normativo segundo a interpretação adotada pelos tribunais superiores, sem expressamente utilizar qualquer técnica própria, pois, para todos os efeitos, o que se está a aplicar é a legislação e não um julgado. Assim, não é costumeiro sequer mencionar *ratio decidendi* de julgados anteriores, mas de interpretação correta da lei, pelo que se vedam acréscimos hermenêuticos nessa aplicação posterior.

Mesmo em caso de dúvida, o tribunal que aplica o precedente não desfruta de qualquer liberdade interpretativa, já que se parte de uma enunciação geral e abstrata predeterminada. Tem que se recuperar o sentido já posto e, por assim dizer, imposto. É comum, nesse paradigma, haver instrumentos, como a reclamação brasileira, que permitem o imediato acesso à corte emissora do julgado interpretado para que ela dê a palavra final sobre o sentido e aplicação da norma em foco, tomado como o único autorizado, ou, ao menos, o sentido "autêntico". A busca pela uniformização de jurisprudência é, normalmente, atribuída a algum tribunal de hierarquia mais elevada.

Ao descrever essa ideologia, Siltala, acertadamente, vê o papel do aplicador com esteio na figura do juiz "boca da lei": "under the reference ideology of precedent-following, the subsequent judge is no more than 'the mouth which reads (aloud) the letter of the law', rephrasing Montesquieu's well-known ideology of an entirely passive judge"[155].

É comum haver um paradoxo nessa perspectiva: as cortes emissoras veem a própria atuação em face de seus precedentes com uma margem de liberdade que não reconhecem aos tribunais inferiores; afinal precedente não é tomado como fonte autônoma; busca-se, em verdade, sempre a "interpretação correta" da lei sem qualquer apego à prática judiciária anterior.

---

155. SILTALA, Raimo, *op. cit.*, p. 78.

CAPÍTULO 3 • O QUE É PRECEDENTE **199**

A influência que um julgamento possa exercer decorre pura e simplesmente do posicionamento mais elevado da corte emissora, que desestimula outra atitude do juiz inferior ante a possibilidade de recurso. A força de vinculação é, portanto, formal, assentada no aspecto subjetivo da autoridade que o põe.

Enquanto a *judicial reference* se aproxima do positivismo exegético, com suas concepções mais rudimentares, a *judicial legislation* se abebera das mais elaboradas concepções do positivismo normativista. É bem ilustrada por Kelsen, já que é característico dessa ideologia equiparar o precedente a uma norma erigida a partir da especificidade do caso julgado. Tem-se produto descontextualizado e abstrato. Recorre-se, via de regra, a uma linguagem que se costumou denominar de "canônica" para descrever o uso de expressões abrangentes próprias de enunciados legislativos.

Também se caracteriza pela imperatividade com que se toma o precedente de uma corte superior. O argumento de autoridade suficiente para fundamentação é, realmente, marca dessa específica ideologia e mesmo do paradigma normativo como um todo. Reduz-se a *ratio* a uma regra aplicável no tudo ou nada e com as características de preempção (ou enraizamento), autorizado sub e sobreinclusões posteriores, consoante já exposto em item anterior.

Recorre-se a uma sistematicidade formal e fundacionalista, a despeito das brutais incompatibilidades, já que se abeberam de teoria formada para normas legislativas; contudo, tais contradições são simplesmente ignoradas.

Não se costuma admitir argumentos extrassistêmicos, nem se busca correção substancial ou coerência intersubjetiva. Tudo é reduzido a dimensões formalistas em prol de uma previsibilidade ingênua.

Tenta-se mesmo controlar o número de precedentes emitidos pelas cortes mais elevadas para que eles sejam tomados como padrões conhecidos por todos e coerentes entre si. Na tradição inglesa, conquanto esse paradigma não seja fortemente considerado, são comuns as instâncias de cume, como a Suprema Corte americana, utilizarem instrumento de seleção de quais os processos julgarão, pautando-os por matérias e âmbitos.

A *Supreme Court* simplesmente há anos se recusa a analisar casos que versem sobre determinados assuntos constitucionais, fazendo prevalecer a aplicação pelas cortes inferiores de seus precedentes já divulgados. Por sua vez, outros assuntos são mais frequentemente revisitados, seja para modificar um precedente, seja para analisar novos aspectos. Com isso, se opera uma orquestração da abordagem constitucional a ser levada a efeito pelo Judiciário desde a Corte Suprema, restando em suas mãos um controle não só processual, via recurso, mas também material, tanto para conservar posicionamentos quanto para coordenar alterações jurisprudenciais.

Mesmo nessa perspectiva quase-legislativa, contudo, não se deixa de fazer uma distinção clara entre a atividade jurisdicional e a legislativa. Aquela é pautada, inexoravelmente, pelos casos julgados. Ainda que se busque uma abstrativização mediante o desprendimento do contexto, não se admite que o tribunal labore e emita enunciado normativo da mesma maneira que o legislador. Este atua com ou sem provocação, a qual, ainda que havendo, se dá em parâmetros mais amplos de reivindicações sociais, de grupos ou mesmo da sociedade como um todo. A função legislativa é exercida em consideração a um universo maior de relações, visando ao futuro e não tutelando o passado. Tem por escopo, justamente, situações-padrão, comportamentos abrangentes. Embora se proponha aplicação como norma legislativa, ambos não são plenamente equiparados.

A jurisdição, se romper as amarras da inércia inicial e os limites subjetivos e objetivos do processo em que é exercida, passando a se ocupar da regulação do futuro ou situações que sequer lhe chegaram por provocação, exorbita seu âmbito próprio de atuação. Dessa maneira, se desvencilha de qualquer justificação ideológica bem erigida para se tornar simples arbítrio. O paradigma normativista (legislativo) aqui examinado não justifica qualquer confusão entre jurisdição e legislação, a despeito do que propõe Kelsen.

Um julgamento não se volta para o futuro a fim de disciplinar um número indeterminado de situações mediante prescrição abrangente, geral e abstrata de fatos. Sobre esse aspecto, Neil Duxbury[156]:

> A decision-maker's priorities might legitimately be in the present; and even when there exists a strong feeling that the decision-maker has thought too little about the future, this is insufficient in itself to establish that there has been a breach obligation. We might, but we do not have to, make decisions with the future in mind; and thoughts about the future might, but do not have to, constrain what we decide to do.

Siltala[157] cita importante manifestação do *Chief of Justice* da Corte de Apelação de Nova Iorque:

> It is the legislature and not the judiciary that is possessed of resources by which to understand general circumstances, and it is that body which is designed to make law in the abstract. Thus judicial lawmaking outside of the context of a concrete dispute not only risks erroneous determinations, it is nothing more than simple arrogation of legislative power, without the safeguards that allows a legislature to make law in the abstract.

Na tradição inglesa, essa distinção é, realmente, bem clara, como observa Michael J. Gerhardt[158]:

> Many social scientists have the wrong paradigm in mind when they analyze courts. They presume mistakenly that the Court functions like a legislature. Yet, deciding cases is different than legislating: Legislating entails creating a code to govern future conduct, while judging entails interpreting the law, in its various forms, to resolve particular disputes. Justices, by definition, training, and practice, do not create statutes. Legislators make statutes which primarily apply prospectively, while justices primarily apply the law retrospectively. Legislators are directly subject to political pressure and accountability, but justices are not.

---

156. DUXBURY, Neil, *op. cit.*, p. 5.
157. SILATA, Raimo, *op. cit.*, p. 84.
158. GERHARDT, Michael J., *op. cit.*, p. 96.

Portanto, mesmo propondo o juiz como um legislador em pequena escala, com suporte na simplória constatação de que o juiz "cria" Direito, o paradigma normativo não implica que seja delével a linha que separa jurisdição e legislação. Conquanto não sejam mais apreendidas pelo ingênuo prisma utilizado por Montesquieu, também não significa que se confundam. Nesse tocante, repita-se, a tradição inglesa, mais habituada com o *judge made law* não se ilude mais seriamente.

A ideologia quase-legislativa, e os desbordes que levam a uma confusão indevida entre jurisdição e legislação, é mais comum nos países continentais, com influência das tradições francesa e alemã, dada a forte marca que o Estado de Direito legislativo deixou no imaginário jurídico dessas culturas. Acopla-se a interpretação judicial ao enunciado normativo, atribuindo àquele as características deste.

Em verdade, ao se buscar uma rígida separação entre legislação e jurisdição, sob o entendimento de que esta não cria Direito, se está causando o efeito contrário, pois os textos legislativos recebem a interpretação consagrada pelos tribunais, sem que, para tanto, se erija uma teoria própria de controle, análise e aplicação dessa produção jurisdicional, sempre imaginando que tudo se reduz à aplicação da lei do modo já há muito conhecido pela Teoria Geral do Direito.

Nesse sentido, a experiência francesa, muito bem descrita por Michel Troper e Christophe Grzegorczyk[159], ilustra que, formalmente, não se reconhece qualquer relevância jurídica aos precedentes, pois se lhe atribui o papel de interpretar a legislação, fonte primária do Direito. Tanto é assim que não são citados na fundamentação dos julgados; porém, a interpretação do enunciado legislativo que consagram exerce influência determinante. Em vez de citar o precedente, simplesmente se reproduz, sem qualquer referência, entendimento pretoriano superior e anterior.

Na França, inexiste norma impondo qualquer espécie de vinculação aos precedentes. Ao contrário, dispositivos do Código Civil e do Código de Processo Civil são apontados como proibitivos de seu uso exclusivo como fundamentação. Conforme relatam Michel Troper e Christophe Grzegorczyk[160], a ideia genericamente aceita é de que o Direito francês tem como fonte primordial a legislação. Remonta à visão revolucionária do século XIX sobre a separação dos poderes. A Lei 16-24 de 1790 proibia expressamente os tribunais de produzirem normas gerais, o que foi reproduzido pelo art. 5 do Código Civil oitocentista, ainda vigente. Por sua vez, a exigência de fundamentação imposta pelo art. 455 do Código de Processe Civil é interpretada como indicativa de que, se uma decisão é calcada apenas em um precedente, esta não é fundamentada.

A despeito desse discurso formal contrário à relevância dos precedentes na França, na prática, ela existe e é tangível. Há uma enorme distinção entre o que se diz e o que se faz:

---

159. TROPER, Michel; GRZEGORCZYK, Christophe. Precedent in France. In: MACCORMICK, D. Neil; SUMMERS, Robert S.; GOODHAT, Arthur L., *op. cit.*, p. 103-140.

160. *Ibid.*, p. 117-118.

There is a very big gap between saying and doing in the French system, at least in its official legalistic version, which still does not admit the real justificatory role of precedent, yet accepts the role of precedent in developing the content of judicial decision and the law[161].

Essa resistência de se reconhecer o real papel desempenhado pelos precedentes no Direito francês impede o desenvolvimento de uma teoria própria para eles, o que causa um uso indiscriminado e acoplado à legislação, como se fosse simplesmente aplicação desta. Os autores indicam não se desenvolver mais profundamente um estudo nesse sentido unicamente por causa dessa firme crença. Tudo é reduzido a uma mera questão de interpretar a legislação e de hierarquia da corte emissora, pois os juízes inferiores, por questão prática, tendem a aderir ao entendimento de seus superiores por acreditarem que a divergência será reparada a seu desfavor em grau recursal.

Assim, no típico prisma positivista, as decisões são generalizadas e aplicadas como se leis fossem (subsunção), afinal representam a "verdadeira interpretação" destas. Esse método é tão arraigado que incorpora mesmo a concepção de precedente: decisões que comportam generalização para aplicação posterior em situações similares[162].

Esse paradoxo francês é ainda mais veemente no Direito Administrativo. Como sabido, os casos envolvendo essa matéria não são submetidos ao Judiciário, mas a cortes especiais ligadas ao Executivo (os Conselhos de Estado). Como não houve, e não há, codificação francesa nesse ramo, seus princípios foram efetivamente desenvolvidos em sucessivos julgamentos. A despeito dessa realidade histórica evidente, ainda se coloca o Direito Administrativo como fruto de uma vitória legislativa sobre o arbítrio monárquico, ensejando o que Gustavo Binenbojm denomina de mito de origem[163].

O imaginário jurídico francês arraigou tão fortemente em sua tradição as concepções do Estado de Direito legislativo que não permite que se considere a realidade que se põe a toda evidência. É possível falar que há um preconceito contra o uso de precedentes, isso no sentido literal do termo, ou seja, um conceito prévio que resiste a qualquer modificação ante constatações posteriores.

---

161. *Ibid.*, p. 137.

162. "The identity of precedent' with the 'generalization' solution seems self-evident and even analytical; One can only cal 'precedent' something that can be used in future cases and is therefore generalizable" (TROPER, Michel; GRZEGORCZYK, Christophe, *op. cit.*, p. 127).

163. "A associação do direito administrativo ao advento do Estado de direito e do princípio da separação de poderes na França pós-revolucionária caracteriza erro histórico e reprodução acrítica de um discurso de embotamento da realidade repetido por sucessivas gerações, constituindo aquilo que Paulo Otero denominou ilusão garantística da gênese. O surgimento do direito administrativo, e de suas categorias jurídicas peculiares (supremacia do interesse público, prerrogativas da Administração, discricionariedade, insindicabilidade do mérito administrativo, dentre outras), representou antes uma forma de reprodução e sobrevivência das práticas administrativas do Antigo Regime que a sua superação. A juridicização embrionária da Administração Pública não logrou subordiná-la ao direito; ao revés, serviu-lhe apenas de revestimento e aparato retórico para sua perpetuação fora da esfera de controle dos cidadãos" (BINENBOJM, Gustavo. **Uma teoria do Direito Administrativo – direitos fundamentais, democracia e constitucionalização.** Rio de Janeiro: Renovar, 2006. p. 11).

É nesse défice que o paradigma normativista frutifica. Precisamente por não se desenvolver uma teoria própria para os precedentes, se mimetiza o método legalista embasado no Direito legislativo.

O exemplo francês merece especial atenção, pois revela que o êxito do paradigma normativista não decorre de uma abordagem consciente e adequada do fenômeno, em consideração às novas exigências do constitucionalismo contemporâneo. Ocorre precisamente em razão do contrário, da resistência em se aceitar uma função diferente daquela imaginada no século XVIII para o Judiciário, submetendo, pois, o precedente a uma inadequada perspectiva.

Na Alemanha, o quadro não é muito diferente, consoante fazem transparecer Robert Alexy e Ralf Dreier[164]. A distinção decorre da menor repercussão das ideias de Montesquieu por lá, bem como o surgimento da Escola Histórica de Savigny no século XIX. Ainda assim, compreende-se que a fonte primordial do Direito é a legislação, desempenhando o precedente um papel, via de regra, acessório a esta:

> The relative overall role of precedent in the decision making of courts depends on which other authoritative materials are relevant. If the case can be decided according to the wording of a statute, precedents will play no or nearly no role. If there is no relevant statutory law or if the statutory law needs interpretation, precedents will play an important role. As in the German system most fields of law are regulated by statutory law, interpretative precedents play a much greater role than precedents substituting statutory law[165].

A despeito disso, o direito alemão avança mais do que o francês. Conquanto não estabeleça de um modo formal força vinculante para os precedentes em geral, há expressa previsão para as decisões da Corte Constitucional no exercício da jurisdição constitucional, já bem conhecida no Brasil. Além disso, ramos como o Direito do Trabalho têm vários institutos desenvolvidos jurisdicionalmente.

A despeito desse relativo progresso, não há também uma teoria tedesca própria e específica para o uso dos precedentes, conforme os mesmos autores destacam:

> Referring to precedents occurs, indeed, very frequently, but in most cases only as a reference without detailed discussion. A detailed discussion of precedents does not take place in judicial opinion but in scholarly or other juristic treatises in which bodies of precedent law are analyzed, explained and synthesized[166].

Portanto, a tradição continental lida com precedentes como se lidasse com normas legislativas, consagrando o paradigma normativo, seja em sua versão mais próxima ao positivismo exegético (*judicial reference*) ou normativista (*judicial legislation).*

No Brasil, sem qualquer dúvida, o paradigma que vem se impondo é o normativo, variando apenas entre suas duas espécies, e, muitas vezes, propondo um verdadeiro amálgama.

---

164. ALEXY, Robert; DREIER, Ralf., *op. cit.*, p. 17-64.
165. *Ibid.*, p. 24.
166. *Ibid.*, p. 24.

Não bastasse a arraigada visão normativista que influencia todo o Direito e, mais recentemente, o estudo do precedente, o comportamento do Supremo Tribunal Federal nos últimos anos vem se valendo de institutos que facilitam a implementação da ideologia normativista sobre precedentes.

A repercussão geral dos recursos extraordinários permitiu a seleção de casos-padrão abrangentes e a formulação de teses, que a prática vem indicando serem aplicadas por subsunção. Some-se, ainda, que a divulgação prévia, no início do ano, da pauta de casos mais relevantes que pretende julgar, e a concentração do julgamento em sessão única, ainda que suspensa de um dia para o outro, atraem sobre si atenção popular antes inexistentes, dando ampla divulgação aos seus julgados, pelo menos àqueles que merecerem esse tratamento especial. Consequentemente, essa maior exposição aumenta sua influência sobre os demais tribunais.

Não se pode negar que, se não fosse essa nova atitude de se pôr em evidência, com o desestímulo a pedidos de vista longuíssimos e sucessivos, como outrora era comum, julgamentos como o da união homoafetiva e a interrupção terapêutica de fetos anencéfalos não teriam a mesma repercussão social verificada recentemente.

Destaque-se, todavia, o fato de que essa ideologia, em todos os aspectos, é incompatível com as exigências do constitucionalismo contemporâneo, não podendo, pois, nele buscar fundamento.

Ao se examinar as consequências sobre todos os aspectos de análise dos precedentes, como formalismo sistêmico, argumentação fechada, apego a métodos formais e rígidos de aplicação, prestígio da previsibilidade em detrimento de uma correção sistêmica e o rigoroso dever de obediência hierárquica, resta claríssima a incompatibilidade com o constitucionalismo contemporâneo. É uma simples extensão do positivismo normativista – e mesmo de alguns aspectos exegéticos – para o estudo da novel função da jurisdição. Um atraso, portanto.

3.3.14 O paradigma contextualista: *judicial exegesis, judicial analogy* e *judicial revaluation*

O paradigma contextualista é elaborado em atenção à imagem do juiz como um árbitro imparcial, equidistantes das partes de uma lide privada, com o principal desiderato de solucionar o caso com arrimo no contexto trazido pelos litigantes, com o apoio de seus argumentos e provas.

Por via de consequência, o trato dos precedentes se dá nessas bases de comparação, de assemelhamento e diferenciação entre o caso posto em análise presente e o outro já decidido. É o paradigma proeminente na tradição inglesa como um todo, ainda que existente distinção entre a experiência estadunidense e inglesa propriamente dita.

As três ideologias que compõem esse paradigma têm em comum a tentativa do resgate do que fora decidido no passado para orientar a decisão no futuro, sempre considerando aquilo que for dialeticamente produzido. Mirjan Damaška[167] muito bem destaca que, em processos voltados prioritariamente para a composição de lide e não para a realização de metas ou desideratos político-constitucionais, a função das partes no processo é aumentada, restringindo, grandemente, a atuação do magistrado. Típica de ordens jurídicas marcadas pelo liberalismo, a pacificação é encarada como meta primordial, sendo comum a prodigalidade de instrumentos de autocomposição.

Cada uma das específicas ideologias que integram o presente paradigma guarda, porém, suas particularidades, a despeito desse dado comum. Diferem do paradigma normativo porque não se preocupam em buscar algo que tenha sido posto pelo julgador anterior, mediante um ato de vontade, mas em compreender, estender ou reconstituir a operação realizada. Eis ponto relevante que já representa avanço considerável, pois se desprende de uma sujeição à subjetividade do tribunal emissor.

A *judicial exegesis* se caracteriza pela tentativa de compreender o trabalho realizado no precedente para reproduzi-lo novamente, se possível, no novo julgamento. Nessa perspectiva, Siltala[168] bem ressalta que essa ideologia pode ter dois desdobramentos, um que dá ênfase aos fatos tomados em consideração e outro que foca nas questões de direito abordadas. Como representante da primeira, cita Goodhart (com sua concepção de *ratio decidendi* como a conjugação entre fatos materiais e conclusão do magistrado) e como representante da segunda aponta Cross e Harris (ao excluírem do conceito de precedentes casos que se resolvem pela simples consideração de fatos e destacarem que são as soluções sobre direito que constituem a *ratio decidendi*[169]), bem como MacCormick.

Não se coloca o juiz que aplica o precedente subordinado formalmente à corte emissora, pois terá a liberdade de considerar o que foi feito e não o que teria sido dito que foi feito ou imposto. Não chega a autorizar uma reavaliação ou uma remodelação para adaptar o precedente à nova situação, mas, certamente, essa análise ampla do precedente permite certa margem de liberdade e variabilidade, já que não se prende às palavras consignadas no precedente. Destaque-se, a ênfase é no que foi feito e não no que foi dito que se fez.

A *judicial analogy*, por sua vez, observa o passado para estender a solução, via analogia. O precedente é visto como um exemplo, um padrão a ser imitado, mediante comparação/aproximação. Não se recorre a método formal, dedutivo, como no paradigma normativo. Também não é uma recuperação do raciocínio jurídico anterior como na *judicial exegesis*. É mais especificamente um raciocínio analógico.

Também há subdivisão dessa ideologia, segundo o ponto de referência que se adote: a) a regra jurídica; b) fatos da causa; e c) argumentação utilizada.

Mesmo em se tomando a regra jurídica como parâmetro, não se prestigia a subsunção pura e simples, mas uma identificação entre as duas situações para erigir uma

---

167. DAMAŠKA, Mirjan, *op. cit.*, p. 192-231.
168. SILTALA, Raimo, *op. cit.*, p. 85.
169. CROSS, Rupert; HARRIS, J.W., *op. cit.*, p. 40.

regra para a situação posterior. Quando se levam em conta os fatos, se os tem por fio condutor para conduzir à mesma solução. Já a argumentação enfatiza os fundamentos e a possibilidade de eles poderem cobrir a nova questão.

Por fim, a *judicial reavaluation*, embora se volte para o passado, sugere a remodelação da solução para adaptá-la por completo, se necessário, para o julgamento posterior. Recorre-se a uma metodologia próxima à genericamente denominada histórico-evolutiva. Enquanto nas duas ideologias anteriores deste mesmo paradigma há maior constrição aos limites do precedente, nesta, esses lindes não representam uma barreira efetiva. Há reinterpretação e reconstrução mais profundas.

A experiência dos EUA revela aporte dessas três ideologias do paradigma contextualista, porém, se aproxima mais da *judicial exegesis*, sobretudo em razão do arraigamento das lições de Goodhart. Richard B. Cappalli, em obra específica de apresentação do *common law*, acentua assuntos deveras interessantes e que claramente distinguem este paradigma (contextualista) do anterior (normativo).

Primeiramente, se rejeita que o precedente seja identificado em qualquer espécie de enunciação unilateral da corte emissora. Não se admite que se reduza o precedente a alguma expressão "canônica" identificada na fundamentação, mesmo que assim esteja expressamente consignado. De fato, o autor explica que é comum os tribunais quererem influenciar julgamentos futuros expressamente destacando aquilo que tomam como critério determinante do julgamento (normalmente consignando a frase "we hold..."[170]). No Brasil, teses, ementas e súmulas tendem a ser (erroneamente) compreendidas nessa lógica. Entende-se, entretanto, haver uma vinculação ao precedente, e não àquilo que é dito pela corte emissora que seja o precedente. Ressalta ser essa uma característica de assimilação difícil por aqueles habituados às práticas do *civil law*:

> The precedent is authoritative, but is up to the "applying" court, not to the "issuing" court to say what the holding is. This would be particularly difficult for the foreign lawyer to fathom. In civil law countries, court decisions are encapsulated in highly abstract legal preposition which are slotted into the appropriate cubicle in the books which act as law collectors. Technically, these are not "law" because courts do not make law in civil law countries. In a practical sense they operate as such. More importantly, the user has no discretion to reformulate them.

Essa passagem é bastante feliz porque releva, ao mesmo tempo, o paradoxo e as insuficiências do paradigma normativo da tradição continental, que não considera precedente uma fonte autônoma do Direito, pelo que não se erige um conhecimento específico para seu estudo e uso, mas o aplica de maneira imperativa como se fosse direito, sem possibilidade de maiores reformulações pelo aplicador.

De fato, é preocupação constante de Richard B. Cappalli demonstrar que, nos Estados Unidos, o uso dos precedentes não sucede pela subordinação de um tribunal ao outro, ainda que de hierarquia superior. A todo o instante ressalta o papel das cor-

---

170. CAPPALLI, Richard B. **The American Common Law Method**. New York: Transnational Publishers Inc., 1996. p. 25.

CAPÍTULO 3 • O QUE É PRECEDENTE **207**

tes subsequentes em determinar realmente o que seja o precedente, preocupando-se muito mais com o que o predecessor fez do que com o que ele disse que fez: "In other words, what the court does is authoritative, not what it says"[171]. Certamente, quando a corte expressamente destaca o *holding* influencia o uso do precedente posteriormente. É o que alude Robert S. Summers, quando destaca que nesses casos "o holding é bem explícito, não ambíguo e fácil de identificar. É estabelecido sem referência a qualquer conjunto de fatos, sendo, pois, bem amplo"[172].

Ainda assim, não deixa, na prática, de haver uma discussão em torno de argumentos e fatos. Há, em verdade, uma concorrência entre os vários métodos de ênfase em torno de fatos, regras (princípios) ou argumentos. Em um processo, é possível encontrar quem sustente seu pleito mediante o recurso a um desses métodos, recebendo a contra-argumentação com base em outro, ainda que lidando com o mesmo precedente[173].

Mesmo que se tomando a *ratio* como ligada ao critério jurídico, ela não é desprendida dos fatos da causa nem é aplicada por mera subsunção a partir de uma enunciação contida no julgado. Deve haver dedicada análise para identificar todo o raciocínio subjacente que se fez chegar àquele critério jurídico: "Later judges in later cases had to squeeze the true foundation principle out of the case law through careful analysis of the facts and reasoning"[174].

Admite-se ostensivamente que a linguagem escrita articulada em uma ou mais frases não é suficiente para encapsular toda a operação realizada no julgamento. Aponta essa posição tão comum na tradição continental como "loose view of precedent":

> [...] Quotable language is an important tool, no doubt. But case reports alone do not produce judicial law. It is the reports plus the common methodology which you – student, professor, lawyer, judge – bring to bear. It is their words plus your understanding of "established technique" that produce judicial law. [...]
>
> Such does not support to describe the universal practice. Judges at all levels and in all courts apply past judicial verbiage as if it were canonical. This professor Llwellyn calls the "loose view of precedent" which he summarizes as: [t]hinking and arguing exclusively from language that is found in past opinions, and in citing and working with that language wholly without reference to the facts of the case which called the language forth.

Como se vê, a "técnica" de se lidar com o precedente é alçada a um grau de importância para a própria definição do *judicial law*. Considerar julgados anteriores sem uma técnica própria e adequada, portanto, não implica que se esteja lidando com *judicial law* ou *judge made law*. É preciso que, colateralmente, haja instrumento teórico próprio e específico para o assunto, não sendo adequado à teoria do Direito desenvolvida para o trato legislativo.

---

171. *Ibid.*, p. 22.
172. SUMMERS, Robert S., *op. cit.*, p. 383.
173. Cfr. BARNETT, Randy E. Trumping precedent with original meaning: not as radical as it sounds. Disponível em: **http://www.bu.edu/law/faculty/papers**. Acesso em: 12 jul. 2012. STRANG, Lee J. Na originalist theory of precedent: originalism, nonoriginalist precedent, and the common good. **New Mexico Law Review**, 2006.
174. CAPPALLI, Richard B., *op. cit.*, p. 11.

Precisamente por esse motivo é que mencionar a importância dos precedentes do Brasil, mas ainda se manter o paradigma normativo forjado para o uso legislativo, é uma falácia. É preciso, urgentemente, pois, se desenvolver uma teoria dos precedentes no Brasil já compatível com o constitucionalismo contemporâneo. É a isso que se propõe esta obra.

Quando Richard B. Cappalli menciona técnica do precedente, ele não recorre ao conceito arraigado na filosofia moderna e em sua faceta de secularização: procedimento prévio, exaustivamente fixado por regras claras. Ao contrário, ressalta que a técnica do *common law* não pode se aprisionada em padrões pré-fixados, demandando sabedoria e experiência para ser adequadamente manejada, o que não pode sequer ser plenamente ensinado em livros ou cursos de graduação inteiro: "That method is not emboided in a single text or a single law course but its cumulated wisdom and experience of years of education and practice"[175]. Por essa razão, acredita que alguém que não tenha formação calcada em vasta experiência daquela tradição jurídica não poderá conhecê-la mais do que superficialmente. Quando menciona técnica, então, não quer significar um método exaustivamente disciplinado por critérios prévios abstratos, mas algo próximo à arte ou mesmo uma habilidade decantada pela prática.

Nessa linha de entendimento, já se tornou conhecida a figuração feita por Julius Stone segundo a qual essas técnicas não podem ser inteiramente explicadas em palavras para um novato, assim como apenas palavras não são suficientes para ensinar alguém a andar de bicicleta.

Vê-se, pois, que os ianques arrefecem algumas influências da filosofia da consciência. A técnica procedimental rígida, típica do cartesianismo, atrelada à secularização, não é admitida. Requer-se algo mais, algo intangível, porque demanda "experiência" e "sabedoria". Falar de método dedutivo como o único ou mesmo mais expressivo é absolutamente afastado.

Além disso, o subjetivismo também é arrefecido, porque não se coloca o precedente como algo fruto de um ato de vontade.

É certo, porém, que esse embasamento filosófico, mesmo que abrandado, ainda se mantém em certo grau, embora que fraco. A busca "daquilo que foi feito e não dito" pelo tribunal emissor do precedente ainda se identifica como uma deferência ao subjetivismo, porque procura o que "a corte" fez, sem levar para um quadro institucional maior, posicionado mais amplamente na tradição jurídica. A recuperação, a analogia ou a reconstrução propostas, de fato, continuam a se dar em bases subjetivas, ainda que fracas.

No Reino Unido, embora haja maior deferência aos precedentes, inclusive com a vigência por um longo período do entendimento que uma corte sequer poderia rever seus próprios, o quadro geral não difere do estadunidense, como já deve ter ficado claro

---

175. *Ibid.*, p. 11.

pelas várias referências à clássica obra de Cross e Harris. Isso é confirmado pelo trabalho de Zenon Bankwoski, Neil MacCormick e Geoffrey Marshal[176], bem justificando a predominância do paradigma contextualista:

> Citation of precedents by counsel and by judges focuses on the detail of each precedent, both in respect of the facts and circumstances of the case cited and as to point of law and legal doctrine elaborated in judge's opinion. The degree of detail of the discussion will depend upon the importance of the precedent for instant case – in particular, on the degree to which it is considered to be "in point" and thus in some degree binding for present case. Passages drawn from opinions will be quoted, sometimes quite extensively, especially if they purport to summarize or give a ruling on the law relevant to the class of cases under consideration.

Convém destacar o fato de que, no Reino Unido, não se toma o precedente apenas como abordado pelo tribunal emissor ou mesmo aplicador. Opiniões doutrinárias que os organizam e comentam são levadas em conta como elementos definidores de uso e interpretação.

O paradigma contextualista é, inegavelmente, uma evolução em relação ao normativo, pois veda a grande cegueira fática deste, calcada em uma ilusão sobre enunciados universais. Tanto que essa abertura dos precedentes para os fatos é, muitas vezes, confundida como suficiente para atender às exigências do constitucionalismo contemporâneo.

Não basta levar em conta, contudo, o contexto específico de cada caso; assim como não é bastante constatar que as palavras escritas não são capazes de enclausurar todo o precedente. Também é insuficiente exigir que se considere o contexto fático quando do primeiro julgamento. O recurso à analogia é igualmente incapaz de barrar o positivismo normativista, pois pode simplesmente impor uma etapa de identificação da regra jurídica fechada antes de aplicá-la pelo método subsuntivo.

É nessa parcial constatação que caem Marinoni e Perrone ao afirmarem que o neoconstitucionalismo implica a importação de institutos do sistema inglês. Repita-se, por terem assimilado críticas do realismo, desenvolveu-se conhecimento específico que diminui a carga das crenças universalistas do positivismo normativista e da filosofia moderna. Não são suficientes, porém, para atender à plenitude das exigências do constitucionalismo contemporâneo.

Se há essa importação, ela é apenas parcial, como ponto de partida para um estudo mais profundo e atento, justamente em razão da maior transparência com que lidam os juízes do *common law* com os precedentes, da maior franqueza em admitir que a legislação não é a fonte jurídica única, que a lei não é autossuficiente, nem é um dado previamente acabado; tudo capaz de produzir conhecimento acumulado específico e próprio ao uso de precedentes.

É certo que o neoconstitucionalismo (a que se prefere denominar de constitucionalismo contemporâneo, a fim de afastar alguns equívocos comuns que o termo

---

176. BANKWOSKI, Zenon; MACCORMICK, Neil; MARSHAL, Geoffrey. Precedent in the United Kingdom. In: MACCORMICK, D. Neil; SUMMERS, Robert S.; GOODHAT, Arthur L., *op. cit.*, p. 324.

invoca[177]) parte das mesmas constatações, mas vai além, exige mais. Não fosse assim, o realismo americano dos anos 1920 e 1930 do século XX seria suficiente para romper com o positivismo normativista, o que não ocorreu. A tradição inglesa ainda falha em erigir uma nova noção de sistema jurídico que comporte as características inerentes aos pronunciamentos judiciais (como sua pouca *enactment force)* e isso deixa o assunto em desconfortável posição. Com efeito, os realistas simplesmente negavam a sistematicidade do Direito, propondo um ajuntamento de posições individuais, as quais se tentava antever por instrumentos voluntaristas.

Por sua vez, no continente europeu, se toma o precedente indistintamente como se norma legislativa fosse (a despeito da brutal distinção). Na tradição do *common law*, se aponta a distinção sem erigir um sistema adequado que correlacione bem as várias partes, permitindo, muitas vezes, soluções casuísticas para dirimir contradições, bem como a repetição de comportamentos equivocados como o excessivo *distinguish* e outras práticas temerárias. O excesso de precedentes também é detectado como problema em alguns ramos do Direito, pois não há critérios bem postos para solucionar as contradições. Apesar de não haver mais grave distinção entre o que o juiz faz e o que afirma fazer (como na França, em que se diz não seguir precedente, mas, na verdade, se segue), ainda se verifica um descompasso:

> Most often, judges say and do the same thing. But judges sometimes actually say one thing and yet do another. Thus judges might declare their freedom to depart from precedent yet follow the precedent in the case under consideration. Without more, this cannot be objectionable. But a court may also declare it is following precedent, yet in reality not be[178].

Tanto é assim que, a despeito de inexistir lei nos EUA impondo vinculação a precedentes, Robert Summers, sem explicar o porquê, fala de um dever de respeito formal a alguns deles[179].

É nesses pontos, portanto, que o paradigma contextualista falha.

O constitucionalismo contemporâneo exerce demanda de sistematicidade nova (acoplada à ideia de tradição gadameriana) e um rompimento com a atitude semântica denunciada por Dworkin que não é realizada neste paradigma contextualista. A discussão das questões pertinentes, sejam regras, fatos ou argumentos, ainda são inoculadas pelo aguilhão semântico de que fala Dworkin. O recurso à analogia, por exemplo, ainda não se desprende dessas amarras, podendo, mesmo, confirmá-las; afinal, o jocoso exemplo de Dworkin sobre o palácio de Buckingham se enquadrar ou não no conceito de casa pode ser desenvolvido estritamente sob o modelo analógico sem qualquer ruptura.

---

177. Sobre alguns dos equívocos do neoconstitucionalismo, remeta-se novamente a LOPES FILHO, Juraci Mourão; LOBO, Júlio César Matias; CIDRÃO, Taís Vasconcelos, 2018, *op. cit.*
    Acesso em: 18 mai. 2023.
178. BANKWOSKI, Zenon; MACCORMICK, Neil; MARSHAL, Geoffrey. Precedent in the United Kingdom. In: MACCORMICK, D. Neil; SUMMERS, Robert S.; GOODHAT, Arthur L., *op. cit.*, p. 401.
179. *Ibid.*, p. 368.

Mas exatamente porque o paradigma contextualista é mais avançado que não é de se estranhar haver sido no Direito estadunidense que se desenvolveu a teoria jurídica mais adequada à Hermenêutica filosófica: o paradigma sistêmico de Dworkin, que se passa a explorar.

3.3.15 O paradigma sistêmico: Dworkin e a incorporação da Hermenêutica filosófica

O paradigma sistêmico foi erigido por Dworkin com origem no paradigma contextualista. Comprova ao mesmo tempo o maior avanço, mas também a insuficiência deste para o constitucionalismo contemporâneo. Não toma o precedente como uma norma similar à legislativa, fruto de um ato de vontade do magistrado ou do intérprete, desprendida da situação em que foi erigida. Igualmente, não se ocupa em recuperar o trabalho anterior, condicionando-o ao contexto que o influenciou. Ainda que tenha visão retrospectiva, não se limita a uma busca do que foi feito, mas se ocupa com o presente e mesmo com o futuro. Não se atenta para o que "foi posto" ("imposto") ou ao que "foi feito" pela "corte emissora" ou como a "aplicadora" procederá. Busca uma integridade dos elementos subjacentes do precedente que guiaram sua formação, compatibilizando-o com a nova resposta a ser dada na aplicação.

A ideia da *chain novel* é elucidativa. Embora não se imponha como verdade fática (conforme comprovado pelo estudo de Stefanie Lindquist e Frank Cross já citado[180]), é parâmetro hermenêutico indispensável para análise do precedente, evitando voluntarismo (o precedente ser reduzido a uma regra imposta pela corte superior a ser aplicada por subsunção), particularismos e rupturas (mediante excessivo *distinguish* ou guinadas jurisprudenciais que desconsideram produção jurisdicional pretérita, tanto superior, quanto, preponderantemente, inferior).

Toma como parâmetro de magistrado a conhecida figura do juiz Hércules: indivíduo de amplos conhecimentos teóricos, com super-habilidades para discernir o significado latente e estrutural do Direito que suporta e se manifesta no precedente. Em vez de se ocupar com o que foi dito ou feito, propõe uma análise sistêmica ampla do assunto, rompendo com o subjetivo marcante no paradigma normativo e resistente no contextualista.

Dá ênfase à *gravitational force* do precedente em detrimento de uma *enactement force*, demonstrando sua aversão a um enquadramento dentro de um sistema formal fundacionalista na condição de partícula isolada e formalmente incorporada em estrutura hierárquica rígida. Assim, não se pode falar que o precedente ingresse em um conjunto normativo com um delineamento perfeito e acabado, passando a ter uma "vigência" que orienta sua incidência automática e infalível. Elide, também, a aplicação no tudo ou nada, por mecanismo de lógica dedutiva, na condição de premissa maior.

---

180. LINDQUIST, Stefannie; CROSS, Frank B., *op. cit.*

Isso força o aplicador a se deter sobre o quadro amplo do passado e do presente, mediante uma fundamentação argumentativa que os bem explore e exponha, tornando-a mais rica e completa. Evita silogismo simples do tipo "o tribunal entende de tal forma, pelo que assim deve ser decidido este caso". Substitui-a por outra mais refletida e particularizada.

Nenhum ponto do precedente pode ser compreendido isoladamente. Se é possível detectar nele, ou se erigir dele, uma norma, ela não se desprende do contexto de produção nem pode ser tomada de maneira desatrelada da cadeia sistêmica em que se insere. É considerada, pois, com base na premissa do dever de coerência e integridade. Tem-se *ruling by reasoning*, ou seja, na medida em que se detecta uma regra (*rule*), ela está inexoravelmente ligada à motivação que a põe (*reasoning*), tanto as explícitas quanto as subjacentes. Não há a preempção das razões, de modo a permitir uma sub ou sobre-inclusão posterior.

É possível exemplificar a análise das razões subjacentes – em prol da integridade – com o surgimento e desenvolvimento do "princípio" da simetria para entendimento da Federação brasileira após 1988. Chama-se "princípio" por ser denominação já arraigada, porém, mais criteriosamente, é um postulado (preceito que orienta a interpretação de enunciados normativos).

Seja como for, a simetria prescreve um dever de paralelismo entre os vários entes federativos desde o centro. Em outras palavras: no exercício de suas competências constitucionais, os Estados-membros, o Distrito Federal e os Municípios têm o dever de considerar o padrão de separação dos poderes prescritos pela Constituição Federal para a União. Assim, os instrumentos inerentes aos freios e contrapesos, em vários âmbitos, devem observar aquilo que foi prescrito para o Executivo, o Legislativo e o Judiciário federais, porque considerados "princípios extensíveis". Não há um só enunciado constitucional mencionando sequer indiretamente esse postulado. Ele tem origem inteiramente nos precedentes do Supremo Tribunal Federal.

Consoante já foi exposto em outra obra[181], as primeiras manifestações do Supremo Tribunal sobre o assunto, após 1988, foram em questões envolvendo processo legislativo, especificamente iniciativas, características do veto, poder de emenda parlamentar etc. Nesse assunto específico, a Constituição Federal anterior obrigava os entes periféricos, em suas constituições e leis orgânicas, a seguir o padrão federal. Entretanto, a Constituição Federal de 1988 não trouxe tal prescrição, resultando a dúvida sobre se o dever se mantinha.

No início dos anos 1990, o quadro ainda era de indefinição, mas o Supremo Tribunal Federal já estava bastante ciente do impacto de seus precedentes sobre o assunto. Os ministros apresentaram-se, primeiramente, indecisos, registrando na ADI 276-MC que "o Supremo Tribunal Federal ainda não definiu, sob o regime da vigente ordem

---

181. LOPES FILHO, Juraci Mourão, 2024, *op. cit.*.

CAPÍTULO 3 • O QUE É PRECEDENTE   **213**

constitucional, se os princípios que informam o processo legislativo impõem-se aos Estados-membros como padrões jurídicos de compulsória observância"[182].

Não demorou muito, entretanto, para vir entendimento confirmando a linha jurisprudencial já sedimentada sob a carta anterior:

> Constitucional. Estado-membro. Processo Legislativo. I. – A jurisprudência do Supremo Tribunal Federal é no sentido da observância compulsória pelos Estados-membros das regras básicas do processo legislativo federal, como, por exemplo, daquelas que dizem respeito à iniciativa reservada (C.F., art. 61, par. 1.) e com os limites do poder de emenda parlamentar (C.F., art. 63). II. – Precedentes: ADIn 822-RS, Rel. Min. Sepúlveda Pertence; ADIn 766 e ADIn 774, Rel. Min. Celso de Mello; ADIn 582-SP, Rel. Min. Néri da Silveira (RTJ 138/76); ADIn 152-MG, Rel. Min. Ilmar Galvao (RTJ 141/355); ADIn 645-DF, Rel. Min. Ilmar Galvao (RTJ 140/457). III. – Cautelar deferida: suspensão da eficácia da Lei 10.003, de 08.12.93, do Estado do Rio Grande do Sul[183].

Como fundamento, foi indicado no acórdão que as prerrogativas inerentes a cada um dos poderes no processo legislativo são relevantes para a própria separação dos poderes que deve ser uniforme em todos os níveis federativos. Aliando-se a essas considerações específicas, tem-se mais amplamente a já arraigada centralização federativa que marca a cultura política brasileira, além da escolha pela Constituição por um Estado social, que demanda maior concentração de poder no ente central.

Considerando tudo isso, percebe-se que a força hermenêutica dos precedentes ainda que expedidos sob a Constituição anterior, era reforçada em vários pontos: representava um ganho interpretativo não revelado pela análise semântica do Texto Constitucional, repercutia linha jurisprudencial já sedimentada, reverberava características históricas da Federação brasileira, atendia a demanda de centralização do Estado social, e, ainda, consistia no posicionamento da mais elevada corte que poucos desafios recebia dos tribunais inferiores. Os pontos que enfraqueciam essa força hermenêutica não foram capazes de a debelar: a mudança constitucional que trouxe o texto sem a exigência, o surgimento de constituições estaduais e leis orgânicas desafiando os precedentes, bem como lições doutrinárias propondo maior descentralização federativa uma vez constatada essa inspiração no atual Texto Constitucional.

Em razão dessa força hermenêutica, a ideia de simetria foi paulatinamente se estendendo para outros assuntos que não o processo legislativo, como é exemplo o tipo normativo a ser utilizado para determinada matéria (lei ordinária ou lei complementar[184]); a constitucionalização de matéria legislativa[185], poder do chefe do Executivo em nomear e exonerar cargos comissionados e direção superior da administração pública, para ficar em apenas alguns exemplos.

---

182. ADI 276 MC, Rel. Min. Celso De Mello, Tribunal Pleno, j. 30.05.1990, *DJ* 17.08.1990, p. 7869, ement vol-01590-01, p. 8.

183. ADI 1060 MC, Rel. Min. Carlos Velloso, Tribunal Pleno, j. 01.08.1994, *DJ* 23.09.1994, p. 25313 ement vol-01759-02, p. 298.

184. ADI 2872, Rel. Min. Eros Grau, Rel. p/ Acórdão: Min. Ricardo Lewandowski, Tribunal Pleno, j. 01.08.2011, *DJe*-170, divulg 02.09.2011, public 05.09.2011, ement vol-02580-01, p. 1.

185. ADI 227, Rel. Min. maurício corrêa, Tribunal Pleno, j. 19.11.1997, *DJ* 18.05.2001, p. 429 ement vol-02031-01, p. 30.

Percebem-se no desenvolvimento da simetria constitucional as características do paradigma sob exame. Houve uma análise refletida por parte do Supremo Tribunal Federal, considerando o novo contexto constitucional em que se encontrava, fazendo uma perscrutação profunda das razões de seus precedentes e dos efeitos que iriam causar sobre toda a estrutura federativa. Apesar de expressamente apenas consignar como motivo a separação dos poderes, outros elementos mais gerais como a característica histórica da Federação, a demanda do Estado social, a falta de desafios pelas cortes inferiores e a convergência dos entes periféricos ao entendimento sem maiores resistências atuaram no jogo de-e-para do círculo hermenêutico e se apresentaram como determinantes para manutenção da linha jurisprudencial.

Foi observada, então, a integridade, que além de considerar elementos específicos de moralidade política das questões postas em juízo, alinhou-se, ainda que não explicitamente, a outros fatores que a corroboravam. Daí a importância da perscrutação hermenêutica subjacente. O fortalecimento desse entendimento e sua extensão para outras situações ainda não enfrentada são esperados, ensejando uma segurança jurídica calcada nessa estabilidade sistemática ampla.

Isso abre o âmbito de análise e discussão, pois não a restringe a elementos do sistema normativo formal. Irá comportar, e mesmo exigir, argumentos de moralidade política já arraigados na prática judiciária e que, certamente, influenciam a compreensão do precedente e dos institutos e práticas jurídicas nele envolvidos. Nada será tomado como uma ilha hermenêutica: porção de sentido cercado de vazio contextual e sistêmico por todos os lados.

Abandonam-se critérios formais de justificação de seguir o precedente. São considerações substanciais que determinam de maneira mais determinante a força de atração do precedente, que não é fixa, predefinida ou contingente. Tudo é posto e considerado de maneira aberta e clara, demandando argumentação e análise própria. Não se invocam simplesmente precedentes anteriores, aplicando-os por uma lógica formal.

Todo esse trabalho, entretanto, será perdido se não reavaliado constantemente, na aplicação e extensão do precedente. Não se pode cristalizá-lo, porque sua força não é estática, mas variável. Caso se passe a simples silogismos no uso desses julgados, ignorando-se mudanças nos aspectos relevantes ou surgimento de outros, haverá mau uso do precedente. O intérprete/aplicador deverá ter enorme atenção a isso.

Siltala[186] bem resume esse paradigma ao destacar sua compreensão fundamental como a de buscar e determinar as razões subjacentes do exercício jurisdicional realizado e representado pelo precedente ou por uma linha jurisprudencial com um todo. Dessa maneira, a *ratio decidendi* é constituída pelo julgador seguinte (no papel próprio de Hércules) em uma investigação mais profunda em busca de um princípio sistematizado, ou seja, um princípio que se encontre no julgado, mas coerente com toda a linha

---

186. SILTALA, Raimo, *op. cit.*, p. 99.

jurisprudencial anterior e que possa, por esse motivo, se sustentar de maneira estável no futuro. Isso evita que o precedente tenha como autoridade simplesmente a hierarquia da corte emissora. Contudo, não é uma elaboração unilateral nem voluntarista, mas institucionalizada e fundamentada, mais um elo da cadeia.

Há uma exigência de uma coerência argumentativa diversa da simples obediência hierárquica ou mesmo da exigência lógico-formal do paradigma normativo e da analogia pragmática do contextualismo. A segurança jurídica, dessa forma, se traduz em continuidade evolutiva, não redundância, coerência e integridade, em vez de previsibilidade, antevisão ou continuísmo (reprodução acrítica).

Essas características criam um dever ético-profissional para o juiz, razão pela qual se fala de uma exigência deontológica na obra de Dworkin. Para não cair no ceticismo realista, que se conforma com a ideia de que tudo dito pelo judiciário é Direito, a análise da validade e força de um precedente deve partir da consideração sobre o respeito a esse dever deontológico. Uma decisão que rompa com uma firme linha jurisprudencial pretérita, sem qualquer justificação pela integridade ou preparação sistêmica, não deixará de ser um voluntarismo egoísta de um julgador ou turma julgadora, fruindo, assim, de pouca força.

Ainda que a decisão integre a ordem jurídica no aspecto formal, ao menos como coisa julgada da específica situação, e seja usada como precedente, sua *gravitational force* será diminuída, pelo que o juiz seguinte, ao fazer seu uso, deverá ir além de simplesmente mencioná-la, agregando uma justificação sistêmica maior (para "salvar" o precedente). O novo entendimento, no mínimo, deverá ter efeito *ex nunc*, ou seja, aplicável somente para lides surgidas após o aparecimento e o arraigamento do novo entendimento pretoriano, pois, só assim, se evitará o efeito retroativo pernicioso que rompe com qualquer concepção de segurança jurídica.

É o que deveria ocorrer, por exemplo, na já analisada linhas atrás brusca mudança de entendimento do Superior Tribunal de Justiça quanto à legitimidade do contribuinte de fato do ICMS para questionar essa exação tributária. Qualquer perspectiva que se tenha de segurança jurídica, seja a ingênua ideia de previsibilidade, seja a mais amadurecida demanda de integridade, foi plenamente ofendida, pois, além de ter sido uma ruptura com a cadeia jurisprudencial já formada (*chain novel*), simplesmente foram ignorados os precedentes em sentido oposto, fazendo-se uma análise jurídica da questão como se eles não existissem, ao ponto de se citar ementa isolada que sustentava o entendimento, sem justificar por que sua escolha em detrimento das demais.

É possível se falar, pois, de pouca força hermenêutica do novo precedente, dada a ruptura do dever constitucional e mesmo de moralidade política de adequadamente fundamentar a nova linha jurisprudencial. Tanto é assim que foi, de fato, revisto.

Já é para ter ficado claro nesta etapa do trabalho que os critérios temporal e hierárquico não são suficientes para, tomando precedente como norma, solucionar antinomias e justificar, por si, guinadas jurisprudenciais.

As ideias do paradigma sistêmico rompem com a Filosofia moderna, pois abandona definitivamente o subjetivismo. Não cai no canto da sereia da metódica secular. Nega a crença em uma neutralidade (o Hércules tem dever de coerência e integridade inclusive deontológicas) e não toma cada caso concreto como mera espécie subsumível a um juízo universal, mas como elo adicional da cadeia sistemática que molda o Direito como um todo.

Ao passo que rompe com a Filosofia moderna, adequa-se à Hermenêutica filosófica. Incorpora no discurso jurídico a historicidade sem deletéria perspectiva subjetivista ou contextualista: abrange as circunstâncias gerais e amplas subjacentes e que conformam a comunidade de princípios que define o Direito aplicável. O círculo hermenêutico, com seu jogo de-e-para, é a dimensão em que deve ser identificado o precedente, levando a questão para além de uma vontade pretérita ou das circunstâncias específicas. Cada julgamento é encarado em sua parcela contributiva na *seamless web* e não como mera manifestação de um conhecimento derivado de um axioma universal.

Nesse ponto, as críticas de Dworkin em propor que não se deve ocupar com o que foi dito ou imposto pelo tribunal emissor do precedente e sim com uma compreensão mais ampla, que subjaz ainda que implicitamente, vai ao perfeito encontro das pretensões filosóficas de Gadamer, quando expressamente declara em seu prefácio da segunda edição de V*erdade e Método*: "O que está em questão não é o que fazemos, o que deveríamos fazer, mas o que nos acontece além do nosso querer ou fazer"[187].

É com essa constatação que uma das ideias centrais de Dworkin pode ser traduzida em termos hermenêuticos: a *gravitational force* (força gravitacional em um sentido literal que se entende inconveniente). Ela deve ser traduzida como uma *força hermenêutica*, ou seja, a força variável em função do jogo de-e-para próprio do círculo hermenêutico que determina o grau de influência de um precedente para o novo caso. Essa força se forma por uma conjugação de fatores não compelidos pela vontade do tribunal emissor ou aplicador, pois o jogo hermenêutico é tomado em uma dimensão fenomenológica e não subjetiva. Como explica Gadamer, "o jogo não surge na consciência do jogador, e enquanto tal é mais do que um comportamento subjetivo. A linguagem não surge na consciência daquele que fala, e enquanto tal é mais do que um comportamento subjetivo"[188].

É em razão de tudo isso que o referencial teórico e filosófico adotado neste trabalho será a Hermenêutica filosófica no nível da infraestrutura e o paradigma sistêmico fruto do Direito como integridade de Dworkin na camada profunda da teoria e da ideologia, por se considerar a perspectiva adequada ao constitucionalismo contemporâneo, permitindo a abordagem teórica da camada superficial do Direito positivo brasileiro.

---

187. GADAMER, Hans-Georg, 2008, *op. cit.*, p. 14.
188. *Ibid.*, p. 23-24.

3.4 O REFERENCIAL FILOSÓFICO E TEÓRICO/IDEOLÓGICO ADOTADO PARA ESTUDO DOS PRECEDENTES: HERMENÊUTICA FILOSÓFICA COMO INFRAESTRUTURA ADEQUADA AO DIREITO COMO INTEGRIDADE E AS ESTRUTURA EM REDE DO SISTEMA COERENTISTA DE PRECEDENTES

Os referenciais filosófico, teórico e ideológico deste trabalho são adotados com base na contraposição entre as características delineadoras da Filosofia moderna (filosofia da consciência) e suas contrapartes da Hermenêutica filosófica. Com origem nessa base infraestrutural, toma-se posicionamento com ela coerente na camada profunda da teoria e da ideologia, consistente no paradigma sistêmico de Dworkin.

Foi visto que a filosofia moderna propõe, mediante a secularização, um método investigativo rígido. Com o subjetivismo, submete ao sujeito todo o processo de conhecimento. Com a neutralidade, concebe um agente que não tem qualquer influência sobre o produto do conhecimento. Por fim, a prática como mera confirmação da teoria despreza maiores contribuições do caso concreto que é tomado como uma confirmação do padrão geral.

Essas bases influenciaram o Direito, inicialmente, mediante um jusnaturalismo racionalista e, posteriormente, pelo positivismo exegético e normativista, demandados pelo fortalecimento dos estados nacionais.

Há, então, o espelhamento sobre os precedentes dessas teorias formuladas tendo como peça central a produção legislativa. Daí as características já ressaltadas no paradigma normativo, tão forte na tradição europeia continental e no Brasil. O paradigma contextualista bem se estrutura com base nas críticas realistas e da base da Filosofia analítica inglesa. Opõem-se às consequências da neutralidade, da secularização e da irrelevância da prática para a teoria.

O realismo jurídico, no entanto, não avançou mais sobre as bases filosóficas, pelo que não se apresenta suficiente para elidir todos os efeitos do positivismo normativista. Mantém e, em verdade, recrudesce os efeitos do subjetivismo ao se conformar com a ideia de que o Direito é aquilo que os tribunais dizem que ele é. Representa, pois, uma exaltação dessa característica. Por via de consequência, surge a preocupação nos precedentes em descobrir o que a corte emissora disse ou mesmo fez: em ambas as hipóteses, o aspecto subjetivo (representado na atenção determinante sobre o tribunal anterior) é fundamental.

O positivismo hartiano, com base em sua sociologia descritiva no plano profundo da epistemologia de matriz no pensamento de Wittgenstein e aportes de John Longshaw Austin, arrefece as características estritas da filosofia da consciência, mas ainda não incorpora a reviravolta ontológica. Hart entende que é no uso das palavras que devem ser compreendidos os fenômenos jurídicos. A premissa nos jogos de linguagem de Wittgenstein e os atos e fala de Austin se aproxima do jogo hermenêutico de-e-para, conforme reconhece mesmo Gadamer, mas não incorpora a realidade interpretativa e hermenêutica, influenciada por valores de moralidade política.

Por outro lado, os frutos da Hermenêutica filosófica sobre o Direito vão bem ao encontro das alterações exigidas pela emergência do Estado de Direito Constitucional. A historicidade impede que se fale de um conhecimento puro e abstrato no Direito, desautorizando partículas atomizadas pré-fixadas de conhecimento jurídico, verdadeiras mônadas jurídicas capazes de serem encapsuladas em uma estrutura semântica unívoca para serem transportadas a outro local ou momento sem qualquer prejuízo. Passa-se a exigir de qualquer interpretação o questionamento do não dito da historicidade pelo dito dos enunciados legislativos e, consequentemente, jurisprudenciais. Nada está fora da história, nem a lei, nem o precedente.

A Hermenêutica filosófica contextualiza, então, o conhecimento que é impossível de ser puro e absoluto em uma dimensão ampla, não só a do contexto subjetivo específico do emissor. Assim, também se contrapõe à secularização ao denunciar a incapacidade de o método aprisionar por regras prévias o jogo de-e-para ocorrido no círculo hermenêutico, o qual se traduz como uma experiência. Nisso há um domínio da linguagem entendida em um sentido abrangente.

A compreensão do Direito pela perspectiva da Hermenêutica filosófica de Gadamer põe por terra o mito do dado e a confusão entre texto e norma. Entende-se que o texto não é capaz de encapsular o significado, ao ponto de "entregar" ao aplicador um sentido perfeito e acabado, prescindível de qualquer agregação posterior de sentido. Conquanto o positivismo normativista já vislumbre tal distinção, apenas a enuncia, confiando a solução à discricionariedade do intérprete aplicador. É sobre isso que a Hermenêutica avança, pois transcende o indivíduo, colocando em uma cadeia institucional e ética.

Também meras cogitações semânticas não são tidas por capazes de se obter um sentido normativo adequado. Mesmo a saturação de sentido com elementos fáticos do contexto não é suficiente para a compreensão. Dá-se o abandono da função designativa da linguagem (indicando que ela simplesmente faz referência a algo externo a ela, existente independentemente dela), e a torna constitutiva do objeto.

O paradigma normativo, ao pinçar um pedaço do precedente sob a forma de norma, toma expressões técnicas como que dotadas de uma força enunciativa por si. A linguagem é coisificada, tornando-se autorreferente. Já no paradigma contextualista, a linguagem é mero substrato para se identificar o que o tribunal emissor disse ou fez em um jogo bem delimitado. O paradigma sistêmico-hermenêutico, por sua vez, vê a linguagem como componente do precedente e meio de ingresso a uma realidade estendida. Por ser a "morada do ser", ela carreia para o labor hermenêutico a tradição, a cultura e a história.

O conhecimento do Direito, dessa forma, não é mais céptico, neutro e abstrato, de modo a se apresentar por universais. É concreto, tisnado pelo mundo em que está inserido. O fim da distinção entre interpretação e aplicação e do mito do dado muda o papel do intérprete/aplicador que não mais pode ser descompromissado e passivo, especialmente em relação às consequências de sua atividade.

Com isso, a Hermenêutica filosófica sustenta aporte teórico para superar a ideia de segurança jurídica do positivismo exegético: previsibilidade de resultados decorrente do silogismo subsuntivo. Na realidade, esse parâmetro de segurança é uma ilusão, como já dito e repetido, pois muito mais causa sentimento de injustiça quando não assegura variações necessárias de resultados em situações aparentemente similares, mas essencialmente distintas. Não se acredita que toda situação possa ser antevista pelo legislador, ou mesmo pelo tribunal emissor de um precedente, e enclausurada em um texto. O que se pode querer como segurança é que o julgador tenha a autoridade de avaliar as peculiaridades próprias e também relevantes para determinar o Direito aplicável. Escreve Gadamer:

> O caso individual não se limita a confirmar uma legalidade, a partir da qual, em sentido prático, se poderia fazer previsões. Seu ideal é, antes, compreender o próprio fenômeno na sua concreção singular e histórica. Por mais que a experiência geral possa operar aqui, o objetivo não é confirmar nem ampliar essas experiências gerais para se chegar ao conhecimento de uma lei – por exemplo, como se desenvolvem os homens, os povos, os estados -, mas compreender como este homem, este povo, este estado é o que veio a ser; dito genericamente, como pode acontecer que agora é assim.[189]

Destaque-se o fato de que Gadamer tem um sentido bem próprio quando se refere a autoridade. Não é simplesmente aquele indivíduo com o poder de interferir no comportamento alheio, mas sim aquele que realmente suscita as questões importantes para o conhecimento ante o caso concreto de aplicação; tanto que o exemplo paradigmático de autoridade que cita é a do professor.

Assim, o juiz que aplica lei ou precedente não se sujeita ao poder do legislador ou do tribunal superior, não se submete a uma autoridade caracterizada pelo simples exercício de poder hierárquico ou de qualquer outra espécie. O juiz que julga o caso é que deve assumir a atitude de autoridade gadameriana, suscitando e avaliando as questões pertinentes. Tanto é assim que Gadamer o traz como parâmetro de sua filosofia também a figura do intérprete/aplicador jurídico.

Não se autoriza com isso um subjetivismo ou um relativismo. Quando se fala em autoridade e variação de sentido, não se está a falar em algo submetido à vontade do indivíduo que interpreta/aplica. Como ele está inserido na história e em uma cultura, história e cultura atuam no delineamento dos conceitos e juízos prévios dele, moldando inconscientemente sua visão de mundo. Vale lembrar-se da lição heideggeriana de que não se está a falar de uma visão egoísta do sujeito, mas de algo moldado por fatores não controláveis ou dispostos discricionariamente. A fusão de horizontes, o jogo de-e-para do círculo hermenêutico, não fica à inteira disposição do sujeito. Eis por que não se fala de um conhecimento abstrato desprendido do mundo em que se está inserido.

Ao se pôr a prática como parcela contributiva da realidade, o momento da aplicação deixa de ser meramente reprodutor, para ser, igualmente, produtor de sentido. Essa é a razão de não se poder tomar como realidades estanques o conhecimento, a

---

189. GADAMER, Hans-Georg, 2008, *op. cit.*, p. 39.

interpretação e aplicação. São os fatos e as questões reais efetivamente postos diante do intérprete/aplicador – ou ainda supostos numa imaginada hipótese de aplicação – que dão os marcos e alcance do uso do enunciado, seja legislativo ou jurisprudencial. Casos futuros só poderão ser mediados especificamente por precedentes na parcela em que comportem o jogo hermenêutico antes realizado.

Assim, quanto mais o caso julgado for padronizado e comum, mais gerais e padronizadas serão as premissas utilizadas e a conclusão a que se chega, não apresentando ganho relevante de sentido em relação ao Direito legislativo positivado. Em uma análise meramente abstrata, é possível imaginar-se aquela hipótese-padrão de aplicação e, consequentemente, uma interpretação com ela adaptada. Em contrapartida, quanto mais singular e com permeio de particularidades, mais será determinante a construção específica da premissa de julgamento e mais particularizada será a elaboração, com incremento de sentido. Como Gadamer muito bem explica:

> Antes, a ordenação geral da vida através das regras do direito e dos costumes é bastante deficitária, necessitando de uma complementação produtiva. Ela precisa avaliar corretamente os casos concretos. Conhecemos essa função do juiz, sobretudo a partir da jurisprudência, onde a contribuição da hermenêutica em complementar o direito consiste em promover a concreção do direito. Isso representa mais do que aplicação correta de princípios universais. Nosso saber acerca do direito e dos costumes sempre será complementado e até determinado produtivamente a partir do caso particular. O juiz não só aplica a lei *in concreto*, mas colabora ele mesmo, através de sua sentença, para evolução do direito (direito judicial)[190].

Desde tal perspectiva, Gadamer lança a noção de *applicatio,* conjugando e aliando compreensão, interpretação e aplicação evidenciando serem realidades que se confundem e mutuamente condicionam, impedindo que se considere o ato de julgar como sendo em etapas estanques e autônomas.

Sobre a *applicatio* gadameriana, José Lamego destaca o pensamento dominante no século XVIII, centrado na compreensão (*subtilitas intelligendi*) e na interpretação (*subtilitas explicandi*), tomadas como realidades estanques e independentes. Já a aplicação (*subtililas applicandi*) tinha função subalterna determinada pelas anteriores. Como explica, "Gadamer sustenta que 'a aplicação constitui, como a compreensão e interpretação, uma parte integrante do processo hermenêutico'. A 'pretensão de universalidade da Hermenêutica' – a irredutibilidade do fenômeno da linguagem, a *Sprachlichkeit* da experiência do mundo em geral – implica que não haja conhecimento crítico completamente dissociado do conhecimento pré-predicativo, existencial"[191]. Especificamente sobre o recurso à Hermenêutica jurídica, o mesmo autor escreve:

> Gadamer entende, ao referir o "significado exemplar" da hermenêutica jurídica, que "a missão da interpretação é a concretização da lei em cada caso, ou seja, a tarefa de aplicação". A lei não quer ser entendida historicamente, mas deve ser concretizada na sua vigência como Direito mediante a interpretação. O modelo hermenêutico pretende captar a situação na sua particularidade. Ao invés do modelo de sistema como cânone da interpretação jurídica, a tradição retórico-hermenêutica da compreensão todo-partes

---

190. *Ibid.*, p. 79.
191. LAMEGO, José. **Hermenêutica e jurisprudência**. Lisboa: Editorial Fragmentos, 1990. p. 197.

CAPÍTULO 3 • O QUE É PRECEDENTE **221**

(círculo intelectivo) visa captar a especificidade de cada situação concreta. O caráter "exemplar" da hermenêutica jurídica afigura-se já a Tiberius Decianus, quando dizia, em 1579, que "virtus jurisprudentiae in apllicatione consisti universallium particularibus". O princípio de que o texto da lei 'para ser entendido de modo adequado dever ser compreendido a cada momento, ou seja, em cada situação concreta, de modo novo e distinto' tem como base uma teoria do "sentido" entendido como relação com um contexto extralinguístico. Este reenvio da ordem linguística para a estrutura da experiência põe a claro a reserva ou excesso de sentido do "mundo-da-vida", que se manifesta, como diz Miguel Baptista Pereira, "paradigmaticamente no núcleo essencial do símbolo, cujas potencialidades semânticas jamais se deixam esgotar pelas tentativas da conceptualização humana". É que há algo no símbolo que, pelo seu enraizamento na profundidade da vida... resiste a uma transcrição linguística, semântica ou lógica[192].

É percebido, que, quando o paradigma normativo faz a *ratio decidendi* de um precedente corresponder somente ao núcleo jurídico, equiparando-a à norma geral e abstrata que pode ser inferida dele, está a cindir as três realidades indistintas. Como revelado pela prática francesa, quer se entender que a *ratio* é apenas a parte interpretativa da decisão, ou seja, aquela parte que empresta determinado sentido a um texto legislativo. Mas isso é uma ficção por demais forçada, pois, repita-se, toda interpretação é ligada a uma aplicação, sendo o valor do precedente contribuir com o conhecimento do Direito com fulcro em uma situação efetiva e também real de aplicação e não meramente hipotetizada ou imaginada, tal qual faz um estudante ou teórico. Ademais, rompe o círculo hermenêutico mesmo em sua mais simplória perspectiva de compreensão do todo pela parte e a parte pelo todo. O paradigma normativo, portanto, retira o elemento mais importante do precedente: a concretização do Direito por meio da *applicatio*.

Em se tomando a Hermenêutica filosófica, afirmar que precedente autoriza a formação de uma norma ocasiona consequências bem distintas. A própria existência da norma ocorre na linguagem (que é mais do que simplesmente o texto) e não é algo que existe a par da linguagem que seria alcançado com uma mera mediação dela. O que se pode compreender é linguagem apreendida em uma experiência maior que não se traduz em um método.

Nesse tocante, não se pode deixar de lembrar-se da afirmação de Julius Stone, de que não se pode aprender a andar de bicicleta lendo livros metódicos sobre o assunto. A ideia de norma (mesmo que inferida de um precedente) não se objetiva, não autoriza automaticamente uma universalização nos mais amplos limites semânticos possíveis ou queridos pelo tribunal emissor ou de aplicação. Não há o salto indutivo do particular para o geral de maneira automática.

Não que se impeça a extensão da resposta hermenêutica contida no precedente a casos não expressamente analisados nele. Isso é possível, embora a força do precedente varie em função justamente da similitude ou não entre os dois jogos hermenêuticos: o presente e o anterior. Eis outro ponto que diferencia o paradigma aqui adotado para o contextualista: a analogia que comporta, o juízo de similitude ou distinção que autoriza, não é entre os fatos das causas ou das normas envolvidas, mas de todo jogo

---

192. *Ibid.*, p. 197.

hermenêutico, do círculo hermenêutico verificado, que é algo mais abrangente e rico de elementos. Daí a congruência com as ideias de Dworkin, pois envolveria justamente o que ele chamou de razões subjacentes. E é por isso que Lenio Streck, com a percuciência peculiar, muito bem expõe o assunto: "Ou seja, o precedente é (também) um texto, ao qual deve ser atribuído um sentido, a partir do caso concreto. Isso significa um nível (ou grau) apropriado de generalização que não pode ser arbitrário, como, aliás, não pode ser arbitrária a interpretação em nenhum momento"[193]. Entende-se mais preciso afirmar que o texto a ser interpretado não é propriamente o precedente, mas corporifica a decisão de onde ele se origina. O precedente é a resposta daí emergente e que pode ser parâmetro de conduta no futuro. Portanto, em vez de um salto indutivo automático para o nível mais amplo de abstração, tem-se, quando muito, uma generalização graduada, controlada e justificada.

Tal posição insere-se no quadro maior que a Hermenêutica filosófica traça para o Direito como um todo: compreender, repita-se, não é encarado com base em um método, porque se apresenta como um acontecer. Não há etapas estanques e predeterminadas que possam ser isoladas e destacadas. Eis por que Lenio Streck destaca que "interpretar é compreender. E compreender é aplicar"[194].

Então, o juiz ocupa posição relevante, pois o fruto de sua *applicatio* integrará o sistema jurídico enquanto precedente, categoria jurídica própria, que não pode ser reduzida a outras categorias jurídicas como regras. Integrará não um sistema nos moldes fundacionalista engendrados por Kelsen e Bobbio, com seu caráter axiomático, fechado, fixo e hierárquico. Foi demonstrado, detalhadamente, que a incompatibilidade desse modelo com os precedentes é tão brutal que os paradigmas normativista e contextualista simplesmente a ignoram, acrescentando apenas contingenciais arrefecimentos, mas que não afasta em definitivo a dissonância cognitiva que isso implica.

Em verdade, sua validade é posta em xeque no Direito como um todo, não só para os precedentes. Ricardo Guibourg, em uma acurada análise da *Teoria Pura do Direito*, bem expõe que "el punto más vulnerable de esta es precisamente el que la hace más atractiva: el intento de concebir la ciencia del derecho como un sistema coherente y a la vez apto describir total y adecuadamente la realidad"[195]. Por óbvio, a coerência que critica é a coerência formal e hierarquizada.

Menezes Cordeiro bem resume em dois motivos a falência da estrutura sistêmica formal: a) incapacidade de o formalismo lidar com o caráter histórico-cultural do Direito, pois "a sua configuração apresenta-se, pelo menos no seu actual estádio dos conhecimentos humanos, como o produto de uma inabarcável complexidade casual

---

193. STRECK, Lenio Luiz. Interpretando a Constituição: Sísifo e a tarefa do hermeneuta. Apresentação da obra de TRIBE, Laurence; DORF, Michael. **Hermenêutica Constitucional**. Tradução: Amaríslis de Sousa Birchal. Belo Horizonte: Delrey, 2007. p. xxvii.
194. STRECK, Lenio Luiz, 2010, *op. cit.*, p. 73.
195. GUIBOURG, Ricardo A. **Derecho, sistema y realidad**. Bueno Aires: Editorial Astrea, 1986. p. 19.

que impossibilita, por completo, explicações integralmente lógicas e racionais"[196]; e b) incapacidade do formalismo ante a riqueza dos casos reais, porquanto, "na verdade, todas as construções formais assentam num discurso de grande abstração e, como tal, marcado pela extrema redução das suas proposições"[197]. Em seguida, o autor vaticina que, "quando invocados para resolver casos concretos, tais proposições mostram-se insuficientes; elas não comportam os elementos que lhes facultem acompanhar a diversidade de ocorrências, e daí, soluções diferenciadas[198]".

É necessária, pois, a elaboração de novo paradigma sistêmico. Nesse tocante, mais uma vez a teoria de Dworkin fornece aporte teórico adequado.

Ao considerar o Direito como interpretação, Dworkin, em postura conciliável com a base infraestrutural gadameriana aqui proposta, rejeita o mito do dado, ou seja, que os enunciados normativos teriam uma feição perfeita e acabada, apurável de maneira isolada e abstrata, pronta a ser organizada em estratos estagnados, fixos e preestabelecidos. A estruturação das partes em conjunto, sem contradições, não pode se dar, por isso, nos padrões hierárquicos formais, justamente porque se tem partícula maleável (sentido). Não se pode também aceitar que as inter-relações sejam lineares e assimétricas, representadas por um singular encadeamento lógico-formal. As interações são intensas e complexas: não há um fundamento de validade calcado em um só ponto de nível mais elevado nem uma validação vertical de um estrato inferior. Há uma rede de relações.

Abandona-se, pois, a figura piramidal e hierarquizada em prol de uma estrutura em rede. Deixam-se as relações assimétricas dedutivas unidirecionais ("de cima para baixo") para se ter uma lógica dialética policêntrica. Não que deixe de existir hierarquia, ela permanece, mas deixa de ser uma relação rígida. Cada integrante da rede jurídica encontra mútuos fundamentos de validade, e não somente um pontual superior. Também as partes superiores não servem apenas para fundamentar as inferiores (numa relação unidirecional assimétrica), elas se fortalecem mutuamente. Imagine-se que uma norma constitucional não só funda a legislação ordinária, como também elas interagem entre si para moldar a própria compreensão da Constituição.

Essa análise sistêmica ampla, em que foi feita uma investigação simétrica e multi-direcional do Direito, se verificou no julgamento do Supremo Tribunal Federal sobre a constitucionalidade das pesquisas com células-tronco (ADI 3510). O relator, ministro Carlos Ayres Brito, para definir a vida protegida pelo Texto Constitucional, considerou o Direito em sua integridade, valendo-se de uma análise ampla e contextualizada do que se entendia por vida, confrontando-a com a ideia de personalidade jurídica. Para chegar a essa definição, perpassa vários textos normativos, inclusive ordinários, conforme noticiado no Informativo STF nº 508:

---

196. CORDEIRO, A. Menezes, *op. cit.*, p. XIX-XX.
197. *Ibid.*, p. XX.
198. *Ibid.*, p. XX.

Asseverou que as pessoas físicas ou naturais seriam apenas as que sobrevivem ao parto, dotadas do atributo a que o art. 2º do Código Civil denomina personalidade civil, assentando que a Constituição Federal, quando se refere à "dignidade da pessoa humana" (art. 1º, III), aos "direitos da pessoa humana" (art. 34, VII, b), ao "livre exercício dos direitos... individuais" (art. 85, III) e aos "direitos e garantias individuais" (art. 60, § 4º, IV), estaria falando de direitos e garantias do indivíduo-pessoa. Assim, numa primeira síntese, a Carta Magna não faria de todo e qualquer estádio da vida humana um autonomizado bem jurídico, mas da vida que já é própria de uma concreta pessoa, porque nativiva, e que a inviolabilidade de que trata seu art. 5º diria respeito exclusivamente a um indivíduo já personalizado.

Após isso, considerou a questão analisada com outros direitos, como o planejamento familiar e a paternidade responsável. Enfim, não se limitou a uma análise semântica do Texto Constitucional, nem mesmo deteve suas considerações a esse nível hierárquico. Buscou, na camada legislativa, meios de compreensão, em uma inversão inimaginável da assimetria unidirecional formal. Também não recorreu à própria consciência, nem se imaginou "nas montanhas de gelo eterno" – buscou compreender o tempo em que vivia.

Esse exemplo demonstra que nenhum enunciado normativo, seja ele jurisdicional, constitucional ou legislativo, é em si, não pode ser compreendido isoladamente ou segundo a perspectiva única do sujeito que o produziu (como se fosse possível se colocar no lugar histórico de alguém, como proposto por Dilthey). Lei e decisão judicial que forma precedente "são para", não "são em si", e, em sendo para, devem respeitar a integridade com as demais partes e com o caso de aplicação.

Alerta Bermejo: "Sabemos que el sistema ha de ser reconstruido en el curso de un proceso interpretativo a propósito de un caso[199]". Essa expressão ressalta os efeitos da integração de compreender, interpretar e aplicar: tudo gira em torno da consideração de um caso que se quer regular/aplicar com o enunciado, e as características desse caso podem variar por interferências teóricas ou reais.

A obra do autor espanhol é especificamente voltada para constituir um novo modelo de sistema jurídico com origem nas lições contidas em *Levando os direitos a sério* e *O império do Direito*. Ele destaca as linhas de pensamento convergente com a proposta aqui apresentada:

> Los presupuestos interpretativos y problemáticos de Dworkin sugieren la concordancia de su sistema con lo que en teoría del conocimiento se ha denominado modelo coherentista. En primer lugar, el punto de vista de la aplicación convoca diversos principios igualmente válidos, exige un examen del peso e importancia de los mismos, e implica una ponderación juiciosa, el recurso a nuevos juicios de desempate…operaciones que pronto juzgaremos como familiares e idiosincrásicas del modelo coherentista de sistema. E, en segundo lugar, el giro interpretativo de Dworkin, adornado de reconocimientos explícitos a Gadamer, nos coloca en la pista de otro dibujo de coherencia circular como es el del círculo hermenéutico, hito anti-fundacionalista de la filosofía contemporánea[200].

As características desse novo modelo de sistema coerentista propõem uma forma própria de coerência e de integridade a ser conservada entre as partes que o compõem.

---

199. BERMEJO, J.M. Perez, *op. cit.*, p. 126.
200. *Ibid.*, p. 126.

Em vez de uma compatibilidade lógico-formal, trabalha-se com uma noção mais ambiciosa. Com ela, a primeira revisão que se faz é sobre a figura piramidal e hierarquizada que, como visto, se calca em relações assimétricas unilaterais singulares. Substitui-se, repita-se, por uma figura de rede, em que as partes se ligam por múltiplas relações que não se traduzem em meras deduções. Tem-se, com isso, uma ideia de um todo articulado em que cada parte se engendra com muitas outras, em um apoio mútuo maleável pela lógica dialética. Cada parte ajunta-se às demais, forçando o manuseio da parte pelo todo e o todo pela parte.

Como destaca Bermejo[201], ante uma demanda de justificação, todos os elementos atuam de maneira integrada e solidária, de forma a todos os elos poderem atuar inclusive em áreas normalmente estranhas ao seu campo normal de aplicação. Toda aplicação, portanto, acontece em uma integridade que demanda uma coerência ampla. Não se aplicam mônadas jurídicas, partículas autossignificativas descompromissadas com as demais partes do sistema; aplicam-se as partes mediante referência adequada com o todo.

Tem-se, assim, uma tese holística de justificação, ou seja, um sentido normativo só será justificado se capaz de se sustentar dos demais sentidos que integram o todo e, ao mesmo tempo, também contribua para a sustentação de todas as demais no sistema.

Outra característica do sistema coerentista é a negação de axiomas: postulados autoevidentes que prescindem de fundamentação, mas que respondem pelo ingresso das partes no conjunto mediante a imposição de critérios formais (algoritmos). No novo modelo, qualquer parte demanda justificação e coerência sistêmica ampla com as demais. Não se admitem, pois, preceitos fundamentais de que são inferidos os demais, mas que não são inferidos de outro superior. Não se tem uma base que sustenta toda estrutura, mas que se sustenta a si mesma em alguma figura hipotética, fundamental e obscura ou no comportamento dos indivíduos, observado de uma perspectiva externa.

Conquanto comporte relações de lógica formal, com uma linha dedutiva ou indutiva de justificação, esse novo modelo se caracteriza por juízos de ponderação e peso, sem prefixação de relevância ou sentido, comportando, pois, juízos de graduação e medição da relevância de uma parte que se queira aplicar a um determinado caso; e também comporta linha multidirecional de justificação. Com isso, é possível se fundamentar A, com um peso X, em B. Em outra ocasião, poderá ser válido fundamentar B, com um peso Y, em A. Os conhecidos critérios de simples concordância inferencial ou sintática são transcendidos, agregando-se critérios como de capacidade de previsão (que deixa de ser central para ser apenas um entre outros), de controlabilidade empírica, profundidade explicativa, êxito pragmático, juízos de probabilidade e procedimentos complexos de medição de força e peso que variam segundo a prática ou o contexto[202]. Tem-se, portanto, um sistema aberto e maleável, em vez de fechado e fixo, pois com-

---

201. *Ibid.*, p. 130.
202. *Ibid.*, p. 133.

porta a constante agregação de novos elementos sistemáticos, bem como remodelação e incremento dos integrantes.

A ausência de algoritmos impede se falar em uma lógica binária de pertence/não pertence ao sistema, a qual ocasionaria uma aplicação no tudo ou nada; em pertencendo, se aplica a parte em um grau máximo; em não pertencendo, não serve para qualquer justificação ou aplicação. O ingresso no sistema não se dá nesses termos absolutos, comportando gradação. Isso muda a ideia de vigência, a qual, na sua compreensão positivista e formal, já se viu não se aplicar aos precedentes. Exemplifique-se o que se está a dizer: o fato de haver uma precedente posterior não implica que o anterior com ele contrário vá ser "revogado" (*overruled*) de uma maneira total e plena, de modo a deixá-lo imprestável para uso posterior; não há uma exclusão automática e radial do sistema coerentista. Certamente, o precedente anterior perderá força hermenêutica, mas não há uma extração abrupta. Caso se reitere, em subsequentes e reiterados julgados posteriores, a mudança de entendimento, é possível se chegar à exclusão total, mas que será gradual e paulatina.

Essa forma de entender impede guinadas radicais de orientação jurisprudencial que pegam de surpresa a todos. Basta lembrar, também, os já apresentados superprecedentes (respostas jurisdicionais arraigadas no sistema pelo tempo e pela repetida utilização); a lógica binária algorítmica não suporta sua correta compreensão, pois um simples desafio por julgados posteriores não causa a sua exclusão do conjunto.

Ademais, a ideia de integridade de Dworkin importa, para a compreensão holística do sistema jurídico, valores como equidade, procedimento devido e justiça, os quais põem abaixo quaisquer critérios de justificação formal e fechado.

Justamente por isso, na tradição anglo-saxã é comum se referir que o precedente possui *authority,* que traduz uma forma de existência e vinculação distinta do *enacted law.* Precedente possui *authority*, não vigência. Como destaca Duxbury, "case law is peculiarly revisable in a way that enacted law is not: the judge who carefully articulates a principle is not determining its formulation in future disputes over materially identical facts – the likelihood, rather, is that it will be moulded and remoulded in the hands of successive courts"[203]. O autor destaca que mesmo o positivismo exclusivo de Raz, que não se apega ao formalismo, evidencia a maneira distinta de os precedentes atuarem no sistema jurídico: "Raz, in characterizing judge-made law as more loosely binding than enacted law, clearly appreciates that the notion of binding precedent has to be approached with some care, that a precedent 'is constantly subject to potential (though modest) revision on all occasions on which its application is litigated'"[204].

Ao enfocar-se o estudo dos precedentes à luz desse modelo coerentista de sistema jurídico, se fazem, de pronto, algumas constatações relevantes, que superam a dificuldade dos paradigmas normativo e contextualista. Pode-se apresentar o seguinte, a respeito

---

203. *Ibid.*, p. 59.
204. *Ibid.*, p. 105-106.

do precedente: a) não é posto no sistema por um ato de vontade unilateral do tribunal que o emitiu em obediência a uma regra de reconhecimento formal que o identifica pelo *pedigree* (grau hierárquico do tribunal que o emitiu), ou seja, precedente não é promulgado nem possui vigência; b) também não é "revogado" por critérios formais rígidos, numa lógica binária pertence/não pertence, pois ele perde força hermenêutica com maior ou menor intensidade, podendo, só após essa perda gradual, deixar o sistema; há uma "erosão" em vez de um brusco "abatimento"; c) o precedente é moldado por outras decisões, independentemente do nível hierárquico da corte que produz essas outras decisões, já que há uma interação mútua que não depende de hierarquia; d) quando se for utilizar um precedente, não se pode considerar apenas aqueles dos tribunais superiores, mas também os inferiores e os colaterais, pois também integrantes da mesma rede sistemática, ainda que com força hermenêutica diferenciada; e) o precedente não se aplica no tudo ou nada em razão de uma prévia generalização automática, que estende o critério jurídico ao limites máximos de possibilidade semântica, mas depende do peso (ou força) que manifesta ante o novo caso, sendo que esse peso (ou força) é determinado por uma série extensa de fatores que compõem os círculos hermenêuticos pretérito e presente.

É nessa linha de pensamento que Dworkin lança mão da ideia de *gravitational force* (a que se chama, aqui, de força hermenêutica) ao lado da *enactment force* (força de promulgação), sobretudo para os precedentes. Escreve referindo-se ao seu juiz Hércules:

> Sem dúvida, Hércules pode decidir que ao encontrar, em um caso anterior, um arranjo canônico de palavras, usará técnicas de interpretação das leis para decidir se a regra que essas palavras compõem abarca ou não um caso novo. Ele bem pode conhecer aquilo que se poderia chamar de força de promulgação do precedente (*enactment force of precedent*). Não obstante descobrirá que, quando um precedente tem força de promulgação, não se considera que sua influência sobre os casos posteriores se limite a essa força.[205]

Essa impossibilidade é exposta por Dworkin, ao acentuar que "a força gravitacional do precedente não pode ser apreendida por nenhuma teoria que considere que a plena força do precedente está em sua força de promulgação, enquanto peça de legislação"[206]. Portanto, o uso posterior do precedente se dá mediante a atuação dessa sua "força gravitacional" que não pode se reduzir a sua força de promulgação. Por sua vez, essa "força gravitacional" dos precedentes é limitada "à extensão dos argumentos de princípio necessários para justificar tais decisões"[207].

Em análise geral da teoria de Dworkin, muito bem escreve Neil Duxbury:

> It seems perfectly that judge who enforces rights consistently while being attentive to the bigger picture – making decisions which not only take account of precedent but which also fit with a coherent set of principles justifying the entire body of constitutional, statutory and common-law provisions – could still be perpetuating the injustices of a wicked legal system. The objective here, however, is not to develop a critique of Dworkin's account of precedent but to highlight its value; for by emphasizing the notion

---

205. DWORKIN, Ronald, 2002, *op. cit.*, p. 174-175.
206. *Ibid.*, p. 176.
207. *Ibid.*, p. 177.

> of gravitational force he illustrates that it is a mistake to treat precedent-following as equivalent to the interpretation of binding legal rules. Gravitational force is, like authority, variable: not only might judges disagree about the significance of a particular precedent, or about what principle it should be understood to have established, but they might even disagree as to whether it should be acknowledge to have established a principle at all.[208]

Prefere-se o uso da expressão força hermenêutica, como dito, pois evita o termo físico e dá o âmbito em que deve ser compreendida: o jogo de-e-para que ocorre dentro do círculo hermenêutico. Assim, o precedente não se aplica por silogismo, como premissa maior de uma dedução formal. Ele adquire variável relevância, segundo os elementos que agem sobre o círculo hermenêutico, para solução do caso posterior. O juiz deverá considerar não só as questões de fato e de Direito envolvidas em ambos os casos, mas analisar o quadro geral da *applicatio* anterior e presente, verificando qual ganho hermenêutico aquela propiciou no passado e como este poderá contribuir para a solução do presente, tudo aferido por elementos de lógica dialética, contrapondo as teses propostas pelas partes.

Não se trata apenas de uma analogia entre os fatos ou de direito, mas, como já adiantado, de uma análise ampla do todo que faz a força hermenêutica ser maior ou menor segundo a maior ou menor similitude desse quadro geral. Tem-se, portanto, um uso como elemento de aperfeiçoamento da ordem jurídica.

Essa variação de influência do precedente, inclusive sobre as cortes inferiores, não é desconhecida na tradição inglesa. Thomas G. Hansford e James F. Spriggs II, ao aludirem ao que chamam de vitalidade (*vitality*) de um precedente da Suprema Corte, a definem como "the legal authority or weight of a case, as determined by the Supreme Court's prior interpretation for it"[209]. Por isso concluem que o sentido de um precedente não é fixo, mas variável ao longo do tempo.

Os autores americanos, contudo, dão ênfase a como a própria corte emissora toma seus precedentes. Isso difere do aqui proposto, pois se defende a ideia de que essa prerrogativa não é exclusiva do autor do julgado, mas também do aplicador/intérprete.

Todos os aspectos sistemáticos decorrem da constatação de que os precedentes se estruturam em um sistema coerentista. Por isso, tem-se uma estruturação em rede que demanda uma noção ampla de coerência da parte pelo todo, relacionada, mas não inteiramente determinada, por relações hierárquicas. Não se pode falar, assim, de uma submissão do juiz ou tribunal posterior àquilo que foi dito ou feito pelo tribunal ou juiz emissor; devem ser apuradas suas razões subjacentes que, por sua vez, são cotejadas com as demais integrantes do sistema jurídico, bem como outras fontes de produção de sentido normativo, como doutrina e costume.

---

208. DUXBURY, *op. cit.*, p. 61-62.
209. HANSFORD, Thomas G.; SPRIGGS II, James F. **The politics of precedent on the U.S. Supreme Court**. Princeton: Princeton University Press, 2006. p. 110.

Colocando o ordenamento jurídico em perspectiva, tem-se, então, que é um sistema complexo, formado por dois subsistemas: um normativo (formado por normas constitucionais, legais e regulamentares), cuja estrutura tende a uma pirâmide, e um sistema de precedentes estruturado em rede. Há uma troca entre esses subsistemas: o de precedentes fornece ganho hermenêutico ao sistema normativo, enquanto este fornece disciplinamento de como se utilizarem precedentes. Essas ideias são desenvolvidas em trabalho específico[210].

Tomando em consideração tudo o que foi exposto até aqui, é possível fazer a abordagem de todos os pontos de análise dos precedentes de acordo com o paradigma aqui desenvolvido pela conjugação entre Hermenêutica filosófica, Direito como integridade e a constituição de um sistema coerentista de precedentes.

A distinção entre *ratio decidendi* e *obiter dictum* não é rígida nem fixa, sendo aquela o ponto central do precedente, devendo coincidir com a resposta hermenêutica dada ao caso anterior, a qual não se restringe apenas ao critério jurídico ou aos elementos fáticos, mas ao conjunto de elementos variáveis que interferem no círculo hermenêutico que caracteriza a *applicatio*. A *ratio decidendi*, nas palavras de Dworkin, são as razões subjacentes do julgamento. Já a *obiter dictum* são considerações que não exercem influência determinante na resposta dada ao caso.

O ponto de referência são os argumentos tecidos pelo juiz ou tribunal na fundamentação da solução de cada uma das questões fáticas e jurídicas, com a inter-relação própria verificada no caso, consoante são submetidas pelas partes.

A vinculação ao precedente se dá segundo a força hermenêutica, pelo que não se pode falar de uma subordinação hierárquica. Não há um dever funcional de reproduzir acriticamente os precedentes. Todo juiz e tribunal desempenham funções próprias no sistema, pois a *applicatio* que cada um exerce tem características próprias.

A *applicatio* feita pelo Supremo Tribunal Federal, por exemplo, se caracteriza por um grau maior de generalização justamente porque, quando exerce o controle abstrato, ele se dá em bases "estandardizadas", situações-padrão e genéricas, sendo que a resposta hermenêutica que produz é justamente para esse tipo de situação. Não significa que ela tenha força máxima, obrigando uma aplicação inarredável para casos particularizados e que fogem desses padrões, pois, para este, simplesmente o tribunal não deu resposta. Essa é uma verdade hermenêutica tão firme que ela se impõe mesmo ante a preponderância do formalismo e hierarquização como o STF vê os próprios precedentes. Basta lembrar o caso já exposto do benefício assistencial analisado na ADI 1232, em que o entendimento genérico, mesmo firmado em julgamento com força vinculante, cedeu ante as peculiaridades de casos posteriores. Deixou-se de aplicar precedente do STF com força vinculante porque os juizados especiais federais, nos casos específicos, deram respostas hermenêuticas mais apropriadas, fazendo-as substancialmente distintas

---

210. LOPES FILHO, Juraci Mourão, 2017, *op. cit.*

daquelas anteriormente dadas pelo STF, justificando a não aplicação do precedente, ao menos segundo um entendimento que lhe confira um grau máximo de aplicação.

Não muito diferente ocorre no controle de constitucionalidade em concreto, porque, com a Emenda Constitucional nº 45/2004, os recursos extraordinários em que pode ser exercido demandam a repercussão geral, ou seja, que abarque situações amplas.

O grau de abstratividade de norma que possa ser inferida do precedente também vai variar. Refuta-se com veemência a automática extensão aos limites semânticos máximos. A princípio, o precedente se restringe àquilo que se respondeu no caso, ou seja, às soluções das questões que foram postas e fundamentadamente apreciadas na decisão. Além disso, há uma perda da força hermenêutica, pois não há uma resposta efetivamente já fornecida, mas ainda possível. Essa extensão, entretanto, não é automática, deve ser detalhadamente justificada e explicada mediante a comparação entre os dois jogos hermenêuticos em cotejo.

Embora a generalização automática venha se tornando a regra no Brasil, dado o apego positivista e autoritário já explicado, há casos demonstrativos de que ela não deve ocorrer infalivelmente. É o exemplo verificado pelo Supremo Tribunal Federal ao julgar se gestos obscenos são acobertados pelo direito de manifestação de pensamento.

Tratava-se de julgamento de *Habeas Corpus*[211] impetrado por paciente denunciado no art. 223 do Código Penal, por ter simulado masturbação e exibido as nádegas após o término de peça teatral em reação às vaias do público. O Supremo Tribunal Federal deferiu a ordem para trancar a ação penal. Curiosamente, porém, não houve posição majoritária e sim empate de votos, sendo a ordem deferida por se entender que deveria favorecer ao acusado. Mesmo na ementa, já se destacavam as peculiaridades, consignando que "não se pode olvidar o contexto em se verificou o ato incriminado". Ademais, se fez uma análise genérica da situação na cultura brasileira atual, ao afirmar que "a sociedade moderna dispõe de mecanismos próprios e adequados, como a própria crítica, para esse tipo de situação, dispensando-se o enquadramento penal". Com isso, concluiu que simular masturbação e mostrar as nádegas no palco estava acobertado pelo direito de manifestação de pensamento.

Resta claro que não se pode universalizar automaticamente a regra desse julgado para torná-la geral e abstrata aplicável por subsunção a situações posteriores. Não se pode proceder como proposto por Marinoni e defender seriamente que esse precedente "deve ser aplicado até os seus limites, regulando todos os casos aí cabíveis"[212]. Não se pode crer "possível a sua adoção para solução de casos particularizados por outras circunstâncias ou situações inicialmente não tratadas". Em se procedendo dessa forma,

---

211. HC 83996, Rel. Min. Carlos Velloso, Rel. p/ Acórdão: Min. Gilmar Mendes, Segunda Turma, j. 17.08.2004, *DJ* 26.08.200, p. 65, ement vol-02202-02, PP-00329, LEXSTF v. 27, n. 321, 2005, p. 365-383, RTJ VOL-00194-03, p. 927.

212. MARINONI, Luiz Guilherme, 2010, *op. cit.*, p. 332.

CAPÍTULO 3 • O QUE É PRECEDENTE **231**

ter-se-ia por autorizado pelo Supremo Tribunal Federal o uso dessa espécie de gestos para demonstrar as mais diversas insatisfações nas mais diferentes circunstâncias.

Veja-se que não se está a propor uma análise meramente contextualista, porque o empate impede em se determinar o que o tribunal fez ou disse. As manifestações se anularam; mas é possível se aferir a resposta hermenêutica pela liberdade, o cotejo dos elementos hermenêuticos que se fizeram pertinentes, como ser uma peça em horário avançado da noite, com classificação etária de 18 anos e conteúdo erótico evidente. Também se deve considerar a ponderação geral sobre o papel da repreensão penal em tais ocasiões e como a sociedade a vê de um modo geral. O próprio empate interfere na força hermenêutica, que, certamente, não seria igual se houvesse uma decisão por unanimidade no mesmo sentido. Enfim, o uso desse precedente demandará o emprego de uma lógica dialética, argumentada, e não meros silogismos dedutivos.

Não se pode generalizar a autorização do uso desses específicos gestos (simulação de masturbação e exposição das nádegas) em outras situações. Por outro lado, não se pode afirmar que o Supremo Tribunal Federal restringiu a manifestação de pensamento apenas a esses gestos obscenos. Não se pode defender a aplicação do precedente apenas a essa questão fática efetivamente analisada pelo Tribunal. Certamente, esse precedente poderá ser invocado para posturas mais educadas e comportadas de manifestação de desagrado. Eis, portanto, o modo de se fazer a generalização ponderada da resposta hermenêutica.

Há, como se percebe, uma abertura argumentativa, justamente porque no círculo hermenêutico, em função da história, cultura e visão de mundo, faz ingressar elementos dos mais diversos que devem ser trazidos à luz e cotejados claramente para que se perceba que resposta foi dada a que perguntas. Não são válidos, portanto, apenas argumentos formais.

O método de argumentação é dialético porque se deve ponderar e considerar os argumentos trazidos pelas partes, o raciocínio completo exposto em todo o precedente e não somente parte isolada. Mesmo o voto vencido e os votos com fundamentação distinta mas conclusão coerente com a vencedora são importantes para determinar a contribuição hermenêutica que o precedente ocasiona. Também será necessária argumentada ampliação da resposta para situações não expressamente decididas. Os universais e inferências simplórias não são suficientes para fundamentar uma decisão na perspectiva constitucional devida.

O que justifica a não aplicação do precedente não são exclusivamente formais, nem exaustivos. Não se embasa numa mera comparação fática e jurídica entre os casos. Não basta distinguir as questões fáticas ou mesmo jurídicas. Elas são inegavelmente importantes, mas não são únicas nem determinantes. Recorra-se, mais uma vez, ao caso do *Habeas Corpus* sobre gestos obscenos. O uso posterior não é somente uma comparação entre os dois eventos, nem sobre os mesmos direitos, mas o jogo hermenêutico amplo que foi necessário se desenvolver, explícita e implicitamente, para julgar o caso. Também entrarão argumentos formais como o empate e a posição do Supremo Tribunal Federal na hierarquia judiciária.

Do precedente poder-se-á obter tanto uma regra quanto um princípio, entretanto, o importante é considerar que jamais poderá ser reduzido a essa norma, pois ela será contextualizada pelo respectivo círculo hermenêutico. Daí a divergência do pensamento de Thomas da Rosa de Bustamante, quando assinala que, quando uma decisão veicula um princípio, não haverá força como precedente em si, mas sim da própria força substancial daquele. Isso seria verdade se fosse a norma destacada e aplicada isoladamente, porém, como está inserida no jogo de-e-para, ela leva consigo esse contexto hermenêutico, fazendo que o precedente tenha uma feição própria e diferenciada do princípio.

O critério de justiça que justifica a aplicação do precedente é, nessa linha de entendimento, substancial, já que a própria concepção de sistema de precedente e o Direito como integridade demandam juízo amplo de justiça, equidade e procedimento devido.

Portanto, o embasamento filosófico é a Hermenêutica gadameriana, o paradigma ideológico é o sistêmico (com a concepção específica de sistema coerentista) e a teoria é o Direito como integridade.

3.5 A CONCEPÇÃO DE PRECEDENTE PROPOSTA

Expostas as bases infraestruturais e profundas, é cabível, agora, propor uma concepção de precedente a elas alinhado.

Deve-se considerar que precedente é uma decisão jurisdicional, mas não qualquer decisão, pois ela deve trazer um acréscimo de sentido e exercer a função mediadora entre texto e realidade. Portanto, nem todo julgado pode ser um precedente a ser utilizado no futuro para compreensão do Direito. É preciso que se atente: embora todo precedente seja uma decisão, nem toda decisão é um precedente, pois a definição deste está ligada à ideia de possível utilização no futuro por trazer uma contribuição hermenêutica e facilitar a mediação entre lei (Direito em um sentido amplo) ou constituição e a realidade social em que se insere, mediante o fornecimento de experiência. Não se confunde, no entanto, com o texto que corporifica essa decisão, pois decisão, aqui, é sentido obtido mediante a análise da interlocutória, sentença ou do acórdão expedidos por algum órgão judicial. Interpretam-se interlocutórias, sentenças e acórdãos para se obter seu sentido decisório (justamente a decisão), que se tiver uma característica adicional poderá se qualificar como precedente.

Precedente, portanto, é uma resposta institucional a um caso (justamente por ser uma decisão), dada por meio de uma *applicatio*, que tenha causado um ganho de sentido para as prescrições jurídicas envolvidas (regulamentares, legais ou constitucionais), seja mediante a obtenção de novos sentidos, seja pela escolha de um sentido específico em detrimento de outros em disputa ou ainda avançando sobre questões não aprioristicamente tratadas em textos legislativos ou constitucionais. Essa resposta é identificada em função não só dos elementos de fato (abstratos ou concretos) e de direito (em suas mútuas influências) considerados no julgamento e obtidos da análise da motivação apresentada no texto decisório, mas também dos elementos amplos que atuaram no jogo de-e-para do círculo hermenêutico e que integram as razões subjacentes do julgamento. Essa resposta comporá a tradição institucional do Judiciário merecendo consideração no futuro, inclusive por tribunais superiores, pois mesmo os escalões mais elevados não podem ignorar os outros elos do sistema em rede que formam. Sua utilidade na ordem jurídica é, adicionalmente, funcional, pois elide o desenvolvimento de outras decisões a partir de um grau zero, evitando subjetivismos, economizando tempo e garantindo uma igualdade de tratamento entre casos substancialmente iguais.

Ao se considerar o precedente uma resposta, ele se vincula às perguntas e às indagações formuladas no processo de origem e àquelas suscitadas no novo caso. Esse é um ponto relevante na proposta embasada na ideia de círculo hermenêutico e de *applicatio* da filosofia de Gadamer. É justamente a compreensão do precedente nesse jogo de perguntas e respostas (que correspondente ao próprio trabalho hermenêutico exercido pelo magistrado) que impedirá que haja uma generalização e abstração automática e não fundamentada. Essa generalização, quando permitida, comporta gradação e, ainda assim, terá força hermenêutica variável. Impede que artificiosamente se desprenda uma parte de uma decisão (que só pode ser entendida em função do todo) como se fosse estanque e autônoma para ser utilizada em um grande número de situações posteriores.

E mais. Somente será precedente quando houver, conforme já adiantado, um ganho hermenêutico, entendido como (1) a obtenção de um novo sentido; (2) a opção por um específico sentido obtido em função das peculiaridades concretas observadas e que, até então, fugia a uma interpretação realizada segundo a consideração de situações-padrão e comuns de aplicação; (3) avanço de sentido não contidos aprioristicamente em um texto legislativo ou constitucional.

O precedente enriquece o sistema jurídico por agregar sentido em razão das situações que julgam. Esse enriquecimento será perdido caso se o empobreça pela abstrativização máxima e infalível. E é esse ganho que o poder definidor do precedente e orienta seu uso no futuro enquanto precedente. Não se interpreta um precedente para se obter uma regra geral e abstrata a ser aplicada posteriormente. Interpretam-se interlocutórias, sentenças e acórdão e se obtém um precedente, caso a decisão traga um ganho hermenêutico nos termos aqui expostos, o qual será usado mediante uma lógica material de aferição de sua força hermenêutica para o caso posterior.

Essa parte da concepção evidencia a distinção entre precedente e caso julgado. Este último é uma decisão sem ganho hermenêutico, que apenas soluciona a controvérsia entre as partes. O caso apreciado e as questões de direito envolvidas não exibem qualquer nota de singularidade apta a ensejar sentido distinto daquele obtido pela interpretação realizada tendo em considerações situações-padrão imaginas de uma interpretação apriorística. Por exemplo: uma sentença que defere o despejo de um inquilino que não pagou os aluguéis. É o ganho hermenêutico que é relevante para o uso posterior do julgado como precedente, razão pela qual, em não existindo, não há por que utilizar como parâmetro futuro aquela decisão (caso julgado), porque a lei será suficiente.

Esse ganho decorre, como já dito e repetido neste trabalho, do jogo hermenêutico verificado, em que os fatos e o direito efetivamente considerados são relevantes, ainda que não determinantes.

Aí, é preciso se ter em mente que esses fatos podem ser considerados em concreto (em processos que se convencionou chamar de subjetivos) ou abstratos (meramente imaginados em processos que se convencionou denominar de objetivo). Este é outro ponto importante. Toda interpretação/aplicação envolve, necessariamente, fatos. Não se pode afirmar a possibilidade de uma interpretação exclusivamente jurídica, pois, se repita, interpreta-se aplicando-se.

Assim, quando se diz que os processos de controle abstrato de constitucionalidade são objetivos porque só analisam o Direito em tese, não pode significar que fatos não são considerados. Pode não se considerarem fatos concretos discutidos e particularizados, mas, inevitavelmente, são consideradas situações-padrão de aplicação. Apreciar direito em tese só pode significar que os enunciados normativos serão apreciados segundo situações gerais ou simplesmente imaginando hipóteses de incidência das normas em questão.

O ganho hermenêutico possível de ser obtido por esse tipo de precedente será também em função de situações-padrão imaginadas ou convergidas por uma generalidade de situações particulares. Quando processos futuros possuírem situações particulares que fujam dessas situações-padrão (que inclusive podem invocar direitos distintos daqueles invocados por situações padrões e genéricas) não se pode ter por válida a submissão ao precedente.

Essas considerações destacam uma divisão importante que deve ser feita dentro do gênero precedente, qual seja, entre precedente com e sem controle de constitucionalidade. Nos precedentes com controle de constitucionalidade há o julgamento de uma norma (julgamento do sentido de um enunciado normativo infraconstitucional), o que, por si, tem efeitos próprios. Há, na parte dispositiva, um comando decisório específico que age sobre o direito objetivo (mais precisamente sobre o subsistema normativo, formado por regulamentos autônomos, leis e emendas constitucionais) e pode alterá-lo formalmente. É diferente dos dispositivos de processos subjetivos, que não possuem essa potencialidade sobre o direito objetivo.

De fato, quando se declara uma norma inconstitucional no controle abstrato, faz-se a análise segundo situações-padrão e gerais para as quais a norma (sentido) será inconstitucional. Talvez por essa invalidade para situações em geral (que tira a razão de ser da própria norma legislativa, que se volta justamente para esse tipo de situações-padrão) é que se atribui um efeito formal de se impedir que o texto legal seja tido como apto a ser considerado em futuras situações. Para esse específico ponto, pode-se falar de uma autonomia dessa parte do julgamento (a que se denomina aqui de comando), que poderá

CAPÍTULO 3 • O QUE É PRECEDENTE **235**

ser desprendida das demais partes do julgamento. Perceba-se, porém, que isso é um efeito formal atribuído ao julgado e não dele emergente. Aproxima-se de uma revogação legislativa expressa. O comando integra o precedente, mas não se confunde com ele.

Isso já não ocorre quando se declara a inconstitucionalidade incidentalmente, justamente porque não se atribui a ele o formal efeito *erga omnes sobre o direito objetivo (subsistema normativo)*. Por esse motivo, no controle concreto, não se pode desprender a declaração de inconstitucionalidade do caso, o comando decisório não tem autonomia. É autorizada mesmo a declaração de constitucionalidade se, noutra situação, os elementos permitirem uma interpretação que ocasione um sentido (norma) constitucional. Quando o julgamento da constitucionalidade envolver ponderação de princípios, que, por definição não comporta juízos definitivos, fica mais evidente a impossibilidade de utilização autônoma dessa parte específica do julgado. Portanto, nesta hipótese não se pode desprender a declaração de inconstitucionalidade do contexto processual em que foi produzido.[213]

Essa distinção entre o controle concreto e abstrato, contudo, não ocorre quando se declara a constitucionalidade de uma norma (de um sentido). Seja em controle abstrato, seja no controle concreto, é possível que, em outras circunstâncias fáticas e jurídicas, a norma (sentido) se revele inconstitucional sem qualquer mácula ao precedente. Nem mesmo o efeito *erga omnes* é apto a impedir isso. Quando se declara a constitucionalidade, se declara a constitucionalidade de um sentido possível, o que não inclui a declaração de inconstitucionalidade de todos os sentidos possíveis que só sejam obtidos em casos futuros em função das peculiaridades que suscita. Assim, diferentemente do que ocorre quando do julgamento pela procedência em ADI ou improcedência em ADC, que declara a inconstitucionalidade, a declaração de constitucionalidade não tem autonomia formal ou caráter definitivo material, pois pode emergir uma inconstitucionalidade posterior.

Portanto, mesmo quando um precedente traz um julgamento sobre a constitucionalidade de uma norma (sentido), é possível se identificar, com clareza, uma norma geral e abstrata nele definida, entretanto, ainda assim, na maior parte das situações essa norma não poderá ser considerada de maneira isolada do contexto decisório.

Por fim, como última parte da concepção de precedente, destaca-se seu papel funcional de elidir o desenvolvimento de decisões desde um grau zero, evitando subjetivismo, economizando tempo e garantido uma igualdade de tratamento entre casos substancialmente iguais. Essas funções já são bem conhecidas pela doutrina sobre precedente.

---

213. Essa constatação serve também para mostrar a inviabilidade de se atribuir efeitos *erga omnes* às declarações de inconstitucionalidade proferidas no controle concreto, conforme pretendido pelo voto do Ministro Gilmar Mendes no inconcluso julgamento da Reclamação 4335-5/AC ou mesmo de se falar de uma abstrativização do controle concreto.

3.6 O NÍVEL SUPERFICIAL DO DIREITO POSITIVO: A CONTRIBUIÇÃO PRIORITARIAMENTE FORMAL PARA COMPREENSÃO E ESTUDO DOS PRECEDENTES

Pelo exposto até aqui, é para ter ficado evidente que a camada superficial do Direito positivo não traz, em si, uma maneira de ser interpretada e aplicada. Isso é tarefa determinada pelas camadas mais profundas já analisadas, as quais influenciam o modo de se compreender as normas legislativas, e mesmo constitucionais, que dispõem sobre precedentes.

Nessa linha de ideias, percebe-se que nenhum enunciado normativo do Direito positivo brasileiro, nem mesmo o atual Código de Processo Civil, determina, em sua literalidade ou sentido semântico, que o precedente se reduza a uma regra ou que seja aplicado por mera subsunção, por exemplo. Também não se pode falar que imponha uma noção formal de justiça, de segurança ou de sistema jurídico. Não se pode afirmar, ainda, que vinculação a precedentes, súmulas, teses ou jurisprudência signifique uma subordinação meramente hierárquica e absoluta, uma constrição que impeça o juiz ou tribunal posterior de analisar seu conteúdo, sua coerência e integridade, a fim de, se for o caso, desafiá-lo ou distingui-lo, desde que o faça da maneira exigida para tanto.

Uma análise meramente dogmática, em função dos textos positivados, não é capaz de firmar qualquer posicionamento nesse tocante. Tudo depende das tomadas de posições em âmbito mais profundo, ao nível mesmo da teoria e da infraestrutura filosófica, as quais condicionam a apreensão de sentido desses mesmos enunciados.

Quando se trata de respeito às teses firmadas em repetitivos ou com repercussão geral, às súmulas e aos precedentes, quando se menciona jurisprudência dominante e função uniformizadora que compete a um tribunal superior, tudo pode ser compreendido por um dos três paradigmas acima apresentados (normativo, contextualista e sistêmico, este último a que se prefere renomear de hermenêutico), ocasionando interpretações plenamente diversas. Não se pode dizer, pois, que as mudanças legislativas e constitucionais verificadas ou o Código de Processo Civil tragam, por si sós, um referencial filosófico, teórico ou paradigmático. Isso depende de uma tomada de posição que transcende o texto normativo e a dogmática construída em torno dele.

Também não se pode defender que a busca pela compreensão desses elementos seja algo desnecessário para a realização prática do Direito. Não é correto afirmar que essa reflexão mais profunda não diz respeito ao dia a dia do juiz ou advogado, que seja cogitação meramente acadêmica ocupada de elucubrações abstratas. Não se pode propor que, para o exercício diário do Direito, é suficiente o bom manejo das categorias do nível superficial positivado. Nesse sentido, muito bem revela Dworkin que "o voto de qualquer juiz é, em si, uma peça de filosofia do direito, mesmo quando a filosofia está

CAPÍTULO 3 • O QUE É PRECEDENTE **237**

oculta e o argumento visível é dominado por citações e listas de fatos. A doutrina é a parte da jurisdição, o prólogo silencioso de qualquer veredito[214]".

Não é possível, portanto, pôr o Direito em prática sem, necessariamente, tomar posição nessas camadas profundas, ainda que seja inconscientemente e de maneira velada. Afirmar que não se irá lançar luzes sobre essas comadas mais profundas do conhecimento jurídico ou que não irá se valer delas na prática não é capaz de afastá-las ou impedir sua influência, significa apenas utilizar um senso comum em torno delas, o qual é irrefletido e inadequado, importando uma prática pobre e uma dogmática inconsistente.

Propõe-se, aqui, então, uma tomada de posição consciente e clara sobre esses estratos mais profundos do conhecimento jurídico em torno de um dos paradigmas apresentados anteriormente. Busca-se lançar luzes sobre os pressupostos que se encontram ocultos em muitas afirmações que se propõem meramente dogmáticas.

Acredita-se que, ao se pôr em evidência tais pressupostos, demonstra-se com facilidade ser o paradigma sistêmico-hermenêutico o mais adequado ao constitucionalismo brasileiro contemporâneo, pois assegura uma coerência profunda dos três níveis de conhecimento do Direito. É com ele que se deve interpretar/aplicar as disposições positivadas na constituição e no Código de Processo Civil.

A contribuição própria e específica da camada do Direito positivo é prioritariamente formal, ou seja, no disciplinamento do órgão emissor, dos procedimentos de produção, revisão e controle dos precedentes, jurisprudência, teses e súmulas, os quais interferem, é certo, na determinação de suas forças hermenêuticas, mas não fazem isso nem autônoma nem isoladamente. Não são os únicos aspectos determinantes para a aplicação de um paradigma jurisprudencial.

Em grande medida, o Direito positivo se ocupa mais precisamente dos procedimentos. O Código de Processo Civil de 1973 já trazia o incidente de uniformização de jurisprudência, os embargos de divergência e, após a Constituição Federal de 1988, o recurso especial calcado em divergência jurisprudencial.

O atual Código substitui alguns desses instrumentos por novos. Traz, no art. 927, expressa menção ao dever de serem observados os precedentes, súmula e jurisprudência, aumentando no art. 988 as hipóteses de reclamação ao tribunal emissor por descumprimento de seus julgados.

É muito importante destacar que a finalidade específica que se atribui a esses remédios de harmonização sistemática faz que os precedentes deles resultantes tenham força formal inicial mais expressiva. Mesmo entre si, há uma gradação dessa força. A decisão expedida pelo Superior Tribunal de Justiça em recurso especial repetitivo, com a finalidade de uniformizar entendimento entre vários tribunais, será utilizada com maior força formal inicial do que a decisão de um tribunal que uniformiza entendimento

---

214. DWORKIN, Ronald, 1999, *op. cit.*, p. 113.

entre seus órgãos fracionários, o qual, por sua vez, terá mais força do que uma decisão em que sequer é cogitada qualquer sorte de harmonização e análise de decisões ou linha jurisprudencial. Isso ocorre em razão da hierarquia do tribunal e do procedimento em que foi tomada a decisão.

Não significa, entretanto, que haja um escalão fixo desses mesmos precedentes, porque sua força hermenêutica não depende apenas e tão somente desses elementos formais relacionados ao procedimento e ao nível do tribunal emissor na pirâmide judiciária. Ela também é influenciada por elementos materiais relacionados à justificação, à integridade e à coerência, aos quais a camada superficial positivada não empresta a mesma atenção dedicada aos estratos formais. Com efeito, o Direito positivo que versa sobre precedentes se ocupa, em grande medida, de aspectos formais, pouco tratando sobre sua dimensão material, sendo honrosa exceção, ainda que parcial, a prescrição do art. 489, § 1º, V e VI do Código de Processo Civil sobre a maneira correta de se fundamentar decisões quando se usarem precedentes, jurisprudência e súmulas.

A competência dos tribunais superiores quando realizam a harmonização jurisprudencial dos tribunais submetidos a sua jurisdição é, portanto, um aspecto formal do precedente, bem como a função dos órgãos colegiados mais numerosos dentro de um mesmo tribunal e os novos incidentes que proferem decisões com força vinculante estatuídos no atual código de processo civil.

O órgão e o procedimento de origem do precedente lhe ofertam uma força formal apriorística, como dito, a qual pode ser reforçada ou mitigada pelo seu conteúdo, coerência e integridade não só com outros precedentes, mas com o restante dos princípios e regras do Direito. Deve-se observar, por exemplo, a fundamentação apresentada para averiguar se foi adequada e exauriente ou se incidiu em alguns dos erros do art. 489, § 1º, do código. É preciso, ainda, verificar que tipo de caso foi apreciado, se repetitivo ou complexo, com peculiaridades próprias.

Importante também observar se o precedente possui desafios doutrinários ou mesmo jurisprudenciais e administrativos, se representou ou não uma ruptura com linha de entendimento anterior, se o quadro político, jurídico e social se mantém ou mudou. Enfim, repita-se à exaustão, os elementos formais, que são mais ostensivamente expostos no nível do Direito positivo, não são os únicos, embora sejam os observáveis mais facilmente em um primeiro exame.

Há prescrições jurídicas, não estritamente processuais, que também interferem formalmente. É o caso do efeito vinculante nas decisões de controle abstrato de constitucionalidade. Certamente, possuir força vinculante não significa uma obrigatoriedade de observância compulsória inarredável – já se viu que isso não é válido pela análise da ADI 1232 –, mas, sem dúvidas, se imporá com mais ênfase no futuro. A força hermenêutica desse julgado já se inicia expressiva, mitigações demandarão uma maior soma de elementos materiais em desfavor.

A própria função das súmulas, vinculantes ou não, terão esse empuxo formal inicial mais forte, igualmente não determinante e decisivo autonomamente.

Além dessa contribuição formal, não se pode deixar de reconhecer uma influência do Direito positivo por decantação sobre as camadas mais profundas. A mudança dos enunciados normativos (constitucionais ou legislativos) inspira que se alterem e reavaliem a teoria, a ideologia e, mais raramente, a Filosofia. É o que, de certa forma, verificou-se no Brasil. As novas reflexões sobre os precedentes e o despertar em busca de uma nova visão sobre o tema só ganharam força após a Emenda Constituição nº 45/2004, que trouxe a súmula vinculante e outras disposições normativas, reposicionando, ou acentuando, os pronunciamentos jurisdicionais. No mesmo sentido, o Código de Processo Civil de 2015. Essas alterações quebraram a inércia doutrinária e fizeram os juristas levantarem questionamentos antes latentes. Conquanto os textos não tragam consigo uma perfeita e acabada versão sobre as bases do conhecimento jurídico, eles dizem algo, eles estabelecem prescrições que demandam análise adequada e profunda, ocasionando, então, uma reflexão de mesmo nível.

Portanto, essa camada superficial não traz consigo uma forma própria de posicionar o juiz, o advogado, o intérprete ou o aplicador nas camadas da infraestrutura ou profunda da teoria e ideologia, fornece eminentemente elementos formais que devem ser considerados na abordagem dessas camadas mais aprofundadas, bem como forçam, por suas disposições, reflexões a serem exercidas sobre essas bases profundas.

O próprio dogmatismo, entendido como o prestígio de uma abordagem teórica voltada prioritariamente para essa camada superficial, decorre de uma tomada de posição prévia nos níveis mais profundos. Quando alguém se propõe a analisar as disposições legislativas ou constitucionais apenas no nível dogmático, em torno do texto normativo legal ou constitucional, sem buscar explicitar as camadas mais profundas, já está, em verdade, firmando uma posição em torno delas. Está veladamente – ainda que não conscientemente – incorporando o senso comum teórico vigente, o qual é inteiramente impregnado de um cartesianismo filosófico e de um amálgama de aspirações do positivismo exegético com técnicas do positivismo normativista. Tudo sem uma reflexão adequada.

Tomar o dogmatismo puro como uma maneira viável e autônoma de compreender um tema jurídico só é possível em se sustentando em bases da epistemologia cartesiana, no positivismo e no paradigma normativo. Daí por que será uma decorrência natural afastá-lo ao se optar pela Hermenêutica filosófica, pelo interpretativismo, pelo Direito como integridade e pelo paradigma sistemático, os quais demonstram que o nível dogmático não é suficiente para compreensão de qualquer instituto jurídico.

Diante disso, é preciso uma especial atenção na análise do atual Código de Processo Civil. Conforme foi exposto no Capítulo 2, esse diploma se ocupou bastante do tema, disciplinando de maneira inédita a jurisprudência, a súmula e os precedentes. No entanto, não foi exauriente nem qualitativamente nem quantitativamente. Ocupou-se mais detidamente dos elementos procedimentais, como incidentes, recursos e meios de impugnação (reclamação) em torno de precedentes vinculantes para exercerem uma função de gestão de acervo processual. Contudo, não informa, nem poderia informar de maneira eficiente, como se deve dar essa vinculação, ou seja, como os juízes e tribunais posteriores devem utilizar o precedente, qual o grau de deferência, se irrestrita e subordinada ou dialógica e refletida. Também nada diz sobre como se identificada a *ratio decidendi* e qual a sua natureza jurídica.

O código também pouco diz sobre o conteúdo das decisões, e como ele interfere nessa vinculação. Não se pode presumir, por outro lado, que o texto legal proponha que precedente, súmula ou jurisprudência devam ser observados obrigatoriamente, por um dever de subordinação, mesmo que seu conteúdo seja frágil, injusto, incoerente, instável ou inconsistente, pois contraria frontalmente as exigências materiais da Constituição em torno de valores de moralidade política.

É certo que a comissão de juristas tentou impor um paradigma normativista, em que os elementos formais se sobressaem. É o que se infere das entrelinhas da exposição de motivos. Porém, há elementos no próprio texto codificado que arrefecem essa pretensão.

O paradigma sistêmico-hermenêutico ora proposto, por sua vez, é capaz de fornecer interpretação coerente e íntegra para todas as disposições, tanto de ordem formal quanto material, alinhando-as ao constitucionalismo contemporâneo, referencial teórico adequado à Constituição Federal, em especial a seu conteúdo material e fundamental.

É também possível, não se pode negar, tecer explicações sobre o atual código mediante o paradigma normativista, mas isso representará um desalinhamento com a Constituição Federal e certamente causará, no futuro, os mesmos impasses e disputadas teóricas, práticas e paradigmáticas que atualmente existem em torno da interpretação/aplicação das leis, os quais se buscam superar justamente pelo uso dos precedentes. Isso é, em verdade, um tanto óbvio: se são utilizados o mesmo velho paradigma, a mesma conhecida filosofia e a mesma desgastada teoria, inclusive para equiparar precedente à norma, os resultados tendem a ser os mesmos tanto para precedente quanto para lei, importando, mais cedo ou mais tarde, os mesmos problemas e dificuldades. Os ganhos serão apenas iniciais porque mera novidade, mas o desenvolvimento do estudo pelos mesmos parâmetros levará aos mesmos problemas que, hoje, buscam-se superar.

Assim, será feita uma exposição das principais passagens do Código de Processo Civil de 2015, a fim de destacar a melhor interpretação/aplicação delas em função do paradigma sistêmico-hermenêutico, mostrando a equivocada compreensão caso se recorra aos critérios normativistas, que vêm ganhando espaço na primeira doutrina que versa sobre o tema.

Não se deterá nos aspectos procedimentais. Existem manuais de elevada qualidade que os exploram suficientemente bem. A intenção será explorar teoricamente os pontos que se julga serem de maior relevância.

CAPÍTULO 3 • O QUE É PRECEDENTE **241**

Em face disso, será examinado: a) o dever de uniformização do modo prescrito pelo art. 926; b) o conteúdo e o alcance do dever de observar o rol indicado no art. 927; c) o que significa a tese fixada nos julgamentos de casos repetitivos no Incidente de Assunção de Competência e qual sua relação com a *ratio decidendi*.

3.6.1 Uniformização íntegra, estável e coerente

A redação originalmente proposta para o atual art. 926 do Código de Processo Civil, que recebia numeração distinta durante o trâmite legislativo, previa que os tribunais deveriam uniformizar sua jurisprudência e mantê-la estável. Dessa maneira, traduzia-se dever formal e autorreferente, indicando uma simples convergência geral de entendimento e sua manutenção, a menos, é claro, que sobreviessem motivos destacados para alteração pelo próprio órgão emissor da decisão de onde provinha o precedente. Com essa redação, deixava-se evidente que se aspirava uma postura de padronização e conservação.

Críticas de Lenio Streck, divulgadas em popular coluna eletrônica, sensibilizaram juristas envolvidos com o projeto de código, como Fredie Didier, e seu relator na Câmara dos Deputados, Deputado Paulo Teixeira, ocasionando a adição do dever de integridade e coerência[215]. Por essa razão, alguns a denominam de "emenda Streck". A redação atualmente vigente determina, então, que "os tribunais devem uniformizar sua jurisprudência e mantê-la estável, íntegra e coerente".

A modificação foi bastante oportuna, pois não se trata de mero reforço gramatical ao texto em torno de uma padronização e conservação aprioristicas. Representa a pedra angular para compreensão dos precedentes no código, permitindo explorar seus enunciados segundo o paradigma sistêmico-hermenêutico aqui proposto, que se alinha, no Brasil, justamente às lições do jurista gaúcho. É uma das poucas normas gerais sobre precedentes que se encontram no código, pois, em sua maioria, como dito, são normas procedimentais específicas.

As oposições iniciais de Streck[216] ao projeto do novo Código de Processo Civil denunciavam o que ele denominou de *commonlização* do Direito, ou seja, a importação irrestrita de institutos do *common law*, representando, aqui, uma retomada do positivis-

---

215. Escreve Lenio Streck: "Tenho feito duras críticas ao Projeto do novo CPC. Desde o início, pareceu-me que a sua estrutura apostava em uma espécie de *commonlização*. Minhas críticas, entretanto, conseguiram abrir um interessante diálogo com Fredie Didier, Dierle Nunes e outros juristas importantes envolvidos com o Projeto. O relator na Câmara Federal, deputado Paulo Teixeira (PT-SP), tem se mostrado competente e sensível às sugestões de melhoria do Projeto. Ajuda muito o fato de o deputado ser mestre em Direito e ter cursado parte da faculdade de filosofia. Somando tudo isso, houve um grande avanço. Não é o projeto ideal, mas melhorou. O real sempre é uma cópia imperfeita do ideal, advertiria Platão" (STRECK, Lenio Luiz. **Por que agora dá para apostar no projeto do novo CPC!** Conjur, 2013a. Disponível em: http://www.conjur.com.br/2013-out-21/lenio-streck-agora-apostar-projeto-cpc. Acesso em: 9 jan. 2016).

216. STRECK, Lenio Luiz. **Novo CPC decreta a morte da lei.** Viva o *common law*. Conjur, 2013b. Disponível em: http://www.conjur.com.br/2013-set-12/senso-incomum-cpc-decreta-morte-lei-viva-common-law. Acesso em: 9 jan. 2016.

mo, em linha similar ao que se expõe nesta obra. Alertava que, nesse viés, "apostando na *commonlização*, o projeto consegue a façanha de acumular dois positivismos: o velho exegetismo, porque aposta em uma espécie de conceptualização (saudades da *Bregriffjurisprudenz*?), e no positivismo pós-exegético de perfil normativista, porque aposta no poder discricionário dos juízes, em especial, das cúpulas (eis aí o protagonismo judicial)"[217].

Por essa razão, seguir precedentes ocasionaria ofensa à supremacia da lei e da Constituição, deixando os juízes assujeitados aos julgamentos da cúpula, sendo-lhes vedado adotar diretamente uma interpretação aos textos normativos, quando a esse respeito já tenha se pronunciado um escalão superior. Consagraria, de fato, o baixo apego à Teoria do Direito, em prol de um pragmatismo tipicamente realista, ou seja, uma subordinação ao que os tribunais dizem que o Direito é, sem lhes permitir ferramentas adequadas para abrir qualquer diálogo hermenêutico.

Especificamente em relação à estabilidade, indica-se, acertadamente, ser um conceito autorreferente, que toma por parâmetro apenas o que o próprio Judiciário decide, em especial os tribunais mais ao ápice, independentemente de qualquer cotejo ou compromisso principiológico ou com o restante do Direito. Estabilidade se reduz, assim, não só à reprodução de uma linha anterior, mas também a um apriorístico compromisso com sua preservação contra alterações, para evitar mudanças abruptas, sem justificativa ou qualquer sinalização prévia, de modo a romper expectativas justas e surpreender as partes e interessados. Uma jurisprudência estável se opõe à dispersão jurisprudencial ou a chamada jurisprudência lotérica, em que a linha de entendimento muda livremente, sem qualquer critério e a todo o instante.

Daí por que a integridade e a coerência não são um mero reforço gramatical a essa noção de segurança estável. Rompem com essa definição em prol de mera inércia, consistente na simples necessidade de manutenção de entendimento independentemente de seu conteúdo ou congruência com outros elementos que compõem o sistema jurídico. A coerência e a integridade inserem a necessidade de considerar o "substrato ético-político em sua concretização, isto é, são dotadas de consciência histórica e consideram a facticidade do caso"[218]. Além dessa facticidade, asseguram a necessidade de observância de todos os elementos incidentes no círculo hermenêutico, em especial imposições principiológicas.

Ao se determinar o dever de integridade e coerência, portanto, tem-se a possibilidade de adoção para os precedentes, para a jurisprudência e para as súmulas, a compreensão geral do Direito como integridade, os aportes infraestruturais da hermenêutica filosófica e um sistema coerentista em rede. Isso não é pouca coisa.

Importa a imperiosa necessidade de abandono de uma visão normativista, que propõe precedente reduzido a uma regra geral e abstrata inferida da norma individual

---

217. *Ibid.*
218. *Ibid.*

CAPÍTULO 3 • O QUE É PRECEDENTE   **243**

e concreta contida no dispositivo decisório, a fim de ser aplicada, posteriormente, por subsunção. Afasta uma sujeição hierárquica constrangedora e inarredável, determinada apenas pelo *pedigree* do precedente, jurisprudência ou súmula. Igualmente, autoriza uma relação assimétrica entre os julgados, gerando, também para os tribunais superiores e ao Supremo Tribunal Federal, o dever de coerência e integridade não só com seus próprios julgados anteriores, mas também com o que a base Judiciária vem decidindo dentro de seu espectro próprio de atuação, consistente na apreensão mais próxima e aguda da realidade social e como ela molda o Direito.

Por outro lado, e na mesma medida que livra o intérprete/aplicador de amarras formais mais rígidas, impede decisionismos e arbitrariedades que autorizem um juiz ou tribunal intermediário decidir conforme sua consciência ou de acordo com um convencimento livre a respeito da lei, da Constituição e do que os demais tribunais decidem. Impede que haja uma desconsideração pura e simples de um precedente, jurisprudência ou súmula, porque assim entende o juiz.

Conquanto se possa buscar compreender o art. 926 com outros referenciais teóricos, somente o do Direito como integridade permitirá essa amplitude de alcance e efeitos, alinhando, inclusive, outras disposições do código.

Por esse motivo, o dispositivo guarda estreita ligação com o que determina o art. 927, § 4º, do mesmo diploma, no sentido de que "a modificação de enunciado de súmula, de jurisprudência pacificada ou de tese adotada em julgamento de casos repetitivos observará a necessidade de fundamentação adequada e específica, considerando os princípios da segurança jurídica, da proteção da confiança e da isonomia".

Embora em sua literalidade esse enunciado se destine ao tribunal emissor quando da realização do *overruling*, ele traz norte hermenêutico a orientar o *distinguish* ou desafio a ser realizado por tribunal diverso do emissor, com exigência de justificação própria e específica, em atenção à segurança jurídica, confiança e isonomia.

Diante disso, não é qualquer exortação de novas alegações em prol de uma interpretação supostamente melhor ou mais adequada que autoriza um julgador ou tribunal deixar de seguir uma linha jurisprudencial ou os precedentes e súmulas do tribunal a que está ligado ou de outro que lhe é superior. Também não é a consciência do juiz, perscrutada em um mergulho íntimo em busca de estratos mentais de apreensão pura da situação que o autoriza. Não é essa perspectiva individualista e egoística que fornece motivos relevantes para superar, distinguir ou desafiar precedentes. Devem-se enfrentar as razões expressas e subjacentes do parâmetro anterior e cotejá-las com distinções hermenêuticas (e não somente fáticas e jurídicas) entre os casos ou mudanças sociais, legislativas históricas ou de compreensões jurídicas, éticas e de justiça que porventura não foram enfrentadas ou foram superadas de um modo geral pelo sistema jurídico como um todo. Não se tratam esses parâmetros judiciais anteriores segundo a mera vontade ou conveniência do juiz ou tribunal.

Dessa maneira, posiciona-se, acertadamente, o uso e aplicação uniformes dos pronunciamentos judiciais entre o pragmatismo realista (porque não se pode ignorar que os tribunais, sobretudo os superiores, contribuem a determinar o que seja o Direito) e a arbitrariedade normativista (que coloca o juiz diante de uma escolha discricionária a todo caso novo). Tem-se o acertado ponto do paradigma sistêmico-hermenêutico aqui defendido.

Além de não se confundirem com a estabilidade, a integridade e a coerência se distinguem entre si. É certo que muitas vezes elas se relacionam e se aproximam, ao ponto de Dworkin se perguntar: "Será a integridade apenas coerência (decidir casos semelhantes da mesma maneira), sob um nome mais grandioso?"[219] O próprio autor informa que isso merece cuidado, por depender do conceito de coerência que se utilize ou mesmo a noção que se tenha de "casos semelhantes". Contudo, assenta que "se uma instituição política só é coerente quando repete suas próprias decisões o mais fiel ou precisamente possível, então a integridade não é coerência; é, ao mesmo tempo, mais e menos". Daí acrescenta:

> A integridade exige que as normas públicas da comunidade sejam criadas e vistas, na medida do possível, de modo a expressar um sistema único e coerente de justiça e equidade na correta proporção. Uma instituição que aceite esse ideal às vezes irá, por essa razão, afastar-se da estreita linha das decisões anteriores, em busca de uma fidelidade aos princípios concebidos como mais fundamentais a esse sistema como um todo.

Como se lê, a coerência estrita das leis e também dos precedentes é apenas a reprodução de uma linha de entendimento anterior, tem por referência apenas esse encadeamento prévio, que deve ser reproduzido. Por outro lado, a integridade é diferente, revela um compromisso, uma convergência não apenas com uma linha isoladamente considerada, mas uma harmonia com outros elementos, especialmente principiológicos, do sistema jurídico considerado em sua inteireza, e não apenas do modo revelado pelo encadeamento imediatamente anterior. Pressupõe uma comunidade de princípios de moralidade política que orienta a própria interpretação do que venha a ser o Direito, devendo se buscar convergência justamente nesse pressuposto amplo.

Não se pode, porém, afirmar que a integridade importe uma incoerência, porque a integridade pressupõe sintonia com os princípios e demais disposições do sistema jurídico que também servem – ou deveriam servir – de parâmetro para a linha anterior. Seria, assim, uma coerência com o parâmetro mais amplo e, em especial, principiológico.

Seguindo Dworkin, é possível afirmar que a integridade é uma imposição mais dinâmica, justamente por se ligar aos princípios de moralidade política, pois incentiva o juiz ou tribunal a ser mais abrangente, a ir além da linha jurisprudencial estrita, do precedente isoladamente apreendido ou da literalidade da súmula. Impõe que o juiz ou tribunal vá à busca de uma convergência com o princípio fundamental que dá o tom de

---

219. DWORKIN, Ronald. **O império do Direito**. Tradução: Jefferson Luiz Camargo. São Paulo: Martins Fontes, 1999. p. 263.

harmonia à jurisprudência que liga os julgados autorizadores da súmula e que toque o ganho interpretativo do precedente; tudo em função do jogo hermenêutico.

É preciso atentar que quando Dworkin menciona essa observância ao princípio fundamental não está ele indicando uma norma específica, caracterizada pelo elo deôntico fraco da estrutura "Se f, então Sc". O princípio a que se refere nesse contexto é algo mais amplo do que uma norma única, correspondendo, mais precisamente, ao parâmetro jurídico geral considerado, o critério macro decorrente da comunidade de princípios e do sistema que levou à formação do entendimento prévio. Pode até ser uma norma específica, mas não necessariamente.

Por isso, prefere-se mencionar que a integridade diz respeito a essa convergência mais ampla ao sistema jurídico como um todo, o qual é aferido por critérios hermenêuticos, justamente para evitar essa compreensão mais restrita de convergência a apenas um princípio, entendido como norma.

A integridade impede que a segurança jurídica seja mera previsibilidade de resultados aferida segundo encadeamento de decisões prévias, pois demanda uma coerência compreendida em um sentido mais amplo de conexão com elementos sistêmicos gerais e amplos.

No mesmo sentido, Lenio Streck:

> Coerência significa dizer que, em casos semelhantes, deve-se proporcionar a garantia da isonômica aplicação principiológica. Haverá coerência se os mesmos princípios que foram aplicados nas decisões o forem para os casos idênticos; mas, mais do que isto, estará assegurada a integridade do direito a partir da força normativa da Constituição. A coerência assegura a igualdade, isto é, que os diversos casos terão a igual consideração por parte dos juízes. Isso somente pode ser alcançado através de um holismo interpretativo, constituído a partir do círculo hermenêutico. Já a integridade é duplamente composta, conforme Dworkin: um princípio legislativo, que pede aos legisladores que tentem tornar o conjunto de leis moralmente coerente, e um princípio jurisdicional, que demanda que a lei, tanto quanto o possível, seja vista como coerente nesse sentido. A integridade exige que os juízes construam seus argumentos de forma integrada ao conjunto do direito. Trata-se de uma garantia contra arbitrariedades interpretativas. A integridade limita a ação dos juízes; mais do que isso, coloca efetivos freios, através dessas comunidades de princípios, às atitudes solipsistas-voluntaristas. A integridade é uma forma de virtude política. A integridade significa rechaçar a tentação da arbitrariedade[220].

Vê-se, pois, que Lenio Streck recorre diretamente às lições de Dworkin, que propõe a integridade ao lado da justiça e da equidade como parâmetros morais elevados do Direito. Em um espectro mais amplo, a integridade demanda que o Estado atue de acordo com um grupo de princípios harmônicos (apreensão do sistema jurídico em sua inteireza), identificados por uma análise da integralidade do Direito, mas, em especial, a partir da Constituição.

O autor norte-americano apresenta didático exemplo do Direito inglês que demonstra a diferença entre coerência e integridade. Durante longo período, os

---

220. STRECK, Lenio Luiz, 2013, *op. cit.*

juízes ingleses assentaram por inúmeros julgados a existência do dever de se indenizar pessoa lesada por negligência profissional, mas excluíam desse entendimento a negligência praticada por advogados. Reafirmava-se constantemente o dever de indenização para as mais variadas profissões, excluindo, no entanto, reiteradamente, os advogados.

Perceba-se que a exclusão da responsabilidade dos causídicos não assegura nenhum outro princípio que concorra com o princípio que impõe o dever indenizatório para as demais profissões, é simplesmente a negação deste. A coerência exige a mera reprodução dessa linha de entendimento anterior em casos posteriores em que se discuta indenização por negligência advocatícia. Ser coerente significará continuar eximindo os advogados da responsabilidade por negligência profissional. Por outro lado, a integridade, o respeito ao princípio subjacente, impõe justamente o contrário, a mudança do entendimento para determinar o dever de indenização, porque não há razão que justifique o tratamento diferenciado. Nesse sentido, a *justa* expectativa não é a reprodução de um entendimento claramente violador do sistema jurídico, mas sim o contrário, a modificação e abandono dessa infundada discriminação que beneficia injustamente apenas alguns.

A coerência, portanto, no sentido estrito de reprodução de uma linha jurisprudencial ou repetição da solução de um precedente, não é suficiente, pois pode levar ao rompimento da integridade, no sentido de negação de princípios e mesmo do sistema jurídico genericamente considerado, que, de um modo geral, deva ser observado por todos. Isso elide, no uso e aplicação dos precedentes, que a estabilidade ou a coerência estrita sejam valores autônomos e suficientes para melhorar o sistema. Também impede que o juiz ou tribunal seja mera "boca do precedente", pois ele terá, sempre, o dever de integridade, devendo observar se, no caso concreto, a reprodução do entendimento anterior importa ou não ofensa ao sistema jurídico como ele é compreendido naquele novo momento. Nesse sentido, escreve mais uma vez Dworkin:

> A integridade também contribui para a eficiência do direito no sentido que assinalamos aqui. Se as pessoas aceitam que são governadas não apenas por regras explícitas, estabelecidas por decisões políticas tomadas no passado, mas por quaisquer outras regras que decorrem dos princípios que essas decisões pressupõem, então o conjunto de norma públicas reconhecidas pode expandir-se e contrair-se organicamente, à medida que as pessoas se tornem mais sofisticadas em perceber e explorar aquilo que os princípios exigem sob novas circunstâncias, sem a necessidade de uma detalhamento da legislação ou da jurisprudência de cada um dos possíveis pontos de conflito[221].

Com o atual Código de Processo Civil, esse dever de integridade passa a ser obrigação positivada no trato dos precedentes. Não é de qualquer outra maneira que se deve uniformizar a jurisprudência, mas de maneira estável, coerente e íntegra neste sentido aqui proposto.

---

221. DWORKIN, *op. cit.*, p. 229.

Fredie Didier[222], mesmo declarando não adotar apenas a perspectiva de Dworkin, apresenta abordagem consentânea com o exposto até aqui. Ele lança algumas premissas que, segundo ele, são indispensáveis para compreensão do assunto. A primeira diz respeito ao fato de que, por estarem agora positivados, esses deveres deixam de ser discussão exclusivamente do campo filosófico ou teórico e passam a ser também dogmáticos. Tem-se, assim, a confirmação do papel da camada superficial do direito positivo sobre as outras mais basilares: suscitarem discussões mais aprofundadas em razão de uma imposição legislativa que as evoca, e trazê-las para as discussões do nível superficial.

Outra acertada premissa lançada pelo autor compreende que o texto da lei não contém palavras inúteis, pelo que há dois deveres, um de integridade e outro de coerência. Embora em algumas situações possam convergir para exigir a mesma conduta em face de julgados anteriores, são dois deveres distintos. Em razão disso, o autor erige o conceito de consistência, justamente a soma de coerência e integridade. Para ele, "consistência parece ser um termo mais adequado para designar o conjunto formado por coerência e integridade; talvez a melhor opção fosse simplesmente dizer que os tribunais deverão zelar pela consistência de sua jurisprudência"[223].

Contudo, acredita-se que a redação que destaca separadamente coerência e integridade é melhor, porque denota exatamente a existência de dois deveres diferentes e complexos, como reconhece o próprio autor. Caso se optasse apenas pelo termo consistência, poder-se-ia valorizar a solução mais cômoda de indicar apenas um dever.

Na mesma senda de Streck e Dworkin, Fredie Didier indica o dever de coerência como o de observância mais estritamente ligada à linha de entendimento da cadeia jurisprudencial, refletida ou não em súmula, ou dos precedentes já existentes. Em uma dimensão formal, importa não contradição, e, em uma feição material, o dever de conexão positiva de conteúdo. Além disso, ressalta dado de extrema relevância: o dever de coerência não significa apenas uma coerência externa – de um tribunal em relação a outro, em especial superior –, mas também um dever de coerência interna, no sentido de um tribunal ter que observar seus próprios precedentes.

A relevância da coerência interna se avulta ao se exigi-la dos tribunais superiores, os quais, como se viu, buscam ver sua própria atuação desprendida de qualquer parâmetro mais determinante, especialmente jurisprudencial ainda que sejam os seus próprios. Com efeito, se para os juízes de tribunais intermediários há explícita e já há algum tempo construída obrigação de coerência externa, ao que se soma o dever de coerência interna, tem-se com o dever de coerência interna uma obrigação agora positivada para os tribunais superiores.

---

222. DIDIER JUNIOR, Fredie; BRAGA, Paula Sarno; OLIVEIRA, Rafael Alexandria de. **Curso de Direito Processual Civil**. 10. ed. Salvador: JusPodivm. 2015. v. 2. p. 476-486.
223. *Ibid.*, p. 478.

Além disso, a coerência externa desses tribunais superiores também existe, como se defende nesta obra, em um sentido, *bottom-up*, pois, repita-se, os tribunais de escalões intermediários e os juízes também constroem o Direito em âmbito próprio deles.

É precisa a conclusão a que chega Didier[224] no sentido de a coerência importar o "dever de dialogar com os precedentes anteriores, até mesmo para superá-los e demonstrar *distinguish*". E assim entende, conforme se defende nesta obra, que "o respeito aos precedentes envolve o ato de segui-los, distingui-los ou revogá-los, jamais ignorá-los". Acrescentar-se-ia apenas também a possibilidade de desafiar o precedente, desde que da maneira adequada.

O modo de se aferir a incoerência de julgados são as mais diversas, pois a incompatibilidade se dá no plano hermenêutico, que invoca tanto uma lógica material, bem como não apenas padrões normativos, mas também conceituais e deontológicos. Assim, dois precedentes podem ser contraditórios quando as normas possíveis de serem erigidas deles forem incompatíveis, prescrevem consequências distintas para os mesmos fatos. Entretanto, há outras hipóteses de incoerência, quando erigem concepções contraditórias entre si (imagine-se conceituarem nas *ratione decidendi* vida como somente o estágio após o parto e vida como estágio já no momento da fecundação, ainda que *in vitro*), quando consagram valores inconciliáveis ou de várias outras formas de se comporem os diversos elementos do círculo hermenêutico.

Por sua vez, o dever de integridade para Didier corresponde ao dever de "decidir em conformidade com o Direito, observada toda sua complexidade". E nesse tocante, a observância da Constituição, nos termos adequados do constitucionalismo brasileiro contemporâneo, é ponto de destaque.

Tanto Lenio Streck quanto Fredie Didier dão exemplos nacionais em torno da matéria. Um deles, citado por Streck, evoca discussão em torno da coerência e integridade da jurisprudência e súmula, bem como da força hermenêutica de um precedente, representando exemplo bastante elucidativa. O caso diz respeito ao recebimento de recurso extraordinário pelo Supremo Tribunal Federal para discutir ofensa reflexa à Constituição Federal em função da observância ou não de lei estadual. O tema é objeto da Súmula 280 daquele tribunal, cujo enunciado consigna que "por ofensa a direito local não cabe recurso extraordinário".

Nesse contexto, servidores do Poder Executivo do Rio Grande do Sul ingressaram em juízo alegando que o benefício do vale-refeição que percebiam estava fixado em montante inferior ao devido. A Lei Estadual nº 10.002/1993 estatuía em seu art. 3º que referido benefício seria "revisto mensalmente por decreto do Poder Executivo". Não obstante isso, os decretos, quando editados, vinham trazendo índices inferiores ao da inflação, ocasionando o decesso real do valor do benefício.

---

224. *Ibid.*, p. 480.

CAPÍTULO 3 • O QUE É PRECEDENTE   **249**

O tribunal de justiça do estado julgou improcedentes os pleitos de inúmeros servidores por entender não caber ao Judiciário se imiscuir na matéria, porquanto a competência para fixação do reajuste era exclusiva do Executivo. Ademais, a pretensão, segundo o tribunal, encontrava óbice no art. 169 da Constituição Federal, ao determinar que a concessão de qualquer vantagem ou remuneração só pode se dar mediante prévia dotação orçamentária.

Muitos demandantes ajuizaram recursos extraordinários, alegando ofensa a vários dispositivos da Constituição Federal. Os recursos, no entanto, não eram conhecidos na origem, sendo invocado justamente o enunciado da Súmula 280.

O Supremo Tribunal Federal por várias decisões confirmava o não conhecimento, conforme revela o seguinte julgado, datado de 12 de abril de 2005, cuja ementa traz:

> Servidores públicos do estado do Rio Grande do Sul. Reajuste de vale-refeição. Lei estadual nº 10.002/1993 e Lei Complementar federal nº 82/1995. Eventual incompatibilidade entre a conhecida "Lei Camata" e a Lei gaúcha nº 10.002/1993, que previu a edição mensal de decreto para a fixação de reajuste do vale-refeição devido aos servidores estaduais, não atinge diretamente a esfera constitucional. Incidência da Súmula 280 do STF. Precedentes de ambas as Turmas desta colenda Corte: AI 450.816-AgR, Relator Ministro Carlos Veloso; e AI 490.448-AgR, Relator Ministro Sepúlveda Pertence. Agravo regimental desprovido[225].

O relator, Ministro Carlos Ayres Britto, em seu voto condutor, consignou expressamente que "não há dúvida de que a solução da controvérsia depende do exame de legislação infraconstitucional, providência que não tem lugar em sede de recurso extraordinário. Daí a natureza meramente indireta ou reflexa da alegada violação ao Texto Magno". Com efeito, já era bem sedimentado no Pretório Excelso, àquele tempo, que as ofensas apenas reflexas à Constituição Federal não autorizam a via do recurso extraordinário.

Para demonstrar coerência com essa linha de entendimento, e mais precisamente com precedentes sobre essa específica discussão oriunda do Rio Grande do Sul em torno do vale-refeição, o Relator destacou ainda que "exatamente nesse sentido já decidiram ambas as Turmas desta colenda Corte, ao julgarem casos semelhantes ao presente, oriundos do mesmo ente federado e relacionados à mesma matéria". Cita expressamente como paradigmas nesse preciso sentido os aludidos AI 450.816-AgR (julgado em 18 de novembro de 2003) e AI 490.448-AgR (julgado em 24 de novembro de 2004).

Verifica-se, portanto, jurisprudência arraigada e sumulada do Supremo Tribunal Federal quanto ao descabimento de recurso extraordinário em demandas envolvendo a ofensa de lei estadual que só indiretamente tocam a Constituição Federal. Esse entendimento geral foi reafirmado em vários julgamentos especificamente em torno do valor do vale-refeição dos servidores do Executivo gaúcho.

---

225. RE 434924 AgR, Rel. Min. Carlos Britto, Primeira Turma, j. 12.04.2005, *DJ* 01.07.2005, p. 36, ement vol-02198-08, p. 1440.

A despeito disso, em 2008, quando do julgamento do RE 428.991, o Relator, Ministro Marco Aurélio Melo, destacou entendimento seu a respeito de dois princípios que tem por caros, o da legalidade e do devido processo legal. Invocou ementa de precedentes de sua relatoria no sentido de ser desnecessária a ofensa direta à Constituição Federal para conhecer recurso extraordinário. A citação não indica a fonte, mas possui o mesmo teor da seguinte:

> Recurso extraordinário – Princípios da legalidade e do devido processo legal – Normas legais – Cabimento. A intangibilidade do preceito constitucional que assegura o devido processo legal direciona ao exame da legislação comum. Daí a insubsistência da tese de que a ofensa à Carta Política da República suficiente a ensejar o conhecimento de extraordinário há de ser direta e frontal. Caso a caso, compete ao Supremo Tribunal Federal apreciar a matéria, distinguindo os recursos protelatórios daqueles em que versada, com procedência, a transgressão a texto constitucional, muito embora se torne necessário, até mesmo, partir-se do que previsto na legislação comum. Entendimento diverso implica relegar à inocuidade dois princípios básicos em um Estado Democrático de Direito: o da legalidade e do devido processo legal, com a garantia da ampla defesa, sempre a pressuporem a consideração de normas estritamente legais[226].

Em seu voto, o Ministro não discorre mais detidamente sobre a divergência jurisprudencial verificada. Não desce a detalhes de porque seu entendimento poderia ser íntegro com o Direito em detrimento dos anteriores ou porque estes não refletiriam o melhor direito ou se teria havido alguma mudança fática ou jurídica em torno do assunto. Faz apenas a citação da ementa, como que reafirmando o entendimento individual a despeito de qualquer outra circunstância. O mérito, então, é enfrentado não só para conhecer, mas também para prover o recurso, no que foi acompanhado pelos outros dois julgadores presentes na sessão, Ministros Menezes Direito e Ricardo Lewandowski. Dada a composição regular de uma Turma do Supremo ser no número de cinco, teve-se, pois, a ausência de dois ministros.

Mesmo após esse julgamento da Primeira Turma do Supremo Tribunal Federal, o Tribunal de Justiça do Estado do Rio Grande do Sul continuou, no entanto, a julgar improcedente o pleito dos servidores. Não se ignorava o precedente superior, mas se o desafiava justamente apontando sua incoerência com a linha de entendimento anterior e majoritária do mesmo Pretório Excelso, que sequer conhecia os recursos, por julgar a questão própria das instâncias ordinárias.

No julgamento da Apelação Cível nº 70030515795, o Relator, Desembargador Ricardo Moreira Lins Pastl, enfrentou franca e abertamente essa divergência em face do precedente mais recente do Supremo:

> Anoto não desconhecer a recente decisão do STF que, ao julgar o RE nº 428.991/RS *(1ª Turma, publicação no DJe em 31.10.2008)*, deferiu o reajuste pretendido. No entanto, tenho ser prematura a adoção deste entendimento, posto que esposado em um único julgado isolado, da relatoria do eminente Min. Marco Aurélio *(acompanhado pelos Ministros Ricardo Lewandowski e Menezes Direito, ausentes justificadamente os Ministros Cármen Lúcia e Carlos Britto)*.

---

226. RE 242064, Rel. Min. Marco Aurélio, Segunda Turma, j. 14.11.2000, *DJ* 24.08.2001, p. 63, ement vol-02040-07, p. 1419.

CAPÍTULO 3 • O QUE É PRECEDENTE **251**

Impera destacar, todavia, que as decisões anteriores proferidas pela Primeira Turma do Pretório Excelso são em sentido diverso *(assim, v. g., AI-AgR 471741/RS, Min. Cezar Peluso, DJ 19.08.2005)*, coadunando-se com a compreensão desta 4ª Câmara Cível.

Destaco, outrossim, que recentemente, em maio do corrente ano, a colenda Segunda Turma do Supremo Tribunal Federal, nos autos do AI 459100 AgR/RS *(de relatoria do Ministro Joaquim Barbosa, o qual restou acompanhado pelos Ministros Cezar Peluso, Eros Grau e Ellen Gracie, ausente justificadamente o Ministro Celso de Mello, DJe 19.06.2009)*, decidiu pelo não cabimento da interposição de Recurso Extraordinário em relação à temática ora estudada, pois a matéria de fundo seria infraconstitucional, o que não impediu que o eminente Ministro Relator consignasse, ainda, que, *"no que concerne à suposta omissão do Executivo estadual, observo que incumbe apenas a esse Poder a edição dos atos normativos que viabilizem a execução de suas leis, não cabendo ao Poder Judiciário, que não tem função legislativa típica, editar normas, sob pena de violação do art. 2º da Constituição Federal"*.

Ressalte-se o que se destacou anteriormente neste livro: um tribunal inferior pode não apenas realizar o *distinguish*, mas também desafiar o precedente, ainda que superior, desde que tenha razões relevantes para tanto e as exponha expressamente por detida motivação. Perceba-se que o Desembargador Relator não buscou mostrar alguma distinção fática ou jurídica para o precedente do Supremo Tribunal Federal, ao contrário, reconheceu tratar da mesma matéria. Entretanto, embora não o diga expressamente, entendeu-o frágil justamente porque incoerente com a linha de entendimento anterior e com precedentes posteriores.

Ao lado do *distinguish*, portanto, é perfeitamente possível um juiz ou tribunal desafiar precedente, jurisprudência ou súmula, desde que enfrente a questão diretamente, a fim de demonstrar, por fundamentação expressa e específica, sua fragilidade, seja por incoerência, falta de integridade ou frágil força hermenêutica para o caso posterior. E indicar falta de coerência ou integridade significa buscar algo além do próprio convencimento e de sua consciência, significa buscar algo no sistema jurídico em sua completude, o que é algo bem mais objetivo.

Não se pode tratar uma situação dessas como algo patológico, uma insubordinação do juiz ou tribunal, passível de punição disciplinar. É uma atitude regular de interação entre julgados. Tal desafio, em verdade, demonstra a fragilidade do precedente constituído pelo RE 428.991, justamente porque viabilizou razões suficientes para ser questionado.

Conquanto bem anterior à vigência do atual Código de Processo Civil, percebe-se a afinação com a "necessidade de fundamentação adequada e específica, considerando os princípios da segurança jurídica, da proteção da confiança e da isonomia" prevista no art. 927, § 4º do diploma processual, que versa sobre a superação e revisão de precedentes, jurisprudência pacificada e súmulas. Demonstra-se, assim, o que foi defendido linha atrás, ou seja, de que esse é também o modo adequado de se desafiarem precedentes superiores, justamente por se propor seu *overruling*.

É certo que o acórdão estadual se limitou a demonstrar a incoerência do precedente emergente do RE 428.991, não avançando sobre a análise de sua integridade, mas é possível afirmar que aquele jugado do Supremo também a feriu. O Supremo, naquele julgado, não desenvolveu suficientemente o argumento em torno da incidência particular dos princípios da legalidade e do devido processo legal, indicados como autorizadores de recurso extraordinário ainda que por ofensa constitucional reflexa. O Ministro Relator limitou-se a citar uma ementa de entendimento próprio, que se sagrou vencedor em alguns julgamentos prévios. Não se ocupou em demonstrar como esse entendimento superava a linha majoritária em sentido contrário para bem realizar os desígnios do sistema jurídico no caso. Não se ocupou de fundamentação dialógica, mediante a confrontação de argumentos. Simplesmente reafirmou convicção pessoal e isolada, ocasionalmente vencedora.

Naturalmente, a desafiadora decisão do Tribunal de Justiça do Rio Grande do Sul foi objeto de recurso extraordinário, sendo o respectivo processo escolhido como representativo da controvérsia. A repercussão geral foi reconhecida em sessão datada de 09 de dezembro de 2010, autuado sob o número RE 607.607. O julgamento, por sua vez, se verificou em 06 de fevereiro de 2013, contando com ampla discussão entre os Ministros.

O Relator foi novamente o Ministro Marco Aurélio, que lançou voto mais detido quanto ao mérito, se comparado ao exarado no RE 428.991, o qual foi textualmente citado pelos recorrentes. Contudo, no tocante aos pressupostos recursais, simplesmente afirmou estarem presentes. Não expôs sua contrariedade ao entendimento consubstanciado na Súmula 280.

A divergência foi aberta pelo Ministro Luiz Fux, arguindo precisamente a matéria processual e declarando dificuldade em admitir o recurso extraordinário. Afirmou não ser um pensamento seu isolado, porque "o que se aponta aqui é um confronto entre a lei estadual e o decreto em primeiro lugar, e aí se aplicaria a Súmula 280 do Supremo Tribunal Federal". Em reforço a seu argumento, aludiu à "plêiade de recursos aqui inadmitidos" e ao parecer do Ministério Público nesse mesmo sentido.

Instaurou-se intenso e interessante debate, tendo o relator consignado que "por maiores que sejam as homenagens merecidas pelo Ministério Público, neste colegiado o Ministério Público não tem voto". O Ministro Fux redarguiu que a alusão ao *Parquet* se deu em tom de homenagem e para demonstrar a comunhão de ideias, sendo o voto de sua autoria autônomo. Concluiu-se o debate com a menção do Relator de que "gostaria de ser alvo da homenagem", recebendo em resposta: "Quando eu [Ministro Luiz Fux] concordar com Vossa Excelência, pode esperar essa atitude".

O Ministro Dias Toffoli abordou detidamente a questão do conhecimento do recurso, recuperando, inclusive, as circunstâncias do julgamento do precedente citado (RE 428.991), informando que contra a decisão da Primeira Turma foram interpostos embargos infringentes em razão da divergência jurisprudencial, os quais ainda estavam pendentes de apreciação. Acrescentou que, na ocasião daquele julgamento, "havia dois integrantes da Primeira Turma ausentes à época", pelo que concluiu: "De fato, é um caso isolado".

CAPÍTULO 3 • O QUE É PRECEDENTE **253**

Em reforço, indicou vários julgamentos de relatoria de quatro ministros diferentes, todos decidindo pelo não conhecimento dos extraordinários interpostos em causas versando sobre a controvérsia gaúcha a respeito do vale-refeição. Finalizou seu voto:

> Então, senhor Presidente, firme nesses precedentes – para mim, fica claro que aquele caso foi um caso isolado da Primeira Turma, que está, inclusive, sob embargos de divergência, ou seja, não transitou em julgado, ainda *subjudice* -, mantendo-me coerente com o que votei em relação ao plenário virtual, entendo que não há no caso matéria constitucional, não se abrindo, portanto, à análise.

Ao seguir a divergência, o Ministro Dias Toffoli fez a única menção à coerência da discussão: "Acompanho, pedindo todas as vênias ao Ministro Marco Aurélio, que tem sido coerente ao longo de todos esses julgados, tem insistido Sua Excelência nessa tese, que é uma tese". Perceba-se que não se aludia à coerência objetiva que é exigida pelo art. 926, mas a fidelidade do Ministro, ao longo de vários julgamentos, a seu próprio modo de entender a questão, mesmo sendo minoritário. Essa resistência em se manter no entendimento minoritário não é a coerência exigida pela legislação codificada.

O julgamento seguiu e chegou a ficar empatado em quatro votos, tendo o Ministro Ayres Brito conhecido o recurso, apesar de ter precedentes pelo não conhecimento. Ele não justificou a mudança de orientação em seu voto. Após os votos dos Ministros Joaquim Barbosa e Teori Zavascki, pendeu-se para o não conhecimento, sendo o relator para o Acórdão o Min. Luiz Fux.

Perceba-se, então, como um precedente isolado, no caso o RE 428.991, que não trouxe argumentos suficientes para respaldar a quebra de coerência interna com a linha jurisprudencial anterior, nem invoca razões de integridade suficientes, pode ser adequadamente desafiado por instância inferior, ainda que emanado do Supremo Tribunal Federal. Não havia elementos materiais, constatado pela falta de uma fundamentação detida sobre a questão jurisprudencial, para fortalecer aquele precedente. Mesmo elementos formais o enfraqueciam, pois fora proferido por órgão fracionário do STF (Segunda Turma), desfalcado de dois integrantes. Não reunia, portanto, força hermenêutica suficiente para se estabilizar.

Era de se esperar, por ser coerente e não se ter levantado razões de integridade em sentido distinto, que fosse mantida a linha majoritária anterior. Caso contrário, essa ruptura das justas expectativas, traduzidas em termo de coerência e integridade, demandaria trato específico, em prestígio à segurança jurídica. Não poderia o tribunal simplesmente alterar a jurisprudência majoritária e nada tratar sobre essa quebra da linha de entendimento. Independentemente de qualquer prescrição legislativa específica, é uma imposição constitucional, reforçada, sem dúvidas, agora, pelo art. 927, §§ 3º e 4º, do Código de Processo Civil.

Consoante adiantado, o art. 926 é a porta de entrada do paradigma sistêmico--hermenêutico, inspirado no Direito como integridade, para compreensão das demais disposições do atual Código de Processo Civil, inclusive para o modo acertado de se determinar como os precedentes se relacionam entre si.

3.6.2 A observância do rol do art. 927

Outro dispositivo relevante do Código de Processo de 2015 para compreensão do trato dos precedentes é o art. 927, que traz expressamente o dever de os juízes e tribunais observarem uma série de manifestações que aponta. Vale relembrar seu teor:

> Art. 927. Os juízes e os tribunais observarão:
>
> I – as decisões do Supremo Tribunal Federal em controle concentrado de constitucionalidade;
>
> II – os enunciados de súmula vinculante;
>
> III – os acórdãos em incidente de assunção de competência ou de resolução de demandas repetitivas e em julgamento de recursos extraordinário e especial repetitivos;
>
> IV – os enunciados das súmulas do Supremo Tribunal Federal em matéria constitucional e do Superior Tribunal de Justiça em matéria infraconstitucional;
>
> V – a orientação do plenário ou do órgão especial aos quais estiverem vinculados.

A análise desse artigo envolve três pontos: a) o que faz um pronunciamento jurisdicional constar nele; b) o que significa *observar* esse rol; c) existência ou não de hierarquia entre os itens que enumera.

Naturalmente, essas disposições devem ser interpretadas em conjunto com o que foi tratado em torno do art. 926 e exigem a consideração de outros dispositivos do código para serem inteligíveis, por isso será feita uma análise apartada de cada um desses pontos.

3.6.2.1 O que faz um pronunciamento jurisdicional constar no art. 927

Conforme já se expôs no Capítulo 2, o *caput* do art. 927, com seus respectivos incisos, não traz todas as espécies de manifestações do Judiciário que podem veicular um precedente ou jurisprudência. É possível lembrar as decisões do Supremo Tribunal Federal e do Superior Tribunal de Justiça em processos originários, em recursos ordinários, dos órgãos fracionários dos tribunais, Cortes congêneres (como tribunal estadual diverso ou federal de outra região), entre outros. Há, portanto, uma insuficiência quantitativa.

Em verdade, toda e qualquer decisão judicial (acórdão, sentença ou interlocutória) é capaz de gerar um precedente, com maior ou menor intensidade e frequência, desde que – relembre-se da concepção defendida nesta obra – importe um ganho hermenêutico, pois é uma resposta institucional a um caso, na qual se faz a mediação entre Direito e realidade. Súmulas, sejam elas formalmente vinculantes ou não, retratam julgados e são, portanto, fontes de precedentes nesses termos apresentados.

Essa incompletude do rol trazido pelo enunciado codificado levanta a dúvida de por que foram indicados justamente esses pronunciamentos e não outros. O que explica um item estar nesse rol? A resposta deve ser buscada na identificação de algo comum a cada um deles e que possa faltar em outros que ficaram excluídos. Nem todos são propriamente decisões que autorizam diretamente precedentes (as súmulas, por exemplo), daí se considerar útil a afirmação de Emilio Viana de que são genericamente padrões decisórios[227].

Com isso em mente, percebe-se em outras passagens do código que os itens do art. 927 permitem ou uso de reclamação, ante a alegação de contrariedade ao julgado, ou decisões antecipadas, como julgamentos monocráticos por relatores de recurso ou improcedência liminar do pedido. Identifica-se, pois, em todas as hipóteses arroladas a existência, em outras passagens do código, de específicos instrumentos processuais correlatos, que consistem em medida protetiva ou promocional daquilo que restou assentado neles. Em outras apalavras, todos os itens autorizam uma ou as duas das seguintes medidas: a) um remédio processual específico e mais célere (a reclamação) que permite cassar uma decisão divergente, correspondendo, assim, a uma proteção ao que foi assentado no padrão decisório de um dos itens do artigo; b) decisões antecipadas (decisões monocráticas do relator de recurso, tutela provisória de evidência, a improcedência liminar no primeiro grau ou o improvimento de recurso especial ou extraordinário na origem), tendo, dessa forma, a qualidade de medida promocional (incentivadora) da observância do parâmetro oriundo de algum dos itens do art. 927.

Esses tipos de medidas (protetivas e promocionais) são inerentes a todo e qualquer sistema. É o que ensina Rodrigo Azevedo Greco, com sua característica inteligência, ao escrever que "o sistema é um objeto que (i) está inserido em um determinado meio, (ii) está voltado para uma finalidade, e, para tanto, (iii) faz ou desempenha uma atividade, (iv) por intermédio de uma estrutura, (v) que se transforma com o tempo"[228].

Ao buscar erigir um sistema normativo sobre precedentes, o atual Código de Processo Civil pouco trata sobre seu meio circundante, sua estrutura e as transformações que sofre ao longo do tempo. Daí por que há uma incompletude no trato do assunto, cabendo ao intérprete supri-la. Porém, no tocante à finalidade, é possível dizer que ela está estatuída no art. 926: o sistema normativo sobre precedente que está codificado é voltado a garantir uma uniformização estável, coerente e íntegra. Para atingir tal fim, o código versa sobre a atividade jurisdicional em torno de precedentes, jurisprudência ou súmulas, ainda que sem ser exauriente. Prescreve, em vários artigos esparsos, uma série de medidas protetivas e promocionais que forçam ou estimulam uma congruência entre julgados, agraciando alguns deles com medidas protetivas e promocionais específicas, quais sejam a reclamação e decisões imediatas.

No art. 927 é feito justamente um sumário dos pronunciamentos agraciados com a possibilidade de uso de reclamação ou prolação de decisões céleres. São padrões decisórios, portanto, que recebem no novo diploma um estímulo ou proteção formal-

---

227. VIANA, Emilio de Medeiros. **Padronização decisória e jurisdição ordinária**: análise da atuação dos tribunais estaduais e regionais federais a partir das disposições do CPC/2015 e da Resolução nº 235/2016 do CNJ. Tese de doutorado. UNIFOR. 2019.

228. GRECO, Rodrigo Azevedo. **Direito e entropia**. Fortaleza: Editora, 2015. p. 45.

mente estabelecidos para que as demais decisões a eles se alinhem. É por essa razão que merecem especial observância por parte de juízes e tribunais.

O motivo, então, para um pronunciamento estar arrolado no art. 927 é ele permitir, por força de outras disposições do código, o uso da reclamação no caso de inobservância (medida protetiva) ou viabilizar decisões mais céleres (medidas promocionais) no intuito de que aquilo que foi neles assentado seja reproduzido em outros julgados. Por outro lado, em sua substância, não possuem qualquer distinção para as demais decisões que podem formar precedentes, os quais apenas não desfrutam dessas medidas protetivas ou promocionais.

Rodrigo Azevedo Grego[229] indica, ainda, que as medidas protetivas são de duas espécies, diretas e indiretas. As diretas impedem, inclusive por coação, a prática da conduta indesejada, enquanto as indiretas dificultam ou desestimulam a prática, tornando-a desvantajosa.

As medidas promocionais também podem ser diretas ou indiretas. As primeiras são aquelas que compelem o indivíduo a ser comportar da maneira intencionada. Por sua vez, as segundas (medidas promocionais indiretas) estimulam, incentivam a conduta, facilitando sua prática.

A reclamação é exemplo de uma medida protetiva indireta, pois desestimula o magistrado ou tribunal a tomar uma decisão contrária ao entendimento protegido por esse remédio, pois será passível de reforma mais facilmente, já que a parte que se julgar prejudicada não precisará, com algumas exceções abertas por legislação modificadora do código antes de sua vigência, percorrer toda a esteira recursal, podendo acessar diretamente a corte emissora do paradigma contrariado. Já a possibilidade de decisões monocráticas por relator de recurso, a faculdade de julgamento improcedente liminar e a tutela provisória de evidência são medidas promocionais indiretas, pois estimulam o respeito ao paradigma, porquanto aceleram o processo.

Autorizam o uso de reclamação: a) as decisões do Supremo Tribunal Federal em controle concentrado de constitucionalidade; b) os enunciados de súmula vinculante; c) resolução de demandas repetitivas e em julgamento de recursos extraordinário e especial repetitivos; d) os acórdãos em incidente de assunção de competência. Nas hipóteses dos itens "a" e "b", a reclamação tem previsão constitucional, enquanto no caso de "c" e "d" é inovação do art. 988, do atual Código de Processo Civil.

A improcedência liminar da demanda (art. 332) e decisões do relator de recurso (art. 932, IV e V) são autorizadas para: a) os enunciados de súmula vinculante; b) resolução de demandas repetitivas e em julgamento de recursos extraordinário e especial repetitivos; c) os acórdãos em incidente de assunção de competência; d) os enunciados das súmulas do Supremo Tribunal Federal em matéria constitucional e do Superior Tribunal de Justiça em matéria infraconstitucional; e) a orientação do plenário ou do

---

229. *Ibid.*, p. 45-47.

órgão especial aos quais estiverem vinculados, quando sumulados. Ademais, o art. 311, II, autoriza a tutela provisória de evidência para decisões em casos repetitivos e súmulas vinculantes.

O inciso V, do art. 927, merece uma interpretação mais acurada, pois menciona "orientação do plenário ou do órgão especial aos quais estiverem vinculados" e não há previsão, em outros artigos, de julgamento monocrático ou liminar de mérito aludindo literalmente a "orientação". Deve-se entender, contudo, que se tratam das orientações sumuladas, pois tanto o art. 332 quanto o art. 932, IV e V, referem-se a súmulas dos tribunais locais, as quais, por sua vez, não são indicadas expressamente no art. 927, pelo que se considera abarcada pelas referidas "orientações".

As outras "orientações" não sumuladas devem ser observadas como todo e qualquer outro precedente que não consta literalmente nesse dispositivo. O inciso V é o único que autoriza a compreensão de pronunciamentos tanto que possuem uma medida promocional (as orientações sumuladas) quanto que não possuem referido reforço (orientações não sumuladas). Isso, contudo, não infirma a constatação de que o rol desse artigo contém apenas hipóteses objeto de reforço formal. Entender que o inciso V também abarca decisões não sumuladas é um excesso que não tem maiores repercussões sobre as normas que regem o sistema normativo sobre precedentes estabelecido no código e especificamente nesse dispositivo.

Repita-se, o art. 927 indica decisões ou enunciados que possuem um inicial empuxo processual formal que fortalece aprioristicamente sua aplicação. São casos tutelados, diga-se mais uma vez, por específicos instrumentos processuais voltados a fomentar ou garantir o que restou resolvido neles, mas que, em substância, não se diferenciam de outras decisões que emanam precedentes que devem ser considerados materialmente vinculantes, ainda que sem instrumentos formais, dado o dever principiológico de coerência e integridade.

Isso não significa, portanto, que os precedentes e a jurisprudência cujos substratos (decisões, acórdãos etc.) não constam nesse enunciado não mereçam ser observados. Não se quer dizer isso de forma alguma! Todo precedente vincula. O código não estabelece uma dicotomia entre precedentes vinculantes (que estaria no rol do art. 927) e precedentes persuasivos ou não vinculantes (que não constam no arrolamento do referido artigo). Todo precedente deve, necessariamente, ser observado e considerado dentro de seus limites hermenêuticos e relevância para o caso posterior. E todos eles, estejam arrolados ou não no art. 927, passaram a desfrutar, com a edição do atual código, de uma medida protetiva geral de extrema importância: o dever de fundamentação adequada no uso de precedentes, jurisprudência e súmulas, sobretudo quando invocados pelas partes, sob pena de nulidade da decisão.

O art. 927, § 1º, é expresso em prever esses parâmetros protetivos ao estatuir que "os juízes e os tribunais observarão o disposto no art. 10 e no art. 489, § 1º, quando decidirem com fundamento neste artigo".

O art. 10 prescreve a proibição geral de se tomarem decisões com base em argumentos sobre os quais não tenham se manifestado as partes. Assim, caso se queira invocar algum precedente, súmula ou jurisprudência ainda não discutidos no processo, deve o Judiciário requerer a manifestação das partes a seu respeito, corroborando a ideia de que a construção e uso do precedente não se opera por mera subsunção, segundo sentido previamente definido de maneira unilateral, mas sim de maneira dialética e argumentada entre as duas autoridades judiciárias. Com efeito, caso sejam ouvidas as partes e ignorados seus argumentos, ter-se-á decisão não fundamentada e, portanto, nula.

Já o art. 489, § 1º, VI, prescreve que não se considera fundamentada a decisão que "deixar de seguir enunciado de súmula, jurisprudência ou precedente invocado pela parte, sem demonstrar a existência de distinção no caso em julgamento ou a superação do entendimento". Força-se o juiz a observar o precedente, jurisprudência e súmula, seja para segui-los, distingui-los, superá-los ou desafiá-los. Jamais poderá ignorá-los, pois, proferirá sentença írrita, facilmente reformável em instância superior. Isso é uma dimensão de vinculação material. Os recursos em geral são as medidas padrões para se assegurar a observância de qualquer precedente, integre ele ou não os padrões decisórios arrolados no art. 927.

No mesmo sentido atua o inciso V do dispositivo ao também nulificar, por fundamentação deficiente, decisão que "se limitar a invocar precedente ou enunciado de súmula, sem identificar seus fundamentos determinantes nem demonstrar que o caso sob julgamento se ajusta àqueles fundamentos".

Em face disso, tem-se que todo e qualquer precedente, súmula ou jurisprudência recebe do novo sistema codificado uma medida protetiva geral, consistente na exigência de uma fundamentação adequada em relação a eles nas decisões judiciais. Além disso, como dito, qualquer decisão que contrarie um precedente pode ser objeto de recurso, dentro das hipóteses previstas no código, sendo esse, por exemplo, o único meio de se assegurarem a observância a precedentes no direito anglo-saxão. Por sua vez, os padrões decisórios do art. 927 fruem adicionalmente de medida promocional (decisões céleres) e, alguns deles, de medida protetiva específica (reclamação).

Essa distinção, porém, é meramente acessória. Não há uma diferença essencial entre o rol do art. 927 e os demais precedentes. Não significa que sejam objetos distintos, com regimes apartados e próprios. Significa apenas e tão somente que, na mensuração de sua força hermenêutica no caso posterior, aquelas manifestações arroladas ganham peso adicional em um dos aspectos formais passíveis de apreciação. Os demais não terão essa força, a qual, porém, poderá ser compensada por outros fatores tanto formais quanto materiais.

Todo precedente, jurisprudência ou súmula exerce, como será detalhado no capítulo 4, uma vinculação hermenêutica, aferida por uma série de elementos. Entre eles, há o de natureza formal consistente justamente no instrumento processual de origem, sendo que os do art. 927 garantem aprioristicamente uma força nesse quesito, justamente porque protegidos ou estimulados por instrumentos processuais correlatos.

Os demais também vinculam, por óbvio, mas sua vinculação hermenêutica não constará com a força de uma reclamação para preservá-la nem a obediência é estimulada pela autorização de decisões mais céleres.

Perceba-se, ainda, que o artigo nada versa sobre o dever de observância atentar para o conteúdo dos pronunciamos ali arrolados ou qualquer outro que sirva de precedente ou forme jurisprudência. Isso não significa que se deva seguir tais paradigmas qualquer que seja seu conteúdo, sobretudo se ferir a integridade do Direito. Justamente em razão disso, abre-se espaço para a distinção, o desafio ou mesmo a superação, por razões materiais, que poderão ser apreciadas inclusive na reclamação ajuizada, a qual não pode ser compreendida tão somente como algo voltado a cassar a decisão reclamada, podendo, na mesma medida, ser veículo para alteração do paradigma apontado.

Tem-se, portanto, no rol do art. 927, prescrição que destaca a dimensão formal de como lidar com precedentes. Não traz, entretanto, qualquer disciplinamento sobre a aferição hermenêutica de seu conteúdo, seja para corroborar o empuxo formal inicial emprestado pelas medidas protetivas ou promocionais, seja para mitigá-lo, caso a decisão seja mal fundamentada, incoerente ou atentatória à integridade. Essa ausência, contudo, não deve ser compreendida como uma proibição, sendo da natureza do uso dos precedentes essa mensuração dos diversos elementos envolvidos no círculo hermenêutico.

São necessários, ainda, alguns cuidados com a reclamação, ao ser indicada como uma medida protetiva indireta. Sua condição de um instrumento que levará logo a questão decidida para o tribunal que proferiu o julgado pode mimetizar, por uma interpretação equivocada, a antiga consulta ao legislador do período exegético, pois, para os desavisados, pode representar o acesso imediato a quem teria a autoridade de determinar com exclusividade o sentido e o alcance do julgado paradigma, o qual não poderia ser alterado ou completado pelo aplicador.

Tem-se, é certo, um meio de levar logo ao tribunal emissor do julgamento supostamente desobedecido, mas isso não pode ter por consequência inarredável a concepção de que o precedente é obra exclusiva da corte de origem. Deve ser evitada essa compreensão ao máximo.

Não se pode concordar, por essas razões, com o entendimento de que o art. 489, § 1º, VI, do Código de Processo Civil, que prescreve ser nula a decisão que não se pronunciar sobre precedente invocado pela parte se restringe às hipóteses de invocação de precedente retirado de padrões decisórios arrolados no art. 927. A única característica diferenciadora dos integrantes do rol é formal, por viabilizar os instrumentos formais prescritos em outras passagens do código. A par desses elementos formais, não há distinções, sobretudo substanciais. Uma decisão que ignora precedente, ainda que não conste no art. 927, fere em igual medida substancial, as razões principiológicas de coerência e integridade. Não há, portanto, uma autorização para que juízes e tribunais sejam incoerentes e faltem com a integridade em face de outros precedentes.

Lucas Buril de Macêdo muito bem lança o alertar para não se regredir, no Brasil, para um positivismo exegético em relação aos precedentes judiciais. Segundo ele, "não se deve permitir, sob pretexto algum, a construção de uma escola da exegese do precedente judicial, que descarte a lei e autorize a afirmação de que há apenas um único e verdadeiro significado no procedente"[230]. Não se pode aceitar, de forma alguma, realmente, que haja apenas um sentido estagnado a definir o que seja o precedente, e quem o determine seja a corte emissora. Isso ocasiona uma sujeição absoluta dos aplicadores, os quais são relegados a uma condição meramente passiva e reprodutora, sob pena de se buscar diretamente a autoridade que cassa e profere novo julgamento dessa vez "mais correto". Essa concepção exegética tem por premissa a equivocada percepção de que a corte emissora teria alguma posição especial que lhe faria uma autoridade hermenêutica mais qualificada que o aplicador para determinar o sentido do precedente, jurisprudência ou súmula. Essa concepção é plenamente equivocada e fere, até não mais poder, as diversas compreensões do paradigma sistêmico-hermenêutico aqui proposto como o que melhor se alinha ao constitucionalismo brasileiro contemporâneo e mesmo às mais comezinhas concepções do paradigma de inspiração no positivismo normativista.

As reclamações ao Supremo Tribunal Federal e ao Superior Tribunal de Justiça merecem redobrado cuidado. Na redação original do código, retiravam-se da construção do precedente todas as demais cortes competentes para se manifestarem na esteira recursal, pois a reclamação levava a causa diretamente para esses órgãos de cúpula, sem passar, necessariamente, pelas instâncias inferiores. Esse salto evitava a decantação das discussões ao longo das instâncias até a cúpula. Excluía a mais detida mediação entre Direito e realidade, o enriquecimento da discussão pela manifestação dialética com vários atores processuais, que podem suscitar diversos ângulos pelos quais a controvérsia poderia ser entendida e resolvida. Por isso, Lucas Buril de Macedo é novamente feliz em alertar que "outorgar ao STF ou ao STJ competência para decidir reclamações fundadas em seus precedentes obrigatórios é medida autoritária, baseada na ideia de que sua interpretação do precedente é absoluta e torna as demais desimportantes ou vazias"[231].

Muito oportuna, pois, a alteração do art. 988, § 5º, do Código de Processo Civil, levada a efeito pela Lei nº 13.256, de 05 de fevereiro de 2016, antes mesmo da entrada em vigor do código. Mesmo que sua finalidade tenha sido bem mais pragmática – evitar o abarrotamento das instâncias de cúpula por um número elevado de reclamações – teve o benéfico efeito hermenêutico de evitar o autoritarismo exegético que um largo salto de instâncias poderia permitir. Foi exigido o esgotamento das instâncias recursais para se viabilizar a reclamação.

---

230. MACÊDO, Lucas Buril de. Reclamação constitucional fundada em precedentes obrigatórios no CPC/2015. *In*: MACÊDO, Lucas Buril de, PEIXOTO, Ravi; FREIRE, Alexandre. **Processos nos tribunais e meios de impugnação às decisões judiciais.** Salvador: JusPodivm, 2015. p. 220.

231. *Ibid.*, p. 218.

Certamente, enfraquece essa medida formal protetiva dos precedentes da cúpula, mas, por outro lado, ganha-se imensamente no fortalecimento material e substancial do trato de precedentes.

Não se pode perder de vista que a reclamação não é apenas um veículo de sanção à corte e ao julgador supostamente divergente. Não se pode conceber que o resultado da reclamação seja sempre e inarredavelmente a anulação do julgado atacado, como se houvesse um sentido único evidente para todo precedente, jurisprudência ou súmula, e a ofensa a ele também fosse clara e evidente.

Ao contrário, a reclamação será âmbito em que se travará uma ampla discussão sobre a interpretação e a força hermenêutica do precedente no caso posterior, podendo ter por resultado mesmo sua superação. O fato diferenciador é que isso será feito pela corte emissora do julgado originário, o que, embora não seja determinante, tem alguma relevância, justamente para afastar o argumento de autoridade e por permitir o *overruling*, superação que cabe apenas ao emissor do procedente.

Cuidado similar se deve ter com a improcedência liminar do pedido, sobretudo em razão do dever geral de fundamentação adequada com os precedentes. Como o art. 489, § 1º, V e VI, determina que deva haver uma comparação hermenêutica entre os casos subjacentes às súmulas invocados e aos precedentes ou jurisprudência apontados, isso poderá ser distorcido em uma análise apenas da inicial, sem a estabilização da demanda e efetivação do contraditório pela resposta do réu.

Conforme advertido por Damaška[232], em judiciários hierarquizados, há uma tendência já natural e ínsita a essa estrutura de juízes situados em camadas mais baixas da hierarquia a forçarem uma similitude entre casos, de modo a enquadrá-lo em padrão já decidido nas instâncias superiores. Esse risco é incrementado com uma medida promocional, que estimula, ainda mais, esse alinhamento. Por essa razão, esse atalho decisório só deve ser tomado quando esteja em julgamento casos padrões, repetitivos, sem qualquer singularidade. As medidas promocionais não são voltadas para casos complexos, que demandam um conhecimento dialético e decantado ao longo do processo.

Diante de tudo isso, tem-se que o empuxo formal inicial de que desfruta o rol do art. 927 entra no jogo hermenêutico sem encerrá-lo autonomamente.

3.6.2.2 *O que se deve entender por "observar" o rol do art. 927*

O código foi feliz em sua terminologia ao indicar o dever de *observar* os precedentes. Poderia ter havido escolhas piores, como "os juízes e tribunais estão *obrigados a seguir...*" ou "os juízes e tribunais têm o dever de *reproduzir* em seus julgamentos...".

O dever de *observância*, por outro lado, já evidencia que não é uma constrição inarredável, uma deferência insuperável, formalmente constrangedora. O termo é mais

---

232. DAMAŠKA, Mirjan R., *op. cit.*

brando, pois evoca um dever de considerar, de atentar, sem qualquer subjugação. É a expressão mais correta a descrever a maneira de se utilizarem precedentes, que devem ser sempre considerados, jamais ignorados. Observar não significa que devam ser aplicados sem haver razões hermenêuticas para tanto. Deixar de seguir um precedente apontando a falta dessas razões também consiste em observá-los.

Lembre-se de que os precedentes possuem uma *enactment force*, uma força de promulgação de uma norma oriunda de seu texto, mas possuem primordialmente uma *gravitational force*, a que se prefere chamar, aqui, de força hermenêutica, que é variável e impede uma aplicação do precedente em um tudo ou nada, porquanto a atração sobre o novo julgado variará por uma série de elementos formais e materiais de integridade, coerência e justificação, os quais devem ser aferidos pelo aplicador.

Um precedente, portanto, pode ser observado sem necessariamente ser seguido ou reproduzido. Isso ocorre quando se realiza o competente *distinguish* ou se formaliza o desafio adequado do julgado, com uma acertada invocação da integridade do Direito. A observação de um precedente se opõe a sua desconsideração. Observar se opõe a ignorar, e não é sinônimo de reproduzir ou seguir. Significa levar em conta, considerar, demonstrando, em seguida, porque se reproduz ou não o mesmo entendimento.

Em atenção a isso, é possível apontar que existe uma maneira positiva de observar o precedente, que ocorre quando se o considera e, daí, alinha-se ao que nele foi decidido. Por outro lado, também é possível se observar negativamente o precedente, ou seja, considerá-lo a fim de divergir dele, superá-lo ou realizar a distinção, desde que mediante fundamentação apropriada a cada uma dessas hipóteses.

Há várias maneiras de se observar positivamente um precedente, reproduzindo em casos posteriores aquilo que foi assentado nele. Essa observância não precisa ser integral, porquanto a similitude entre os casos nem sempre é plena. É possível se utilizar apenas parcialmente aquilo que consta no precedente, sem necessitar reproduzir a conclusão inteira do julgamento, pois podem estar em apreciação questões fáticas e jurídicas distintas.

É exemplo disso o uso do precedente do Supremo Tribunal Federal a respeito da constitucionalidade da Lei de Biossegurança. No julgamento posterior, pelo mesmo tribunal, sobre a constitucionalidade da interrupção terapêutica de fetos anencefálicos, buscou-se aquele julgado anterior apenas para colher o conceito de vida juridicamente protegido que nele foi construído. A maior parte das questões jurídicas e fáticas de um processo e de outro eram diferentes, mas exigiam, para a solução, um prévio assentamento do conceito de vida juridicamente protegida. Assim, apenas essa parte do precedente foi considerada, sendo essa uma das muitas maneiras válidas de se observar positivamente a decisão do Supremo Tribunal Federal em controle concentrado de constitucionalidade.

Entretanto, as maneiras de se observarem negativamente um precedente são limitadas, embora os modos de se as efetivarem sejam vários. Ao se estudar a tradição inglesa foi visto que existem vários motivos que autorizam o aplicador a se afastar de um precedente, sendo insuficientes as enumerações feitas. Contudo, é possível identificar que todas giram em torno de uma diferenciação, insuficiência ou defasagem hermenêutica em um sentido amplo (o que significa muito mais do que uma mera distinção fática entre casos), ou seja, porque (a) o caso seguinte apresenta algum novo elementos integrando o círculo hermenêutico de aplicação e que não constou no anterior; (b) o julgamento do precedente foi frágil ao ignorar argumentos, fatos, direito ou outros fatores importantes já existentes naquela ocasião e que são percebidos na aplicação; (c) os dados hermenêuticos que incidiram no jogo de-e-para do julgamento originário deixaram de existir ou estão defasados, pelo que se faz necessário o abandono da resposta hermenêutica dada naquelas circunstâncias.

As duas maneiras clássicas conhecidas, e que veem sendo importadas da tradição inglesa, são o *distinguish* e o *overruling*, ambos já analisados nesta obra.

A diferenciação, em rápida recapitulação, consiste na hipótese "a" acima, qual seja, demonstração que o caso posterior possui peculiaridades hermenêuticas que o afasta do parâmetro do precedente, autorizando, por esse motivo, a não reprodução da mesma conclusão ou de passagens nele constante. O *distinguish* compete a qualquer corte ou juiz, inclusive pela própria corte emissora, e não traz, nem em tese, qualquer incompatibilidade entre julgados, justamente em razão das diferenças apresentadas.

Já a superação do precedente (*overruling*) compete exclusivamente à corte emissora, pois consiste no abandono do entendimento contido em um precedente, o qual se deve dar por uma alteração mais profunda dos elementos que incidiram no círculo hermenêutico que ensejou o precedente (hipótese "c" acima) ou porque se percebeu a fragilidade do precedente formado (segundo a descrição do item "b" anterior). A superação pode ser total ou parcial.

O atual Código de Processo Civil, no art. 927, § 4º, traça os parâmetros em que pode ocorrer o *overruling* ao estatuir que "a modificação de enunciado de súmula, de jurisprudência pacificada ou de tese adotada em julgamento de casos repetitivos observará a necessidade de fundamentação adequada e específica, considerando os princípios da segurança jurídica, da proteção da confiança e da isonomia". Embora se refira expressamente à alteração de súmula, jurisprudência ou tese em casos repetitivos, esse dispositivo assenta o padrão que serve a toda e qualquer hipótese de superação.

Além dessas duas hipóteses clássicas de observância negativa de precedentes, propõe-se nesta obra, em razão do dever de integridade na uniformização de jurisprudência, a possibilidade de desafio de um precedente, jurisprudência ou súmula, por parte de qualquer juiz ou tribunal, desde que apresente fundamentação específica a respeito de como o paradigma assentado fere e integridade do Direito no caso concreto. O desafio é realizado por uma corte distinta da que emitiu o precedente e consiste em demonstrar o desacerto do que foi decidido por razões não enfrentadas no julgamento originário ou sua modificação e impertinência posterior, ligadas à coerência e/ou integridade. É o que se expôs mais detidamente no item anterior, inclusive com análise do exemplo do caso gaúcho a respeito do vale-refeição de servidores do Executivo estadual. O desafio por parte das instâncias inferiores é uma maneira de eles proporem ao tribunal emissor do precedente a sua superação. Essa é uma realidade observada na tradição inglesa, na qual a existência de vários desafios é vigoroso indício de iminente superação do precedente.

Em face de tudo isso, não se deve emprestar qualquer intepretação/aplicação restritiva ao conceito de *observar* os itens do art. 927 e mesmo outros precedentes e súmulas que nele não estejam aludidos. O uso (observância) de precedente é bem mais rico do que os padrões tradicionais erigidos para os textos normativos, pelo que "observar" comporta uma acepção positiva ou negativa. Não poderá haver jamais, no entanto, a mera desconsideração do precedente.

3.6.2.3 Inexistência de hierarquia entre os itens do art. 927: novas considerações sobre o sistema de precedentes

A redação do artigo em análise pode suscitar o entendimento de que haveria uma gradação hierárquica entre os itens que são enumerados. Os julgamentos do Supremo Tribunal Federal em controle concentrado de constitucionalidade teriam supremacia sobre as súmulas vinculantes, que, por sua vez, prevaleceriam sobre acórdãos em demandas repetitivas e assim por diante.

Isso evoca, novamente, a questão de como se sistematizam precedentes[233]. Por essa razão, volta-se, então, às lições de Rodrigo Azevedo Greco, ao indicar que todo sistema precisa de uma estrutura.

Recorrendo a lições de Le Moigne, o autor explica que há três tipos possíveis de estruturas de sistemas: a) hierárquico; b) em rede, e c) hierarquias enredadas ou entrelaçadas. A variação entre um modelo e outro depende do tipo de relação entre suas partes.

Em havendo relações exclusivamente abertas ou lineares (chamadas nesta obra de assimétricas), ou seja, quando há uma determinação de um elemento pelo outro sem uma mútua interação, ele adquire uma estrutura ramificada em escalões, tomando a forma de uma pirâmide, que, por sua vez, pode ser representada, no âmbito jurídico, com o cume para cima (Hans Kelsen) ou com o cume para baixo (Alf Ross)[234]. Em um sistema hierarquizado de precedentes (ou seja, um subsistema de estruturação dos inúmeros precedentes que integram o sistema jurídico), haveria influência apenas do topo da hierarquia judiciária para baixo, sendo o fundamento de validade de um precedente inferior outro que lhe fosse superior, ou seja, um dever de deferência das cortes e juízes inferiores em face dos julgados das cortes superiores, sem se admitir qualquer influência dos julgamentos inferiores sobre precedentes superiores.

---

233. Conforme já exposto anteriormente, é feita uma proposta teórica em trabalho específico sobre o tema: LOPES FILHO, Juraci Mourão, 2017, *op. cit.*.

234. GRECO, Rodrigo Azevedo, *op. cit.*, p. 48-49.

CAPÍTULO 3 • O QUE É PRECEDENTE **265**

Por outro lado, quando as partes do sistema interferem entre si mutuamente, sem qualquer sentido proibido, há o que autor chama de relações circulares (denominadas nesta obra de relação simétricas). Em um (sub)sistema de precedentes, admite-se que julgados prévios interfiram nos posteriores independentemente do grau hierárquico do emissor e do aplicador. Essa circularidade (simetria) das relações impede a formação de hierarquias rígidas e estagnadas, pelo que o sistema toma uma forma de rede[235].

Por fim, entre um extremo e outro, entre os modelos ideais de uma pirâmide ou de uma rede, há a hipótese de uma hierarquia enredada ou entrelaçada, que ocorre quando se verificam relações de hierarquia (abertas ou assimétricas), mas que são relativizadas por pontuais relações circulares ou simétricas[236].

Já foi proposta, nesta obra, uma estrutura em rede para o sistema de precedentes, por se entender que a estrutura piramidal, erigida para as normas constitucionais, legislativas e regulamentares não é apropriada. Esse modelo hierarquizado falha para a sistematização dos precedentes por cinco razões: a) os precedentes de uma corte intermediária não podem ser compreendidos apenas como delegações de poder das cortes imediatamente superiores, como se exercessem um poder por mero dever de execução dos julgados superiores; em verdade, todos os tribunais e instâncias judiciais têm sua competência, e, portanto, o poder de emitir precedentes, derivada diretamente da Constituição Federal e não de qualquer outro tribunal; b) os precedentes não podem ser estagnados em estamentos formais e fixos, segundo a autoridade que os emite, ignorando qualquer outro fator formal ou mesmo material que condicione sua interrelação, pois eles possuem, repita-se, uma força hermenêutica variável por razões não só formais (que sequer se restringem apenas à questão de hierarquia da corte emissora), mas também materiais de integridade, coerência e justificação; c) as relações entre os precedentes não são assimétricas (unidirecionais), apenas de cima para baixo, pois os tribunais inferiores também são capazes de influenciar as decisões dos tribunais superiores ou mesmo encerrar o caso em seu âmbito de competência; d) os critérios de solução de antinomia não são adequados para solucionar conflitos de precedentes; e) os sistemas piramidais e hierarquizados são eficientes para lidar com problemas de massa, em escala, não sendo hábeis em lidar com problemas complexos, que envolvam múltiplas compreensões; pelo que emprestar essa estrutura aos precedentes consiste em "cegá-los" para as questões mais sofisticadas que são submetidas ao Judiciário e que, em muitas ocasiões, ocasionam o ganho hermenêutico do sistema e a necessidade de reprodução posterior em novas situações similares.

Há, assim, a formação de um conjunto em rede (não em pirâmide), ao lado da estrutura piramidal das normas regulamentares, legais e legislativas, evidenciando que o ordenamento jurídico é um sistema complexo formado por dois subsistemas. No subsistema de precedentes persistem relações de hierarquia, mas não entre pre-

---

235. *Ibid.*, p. 54.
236. *Ibid.*, p. 55.

cedentes, e sim entre as cortes. Tais relações de hierarquia entre a corte que produziu a decisão base do precedente e a que o aplica podem ser mitigadas por relações materiais de lógica dialética e simétricas, evidenciando não estarem os precedentes em níveis estagnados. Nesse modelo de sistema, as relações entre os precedentes são de reforço e desafio, já que não se pode falar de uma "promulgação" nem de uma "revogação" de precedentes, pois essas categorias possuem dimensão exclusivamente formal, enquanto os precedentes possuem elementos formais e materiais que agem na determinação de seu uso.

Conquanto haja, com se disse, relações hierárquicas no sistema de precedentes, não se entende que seu modelo representativo seja o modelo híbrido de hierarquia enredada ou entrelaçada, pois a hierarquia não é, repita-se, do precedente, que colheria sua validade por delegação de outros precedentes superiores, e sim da corte emissora. Explicando melhor: não há hierarquia entre precedentes porque um precedente não outorga poder para uma corte emitir um precedente dentro de seus limites. Como se disse, o poder de emitir precedentes de que desfrutam todos os tribunais colhem fundamento de validade igualmente na Constituição Federal, não em julgados de cortes superiores. Um juiz de primeiro grau não colhe seus poderes por delegação de um desembargador de tribunal, nem este age por transferência de poder de um ministro de tribunal superior ou supremo. Todos têm seus poderes advindos das normas constitucionais. Há, no entanto, um dever de coerência e uniformidade entre os julgados, que para ser adimplido demanda uma congruência ampla, em que a hierarquia da corte emissora conta, mas não é critério definitivo nem autônomo.

Há, portanto, uma relação hierarquizada, mas não entre precedentes estritamente, e sim entre as cortes, em razão da estrutura piramidal com que a Constituição estruturou o Judiciário. A hierarquia da corte emissora, portanto, influencia a força hermenêutica do precedente, afinal não é razoável simplesmente ignorar um posicionamento superior, dada a grande possibilidade de o julgado ser revisado por recurso ou reclamação, mas isso não significa que um magistrado posterior não possa distinguir ou desafiar um precedente superior, findando por ocasionar sua superação ou revisão quando do julgamento do recurso pela corte emissora. Esse tipo de relação simétrica inexiste, por exemplo, entre normas legislativas e constitucionais. Um legislador ordinário não pode desafiar uma norma constitucional, de modo a propor sua revogação, prevalecendo, ao final, a norma legal. Por outro lado, isso é possível entre precedentes, conforme já se viu ocorrer, inclusive no Brasil, conforme já foi exemplificado nesta obra. Por isso, o modelo que melhor representa o sistema de precedentes é o enredado.

Como o modelo piramidal e hierarquizado falha de uma maneira geral para os precedentes, não se pode falar de uma hierarquia específica entre os itens do art. 927. Assim, o julgamento do Supremo Tribunal Federal em controle abstrato de constitucionalidade não necessariamente vai se sobrepor a uma súmula vinculante, dependerá do jogo hermenêutico a ser verificado em cada caso.

O precedente é moldado por outras decisões, independentemente do nível hierárquico da corte que as produz, já que há uma interação mútua que não gira em torno apenas da hierarquia.

Um precedente é reforçado na medida em que ganha apoio e interação com outros julgados posteriores no mesmo sentido, quando é refletido na legislação e incorporado na prática administrativa. Esse reforço material, mediante a conexão com outros integrantes do sistema jurídico denota relação que não são formais, mas materiais. Quanto mais apoios (conexões) um precedente angaria na rede sistêmica, mais força ele terá. Por outro lado, na medida em que os jugados posteriores desafiam o precedente, em que ele não é reverberado nas práticas legislativas ou administrativas e em que ele é criticado pela doutrina, ele perde elos sistêmicos, enfraquecendo-se até se tornar irrelevante. Quanto menos conexões sistêmicas possui um precedente, mais frágil ele vai se tornando até ser considerado irrelevante e expurgado do sistema.

A interação entre precedentes (em relações de reforço e desafio) invoca outro ponto do pensamento de Rodrigo Azevedo Greco: o meio circundante e a respectiva troca de dados entre sistemas.

Todo sistema está inserido em um meio que o circunda e com ele se relaciona. Mesmo outros sistemas podem compor esse meio circundante. Mais uma vez seguindo as lições de Le Moigne, Rodrigo Azevedo Greco propõe que os sistemas sociais – entre eles o jurídico, no qual, por sua vez, está inserido o sistema de precedentes – são abertos, pois "além de considerar que eles estão em constante interação com o meio no qual estão inseridos, leva em conta a ideia de que tais interações conformam a estrutura interna do próprio sistema"[237].

Ademais, é justamente essa troca de informações, dados empíricos, valores, normas, entre outros que garante a estabilização do sistema, o qual, em se mantendo isolado, caminha para uma desordem, dada a entropia interna positiva (justamente a tendência estatística à desordem) que é própria a qualquer conjunto que se isola e deixa de sofrer qualquer influência externa. De fato, se um sistema não sofre influência do meio circundante, ele tende a ser incoerente e arbitrário.

Trazendo essas ideias gerais para o sistema de precedentes, temos que é possível analisar dois gêneros de relação: a) a existente entre o sistema de precedentes como um todo (rede formada pelos vários precedentes) e o sistema normativo constitucional, legislativo e regulamentar (ordenamento jurídico normativo); b) a verificada entre o subsistema de precedentes de cada corte com outros subsistemas de precedentes de outras cortes.

Na relação entre o sistema de precedentes e o ordenamento jurídico normativo, percebe-se que enquanto este fornece normas que disciplinam o trato de precedentes pelas inúmeras cortes (especialmente após o Código de Processo Civil de 2015), ordenando seu uso e finalidade, organizando seu trato, aquele (o sistema de precedentes) enriquece do

---

237. GRECO, Rodrigo Azevedo, *op. cit.*, p. 34.

ponto de vista hermenêutico o ordenamento jurídico normativo. Com essa interrelação, ambos os sistemas são fortalecidos, tanto porque se solucionam dúvidas hermenêuticas e se obtêm novos sentidos para os enunciados normativos, quanto porque no trato entre os precedentes ganham uma ordenação, evitando a decantada jurisprudência lotérica.

É importante perceber que vem sendo comum se falar do "sistema de precedentes" constante no Código de Processo Civil de 2015. É preciso atentar, no entanto, que nesse sentido, o mais preciso é mencionar o subsistema do código (subsistema normativo) que dispõe sobre o subsistema de precedentes (conjunto de precedentes), do modo de tratar parte de sua emissão, observância e finalidade, conforme já exposto no item anterior.

No tocante à relação entre subsistemas de precedentes, é necessário compreender que há mútua interação entre as várias cortes, independentemente de sua hierarquia. Aquela que se mantiver isolado, sem observar qualquer outro julgado, nem mesmo da própria corte, tende à desordem e à arbitrariedade. Por essa razão, não se pode, por exemplo, deixar os subsistemas de precedentes das cortes de cúpula, em especial do Supremo Tribunal Federal, alheios à interação com julgados de outras cortes inferiores, porque haverá uma tendência à instabilidade, à desordem e à arbitrariedade.

Essa tendência à desordem de sistemas que se mostrarem fechados é explicada por Rodrigo Azevedo Greco. "Isso ocorre porque a quantidade de estados desordenados do sistema supera, em muito, a quantidade de estados ordenados e, portanto, a probabilidade de o sistema, ao longo do tempo, caminhar para um estado de desordem é muito maior do que a probabilidade de o sistema caminhar para um estado ordenado"[238].

É possível constatar, por exemplo, que se o Supremo Tribunal Federal se mantiver fechado para qualquer troca com os sistemas de precedentes de outras cortes, as possibilidades de julgamentos incoerentes são muito maiores do que as possibilidades de manter uma coerência. Não se atentando ao que foi julgado pelas instâncias inferiores, como se seus precedentes não exercessem sobre esse órgão de cúpula qualquer influência hermenêutica, as possibilidades de tomar uma decisão com eles incoerente são muitas, enquanto há uma única ou poucas maneias de ser congruente com esses julgados inferiores, de modo a manter uma uniformização. Naturalmente, quando o Supremo Tribunal Federal, sem maiores razões de integridade e cotejo da coerência, reverte uma linha jurisprudencial assentada nas instâncias inferiores, ele causa instabilidade e insegurança, desordenando o sistema jurídico geral, o qual envolve o subsistema de precedentes (formado pelos subsistema de precedentes dos vários tribunais) e o subsistema normativo (constituição, leis etc.).

Em face de tudo isso, não se pode defender uma hierarquia piramidal de relações assimétricas entre precedentes de uma maneira geral, e, por via de consequência, repita-se, não pode haver hierarquia entre os itens arrolados no art. 927.

---

238. *Ibid.*, p. 58.

3.6.3 A tese do julgamento de casos repetitivos e do Incidente de Assunção de Competência

Entre as principais inovações do atual Código de Processo Civil estão o Incidente de Resolução de Demandas Repetitivas, que juntamente com os recursos especial e extraordinário repetitivos permitem julgamentos de casos em massa, e o Incidente de Assunção de Competência. O primeiro (IRDR) é voltado para solução de questões de direito em escala, por se reproduzirem em vários processos de características similares. Nesse aspecto, se assemelha aos recursos extraordinários e especiais repetitivos. Vale acrescentar, ainda, que o Código equiparou o regime jurídico dos recursos extraordinários com repercussão geral ao regime dos repetitivos. O segundo (IAC) é voltado para o deslinde de questão complexa, de alta indagação ou grande relevância, mas não repetitiva, apresentando características singulares.

Ao lado da súmula vinculante, compõe o grupo de procedimentos especificamente voltados para a formação e explicitação de precedentes. Neles, são possíveis a realização de audiências, intervenção de *amicus curiae*, bem como se devem coletar todos os argumentos relevantes para compreensão da questão a ser julgada e, ao final, há um dever especial de ampla publicidade do resultado.

Justamente por se ter procedimento cuja finalidade específica é a produção de uma tese que servirá de parâmetro para julgamentos futuros, fala-se de formação concentrada de precedentes. Contudo, essa concentração procedimental não é capaz de impedir a incidência das características hermenêuticas materiais já expostas sobre o precedente e sua *ratio*. Não se tem, pois, uma formação meramente unilateral da *ratio decidendi*, pois a tese neles formada, ainda que de maneira concentrada, será constantemente reinserida nos círculos hermenêuticos dos inúmeros casos seguintes de aplicação, pelo que se pode obter sentidos diversos.

Além disso, conforme exposto no Capítulo 2, a tese formada não concentra todo o precedente em sua literalidade, é apenas uma parte dele, e que é voltada a apresentar a solução de uma questão de direito que se repete em vários outros processos individuais. A tese é apenas o padrão decisório a ser considerado posteriormente pelos diversos julgadores nesse específico aspecto. Precedente, por outro lado, é algo mais amplo, é a resposta a várias questões subjacentes ao julgamento paradigma do caso efetivamente posto em juízo e do qual se extrai a tese, cuja compreensão e interpretação não se opera por sua literalidade, mas sempre vinculada à compreensão do jogo hermenêutico verificado nesse caso paradigma subjacente.

Tanto é assim que Alexandre Santos Bezerra Sá, em excelente pesquisa sobre o tema[239], evidencia, inclusive por levantamentos empíricos, que não é raro ocorrer a baixa para o tribunal de origem de recursos extraordinários com a orientação do Supremo Tribunal Federal para aplicar tese fixada em tema que, ao se realizar análise

---

239. SÁ, Alexandre Santos Bezerra. **Aplicação dos precedentes judiciais no Brasil:** uma análise a partir do novo paradigma epistemológico das ciências. Dissertação de mestrado. UNIFOR. 2019.

mais percuciente, é incabível no caso em apreço. Tal sorte de situação evidencia uma lacuna no Código de Processo Civil, que não prevê medida específica para sanear essa orientação inadequada, levando a questionamentos de ofício ao ministro relator que, ao perceber a inadequação, rever a orientação. A pesquisa de Alexandre Sá é vigorosa comprovação científica de que não se pode ignorar o devido uso do precedente mediante sua compreensão hermenêutica detida; evidencia que, por mais atrativo que seja, o uso dos novos institutos não pode ser reduzido a fórmulas genéricas e simplificadas, sob pena de não só de se cometer injustiças, mas mesmo se realizar julgamentos equivocados.

No julgamento dos casos repetitivos e do IAC, há, de fato, a fixação de uma tese em torno de uma questão de direito que os justifica, a qual deverá ser observada em julgamentos posteriores. Em relação a essa questão de direito que autoriza o uso de ambos os incidentes, a tese corresponde ao objeto do incidente e não necessariamente é a *ratio* do precedente como um todo. Com efeito, não se pode falar que seja a *ratio* do precedente formado no recurso especial e extraordinário repetitivos ou RE com repercussão geral, consiste, mais precisamente, na solução de uma questão de direito, cuja *ratio* dessa solução deve ser encontrada fora da literalidade da tese. Tal constatação atrai para ela as várias observações feitas até aqui a respeito do tema desde a tradição inglesa e que não podem ser desconsideradas para compreensão das disposições codificadas.

Exemplifica-se tais colocações com um caso específico. Foi fixada a tese no Tema 69 pelo Supremo Tribunal Federal de que "o ICMS não compõe a base de cálculo para a incidência do PIS e da COFINS". Essa tese é a solução dessa específica questão jurídica que se reproduz em vários outros processos. A *ratio decidendi*, no entanto, é do precedente que subjaz à tese. Ao se observa o RE 574.706, que foi efetivamente julgado sob o regime da repercussão geral, pode ser identificado como *ratio* o conceito constitucional de base de cálculo de ambas as contribuições, a qual, por via de consequência, exclui o ICMS. Referida *ratio* (conceito constitucional da base de cálculo do PIS e da COFINS) vincula os demais tribunais, a despeito de não estar na literalidade da tese do Tema 69, quando se for julgar, por exemplo, se o ISS integra a base de cálculos das mesmas contribuições. Perceba-se que a discussão em torno do ISS não é abarcada pela tese fixada no Tema 69, pelo que não estarão disponíveis os instrumentos processuais que a existência de uma tese faculta. No entanto o dever de uniformidade, coerência e integridade exige que a observância do que foi firmado no RE 574.706, especialmente o específico conceito que tem o condão de excluir também o imposto municipal da base de cálculo.

Assim, é preciso cotejar os dispositivos do código às várias considerações teóricas que indicam que a *ratio decidendi* não é integralmente definida pela corte emissora em um ato único e bem delimitado nem pode ser encapsulada em um enunciado canônico genérico de uma súmula ou tese. No entanto, dada a concentração procedimental e a possibilidade de ser cotejarem os vários argumentos possíveis, com uma participação ampla de interessados, é possível se formar um precedente realmente com uma grande força hermenêutica desde seu nascimento, pois a tese formada terá uma força especial sobre a solução das questões semelhantes existentes em outros processos, contando adicionalmente com meios formais para se fomentar sua observância e desestimular seu desrespeito. Caso o tribunal eleja bem o caso paradigma, promova uma ampla divulgação de sua instauração para o qual acorra um número elevado de interessados, que aportem os mais diversos e amplos argumentos, resultando um julgamento bem fundamentado, que enfrente adequada e pormenorizadamente todos esses aspectos, ter-se-á realmente um precedente robusto, cujo desafio e mesmo a distinção serão bem mais dificultosos, ainda que possíveis. Além disso, a aplicação da tese, que é vinculada ao precedente subjacente, é fortalecida, fortalecendo também o precedente, pois autoriza o uso de várias medidas processuais de estímulo a sua observância e desestímulo à sua inobservância, sempre orientado pela análise do julgamento subjacente que forma o precedente e nunca apenas pela literalidade da tese fixada.

Seguindo o mesmo raciocínio, ainda que a formação do precedente se dê por um desses instrumentos concentrados, mas não tenha havido uma análise devida e detida de todos os aspectos e argumentos pertinentes, será possível, com mais facilidade, seu desafio, distinção ou mesmo superação, dada justamente sua debilidade material. Do mesmo modo é a tese retirada do precedente, que não tem um aplicação autônoma, baseada apenas em sua existência e literalidade, depende do precedente de onde é extraída. Sua compreensão, interpretação e aplicação se prendem ao jogo hermenêutico realizado no passado e que se dá no caso de aplicação. Se provier de uma decisão bem fundamenta, íntegra e coerente tanto o precedente quanto a tese terão mais força. Do mesmo modo, se provierem de decisão mal fundamentada, incoerente e que rompe com a integridade, o simples fato de ser a tese fixada nesses incidentes ou em recursos repetitivos não é capaz de dar-lhe a mesma força hermenêutica, pois o precedente de onde é extraída é fraco. A formação concentrada, portanto, não é garantia autônoma e absoluta de um vigor mais expressivo do precedente.

É preciso destacar, ainda, que, mesmo não versando sobre questões de fato, os julgamentos sempre terão por referência um contexto fático de aplicação, que são tomados abstratamente, sem consideração específica dos fatos da causa, os quais, quando muito, são meramente ilustrativos. Os fatos materiais aludidos por Goodhart como integrantes da *ratio decidendi*, em ambos os incidentes e nos recursos repetitivos e no Recurso Extraordinário com repercussão geral, são, muitas vezes, tomados em abstrato, ou seja, como meramente ilustrativo de situações que se repetem em massa (caso repetitivos) ou de relação que demonstra uma situação complexa ainda que não repetitiva (IAC). Por essa razão, não se pode falar da plena inexistência de questões dessa natureza nos incidentes e na posterior aplicação da tese. Tanto é assim que a desistência da parte não prejudica o julgamento dos incidentes ou dos recursos, por uma interpretação sistemática do art. 976, § 1º, e art. 998, parágrafo único, ambos do Código de Processo Civil.

Com relação ao IRDR, o art. 976 estatui seu cabimento quando houver simultaneamente: a) efetiva repetição de processos que contenham controvérsia sobre a mesma questão unicamente de direito; b) risco de ofensa à isonomia e à segurança jurídica.

Tem-se, como se disse, um incidente voltado à solução de questões em escala, desprovidas, em regra, de peculiaridades fáticas concretas, que lhe deem nota de complexidade. Os vários casos em que se repete a questão de direito não possuem peculiaridades capazes de interferir de maneira mais determinante na compreensão do jogo hermenêutico pertinente em relação a essa questão. Verifica-se, normalmente, apenas um contexto fático geral, padrão e repetido nos inúmeros processos, muitas vezes da maneira trazido no julgamento paradigma. O mesmo se dá em relação aos recursos repetitivos.

É possível demonstrar isso com uma questão envolvendo teses tributárias, como a já aludida definição se o ICMS compõe ou não a base de cálculo do PIS e da COFINS. Os diversos casos repetitivos não apresentam, *a priori*, nenhuma singularidade fática, inserindo-se todos em um contexto fático padrão e geral dos contribuintes regulares dessas contribuições federais por exercerem atividade econômica que importam faturamento mediante o fornecimento de mercadorias, fazendo-os igualmente contribuintes daquele imposto estadual, pelo que nas notas fiscais que emitem constam o destaque dele. Assim, em se imaginando decidir essa questão em IRDR ou recursos especial ou extraordinário repetitivos, esse contexto fático genérico necessariamente compõe o círculo hermenêutico do julgamento, mesmo que seja para julgar exclusivamente a questão de direito concernente à base de cálculo das contribuições.

Como já foi exposto, só se interpreta o Direito projetando-o em um contexto de aplicação, o qual necessariamente envolve uma dimensão fática, ainda que meramente imaginada, segundo o que hodiernamente acontece. É possível, então, que após a fixação da tese dos casos repetitivos, mediante a solução da respectiva questão de direito, observe-se um caso posterior que levante um contexto fático distinto, que fuja dos padrões gerais de intepretação/aplicação considerados para fixação da tese. Por isso, é possível o *distinguish*. É aceitável, ainda, que tenha havido uma alteração geral dos elementos incidentes sobre o círculo hermenêutico autorizando mesmo uma superação da tese jurídica ou seu desafio na hipótese de rompimento da integridade do Direito.

Diante dessas divergências hermenêuticas, a primeira em função de peculiaridades concretas não consideradas na fixação da tese, e a segunda em razão de alteração do quadro hermenêutico geral, o código oferta instrumentos distintos.

Para a primeira, há a reclamação, prevista no art. 985, § 1º, para o IRDR, que inicialmente se mostra como veículo para reformar uma decisão divergente, mas que, por óbvio, pode ser julgada improcedente em razão do correto *distinguish* ou desafio realizado no julgado reclamado (resultando neste último, a superação da tese jurídica).

Para a segunda, prescreve-se, no art. 986, a possibilidade da revisão de ofício (a qual se defende poder ocorrer também em uma reclamação) ou a instauração de medida voltada especificamente para a superação pelos mesmos legitimados para instaurar o IRDR. Em instrumento autônomo, para a superação de tese fixada em casos repetitivos (IRDR e recursos repetitivos), é possível, segundo o art. 927, § 3º, a convocação de audiências públicas com a participação de pessoas, órgãos ou entidades que possam contribuir para a rediscussão da tese.

Não se pode falar, portanto, que a tese jurídica dos casos repetitivos seja unilateralmente firmada pela corte emissora, cabendo aos aplicadores a mera função de "boca do precedente", pois o processo de construção do Direito não se exaure no incidente ou no julgamento do recurso originário. A cada reinserção da tese em um novo círculo hermenêutico é sempre possível a suscitação de novas questões.

Isso ganha especial relevo no caso de tese fixada em recurso repetitivo, sobretudo porque, após a Lei nº 13.256/2016, a reclamação cabível só poderá ser ajuizada após o esgotamento recursal, permitindo, assim, que os vários tribunais na esteira dos recursos possam realizar o cotejo hermenêutico entre a tese e o caso de aplicação.

É certo, contudo, que o ônus argumentativo para uma diferenciação ou desafio é, como exposto nos itens anteriores, do aplicador, que não pode simplesmente invocar seu livre convencimento para não a aplicar. Demanda uma complexa exposição hermenêutica, buscando apoio sistêmico em outros componentes da ordem jurídica, a fim de demonstrar a integridade de seu argumento.

É verdade, ainda, que a verificação de peculiaridades posteriores à fixação de tese jurídica não é para ser comum nos casos repetitivos, justamente porque trata de questões em escala, a princípio sem qualquer singularidade que lhe dê notas características. Isso não se deve verificar, por outro lado, no IAC, pois o art. 947 prevê seu cabimento precisamente em casos que "envolver relevante questão de direito, com grande repercussão social, sem repetição em múltiplos processos". Repita-se: enquanto os casos repetitivos se voltam a lides em escala, o IAC se volta a situações de alta indagação.

Conquanto o disciplinamento do IAC não seja detalhado como o do IRDR e dos recursos repetitivos, o que foi afirmado em relação à tese fixada naqueles vale para a que for estabelecida neste. É possível a superação, distinção e desafio em razão de alterações dos elementos incidentes no círculo hermenêutico ou mesmo o desafio por razões de integridade, cabendo ao aplicador o ônus argumentativo de realizar essas espécies de observância negativa com fundamentação adequada e suficiente.

O art. 927, § 3º, prevê, ainda, a possibilidade de modulação dos efeitos da alteração de jurisprudência dominante e da tese de casos repetitivos, em razão do interesse social e da segurança jurídica. Evoca, então, algo similar ao *prospective overruling,* conhecido na tradição inglesa. Já o § 2º, do mesmo dispositivo, faculta a realização de audiências públicas e da participação de pessoas, órgãos ou entidades para modificação de enunciado de súmula ou de tese em julgamentos de casos repetitivos.

É preciso, entretanto, destacar alguns pontos sobre esses dispositivos para que a literalidade de ambos não ocasione uma interpretação/aplicação injustificadamente limitada.

O primeiro ponto diz respeito ao momento a partir do qual se pode efetivar a superação do precedente. Na tradição inglesa, tal modulação corresponde à manutenção do entendimento anterior para o caso em julgamento, mas se anuncia que em novos casos, a serem apreciados pela corte de origem do precedente, haverá utilização de novo entendimento. Assim, somente para novos casos, a serem julgados pelo próprio tribunal emissor do precedente e da superação, haverá a fixação do novo entendimento. Perceba-se que a superação é realizada no julgamento de uma lide, o novo entendimento comporá a *ratio decidendi* de um julgamento posterior, a qual, desde já, é anunciada pelo Tribunal. Não há uma projeção vinculante dos efeitos desse anúncio sobre outros processos ainda em tramitação. O *overruling* só se efetiva quando se proferir julgamento posterior em que o novo entendimento conste em sua *ratio decidendi*, ou seja, em que seja o núcleo hermenêutico para deslinde de uma demanda. Isso se deve à formação difusa dos precedentes na tradição inglesa.

Esse *prospective overruling* da tradição inglesa não é inteiramente correspondente à modulação de que trata o atual Código de Processo Civil. Além disso, ambos não se confundem com a modulação dos efeitos da declaração de inconstitucionalidade originalmente criada no controle concentrado de constitucionalidade, e que permite a escolha entre o efeito *ex tunc* ou *ex nunc* ou, ainda, a indicação de outro marco temporal (como, por exemplo, em relação a data de ajuizamento para as ações). Perceba-se a diferença para o *prospective overruling* inglês: na modulação de efeitos há, desde logo, a fixação de um marco temporal ou processual para a decisão já tomada surta efeitos, consistente na determinação de um referencial a partir do qual os efeitos do dispositivo da decisão tomada operarão.

No *prospective overruling*, em sua origem, há simplesmente a não aplicação do novo entendimento ao caso em julgamento, não há, necessariamente, desde já, a fixação de um marco temporal do novo entendimento, justamente porque ele não compõe a *ratio* do caso julgado. Isso dependerá de quando vai haver o novo julgamento no qual, então, a nova *ratio decidendi* passa a ser utilizada efetivamente, pois a produção de precedentes é difusa, ou seja, depende de cada julgamento.

A modulação de que trata o art. 927, § 3º, do Código de Processo Civil se aproxima da conhecida modulação da declaração de inconstitucionalidade, porque terá imediatos efeitos sobre os instrumentos formais que o mesmo código disponibilizar para fazer valer os precedentes. Com efeito, a reclamação para fazer valer a tese fixada em casos repetitivos, os julgamentos pelo relator e a improcedência liminar do pedido deverão ser operados segundo o marco temporal estabelecido na superação. Assim, a nova tese só poderá autorizar esses instrumentos a partir do marco fixado na superação concentrada, até ele será a antiga tese que os orientará.

Como a produção dos precedentes é difusa, a superação de jurisprudência dominante de que trata o código deve se aproximar à experiência inglesa do *overruling*, comportando uma análise particularizada de cada caso para indicação de como a superação garante de maneira mais eficaz a segurança jurídica.

Outro ponto importante consiste em que essa modulação não deve ser interpretada como uma mera faculdade discricionária da corte emissora. Ela é um dever cogente, porquanto não é uma mera opção se proteger as legítimas expectativas formadas em razão de uma jurisprudência dominante ou de um precedente vinculante. Há um verdadeiro dever, conforme será exposto no capítulo seguinte.

Por fim, é mesmo de se cogitar de efeitos prospectivos não só quando da superação da tese, mas também quando de sua fixação, justamente para preservar a segurança jurídica e proteger as justas expectativas. Trata-se de mais uma insuficiência do texto codificado, que, no entanto, não pode representar uma barreira hermenêutica para compreensão do assunto, sobretudo para realização de princípios constitucionais.

Capítulo 4
AS FUNÇÕES E O USO DO PRECEDENTE

4.1 A IDENTIFICAÇÃO DE CARACTERÍSTICA PRÓPRIA DO PRECEDENTE NA *APPLICATIO* PARA DEFINIR SUA FUNÇÃO PRINCIPAL NO DIREITO

Para se fazer a proposta da concepção de precedente no Capítulo 3, foram utilizadas ferramentas hermenêuticas, tanto que se o apresentou como um ganho hermenêutico decorrente de uma resposta institucional a um caso dado por meio de uma *applicatio*. Este é o núcleo da concepção: uma resposta hermenêutica a um caso. É preciso se destacar isso porque é dessa perspectiva que se deve determinar a função do precedente no Direito, uma função que lhe seja específica e característica. Em verdade, a exposição separada de concepção e função se dá por efeitos meramente didáticos, pois um está necessariamente vinculado ao outro: só é possível se formular uma concepção em atenção a sua específica função. Apesar de ser um instituto que vem ganhando nova roupagem no Brasil, se lhe tem atribuído uma velha função outrora acometida à lei: garantir segurança jurídica em termos de mera previsibilidade.

Foi visto, no Capítulo 2, que, ante a perda de certeza exegética buscada, no passado, na legislação, e a rejeição a uma discricionariedade jurisdicional, transportou-se para os pronunciamentos jurisdicionais essa aspiração. No lugar da legislação com significado unívoco, a jurisdição vinculada. Parte-se indistintamente da afirmação de que *like case must be treat alike* e, daí, se erigem funções antes atribuídas à lei. As funções mais comuns, então, estão ao redor de finalidades formais, as quais são típicas de um Estado de Direito Legislativo, e não de um Estado de Direito Constitucional. Como muito bem exprime Jeremy Waldron, "construímos, então, um retrato idealizado do julgar e o emolduramos junto com o retrato de má fama do legislar"[1]. Em seguida arremata:

> Em outras palavras, tenho certeza de que a má reputação da legislação na teoria jurídica e política está intimamente relacionada com o entusiasmo (especialmente o entusiasmo da elite) por essa mudança. As pessoas convenceram-se de que há algo indecoroso em um sistema no qual uma legislatura eleita, dominada por partidos políticos e tomando suas decisões com base no governo da maioria, tem a palavra final em questão de direito e princípios. Parece que tal fórum é considerado indigno das questões mais graves e mais sérias dos direitos humanos que uma sociedade moderna enfrenta. O pensamento parece ser que os tribunais, com suas perucas e cerimônias, seus volumes encadernados em couro e seu relativo isolamento ante a política partidária, sejam um local mais adequado para solucionar questões desse caráter[2].

---

1. WALDRON, Jemery. **A dignidade da legislação**. Tradução: Luís Carlos Borges. São Paulo. Martins Fontes, 2003. p. 2.
2. *Ibid.*, p. 5.

É preciso acrescentar às colocações de Waldron que na foto que se emoldura do idealizado julgar não aparece, no Brasil, um juiz de primeiro grau, próximo do contexto social ou da realidade dos fatos, mas um ministro de tribunal superior ou de tribunal supremo. Lembre-se da enfática lição de Marinoni que, "em termos de eficácia do sistema e do Poder, não importa se o juiz inferior concorda com a decisão do juiz superior – é apenas essa que vale e produz efeitos"[3]. Assim, o julgar que se vem idealizando nos últimos tempos é um concentrado, hierarquizado e voltado para uma justiça formal que prima pela padronização de respostas por comandos gerais e abstratos.

O livro de Marinoni, de fato, apresenta de maneira franca e expressa várias funções do precedente, aferidas do que chama de razões para os precedentes obrigatórios. Todas são calcadas em uma ideia de justiça formal. Indica as seguintes: a) segurança jurídica; b) igualdade; c) coerência da ordem jurídica; d) controle do poder do juiz; e) possibilidade de orientação jurídica; f) definição de expectativas; g) desestímulo à litigância; h) favorecimento de acordos; i) despersonalização das demandas; j) racionalização do duplo grau de jurisdição; l) contribuição à duração razoável do processo; m) economia de despesas; n) maior eficiência do Judiciário.

A primeira pergunta que se impõe é a seguinte: qual dessas funções são próprias e específicas do precedente? Não se pode negar que um sistema jurídico no qual haja um dever de consideração (e não fidelidade canina) a julgados pretéritos é capaz de incrementar a segurança jurídica, a igualdade, a economia de despesas etc.; entretanto, a lei também é voltada justamente para isto: segurança jurídica, igualdade, economia de despesas, entre outros. Hugo de Brito Machado Segundo[4] arrola, por exemplo, a igualdade como uma das três exigências mínimas para se ter um ordenamento jurídico justo, ou seja, é característica a imantar todos os seus institutos e não somente os precedentes.

As outras dessas razões, ainda que não sejam características da legislação em geral, o são de certo ramo legislativo, como a processual, que é hábil também a prescrever racionalização do duplo grau de jurisdição, a despersonalização de demandas, duração razoável do processo e controle do poder do juiz.

Portanto, dizer que essas seriam funções do precedente, a ditar a razão de se segui-los obrigatoriamente, não lhe dá nota característica e diferenciada.

A segunda pergunta é: precisam todas essas funções receber abordagens segundo uma justiça formal? Mesmo a coerência que Marinoni indica é traduzida em quesitos formais na condição de respeito à hierarquia impositiva. Propõe um sistema jurídico marcado pela hierarquização como se fosse o único modelo existente. Indica, em verdade, o modelo fundacionalista (moldado pelo positivismo normativista para normas legislativas) como único, ignorando o modelo coerentista, adequado ao constitucionalismo contemporâneo. Isso é percebido na seguinte passagem:

---

3. MARINONI, Luiz Guilherme, 2010, *op. cit.*, p. 209.
4. MACHADO SEGUNDO, Hugo de brito. **Fundamentos do Direito**. São Paulo: Atlas, 2010b. p. 132-136.

> Realmente não há sistema que, estruturado em níveis, possa desprezar o respeito à hierarquia. Os tribunais superiores estão no topo da organização sistêmica do Poder Judiciário, incumbindo-lhes a profunda responsabilidade de 'definir' – com todo o peso e gravidade – a devida interpretação da lei federal e da Constituição. Portanto, as suas decisões devem ser respeitadas pelos tribunais ordinários e ser impostas, de forma a se fazerem respeitar, quando necessário for. De maneira que, formada uma cultura precedentalista (*sic*) nos tribunais superiores, não haverá como deixar de se seguir os precedentes então fixados[5].

Como se lê, o autor não propõe a coerência hermenêutico-sistêmica que se ergue sobre um encadeamento do raciocínio jurídico desenvolvido de maneira ampla. Não é uma coerência calcada no Direito como integridade, mas simplesmente numa deferência hierárquica que se impõe, já que as camadas superiores definem "com todo o peso e gravidade" o que seja a lei e a Constituição. A estruturação dos precedentes em níveis sequer leva em consideração seu conteúdo (se constitucional ou legislativo), mas apenas a autoridade de quem o produz.

Essa concepção de precedente não pugna pela interação das partes sistemáticas de maneira integrada e solidária, porque, como toda ilação de sistema fundacionalista, propõe um axioma geral que não se fundamenta e se põe fora de questão: os tribunais superiores definem o que sejam a lei e a Constituição, e, como não há outro tribunal acima deles, bem como se rejeita que tribunais ordinários produzam precedentes a eles aplicáveis, decidem sem qualquer dever de observância a outras partes integrantes do sistema, ou seja, decidem sem ter que observar qualquer outro precedente.

Eis o axioma, o ponto que não se contesta, os tribunais de cúpula decidem "de cima para baixo" (assimetria unidirecional). Não há uma coerência sistemática entre os precedentes com um mútuo apoio de várias partes estruturadas em rede (simetria multidirecional) própria de um sistema coerentista, como exposto no capítulo anterior, mas disposição escalonada, estagnada e autoritária de nível de deferência e obediência. Os precedentes dos tribunais superiores e do Supremo Tribunal Federal, cada um no âmbito próprio de competência, condiciona ou mesmo "revoga" os precedentes dos demais tribunais, contudo, a seu turno, não são condicionados por qualquer outro julgado, nem por seus próprios.

Com isso, não se prega coerência, ao menos aquela proposta neste trabalho, mas mero temor reverencial a uma hierarquia axiomática. O mesmo temor possível de ser obtido por uma legislação de Estado autoritário, "com todo seu peso e gravidade", com a finalidade "de se fazer respeitar". Prescindível é discorrer mais detidamente sobre o que são características que não se amoldam aos precedentes nem mesmo à lei de um Estado de Direito Constitucional.

Não por acaso, nenhuma dessas razões para se seguir precedente se concilia com o inventário de funções que Michael Gerhardt[6] faz no Direito dos EUA. Conquanto se parta da óbvia consideração de que *like case must be treat alike*, não se arrola nenhum papel

---

5. MARINONI, Luiz Guilherme, 2010, *op. cit.*, p. 168-169.
6. GERHADT, Michael, *op. cit.*, p. 147-176.

formal com os tons vistos na doutrina brasileira de Marinoni. Enumera: a) precedente como uma modalidade de argumentação; b) solução de controvérsias; c) autoridade persuasiva ou vinculante; d) definição de agendas institucionais; e) facilitação do diálogo constitucional; f) moldação da estrutura constitucional; g) educação; f) simbolismo; g) delinear a identidade nacional; e h) implementar valores constitucionais.

Já pela terminologia, percebe-se algo bem mais brando. Em vez de hierarquia, imposição, peso ou gravidade, leem-se argumentação, diálogo, educação, simbolismo e valores. Mesmo na função que poderia se alinhar às razões descritas por Marinoni, como autoridade vinculante ou persuasiva, se tem uma visão bem menos impositiva, pois Gerhardt destaca que "of ocurse, lower courts retain ample discretion to challenge or revise doctrine (specially when they believe the court is receptive to the challenges)"[7]. Em outras palavras: as decisões do juiz de primeiro grau e de tribunais inferiores importam. Mesmo em se tratando de matéria constitucional, o americano refuta que seja unicamente a corte maior quem "define" a Constituição:

> Justices are not the only authority who validate constitutional arguments. The validations of judicial precedents depend on the support they receive from political authorities. A judicial decision does not have political legitimacy – recognition as having legal force by political authorities – merely because it claims such support. The several extent to which a judicial precedent achieves political legitimacy depends on several interrelated factors[8].

Como se lê, a força de um precedente constitucional – por carecer de legitimidade automática e inexorável – não se impõe simplesmente porque assim se proclama, depende da obtenção de legitimidade perante outras autoridades políticas, ou melhor, outras instituições políticas e mesmo sociais. Os vários fatores interrelacionados para tanto são organizados por Gerhardt em três: a) a legitimidade da decisão judicial depende se sua aceitação social; b) o precedente deve receber o genuíno e duradouro compromisso das autoridades políticas em torno do preceito jurídico que proclama; c) a persuasão de um precedente é instrumental à aceitação política e social. Portanto, se insere a decisão da mais alta corte em uma rede sistêmica. Para o precedente se impor, ele tem que colher apoio em outras instâncias. Ele não se impõe isoladamente com "todo seu peso e gravidade".

A tradição inglesa – de que Marinoni afirma o Direito brasileiro se aproximar – não situa o assunto nos rígidos padrões hierárquicos que este propõe. No passado, se teve essa preocupação por lá, quando do início da doutrina no século XIX. Nesse tocante, Teresa Alvim[9] destaca lição norte-americana de quase cem anos, em que se descreve como males da incerteza jurídica a perda econômica e despesas jurídicas que oneram e dificultam negócios jurídicos; estímulo à litigiosidade; comprometimento da "moral do Direito"; carência de uniformidade jurisdicional e abandono do governo das leis em

---

7. *Ibid.*, p. 152.
8. *Ibid.*, p. 152-153.
9. WAMBIER, Teresa Arruda Alvim. Precedente e evolução do direito. **Direito Jurisprudencial**. São Paulo: Revista dos Tribunais, 2012. p. 33.

prol do governo dos homens. Percebe-se, pois, a similitude desses riscos com as razões apontadas por Marinoni. Repristinam-se, nos dias atuais, portanto, velhas preocupações. É o que se denota ao analisar a razão de se seguir precedente, característica do *stare decisis*, apontada, em 1885, por Daniel Henry Chamberlain: "The general reason of the doctrine of *stare decisis* is easy to state. It is indeed hinted at the second member of the very maxim from which it takes his name, *stare decisis, et non quieta movere* – not to disturb what is settled"[10].

Em igual sentido, e ainda no final do século XIX, escreve J.C. Wells:

> I suppose it might be considered as a kind of legal axiom that courts should no exercise their jurisdiction, in any random manner, for this would speedily land everything in "confusion worse confounded". Of necessity, they must have certain fixed landmarks approaching correctness though not infallibly perfect, and should be guided by these, even though a rigid adherence to them might, at times, work individual hardship. Those landmarks are, of course, prior decisions, serving as precedents not lightly to be charged[11].

Certamente, tais noções forjadas na aurora do *stare decisis* (lembre-se de que essa doutrina só ganhou feições realmente no século XIX), quando suas concepções ainda engatinhavam e o Estado legislativo esbanjava vigor no Continente europeu em torno desses valores formais, não se amoldam inteiramente às concepções atuais do Estado de Direito.

Em verdade, a tradição do *common law* amadurecido não se ilude seriamente – se é que algum dia se iludiu – com as aspirações do Estado Legislativo nem acredita em uma previsibilidade formal. Aquela cultura jurídica é moldada pela paulatina e costumeira evolução dos institutos, pelas críticas realistas e pela infraestrutura da Filosofia analítica, que mitiga as crenças universalistas e metódicas da Filosofia da consciência. Não aposta seriamente em critérios formais e hierárquicos para assegurar certeza e previsibilidade. Ao contrário, segurança e previsibilidade sempre foram buscadas em bases mais amplas da cultura e do costume, bastando lembrar que o Direito contratual inglês e americano é de formação jurisprudencial verificada ao longo dos anos, decorrendo sua certeza e segurança da estabilidade social nesse âmbito, mais do que qualquer temor reverencial a órgãos de cúpula.

No trabalho coordenado por Robert Summers e Neil MacCormick[12], já citado por diversas vezes nesta obra, que traz a produção de vários autores escrevendo sobre precedentes em seus países, percebe-se que nenhum deles, indagados sobre a papel global do precedente em sua ordem jurídica, apresenta uma função formal de previsibilidade. Variam os autores em colocá-lo como fonte principal do Direito em alguns ramos do Direito estadunidense e inglês, como contratos, responsabilidade civil e direitos reais, ou como fonte formal de interpretação da legislação.

---

10. CHAMBERLAIN, *op. cit.*, p. 20.
11. WELLS, J.C. **A treatise on the doctrines of *res adjudicata* and *stare decisis*.** Des Moines: Mills & Company, Law Publishers, 1878. p. 541.
12. SUMMERS, Robert S., *op. cit.*

O viés formal é herdeiro da perspectiva ideológica em torno de um Estado legislativo, liberal oitocentista, de bases positivistas exegéticas. A busca desses valores por meio dos precedentes decorre do apego da tradição brasileira ao paradigma normativo do Estado Legislativo e não de qualquer elemento inato dos precedentes ou da tradição inglesa. Esses pontos já devem estar claros a esta altura desta obra.

Não se está a dizer, porém, que a hierarquia seja irrelevante ou desconhecida na tradição inglesa. De forma alguma. Ela tem sua influência, e certamente o tem no Brasil, mas não é critério único, autônomo ou definidor. Não sustenta por si só o *stare decisis*, tanto que não se duvida que os tribunais superiores possam ser desafiados por aqueles colocados em níveis inferiores. Mesmo na Inglaterra, em que há maior deferência, se admitem tais desafios, o que se exige é mais motivação para assim agir, e que ela não seja solipsista (decorrente da mera irresignação individual do julgador seguinte).

Também não se colocam os magistrados mais elevados surdos e cegos ao que as instâncias inferiores estão fazendo e decidindo. Ao contrário, esse é elemento considerado, sobretudo para apontar o enfraquecimento e mesmo o não uso de um precedente.

Isso evidencia o que é próprio e característico do precedente: a análise dialética e argumentada do Direito, o que deve incluir um diálogo entre as várias instâncias judiciárias, não só unidirecionalmente (da cúpula para a base), mas colateral (entre tribunais de igual hierarquia e do mesmo tribunal para si mesmo) e ainda da base para a cúpula (afinal há dimensões causas e argumentos que só são enfrentados nas instâncias ordinárias). Será nessa dimensão dialética e argumentada, então, que se deverá buscar, detectar a função dos precedentes, porque inexiste na lei.

É preciso ressaltar, antes de prosseguir, que as críticas serem direcionadas a Marinoni decorrem de dois fatos: a) sua obra é a mais explícita em explorar detidamente as várias razões formais de se seguir precedentes no Brasil; b) é o autor que mais ênfase confere à questão hierárquica, ao ponto de afirmar, como visto, que o que os juízes de primeiro grau pensam das decisões superiores não importa.

Há, naturalmente, outros autores que seguem a mesma linha, ainda sem os mesmos traços fortes. Jaldemiro Rodrigues de Ataíde Júnior também projeta sobre o *stare decisis* as expectativas normativistas continentais. Após enumerar os males da insegurança gerada pelas divergências jurisprudenciais, escreve:

> O contraponto disso tudo é justamente a doutrina do *stare decisis*, do respeito ao precedente, que proporciona uma satisfatória uniformização da jurisprudência, contribuindo para um tratamento mais isonômico aos jurisdicionados – na medida em que impõe uma mesma solução para idêntica questão jurídica – e para a elevação dos níveis de segurança jurídica, previsibilidade, estabilidade e respeito às justas expectativas[13].

---

13. ATAÍDE JÚNIOR, Jaldemiro Rodrigues de. **Precedentes vinculantes e irretroatividade do direito no sistema processual brasileiro**. Curitiba: Juruá, 2012. p. 138.

Teresa Alvim faz uma mixagem entre lei e precedente. A autora leciona:

> Estão na base de necessidade de que se respeitem os precedentes de *civil law* o princípio da legalidade e o da igualdade, ambos conaturais à ideia de Estado de Direito, cuja característica mais visível é a de que a sociedade precisa saber as regras do jogo, antes de começar a jogar[14].

Em seguida detalha seu pensamento afirmando que "é inútil a lei ser a mesma para todos, se os tribunais podem interpretá-la de modo diferentes e surpreender os jurisdicionados"[15].

Ela posiciona a força vinculante dos precedentes na legalidade, mas isso parece contraditório: se o que se deve seguir é a lei, como se justificar vinculação ao precedente? A resposta dada muito se aproxima do que se verifica na França, e não na Inglaterra ou nos Estados Unidos.

Como visto ao se examinar o paradigma normativo, a legislação francesa proíbe que o juiz formule decisões gerais, e, pelo dever de fundamentação, não se admitem julgamentos motivados apenas em precedentes. Os juízes franceses afirmam ostensivamente que não são obrigados a seguir precedentes e sim a lei; entretanto, a despeito do que se diz, se faz, seguem-se precedentes. Camuflam essa distinção entre o que se diz e o que se faz, adotando a interpretação da lei que foi dada pelo tribunal em julgado anterior, mas simplesmente não se afirma que foi ela fruto de um precedente, mas sim porque seria essa interpretação a "mais correta".

Certamente, Teresa Alvim não propõe se dizer uma coisa e se fazer outra. De forma alguma; contudo, tal qual os franceses, acopla precedente à interpretação da lei. Simplesmente transfere para o pronunciamento jurisdicional critério de justiça formal construído para compreensão do enunciado legislativo. Dennis Lloyd, ao dissertar sobre a ideia de lei, descreve a justiça formal que lhe era aplicada (própria do Estado Legislativo) com impressionante semelhança à feita por Teresa Alvim ao tratar de precedentes:

> Essa ideia de justiça vinculada à igualdade de tratamento deve muito, indubitavelmente, à associação de justiça com processo judicial. Supõe-se que a lei será aplicada igualmente em todas as situações e a todas as pessoas com as quais se relaciona, sem medo nem favor, a ricos e pobres, a poderosos e humildes sem distinção. Uma lei que é aplicada sem discriminação desse modo pode ser considerada a consubstanciação da justiça. O que também precisa ser assinalado é que a justiça, nesta concepção, não mais é, realmente, do que um princípio formal de igualdade[16].

O paradoxo também fica evidente quando se atenta para a obra de Andrés Ollero específica sobre o tema. Ele parte da mesma premissa de que a igualdade legal pressupõe aplicação igual e similitude jurisprudencial. Escreve referindo-se a decisões da Corte Constitucional espanhola:

> La regla general de la igualdad ante la ley contenida en el artículo 14 de la Constitución se bifurca, por tanto. "Contempla, en primer lugar en el trato dado por la ley", que pasa a conceptuarse como igualdad en

---

14. WAMBIER, Teresa Arruda Alvim. Precedente e evolução do direito. **Direito Jurisprudencial**. São Paulo: Revista dos Tribunais, 2012. p. 31-32.

15. *Ibid.*, p. 32.

16. LLOYD, Dennis, *op. cit.*, p. 141.

la ley, constituyendo "un límite en la aplicación de la ley", que limitará la tarea de los órganos encargados de su aplicación.

Los elementos básicos de esta segunda versión del principio de igualdad serán cuatro, fácilmente identificables en el Fundamento citado. Tal principio "impone que un mismo órgano no pude modificar arbitrariamente el sentido de sus decisiones en casos sustancialmente iguales y que cuando el órgano en cuestión considere que debe aparta-se de sus precedentes tiene que ofrecer para ello una fundamentatición suficiente y razonable"[17].

O autor admite que a obrigatoriedade de respeitar o precedente tem como referência a lei, que deve ser aplicada igualmente em situações substancialmente iguais. Em seguida, descreve que seguir ou não seguir o julgado anterior tem por referência uma comparação entre os casos, podendo deixar de usar o precedente em se indicando razão suficiente. Seria tese similar à defendida neste trabalho, mas o autor, em passagem posterior, propõe que a igualdade ou desigualdade não deve perder a referência da lei. Ele refuta a ideia de que a simples divergência dos casos autorize o discrímen se assim não resultar da interpretação legislativa. No mesmo sentido, na hipótese de a interpretação legislativa, em face da ocorrência de outros fatores (econômicos, sociais etc.), exija uma diferenciação, ela deverá ser feita, mesmo que seja caso substancialmente igual ao do precedente. É o que se infere da seguinte passagem:

La vinculación al precedente no impedirá que el órgano judicial cambie la interpretación de una norma, y con ello dé entrada a un nuevo proceso de normalización jurisprudencial. La sucesión de paradigmas interpretativos en aplicación de idéntico texto legal viene exigida por la historicidad de la realidad social y jurídica, constituyendo una exigencia de justicia. Para garantizar ésta y – subsidiariamente – preservar la seguridad jurídica, el juez ha de aportar una fundamentación objetiva y razonable. Deberá hacerlo en todos los casos en que cambie de criterio interpretativo diacrónicamente; a diferencia del legislador, cuyo enlace directo con la soberanía popular hace presumir legítimo cualquier cambio normativo, debiendo justificar tan sólo aquéllos que impliquen un tratamiento sincrónico desigual entre los ciudadanos[18].

É possível fazer alguns destaques da lição do Espanhol. Primeiro, fica demonstrado que atrelar precedente à igualdade legal é um equívoco, tanto que chega à conclusão diferente da de Teresa Alvim, pois, em verdade, conclui que a deferência ao precedente é meramente indireta (mudando a interpretação da lei, pouco importa o precedente).

Segundo, a própria diferença entre igualdade na lei e na aplicação da lei é ilusória. Determinar o que esteja na lei depende de interpretação, a qual está umbilicalmente ligada a uma aplicação (lembre-se, aplicar e interpretar confundem-se do ponto de vista hermenêutico). Não traz a lei um sentido inato, todos eles dependerão da interpretação/aplicação. Portanto, a distinção é artificial.

Terceiro, apresenta uma visão empobrecida do uso e interpretação dos precedentes. Ele realiza uma mescla entre os paradigmas normativo (ao atrelar precedente à inter-

---

17. OLLERO, Andrés. **Igualdad en la aplicación de la ley y precedente judicial**. Madrid: Centro de Estudios Políticos y cosntitucionales, 2005. p. 23.
18. *Ibid.*, p. 77.

pretação da lei) e contextualista (ao reduzir a aplicação do precedente a uma similitude meramente fática). Ao se vislumbrar que os elementos de historicidade e outros atuam no círculo hermenêutico ocorrido no precedente e que deve ser comparado ao círculo do caso seguinte sob julgamento, percebe-se que todos eles o integram juntamente com a interpretação legislativa. É essa a abordagem ampla que se deve emprestar ao tema, como será exposto no item próprio sobre a determinação da força hermenêutica deste. A lição do espanhol, portanto, cai em contradição. Pinça vários pontos de cada um dos paradigmas estudados, dando um resultado plenamente incoerente.

Como não se pode justificar a função do precedente na igualdade legislativa, volta-se à raiz do primeiro questionamento há pouco formulado: devem-se buscar a função dos precedentes e os motivos pelos quais ele deve ser considerado em algo que lhe é característico e não alheio.

Acrescente-se que Teresa Alvim oferta uma conclusão imprecisa ao dizer que o precedente dá estabilidade porque, ante a possibilidade de várias interpretações da lei, cabe ao precedente realizar a escolha de uma e, assim, tranquilizar as pessoas em torno de sentido único. Tal colocação parece atrativa no primeiro instante. Afinal, em vez de várias opões de interpretação legislativa igualmente válidas, se terá uma escolha feita e posta pelo Judiciário com clareza, e na clareza cessa a interpretação, não é? Não.

Os precedentes, ou mais precisamente as decisões de onde provém, também carecem de interpretação, também são textos. E isso a autora reconhece em seu artigo ao dedicar tópico sobre a interpretação dos precedentes. Parece óbvia essa afirmação, mas Marinoni defende que a ideia de precedentes não são interpretados, ou ao menos não o são como se comumente se fala em interpretação de leis. Ele reduz a questão, mais uma vez, a uma dimensão formal:

> Frise-se que, embora a doutrina do *common law* fale em interpretação de precedente e conhecido e importante livro até mesmo tenha o título de *interpreting precedents*, seria possível questionar se um precedente é realmente interpretado. De qualquer forma, é fácil demonstrar que mediante a ideia de interpretação do precedente não se busca revelar o conteúdo do seu texto, mas sim identificar os seus extratos formais, ou melhor, o significado formal das suas porções, das quais se extraem determinados efeitos, como o efeito vinculante ou obrigatório (*binding effect*). É claro que o ato de procurar o significado de um precedente, ou de interpretar um precedente, não se confunde com o de interpretar uma lei quando se fala em interpretar um precedente, a preocupação está centrada nos elementos que o caracterizam enquanto precedente, especialmente na delimitação de sua *ratio* e não no conteúdo por ela expresso. Nessa situação, a tarefa da Corte é analisar a aplicação do precedente ao caso que está sob julgamento, ocasião em que se vale, basicamente, das técnicas do *distinguishing* e do *overruling*. É por isso que esta corte, mais do que interpretar, raciocina por analogia[19].

É preciso destacar os vários pontos divergentes com essas colocações de Marinoni e depois demonstrar o ponto de concordância, o qual, posteriormente, se mostrará uma discordância igualmente.

---

19. MARINONI, Luiz Guilherme, 2010, *op. cit.*, p. 223.

Em primeiro, não se pode concordar com a afirmação de que precedentes não são interpretados. Certamente, o são. É possível apenas precisar que se interpretam decisões para se obterem precedentes, mas ainda assim se parte de um texto, e nenhum texto, como evento, pode deixar de ser interpretado, não se pode deixar de atribuir--lhe sentido. Mesmo a análise gramatical é interpretação. Afirmar que se utiliza um raciocínio analógico também não é correto. A analogia é técnica de supressão de lacunas, em que se aplica a mesma consequência jurídica para fatos similares, ainda que não idêntico.

O uso de precedente não pressupõe lacuna, ao contrário, se há pronunciamento anterior útil para a solução do caso, é porque o sistema oferece critério de julgamento e, por conseguinte, não existe lacuna. Ademais, o juízo de semelhança e dessemelhança que se faz não é somente em torno dos fatos, mas do quadro geral do círculo hermenêutico, com todos os elementos que nele atuam. Nem mesmo uma cisão entre questão de direito e questão de fato é absoluta, porque todo direito é interpretado em se considerando uma aplicação que, em um precedente, é efetiva. Por isso se expressou que não se aparta interpretação e aplicação. A velha analogia *legis* ou analogia *juris* não se adapta ao novo paradigma sistêmico-hermenêutico.

Em segundo, não se pode falar de recurso a "técnicas" para "identificar seus extratos formais": interpretação não é técnica e não se volta para formalidades. O círculo hermenêutico, como se discorreu detidamente no capítulo anterior, se traduz em uma experiência não abarcável por prefixações metódicas rígidas. E não se pode falar que precedente se reduza a qualquer extrato formal. É justamente o contrário, ele traz elementos materiais para enriquecer o raciocínio jurídico a ser desenvolvido em posteriores decisões. Ele intermedeia Direito e realidade, agrega sentido porque a complexidade da realidade instiga perguntas ao texto jurisdicional, constitucional ou legislativo incapazes de serem formuladas por cogitações meramente abstratas e teóricas.

O ponto de aparente concordância com Marinoni está em se entender que interpretar precedentes é diferente de se interpretar lei. De fato, o precedente é fruto de uma *applicatio*, de um encontro de horizontes que deixa rastros da experiência ocorrida na fundamentação. É justamente a fundamentação (em que se exerce a lógica dialética, confrontando e analisando os argumentos das partes e terceiros e os fatos relevantes) que oferece algo que a lei não fornece. Mesmo que se queira reduzir precedente a norma, será a motivação que a diferencia: *rule by reasoning*.

Entretanto, justamente esse ponto que aqui se defende ser singular dos precedentes, Marinoni o toma como dado que lhe é externo e, assim, incapaz para diferenciá-lo da lei:

> É certo que a norma criada pelo juiz exige fundamentação, o que obviamente é desnecessário em se tratando de norma legislativa. Seria possível dizer, ainda, que o precedente, e não a lei, pode ser revogada pelo Judiciário. Entretanto, a circunstância de a norma judicial ter de ser fundamentada decorre de necessidade de ter de se dar legitimidade à decisão, dado o déficit de legitimidade originária que caracteriza o poder jurisdicional. Assim, a fundamentação não diferencia a norma judicial da legislativa no que diz respeito às suas essências, mas no que toca a aspectos que lhes são externos, necessários

à sua legitimação. De outro lado, se o precedente pode ser revogado pelo Judiciário, a lei pode ser revogado pelo Legislativo[20].

A motivação é essencial para distinguir lei de precedente, e, por via de consequência, a função de cada um. Ela é exigência ínsita ao exercício da atividade jurisdicional que produz precedente (não unilateralmente e de maneira fixa, mas pela enunciação e as posteriores interpretações/aplicações). É algo indispensável para o exercício da lógica dialética própria da composição de lides e do julgamento, e mesmo para uma noção mais precisa e atualizada de justiça. Serge-Christophe Kolm, logo no início de sua obra sobre as teorias modernas da Justiça, indaga e responde: "O que se deve fazer quando os desejos ou os interesses de diferentes pessoas se opõem entre si, e não podem ser plenamente satisfeitos? A justiça é a resposta justificada a essa pergunta[21]". A partir daí acrescenta:

A racionalidade, contudo, exclui totalmente o intuicionismo moral, o emotivismo e o esteticismo, isto é, opiniões baseadas em pontos de vistas aprioprísticos da solução, em emoções como a indignação, e na satisfação propiciada pela beleza, ainda que todas possam sinalizar a existência de um problema. O progresso ético na justiça consiste na substituição de pontos de vistas irracionais por pontos de vista racionais, na substituição das racionalidades fracas pelas fortes, e, em especial, do preconceito pelo julgamento, da justeza pela justificação, e da emoção e intuição pela razão[22].

Todos esses elementos racionais são aferidos desde a fundamentação. É essa possibilidade de aferição em escrito que dá nota essencial ao precedente.

Nessa perspectiva da atividade, acrescenta-se: lei e precedente são distintos e têm funções distintas porque frutos de atividades estatais distintas. A função específica do precedente é decorrência do novo papel da jurisdição no constitucionalismo contemporâneo, que, repita-se à exaustão, não se concilia com temor reverencial, mas sim com exercício de uma lógica dialética para apreciar os vários elementos jurídicos, factuais, sociais, argumentativos, formais, de justiça, culturais, históricos e finalísticos, entre muitos outros, que podem atuar no círculo hermenêutico. É a aludida resposta fundamentada às demandas e disputas sociais o que reforça a proposta de precedente como resposta institucional.

Gustavo Zagrebelsky[23] muito bem escreve que a jurisdição deve ser posta a serviço de dois padrões: o Direito e a realidade. Somente por meio da mediação da tensão entre ambos poderá o magistrado obter qualquer significado. Os casos concretos possuem uma exigência regulativa que pressionam o direito posto e a jurisdição. Segundo explica, a "lei não tem força para romper com o ambiente cultural em que se encontra e apre-

---

20. *Ibid.*, p. 94-95.
21. KOLM, Serge-Christophe. **Teorias Modernas da Justiça**. Tradução: Jefferson Luiz Camargo e Luís Carlos Borges. São Paulo: Martins Fontes, 2000. p. 3.
22. *Ibid.*, p. 9-10.
23. ZAGREBELSKY, Gustavo ZAGREBELSKY, Gustavo. **Il diritto mite**. Torino: Giulio Einaudi Editore, 1992. p. 181.

sentar-se como independente e autossuficiente. É uma parte, porquanto importante, mas sempre uma parte, nunca o conjunto"[24]

O autor italiano é feliz em expor a influência que o ambiente cultural em que está inserido o julgador influencia no julgamento e, consequentemente, no precedente. Não somente nesse aspecto mais geral de influências culturais de todo um povo em um período histórico de vários anos exerce influência sobre o julgamento. O caso específico, as questões suscitadas interferem, também, na interpretação/aplicação do Direito. Esse quadro conjugado com a tradição institucional incorporada em julgados anteriores moldará o círculo hermenêutico em que se dá o jogo de-e-para que comporá o julgamento e sua utilização posterior como precedente.

Ao julgar, o juiz depara situações reais e concretas muitas vezes com características próprias ignoradas numa abordagem padronizada da questão e que possivelmente foi referência para a edição da legislação. Ele não julga a sociedade como um todo, pois, levando em conta a cultura geral, ele julga, normalmente, apenas uma determinada fatia dessa realidade social. Esse quadro geral, no entanto, é latente, já que conforma a pré-compreensão.

Certamente, julgar uma lide sobre propriedade de fazendas de agroindústria entre dois produtores rurais é diferente de julgar uma controvérsia entre dois favelados em torno da propriedade de seu barraco. As questões de direito suscitadas, a interpretação/aplicação dos enunciados normativos e valoração dos fatos envolvidos, as exigências processuais razoáveis de serem exigidas são distintas, produzindo precedentes também distintos, embora possam envolver os mesmos enunciados normativos. É nesse jogo hermenêutico em que se enriquecem os enunciados legislativos e constitucionais com sentidos variados, traduzindo o precedente esse ganho hermenêutico.

Não poderia ser diferente. O processo judicial tem por foco a aplicação do Direito. Não uma aplicação dedutiva do positivismo exegético, nem a arbitrária do positivismo normativista, mas a *applicatio* hermenêutica, já que toda sua estrutura é voltada para enfrentar e considerar argumentos e contra-argumentos em torno de questões fáticas e jurídicas inter-relacionadas na dimensão própria do caso. É daí que se pode aprofundar a noção de exigência regulativa de que fala Zagrebelsky, pois essa priorização do processo judicial a elementos ocasiona que eles sejam os determinantes para a complementação e aperfeiçoamento do Direito legislativo e mesmo constitucional.

---

24. "Il diritto positivo pressupone, mas no può imporre una comprensione di senso. Che, per esempio, l'interruzione volontaria della gravidanza sea un omicionio o altra cosa è evidentemente l'antecedente di qualunque legislazione sull'aborto mas nessun legislatore può pensare che la sua assuzione di senso è mutata a livello profondo, la pressione del caso, diversamente categorizzato rispetto al passato, ha diffusamente imposto la trasformazione delle regole giuridiche, attraverso uno sforzo di adeguamento tanto della giurisprudenza che della legislazione che della scienza del diritto, in numerosi Stati. E oggi, che questa categorizzazione tendo nuovamente a modificarsi, nuove trasformazioni in vista. Tanto vale per dire, ancora un volta e da particolare punto di vista, che il diritto non ha la forza di distaccarsi dall'ambiente culturale in cui è collocato e di ergersi come sistema normativo independente e autosufficiente. È una parte, per quanto importante, ma sempre una parte, mai il tutto" (*ibid.*, p. 190).

E mais. Quando se for utilizar o precedente no novo caso, ele se submeterá a uma nova *applicatio*. Lembre-se de que a corte emissora do julgado não define o precedente. Ele se aperfeiçoa quando do uso posterior.

Portanto, a fundamentação, a lógica dialética, a *applicatio*, esses são os elementos característicos do precedente em um sistema jurídico. Será com base neles que se deve determinar a sua função no Direito. E todos apontam para um enriquecimento hermenêutico, ou seja, um ganho interpretativo fruto da análise dos enunciados normativos ante questões, fatos, argumentos e contra-argumentos produzidos em um processo. Esse ganho hermenêutico não fecha o Direito, de modo a ungir uma interpretação entre as várias possíveis, e, com isso, gerar estabilidade, encerrando qualquer outro debate sobre interpretações possíveis. O próprio precedente será submetido a uma nova *applicatio*, em um ciclo virtuoso.

Assim, ao contrário do que propõe Teresa Alvim, o precedente não encerra discussões, porque sempre será possível interpretá-lo, reavaliá-lo, afastá-lo, incrementá-lo, ou seja, operar-lhe uma nova *applicatio* sempre a depender de uma série de outros fatores. O precedente não encerra discussões, mas, sem dúvidas, traz uma economia argumentativa porque, precisamente por trazer um ganho, torna desnecessário reavaliar e considerar aquilo que já foi avaliado e considerado em um jogo de-e-para já realizado. Para isso ocorrer, no entanto, também é necessária a adequada fundamentação.

Eis a função principal do precedente, repita-se: enriquecer o sistema jurídico. Fala-se principal ou primária porque revela o papel próprio e característico que exerce no Direito e a diferencia daquela desempenha pelos demais elementos, como uma lei, um decreto e a constituição. É com suporte nessa função principal que se detectam outras funções secundárias (acessórias e decorrentes dessa principal).

Com isso em mente, é possível se falar em segurança jurídica (na forma de coerência sistêmica e necessidade de detida análise do que leva à nova decisão); em economia processual (como economia hermenêutica e argumentativa) e em igualdade que lhe é própria (afastamento de desintegração e hiperintegração do Direito). Estas sim, são funções exercidas no uso do precedente. Em outras palavras: por se acrescentar um ganho hermenêutico no sistema, o adequado respeito (consideração) ao precedente produz segurança (coerência), economia e igualdade hermenêuticas. Quando se tem a ausência de ganho hermenêutico, observada quando uma decisão simplesmente assegura uma interpretação-padrão (*e.g.*, quando se julga pelo despejo pela falta de pagamento do aluguel), o julgado não se forma precedente, não tem função especificamente sua, pois é mera confirmação do sentido apriorístico da lei passível de ser obtido por cogitações abstratas.

Essas são as quatro funções que podem ser atribuídas com exclusividade ao precedente, ou no porquê de se seguir (levar em consideração) os precedentes.

Não que os precedentes também sejam impedidos de exercer outras funções, nem que inexistam outras razões para segui-los. Esses outros, contudo, serão motivos ínsitos a toda a ordem jurídica. Como dito, igualdade, economia processual, controle da atividade jurisdicional, racionalização do duplo grau de jurisdição, entre outras, podem ser atingidas pelo respeito aos precedentes, mas também o podem pela lei e outros enunciados normativos.

Tanto há outras funções decorrentes dessas que no Brasil, no nível dogmático e da gestão judiciária, se tem erigido uma outra que ganha relevo e muitas vezes obscurece essas funções essenciais dos precedentes. Trata-se da função de gestão da massa de processos repetitivos, a qual tem sido estimulada e normatizada pelo Conselho Nacional de Justiça.

Passa-se a expor detidamente as funções principal, assessórias, bem como essa particular função de gestão judiciária estimulada.

4.2 FUNÇÃO PRINCIPAL DO PRECEDENTE: ENRIQUECIMENTO HERMENÊUTICO DO SISTEMA JURÍDICO

Foi verificado que o precedente integra o sistema jurídico, formando um subsistema próprio. Não um subsistema fundacionalista legislativo, mas um sistema coerentista em rede, cujas partes não são o substrato físico (textos decisórios), mas os sentidos deles extraídos. Quando se fala em precedente integrar o subsistema, mais precisamente menciona-se que o sentido extraído das decisões (o precedente propriamente dito) o integra.

Acontece que o precedente tem como substrato um texto (decisão) que retrata uma *applicatio* real, efetiva, verificada em um processo dialético, em que ocorreram – ou deveriam ter ocorrido – o confronto e a análise de argumentos e contra-argumentos. Portanto, ele já entra no sistema como um ganho, enriquecendo-o, pois ele é, por assim dizer, "sentido de sentido". Coloca-se entre aspas essa expressão porque ela tem cunho didático de destacar que é sentido de um texto que se volta a atribuir um sentido a outro texto ou conjunto deles. Tem-se o "rastro" hermenêutico dessa atribuição de significado na argumentação escrita expendida pelo julgador. Daí poder se falar de sentido de segundo grau.

É fácil exemplificar o que se está a dizer com a análise do art. 5º da Constituição Federal, cujo *caput* prescreve genericamente o direito à vida sem qualquer detalhamento mais profundo acerca de seus parâmetros. Foram necessários o surgimento de uma nova realidade, a edição de uma lei específica (Lei nº 11.105/2005) e um processo jurisdicional para se concluir que a vida nele protegida é apenas aquela em potência, ou seja, um estágio apto a produzir um indivíduo-pessoa, não alcançando, então, células tronco embrionárias congeladas.

Perceba-se que antes do precedente formado com a ADI 3510, não se poderia falar que essa faceta do direito à vida integrava o sistema jurídico de maneira clara. Quando muito, havia a potência de integrar, porque seria visão defendida por um ou por outro acadêmico, um ou outro grupo social, mas sem a confirmação em um pronunciamento

CAPÍTULO 4 • AS FUNÇÕES E O USO DO PRECEDENTE   **291**

formal do Estado. Fala-se isso pressupondo-se, por óbvio, que não houve, mesmo porque desconhecido, qualquer outro pronunciamento jurisdicional sobre o tema anterior ao julgamento da ADI 3510, pois, em havendo, já integrava o sistema, sendo o julgamento da ADI um reforço hermenêutico.

Certamente, na própria aplicação/interpretação desse precedente, posteriormente, poderá resultar novas significações. Essa é virtude do círculo hermenêutico, e é por isso que se fala que quando se interpreta precedente se tem um sentido de segundo grau ("sentido de sentido"). O longo texto do julgamento, por seus vários votos, será objeto de interpretação quando se quiser utilizá-lo em outros casos como parâmetro de julgamento. Ao contrário de um texto legislativo, porém, com sua linguagem "canônica", ampla, abrangente e sintética, tem-se a exposição de um raciocínio já desenvolvido, o que põe à mostra muitos dos elementos hermenêuticos que atuaram naquele específico jogo de-e-para. Não mostra todos, pois nenhuma intérprete é capaz de traduzir e racionalizar, a fim de expô-los em escrito, todos os pré-conceitos e pré-juízos que condicionam sua visão de mundo e, por conseguinte, a interpretação. Muitas vezes são fatores culturais, históricos, institucionais e mesmo conceituais não expostos, mas certamente subjazem na base daquele raciocínio escrito. Essa é uma das razões de se falar que o precedente se aperfeiçoa e se reconstitui posteriormente. O distanciamento temporal, em muitos casos, é o único meio capaz de lançar luz sobre esses motivos subjacentes.

Esses pontos são reconhecidos no Direito constitucional dos EUA. Laurence Tribe[25] destaca que "considerable number of Supreme Court precedents construing various parts of the written constitution come to occupy a privileged place in our law". Contudo, esses precedentes relevantes que delineiam a própria Constituição, não se cristalizam nem passam a moldá-la com foros de definitivos. Tanto que o mesmo autor destaca precedentes superados porque inconstitucionais:

> Interestingly, this collection of iconic but not quite sacrosanct precedents has mirror image of sorts – one that takes the form of judicial opinions that have come to epitomize the inverse of what the constitution and constitutional law should be – opinions like Dread Scott v. Sanford, Plessy v. Ferguson, probably Lochner v. New York, and, for most of us, Korematsu v. United States. Those decisions, described in order, proclaimed slaves and their decedents incapable of full citizenship in the United States or in any state (Dread Scott); endorsed racial apartheid as the epitome of the equality as long as the separate facilities into which the racial minority was herded were "equal" to those from which they were invidiously excluded (Pelssy); denied government the power to protect people from economic exploitation by those with greater bargaining power (Lochner); and defended the wholesale exclusion of Japanese American citizens from their homes and communities as a supposedly reasonable means of protecting the nation from military attack (Korematsu).

O enriquecimento hermenêutico se calca, pois, em dois pontos: a) abertura do sistema jurídico para a realidade que, pela jurisdição, é mediada com o Direito; e b) o sentido jurídico não é estagnado com a emissão do julgamento, o uso posterior do precedente o insere em um novo círculo hermenêutico potencialmente formador de um significado diverso (ciclo virtuoso de significado).

---

25. TRIBE, Laurence H. **The invisible constitution**. New York: Oxford University Press, 2008. p. 19-20.

Tendo em mente o construto "a", percebe-se que o precedente abre a ordem jurídica ao contexto social, porque será por meio deles que a complexidade da vida interagirá com o Direito em um ato "oficial" do Estado (julgamento judicial).

Essa primeira forma de enriquecimento recebe direta influência dos fatos considerados no julgamento realizado pela corte emissora, sendo fator determinante do grau do ganho hermenêutico capaz de produzir. Quanto mais genéricos, padronizados e hipotéticos forem os fatos, menor será o ganho hermenêutico, já que a legislação (constitucional e infraconstitucional) é interpretada, normalmente, e é expedida, via de regra, tendo em consideração esses fatos-padrão de aplicação (lembre-se de que é por isso que não há distinção entre interpretação e aplicação; interpreta-se imaginando-se uma aplicação).

Ao contrário, ao se examinar o Direito ante fatos novos, fora dos padrões, específicos, atípicos ou que façam concorrer outros direitos não imaginados aprioristicamente, maior será o incremento de significado. E nisso terá influência o aspecto formal do processo em que se produziu o julgamento que será utilizado como precedente. A exemplificação, mais uma vez, será útil.

Os processos voltados para o controle abstrato de constitucionalidade são chamados de processos objetivos porque não julgam direitos e interesses de partes, não são havidos como um caso específico e determinado, mas sim como apreciação da própria norma cuja constitucionalidade é arguida. Não há dilação probatória, não há investigação de fatos específicos, há apenas uma análise do enunciado normativo em seu plano abstrato, ou seja, em situações-padrão de aplicação, o que limita o sentido, prejudicando mesmo os efeitos do julgamento, já que o ganho hermenêutico será limitado. Foi o que ocorreu na ADI 2566-MC[26].

---

26. "Direito Constitucional. Ação direta de inconstitucionalidade do parágrafo 1º do artigo 4º da Lei nº 9.612, de 19 de fevereiro de 1988, que diz: "§ 1º – É vedado o proselitismo de qualquer natureza na programação das emissoras de radiodifusão comunitária". Alegação de que tal norma infringe o disposto nos artigos 5º, incisos VI, IX, e 220 e seguintes da Constituição Federal. Medida cautelar. 1. Para bem se conhecer o significado que a norma impugnada adotou, ao vedar o proselitismo de qualquer natureza, nas emissoras de radiodifusão comunitária, é preciso conhecer todo o texto da Lei em que se insere. 2. Na verdade, o dispositivo visou apenas a evitar o desvirtuamento da radiodifusão comunitária, usada para fins a ela estranhos, tanto que, ao tratar de sua programação, os demais artigos da lei lhe permitiram maior amplitude e liberdade, compatíveis com suas finalidades. 3. Quis, portanto, o artigo atacado, tão somente, afastar o uso desse meio de comunicação como instrumento, por exemplo, de pregação político-partidária, religiosa, de promoção pessoal, com fins eleitorais, ou mesmo certos sectarismos e partidarismos de qualquer ordem. 4. Ademais, não se pode esquecer que não há direitos absolutos, ilimitados e ilimitáveis. 5. Caberá, então, ao intérprete dos fatos e da norma, no contexto global em que se insere, no exame de casos concretos, no controle difuso de constitucionalidade e legalidade, nas instâncias próprias, verificar se ocorreu, ou não, com o proselitismo, desvirtuamento das finalidades da lei. Por esse modo, poderão ser coibidos os abusos, tanto os das emissoras, quanto os do Poder Público e seus agentes. 6. Com essas ponderações se chega ao indeferimento da medida cautelar, para que, no final, ao ensejo do julgamento do mérito, mediante exame mais aprofundado, se declare a constitucionalidade, ou inconstitucionalidade, da norma em questão. 7. Essa solução evita que, com sua suspensão cautelar, se conclua que todo e qualquer proselitismo, sectarismo ou partidarismo é tolerado, por mais facciosa e tendenciosa que seja a pregação, por maior que seja o favorecimento que nela se encontre. 8. Medida Cautelar indeferida" (ADI 2566 MC, Rel. Min. Sydney Sanches, Tribunal Pleno, j. 22.05.2002, *DJ* 27.02.2004, p. 20, ement vol-02141-03, p. 570)

O Partido Liberal impugnou por meio dessa ação a Lei nº 9.612/1998, cujo art. 4º, § 1º, prescreve que "é vedado o proselitismo de qualquer natureza na programação das emissoras de radiodifusão comunitária". Segundo a agremiação partidária, a lei seria inconstitucional por ferir a liberdade de expressão, assegurada pela Constituição Federal nos arts. 5º, incisos IV[27], VI[28], IX[29], e 220[30]. Para fundamentar a demanda, afirmava que, ao proibir qualquer espécie de proselitismo, a lei estaria limitando o fomento de causas científicas, religiosas, cívicas, sociais, todas. Apresentava o significado dos termos "prosélito" e "proselitismo" contidos nos dicionários, informando que eles não indicavam qualquer atividade perniciosa em si, mas pessoa ou conduta voltada a angariar partidários para uma causa ou pensamento.

Ao longo do processo, as partes e o relator, Ministro Sidney Sanches, não divergiram quanto ao conceito do termo proselitismo, sempre examinando-o em seu sentido literal. O então Advogado Geral da União, Gilmar Mendes, teceu a defesa da lei com amparo em uma abordagem dicionarista do termo:

> Em primeiro lugar, há que se ter definido o que de fato o legislador está a limitar, quando veda o "proselitismo de qualquer natureza na programação das emissoras de radiodifusão comunitária". Como conceituação do termo proselitismo, ponto de partida para a compreensão do texto legal, tem-se a atividade destinada a fazer prosélitos, caracterizando-se estes como os que se converteram a uma doutrina, religião, ideia ou sistema:
>
> Dicionário Contemporâneo da Língua Portuguesa Caldas Aulete, por Hamilcar de Garcia e Antenor Nascente, ed. Delta, 5 volumes, 5ª ed., Rio de Janeiro, 1964, Volume IV. p. 3.291:
>
> Proselitismo: (s.m.)zelo ou diligência em fazer prosélitos.
>
> Prosélito: (s.m.) pessoa que tinha abjurado as suas crenças para abraçar a religião judaica; (relig.) pessoa que se converteu, que abraçou a religião considerada como verdadeira; (p.ext.) adepto; partidário, pessoa que foi atraída por uma seita, para uma opinião, para um partido.
>
> Novo Dicionário da Língua Portuguesa, Aurélio Buarque de Holanda Ferreira, ed. Nova Fronteira, Rio de Janeiro, 1ª Edição. (11ª Reimpressão), 1975. p. 1.148:
>
> Proselitismo: (s.m) 1. atividade diligente em fazer prosélitos; 2. o conjunto de prosélitos.
>
> Prosélito: do grego proslytos, aquele que se aproxima , pelo lat. Proselytu, (s.m.) 1. pagão que abraçou o judaísmo; 2. indivíduo que abraçou religião diferente da sua; 3. (p.ext.)indivíduo convertido a uma doutrina, ideia ou sistema; sectário. Adepto, partidário.
>
> O dispositivo questionado proíbe, portanto, no contexto da programação das emissoras de radiodifusão comunitária – exploração autorizada com finalidade educativa, artística, cultural e informativa, em benefício do desenvolvimento geral da comunidade -, a utilização desse meio de comunicação com o objetivo de converter pessoas a uma doutrina, sistema, religião ou ideologia.

---

27. É livre a manifestação do pensamento, sendo vedado o anonimato.
28. É inviolável a liberdade de consciência e de crença, sendo assegurado o livre exercício dos cultos religiosos e garantida, na forma da lei, a proteção aos locais de culto e a suas liturgias.
29. É livre a expressão da atividade intelectual, artística, científica e de comunicação, independentemente de censura ou licença.
30. "Art. 220. A manifestação do pensamento, a criação, a expressão e a informação, sob qualquer forma, processo ou veículo não sofrerão qualquer restrição, observado o disposto nesta Constituição."

O ministro Sidney Sanches também iniciou sua abordagem nesses padrões gramaticais:

O "Lello Universal – Dicionário Enciclopédico Luso-Brasileiro" (Porto – Lello & Irmãos – Editores., 3º Volume, pág. 646) registra "prosélito", nestes termos:

"prosélito, s.m. (gr. Proselytos, lat. Proselytu). Ant. Ente os Hebreus, pagão que abraçava a religião judaica. Mod. Convertido recentemente a uma religião. Fig. Qualquer pessoa atraída a uma causa; adepto: a aviação ganha dia a dia novos prosélitos.

E "proselitismo":

"Proselitismo, s.m. Actividade ou zelo em fazer prosélitos. Conjunto de prosélitos".

Laudelino Freire, por sua vez, no "grande e Novíssimo Dicionário da Língua Portuguesa", Livraria José Olympio- Editora – 1957 – 3ª ed.., pág. 4165:

"Prosélito, ou Proselyto, s.m. Lar. Proselytus. Pagão que abraçou a religião judaica. 2. Indivíduo que abraçou uma religião diferente da que tinha. 3. Indivíduo convertido a uma doutrina, a um sistema ou a uma ideia. Partidário, sectário".

Francisco Ferreira, no "Dicionário de Sinônimos e Antônimos da Língua Portuguesa", ed. Globo, 30ª edição, revista e ampliada por Celso Pedro Luft, indica como sinônimo de "proselitismo", "sectarismo, partidarismo", e o de "prosélito": "adepto, seguidor, sectário, partidário, correligionário".

Consignou, em seguida, a ideia de que "para bem se conhecer, porém, o significado que a norma impugnada adotou, ao vedar o proselitismo de qualquer natureza, nas emissoras de radiodifusão comunitária, é preciso conhecer o texto da lei em que se insere". Posto isso, seguiu:

Vê-se, pois, que a norma impugnada visou apenas a evitar o desvirtuamento da radiodifusão comunitária, usada para fins a ela estranhos.

Quis afastar o uso desse meio de comunicação como instrumento, por exemplo, de pregação político-partidária, religiosa, de promoção pessoal, com fins eleitorais, ou mesmo certos sectarismos e partidarismo de qualquer ordem.

Do modo em que redigido o texto, "vedando proselitismo de qualquer natureza", se interpretado literal e isoladamente, reconheço, parece querer evitar qualquer tipo de pregação, mesmo para formação de prosélitos, de adeptos, de atividade lícitas, sadias e até recomendáveis, como, por exemplo, as dedicada à solidariedade humana (voluntarismo, às ciências, às artes, ao estudo ao trabalho, à cultura de um modo geral, aos esportes, etc.)., o que seria um contrassenso.

Isso, porém, não se pode inferir do texto da Lei, uma vez examinado por inteiro.

Perceba-se que quando o relator buscou o sentido do texto legislativo, o fez considerando situações fáticas meramente imaginada por eles, situações-padrão (as únicas lícitas de serem projetadas em abstrato), quais sejam, "pregação político-partidária, religiosa, de promoção pessoal, com fins eleitorais, ou mesmo certos sectarismos e partidarismo de qualquer ordem". O processo não trouxe nenhum fato concreto de pregação, não se produziu (nem se poderia) qualquer prova para apurar alguma realidade concreta, alguma situação verdadeiramente observada. Tudo girou em análise genérica, por hipóteses e projeções.

O pronunciamento jurisdicional limitou-se ao sentido nesses lindes gramaticais. O ganho hermenêutico que produziu foi diminuto, quase nulo, adstringiu-se a uma análise teleológica para excluir "proselitismos perniciosos", definido com esteio em uma mera noção geral.

CAPÍTULO 4 • AS FUNÇÕES E O USO DO PRECEDENTE **295**

Essa pobreza hermenêutica prejudicou grandemente a força do precedente, tanto que, a despeito de julgar constitucional a norma, com efeito vinculante e eficácia *erga omnes*, admitiu expressamente o fato de que posteriores situações de aplicação da lei e do próprio precedente poderiam revelar inconstitucionalidades. Eis a conclusão do voto:

> Caberá, então, ao intérprete dos fatos e da norma, no contexto global em que se insere, no exame de casos concretos, no controle difuso de constitucionalidade e legalidade, verificar se ocorreu, com o proselitismo, desvirtuamento de suas finalidades.
>
> Por esse modo, poderão ser coibidos os abusos, tanto das emissoras, quanto os do Poder Público e seus agentes.

Destaque-se: mesmo se declarando a constitucionalidade da lei, reconheceu-se que se o fez em consideração a situações-padrão de aplicação, admitindo expressamente que, diante de situações que fugissem desse parâmetro médio, haveria a possibilidade de se reconhecer a inconstitucionalidade.

É preciso assentar o fato de que esse julgado é valoroso porque o relator disse expressamente aquilo que é válido para todo e qualquer precedente de controle abstrato de constitucionalidade: a despeito da eficácia *erga omnes* e efeito vinculante, a declaração de constitucionalidade se cinge a situações-padrão de aplicação, padecendo de uma insuficiência intrínseca para fechar qualquer conclusão em relação a situações diferenciadas, com nota de singularidade de aplicação.

Por isso, diz-se que o enriquecimento causado pelo precedente de controle abstrato de constitucionalidade ao sistema é limitado, porque materialmente limitada é a mediação entre Direito e realidade que opera. Por outro lado, ganha força no aspecto formal, dada a existência de meios processuais de se garantir sua observância ou, ao menos, levar os questionamentos em torno de novos fatos ao Supremo Tribunal Federal.

O mesmo ocorre com o julgamento de casos repetitivos, pois se toma como parâmetro questão que se repete em massa, com fatos genéricos que são observados sem notas de singularidade. A mediação entre Direito e realidade se dá, pois, sem uma acuidade mais aprofundada, embora valorosa justamente a apreciação quantitativa e abrangente.

Quando se pesquisa a jurisprudência, busca-se algo que ultrapasse aquele sentido *apriorístico* e literal dos enunciados legislativos. Procura-se significado além do literal, tem-se em mente o que se pode obter pela composição com outros elementos da ordem jurídica ou qual seu significado à luz de determinados fatos. É com amparo na análise do ganho interpretativo que se geram expectativas em torno de uma coerência entre julgamentos, é em torno dele que se verificará se casos são realmente iguais para serem tratados igualmente, e que se economizará tempo e esforço, despendendo de nova análise sobre aquilo que já foi considerado no passado. O grau de enriquecimento hermenêutico terá direto impacto na determinação da força hermenêutica de um precedente.

Imperioso é perceber que a limitação hermenêutica só se verifica quando a norma é declarada constitucional, porque ela permanece no sistema jurídico. Quando a inconstitucionalidade é declarada em um processo objetivo, porém, fulmina-se qualquer possibilidade de se obter outro sentido normativo, porque, se para as situações-padrão, que são as mais numerosas e corriqueiras, existe um vício, nenhuma situação anormal e contingente justifica a manutenção da norma no sistema.

Portanto, o controle abstrato, quando declara a constitucionalidade de uma lei, faz uma intermediação do Direito com a realidade muito pobre, porque se dá em bases gerais, meramente imaginadas. Como a norma continua no sistema e o enunciado normativo permanece apto para aplicação/interpretação, será possível surgir inconstitucionalidade em situações específicas não antecipadas. Nestes casos, o precedente não poderá "fechar a questão" pela constitucionalidade. Seu limite hermenêutico não permite isso. Ele deverá ser interpretado ante o novo caso, verificando-se todas as suas razões subjacentes, para se concluir se o juízo concreto a ser exercido reproduz o resultado do juízo abstrato exercitado.

Em contrapartida, o enriquecimento causado pelo controle concreto e difuso de constitucionalidade é, normalmente, bem maior. Ao considerar situações reais, concretas, que afetam de maneira singular uma pessoa ou grupo de pessoas em contextos delimitados ou que façam concorrer outros direitos que, em situações corriqueiras, não concorrem, é possível de obter, com a interpretação/aplicação, sentidos inalcançáveis. Exemplos disso são bem simples, bastando considerar a saturação do termo "casa" para fins de determinação do que seja asilo inviolável nos termos do art. 5°, XI, da Constituição Federal.

Por inúmeros precedentes, afere-se que, em seu âmbito de proteção, insere-se escritório profissional[31], mas com exceção já apurada para escritórios de advocacia[32] e habitações coletivas.[33]

---

31. "[...] A garantia da inviolabilidade domiciliar como limitação constitucional ao poder do Estado em tema de fiscalização tributária – Conceito de "casa" para efeito de proteção constitucional – Amplitude dessa noção conceitual, que também compreende os espaços privados não abertos ao público, onde alguém exerce atividade profissional: necessidade, em tal hipótese, de mandado judicial (CF, art. 5°, XI). – Para os fins da proteção jurídica a que se refere o art. 5°, XI, da Constituição da República, o conceito normativo de "casa" revela-se abrangente e, por estender-se a qualquer compartimento privado não aberto ao público, onde alguém exerce profissão ou atividade (CP, art. 150, § 4°, III), compreende, observada essa específica limitação espacial (área interna não acessível ao público), os escritórios profissionais, inclusive os de contabilidade, "embora sem conexão com a casa de moradia propriamente dita" (Nelson Hungria). Doutrina. Precedentes. – Sem que ocorra qualquer das situações excepcionais taxativamente previstas no texto constitucional (art. 5°, XI), nenhum agente público, ainda que vinculado à administração tributária do Estado, poderá, contra a vontade de quem de direito ("invito domino"), ingressar, durante o dia, sem mandado judicial, em espaço privado não aberto ao público, onde alguém exerce sua atividade profissional, sob pena de a prova resultante da diligência de busca e apreensão assim executada reputar-se inadmissível, porque impregnada de ilicitude material. Doutrina. Precedentes específicos, em tema de fiscalização tributária, a propósito de escritórios de contabilidade (STF). – O atributo da auto-executoriedade dos atos administrativos, que traduz expressão concretizadora do "privilège du préalable", não prevalece sobre a garantia constitucional da inviolabilidade domiciliar, ainda que se cuide de atividade exercida pelo Poder Público em sede de fiscalização tributária. Doutrina. Precedentes. [...]"(HC 93050, Rel. Min. Celso de Mello, Segunda Turma, j. 10.06.2008, *DJe*-142, divulg 31.07.2008, public 01.08.2008, ement vol-02326-04, p. 700)

32. "O sigilo profissional constitucionalmente determinado não exclui a possibilidade de cumprimento de mandado de busca e apreensão em escritório de advocacia. O local de trabalho do advogado, desde que este seja investigado, pode ser alvo de busca e apreensão, observando-se os limites impostos pela autoridade judicial.

CAPÍTULO 4 • AS FUNÇÕES E O USO DO PRECEDENTE | **297**

Neste trabalho, já foi citado outro exemplo de enriquecimento hermenêutico da Constituição Federal pelos precedentes do Supremo Tribunal Federal em controle concreto: as comissões parlamentares de inquérito tiveram seu regime quase que inteiramente moldado por precedentes em ações em que se exerceu o controle concreto de constitucionalidade de atos do Poder Público.

Com o grau de enriquecimento maior em um processo de controle concreto de constitucionalidade, tem-se uma força hermenêutica maior do precedente em sua aplicação posterior no aspecto material, ainda que careça de elementos formais de proteção e fomento de que desfruta o controle concentrado, caso o julgamento não seja submetido ao regime de repercussão geral ou repetitivos.

Com efeito, é preciso atentar para o fato de que não se está a dizer que, com essas considerações, está a invertida o grau de vinculação do controle abstrato (dotado de efeito vinculante e eficácia *erga omnes*) pelo controle concreto. Esse ganho hermenêutico será apenas um dos fatores, ainda que dos mais relevantes, entre vários outros, a determinar a força hermenêutica do precedente. A própria prescrição formal de efeito vinculante é um deles, agindo, então, em prol do controle abstrato. Tal avaliação fará parte do ponto em que se discorrerá sobre o uso dos precedentes, mais adiante.

Quanto ao construto "b" há pouco apontado (o sentido jurídico não é estagnado com a emissão do julgamento, pois o uso posterior do precedente o insere em um novo círculo hermenêutico potencialmente formador de um novo sentido), ele se relaciona com a constatação de que o precedente pode vir a ser aplicado para situações diversas daquelas estritamente julgadas anteriormente ou, ainda, restringido.

Tratando -se de local onde existem documentos que dizem respeito a outros sujeitos não investigados, é indispensável a especificação do âmbito de abrangência da medida, que não poderá ser executada sobre a esfera de direitos de não investigados. Equívoco quanto à indicação do escritório profissional do paciente, como seu endereço residencial, deve ser prontamente comunicado ao magistrado para adequação da ordem em relação às cautelas necessárias, sob pena de tornar nulas as provas oriundas da medida e todas as outras exclusivamente delas decorrentes. Ordem concedida para declarar a nulidade das provas oriundas da busca e apreensão no escritório de advocacia do paciente, devendo o material colhido ser desentranhado dos autos do Inq 544 em curso no STJ e devolvido ao paciente, sem que tais provas, bem assim quaisquer das informações oriundas da execução da medida, possam ser usadas em relação ao paciente ou a qualquer outro investigado, nesta ou em outra investigação" (HC 91.610, Rel. Min. Gilmar Mendes, j. 08.06.2010, Segunda Turma, *DJe* 22.10.2010) (**A Constituição e o Supremo** [recurso eletrônico] / Supremo Tribunal Federal. 4. ed. Brasília: Secretaria de Documentação, 2011. p. 120).

33. "Para os fins da proteção jurídica a que se refere o art. 5º, XI, da CF, o conceito normativo de 'casa' revela -se abrangente e, por estender -se a qualquer aposento de habitação coletiva, desde que ocupado (CP, art. 150, § 4º, II), compreende, observada essa específica limitação espacial, os quartos de hotel. Doutrina. Precedentes. Sem que ocorra qualquer das situações excepcionais taxativamente previstas no texto constitucional (art. 5º, XI), nenhum agente público poderá, contra a vontade de quem de direito (invito domino), ingressar, durante o dia, sem mandado judicial, em aposento ocupado de habitação coletiva, sob pena de a prova resultante dessa diligência de busca e apreensão reputar -se inadmissível, porque impregnada de ilicitude originária. Doutrina. Precedentes (STF)" (RHC 90.376, Rel. Min. Celso de Mello, j. 03.04.2007, Segunda Turma, *DJ* 18.05.2007) (**A Constituição e o Supremo** [recurso eletrônico] / Supremo Tribunal Federal. 4. ed. Brasília: Secretaria de Documentação, 2011. p. 114-115).

Essa falta de estagnação interpretativa corrobora a afirmação de que é um erro fazer a automática extensão do precedente para fatos não examinados, desde que subsumíveis ao sentido do enunciado geral e abstrata que se infere dele. Também é errado se restringir o precedente para as mesmas categorias de fatos julgados.

Como o precedente é sentido extraído de textos decisórios, ele pode ser ampliado ou restringido em um jogo hermenêutico posterior. Foi o que se observou no exemplo já mencionado sobre a inviolabilidade de escritórios profissionais. Conquanto se tenha reconhecido sua inviolabilidade em julgados anteriores, o sentido deles foi restringido posteriormente para afastá-lo na hipótese de o dono do escritório ser alvo de investigação e suspeito de cometimento de crime, sendo o espaço profissional reduto da prática delituosa.

Caso se atendesse às duas posições que se critica, difícil seria se aferir com precisão o direito à inviolabilidade diante de crimes praticados no âmbito de escritório de advocacia. Se o precedente "fixasse" um sentido, "fechando o sistema" em torno dele, por meio de uma regra geral e abstrata, ela seria: dado o fato de escritório de advocacia ser inviolável, deve ser a proibição de acesso sem observância das hipóteses constitucionais. Com isso, não seria possível a colocação de escutas ambientais no escritório à noite, como se revelou admitido em julgado posterior.

Por sua vez, se fosse restringir o uso posterior dos precedentes a apenas os fatos e direitos efetivamente considerados, seria julgado inútil para justificar seu uso para analisar a situação de quartos de hotéis.

Portanto, a extensão e restrição do precedente não é automática ou pré-fixada. Irá depender do novo círculo hermenêutico em que se inserirá.

Não se pode duvidar, por óbvio, que a escolha interpretativa feita no precedente corrobora a certeza jurídica. Ante a indefinição de qual significado deva ser atribuído a um enunciado normativo, o precedente, sem dúvida, é um critério relevante. O que não se admite, entretanto, é que ele encerre definitivamente a discussão em torno daquele significado. Esse incremento de segurança não pode ser tratado como um vaticínio definitivo. Não é possível se encilhar um sentido, porque não se pode encerrar a dinâmica do jogo de-e-para em que continuamente se insere e reinsere o uso do precedente.

Mesmo nos casos de declaração de inconstitucionalidade sem redução de texto e interpretação conforme a Constituição não é preciso se falar em uma vinculação absoluta a um sentido literal proposto pelo tribunal que expede o procedente. É lícito se falar que a interpretação inconstitucional é afastada definitivamente, justamente por violadora de preceito superior. Não é possível, no entanto, apontar "a" interpretação válida, porque, repita-se, dentro do âmbito de validade, não é possível se encerrar o significado de qualquer enunciado legislativo ou jurisdicional.

Por fim, é importante destacar que propositadamente se vale do termo "enriquecer" para dar a ideia de se somar algo, acrescentar, adicionar e não atribuir, definir ou firmar. Faz-se isso porque a tradição jurídica brasileira vem colocando, paulatinamente, os operadores do Direito passivos diante dos pronunciamentos judiciais, pressupondo serem o único meio válido para se acertar e definir sentidos. Mesmo a doutrina é relegada a segundo plano. Como enfaticamente expõe Lenio Streck, "cada vez mais a doutrina doutrina menos; isto é, a doutrina não mais doutrina; é, sim, doutrinada pelos tribunais"[34].

Esse assujeitamento aos pronunciamentos jurisdicionais contamina todos os demais agentes jurídicos. Notícia divulgada pouco antes das eleições municipais de 2012, quando a chamada "lei da ficha limpa" iria ser aplicada pela primeira vez, bem denuncia isso. Foi noticiado que, a despeito do entusiasmo com a aplicação da novel legislação, tanto o Tribunal Superior Eleitoral quanto a Ordem dos Advogados do Brasil estavam preocupados por inexistir jurisprudência consolidada sobre sua aplicação. Veja-se trecho da reportagem:

> Apesar do entusiasmo provocado pela lei, que é resultado de mobilização popular, a presidente do Tribunal Superior Eleitoral (TSE), ministra Cármen Lúcia, prevê que poderá haver interpretações diferentes da norma entre os juízes eleitorais de todo o país.
>
> "Sempre que uma nova lei aparece, ela permite interpretações diferentes, porque ainda não está consolidada uma jurisprudência", disse a ministra. A jurisprudência se forma após decisões reiteradas dos tribunais sobre determinada interpretação da lei.
>
> "A Ficha Limpa vai ser experimentada de forma efetiva nessas eleições", assinala Ophir Cavalcante, presidente do Conselho Federal da OAB. No entanto, ele lembra que a falta de jurisprudência pode aumentar o número de processos em análise na Justiça Eleitoral e causar "insegurança jurídica".
>
> Segundo levantamento feito pelo jornal "O Globo" no mês passado, apenas no TSE, há 1.600 processos relativos às eleições municipais de 2008. O tribunal é a última instância para demandas na Justiça Eleitoral.
>
> Para Ophir Cavalcante, a situação "efetivamente é preocupante". Ele sugere que "se faça um mutirão e que seja dedicado mais tempo do que tem sido para limpar toda essa pauta, para se chegar às eleições mais ou menos em tempo real entre as impugnações e os julgamentos".
>
> Conforme Cármen Lúcia, a celeridade do julgamento de processos "é o maior desafio que a Justiça no mundo inteiro tem" e, em especial, a Justiça Eleitoral, "porque os prazos são muito curtos". Os juízes eleitorais, por exemplo, têm somente o período que separa a eleição e a posse dos vencedores para tomar decisões que podem modificar o resultado das urnas.
>
> A ministra também se mostrou preocupada com a demora nos julgamentos. "Quanto mais rápido nós andarmos melhor, este é o nosso desafio. É nisso que eu estou empenhada até a alma, para dar celeridade, porque eu sei que, quando o cidadão e a imprensa falam que ainda há processos, sinto que eu ainda não fiz o que precisava fazer, embora tenha feito tudo que eu podia"[35].

Diante desse texto, não se pode deixar de lembrar de outra arguta lição de Lenio Streck, que se referia ao estado de estagnação e posição de conforto em que se colocam os operadores do Direito com base no imaginário teórico dos juristas ainda iludidos por aspirações metafísicas a serem firmadas jurisprudencialmente:

---

34. STRECK, Lenio Luiz, 2009a, *op. cit.*, p. 79.
35. Disponível em: http://eleicoes.uol.com.br/2012/noticias/2012/07/03/aplicacao-da-ficha-limpa- nas-eleicoes-deste-ano-preocupa-dizem-tse-e-oab.htm. Acesso em: 21 jul. 2012.

> O resultado é o aparecimento de um arbitrário juridicamente prevalecente, traduzido através da busca do "correto e fiel sentido da lei". Daí a força das assim chamadas "jurisprudências dominantes" e as famosas "correntes doutrinárias mananciosas". Desse modo, toda vez que surge uma nova lei, os operadores do Direito – inseridos nesse *habitus* também definido por Bourdieu – tornam-se órfãos científicos esperando que o processo hermenêutico-dogmático lhes aponte o caminho, dizendo para eles o que é que a lei diz (ou quis dizer)...[36]

Assim, quando se menciona, aqui, a função principal de enriquecer o sistema não se está dizer que seja o único e autorizado, e que devam os demais agentes aguardar de braços cruzados a superveniência da jurisprudência. É justamente o contrário, o valor da jurisprudência está não em erigir sentido isoladamente, mas em contraditório, cotejando as várias significações disputadas na sociedade, sendo a doutrina uma das principais delas. Será visto que um precedente desafiado doutrinariamente possui pouca força. Tanto que, como visto no capítulo anterior, um dos fatores que denunciam a possibilidade de superação é justamente a crítica doutrinária.

O valor primordial dos pronunciamentos jurisdicionais não é fixar ou eleger significados, mas sim reinserir continuamente em sucessivos jogos de aplicação/interpretação os significados apurados a fim de obter novos resultados mais adaptados à realidade.

4.3 FUNÇÃO SECUNDÁRIA DO PRECEDENTE: SEGURANÇA JURÍDICA COMO COERÊNCIA SISTÊMICA E INTEGRIDADE

Foi afirmado em mais de uma ocasião neste trabalho que não se pode falar que o uso do precedente se justifique porque gere previsibilidade de resultados. Como é fruto de uma *applicatio* efetiva, ele é sensível a modificações. Há muitos elementos agindo no círculo hermenêutico e que podem alterar o resultado interpretativo quando de seu uso. A própria complexidade da vida, portanto, encarrega-se de pôr em xeque a absoluta antevisão do provimento a ser prestado.

Quando se põe o precedente ou mesmo a jurisprudência como critério para prever resultados com precisão, não se está a examiná-los como resposta hermenêutica, como um sentido juridicamente relevante que deve ser observado (dever-ser), mas como um fato sociológico (ser) que molda com traços de necessidade o comportamento do Judiciário. Tal forma de colocar o precedente não se aproxima do paradigma sistêmico-hermenêutico aqui proposto, em que se deve observar e considerar a resposta dada na amplitude do círculo hermenêutico, argumentando e ponderando seu uso, que jamais pode se apresentar como autoevidente ou autojustificado.

A segurança que se pode esperar e exigir é que o juiz sempre considere os precedentes e argumente detalhadamente por que o segue ou não, justificando por que sua decisão é a correta. A expectativa de que se repita o entendimento é, pois, um *a priori*, que para se confirmar ou não deve ser explicado o motivo. Se não for aplicado

---

36. STRECK, Lenio Luiz, 2009a, *op. cit.*, p. 86.

o precedente, deverá ser indicada a distinção essencial do jogo de-e-para presente em relação ao passado. Também deverá ser justificado porque se aplica um precedente a casos distintos daquele caso-paradigma. Nesses termos, a previsibilidade situa-se, no primeiro momento, possível de ser chamada pré-interpretativa, mas sua confirmação ou rejeição depende de motivação suficiente.

Ao investigar a jurisdição brasileira sob o enfoque da obra de Dworkin, Gustavo Binenbojm impõe "que o aplicador do direito assuma uma postura ativa e construtiva, caracterizada pelo esforço de interpretar o sistema de princípios como um todo coerente e harmônico dotado de integridade". Então conclui:

> A integridade a que se refere Dworkin significa sobretudo uma atitude interpretativa do direito que deve integrar cada decisão em um sistema coerente que atente para a legislação e para os precedentes jurisprudenciais sobre o tema, procurando discernir um princípio que os haja norteado[37].

Destaque-se que a coerência aqui defendida não se dá por uma autônoma autor-referência obtida por simetria sistêmica unidirecional, ou seja, apenas a observância de julgamentos de tribunais situados acima na hierarquia judiciária. As cortes mais elevadas também devem justificar por que divergiram de precedentes da base, já que elas igualmente geram expectativas que não podem ser injustificadamente frustradas.

É muito comum se falar em ofensa à segurança jurídica quando um tribunal situado em escalão intermediário não segue pronunciamentos superiores. É igualmente pernicioso, porém, quando um tribunal superior ou mesmo o Supremo Tribunal Federal rompe jurisprudência ou precedente arraigado nas instâncias mais baixas, ou mesmo do Superior Tribunal de Justiça.

Lembre-se de que, atualmente, uma das razões para incremento da importância dos precedentes no Direito é pragmática: o maior e mais facilitado acesso aos pronunciamentos jurisdicionais dos mais diversos tribunais do país, sobretudo porque todos possuem busca jurisprudencial em suas páginas da internet, sendo isso fomentado pelo art. 927, § 5º, do Código de Processo Civil de 2015. Então, não é correto falar que apenas o posicionamento dos tribunais superiores é capaz de gerar justas expectativas nos indivíduos em torno de determinados resultados. Esses tribunais não merecem nem mais nem menos desconfiança do que os demais.

Os precedentes de todos os níveis jurisdicionais importam, porque eles também integram o sistema jurídico, também contribuem, cada um de sua maneira, para o ganho hermenêutico no Direito. Por isso não se pode falar que a ideia de coerência deva ser apenas *up-down*, mas também *bottom-up*. É possível exemplificar isso em divergências entre o Supremo Tribunal Federal e o Superior Tribunal de Justiça.

Tem-se eloquente exemplo em matéria tributária, envolvendo a isenção de Cofins para sociedades civis prestadoras de serviço concedida por lei complementar e revogada

---

37. BINENBOJM, Gustavo. **A nova jurisdição constitucional brasileira**: legitimidade democrática e instrumentos de realização. 2. ed. Rio de Janeiro: Renovar, 2004. p. 85.

por lei ordinária. Os contribuintes argumentavam a hierarquia entre as duas espécies normativas, pelo que a revogação da isenção não seria válida.

Ao longo dos anos, houve os mais diversos posicionamentos. Não havia dificuldade fática, a discussão girava exclusivamente ao derredor de análise jurídica. Nesse tipo de situação, em que não há maior interferência da dimensão fática no círculo hermenêutico, os julgamentos superiores são mais relevantes, justamente porque capazes de dar uma resposta que pode ser amplamente reverberada.

A matéria foi pacificada no Superior Tribunal de Justiça, ao ponto de se emitir súmula, em 2003, consignando que "as sociedades civis de prestação de serviços profissionais são isentas da COFINS, irrelevante o regime tributário adotado". Esse enunciado sumariava linha jurisprudencial que, efetivamente, consolidava-se nessa corte no sentido de que haveria hierarquia entre lei complementar e lei ordinária, pelo que a isenção concedida por aquela não poderia ser revogada por esta.

Em 2008, contudo, o Supremo Tribunal Federal, no julgamento do Recurso Extraordinário n° 377.457[38], entendeu justamente o contrário, que não haveria hierarquia entre as duas espécies normativas. Como a Constituição Federal não exigia lei complementar para conceder de isenção, a matéria seria essencialmente de lei ordinária, podendo ser revogada por este instrumento normativo a despeito de concedido por aquele.

Não se pode negar que houve rompimento de expectativas legítimas. Os contribuintes tinham ao seu favor, precedente, jurisprudência e súmula, autorizando que imaginassem validamente ainda persistir a exoneração tributária. Não é razoável afirmar que não seria legítima porque o Supremo Tribunal Federal poderia alterar – como de fato o fez – o entendimento. Tratava-se da segunda mais relevante corte do País, que possui o dever de uniformizar a jurisprudência. Tais pronunciamentos, portanto, ensejavam, sim, esperanças lícitas que foram rompidas pelo Supremo Tribunal Federal.

Não se está a dizer que o Supremo deva respeito ao posicionamento do Superior Tribunal de Justiça pelo simples fato de este ter pacificado em seu âmbito a matéria. Inegavelmente, o STF pode exarar posicionamento divergente, o que ele não pode é ignorar a existência dessa pacificação e o comportamento que instigou junto aos particulares. Não pode fazer análise como que de um grau zero de cognição, como se nenhum outro pronunciamento jurisdicional fosse tomado como critério de determinação de condutas.

---

38. "Contribuição social sobre o faturamento – Cofins (CF, art. 195, I). 2. Revogação pelo art. 56 da Lei 9.430/1996 da isenção concedida às sociedades civis de profissão regulamentada pelo art. 6°, II, da Lei Complementar 70/1991. Legitimidade. 3. Inexistência de relação hierárquica entre lei ordinária e lei complementar. Questão exclusivamente constitucional, relacionada à distribuição material entre as espécies legais. Precedentes. 4. A LC 70/1991 é apenas formalmente complementar, mas materialmente ordinária, com relação aos dispositivos concernentes à contribuição social por ela instituída. ADC 1, Rel. Moreira Alves, RTJ 156/721. 5. Recurso extraordinário conhecido mas negado provimento" (RE 377457, Rel. Min. Gilmar Mendes, Tribunal Pleno, j. 17.09.2008, Repercussão Geral – Mérito *DJe*-241, divulg 18.12.2008, public 19.12.2008, ement vol-02346-08, p. 1774).

Certamente, pode julgar diferentemente, mas deve considerar, analisar e justificar, confrontando e refutando o posicionamento inferior. Também deve analisar, no corpo do julgado, a guinada jurisprudencial e considerar os efeitos dela. A modulação dos efeitos de que trata o art. 927, § 3º, do Código de Processo Civil, não deve incidir, assim, apenas na mudança de jurisprudência ou tese de casos repetitivos, sendo válida para o caso de mudança de jurisprudência de tribunais inferiores que tenham gerado justas expectativas nos jurisdicionados. Repita-se: os demais tribunais também compõem o Judiciário, suas manifestações são manifestações de um Poder da República. Não é correto exigir que as pessoas devam sempre esperar o posicionamento do Supremo Tribunal Federal para, então, começar a considerar os preceitos judiciais a fim de orientar suas condutas. Isso sequer seria razoável.

No julgamento do referido recurso, tais questões foram amplamente debatidas. No voto inicial do relator, ministro Gilmar Mendes, a questão foi analisada somente sob o enfoque doutrinário e de precedentes do próprio Supremo Tribunal Federal. De fato, já havia manifestação anterior em que o Pretório Excelso se posicionara pela inexistência de hierarquia entre lei complementar e lei ordinária (ADC nº 1). Os ministros que o sucederam na votação, o acompanharam no mérito.

A matéria jurisprudencial só foi suscitada em voto-vista do ministro Marco Aurélio com bastante precisão. Expôs doutrina de Hugo de Brito Machado segundo a qual haveria hierarquia entre as duas espécies normativas, pelo que disposição inferior não poderia revogar isenção concedida pela superior. Ao tratar sobre o posicionamento do Superior Tribunal de Justiça, acrescentou:

> Pois bem, muitos contribuintes, acreditando na postura do Estado, na segurança jurídica que os atos editados visam a implementar, deixaram de recolher a contribuição. Outros, em estado suplantado posteriormente, atuaram procedendo a depósitos e, considerada a pacificação da matéria, vieram a levantar os valores. Lucros, como ressaltado pelo jurista Hugo de Brito Machado, foram distribuídos partindo-se da premissa de que realmente se estava, ao menos sob o ângulo formal, diante de preceito revelador da isenção.
>
> Como fica a almejada segurança jurídica caso prevaleça a óptica até aqui majoritária? O Estado não pode surpreender os cidadãos que atuaram de boa-fé. O Estado não pode, de uma hora para outra, mudar direcionamento que sempre observou e vir a dar o dito pelo não dito, mitigando a forma, tão indispensável à concretização dos ideários que lhes são próprios.
>
> Peço vênia àqueles que entendem de modo diverso para, adentrado o fundo da matéria – refletindo sobre os valores em jogo, refletindo sobre a unidade do sistema -, prover os extraordinários.

Destaque-se que a divergência se deu quanto ao mérito; o argumento jurisprudencial foi reforço para ele. Outros ministros, porém, mesmo admitindo que, no mérito, devessem negar provimento ao recurso (considerando, então, a isenção revogada), propuseram a modulação dos efeitos do julgamento, emprestando-lhe efeitos prospectivos em analogia ao disposto no art. 27 da Lei nº 9.868/1999, justamente considerando a guinada jurisprudencial e a ruptura das expectativas geradas pelos pronunciamentos inferiores. Isso seria permitido, hoje, pelo art. 927, § 3º, do Código de Processo Civil.

Procedeu-se à detida análise dos argumentos, tendo cada ministro se pronunciado especificamente sobre o assunto. A ministra Cármen Lúcia expôs:

> Senhor Presidente, creio que a ideia de modular os efeitos deve ter alguns parâmetros que a jurisprudência, ao longo do tempo, haverá de fixar. Penso que haverá de ser demonstrada a excepcionalidade da situação, a possibilidade de insegurança jurídica, quando se encaminhava a sociedade a acreditar numa jurisprudência num determinado sentido, quando não é este o caso, como bem lembra Vossa Excelência, e, ainda, a necessidade de sinalizar a atuação sobre determinada matéria para o que vier pela frente. Não vislumbro essas situações no caso.

A discussão seguiu em torno de haver pronunciamentos anteriores do Supremo Tribunal Federal pela inexistência da hierarquia normativa analisada, pelo que a orientação do Superior Tribunal de Justiça, em sentido diverso, não poderia legitimamente autorizar posições dos particulares contrárias ao entendimento de cúpula.

Foi destacado pelo ministro Menezes Direito o fato de que o Supremo estava a admitir a tese da modulação, já aplicada em caso anterior que, a seu ver, menos razões possuía. Eis ponto importante: os ministros passaram a discutir a aplicação ou não da modulação ao caso, mas admitiram a possibilidade do instituto, mesmo antes da vigência do atual Código de Processo Civil.

Ressalva foi feita pelo ministro Gilmar Mendes, que a achou temerária, porque poderia passar a ser a regra, no que foi acompanhado pelo ministro Cezar Peluso. Os demais admitiram, sem maiores questionamentos, a possibilidade de aplicar prospectivamente a modificação de orientação jurisprudencial.

O voto-vista do ministro Celso de Mello foi um primor sobre o assunto. Após mencionar a ampla discussão do assunto no Superior Tribunal de Justiça, que resultou na edição de enunciado sumular, discorreu:

> Esse dado assume, a meu juízo, Senhor Presidente, extrema importância, pois coloca em pauta a questão relevantíssima da segurança jurídica, que há de prevalecer nas relações entre o Estado e o contribuinte, em ordem que as justas expectativas destes não sejam frustradas por atuação inesperada do Poder Público, como sucederia em situações, como a ora em exame, em que se registra clara ruptura de paradigmas, com a prolação de decisão que evidentemente onera a esfera jurídica do sujeito passivo da obrigação tributária.
>
> Não se desconhece que a cláusula constitucional que comtempla o direito à segurança, inclui-se a positivação do direito à segurança jurídica, sob pena de ignorar, com grave lesão aos cidadãos, o atributo da previsibilidade das ações estatais, que norteia e estimula a adoção de padrões de comportamento por parte de pessoas em geral (e dos contribuintes em particular).
>
> Os cidadãos não podem ser vítimas da instabilidade das decisões proferidas pelas instâncias judiciárias ou das deliberações emanadas dos corpos legislativos.
>
> Assume relevo, desse modo, a asserção segundo a qual "o princípio da segurança jurídica supõe o direito seja previsível e que as situações jurídicas permaneçam relativamente estáveis".
>
> A instabilidade das decisões estatais, motivada pela ruptura abrupta de critérios jurisprudenciais que, até então, pautavam o comportamento dos contribuintes – cujo planejamento fiscal na matéria em causa traduzia expressão direta do que continha a súmula 276/STJ -, não pode nem deve afetar ou comprometer a esfera jurídica daqueles que, confiando em diretriz firmada pelos Tribunais e agindo de acordo de acordo com esse entendimento, ajustaram de boa-fé, a sua conduta aos pronunciamentos reiterados do Superior Tribunal de Justiça a propósito da subsistência, no caso, da isenção da Cofins.

CAPÍTULO 4 • AS FUNÇÕES E O USO DO PRECEDENTE **305**

É preciso destacar alguns pontos desse voto que se entende corroborar as propostas desta obra. Primeiramente, percebe-se que o ministro Celso de Mello afirma a necessidade de coerência do Judiciário, sem qualquer referência ao nível hierárquico da corte emissora. Respeita a boa-fé dos indivíduos que observaram posicionamento do Judiciário, ainda que não tenha sido por seu órgão mais elevado. Tal fato não pode ser desconsiderado pelas cortes, ainda que superiores ou suprema. Assim, tem-se que os precedentes inferiores importam e devem ser considerados nos julgamentos por instância mais elevada, justamente porque autorizam, também, a criação de legítimas expectativas.

Isso vai ao encontro da relação sistemática em rede e multidirecional ora proposta, e não só uma deferência hierárquica. Não se colocam os pronunciamentos do Supremo Tribunal Federal em uma posição axiomática de não ter que observar outros precedentes. Ao contrário, mesmo aqueles inferiores devem ser considerados em razão da segurança jurídica como coerência e integridade.

É preciso destacar, porém, que se propõe não uma deferência formal. Não se defende que o fato de haver súmula de outro tribunal que ensejou expectativas nos indivíduos obrigue o Supremo ou tribunal superior outro a adotar o mesmo entendimento. Certamente, é possível mudá-lo, por isso se falar que a previsibilidade é apenas um a *priori*, devendo ser apresentada fundamentação que enfrente e refute os argumentos contidos nesses outros julgamentos. Deve-se, ainda, preservar a segurança jurídica aplicando, se for o caso, os efeitos prospectivos tidos por admissíveis de maneira uníssona pelos ministros e, hoje, autorizada pelos enunciados codificados.

Na tradição inglesa, essa modulação de efeitos é bem conhecida, conforme destacou o ministro Celso de Mello:

> Ainda que todo dispensável a referência que a seguir farei, vale assinalar, por oportuno, que também a prática da Suprema Corte americana tem respeitado esses mesmos critérios e idênticos princípios, fazendo-os incidir naquelas hipóteses em que sobrevém alteração substancial de diretrizes que, até então, vinham sendo observadas na formação das relações jurídicas, inclusive em matéria penal.
>
> Refiro-me não só ao conhecido caso "Linkletter" – Linkletter v. Walker, 381 U.S. 618, 629, 1965 -, como, ainda, a muitas outras decisões daquele Alto Tribunal, nas quais se proclamou, a partir de certos marcos temporais, considerando-se determinadas premissas e com apoio na técnica do prospective overruling, inaplicabilidade do novo precedente a situações já consolidadas no passado, cabendo lembrar, dentre vários julgados os seguintes: Chevron Oil Co. v.Huson, 404 U.S. 97, 1971; Hanover Shoe v. United Shoe Mach. Corp., 392 U.S. 481, 1968; Simpson v. United Oil Co. 377 U.S. 13, 1964, England v. State Bd. of Medical Examiners 375, U.S.411, 1964, City of Phoenix v. Kolodziejski, 399, U.S. 204, 1970,Cipriano v. City of Houma, 395 U.S. 701, 1969, Allen v. State Bd.of Educ., 393 U.S. 544,1969".

Ao final do julgamento, a maioria dos ministros rejeitou a modulação, mas eles enfrentaram a questão e alegaram motivos específicos, sobretudo precedentes anteriores do próprio STF em sentido contrário ao entendimento do STJ. O mais importante, no entanto, foi feito: a divergência foi levantada, considerada e analisada especificamente. O STF não se fez surdo e cego ao que se vinha fazendo nas instâncias inferiores. Particularmente, acredita-se que a modulação seria a melhor solução, contudo, não se pode negar que o assunto foi enfrentado, o que é melhor do que o silêncio.

Eis pontos importantes: a preservação da segurança jurídica não significa a obrigação de seguir o posicionamento inferior, meramente porque pacificado, mas o dever de fundamentar a convergência ou a divergência, podendo, ainda, lançar mão da modulação dos efeitos do julgado em novo sentido, a qual pode ocorrer não somente quando um tribunal muda a própria orientação jurisprudencial, mas quando rompe com linha firmada por outras instâncias, mesmo inferiores.

O assunto votou a ser enfrentado em outros julgados, mantendo-se inalterado o posicionamento[39].

É possível, ainda, aprimorar a aplicação dos efeitos prospectivos em se constatando que ele não se submete unicamente à vontade da corte que emite a nova orientação jurisprudencial. A faculdade do art. 927, § 3º, do Código de Processo Civil, não é, pois, apenas da corte originária do precedente, mas também da aplicadora. Com efeito, assim como o precedente não é moldado apenas pelo tribunal emissor, mas também pela corte ou juiz que o aplica, a determinação do momento com início no qual a nova orientação deve "vigorar" pode ser modulada pela corte aplicadora, que está mais próxima da realidade do segundo caso e pode aferir com precisão a ruptura da segurança jurídica e seus efeitos perniciosos.

O exemplo citado pode ilustrar o que aqui se diz. O Supremo Tribunal Federal negou que, de uma maneira geral, houvesse razão para aplicar os efeitos prospectivo da guinada jurisdicional que ele mesmo causou; entretanto, tal negação não impede que um juiz posterior, em razão de circunstâncias específicas não consideradas na apreciação genérica levada a efeito pelo Pretório Excelso, venha a modular os efeitos. Destaque-se, tal poder não cabe apenas à corte que muda a orientação, mas também àquela que a aplica, por ser uma decorrência direta da concepção de segurança jurídica como coerência.

Não há qualquer justificativa para que tão relevante medida reste concentrada em um só tribunal. Ela lida diretamente com a racionalidade e justiça do sistema de precedentes, o qual não pode se submeter a qualquer discricionariedade volitiva concentrada. Portanto, embora no exemplo da Cofins o Supremo Tribunal Federal tenha negado o efeito prospectivo, ele o fez de uma maneira genérica, não impedindo que

---

39. "Embargos de declaração – Inocorrência de contradição, obscuridade ou omissão – Inaplicabilidade, ao caso, da doutrina da modulação dos efeitos da decisão do Supremo Tribunal Federal – Pretensão que, examinada nos 'leading cases' (RE 377.457/PR e RE 381.964/MG), não foi acolhida pelo plenário do Supremo Tribunal Federal – Ressalva da posição pessoal do relator desta causa, que entende cabível, tendo em vista as peculiaridades do caso, a outorga de eficácia prospectiva – Considerações do Relator (Min. Celso de Mello) sobre os postulados da segurança jurídica e da proteção da confiança dos cidadãos em suas relações com o poder público e, ainda, sobre o significado e as funções inerentes à súmula dos Tribunais – Observância, contudo, no caso, do postulado da colegialidade – Embargos de declaração rejeitados" (AI 633563 AgR-ED, Rel. Min. Celso de Mello, Segunda Turma, j. 19.04.2011, *DJe*-102, divulg 27.05.2011, public 30.05.2011, ement vol-02532-02, p. 332).

razões específicas não levantadas naquele julgamento – ou sequer cogitadas – possam levar o juiz aplicador a modular a eficácia temporal da nova linha de entendimento.

A resposta jurisdicional a questões fáticas e jurídicas não é monopólio do escalão mais elevado da hierarquia judiciária, mas é capacidade de todo o corpo da magistratura. E isso se refere não somente à aplicação da lei, mas também do precedente. Perceba-se que a modulação não decorre apenas de exigência formal acometida com exclusividade ao órgão que opera a mudança jurisprudencial em texto legislativo. É imposição material derivada de uma razão deontológica, qual seja, o respeito às expectativas geradas, o que, conquanto possa ser apurado em sua generalidade, também é verificável caso a caso, distribuindo-se assim pelos diversos órgãos jurisdicionais. Nessa apreciação mais específica, quanto mais próximo o juiz ou tribunal estiver dos fatos da causa, e quanto mais eles forem divergentes do padrão geral considerado no plano superior, maior será a capacidade deste juiz mais aproximado em realizar a imposição deontológica.

Assim, no exemplo da isenção da Cofins, o Supremo Tribunal Federal foi expresso em cogitar as situações-padrão que orientaram as razões de indeferir o efeito prospectivo. Não foram julgados suficientes a distribuição de lucros realizada, os depósitos levantados e os planejamentos realizados em atenção à súmula 276/STJ e sua específica jurisprudência. Entretanto, fatores específicos adicionais como uma decisão favorável no Conselho de Contribuintes, órgão da administração fazendária, ou seguidas decisões nos mais diversos níveis no determinado processo, podem reforçar a crença de vitória, o que leva o Judiciário não só a poder, mas a dever aplicar os efeitos prospectivos.

Não se pode admitir como premissa inabalável que os órgãos judiciários de cúpula lidam adequada e exaustivamente com as questões fáticas incidentes sobre o Direito. Em alguns ramos jurídicos, mais suscetíveis aos elementos empíricos, ocorre justamente o contrário: ante a proibição dos tribunais superiores revisarem questões de fato, assuntos inteiros ficam à margem de sua apreciação, como interpretação de cláusulas contratuais e muitos outros assuntos do Direito Civil, em especial de família, que se imiscuem e entrelaçam nas várias facetas e particularidades da individualidade. Mesmo questões constitucionais, desde que não tenham repercussão geral, ficam à margem do Supremo Tribunal Federal.

Isso lembra, inclusive, o que foi dito a respeito da intrínseca divisão de tarefa que se pode inferir de uma estruturação hierárquica e piramidal do Judiciário: ao ápice, o geral; à base, o específico. Portanto, quando um caso for padrão, quando a relação jurídica posta em juízo não apresentar nota de singularidade, for marcada como um caso individual típico, ou mesmo uma questão de interesse difuso, coletivo ou em massa, as manifestações superiores serão relevantes porque, justamente por não se dedicarem prioritariamente a exame de prova e minúcias, laboram nesses padrões amplos. Inversamente, quando se tem uma questão marcada pela singularidade, porque apresenta fatos específicos que demandam provas, os pronunciamentos dos tribunais habituados a lidar com dilação probatória serão mais úteis.

Então, é possível mesmo se considerar alguns ramos do Direito em que são mais comuns casos-padrão e outros em que são mais marcantes as especificidades. O Direito tributário, justamente por causa do princípio da tipicidade e legalidade tributária, busca na regra matriz dos tributos alcançar condutas clichês dos contribuintes (auferir renda, vender mercadorias, prestar serviço etc.).

Seus fatos geradores são encarados como condutas-padrão ou costumeiras. Os precedentes superiores serão mais relevantes a operarem nesse nível de abstração, com essa menor atenção a particularidades. Tanto que muitas questões tributárias são resolvidas em conceituações gerais, como é exemplo a determinação do que sejam faturamento e receita bruta para efeito de tributação, o que foi definido pelo Supremo Tribunal Federal no julgamento do Recurso Extraordinário 390.840[40].

Não se quer dizer com isso que toda questão tributária seja tipificada, padronizada. Ocorre que muitos contribuintes podem praticar atos cuja especificidade ponha em dúvida sua submissão ou não aos critérios gerais e padrões. Por exemplo, tem-se como inquestionável no Imposto sobre Serviço, de competência municipal, a ideia de que seu critério espacial (onde se considera ocorrido o fato gerador) é o local da prestação do serviço, ou seja, onde a obrigação de fazer é executada.

Só com a evolução das discussões jurídicas, no entanto, começaram a surgir questionamentos particulares como, por exemplo, a coleta de lixo em que se busca o resíduo em um município, mas se o despeja em outro. Isso pode inclusive ser especificado ainda mais: na coleta de lixo hospitalar, em que o contrato deve indicar o local de ser buscado o lixo, bem como o local adequado e diferenciado a ser depositado, onde é a prestação do serviço? Essas minúcias e variações do fato típico tributável normalmente são consideradas por tribunais intermediários, dificilmente se elevando a cortes superiores.

Ainda é possível exemplificar discussões pontuais de autos de infração tributários, em que não se discutem as concepções gerais do fato gerador, mas a maneira de se apurá-lo, quais os métodos ou provas que servem para mensurar ou quantificá-lo. Essas são questões complexas e particularizadas. Nem o Supremo Tribunal Federal nem o Superior Tribunal de Justiça agirão nesse nível de detalhamento, sendo que seus precedentes pouco ajudarão em qualquer ideia de segurança em termos de preservação de expectativas. Quando muito, fala-se de segurança como coerência, ou seja, essas

---

40. Em seu voto, muito bem escreve o Min. Cezar Peluso: "Não precisa recorrer às noções elementares da lógica formal sobre as distinções entre gênero e espécie, para reavivar que, nesta, sempre há um excesso de conotação e um déficit de denotação em relação àquele. Nem para atinar logo em que, como já visto, faturamento também significa percepção de valores e, como tal, pertence ao gênero ou classe receita, mas com a diferença específica de que compreende apenas os valores oriundos do exercício da "atividade econômica organizada para a produção ou a circulação de bens ou serviços" (venda de mercadorias e de serviços). De modo que o conceito legal de faturamento coincide com a modalidade de receita discriminada no inc. I do art. 187 da Lei das Sociedades por Ações, ou seja, é "receita bruta de vendas e de serviços". Donde, a conclusão imediata de que, no juízo da lei contemporânea ao início de vigência da atual Constituição da República, embora todo faturamento seja receita, nem toda receita é faturamento" (RE 390840, Rel. Min. Marco Aurélio, Tribunal Pleno, j. 09.11.2005, DJ 15.08.2006, p. 25, ement vol-02242-03, p. 372, RDDT n. 133, 2006, p. 214-215).

minúcias devem ser investigadas em consideração ao padrão geral assentado por esses tribunais.

A questão de um tribunal mais elevado dever observar precedentes de tribunal situado abaixo dele no escalão judiciário se apresenta com notas mais complexas quando se considera a atuação do Supremo Tribunal Federal em processo originário que traga questões federais, como por exemplo, entendimento sobre o Código de Processo Penal. Deve o Supremo Tribunal Federal observar os precedentes do Superior Tribunal de Justiça a respeito da questão federal, que, repita-se, é de natureza infraconstitucional? Vale lembrar que a própria Constituição Federal põe o STJ como a instância máxima para matéria ordinária em torno de legislação federal.

Entende-se que, sim, em tais situações, há o dever de consideração da jurisprudência do STJ pelo STF. É o mesmo dever de observância que todo outro tribunal tem, mas com a certa limitação de não haver a quem recorrer, especialmente ao STJ, colocado um grau baixo. No entanto, o fato de ser a última instância, não confere ao STF uma discricionariedade forte no sentido exposto por Dworkin[41], há, é certo, uma discricionariedade fraca, submetida a princípios e ao próprio dever de coerência e integridade, que podem não autorizar recurso ou medidas processuais adicionais, mas acarretará a sanção material de erosão do sistema jurídico como um torno, em prejuízo da segurança jurídico, nos termos propostos.

Percebe-se, portanto, que segurança é coerência e integridade, é respeito a um encadeamento já posto e conhecido, e não mera reprodução acrítica ou equiparação forçada entre casos. Só assim se tem o Direito como integridade no trato dos precedentes; só assim se tem o romance em cadeia (*chain novel*) adequadamente desenvolvido.

É possível erigir alguns critérios a serem observados para se assegurar, nos termos devidos, a segurança jurídica sistêmica.

4.3.1 Critérios a serem observados na obtenção da segurança como coerência sistêmica e integridade

Com supedâneo nas lições de Raimo Siltala, é possível se indicar alguns critérios que devem ser observados no uso de precedentes, de modo a ser assegurada a segurança jurídica como coerência e integridade. São eles: a) acuidade na análise dos elementos hermenêuticos pertinentes ao precedente e ao novo caso em julgamento; b) fundamentação bem desenvolvida e apropriada; c) consideração da previsibilidade apriorística; e d) mitigação de surpresas.

Siltala, na verdade, arrola seis regras: a) *appositeness (expediency) and adequacy of normative and factual information;* b) *fair predictability;* c) *systemic balance;* d) *ideological*

---

41. DWORKIN, Ronald, 2002, *op. cit.*, p. 51-63.

commitments and argumentative skills; e) *respect for the basic conceptions of justice and fairness in society*; f) *integrity in argumentation*[42].

Não se segue inteiramente a proposta de Siltala porque: 1) a adequada análise não deve se limitar apenas às questões de fato e de direito, pois há outros elementos que agem no círculo hermenêutico (políticos, sociológicos, econômicos etc.), inclusive as concepções básicas de justiça e equidade que menciona no item "e"; 2) a *fair predictability* deve ser entendida como a previsibilidade apriorística acima apresentada, ou seja, o dever de considerar e fundamentar a razão de se seguir ou não os precedentes; 3) o *systemic balance, argumentative skills* e a *integrity in argumentation* se conjugam na noção de fundamentação bem desenvolvida e apropriada aqui proposta; 4) o compromisso com a ideologia adotada entende-se ser uma premissa inarredável, porque os critérios ora apresentados são formulados com base no paradigma sistêmico-hermenêutico estudado no capítulo anterior, presumindo-se que toda a atividade jurisdicional deve se dar em atenção a ele; 5) nenhuma das regras propostas por Siltala apresenta, expressamente, o dever de mitigação de surpresas que aqui se propõe, como a modulação de efeitos a fim de impedir retroação da mudança jurisprudencial.

Portanto, embora as lições de Siltala tenham despertado a necessidade de observância a padrões para se garantir a segurança em termos de coerência e integridade, é necessário o aprimoramento de sua proposta.

O constructo "a" proposto nesta obra (acuidade na análise dos elementos hermenêuticos pertinentes ao precedente e ao novo caso em julgamento) se relaciona com a necessidade de observar as reais identidades entre os casos (o julgado no precedente e o novo em julgamento). A comparação e a análise devem ser amplas e não se limitarem à velha dicotomia de questões de fato e de direito.

Prefere-se destacar o respeito aos elementos hermenêuticos de um modo geral, porque, como dito, o que atua e interfere na interpretação/aplicação de precedentes não se limita a esses descritos por Siltala. São inúmeros, podendo variar mesmo de uma situação para outra. Podem ser identificadas questões políticas, econômicas e sociais. Ademais, a mútua interferência entre fatos e direitos é complexa e intensa. E todos têm sua parcela de contribuição na formulação do significado que se obtém.

Certamente, as questões de fato são as mais evidentes, merecendo, via de regra, apreciação explícita juntamente com o direito mutuamente condicionado. As demais, normalmente, operam como motivos subjacentes não expostos ou só explicitados em situações gerais.

Sobre as considerações de fato e de direito, Siltala expõe alguns pontos relevantes, os quais organiza em quantitativo e qualitativo.

Os pontos quantitativos relacionam-se com o número de precedentes que merecem consideração. Ele usa o exemplo da Corte de Cassação italiana que produz várias

---

42. SILTALA, Raimo, *op. cit.*, p. 165-177.

centenas de julgados anualmente, cuja divulgação, como visto, não é integral nem feita por veículo oficial, ocorrendo por publicações acadêmicas que selecionam as que julgam mais convenientes segundo os mais variados critérios. Oficialmente, são apresentadas apenas as *massime*. Isso corrobora a desintegração do sistema. A existência de uma grande quantidade de parâmetros jurisdicionais facilita a existência de contradições e, portanto, a arbitrariedade na escolha de um ou outro pela corte posterior. É o que se verifica no Brasil, em que a grande quantidade de precedentes divergentes do Superior Tribunal de Justiça ou mesmo do Supremo Tribunal Federal permite que se escolham padrões contrários entre si, ofertando soluções para as várias posições que se queira assumir. A mesma dispersão é ainda mais comum em tribunais ordinários.

Como instrumento para tratar essa profusão de precedentes, apontam-se instrumentos formais, como filtros de causas que podem ascender aos níveis mais elevados ou extensão de efeito de um julgamento para vários outros, como no julgamento de casos repetitivos e incidente de assunção de competência. Há, porém, elementos materiais que interferem na variação e proliferação jurisprudencial que não podem ser contingenciados por instrumentos formais. Por isso, Siltala muito bem arrola três fatores de influência: 1) o quadro geral da velocidade de mudanças sociais; 2) o estado da arte entre a doutrina jurídica e a complexidade social; e 3) o equilíbrio institucional entre Direito e sociedade.

Esses três fatores que atuam diretamente na influência dos fatos sociais sobre o sistema de precedentes evidenciam que, em uma sociedade que passa por intestinas e aceleradas mudanças, que tem uma ordem jurídica voltada a promover alterações sociais, e cuja doutrina ainda esteja se adaptando e absorvendo os conhecimentos necessários para aliar o novo e o velho, não pode priorizar instrumentos formais de reiteração acrítica de pronunciamentos jurisdicionais. Agindo dessa maneira, irá na contramão desses fatores materiais que atuam inexoravelmente no círculo hermenêutico dos precedentes.

Assim, em sociedades que buscam mudanças, como o Brasil de modernidade tardia, não se pode artificialmente impor um contingenciamento das manifestações jurisdicionais que se traduzam em precedentes. É natural que haja maior conflituosidade se comparada a sociedades voltadas à preservação de avanços já conquistados, como EUA, Inglaterra e Alemanha.

Não se está a dizer que seja um quadro querido e ideal. Certamente, deve-se buscar uma evolução com vistas à estabilidade. A própria ideia de sistema aspira à harmonia, mas, para alcançá-la, serão necessários recursos materiais e não formais. Será necessária a coerência material, argumentada e explicitada de todos os fatores influentes, bem como a convergência principiológica própria da integridade. A divergência não será transformada em convergência por imposições hierárquicas ou pela forçosa e ilusória exclusão da Política, da Economia, da Sociologia e da Moral do Direito. Eles remanescerão atuando ocultamente em prol de uma específica visão de mundo que simplesmente mantém o *status quo*. Portanto, o apego a métodos formais pode parecer atrativo, mas não passa de ocultação dos fatores reais de influência, e que, por isso, devem ser utilizados coordenadamente. Só a conjugação de instrumentos formais e considerações materiais será capaz de fazer que o encadeamento jurídico de precedentes se dê de maneira harmônica.

Os instrumentos formais, em especial aqueles criados pelo Código de Processo Civil de 2015, por certo, contribuem, mas não são suficientes. A grande quantidade de precedentes em sentidos contraditórios só será um mal se não houver instrumentos materiais para integrá-los paulatinamente. E tal solução é hermenêutica, passando pelo sincero e transparente trato de todos os elementos pertinentes, sem a fuga a formalismos que simplesmente os põem "embaixo do tapete", com o sequestro de suas premissas.

É disso que surge o elemento qualitativo relacionado com a exigência de "fundamentação bem desenvolvida e adequada" apresentada no constructo "b". Ante a grande quantidade de precedentes ou fatores a atuar no julgamento da causa, é necessária uma detida fundamentação sobre todos os aspectos, o que, certamente, não é possível ocorrer com silogismos efetuados com base em ementas ou resumo de teses jurídicas. Essa é a dimensão constitucional do dever de fundamentação das decisões judiciais.

Normalmente, exige-se fundamentação quando não se segue um precedente, mas ela também é necessária quando se o segue. A simples afirmação ou citação de julgados anteriores sob a indistinta rubrica de que é "a jurisprudência pacificada", dos tribunais ou mesmo a melhor interpretação, não é suficiente, dado o risco de se está a hiperintegrar o sistema, ou seja, aplicar precedente a situações hermenêuticas essencialmente distintas. Nesse tocante, muito bem inovou o art. 489, § 1º, V, do Código de Processo Civil de 2015.

Da mesma forma, não se pode apresentar qualquer motivo para se distanciar de uma resposta já dada. Não se há de simplesmente alegar o livre convencimento do próprio juiz aplicador. Nem mesmo a apresentação de outro precedente em sentido contrário é suficiente, já que não expõe o porquê da opção de um em detrimento do outro. Palavras ou expressões vazias de sentido – como simples afirmação de similitude ou equivalência substancial entre os casos – não bastam.

Tanto para aplicar como para rejeitar um precedente, é preciso aquilatar sua força hermenêutica – da forma a ser exposta em tópico seguinte – perpassando os elementos para tanto, cotejando com os argumentos trazidos pelas partes e confrontando com os fatos considerados, sejam eles efetivamente provados, presumidos ou genericamente admitidos como ocorridos. Só assim se dá o uso justificado de precedente ou seu devido afastamento.

É nessa fundamentação detida e dialogada que se pode encontrar a única decisão correta para o caso de que fala Dworkin, a qual é bem explicada por José Emílio Medauar Ommati:

> A única decisão correta, para Dworkin, não é a única decisão correta aqui e agora e não mais modificável. A única decisão correta é aquela construída pelas partes, em um processo que se desenvolve com seus princípios com suas limitações. Ora, Dworkin trabalha com a perspectiva do juiz e, tanto nos Estados Uni-

dos, quanto no Brasil, o juiz só poderá agir no processo e de acordo com os princípios processuais. A única decisão correta é sempre uma construção compartilhada, através do processo, com as partes dando suas razões e contrarrazões, apresentando suas provas, é dizer, agindo em contraditório.

A única resposta correta para Dworkin não significa uma única decisão verdadeira, como se a verdade existisse de uma vez por todas. A única decisão correta para o americano, é a única que pode convencer todas as partes envolvidas na decisão tomada. Isso porque, hoje, verdade só pode ser entendida discursivamente"[43].

O dever de fundamentar as decisões execra prática que se consolida no Brasil e é confessada em julgamento de embargos de declaração (o qual, segundo Lenio Streck, já é um problema, por ser recurso voltado a remendar decisão nula por falta de fundamentação). Consiste na afirmação de que o juiz não é obrigado a discorrer sobre todos os argumentos expendidos pelas partes. É mantra reproduzido em inúmeras ementas do Superior Tribunal de Justiça, e por diversos tribunais alhures, a ideia de que "a jurisprudência desta Corte é uníssona no sentido de que o julgador não está adstrito a responder a todos os argumentos das partes, desde que fundamente sua decisão"[44].

O juiz ou tribunal não tem a discricionariedade de simplesmente ignorar, sem qualquer motivo, alegações das partes. Não existe decisão implícita no Brasil. Mesmo a prescrição do Código de Processo Civil no sentido de que se consideram repelidos todos os argumentos formulados deve ser reavaliada. Essa preclusão é formal e intraprocessual, ou seja, relaciona-se com a coisa julgada, a fim de evitar que o processo se eternize. Em nada se relaciona, porém, com o uso dos precedentes. Não se pode concluir que alguma questão foi julgada em um precedente em razão dessas presunções.

Assim, fundamentação sucinta é indício de má fundamentação. Isso põe por terra a irrestrita repetição de outro mantra exaltado por vários precedentes no sentido de que "fundamentação sucinta não se confunde com ausência de fundamentação. Somente a ausência de fundamentação é capaz de gerar a nulidade"[45]. Nesse sentido, muito bem-vindo o art. 489, § 1º, IV, do Código de Processo Civil.

Não só a falta de fundamentação produz nulidade. Quando a Constituição impõe o dever de motivar as decisões jurisdicionais, não está a admitir um cumprimento de qualquer maneira, ao contrário, em sendo assunto fundamental, deve ser tomado com a maior acuidade e atenção.

Como não existem "dados jurídicos" objetivamente existentes e desprendidos do contexto hermenêutico, a argumentação exerce influência, em maior ou menor grau, na constituição dos elementos a serem considerados em uma decisão. Tanto que Michele

---

43. OMMATI, José Emílio Medauar. A teoria jurídica de Ronald Dworkin: o direito como integridade. In: CATTONI, Marcelo (coord.). **Jurisdição e hermenêutica constitucional**. Belo Horizonte: Mandamentos, 2004. p. 162-163.

44. AgRg no AREsp 97.654/BA, Rel. Min. Benedito Gonçalves, Primeira Turma, j. 12.06.2012, *DJe* 18.06.2012.

45. EDcl no AgRg no AREsp 39.366/DF, Rel. Min. Humberto Martins, Segunda Turma, j. 17.05.2012, *DJe* 25.05.2012.

Taruffo bem explora como a narrativa age sobre os fatos apreciados em um processo, e quais as possibilidades epistêmicas deste em alcançar a verdade[46].

Não se está a dizer que se deva ser prolixo. Não. Como já adiantado, outra função secundária do precedente é a economia hermenêutica, ou seja, evitar que se reconstitua todo um raciocínio ou interpretação já observada a contento em outros casos. Isso, no entanto, requer atenção e justificação.

Todas as questões suscitadas pelas partes devem ser enfrentadas e consideradas segundo os argumentos apontados por elas. O velho brocardo *dabo tibi jus* ("dai-me os fatos que te darei o direito") não se concilia com o Estado de Direito Constitucional ou com o Direito como integridade. É fórmula forjada e moldada no Estado legislativo no apogeu do positivismo exegético, em que os fatos eram premissas menores de um silogismo em que a lei era a premissa maior e a fundamentação era mero exercício de lógica formal. Portanto, não basta resolver as questões; também se deve julgar os argumentos expendidos.

Por certo, argumentos impertinentes, equivocados ou protelatórios não merecem ser acatados, mas também não podem ser ignorados solenemente. Podem ser refutados sucintamente, desde que sejam suficientes para demonstrar sua impertinência, seu equívoco ou protelação ante as demais colocações adotadas como válidas. Colocações desprendidas de um desenvolvimento lógico completo, ligando direito, fatos, argumentos e pretensão também não merecem resposta específica, simplesmente porque sequer podem ser qualificados como argumentos em um sentido estrito.

Percebe-se, na prática forense, é que quanto mais experiente e amadurecido é o advogado, o promotor e o juiz, mais capacidade demonstra em lidar com todo o conjunto hermenêutico que concorre no caso, tratando de maneira precisa e direta a argumentação pertinente, sem prolixidade. Isso comprova que a interpretação não é técnica, mas experiência, um acontecer cujo trato demanda do indivíduo um domínio amplo de vida, não só do estrito conhecimento jurídico ou de uma metodologia pré-pronta. Afinal, "quem só direito sabe nem direito sabe".

Portanto, os dois primeiros critérios propostos nos construtos "a" e "b" se entrelaçam em um emaranhado formal e material.

Por sua vez, o respeito à previsibilidade apriorística muito proximamente se relaciona com a necessidade de mitigar surpresas. Ela consiste na vedação de o juiz ou tribunal se fazer surdo e cego a outras manifestações jurisprudenciais e ignorar o comportamento adotado pelos indivíduos em face delas. Foi visto isso no exemplo citado da isenção da COFINS. Não pode o juiz ou tribunal, sob a indistinta prerrogativa de livre convencimento, ignorar legítimas expectativas suscitadas tanto por julgados que lhes sejam superiores quanto inferiores. Eis um ponto que merece constante destaque e

---

46. TARUFFO, Michele. **La semplice verità**: il giudice e la costruzione dei fatti. Roma: Editori Laterza, 2009. p. 74-134.

repetição: a coerência sistêmica é multidirecional, não se reduz à deferência hierárquica. É nessa perspectiva que deve ser muito bem recepcionado o art. 23 da Lei de Introdução às Normas do Direito brasileiro, ao dispor que "a decisão administrativa, controladora ou judicial que estabelecer interpretação ou orientação nova sobre norma de conteúdo indeterminado, impondo novo dever ou novo condicionamento de direito, deverá prever regime de transição quando indispensável para que o novo dever ou condicionamento de direito seja cumprido de modo proporcional, equânime e eficiente e sem prejuízo aos interesses gerais".

Ressalte-se o termo "apriorístico" na expressão aqui proposta: ele indica que não é uma submissão (difícil mesmo de se imaginar quando se consideram pronunciamentos inferiores), mas o dever de considerar e analisar o precedente, a jurisprudência ou súmula, sem recorrer a ficções que tolham a liberdade decisória do magistrado ou tribunal. Lembre-se de que no paradigma sistêmico-hermenêutico que ora se propõe com base infraestrutural na Hermenêutica filosófica, não se admitem artificialismos metódicos que ponham qualquer conhecimento alheado da realidade social e institucional.

Por via de consequência, tem-se o dever de mitigar surpresas, fazendo surgir instrumentos como a modulação dos efeitos de modificações jurisprudenciais. É imperioso, no entanto, situar o assunto em seus devidos termos. Sem dúvida alguma, a constante variação jurisprudencial, guinadas jurisprudenciais inadvertidas, desrespeito de uma corte superior ou suprema a seus próprios precedentes que pretendem ver seguidos por outros tribunais minam qualquer concepção racional de segurança. Entretanto, não se pode reduzir a questão a uma ingênua crença de "conhecimento prévio das regras do jogo" ou à necessidade do devido aviso antes de mudá-las. Esses termos só se justificam em uma visão positivista, nas ideologias submetidas ao paradigma normativo (*judicial reference, judicial legislation e judicial exegesis*). Conforme adverte Siltala, "such a positivist frame of precedent-following, however, would fail to attain the elements of flexibility and responsiveness to social change which are yet often affiliated with a well-functioning system of precedent-based judicial adjudication"[47]

Os autores, ao se referirem a esse recurso, valem-se do conhecido instituto do *prospective overruling* da tradição inglesa que lida como esta que é uma das mais polêmicas – e injusta – característica do *judge made law*: a aplicação retroativa do direito. Influenciado, em seu início, pela concepção declaratória da jurisdição, o *stare decisis* se via sempre com aplicação retroativa, pois, para algo ser apenas declarado, precisa existir antes. Foi visto nos capítulos anteriores que esse foi ponto de reflexão comum entre as várias correntes que se dedicaram ao estudo da tradição inglesa, desde os realistas aos "pós-positivistas".

Atualmente, não mais persiste a visão declaratória de jurisdição. Admite-se que esta possa realmente "criar" direito e surpreender as pessoas; entretanto, os instrumentos hábeis a mitigar esse efeito retroativo são vistos não como de constante aplicação, mas

---

47. SILTALA, Raimo, *op. cit.*, p. 171.

apenas ante razões específicas. Mantém-se a premissa de aplicação retroativa do precedente, enumerando-se as exceções de aplicação do *prospective overruling*. A descrição que Robert Summers[48] faz do Direito estadunidense é bastante elucidativa:

> Retroactive application of an overruling decision may upset substantial reliance on the overruled precedent and will treat parties similarly situated quite differently. At minimum, the "victim" of the overruling will be treated differently from who come after and who thus benefit from the new rule. As a result, courts have invented the practice of overruling in some cases only prospectively. That is, old rule is still, in effect, applied to all prior parties similarly situated except the litigants before the court (thereby preserving incentives to seek changes).

Com arrimo nessa apresentação do instituto, o autor passa a expor que a aplicação retroativa é a regra, mas descreve as três exceções:

> Although it is common practice that a rule will be applied retroactively, New York courts do have the power prospectively to overrule in certain limited circumstances. According to one court, Ceres Partner v. Gel Assocs., 714 F. Supp. 679 (S.D.N.Y 1989), a new rule will generally be applied retroactively, unless three types of factors converge to favour prospective overruling:
>
> The holding must establish a new principle of law, either by overruling clear past precedent on which litigants may have relied or by deciding an issue of first impression whose resolution was not clearly foreshadowed;
>
> The merits and demerits in each case must be weighed by looking to the history of the rule in dispute, its purpose and effect, and whether retroactive operation will further or retard the rule's operation;
>
> Retrospective application must create the risk of producing substantially inequitable results

Na Inglaterra, o instituto é menos desenvolvido, como explicam Zenon Bankwoski, Neil MacCormick e Geoffrey Marshall[49]:

> This draws attention to one of objections of principle to a power of departure from a precedent, and the most instances of its use, namely, the undermining of reasonable expectations that precedent will be followed. If it is possible in one case to indicate that in later cases a criticized precedent will be departed from, while not upsetting the present expectations of those at present relying on precedent, the objection is elided. That, in short, is the case for a practice of "prospective overruling". Yet many would hold that this practice smacks very noticeably of naked judicial legislation, and despite interesting arguments by R.H.S. Tur and others, the practice has not been formally adopted in the U.K. Hedley Byrne perhaps shows that judges may be more willing to use the power of overruling when it can be used in a manner that has effects similar to, tough a form different from, that of express "prospective overruling".

Nos países da tradição continental, o instituto não é conhecido, como testemunham Taruffo[50], Troper e Grzegorczyk[51] e Alexy[52]. Quando muito, há a modulação dos efeitos

---

48. SUMMERS, Robert S. Precedent in the United States (New York State). In: MACCORMICK, D. Neil; SUMMERS, Robert S.; GOODHAT, Arthur L., *op. cit.*, p. 398.
49. BANKWOSKI, Zenon; MACCORMICK, Neil; MARSHAL, Geoffrey. Precedent in the United Kingdom. In: MACCORMICK, D. Neil; SUMMERS, Robert S.; GOODHAT, Arthur L., *op. cit.*, p. 345.
50. TARUFFO, Michele. Precedent in Italy. In: MACCORMICK, D. Neil; SUMMERS, Robert S.; GOODHAT, Arthur L., *op. cit.*, p .179.
51. TROPER, Michel; GRZEGORCZYK, Christophe. Precedent in France. In: MACCORMICK, D. Neil; SUMMERS, Robert S.; GOODHAT, Arthur L., *op. cit.*, p. 133.
52. ALEXY, Robert; DREIER, Ralf. Precedent in Federal republic of Germany. In: MACCORMICK, D. Neil; SUMMERS, Robert S.; GOODHAT, Arthur L., *op. cit.*, p. 57.

da declaração de inconstitucionalidade, como conhecido no Brasil após o advento da Lei nº 9.868/1999, mas que toca a dimensão formal de eficácia da norma objeto do comando decisório.

Como se percebe, portanto, o maior desenvolvimento do instituto é estadunidense. Os três fatores apontados em Robert Summers como autorizadores do *prospective overruling* corrobora a visão material que aqui se propõe emprestar ao instituto: a) ao exigir que o novo precedente ocasione uma mudança normativa, coloca o assunto em termos de irretroatividade dela, preceito básico do Estado de Direito. Ao longo desta obra foi defendida a ideia de que precedente não se reduz à norma, mas se admite que possa se inferir uma do precedente e esta norma deverá respeitar os princípios constitucionais, entre eles o da irretroatividade. b) justamente porque precedente não se reduz à norma, ainda que se verifique uma nele, sua aplicação e extensão não é automática, devendo ser consideradas as razões que a suportam (*rule by reasoning*), e serão precisamente essas razões que deverão ser levadas em conta para a avaliação de que fala Summers. Destaque-se, porém, é hermenêutica e não por uma ponderação (com toda a discricionariedade que carrega nos últimos tempos). c) ao colocar genericamente a necessidade de averiguação de iniquidades substanciais na aplicação do novo precedente, converge com o entendimento de que a modulação de efeitos não é uma decisão exclusiva da corte que muda o entendimento, mas também daquela que o aplica, pois único capaz de verificar a iniquidade concreta na aplicação.

Ademais, Jaldemiro Rodrigues de Ataíde Júnior, com bastante percuciência, acrescenta ao tema a constatação de que essa modulação não se apresenta apenas pelos extremos de aplicar o precedente com inteira retroação ou somente para casos futuros. Explica que entre um extremo e outro há matizes mais mitigados:

> Dias de Souza (2006, p. 159), cuja classificação dos efeitos temporais dos precedentes se adota como referencial teórico no presente trabalho, tipifica os efeitos temporais do novo precedentes em: a) aplicação retroativa pura, que tem o mesmo sentido de aplicação plenamente retroativa de Pomorski, ou melhor, quando tribunal aplica a nova regra aos fatos acontecidos antes e depois do seu surgimento, inclusive, àqueles já transitados em julgado; b) aplicação retroativa clássica, que tem o mesmo sentido de aplicação retroativa limitada do Pomorski, isto é, quando o tribunal aplica a nova regra aos fatos ocorridos antes de ela ter sido criada (por exemplo, às ações em curso), ressalvando apenas os casos que já tiveram sentença passada em julgado. C) aplicação prospectiva pura, que tem o mesmo sentido da aplicação prospectiva de Sesma, qual seja, quando o tribunal aplica o novo precedente apenas para regular as condutas que ocorreram depois do seu surgimento, inclusive, com relação ao caso em julgamento; d) aplicação prospectiva clássica, que tem o mesmo sentido da aplicação prospectiva regular de Pormorski, de acordo com a qual, o tribunal não aplica o novo precedente a fatos passados (por exemplo, às ações em curso) exceto aos fatos do caso concreto em julgamento, que são afetados pela nova regra e, e) aplicação prospectiva a termo, que tem o mesmo sentido a aplicação prospectiva-prospectiva de Sesma, segundo a qual, o tribunal, ao criar o novo precedente, dispõe que o mesmo deve ser aplicado apenas a partir de uma determinada data futura[53].

Diferentemente do que propõe Summers, não se crê que haja um critério que seja a regra, ou seja, aquele que seja comumente aplicado, ressalvada a modulação. Tudo

---

53. ATAÍDE JÚNIOR, Jaldemiro Rodrigues de, *op. cit.*, p. 166-167.

dependerá da força hermenêutica do precedente. Com efeito, uma jurisprudência pacífica, sumulada, e que não possua qualquer desafio inferior ou superior, tem grande força hermenêutica, exercendo grande influência sobre a conduta das pessoas. Assim, ao ser superado, deve continuar sendo aplicada para os atos já praticados e nas ações ajuizadas, sob pena de rompimento da segurança jurídica nos termos ora propostos.

Por óbvio, essa não é uma imposição imutável, pois havendo razão suficiente é possível se modular esse efeito prospectivo para fazê-lo retroagir, mas desde que haja razão suficiente para tanto. Em contrapartida, a ocorrência de precedente que não tenha se arraigado em um sistema, que receba constantes desafios, e em razão de outros elementos possui pouca força hermenêutica (nos termos a serem detalhados a seguir), é normal que sua definitiva superação se dê retroativamente, pois dificilmente havia fundada razão para os indivíduos a observarem. Só diante de motivos específicos e bem fundamentados poderá haver modulação para aplicar sua superação prospectivamente.

Impende destacar-se que a matéria temporal é tomada de maneira mais natural no concernente a súmulas, inclusive vinculantes, pois se entende que só devem atuar sobre situações posteriores a sua edição:

> Agravo regimental no recurso extraordinário com agravo. Penal e processo. Condenação. Art. 121, § 2º, IV c/c art. 14, II, CP. Tribunal do júri. Uso de algemas. Julgamento do júri anterior à publicação da Súmula Vinculante nº 11 do STF. Acórdão recorrido em consonância com o entendimento desta Corte. 1. O enunciado da Súmula Vinculante nº 11 da Suprema Corte não é aplicável, face ao uso de algemas durante a sessão, máxime quando o julgamento pelo tribunal do júri se deu em data anterior à sua publicação. (Precedentes: Rcl 7675/MT, Relator a Ministra Ellen Gracie, *DJe* 17.03.2009; Rcl 6928/PR, Relator o Ministro Eros Grau, *DJe* 23.04.09; Rcl 6540/DF, Relator o Ministro Eros Grau, *DJe* 24.04.2009, entre outros). 2. Destarte, o julgamento foi realizado no dia 7 de agosto de 2008 e a Súmula Vinculante nº 11 do STF foi publicada no dia 22 de agosto de 2008. 3. *In casu*, o acórdão originariamente recorrido rejeitou matéria preliminar e negou provimento ao recurso de apelação contra decisão do Tribunal do Júri que condenou o recorrente pela prática do crime previsto no artigo 121, § 2º, IV c/c artigo 14, II, ambos do Código Penal, à pena de 04 (quatro) anos de reclusão, a ser cumprida em regime inicial fechado. 4. Agravo Regimental desprovido[54].

Por fim, é preciso explicitar que todos os critérios aqui expressos atuam dentro do paradigma sistêmico-hermenêutico proposto. Seu uso deve guardar coerência com as demais implicações desse padrão. Daí se falar de uma coerência paradigmática ampla para adequadamente se preservar a segurança jurídica como integridade. Isso significa não só o compromisso com as propriedades sistêmicas, mas, sobretudo, o afastamento daquelas pertinentes ao normativismo e ao contextualismo, embora desta última seja mais facilmente adaptável.

---

54. ARE 653964 AgR, Rel. Min. Luiz Fux, Primeira Turma, j. 28.02.2012, acórdão eletrônico *DJe*-052, divulg 12.03.2012, public 13.03.2012.

4.3.2 Coerência sistêmica ampla: a consideração de precedentes extrajudiciais

Ao se propor, no capítulo anterior, a concepção de precedente, trabalhou-se com uma específica, moldada para os precedentes judiciais, por ser este o objeto deste livro. Essa proposta, contudo, é para uma modalidade específica de precedente, cujas notas características são a solução de lide em processo dialético do Judiciário. Os demais elementos descritos, que qualificam o núcleo-base da concepção (resposta institucional hermenêutica), existem em outras manifestações do Poder Público que também ocasionam ganho hermenêutico e condicionam comportamentos, em função de uma *applicatio*, gerando economia argumentativa e igualdade de tratamento. Daí ser possível identificar como precedentes não só julgamentos judiciais. São exemplos mais eloquentes: a) julgamentos de processos administrativos em que se garantem o contraditório e a ampla defesa, os quais seriam os mais próximos dos precedentes judiciais; b) pareceres, vinculantes ou não, de procuradorias e consultorias de órgãos e entidades públicas; c) decisões dos tribunais de contas; d) pareceres das comissões de constituição e justiça do Legislativo.

São precedentes, repita-se, porque produzem respostas institucionais que intermedeiam Direito e realidade e enriquecem o sistema. Conquanto não sejam tão profícuos como os precedentes jurisdicionais, porque a alguns falecem o contraditório e mesmo a análise de uma situação concreta controvertida, ainda assim podem trazer novos sentidos jurídicos ou firmar escolha entre vários possíveis.

Não se pode negar que tais manifestações auferem cada vez mais importância nos dias atuais no âmbito da Administração Pública seja internamente, seja na relação com os particulares. Cada vez mais órgãos e agentes públicos buscam consulta jurídica para guiar suas decisões e se preservarem de acusações futuras. Por sua vez, as instituições jurídicas do Executivo, como procuradorias e consultorias, vêm cada vez mais se fortalecendo e estruturando. Após o surgimento de inelegibilidade em razão de desaprovação de contas de ordenadores de despesas públicas pelos tribunais de contas, seus julgamentos se consolidam como firme padrão de comportamento. Os particulares, a seu turno, procuram com crescente frequência as instâncias administrativas decisórias, sobretudo na seara tributária, para guiar seu comportamento.

O Direito Tributário, por disciplinar ponto de contato nevrálgico entre cidadão e Estado, fornece os exemplos mais claros.

A consulta fiscal, respondida ao contribuinte mediante parecer, gera e condiciona com detalhes seu comportamento, orienta como deve recolher o tributo, ou mesmo se não deve recolhê-lo, em que montante, de que maneira, mediante o cumprimento de que obrigações acessórias. A crença de que o Estado, por seus três poderes, irá respeitar a confiança depositada na observância à resposta dada à consulta fiscal deve se manter inabalada, porque, além de segurança como coerência, tem-se princípios constitucionais específicos incidindo e regulando a expectativa, como o da boa-fé administrativa[55].

Cada vez mais, é instrumento utilizado pelos particulares. Representa uma segurança para o comportamento antes duvidoso. Ao descrever esse instituto, Kelly Magalhães Faleiro lhe atribui fundamento constitucional e função similar à que é normalmente atribuída aos precedentes judiciais:

> A consulta fiscal, ao mesmo tempo em que se configura instrumento de realização do direito à informação, identifica-se como meio de fortalecimento da segurança jurídica que deve propiciar o sistema tributário. Insere-se, portanto, nesse direito amplo de assistência e informação, contido no art. 5°, XXXIII, da Constituição Federal, que possuem os administrados em face da Administração, especificamente no âmbito tributário, como contrapartida à sobrecarga de obrigações e deveres que sofrem, sobretudo no atual contexto de autogestão tributária[56].

Quanto à relação com a segurança jurídica, acrescenta:

> A consulta fiscal surge, nesse contexto, como um instrumento de realização da segurança jurídica, permitindo ao contribuinte que conheça a interpretação que a Administração adotará em face da regra jurídica e do fato que o afeta, com a garantia de que se atuar em conformidade (da interpretação) não sofrerá nenhum tipo de sanção. Como reforça Cléber Giardino, "a faculdade de consultar tem a peculiaridade de dar ao contribuinte – no contexto de séria preocupação com a garantia dos direitos e a estabilidade das relações jurídicas – segurança jurídica repousante na confiança de atuação leal de Estado, criatura da Constituição"[57].

Como se lê, tem-se instituto de base constitucional que, mediante interpretação/aplicação legislativa em atenção às formulações apresentadas pela parte interessada, oferta orientação de conduta. Como, então, ignorar tal sorte de manifestação em uma decisão judicial caso a questão tratada por ela seja levada a juízo? Não se pode ignorar.

Ainda no âmbito do Direito Tributário, há outros precedentes de incomensurável relevância: os julgados das instâncias julgadoras de impugnações a autos de infração, em especial pelo Conselho Administrativo de Recursos Fiscais hoje do Ministério da Economia, antigo Conselho de Contribuintes. São órgãos altamente qualificados no assunto porque compostos por especialistas em tributação que, como poucos, conhecem a dimensão fática, social e econômica incidente no conflito. Além disso, as instâncias recursais comumente são paritárias, com representantes do fisco e dos contribuintes, o que amplia a "dialeticidade" dos trabalhos.

---

55. Nesse sentido, escreve Germana de Oliveira Moraes: "O direito deve proteger também a confiança suscitada pelo comportamento dos agentes da administração pública. Vale dizer, cabe aos agentes do poder públicos o impostergável dever ético de 'manter a palavra', de cumprir a palavra dada, em síntese, de agir de boa-fé. [...] O princípio da boa-fé aplica-se de maneira mais ampla, conforme leciona Pierre Moor, quando a administração cria uma 'aparência de direito', sobre a qual o administrado se funda para adotar um comportamento que ele considera conforme o direito(...). A administração cria aparência de direito, quando, por exemplo, autoriza previamente a conduta do particular" (MORAES, Germana de Oliveira. **Controle jurisdicional da Administração Pública**. São Paulo: Dialética. 1999. p. 120-121).
56. FALEIRO, Kelly Magalhães. **Procedimento de consulta fiscal**. São Paulo: Noeses, 2005. p. 3.
57. *Ibid.*, p. 14.

CAPÍTULO 4 • AS FUNÇÕES E O USO DO PRECEDENTE **321**

Vêm-se demonstrando muito eficaz para expor e evidenciar os pormenores que geram dúvidas sobre a arrecadação e pagamentos de tributos por profissionais cujo dia a dia se relaciona intimamente com toda essa complexidade. No mínimo, ter-se-á um processo administrativo que se apresentará em juízo, facilitando, e muito, o labor jurisdicional que, em sua tarefa diária, não lida apenas com matéria tributária.

Tais respostas integram o sistema jurídico coerentista proposto porque são atribuições formais de sentido jurídico que orientam comportamentos. Não podem, portanto, ser desconsiderados quando se propõe uma coerência sistêmica ampla.

A doutrina brasileira mostra-se, nos últimos anos, bastante preocupada com a uniformidade jurisprudencial. Talvez porque ainda pressuponha a versão declaratória da jurisdição – no sentido de que o Judiciário não cria Direito nem inova do sistema jurídico, mas apenas declara o direito ou a interpretação "correta" das antigas fontes formais do Direito – ignoram-se outros instrumentos relevantes que geram sentido à legislação e que condicionam o comportamento das pessoas.

Estudo mais atento dos precedentes, porém, não pode deixar de considerá-los, pois começam a se fazer cada vez mais presentes mesmo como parâmetros de julgamento do próprio Judiciário.

De fato, os tribunais regionais federais citam em seus acórdãos posicionamentos do antigo Conselho de Contribuintes, hoje Conselho Administrativo de Recursos Fiscais – CARF, em deferência a sua *expertise*. Bom exemplo disso é verificado em julgamento de 2010 do Tribunal Regional Federal da Segunda Região sobre reconhecimento de crédito presumido de IPI na exportação[58].

A matéria dizia respeito ao fato de que o contribuinte, na medida em que aperfeiçoa o bloco de granito bruto para consumo, transformando-o em rocha ornamental, ter ou não "direito ao crédito presumido de IPI instituído pela MP n. 948/1995, convertida na Lei n. 9.363/1996, para ressarcimento, às empresas exportadoras, do valor da contribuição ao PIS e Cofins". Esse direito não estava sendo reconhecido pelo fisco federal em função de regulamento que excluía empresas que de qualquer forma não pagassem IPI, o que seria o caso do autor da ação, cujo produto seria NT (não tributado). Eis a curiosidade: o particular queria ser reconhecido como contribuinte para obter direito ao crédito na exportação.

Percebe-se ser caso bastante particular, com meandros e sutilezas. Na decisão, o voto condutor, seguido à unanimidade, utilizou como fundamento quase que exclusivamente precedentes do Conselho de Contribuintes. É o que se percebe:

> Com efeito, a classificação como não tributada quer significar, justamente, que o produto listado na tabela não sofre a incidência de IPI por não ser caracterizado como industrializado para fins de incidência do

---

58. TRF2 AC 200350010093184 AC – Apelação Cível – 373163, Des. Federal Luiz Antonio Soares Quarta Turma Especializada, E-DJF2R 11.05.2010, p. 150, data da decisão 20.04.2010, public 11.05.2010.

imposto. Desse modo, não pode se caracterizar tal produto como submetido a "processo produtivo", como exigido pela Lei n. 9.363/1996, conforme o art. 1º acima transcrito.

Nesse sentido, ademais, têm decidido os Conselhos de Contribuinte, como se constata dos seguintes arestos:

"Ressarcimento. Crédito presumido. Lei nº 9.363/1996. Exportação de produtos NT. Não há direito aos créditos de IPI em relação às aquisições de insumos aplicados na fabricação de produtos classificados na TIPI como NT. Súmula nº 13 do Segundo Conselho de Contribuintes .[...] Recurso negado". (Recurso n. 139025 – Segunda Câmara – Processo: 13811.001867/00-35 – Data da Sessão: 12.12.2007 14:00:00 – Relator: Maria Teresa Martínez López ACÓRDÃO 202-18629 - D.O.U. de 16.07.2008, Seção 1, pág. 35)

"Processo administrativo fiscal alegações de inconstitucionalidade. Matéria de competência exclusiva do Judiciário. Alegações de inconstitucionalidade constituem-se em matéria que não pode ser apreciada no âmbito deste Processo Administrativo Fiscal, sendo da competência exclusiva do Poder Judiciário.

IPI. Crédito presumido. Lei nº 9.363/1996. Produtos não tributados. Receita de exportação. Exclusão. Na determinação da base de cálculo do crédito presumido do IPI, o montante correspondente à exportação de produtos não tributados (NT) deve ser excluído no cálculo do incentivo, tanto no valor da receita de exportação quanto no da receita operacional bruta. Insumos empregados em produtos NT. Exclusão. Não se incluem na base de cálculo do Crédito Presumido do IPI instituído pela Lei nº 9.363/1996 os insumos empregados em produtos não tributados. [...] Recurso negado".

(Recurso nº 133753 – Terceira Câmara – Processo: 13858.000579/2002-41 – Data da Sessão: 225/2007 14:00:00 – Relator: Emanuel Carlos Dantas de Assis – Acórdão 203-12048 – DOU 30.07.2007, Seção 1, pág. 43)

Após as citações das ementas, o relator do recurso judicial transcreveu a íntegra do voto do relator do último precedente do Conselho de Contribuintes e, a partir dele, concluiu o julgamento

Assim, irrelevantes as demais discussões da apelante, tendo em vista que, mesmo que ela se enquadre em outros requisitos exigidos pela lei para o gozo do benefício fiscal, não atende a todas as exigências, dada a exportação de produtos classificados como "não tributados".

Descabe, portanto, analisar a extensão do benefício, inclusive no tocante à alegada inconstitucionalidade da IN SRF n. 23/1997.

Posto isso, nego provimento à apelação.

Esse não é um caso isolado de julgamento judicial que utilizou como precedente julgamento administrativo de órgão fiscal. Como dito, é cada vez mais comum se ver esse tipo se fundamentação em matéria tributária.

Em ações que versam sobre Direito Administrativo, fenômeno semelhante se verifica em relação aos precedentes dos tribunais de contas, que como se sabe não compõem o Judiciário, sendo considerados órgãos de auxílio do Legislativo, ainda que com autonomia. Seus julgados são frequentemente citados como fundamentos de decisões judiciais, como se pode perceber pelas seguintes ementas, as quais são suficientes para demonstrar o que se está a dizer:

Processual civil e administrativo. Licitação. Utilização de pregão eletrônico para contratação de empresa especializada na atualização e manutenção de elevadores. Possibilidade. Serviço comum, que não apresenta maior grau de complexidade. 1. Despidos de complexidade, podendo ser definidos claramente no edital e enquadrados como serviços comuns, a atualização e manutenção de elevadores podem ser objeto

CAPÍTULO 4 • AS FUNÇÕES E O USO DO PRECEDENTE   **323**

de licitação por meio da modalidade denominada pregão. Precedente do Tribunal de Contas da União. 2. Agravo provido, para reformar a decisão que suspendeu os efeitos da licitação[59].

Processual civil, administrativo e constitucional. Mandado de segurança. Legitimação passiva. Autoridade com poder para determinar o pagamento da vantagem pleiteada. Vantagem Pessoal Nominalmente Identificada – VPNI. LEI 9.030/1995. Acúmulo das gratificações judiciária e extraordinária com a remuneração total dos ocupantes de cargos em comissão das 4, 5 e 6. Ilegalidade. Inexistência de direito adquirido. 1. Autoridade legitimada a responder à ação de mandado de segurança, em que se questiona o cancelamento do pagamento da VPNI a servidores desta Corte, é o ordenador de despesas, que, na sua estrutura organizacional, tem poderes para determinar o pagamento dos servidores lotados neste Tribunal, bem assim para promover as alterações devidas, função essa desempenhada pelo Presidente da Corte, que, de resto, encampou o ato impugnado, ao pronunciar-se sobre o seu mérito. 2. Nos termos de precedentes do Tribunal de Contas da União e, também, desta Corte, os servidores ocupantes dos cargos do Grupo DAS, níveis 4, 5 e 6 (transformados em FC-08, FC-09 e FC-10, respectivamente), não optantes pela remuneração do cargo efetivo (na forma do art. 2º da Lei 8.911/1994) não fazem jus, após a edição da Lei 9.030/1995, que estipulou a "remuneração total" dos citados cargos em parcela única, à percepção das Gratificações Judiciária e Extraordinária, instituídas, respectivamente, pelo Decreto-Lei nº 2.173/1984 e pela Lei 7.759/1989. 3. Se foi tida por ilegal a cumulação das Gratificações Judiciária e Extraordinária com a "remuneração total" prevista na Lei nº 9.030/1995, não há como deferir, também, o pedido de devolução dos valores indevidamente recebidos a esse título e descontados em folha, em cumprimento a determinação do Tribunal de Contas da União. 4. Não há que falar em ofensa aos princípios constitucionais do direito adquirido e da irredutibilidade de vencimentos quando a vantagem que se pretende ver restabelecida foi concedida ilegalmente, não tendo, assim, o condão de gerar, para o servidor público, qualquer direito. 5. Segurança denegada[60].

Mesmo pareceres das procuradorias podem servir de parâmetro de julgamento, como denota precedentes do Superior Tribunal de Justiça:

> [...] 9. O Parecer Normativo GQ-162 AGU, de 27.08.1998, aprovado em 15.09.1998 pelo Presidente da República, de aplicabilidade vinculada nos órgãos e entidades da Administração Federal, assevera que "o estágio probatório não é fator impeditivo da requisição ou cessão de servidor a esta Advocacia-Geral da União, quaisquer que sejam as atribuições a serem nela exercidas. 10. Se o Advogado-Geral da União está autorizado a requisitar qualquer servidor dos órgãos ou entidades da Administração Pública Federal, independentemente da titulação exercida, a fortiori, poderá ele dispor, notoriamente, da capacidade funcional dos membros da categoria "irmã" dos Advogados da União, que é a dos Procuradores Federais, para o exercício de atividades em seu gabinete, mesmo porque a seleção do *staff*, para o assessoramento direto em confiança, está inserida no campo discricionário daquela autoridade política, não sendo cargo privativo de nenhuma categoria [...][61]

Esse último exemplo evidencia a relevância que pareceres jurídicos possuem no âmbito interno da Administração Pública. Não é raro que pronunciamentos de procuradorias e consultorias moldem o comportamento administrativo em diversas áreas ao longo de extenso período.

---

59. TRF 1 AG 200701000384437 AG – Agravo de instrumento – 200701000384437, Rel. Juiz Federal Carlos Augusto Pires Brandão (conv.), Sexta Turma, e-DJF1 26.05.2008, p. 249, A Turma, v.u., deu provimento ao agravo, data da decisão 28.04.2008, public 26.05.2008.

60. TRF1 MS 200001001353260 MS – mandado de segurança – 200001001353260, Des. Federal Antônio Ezequiel da Silva, Corte Especial, *DJ* 08.04.2005, p. 03, A Corte Especial denegou a segurança, v.u., data da decisão 18.11.2004, public 18.11.2004.

61. MS 10.272/DF, Rel. Min. Vasco Della Giustina (desembargador convocado do TJ/RS), Terceira Seção, j. 26.10.2011, *DJe* 22.03.2012.

Portanto, é inegável a relevância desses precedentes não judiciais para o Direito. Tal fenômeno não é desconhecido alhures. Michael Gerhardt lança mão do conceito para mais adequadamente identificar o fenômeno constitucional nos EUA. Lembre-se de que a Constituição dos EUA tem mais de 200 anos e possui texto sintético, o que a faz depender, grandemente, de várias espécies de pronunciamentos para definir suas feições. Acontece que as manifestações jurisdicionais não seriam suficientes para lidar inteiramente com a demanda constitucional de sentido. Os precedentes extrajudiciais exercem papel relevante nesse tocante.

Para Gerhardt, precedentes não judiciais são "any past constitutional judgements made outside the courts which public authorities try to invest with normative authority"[62]. Ao discorrer sobre o tema, percebe-se que o autor utiliza termo "judgement" em um sentido genérico, como manifestação formal a respeito de algum ponto constitucional, pois muitos dos exemplos que fornece não são soluções de controvérsias em processo, mas simples solução de algum questionamento em torno do sentido da Constituição.

Destaca o fato de que, ao se atentar para esse tipo de precedente, abranda-se a "arrogância" judicial da supremacia de suas decisões para definirem a Constituição, evidenciando que ela é moldada por várias outras instâncias, que chegam mesmo a limitar o *judicial review*, pois evitam que questionamentos necessitem chegar ao Judiciário para serem solucionados ou, mesmo chegando, apresentam-se já talhados e tratados por essas outras instâncias.

Especificamente se opondo a essa supremacia dos precedentes judiciais no Direito Constitucional, o autor aponta cinco razões: a) a jurisdição, por suas características ínsitas, entre as quais se pode destacar a inércia, não é capaz de lidar com toda a demanda por sentido constitucional que diariamente a vida política exige; b) caso se admitisse a exclusividade judicial para moldar a constituição, autorizar-se-ia a irresponsabilidade das demais instâncias que efetivamente exercem essa tarefa diuturnamente, mantendo a questão fora do Judiciário; c) a pouca participação popular nos processos judiciais enfraquece o diálogo constitucional necessário para uma produção democrática de sentido constitucional; d) muitas crises políticas e institucionais que põem em xeque a constituição e as instituições políticas são solucionadas à margem do Judiciário; e) inegavelmente, os precedentes não judiciais tem um efeito sobre a sociedade em geral, servindo de parâmetro de comportamento tanto quanto os precedentes judiciais.

Tais afirmações são dirigidas ao Direito Constitucional especificamente, mas são válidas para o Direito como um todo. Servem para ressaltar outro importante precedente político, verificado diuturnamente, ainda que não citados comumente em julgamentos. São manifestações políticas das mais importantes que moldam, preventivamente, a Constituição: os pareceres e decisões das comissões de constituição e justiça do Senado Federal e da Câmara dos Deputados.

---

62. GERHARDT, Michael, *op. cit.*, p. 122.

São manifestações de singular relevância, já que todo projeto de lei e de emenda constitucional passa por essas comissões, que não raramente aludem a manifestações suas anteriores. Por motivos que lhes são próprios, não costumam extravasar os muros da respectiva casa, mas, internamente, atuam de forma determinante.

É inegável, portanto, a relevância dos precedentes extrajudiciais; contudo, a observância a eles deve ser precisada. Eles não podem se restringir a reforços argumentativos quando convenientes ao Judiciário. Seu uso e consideração não podem ser arbitrários, permitindo que sejam simplesmente ignorados quando assim queiram os julgadores. Certamente, não possuem, normalmente, a mesma força hermenêutica de uma decisão judicial, mas isso não significa que sejam desprovidos de toda autoridade. Alguns deles, como os pareceres normativos, são de compulsório cumprimento pelos agentes públicos, razão pela qual, quando se julgam tais comportamentos, não se pode ignorar esse fundamento de validade.

Conquanto sejam cada vez mais comumente citados, eles são simplesmente ignorados quando trazem entendimento contrário ao do Judiciário. Isso não pode acontecer. Não deve haver, é certo, uma simples deferência, afinal o controle jurisdicional se presta a controlá-los. Não se pode deixar de considerar, porém, que eles são observados e seguidos de boa-fé por agentes públicos e particulares. Podem, por esse motivo, ser critério para modulação dos efeitos das decisões justamente para preservar a segurança jurídica que ensejaram. Pensar diferente consiste em se apegar, explícita ou implicitamente, aos velhos conceitos exegéticos de que há um sentido objetivo e unívoco das disposições legislativas que é apenas declarado pelo Judiciário, atuando, portanto, retroativamente, justamente por ser o sentido único.

Quando se menciona coerência do Direito, não se pode mencionar coerência setoriais, uma judicial outra administrativa, e assim por diante. Deve haver uma harmonia ampla, sobretudo quando se trata de manifestações do Poder Público. Não existem "ilhas de sentido" nesse tocante. É importante ter em mente a ideia de que o dever de coerência não se traduz em deferência, ou seja, não significa que o Judiciário deva seguir acriticamente uma decisão dos tribunais administrativos, dos tribunais de contas, pareceres administrativos e manifestações das comissões de constituição e justiça. Certamente, ele pode divergir, mesmo porque, repita-se, ele controla a legalidade e a constitucionalidade dessas manifestações. Não pode desconsiderar, porém, em seu julgamento, tais manifestações, a expectativa de direito que geraram, não pode sancionar retroativamente condutas que de boa-fé se pautaram neles. Coerência não é deferência, é dever de consideração fundamentada em busca da resposta correta.

Essa consideração relaciona-se com a força hermenêutica que os precedentes não judiciais também possuem. Eles perdem no aspecto formal – não há prescrição jurídica que imponha dever de observância deles pelo Judiciário – mas critérios materiais corroboram a necessidade de análise e observância quando necessário. Tanto isso é verdade que já ocorre, conforme demonstrado nas transcrições feitas há pouco. O que não pode é que o uso seja arbitrário, apenas quando conveniente para corroborar um entendimento formado previamente pelo magistrado. Seu convencimento deve se constituir pela análise deles também.

Exemplo pode ilustrar o que aqui se diz. Imagine-se como se avaliar juridicamente a conduta de um agente público que tenha de decidir sobre o reequilíbrio de um contrato administrativo de terceirização de mão de obra requerido pelo particular contratado porque sobreveio acordo coletivo alterando o piso salarial da categoria. O Superior Tribunal de Justiça possui o seguinte entendimento:

> Administrativo. Agravo regimental. Contrato administrativo. Dissídio coletivo que provoca aumento salarial. Revisão contratual. Equilíbrio econômico-financeiro. Fato previsível. Não incidência do art. 65, inc. II, alínea "d", da Lei n. 8.666/1993. Álea econômica que não se descaracteriza pela retroatividade.
>
> 1. É pacífico o entendimento desta Corte Superior no sentido de que eventual aumento de salário proveniente de dissídio coletivo não autoriza a revisão o contrato administrativo para fins de reequilíbrio econômico-financeiro, uma vez que não se trata de fato imprevisível – o que afasta, portanto, a incidência do art. 65, inc. II, "d", da Lei n. 8.666/1993. Precedentes.
>
> 2. A retroatividade do dissídio coletivo em relação aos contratos administrativos não o descaracteriza como pura e simples álea econômica.
>
> 3. Agravo regimental não provido[63].

Como se lê, o Superior Tribunal de Justiça não admite, por esse precedente, o reequilíbrio contratual por esse motivo. Contrariamente entende, há muito tempo, o Tribunal de Contas da União, conforme se lê na Decisão nº 457/1995 de seu plenário:

> Possibilidade de repasse dos percentuais de reajuste salarial, ocorrido na data-base, da remuneração da mão de obra, aos custos dos contratos de prestação de serviços de limpeza, conservação e vigilância. Alegação de desequilíbrio econômico-financeiro embasada no reajuste salarial dos trabalhadores ocorrido durante a vigência do contrato. Conhecimento. Possibilidade de reajuste ou revisão do contrato somente após decorrido o prazo de um ano da última ocorrência (assinatura, repactuação, reajuste ou revisão)".

Indaga-se: como avaliar juridicamente o comportamento de um agente público que tenha seguido orientação da corte de contas em detrimento do posicionamento do Superior Tribunal de Justiça? É possível desconsiderar o posicionamento extrajudicial de órgão cuja função constitucional é justamente o controle amplo dos gastos públicos? O aumento concedido poderia configurar improbidade administrativa?

Não se pode ignorar o precedente extrajudicial. Não se pode tomar que o entendimento do Superior Tribunal de Justiça seja o único a ser padrão de comportamento em detrimento dos demais. Qualquer avaliação que se faça da conduta deve passar necessariamente pela consideração do precedente extrajudicial, demonstrando, justificadamente, por que, no caso específico, deve ser afastado, não sendo suficiente apontar o pronunciamento jurisdicional, pois, ambos os órgãos possuem suas atribuições definidas no Texto Constitucional e se tem por pacificado que o Judiciário não pode adentrar o mérito do que é julgado pelas cortes de contas.

---

63. AgRg no REsp 957.999/PE, Rel. Min. Mauro Campbell Marques, Segunda Turma, j. 22.06.2010, *DJe* 05.08.2010.

CAPÍTULO 4 • AS FUNÇÕES E O USO DO PRECEDENTE **327**

Por tudo isso, percebe-se que os precedentes não judiciais possuem força hermenêutica a ser respeitada pelas demais instâncias, inclusive judiciais. Essa força hermenêutica é modulada por alguns fatores; a) *status* do órgão que o emite; b) ter se dado ou não em processo dialético, em que se tenham exercido o contraditório e a ampla defesa; d) o reforço que possa ter recebido de outras fontes, como a doutrina e a própria jurisprudência; e) existência de alguma prescrição formal determinando a obediência do pronunciamento; f) existência de fundamentação adequada e detida; e g) similitude hermenêutico entre os casos. Maiores detalhamentos sobre o tema são apresentados em estudo específico[64].

Esses fatores são espécies dos que existem em qualquer precedente e que serão estudados mais detidamente a seguir, quando se examinar o uso dos precedentes.

4.4 FUNÇÃO SECUNDÁRIA DO PRECEDENTE: IGUALDADE COMO DEVER DE IMPEDIR A DESINTEGRAÇÃO E A HIPERINTEGRAÇÃO DO DIREITO

A igualdade que o precedente assegura não é igualdade de aplicação da lei, pois esta não deixa de ser igualdade legal. Consoante foi estudado linhas atrás, nem mesmo é acurado se diferenciar isonomia na lei e em sua aplicação, pois não é possível definir o que ela prescreve sem projetar sua aplicação.

Quando se trata de precedentes, a isonomia deve ser buscada entre eles, por aferição de elementos que os integram, e não indiretamente, em decorrência da interpretação da lei. A interpretação legislativa é apenas um dos vários elementos que compõem a resposta hermenêutica ofertada no caso anterior e que também agirá na interpretação do precedente ante o novo caso. Assim, a isonomia que se deve buscar é uma isonomia na resposta institucional em sua completude hermenêutica. Quem se encontra em uma situação substancialmente similar do ponto de vista do jogo de-e-para deve receber do Judiciário julgamento (resposta) equivalente. É nesses termos que se deve entender a afirmação horizontal da integridade abordada por Dworkin, ao escrever que "um juiz que adota um princípio em um caso deve atribuir-lhe importância integral nos outros que decide ou endossa, mesmo em esferas do direito aparentemente não análogas[65]".

Por isso, não se pode desintegrar (realizar distinções injustificadas entre os casos, tomando-os sempre como situações novas sem qualquer conexão com as já julgadas) nem se superintegrar o sistema (elidir as peculiaridades do caso posterior para forçosamente enquadrá-lo na solução anterior). Ressalte-se, porém, que a distinção e o assemelhamento são hermenêuticos e não meramente fáticos.

---

64. LOPES FILHO, Juraci Mourão; BEDÊ, Fayga Silveira. A força vinculante dos precedentes administrativos e o seu contributo hermenêutico para o Direito. **A&C – Revista de Direito Administrativo & Constitucional**, Belo Horizonte, ano 16, n. 66, p. 239-265, out./dez. 2016. Disponível em: https://doi: 10.21056/aec.v16i66.367. Acesso em 03 mar. 2020.

65. DWORKIN, Ronald. **Domínio da vida**: aborto, eutanásia e liberdades individuais. São Paulo: Martins Fontes, 2009. p. 204.

Entender o Direito como integridade é encará-lo como um todo integrante de uma comunidade de princípios. Consoante Dworkin, "o ponto central da integridade é o princípio, não a uniformidade: somos governados não por uma lista *ad hoc* de regras detalhadas, mas sim por um ideal, razão pela qual a controvérsia se encontra no cerne de nossa história"[66]. Busca-se uma unidade, mas não formal, obtida por um encadeamento lógico-formal, e sim uma unidade de valor, conforme desenvolvido por Dworkin na terceira fase de seu pensamento[67].

Não se pode ignorar o fato de que, em sua evolução, o sistema jurídico agrega partes com influências e feições diferentes. Ao se recordar que ele é composto não pelos substratos físicos (textos), mas sim pelos sentidos, essa constatação fica mais evidente, pois toda interpretação possui sua marca individual de historicidade. E é bom que haja isso, pois, na atuação em conjunto, na interpretação/aplicação da parte pelo todo e do todo pela parte, há mútua interação que faz os sentidos integrantes evoluírem. Exemplo banal demonstra isso: a função social da propriedade (de inspiração social) alterou para sempre o direito de propriedade (de origem liberal), e ambos passaram a ter delineamentos próprios após essa interação.

Nem mesmo um só documento jurídico que perpasse os anos agregando paulatinamente novos textos e significados deixa de correr o risco de romper o equilíbrio entre as partes e o todo. Com maior razão, um sistema jurídico inteiro. Diz-se isso recorrendo às lições de Laurence Tribe e Michael Dorf[68] ao mencionarem as duas falácias que não podem ser utilizadas para interpretar a Constituição: justamente a desintegração e a hiperintegração. Quando os autores se referem a desintegração, entendem um aproximar-se da Constituição, "ignorando o fato claramente visível que suas partes estão ligadas ao todo – que é a Constituição que carece de interpretação e não um apanhado de cláusulas desconexas e meras provisões com históricos diversos". A seu turno, quando tratam da hiperintegração, aludem ao "não menos importante fato de que o todo é composto de diferentes partes – partes que em alguma instância foram adicionadas por uma ampla variedade de questões relativas à história da América".

O mesmo raciocínio pode se fazer para os precedentes organizados sistematicamente. Cada um deles, ao ingressar como um ganho hermenêutico, fruto de uma *applicatio,* traz consigo uma nota de historicidade que lhe é própria. Não que seja algo estático e imutável, pois variável justamente em função da dinâmica sistemática. Inegavelmente, porém, a carrega. Ao mesmo tempo, sua conjugação interpretativa com as demais partes demanda uma adaptação pela coerência e integridade para se evitar contradições insuperáveis. Por sua vez, ao se recorrer a um precedente, não se pode utilizá-lo isoladamente ou mesmo desconsiderá-lo, forçando uma distinção da situação

---

66. *Ibid.*, p. 204-205.
67. DWROKIN, Ronald, 2014, *op. cit.*
68. TRIBE, Laurence; DORF, Michael. **Hermenêutica Constitucional**. Tradução: Amaríslis de Sousa Birchal. Belo Horizonte: Delrey, 2007. p. 20.

CAPÍTULO 4 • AS FUNÇÕES E O USO DO PRECEDENTE 329

posterior ou, ainda, simplesmente o ignorá-lo, de modo a ir de encontro justamente à unidade de princípios que deve ser obtida.

A resposta a ser dada não pode ser atomizada, constituída autônoma e isoladamente desde o processo em apreciação unicamente e de uma abstrata interpretação da lei. Agir dessa maneira, mais do que qualquer atitude teórica, é uma tomada de posição ideológica, no sentido de recusar a tradição institucional em que a pessoa está inserida.

Por outro lado, não se pode hiperintegrar, ou seja, fazer que o conjunto de respostas já dadas se estagne mediante o fechamento a novas situações, cujas propriedades singulares são tolhidas para se amoldar ao que foi feito no passado.

Essas falácias são especialmente danosas em se tratando de precedentes. Há uma tensão inata entre segurança e igualdade (material), entre justiça formal e justiça material. Quanto menos distinções houver, mais fácil será definir resultados com alguma precisão. A seu turno, quanto mais atenção se der a particularidades, mais difícil será tecer previsões. Tal tensão não é inteiramente tratada pela lei, pois, como esta se volta a tratamentos em massa, situações-padrão, casos comuns, quando busca diferenciar, nunca é em um grau preciso. Normalmente as leis se expressam por regras no sentido estrito de prescrições que são sub e sobreinclusivas, na perspectiva de Schauer já exposta anteriormente. A lei, então, pende para a segurança, formulando apenas diferenciações padronizadas.

Acontece que o ato de julgar é perfeitamente adequado para realizar a sintonia fina, o ajuste delicado e apurado entre os dois princípios. O juiz, na multicitada mediação lei/realidade, será capaz de aferir a medida certa entre segurança e igualdade material. E essa aferição mais acurada ingressará no sistema como precedente. Esse ganho deve ser valorizado e não elidido transformando-o em norma geral e abstrata que, novamente, penderá para a segurança formal pela hiperintegração.

Embora não se utilize o termo, muitos autores brasileiros, nos últimos tempos, preocupam-se com a desintegração do sistema ocasionado pela inobservância de precedentes superiores. Combatem, todos, a jurisprudência lotérica. Sem dúvida, ela é um mal. Se cada caso for tomado como algo inédito, a partir do qual o juiz erige um raciocínio em todo exclusivo, ignorando o que já consta no sistema jurisprudencial, haverá o rompimento de qualquer ideia de segurança jurídica, sobretudo como integridade. Aponta-se, então, o dever de vinculação como uma solução. Mas isso não é justificativa para se cometer o erro oposto: a hiperintegração. De fato, acredita-se, aqui, que o mal mais comum não é a desintegração, que certamente existe, mas a hiperintegração, recrudescida pelas súmulas vinculantes e que pode se agravar com os precedentes vinculantes do novo Código, por meio de uma aplicação de teses, segundo um modelo formalista na forma de regra. Passe-se aos exemplos.

Primeiramente, uma amostra com precedentes propriamente ditos.

No julgamento do HC 96.821[69] pelo Supremo Tribunal Federal, foi apreciado *writ* interposto contra decisão da 11ª Câmara Criminal "B" do Tribunal de Justiça do Estado de São Paulo. Alegava-se ofensa a vários preceitos constitucionais, sendo mais evidente o do juiz natural, pois somente o Presidente da sessão julgadora era desembargador, sendo todos os demais membros juízes de primeiro grau convocados. E mais, a existência dessa câmara, como já revela a indicação "B", era transitória, porquanto criada excepcionalmente para atender elevada quantidade de causas transferidas para o segundo grau de jurisdição em virtude da extinção do antigo tribunal de alçadas pela Emenda Constitucional nº 45/2004.

Percebem-se os seguintes fatos relevantes: a) houve extinção do Tribunal de Alçada do Estado de São Paulo ocasionando uma abrupta transferência de uma grande quantidade de feitos para o Tribunal de Justiça, abarrotando-o; b) houve a convocação de vários magistrados de primeiro grau que, voluntariamente, passaram a compor integralmente turmas excepcionais, no caso a 11ª Turma Criminal "B". É possível acrescentar, ainda, o quadro geral noticiado na imprensa em período não muito anterior ao do julgamento, e contemporâneo ao da Emenda Constitucional nº 45/2004, quanto a dificuldades enfrentadas pelo Judiciário paulista[70]. Portanto, estava-se a enfrentar situação verdadeiramente conturbada.

Quanto à questão jurídica que se disse independente desses fatos, como se isso fosse possível, foi assim posta pelo relator, ministro Ricardo Lewandowski: "é saber se a convocação de juízes, tal como ocorreu no caso sob exame, ofende ou não alguma regra ou princípio constitucional". Em seguida, iniciou a análise recordando que a lei estadual que autorizava a convocação de juízes de primeiro grau para atuarem na segunda instância (criando a figura de juiz substituto de segundo grau) fora julgada constitucional pelo Supremo Tribunal Federal.

A dificuldade fática por que passava a Justiça paulista no período foi longamente descrita no voto:

> Lembro, ainda, por oportuno, que a Emenda Constitucional 45/2004, dentre outras inovações, assegurou a todos os jurisdicionados a duração razoável do processo e determinou a distribuição imediata dos feitos ajuizados em todos os foros e tribunais do país.
>
> Acrescento, mais, que, na situação específica de São Paulo, a EC 45/2004 determinou ainda à Justiça bandeirante, a unificação dos Tribunais de Alçada com o Tribunal de Justiça, impondo-lhe hercúlea tarefa de reorganizar administrativamente uma gigantesca Corte – que conta, atualmente, com 362 desembargadores e 60 juízes substitutos de segundo grau, além de um enorme número de servidores – de maneira a preservar, minimamente, a presteza e eficiência da prestação jurisdicional.

---

69. HC 96821, Rel. Min. Ricardo Lewandowski, Tribunal Pleno, j. 08.04.2010, *DJe*-116, divulg 24.06.2010, public 25.06.2010, ement vol-02407-02, p. 319, LEXSTF v. 32, n. 380, 2010. p. 295-321.

70. "A Justiça paulista é a última colocada do país no quesito velocidade. O tempo para um processo chegar às mãos de um juiz é de cinco anos. O julgamento leva mais dois anos. O cenário atual é de 550 mil processos que aguardam distribuição na segunda instância. Além disso, existe uma herança de 12 milhões de ações em andamento". Disponível em: http://www.conjur.com.br/2004-nov-17/tj-sp_tenta_combater_morosidade_informatizacao. Acesso em: 20 jul. 2012.

CAPÍTULO 4 • AS FUNÇÕES E O USO DO PRECEDENTE **331**

Em outras palavras, a EC 45/2004, ao estabelecer a unificação dos Tribunais paulistas, acarretou, além das mencionadas dificuldades, outra consequência de grande repercussão, a saber, a imediata transferência de um enorme estoque de feitos criminais, que antes se encontrava dividido entre duas Corte, que tinha de ser imediatamente redistribuído.

Portanto, ficou registrada, como ponto relevante de julgamento, a excepcionalidade da situação que levou à criação de turmas adicionais compostas por juízes da Capital e do restante do Estado que, espontaneamente, se apresentavam para a tarefa.

Avançou entendendo que as prescrições constitucionais e também legais mencionadas autorizariam a convocação de magistrados de primeiro grau. A conclusão foi pela validade dessa convocação para compor turmas extras quase que exclusivamente formadas por juízes. Escreveu:

A convocação para prestarem serviço na segunda instância, ao revés, constitui uma resposta dada pelo Tribunal de Justiça de São Paulo – dentro da difícil conjuntura de sobrecarga de trabalho em que se debatia à época – para dar efetividade ao novo direito fundamental introduzido na Constituição, no inc. LXXVIII do art. 5°, a partir da EC 45/2004, acima mencionado, qual seja, "a razoável duração do processo e os meios que garantam a celeridade de sua tramitação".

O relator procedeu à sintonia fina, o equilíbrio delicado entre Direito e realidade, mencionada anteriormente. Colheu a matéria fática pertinente e peculiar, que fez incidir de maneira diferenciada outro princípio constitucional (duração razoável do processo) que moldou a análise ante o princípio do juiz natural. As notas de historicidade, reveladas pelo momento de transição enfrentado pela Justiça paulista, foram expressamente expostas. Denegou-se a ordem por entender que o julgamento foi válido, não tendo ofendido qualquer preceito constitucional.

Houve divergência solitária do ministro Marco Aurélio, por entender que o expediente utilizado não foi o mais adequado para harmonizar todos os preceitos pertinentes.

Posteriormente, esse julgamento foi citado como precedente no julgamento do HC 99.240 pouco tempo depois, em 13 de abril de 2010. Era proveniente da Justiça do Amazonas e tratava de uma turma regular, e não excepcional, como no caso paulista, composta majoritariamente por juízes convocados. Não se mencionou, no relatório, qualquer situação excepcional como a de São Paulo. A conclusão, por maioria, foi a mesma, pela validade do julgamento de um colegiado majoritariamente composto por juízes.

Nesse julgado, também se fez menção a outro precedente, HC 86.889, mas que tratava de caso em que uma turma do TRF da 3ª Região possuía uma só magistrada de primeiro grau convocada, sem qualquer menção a uma elevação repentina do número de processos no Tribunal ou excepcionalidade outra.

Nas ementas desses últimos julgados mencionados, consta a afirmação peremptória e ampla: "a convocação de juízes de primeiro grau de jurisdição para substituir Desembargadores não malfere o princípio constitucional do juiz natural". Vê-se, pois, uma clamorosa hiperintegração, dada a clara abstração das situações concretas consideradas e julgadas.

Estendeu-se um juízo proferido em situações bem específicas para uma categoria geral, admitindo-se que toda e qualquer convocação é válida. O ministro Marco Aurélio chama a atenção para essa perigosa atitude em voto divergente no HC 99.240:

> Regência da matéria, artigo 118 da Lei Orgânica da Magistratura Nacional: é possível convocação de juiz de primeira instância para integrar Tribunal? A reposta é desenganadamente positiva, mas no caso de vaga ou de afastamento, por período superior a trinta dias, em virtude disso ou daquilo.
>
> O que houve na espécie – e agora percebo que foi tônica no país? O dom da multiplicação, como ocorreu em relação ao Tribunal de Justiça do Estado de São Paulo, em que, à mercê da verdadeira clonagem, passou-se a ter, por exemplo, a 11ª Câmara Criminal A, B, C ,D e E, numa sobreposição sem criação dos cargos a serem ocupados e sem o afastamento dos titulares.

Percebe-se, pois, que, nesse assunto, houve precedentes utilizados como justificativa para os julgamentos seguintes, mas sem a devida atenção aos casos de aplicação. Simplesmente realizou-se a hiperintegração. Uma Câmara ou Turma com um só juiz de primeiro grau convocado talvez não suscite tantas questões constitucionais quanto à formação excepcional de câmaras inteiras com juízes. Certamente, se não fossem as situações extraordinárias de São Paulo (causadas justamente por uma emenda constitucional), possivelmente seria inconstitucional; sem falar que também invoca questões distintas uma Câmara formada majoritariamente por juízes de primeiro grau sem qualquer motivo relevante para tanto.

Como se vê, a importância do julgado seria permitir uma interpretação/aplicação do Direito constitucional e infraconstitucional em função dessas situações reais e, inegavelmente, curiosas. Poder-se-ia ter uma solução adequada para cada caso constituída com origem em cada um. Essa solução seria o precedente a adequadamente orientar julgamentos posteriores. Optou-se, no entanto, por desconsiderar as peculiaridades, generalizando as conclusões que, como advertido pelo ministro Marco Aurélio, autorizam situações verdadeiramente teratológicas.

Sem dúvida alguma, houve ofensa à igualdade na extensão injustificada desses precedentes mediante falácia própria. Paulatinamente, foram se aplicando precedentes a situações que não traziam as mesmas peculiaridades hermenêuticas de São Paulo e mesmo invocados casos substancialmente distintos (como o da turma com apenas um integrante do primeiro grau). Em uma situação excepcional, erigiu-se e desprendeu-se uma regra geral e abstrata repetida acriticamente em outros julgados de recursos, mesmo de outros estados, como se lê:

> Penal e constitucional. *Habeas corpus*. Apropriação indébita (art. 168, § 1º, III, c/c art. 71, do CP). Apelação julgada por colegiado formado majoritariamente por juízes convocados. Violação do princípio do juiz natural. Inocorrência. 1. O julgamento por Colegiado integrado, em sua maioria, por magistrados de primeiro grau convocados não viola o princípio do juiz natural nem o duplo grau de jurisdição. 2. A alegação de inconstitucionalidade da Lei Complementar nº 646/1990, do Estado de São Paulo, que dispõe a respeito da convocação dos Juízes para integrarem o Tribunal de Justiça, restou rechaçada pelo pleno desta

CAPÍTULO 4 • AS FUNÇÕES E O USO DO PRECEDENTE **333**

Corte, valendo conferir os seguintes precedentes: HC 96821/SP, rel. Min. Ricardo Lewandowski, Pleno, *DJ* de 24.06.2010; HC 97886/SP, rel. Min. Gilmar Mendes, 2ªTurma, *DJ* de 19.08.2010; AI 652414-AGR/SP, Rel. Min. Ricardo Lewandowski, *DJ* de 17.08.2011; e RE 597133/RS, rel. Min. Ricardo Lewandowski, Pleno, *DJ* de 6.04.2011. 3. In casu, a paciente restou condenada pelo crime de apropriação indébita e teve o recurso de apelação julgado por colegiado composto, em sua maioria, por magistrados de primeiro grau convocados. 4. Ordem denegada[71].

Recurso extraordinário. Processual penal. Julgamento de apelação por turma julgadora composta majoritariamente por juízes federais convocados. Nulidade. Inexistência. Ofensa ao princípio do juiz natural. Inocorrência. Precedentes. Recurso desprovido. I – Não viola o postulado constitucional do juiz natural o julgamento de apelação por órgão composto majoritariamente por juízes convocados, autorizado no âmbito da Justiça Federal pela Lei 9.788/1999. II – Colegiado constituídos por magistrados togados, integrantes da Justiça Federal, e a quem a distribuição de processos é feita aleatoriamente. III – Julgamentos realizados com estrita observância do princípio da publicidade, bem como do direito ao devido processo legal, à ampla defesa e ao contraditório. IV – Recurso extraordinário desprovido[72].

Portanto, a hiperintegração também prejudica a realização da função principal do precedente (enriquecer o sistema), porquanto impedirá a realização de distinções necessárias.

Essa falácia também é verificada no uso de súmulas, sobretudo das vinculantes, e teses. Elas não são enunciados como as leis. Não podem ser tomadas como prescrições gerais e abstratas capazes de regular todos os fatos subsumíveis a sua literalidade. As súmulas são instrumentos administrativos e não jurisdicionais que têm o único propósito de racionalizar o entendimento da jurisprudência do Supremo Tribunal Federal. As teses são instrumentos processuais que autorizam o uso de outras medidas da mesma natureza, mas que não encapsulam todo o precedente. A interpretação de ambas, pois, deve ser guiada pelos precedentes que a autorizaram, pois o que pode ser utilizado como parâmetro em julgamentos posteriores é somente aquilo que tenha sido efetivamente julgado pelo tribunal, no exercício de sua atividade jurisdicional. Estender o sentido da súmula ou tese além do que foi efetivamente apreciado pelo tribunal consiste em admitir função legislativa ao Judiciário, o que, certamente, não é autorizado pela Constituição Federal, que exigiu para a edição da súmula vinculante a reiteração de julgados, havendo o mesmo em relação às teses pelo Código de Processo Civil ou, ao menos um caso relevante, no caso de tese firmada em IAC. Essa forma de entender foi adotada pelo atual Código de Processo Civil ao exigir que se compreenda a súmula em função de seus julgados subjacentes, devendo o raciocínio também se aplicar para as teses.

Nesse tocante, há convergência com o entendimento de Marinoni:

De qualquer forma, o que particulariza as súmulas é a circunstância de serem enunciados do tribunal acerca das suas decisões, e não uma decisão que se qualificada como precedente. A súmula faz parte de uma linguagem, pois voltada a enunciar algo que faz parte da linguagem da decisão judicial.

---

71. HC 112151, Rel. Min. Luiz Fux, Primeira Turma, j. 22.05.2012, processo eletrônico *DJe*-118, divulg 15.06.2012, public 18.06.2012.

72. RE 597133, Rel. Min. Ricardo Lewandowski, Tribunal Pleno, j. 17.11.2010, repercussão geral – mérito *DJe*-065, divulg 05.04.2011, public 06.04.2011, ement vol-02497-02, p. 273.

O problema é que um enunciado acerca de decisões judiciais não tem as mesmas garantias de um precedente. Para que exista precedente não basta apenas um enunciado acerca da questão jurídica, mas é imprescindível que este enunciado tenha sido elaborado em respeito à adequada participação em um contraditório dos litigantes e, assim, tenha surgido como um resultado do processo judicial, ou melhor, como um verdadeiro resultado do debate entre as partes. É certo que se poderia dizer que o enunciado da súmula provém das decisões judiciais, fruto da participação em contraditório. Acontece que a súmula, só por isso, é diferente, carecendo de igual legitimidade, ao menos quando se pensa na sua observância obrigatória ou na sua incidência sobre a esfera jurídica de outros jurisdicionados[73].

A despeito da convergência de pensamento, considera-se imprecisa a afirmação de que súmula é uma metalinguagem, porque não é algo que se ponha fora da linguagem para, então, descrever os precedentes como um objeto. O raciocínio, porém, está correto. A súmula ou tese não são precedentes, apenas orientam e evidenciam o que o tribunal entendeu por nuclear nos precedentes que lhes são subjacentes. Foi visto que precedente, no paradigma sistêmico-hermenêutico proposto, não é o que o tribunal disse ou fez, não é essa nota de subjetivismo, não se pode o reduzir a esse tisno da personalidade do julgador ou do tribunal; é, mais precisamente, repita-se à exaustão, uma resposta institucional apurada ante a interpretação do julgado perante o novo caso. Por causa disso, não pode, então, a súmula ou tese pinçar uma parte dos precedentes e impô-la, por sua literalidade, como a única parte a ser levada em conta. Também não pode ir além do que foi realizado na atividade jurisdicional.

Portanto, é possível operar hiperintegração por súmulas e teses ao se valer de sua literalidade para aplicá-la a situações hermenêuticas substancialmente distintas daquelas verificadas nos precedentes de onde se originam. Tenha-se atenção: não é que seja proibido se valer de uma súmula, tese ou precedente para situações diversas; é possível fazê-lo, desde que devidamente justificado e considerando que, na hipótese, o precedente, tese ou súmula terá uma força hermenêutica diminuída, daí justamente a necessidade de se fortalecer o julgamento com fundamentação adicional. O que é indevido fazer é estender a súmula ou tese apenas tomando com motivo a sua literalidade abrangente.

A desintegração de teses e súmulas também é possível, quando se afasta sua aplicação para situações em que se exigiria a mesma resposta. É mais grave quando operada mesmo pelo tribunal emissor do enunciado. O Supremo Tribunal Federal faz constantemente isso com a Súmula 691, cuja redação é: "Não compete ao Supremo Tribunal Federal conhecer de *habeas corpus* impetrado contra decisão de relator que, em *habeas corpus* requerido a tribunal superior, indefere a liminar".

A despeito de a súmula bem retratar um entendimento processual constituído pelos julgados que lhe dão suporte, o próprio Supremo Tribunal Federal afasta seu uso sem apresentar maiores critérios. Nesses julgados em que se supera a súmula, não se

---

73. MARINONI, Luiz Guilherme, 2010, *op. cit.*, p. 217.

CAPÍTULO 4 • AS FUNÇÕES E O USO DO PRECEDENTE **335**

apresenta, nem se apura sequer uma tentativa, de evidenciar uma linha coerente para tanto. Isso pode ser averiguado no julgamento do HC 110981[74] e HC 101979[75].

Também é verificada a desintegração quando dois tribunais, especialmente quando se encontram na mesma linha recursal, se acastelam em suas posições divergentes sem qualquer consideração ou explicação aos precedentes do outro. Não é que se considere a divergência um mal em si, mas a falta de qualquer análise ou refutação específica sobre o entendimento do outro tribunal. O desafio, mesmo por tribunais inferiores, é salutar para o sistema de precedentes, mas desde que se enfrente a divergência e a justifique, como demonstrado no caso da ADI 1232 estudada no capítulo anterior, em que os juizados especiais federais, mesmo diante de decisão com efeito vinculante, erigiram sentido diverso posteriormente incorporado pelo Supremo Tribunal Federal. Portanto, a divergência deve ser fundamentada e não ser fruto de simples resistência ou subjetivismo.

4.5 FUNÇÃO SECUNDÁRIA DO PRECEDENTE: A ECONOMIA ARGUMENTATIVA

A última função que se tem por própria dos precedentes no sistema jurídico é a economia hermenêutica e argumentativa que propicia. Uma vez encarado o Direito como integridade e o precedente como um ganho hermenêutico, obtido em processo

---

74. "*Habeas corpus*. Tráfico de drogas. 2. Alegada incompetência absoluta do Juízo de origem. Questão não apreciada pelo STJ. Não conhecimento. 3. Prisão cautelar. Segregação mantida com fundamento na vedação prevista no art. 44 da Lei 11.343/2006. Precedente do Plenário (HC 104.339/SP). Superação da Súmula 691. 4. Ordem parcialmente concedida para determinar ao Juízo de origem que, superando o óbice previsto no art. 44 da Lei 11.343/2006, proceda ao exame dos requisitos previstos no art. 312 do CPP para, se for o caso, manter a segregação cautelar do paciente" (HC 110981, Rel. Min. Gilmar Mendes, Segunda Turma, j. 05.06.2012, processo eletrônico *DJe*-119, divulg 18.06.2012, public 19.06.2012).
75. "*Habeas corpus*. Prisão cautelar. Grupo criminoso. Presunção de inocência. Crime de extorsão mediante sequestro. Súmula 691. 1. A presunção de inocência, ou de não culpabilidade, é princípio cardeal no processo penal em um Estado Democrático de Direito. Teve longo desenvolvimento histórico, sendo considerada uma conquista da humanidade. Não impede, porém, em absoluto, a imposição de restrições ao direito do acusado antes do final processo, exigindo apenas que essas sejam necessárias e que não sejam prodigalizadas. Não constitui um véu inibidor da apreensão da realidade pelo juiz, ou mais especificamente do conhecimento dos fatos do processo e da valoração das provas, ainda que em cognição sumária e provisória. O mundo não pode ser colocado entre parênteses. O entendimento de que o fato criminoso em si não pode ser valorado para decretação ou manutenção da prisão cautelar não é consentâneo com o próprio instituto da prisão preventiva, já que a imposição desta tem por pressuposto a presença de prova da materialidade do crime e de indícios de autoria. Se as circunstâncias concretas da prática do crime revelam risco de reiteração delitiva e a periculosidade do agente, justificada está a decretação ou a manutenção da prisão cautelar para resguardar a ordem pública, desde que igualmente presentes boas provas da materialidade e da autoria. 2. Não se pode afirmar a invalidade da decretação de prisão cautelar, em sentença, de condenados que integram grupo criminoso dedicado à prática do crime de extorsão mediante sequestro, pela presença de risco de reiteração delitiva e à ordem pública, fundamentos para a preventiva, conforme art. 312 do Código de Processo Penal. 3. Habeas corpus que não deveria ser conhecido, pois impetrado contra negativa de liminar. Tendo se ingressado no mérito com a concessão da liminar e na discussão havida no julgamento, é o caso de, desde logo, conhecê-lo para denegá-lo, superando excepcionalmente a Súmula 691" (HC 101979, Rel. Min. Marco Aurélio, Rel. p/ Acórdão: Min. Rosa Weber, Primeira Turma, j. 15.05.2012, acórdão eletrônico *DJe*-125, divulg 26.06.2012, public 27.06.2012).

dialético e por decisão fundamentada, pode o magistrado aproveitar o raciocínio jurídico consagrado no julgado anterior, elidindo a necessidade de ter que tecer toda uma nova argumentação, como se a matéria estivesse sendo apreciada pela primeira vez.

Não se está apenas a mencionar o uso do precedente para solucionar um novo caso que com ele se identifique, mas principalmente utilizar o entendimento pretérito como premissa para se solucionar caso inédito. É possível bem ilustrar isso pelo julgamento do Supremo Tribunal Federal sobre o reconhecimento constitucional da união homoafetiva. Ele é utilizado como fundamento para outros desdobramentos jurídicos, como previdenciário e assistencial. Os tribunais, para julgar as causas, não precisarão se deter mais demoradamente sobre a questão jurídica de ser reconhecida ou não essa nova entidade familiar. Economiza-se isso, claro, desde que a união carreada não difira substancialmente da que foi reconhecida pelo Supremo. A decisão poderá partir para a análise do que tem isso por premissa.

Esse fenômeno é verificado em vários julgados dos tribunais regionais federais. Eles não precisam mais angariar legitimidade mediante ampla e detida análise de todos os aspectos pertinentes à união homoafetiva. Não necessitam cotejar todas as questões constitucionais que acorrem no assunto. O Supremo já fez isso em sua decisão. Pode, então, o tribunal erguer-se sobre esse precedente e se preocupar em enxergar além. A seguinte ementa é suficiente para comprovar o que se diz:

> Apelações. Remessa necessária. Agravo retido. Constitucional. Civil. Processo civil. União estável. Relação entre pessoas do mesmo sexo. A denominada união homoafetiva. Pensão militar. Possibilidade. Oitiva de testemunhas independente de intimação. Possibilidade de determinação judicial. Cerceamento de defesa. Incorrência. Falta de manifestação do ministério público. Ausência de nulidade. Confirmação da sentença. 1. O cerne da controvérsia gira em torno da concessão de pensão militar, por morte, em decorrência de união estável homoafetiva. 2. Insere-se entre os poderes-deveres do Juiz dirigir o processo, competindo-lhe velar pela rápida solução do litígio, sendo plenamente aceitável que o magistrado, ao determinar a realização da audiência de instrução e julgamento tenha ordenado o comparecimento das testemunhas independentemente de intimação. 3. A questão da possibilidade da ocorrência de união estável entre pessoas do mesmo sexo já foi objeto de apreciação pelo Supremo Tribunal Federal nos autos da Arguição de Descumprimento de Preceito Fundamental nº 132/RJ, de relatoria do Ministro Ayres Britto, julgada em 05.05.2011, tendo restado estabelecido, com força vinculante, que "a referência constitucional à dualidade básica homem/mulher, no § 3º do seu art. 226, deve-se ao centrado intuito de não se perder a menor oportunidade para favorecer relações jurídicas horizontais ou sem hierarquia no âmbito das sociedades domésticas", e não de impossibilitar ou vedar o reconhecimento da união estável entre pessoas do mesmo sexo. 4. Cuida-se de clara hipótese de ativismo judicial desempenhado pelo Supremo Tribunal Federal diante da lacuna do Poder Legislativo brasileiro na apreciação do tema. É consabido que desde o ano de 1995, com base no Projeto de Lei n. 1.511/1995, da então Deputada Federal Marta Suplicy, havia sido apresentado ao Congresso Nacional texto de projeto de lei que permitisse reconhecer as uniões entre pessoas do mesmo sexo como entidade familiar. Contudo, houve evidente omissão do legislador a respeito do assunto, o que motivou a atuação do STF no reconhecimento das entidades familiares constituídas entre pessoas do mesmo sexo. 5. A apreciação das provas foi corretamente feita pelo Juízo a quo, não tendo havido qualquer prejuízo à defesa da segunda Ré. Com efeito, tanto autor quanto primeira apelante trazem aos autos farto conjunto de fotografias e documentos na tentativa de comprovar a convivência com o militar falecido. Entretanto, do cotejo das imagens trazidas com o conjunto de documentos carreados aos autos, é possível verificar o acerto da sentença monocrática. 6. Não há que se falar em obrigatoriedade de manifestação do Ministério Público Federal no caso concreto tendo em vista não estar em discussão questões de estado mas de mero

CAPÍTULO 4 • AS FUNÇÕES E O USO DO PRECEDENTE | **337**

direito à pensão por morte. 7. Correta a sentença monocrática quando determinou que a pensão deve ser paga a partir do óbito do instituidor ocorrido em 01.03.2004, não sendo esta ação o meio adequado para determinação de descontos dos valores indevidamente pagos à ex-esposa do falecido militar. 8. Agravo retido improvido. Apelos improvidos. Remessa necessária improvida. Sentença confirmada[76].

Destaque-se o fato de que o tribunal subsequente não pode utilizar como premissa a simples constatação "é lícita a união homoafetiva". É preciso ter em mente toda a linha de raciocínio utilizada para tanto, a fim de certificar que o novo caso não inova em algum aspecto não enfrentado no precedente. Caso exista, o julgamento verificado não será suficiente para refutá-lo ou acatá-lo, deverá ser feito um estudo específico sobre o novo aspecto. Certamente, o precedente colaborará bastante – lembre-se de que ele pode ser justificadamente ampliado – mas não basta citá-lo.

A adequada economia hermenêutica foi verificada no voto condutor de precedente também do Tribunal Regional Federal da Segunda Região. Estava em análise remessa oficial de sentença que determinara a inscrição de companheiro de servidor como seu depende nos assentos do órgão público. A fundamentação foi assim expedida:

> No tocante à união homoafetiva, os ministros do Supremo Tribunal Federal (STF), ao julgarem a Ação Direta de Inconstitucionalidade (ADI) 4277 e a Arguição de Descumprimento de Preceito Fundamental (ADPF) 132, reconheceram a união estável para casais do mesmo sexo (Plenário, unânime, julgamento em 05.05.2011), em pronunciamento com eficácia *erga omnes* e vinculante.
>
> Em relação à prova de sua existência, com base na análise dos autos, a sentença destacou que "os elementos dos autos são capazes de convencer a este juízo sobre a existência de união: além do requerimento de fl. 18 e das declarações de fls. 19/22, há comprovantes de residência do impetrante e do companheiro indicando o mesmo endereço (fls. 25 e 28), bem como escritura pública de pacto de convivência homoafetiva (fls. 26-26v). Outrossim, cabe destacar que o ato coator, em momento algum, questionou a existência da união, limitando-se a não reconhecer o seu enquadramento na hipótese legal (fls. 31-32)" (fl. 128).

Como se vê, o tribunal reproduziu o entendimento e produziu prova que demonstrava inexistir qualquer peculiaridade em relação àquela reconhecida pelo Supremo Tribunal Federal. Não foi necessário reconstruir e repetir toda a argumentação antes desenvolvida, com base nesse reconhecimento, foi possível partir, sem maiores delongas argumentativas, para o mérito específico da demanda, a inscrição do companheiro como dependente.

É preciso, no entanto, ter em mente que a economia argumentativa não é dispensa de fundamentação, e sim desnecessidade de repetição do que já fora institucionalmente apreciado, desde que efetivamente parecido. Quanto maior for a força hermenêutica de um precedente, maior será a economia.

Portanto, o ganho argumentativo é, realmente, uma função específica do precedente. Não pode ser ofertado pela legislação em um sentido amplo.

---

76. TRF2 – Processo 200451010131064, Rel. Des. Federal Guilherme Calmon Nogueira da Gama, Sexta Turma Especializada, E-DJF2R 23.05.2012, p. 414, data da decisão 16.05.2012, public 23.05.2012.

4.6 FUNÇÃO CONTINGENCIALMENTE AGREGADA DE GESTÃO DE ACERVO PROCESSUAL

As funções até aqui apresentadas (tanto a principal quanto as secundárias) são funções de um nível teórico profundo, porque decorrentes das características intrínsecas e do modo de ser dos precedentes judiciais no Direito sob uma adequada concepção teórica.

É possível, adicionalmente, um dado ordenamento jurídico agregar contingencialmente outras funções aos precedentes, e o Brasil o faz, ao atribuir-lhes o especial papel de instrumento de gestão do acervo processual de casos repetitivos. Não se verifica na legislação de outros locais algo similar. É perceptível nas entrelinhas do Código de Processo Civil que os precedentes formalmente qualificados por recursos repetitivos, com repercussão geral e IRDR, disciplinados em seu texto, visam a viabilizar racionalidade e eficiência ao manejo e julgamento de inúmeros processos com questão jurídica que se repete.

A criação de índices temáticos para classificação de processos já vinha se dando por força da prática gerencial do grande acervo dos tribunais superiores. O código se inspirou nessa prática pretérita e lhe deu trato procedimental. A enunciação de teses sintéticas com o intuito de identificar o precedente se soma a esse esforço de gestão por temas, pois permite que os volumes catalogados e agrupados pelo respectivo tema possam vir a ser julgados em conjunto ou mediante procedimento que gira em torno do precedente qualificado formado e (supostamente) traduzido na tese. Mesmo o julgamento do caso paradigma terá esse propósito em vista.

Se essa função contingencial era percebida somente nas entrelinhas do Código de Processo Civil, ela é apresentada de maneira expressa pela Recomendação nº 134/2022 do Conselho Nacional de Justiça. Seu art. 6º dispõe que "a sistemática de solução de questões comuns e casos repetitivos, estabelecida pelo CPC/2015, deve ser utilizada com regularidade e representa uma técnica de gestão, processamento e julgamento dos processos, com a metodologia de decisão concentrada sobre questões essenciais de direito e a eventual suspensão de processos que versem sobre a controvérsia que está sendo decidida de modo concentrado".

A categorização e rotulação de casos é também recomendada pelo art. 3º para os órgãos administrativos e judiciais dos tribunais, bem como aos magistrados de primeiro grau. O objetivo é que "realizem um trabalho permanente de identificação das questões de direito controversas, que sejam comuns, em uma quantidade razoável de processos, ou de repercussão geral, para que possam ser objeto de uniformização".

Sobre o papel da tese do precedente formalmente qualificado, o art. 19 recomenda que "seja a questão jurídica controversa", destacando, no § 2º desse dispositivo, que "não haja a confluência de número excessivo de questões fáticas e de processos para o órgão competente para a uniformização da jurisprudência, inviabilizando-se a pretendida economia processual e a duração razoável dos processos".

Não há qualquer mal ou impropriedade jurídica em se estabelecer essa função agregada e contingencial aos precedentes. Em verdade, é uma boa recomendação, que lhes atribui um estratégico papel em face da grande judicialização observada no Brasil e evita sua invisibilidade em nosso ordenamento jurídico. O cuidado que se deve ter é essa função circunstancial e específica ser exercida em atenção às funções principal e secundárias acima apontadas, com o uso adequado dos precedentes, consoante será proposto nos tópicos a seguir. Portanto, essa função atribuída ao precedente não é por si só ruim, ao contrário, supre uma necessidade prática. O importante, no entanto, é que essa função seja exercida segundo o adequado referencial teórico e em coerência com as funções profundas dos precedentes. E nesse tocante, nem o Código de Processo Civil ou a recomendação do CNJ são suficientes, pois, como já assentado ao longo da obra, nenhuma fonte de direito positivo é capaz de construir e definir teorias, esse é um papel da academia.

No exercício dessa função, há três instantes cruciais de atenção em que essa adequada posição teórica se faz necessária: a) o da rotulação do caso como sendo um exemplar de matéria repetitiva e que será julgado segundo uma sistemática de gestão em massa; b) o da formação do precedente formalmente qualificado e, por fim, c) o da aplicação do precedente.

No instante da rotulação de casos, é preciso evitar tanto a hiperintegração quanto a desintegração. A primeira se caracteriza, como se verá, quando se obscurecem as particularidades do caso para adequá-lo artificialmente ao precedente formado ou a ser formado na sistemática dos repetitivos, repercussão geral ou IRDR. É o tipo de equívoco mais comum, pois a pressão para a gestão agilizada por temas aliada, como se verá, a um natural tendência de alinhamento dos tribunais intermediários aos tribunais superiores, conspira para esse tipo de problema. A sistemática do Código de Processo Civil não facilita a realização do *distinguish* da mesma maneira que conflui meios de adesão à tese que seja fixada para o tema.

Já a desintegração consiste na busca de distinções acessórias e desimportantes com o intuito de subtrair o caso do procedimento de aplicação do precedente. Ela é menos comum, precisamente porque o âmbito de incentivos e estímulos processuais e de gestão de acervo instigam para um olhar mais genérico e menos pormenorizado.

Por sua vez, a formação do precedente que servirá de instrumento para a gestão de acervo de massa é momento que merece atenção, sobretudo porque não é na fixação da tese que o precedente se aperfeiçoa por completo. Como visto, precedente é uma construção conjunta entre a corte que emite o pronunciado e aquele que vai aplicá-lo em um labor hermenêutico dialético. Além disso, essa não é a única maneira de se criarem precedentes, nem a aplicação deles estará restrita aos casos que repetem estritamente aquela questão traduzida na tese. IRDR, RESP e RE qualificados geram precedentes que permitirão a gestão de acervo com rito procedimental próprio, mas eles também podem vincular casos complexos (não padrões) similares posteriores, mesmo sem o rito próprio, em razão do conteúdo hermenêutico que eles trazem inexoravelmente.

Já foi utilizado o exemplo com o Tema 69 do Supremo Tribunal Federal que indica que o ICMS não faz parte da base de cálculo do PIS e da COFINS. Para a massa de processos que versam especificamente sobre essa questão jurídica do ICMS, seu julgamento se dará segundo o rito procedimental de aplicação de precedente formalmente qualificado. Adicionalmente, o labor hermenêutico observado no julgamento do Recurso Extraordinário 574.706, *leading case* para formação do tema, é um precedente que deve orientar a decisão sobre questão distinta, mas bastante similar, consistente em saber se o ISS deverá integrar a base de cálculo das mesmas contribuições. Essa questão possui tema próprio no tribunal (Tema 118 – *Leading Case* RE 592.616), e a sistemática de gestão de acervo em massa, portanto, gira em torno desse novo tema. No entanto, até lá é viável e mesmo necessário que se observe o entendimento firmado em torno do ICMS, inclusive e especialmente pelo próprio Supremo Tribunal Federal. O tema 69 não atrai nenhum rito procedimental no julgamento do tema 118, mas exerce sobre este uma vinculação material, sob pena de quebra de coerência e integridade.

Várias disposições da Recomendação nº 134/2022 se preocupam, portanto, no manejo otimizado dos meios de formação de precedentes formalmente vinculantes para casos de massa (IRDR, RE e RESP repetitivos), evidenciando que o objeto principal da orientação não é um regramento do uso dos precedentes como um todo, mas de sua função específica de gestão de acervo.

Por fim, no instante de aplicação dos precedentes formalmente qualificados, é necessária atenção para se evitarem os erros narrados no capítulo primeiro desta obra, principalmente confundir o precedente com a tese neles enunciadas ou se utilizar um raciocínio meramente silogístico. Também não se pode atribuir aos tribunais de aplicação uma função meramente passiva ou automática. A própria orientação do CNJ é nesse sentido, ao trazer em seu art. 39 que essa operação é cognitiva e fundamentada. No entanto, o art. 40 prevê a possibilidade de não aplicação apenas no caso de distinção ou superação, quando, aqui, se admite o desafio, que é a decisão por razões hermenêutico-sistemáticas (não meramente subjetivas do tribunal aplicador) não enfrentadas do julgamento que serve de precedente.

Como se observa, portanto, essa função dos precedentes à brasileira é apenas uma agregação pontual a esse fenômeno muito mais amplo que é a compreensão e o trato de precedentes judiciais. Exatamente por ser contingencial, essa função não pode ser desprendida das demais funções, uso e características teóricas exploradas nesta obra.

4.7 O USO DO PRECEDENTE COM SUPORTE EM SUA FUNÇÃO PRINCIPAL E A INSUFICIÊNCIA DA SUBSUNÇÃO

Expressas e estudadas as funções dos precedentes, tanto a principal (enriquecimento hermenêutico do sistema) quanto as acessórias (segurança como integridade, igualdade como elisão de hiperintegração e desintegração e economia argumentativa), é em torno delas que se deve definir como se há de ocorrer seu uso. De fato, de nada

CAPÍTULO 4 • AS FUNÇÕES E O USO DO PRECEDENTE

vale perquirir detalhadamente suas funções específicas para se erigir e apresentar uma utilização em nada relacionada a elas.

Com isso em mente, é para ficar mais evidente, neste ponto do trabalho, a absoluta inadequação da subsunção – definida por instrumento de lógica formal dedutiva – para lidar com o instituto. Em verdade, a subsunção é posta na berlinda em todo o Direito, pois as premissas políticas, teóricas e filosóficas que a sustentavam não mais persistem.

Por muitos anos, passou ao largo de cogitações a questão fulcral da subsunção: a colocação da premissa maior do silogismo, que é o ponto-chave para todo o raciocínio. Richard Posner, teórico que não rompe definitivamente com as bases do positivismo normativista, inicia sua obra sobre os problemas atuais da Filosofia do Direito expondo suas fragilidades. Exemplifica que, quando se faz o raciocínio "todos os homens são mortais, Sócrates é homem, logo Sócrates é mortal", ele possui uma lógica interna bem encadeada, mas ela em nada contribui ou justifica a respeito da colocação da afirmação "todo os homens são mortais". Sequer produz alguma justificação de por que os homens são mortais. Não há nada do silogismo que demonstre sua veracidade. Isso decorre de fatores plenamente estranhos à dedução. Em verdade, o raciocínio assim estruturado nada mais é do que a revelação de algo que já está contido na premissa maior.

Como ilustra Posner, ao integrar Sócrates ao conjunto "homens", tendo-se admitido previamente serem todos mortais, a conclusão de que ele é mortal já estava inserida na premissa maior. A menor não agrega absolutamente nada a isso. Portanto, a validade da conclusão (Sócrates é mortal) depende da validade da premissa maior (todos os homens são mortais), a qual o silogismo em nada contribui ou sequer perquire, apenas admite sua mais absoluta precisão.

Se o acerto da premissa maior não for absoluto, sem qualquer exceção expressamente enunciada, o silogismo rui. Para se averiguar isso, porém, se há de sair do silogismo e questionar por outros fatores e elementos se todos os homens são realmente mortais, ou mesmo o que se quer dizer por mortal, afinal, na Academia Brasileira de Letras e outras, tem-se vários "imortais". Repita-se: tal perquirição extravasa o raciocínio silogístico.

No Direito, essa questão da definição da premissa maior era solucionada pelo positivismo exegético com facilidade: ela é a norma posta pelo legislador. Lembre-se de que se partia da ideia, nesse período de formação da Ciência Jurídica, de que a lei era um dado perfeito e acabado, de evidente intelecção pela mera leitura do texto escrito. Possuía supedâneo político ao se imaginar que o legislador era a pura manifestação da vontade popular, que, na qualidade de soberana, era mais do que suficiente para justificar sua colocação como premissa maior abrangente.

Filosoficamente, as características da Filosofia moderna, exploradas no capítulo anterior, a fundamentavam: o subjetivismo justificava a colocação do legislador racional como agente principal da expressão jurídica; a secularização legitimava o raciocínio em termos lógicos; a neutralidade fazia crer e apostar em uma objetividade imposta ao juiz que a ela deveria se curvar, desprendido de influências perniciosas do mundo sensível; e a prática como mera aplicação da teoria subjugava a premissa menor (os fatos) à maior, ceifando-lhe qualquer contribuição para o Direito.

Posteriormente, no positivismo mais elaborado de Kelsen, sofisticou-se que o dado era colocado por um ato de vontade legislativa. Pronto. Estava solucionada a questão de como se coloca a premissa maior do silogismo: o legislador racional, representante da vontade geral, a punha volitivamente. Ele teria a rigidez lógica e a firmeza de definição para comportar em si todas as conclusões. O quadro hermenêutico dava os lindes da atuação. As infraestruturas filosóficas sustentavam esses arquétipos.

Repare-se que, no âmbito da teoria do Direito positivo, ao se questionar o que justificava esse poder do legislador em colocar a premissa maior, se deslocava o problema para outro nível hierárquico (à Constituição), e assim sucessivamente até se chegar a um axioma. Em outras palavras, o positivismo deslocava a pergunta do porquê da premissa maior mediante um sucessivo deslocamento da questão, da lei para o legislador, do legislador para a Constituição, da Constituição ao poder constituinte, do poder constituinte à norma hipotética fundamental. Tudo isso até que se tornasse desnecessário ou autoevidente (ou talvez cansativo) perguntar, afinal, o porquê do nível mais elevado.

Recorde-se de que Kelsen afirmava que questionar o porquê da norma hipotética fundamental era um *non sense*, pois ela não era posta, mas pressuposta, e aquilo que se pressupõe não se questiona nesses termos. Como visto, o sistema fundacionalista positivista é axiomático porque, em último grau, não apresenta uma justificativa para as premissas maiores do silogismo. É porque é.

Acontece que, como expõe Posner, "a solidez depende não só da validade do silogismo em questão, mas também da validade das premissas"[77]. No sistema axiomático, a validade das premissas, em última instância, fica "suspensa no ar", porque meramente pressuposta.

Hart apresenta com sua regra de reconhecimento uma proposta mais bem elaborada do que Kelsen, pois coloca sua validade não em outra norma (hipotética e fundamental), mas na prática constatada por um observador externo, mas, ainda assim, apenas desloca a questão da premissa maior, sem falar que o próprio autor inglês refuta o silogismo, ao rebater Dworkin, defendendo que também as regras não podem ter aplicação que não seja no tuto ou nada.

Com o avanço do positivismo e mesmo a constatação do quadro hermenêutico de Kelsen e a textura aberta de Hart, a questão ficou ainda mais grave, porque o sentido específico da norma – que é aquilo que justamente entra no silogismo e responde pela validade de todo o encadeamento desenvolvido – é uma decisão arbitrária do aplicador. Ou seja, em última instância, a subsunção se baseia em uma escolha arbitrária da premissa geral axiomática. Crer nesse tipo de segurança, portanto, é ignorar absolutamente

---

77. POSNER, Richard A. **Problemas da filosofia do direito**. Tradução: Jefferson Luiz Camargo. São Paulo: Martins Fontes, 2007. p. 57.

toda a fenomenologia jurídica positivista desde sua feição moldada nos anos 1930 por Kelsen e sofisticada por Hart nos anos 1960.

Eis, portanto, a primeira razão para se afastar o silogismo do uso dos precedentes: sua falha geral na justificação da escolha da premissa maior. E ele assume foros de maior gravidade, porque o precedente, diferentemente da legislação, não vem imantado com uma legitimidade de origem, como a lei e a Constituição (fruto de um poder legitimamente escolhido pelo povo). Como justificar a premissa maior (capaz de suportar por si todo o encadeamento jurídico) encontrada em um julgado anterior em termos de legitimidade democrática? Como escreve Posner, "por meio de um processo em si mesmo não silogístico, ou de algum outro modo silogístico, os juízes extraem regras de leis e decisões anteriores e em seguida usam-nas como premissas para decidirem os casos silogisticamente"[78].

Esse apego à lógica formal decorre da arraigada e irrefletida compreensão de que a única racionalidade valida e objetiva é a formal, seja dedutiva, seja indutiva. Ao longo de décadas, e talvez séculos, a lógica dialética e a argumentação retórica foram reduzidas ao equivalente a sofismas. A Hermenêutica era técnica, metodológica e científica e não existencial e filosófica. Por causa disso, ainda hoje, juízes e advogados, para tentar expor objetividade, certeza quanto ao direito posto de maneira neutra (e jamais porque assim acreditam em função de fatores sociais, de justiça ou equidade), tentam reduzir o raciocínio a silogismos para dar segurança e convicção aos seus entendimentos. Ignoram o fato de que, em verdade, o silogismo formal traz consigo uma carga muito maior de ideologia e subjetividade do que qualquer outra forma de raciocínio, sobretudo porque deixa tudo isso à escura, sob um aparente manto de objetividade científica.

A jurisdição que produz os precedentes, contudo, não pode esconder. A dialética do processo impõe que ela revele, leve à luz, analise, prove, escrutine, compare, dialogue com os argumentos e fatos levados pelas partes. Querer levar o precedente para o silogismo consiste em ceifar os elementos hermenêuticos agregados por essas atividades.

Perceba-se que os instrumentos clássicos da Teoria do Direito sequer lhes servem mais. Não se pode falar mais de um legislador racional representante da vontade geral. Também não se há de admitir que a legislação é fruto de um ato intencional, conforme leciona Jeremy Waldron:

> Max Radin escreveu certa vez que a função de um legislativo é aprovar leis, não formar intenções. Um legislativo é um agente artificial, e a aprovação de uma lei é a sua ação: na verdade, referimo-nos a leis como atos do congresso, parlamento ou seja o que for. Contudo, embora usemos a linguagem do órgão legislativo dessa maneira, não devemos nos deixar enganar por uma analogia obsessiva com as ações de pessoas naturais ao buscar um equivalente legislativo para todos os eventos ou estados associados com a ação na psicologia de agentes individuais. Poucos diriam, por exemplo, que as legislaturas (em oposição aos legisladores específicos) têm, além de intenções, motivos associados com atos específicos; poucos estariam dispostos a colocar sobre a distinção motivo-intenção o tipo de peso que aplicamos ao caso individual. Assim, por que não dizer simplesmente que o ato de uma legislatura é resultado artificial dos

---

78. *Ibid.*, p. 56.

atos de legisladores individuais, estruturados e relacionados mutuamente por meio de certos processos, funções de decisão e, talvez, máquinas? Por que não dizer que, enquanto cada um dos últimos atos – os atos individuais – é, neutralmente, o produto de uma intenção, o ato resultante – o ato da legislatura em si – não precisa ser?[79]

Portanto, não há como falar que haja um ato intencional que situa a premissa maior no sistema jurídico que é simplesmente pinçado pelo aplicador na realização do silogismo. O raciocínio jurídico envolvido na interpretação/aplicação não é cindível em etapas estanques autossuficientes.

Dificuldade similar ocorre com os precedentes, se se quiser utilizá-los como premissa maior em uma subsunção simples. Viu-se no capítulo anterior que ele não é fruto de um ato do tribunal que profere a decisão-paradigma, mas ele é, na verdade, uma elaboração que se aperfeiçoa no caso posterior em razão do novo círculo hermenêutico encontrado, no qual incidem vários fatores. Assim, o raciocínio hermenêutico extrapola as simplórias três fases formais de premissa maior, premissa menor e conclusão.

Ademais, os juízes não são eleitos, nem laboram em planos amplos de regulação, compondo os vários setores sociais. Eles atuam nos lindes processuais, ainda que imantados pela cultura e historicidade. Sua fundamentação é erigida em face do contraditório especificamente ocorrido. Não se pode falar que eles são agentes meramente intelectivos, passivos, que revelam um sentido objetivo, neutro e verdadeiro das leis. Ao mediar Direito e realidade, os juízes inovam e agregam sentido, muitas vezes sequer cogitado no plano abstrato da legislação.

A própria transformação do precedente em premissa maior, ampla, geral e abstrata, portanto, vai de encontro à função principal do precedente (enriquecimento hermenêutico). Destaque-se: quando se toma a resposta dada um julgado e se procede como Kelsen propõe em sua teoria do Direito, ou seja, se a transforma em uma regra geral e abstrata, se opera seu empobrecimento. Ir do particular para o geral consiste em perder elementos, justamente porque implica elidir particularidades em prol de um juízo prescritivo abrangente. É ácida a colocação de Posner, ao resumir de maneira eloquente as críticas formuladas pelo *critical legal studies* ao formalismo jurídico, mediante citação de William Blake: "Generalizar é ser um idiota. Particularizar é a única distinção de mérito". O autor, contudo, seguindo seu viés positivista, põe panos mornos:

> Na verdade, porém, ninguém acredita realmente nisso. Ninguém acha, por exemplo, que a regra de que motoristas dos ônibus escolares devem parar, olhar e escutar nas passagens de nível, mesmo quando a cancela estiver erguida, seja necessariamente inferior a um padrão que exigisse que motorista apenas pusesse em prática o devido cuidado em tais circunstâncias. A regra protege contra um lapso de juízo do motorista do ônibus, e esse ganho pode perfeitamente sobrepujar o custo de parar todas as vezes, o que no máximo acarreta um atraso insignificante.

> A ideia geral ilustrada por este exemplo é a de que as regras economizam informações. O fato de a aplicação de um padrão exigir que o julgador tenha mais informações do que a aplicação de uma regra implica que a

---

79. WALDRON, Jeremy. As intenções dos legisladores e a legislação não intencional. In: MARMOR, Andrei. **Direito e Interpretação**. São Paulo: Martins Fontes, 2000. p. 509.

CAPÍTULO 4 • AS FUNÇÕES E O USO DO PRECEDENTE | **345**

proporção de padrões será tanto maior quanto menores forem, para os tribunais, os custos de assimilação de informações. É possível que, em um longo período de tempo, tenha havido um aumento geral, ainda que irregular, da capacidade de os tribunais lidarem com as informações; se assim for, isso poderia explicar o que parece ser uma mudança histórica do equilíbrio entre regras e padrões, em favor destes últimos. Uma vez que o raciocínio silogístico desempenha um papel menos importante na determinação do resultado de uma disputa regida por um padrão do que aquele desempenharia se o resultado fosse regido por uma regra, isso pode nos dar um indício do declínio claramente perceptível (bem-vindo em algumas esferas, deplorado em outras) do formalismo jurídico[80].

Insiste-se na citação de Posner porque é um positivista que revela bem os problemas da subsunção e demonstra que nem mesmo o positivismo põe nela a fé que havia em seu passado exegético e formalista. Ademais, o autor, por ser da tradição inglesa, bem evidencia que a subsunção, mesmo não merecendo as críticas tão ácidas do *critical legal studies,* não é apropriada ao uso de precedentes. Os padrões a que ele se refere são os mesmos exemplos mencionados em Hart, e que são obtidos dos pronunciamentos jurisdicionais, comportando, assim, não uma análise formal e dedutiva, mas argumentada e comparada.

O raciocínio jurídico não é formal da maneira pregada pela subsunção, sequer é possível se falar em uma distinção rígida entre questões de fato e questões de direito. Sem falar que elementos adicionais, como equidade, controle das consequências da decisão e ponderação deixam de ser enquadráveis nas três simplórias etapas do silogismo dedutivo.

Ricardo Luiz Lorenzetti[81] tenta solucionar esse problema dividindo, casos fáceis e difíceis, e agrega uma série de etapas ao silogismo. Propõe as seguintes, com suas subdivisões: 1) deduzir a solução de uma regra formalmente válida: 1.1.) delimitar os fatos (elemento fático); 1.2.) identificar a norma (elementos normativo); 1.3.) deduzir a solução do caso; 2) controle da solução dedutiva: 2.1.) olhar para trás (elementos de consistência); 2.2.) olhar para cima (elemento de coerência); 2.3.) olhar para frente (elemento consequencialista); 3) solucionar os casos difíceis (conflito de regras e princípios); 4) solução baseada em paradigmas (explicação e harmonização); e 5) solução de conflito entre as etapas percorridas.

São inúmeras as críticas a esse esquema da decisão judicial de Lorenzetti, a começar pela colocação da primeira etapa. Ele não enfrenta o multicitado ponto da colocação da premissa. Pressupõe, ainda, a dicotomia entre fatos e normas, ignorando a mútua interferência entre ambos. Também cinde interpretação e aplicação, recorrendo aos conhecidos critérios formais do positivismo menos evoluído. Sobre a premissa maior, escreve que "isso requer a identificação de uma norma válida conforme o critério de hierarquia, especialidade e temporalidade (juízo de aplicação) e determinar seu sentido (interpretação)"[82]. Se norma é sentido, não se a identifica, ela não está posta, ela é feita,

---

80. POSNER, Richard., *op. cit.,* p. 59-60.
81. LORENZETTI, Ricardo Luís. **Teoria da decisão judicial:** fundamentos de Direito. 2. ed. Tradução: Bruno Miragem. São Paulo: Revista dos Tribunais, 2010. p. 158-168.
82. *Ibid.,* p. 160.

certamente, não de um grau zero, mas, sem dúvidas, não é simplesmente identificada em plano prévio de existência. Portanto, ele não dá qualquer indício mais firme de como se constituir esse sentido.

Estranhamente, ele situa o uso do precedente como a primeira subetapa da segunda. Para ele, o olhar para trás que sugere consiste em "olhar para os precedentes judiciais que estabelecem regras jurídicas para os casos com elementos de fatos similares". Em seguida, justifica essa necessidade na já criticada noção de igualdade e previsibilidade atreladas à lei: "As partes trabalham com base na crença de que essa regra seria mantida porque a lei se aplica com base na previsibilidade e na igualdade". Conclui essa passagem com afirmação aparentemente consonante com a proposta neste trabalho:

> Por essa razão, quem quiser se apartar de um precedente assume a carga da argumentação justificativa dessa mudança. O que se coloca aqui é tanto a garantia de igualdade perante a lei, que obriga a dar igual solução nos casos análogos, com a segurança jurídica, que favorece certeza e estabilidade no direito[83].

Não se pode concordar com a ideia dessa inserção estanque, apartada e posterior, do precedente no raciocínio jurídico, como se ele fosse uma simples subetapa. Mesmo porque simplesmente silencia sobre como se deve interpretar os precedentes. Ele dá a entender que o julgado é claro e carece de uma interpretação.

Ademais, os precedentes não atuam depois da norma já ter sido identificada. Atuam, justamente, na constituição pelo juiz, do caso posterior na criação fundamentada e dialética da solução do caso. Seu papel é mais complexo, porque traz traços de uma experiência, que, em sua riqueza, não se reduz à contribuição pontual e esquemática.

Além disso, não se deixa de aplicar um precedente porque se quer, mas porque o Direito – por intermédio do círculo hermenêutico desenvolvido – impõe tal mudança. Isso não é mero eufemismo para escamotear uma subjetividade inevitável do julgador – como creem os céticos realistas – é situar a questão em termo de coerência sistêmica ampla e integridade. Não basta o juiz querer não aplicar e apresentar qualquer justificativa para isso. Deve transcender seu simples querer e comprovar que essa mudança é efeito de uma série de fatores institucionais mais amplos e que daquele específico modo se revela no caso particular. Não é porque o juiz acha mais justo, é porque o sistema assim prescreve.

Ainda é possível fazer duas críticas ao modelo de Lorenzetti. A primeira é que ele põe cada uma dessas etapas como estanques. Uma depois da outra. Não é bem assim. O giro dialético entre fatos, enunciados, historicidade e cultura compõe a própria noção de círculo hermenêutico. O círculo não é uma esteira de etapas em sentido único. Com o perdão à obviedade, é circular.

A segunda é que não é possível se falar numa cisão clara entre casos fáceis e casos difíceis, na qual, para aqueles, é previamente definida a subsunção como método cabível,

---

83. *Ibid.*, p. 160-161.

CAPÍTULO 4 • AS FUNÇÕES E O USO DO PRECEDENTE | **347**

e, para estes, a ponderação aprioristicamente assentada. Lenio Streck muito bem situa o erro nessa cisão – e não meramente constatação – entre tipos de casos com instrumento hermenêuticos distintos. Escreve:

> Definitivamente, o intérprete não escolhe o sentido que melhor lhe convier. Ele também não escolhe o que seja um caso fácil e um caso difícil. O resultado da interpretação não é um resultado de escolhas majoritárias e/ou produto de convencionalismos. Não se trata, evidentemente, de verdades ontológicas no sentido clássico. Claro que não! Os sentidos não estão "nas coisas" e, tampouco, na "consciência de si do pensamento pensante". Os sentidos se dão intersubjetivamente. Como consequência, na medida em que essa intersubjetividade ocorre na e pela linguagem, para além do esquema sujeito-objeto, os sentidos arbitrários estão interditados[84].

São precisas as colocações de Streck. Não se define previamente que um caso seja fácil ou difícil para, então, se aproximar dele com o instrumento a ele adaptado (subsunção ou ponderação). A aproximação ao caso ocorre mediante um conhecimento unitário, e, na medida em que se exploram as possibilidades hermenêuticas de conhecimento na e pela linguagem, vai se elaborando a solução do caso. Os precedentes, nesse âmbito, repita-se, agirão, não terão ficado na etapa anterior proposta por Lorenzetti em que se "olhou para trás". Se há precedentes aplicáveis ao caso, é porque o sistema possui resposta, o que elide mesmo a configuração de um *hard case*.

Também não se pode falar de um *hard case* em função de choque de princípios obtidos de precedentes. Essa espécie estranha de caso difícil só ocorre se se reduzir precedente à norma, e que ela pode ser da espécie princípio. Perceba-se, então, a estranheza que o positivismo causa: não basta a arbitrariedade de solução de choque de princípios legislativos ou constitucionais, pois haverá também a necessidade de se ponderar princípios jurisdicionais. É um absurdo! É mais uma comprovação de que se valer do paradigma normativo para apreender os precedentes não soluciona os desafios do constitucionalismo contemporâneo, apenas os desloca e cria outros que, numa análise aligeirada, não se evidenciam.

Não é possível falar de casos difíceis na aplicação de precedentes. Seu uso não é – nem poderia ser – subsuntivo. Ao se perquirir a força hermenêutica de um precedente e definir-se um grau de influência no novo caso, já se estará compondo e ajustando possíveis concorrências de outros precedentes. Não se examinam precedentes de maneira isolada, como premissas gerais autossuficientes. Eles estão em rede, e em conjunto devem ser apreciados.

Eis outro motivo para se expurgar a subsunção do trato com precedentes: eles não se aplicam no tudo ou nada, como se se restringissem a uma regra. Eles influenciam em maior ou menor grau a solução do caso. Não se pode afirmar que eles já tragam em si a resposta do caso posterior. Lembre-se: eles não possuem sequer vigência, não possuem força de promulgação para "incidir" de maneira automática e infalível sobre fatos. Eles possuem *authority*, são respostas prévias que orientam o trato do novo caso. A norma

---

84. STRECK, Lenio Luiz, 2011, *op. cit.*, p. 302.

que carrega não pode se desprender do resto do precedente para incidir isoladamente, pois ela será importante e poderá incidir, mas não como as normas legislativas, mas sim depois de um raciocínio amplo pelo qual se abordam vários elementos.

Não se pode mais falar seriamente em uma apartação entre questões de fato e direito, se não apenas como uma ilustração didática. Em obra dedicada exclusivamente à crítica dessa cisão e, consequentemente, ao modelo subsuntivo, Castanheira Neves, logo em seu primeiro capítulo, bem expressa que é uma cisão própria de um dogmatismo metodológico que ignora uma análise mais profunda do Direito:

> Desde logo é evidente a concorrência de um sentido dogmático. Sentidos estes que foram decerto indiscerníveis enquanto o pensamento jurídico se manteve também dominado pelo monismo metodológico característico do espírito científico de todo o século passado [século XIX] – e quer esse monismo exprimisse, no pensamento jurídico, por um conceitualismo idealista (a priori) ou se reduzisse a um conceitualismo de sentido naturalista, pois sempre através de um conceitualismo metódico (a importo o conceito como prius, pressuposto ou fundamento) o entendimento dogmático do direito positivo se realizava pela redução do seu conteúdo significativo aos conceitos que seriam pelo mesmo direito positivo pressupostos. E indiscerníveis, já que isso implicava, para o nosso caso, não apenas que os conceitos "direito" e "fatos" houvessem de ser constantes, "os mesmos" em todos os domínios jurídico-positivos – um qualquer conceito de um determinado domínio de direito havia de ser recebido ou imposto, com idêntico conteúdo em todos os outros domínios jurídicos em que a mesma expressão designativa fosse utilizada -, mas ainda que tivessem o conteúdo que lhes fosse prescrito pelos sentidos desses conceitos pressupostos, de direito e de fato. Ora como estes conceitos não seriam outros do que aqueles que o pensamento gnoseológico-peistemológico geral atribuía à expressão "fato" vinham a coincidir, pura e simplesmente, com a distinção epistemológica de dois objetos de conhecimento e por ela se mediam: o direito seria sempre o objeto do conhecimento da ciência do direito, o fato seria sempre o objeto geral (gnoseológico-epistemológico geral) das ciências dos fatos[85].

Maior atenção merecem as colocações de Thomas da Rosa de Bustamante, especificamente sobre os precedentes. Entre os livros nacionais, é aquele que – ao lado de Maurício Ramires – possui compreensão mais próxima da defendida nesta obra. Em estado avançado das pesquisas para este trabalho, viu-se em Bustamante convergência inédita de posições como as críticas ao positivismo que propõe um uso do precedente baseado na simples autoridade do emissor e, sobretudo, a compreensão de peso ou força variável do precedente determinada hermeneuticamente. Também se compartilha a compreensão da importância da fundamentação (argumentação) realizada pela corte emissora para apreensão dos precedentes. No mesmo sentido, o autor se opõe a uma distinção rígida entre *ratio decidendi* e *obiter dictum*, nem aceita que cada caso só possua uma *ratio*.

A despeito dessas convergências, há pontos de firmes divergências, a começar pelo referencial teórico e filosófico. Ainda que mencione um labor hermenêutico, não recorre, analisa ou considera a Hermenêutica filosófica de Heidegger e Gadamer, nem as contribuições, no Brasil, de Streck. Vale-se do pensamento de Habermas e

---

85. NEVES, Antônio Castanheira. **Questão-de-facto – Questão de direito ou o problema metodológico da juridicidade**: ensaio de uma reposição crítica. Coimbra: Almedina, 1967. p. 13-14.

CAPÍTULO 4 • AS FUNÇÕES E O USO DO PRECEDENTE | **349**

Günter na infraestrutura filosófica. Em razão disso, trata o Direito como discurso de aplicação.

No nível teórico, faz menção ao Direito como integridade de Dworkin e sua *chain novel*; porém, a situa indistintamente com o pensamento de Alexy e MacCormick.

Não se deterá aqui em refutar essas abordagens amplas sobre Direito realizadas pelo autor. O corte epistemológico aqui realizado, que põe a Hermenêutica filosófica como a infraestrutura adequada para o pensamento, já foi exposto, e é suficiente para justificar as ideias defendidas. Para refutação específica dessas premissas gerais, já há a obra de Streck que, detidamente, demonstra a melhor adequação da hermenêutica filosófica para os desafios do constitucionalismo contemporâneo, à qual se remete o leitor[86].

Será necessário, porém, dentro do referencial adotado, refutar as conclusões propostas por Bustamante a respeito dos precedentes, e mesmo ressaltar o que são contradições em seu relevante trabalho.

Na específica passagem em que analisa a força gradual dos precedentes, o autor conclui com a afirmação que é ponto de fulcro com base no qual se percebe a divergência:

> É claro, porém, que o dever de observar o precedente não se trata de um dever absoluto. Com efeito, pode-se diferenciar a 'obrigação de tomar em conta um precedente judicial' (vinculação do precedente em um sentido frágil) da 'obrigação de alcançar a mesma conclusão jurídica do precedente judicial' (vinculação em um sentido forte) [Eng 1996:22]. A força ou peso dos precedentes é algo que pode variar: como e em que extensão essa variação pode ocorrer é algo que estudaremos na próxima seção. Mais importante revela-se, no momento, saber o que constitui o precedente[87].

A primeira parte da citação é consonante com as ideias aqui expostas, mas é justamente a partir do que se entende por precedente que é possível erigir as diferenças entre este trabalho e o de Bustamante: enquanto, aqui, se enfatiza a abordagem hermenêutica (precedente como uma resposta institucional que ocasiona um ganho hermenêutico), lá se exalta a dimensão normativa, ainda que proponha uma detalhada construção dela, baseada em técnicas de argumentação. Passagem de sua obra evidencia que ele faz o uso do precedente gravitar apenas na órbita do elemento normativo:

> Quanto mais geral forma uma norma enunciado na fundamentação de uma decisão, mais ela poderá ser útil para a solução de outros casos, e maiores serão sua fecundidade e seu potencial argumentativo para estabelecer novos parâmetros normativos para desenvolver o Direito e ordenar de forma coerente as regras mais específicas de um sistema normativo; mas, por outro lado, menos in puncto ela será nos casos ulteriores, e por isso menor sua autoridade. Ceteris paribus, quanto mais abstrata é a regra derivada do caso A, maior o número de casos que ela cobre, mas menor é seu grau de vinculatividade, pois mais provável se torna o surgimento de uma circunstância não inicialmente considerada que justifique a formulação de uma regra excepcional. De outro lado, quanto mais concreta seja uma regra derivada de um caso A, menor o número de casos que ela poderá cobrir, mas mais elevada será sua vinculatividade para decidir um caso B[88].

---

86. STRECK, Lenio Luiz, 2011, *op. cit.*
87. BUSTAMANTE, Thomas da Roda de, *op. cit.*, p. 270.
88. *Ibid.*, p. 340.

Não é que se discorde dessa passagem. Afinal, nunca se negou a possibilidade de se erigir norma de um precedente. Não se concorda com a noção de que essa norma (sobretudo da espécie regra) se desprenda dos demais fatores importantes para ser a única medida para o uso posterior, ao ponto de, aprioristicamente, poder se falar em sua maior ou menor vinculação/utilização. Imagine-se que haja mudado a legislação. Certamente o precedente perderá "vinculatividade", mesmo sendo uma regra mais concreta. Poder-se-ia citar a alteração de outros elementos que, sem tocar na regra jurisdicional, alterariam a força do precedente. E Bustamente vislumbra isso em sua obra, mas, ainda assim, defende a subsunção e a referência normativa.

Os pontos do pensamento dos quais se diverge podem ser sumariamente apresentados da seguinte forma: a) entender que dos precedentes se extraem de maneira relevante apenas regras[89]; b) possuir uma visão normativista dos precedentes, a ponto de indicar expressamente a ideologia da *Judicial Exegesis* de Siltala como a adequada a descrever sua teoria[90]; c) adotar a subsunção como método adequado para o uso dos precedentes; e d) propor a universalização kantiana como critério de averiguação da correção do precedente[91].

Conforme se expôs no capítulo anterior, não se pode dizer que apenas regras são inferidas dos precedentes. O autor entende que se um precedente enunciar um princípio, este não colherá seu fundamento naquele, por ser decorrência de uma análise moral maior.

A resistência a essa colocação se dá por quatro pontos: 1) é, sim, possível a inferência de princípios de precedentes, em ele sendo um ganho hermenêutico ele será um acréscimo de sentido em relação à cogitações teóricas ou padrões, ou seja, o enriquecimento fruto da mediação entre direito e realidade também pode contribuir para o incremento de compreensão dos princípios em situações específica antes não imaginadas; 2) ao se colocar o precedente como uma resposta, seu aspecto normativo (que fornece uma regra ou um princípio) perde relevância, já que não poderá se desprender dos demais elementos dos círculos hermenêuticos (aquele do julgamento original e o novo de uso do precedente), pelo que o uso do precedente não depende de mecanismos de incidência apenas da norma possível de ser dele extraída , mas da análise hermenêutica ampla; 3) a subsunção não explica toda essa experiência de aproximação hermenêutica entre os

---

89. "Como já se disse no capítulo anterior; em tese é possível extrair normas-princípios de um precedente judicial, referindo-se, nesse caso, a uma *ratio decidendi* bastante abstrata que tenha sido ventilada na fundamentação da decisão. Essa hipótese, no entanto, é excepcional, e não nos interessa no momento, pois tal tipo de *ratio decidendi* não tem um valor relevante como 'precedente judicial', já que as normas adscritas que têm caráter de 'princípio' valem não por força do precedente, mas pela sua própria correção substancial" (*Ibid.*, p. 468).

90. "A reconstrução da ratio decidendi – isto é, das regras adscritas que têm força de precedente – deve ser, portanto, uma elucidação das premissas normativas tomadas como etapas de justificação de uma decisão. Parece adequado, nesse sentido, um modelo exegético [Siltala 2000:84-90] de reconstrução das normas a partir da interpretação das decisões judiciais" (*Ibid.*, p. 277).

91. "Em suma: 'Qualquer que seja a sua sorte em determinado sistema normativo e jurisdicional, respeitar o precedente constitui exigência de uma argumentação que se pretenda reacional, pois encarna nada menos que um dos princípios de correção kantianos, qual seja, o da universalização'" (*Ibid.*, p. 268).

CAPÍTULO 4 • AS FUNÇÕES E O USO DO PRECEDENTE

351

casos, sobretudo porque, como reconhece Bustamante, precedente não são aplicados no tudo ou não, possuindo uma força graduada em função da similitude hermenêutica entre as causas. O autor, de certa forma, admite isso, pois, conquanto ele proponha a subsunção, a maneira que descreve extravasa, e muito, os estreitos limites da lógica formal que ela envolve; e 4) já foi demonstrado que a ideologia da *judicial exegesis* está dentro do paradigma normativo que se abebera diretamente do positivismo exegético, pelo que a proposta de Bustamante de, à maneira proposta por essa ideologia, reaver a norma atribuída pela corte original é de todo incompatível com o constitucionalismo contemporâneo.

Apesar dessas divergências, o autor, efetivamente, avança sobre o estudo dos precedentes, indo bem além da mera dogmática ou importação de conceitos, comum em outras obras. Algumas considerações, como dito, se alinham às defendidas neste trabalho, inclusive com perspectiva diversa. A principal é, efetivamente, a ideia de força variável, a qual se erigiu, aqui, da ideia de *gravitational force* de Dworkin somada à Hermenêutica filosófica. Diversamente, porém, Bustamante a erige com infraestrutura de ideias da teoria da argumentação.

Há passagem do autor que revela a insuficiência da subsunção, ainda que tente justificá-la:

> Portanto, se um caso X a jurisprudência fixa determinada norma geral capaz de abarcar não apenas o caso concreto, mas também casos A, B e C – também subsumíveis nessa norma -, esta norma terá força vinculante para todos. O postulado da coerência exige que todas as situações que puderem ser universalmente formuladas e subsumidas nas mesmas normas gerais sejam tratadas da mesma forma, a não ser que, em um discurso de aplicação dessas normas, surjam elementos não considerados na hipótese normativa que justifique a formulação de uma exceção ou a não aplicação das consequências jurídicas ao caso concreto [Günther 1993-b, MacCormick 2005][92].

Não é a hipótese de incidência da norma obtida do precedente que determinará seu uso e aplicação aos casos posteriores. Fosse assim, não haveria força gradual, e sim incidência automática e infalível (segundo a linguagem positivista comum). Como sabido, a hipótese de uma regra consiste na descrição de um fato ou conjunto de fatos, os quais, se ocorridos no mundo empírico, ensejam a incidência da norma e a exigência da consequência por ela estabelecida. Ocorre que os elementos hermenêuticos não se resumem a fatos, nem podem ser condensados, apenas e tão somente, na hipótese de incidência. Não seria possível descrever todos os fatores pertinentes, mesmo porque muitos são implícitos, acobertados pelos pré-juízos e pré-conceitos, que só com o tempo poderão ser alvo de racionalização que os leve à luz.

Mesmo se admitindo que a linguagem poderia, mediante um ato de vontade, expor literalmente todos os elementos do círculo hermenêutica, ter-se-ia uma hipótese tão complexa – envolvendo descrição de fatores de justiça, econômicos, sociológicos etc. – que seria absurdamente longa e não prática.

---

92. *Ibid.*, p. 274.

Eis o ponto: a comparação hermenêutica a ser feita entre os precedentes não pode ser fornecida apenas pela hipótese de incidência da regra, pois ela não é capaz, repita-se, de traduzir todos os elementos que interferiram na resposta hermenêutica fornecida, nem como esta se apresentará no caso subsequente. Falar em subsunção seria, no máximo, mencionar uma pequena parcela, uma última atitude operada após longa análise hermenêutica com esteio na qual seria erigido um juízo prescrito que serviria para o novo caso. Seria, porém, uma parte tão ínfima de toda a operação, desprovida de autonomia para regular o uso futuro e tão distante daquela subsunção autossuficiente do positivismo que, verdadeiramente, não pode receber tal qualificação nem caracterizar todo o labor hermenêutico levado a efeito. Portanto, recorrer a ela só causa confusões e corrobora posições que redundam em um positivismo judicial.

Nesse tocante, precisa a crítica de Castanheira Neves ao silogismo em geral:

> Pois se o proceder lógico tem de ser antecipado pela posição das premissas, também a lógica da aplicação do direito só poderá iniciar-se depois de ter sido postulado a norma a aplicar – a subsunção jurídica como mera aplicação lógica, por dedução conceitual do geral ao particular, de uma norma de direito formal positivo, terá decerto de levar pressuposta a norma-premissa de uma tal aplicação. Quer isto dizer que o problema da existência de uma norma aplicável, e sua identificação e determinação, ou não será verdadeiramente um problema ou seja um problema a resolver (já resolvido) antes de o problema da aplicação subsuntiva do direito se vir a pôr[93].

Em outras palavras, propor a subsunção como método de utilização do precedente pressupõe ou exclui a determinação da premissa maior. A determinação será pressuposta, se se considerar que a norma jurisprudencial é dada pela corte emissora. A determinação é excluída da subsunção, porque esta já inicia com a premissa posta, ou seja, não oferece qualquer instrução para determiná-la.

Viu-se, longamente, todavia, no capítulo anterior, que a determinação do que seja o precedente não é feita unilateralmente pela corte emissora. O juiz que o aplica, ao comparar ao novo caso, poderá até mesmo estender sua aplicação transpondo aquilo que foi anteriormente julgado, desde que haja motivo suficiente para tanto. Nem mesmo o paradigma contextualista vigente na tradição inglesa, com influência do positivismo analítico, toma o precedente com um dado. Em verdade, a formação do precedente é ponto fulcral de qualquer estudo do assunto, pelo que seu uso não pode ser determinado por uma técnica que simplesmente ignora essa etapa.

A subsunção, pois, deve ser afastada da compreensão dos precedentes.

4.8 O USO DO PRECEDENTE ARRIMADO NA DETERMINAÇÃO DE SUA FORÇA HERMENÊUTICA

Usar precedente não significa submeter os fatos do novo caso à regra pinçada do julgamento anterior. Não é subsunção. Usar precedente é utilizar a resposta hermenêu-

---

93. NEVES, Antônio Castanheira, *op. cit.*, p. 252.

tica dada anteriormente para responder o que se mostra no presente. Ocorre que usar demanda interpretar (lembre-se de que se interpreta aplicando e se aplica interpretando), e interpretar um precedente, ou mais precisamente interpretar o texto decisório de onde emerge o precedente, não é determinar o que o tribunal emissor disse ou fez, mas constituir um sentido (fusão de horizontes do precedente e do aplicador), no que entram elementos do passado e do presente. Isso importa saber como a resposta dada (o ganho hermenêutico) se apresenta para solucionar o novo caso: se uma resposta próxima ou distante. O grau entre um e outro extremo é definido pela força hermenêutica.

O precedente traz um sentido apriorístico considerado antes de qualquer utilização posterior efetiva, ao que, normalmente, se denomina de sentido originário. É com ele que se realiza a segurança jurídica apriorística de que se falou no estudo das funções, e é com esse sentido que se produz uma certa previsibilidade de resultado: se assim foi decidido no passado, é lícito postular aprioristicamente que assim será presentemente.

Convém evitar, no entanto, essa terminologia porque esse sentido não é obtido como se fosse o de um enunciado legislativo. Ele é extraído de texto que versa sobre uma *applicatio* anterior, como dito. Em não se estando diante de uma situação real de aplicação/interpretação, não se passará muito do que foi obtido pela corte anterior ou alcançável por hipotéticas aplicações a casos imaginados. Por conseguinte, não passa disto: uma proposta de significação. Somente quando for inserido no círculo hermenêutico de um novo caso, haverá uma verdadeira produção de sentido a partir do precedente, respondendo-se novas questões desde o ganho hermenêutico.

Essa proposta de significação corresponde à fase pré-interpretativa mencionada por Dworkin. É com base nela que se começa a erigir a resposta para o novo caso.

Quando se menciona uma resposta próxima, se está a aludir a uma que abarque o maior número possível de questões envolvidas com grau satisfatório de justificação. Lembre-se de que questão é um ponto de discórdia, controvertido, e que demanda julgamento. Não é apenas um alcance quantitativo, mas qualitativo também, ou seja, que se tenha uma resposta coerente, íntegra e justificada.

A coerência e a integridade demandam que o aplicador observe e considere as linhas macro e os princípios de moralidade política que orientam o Direito como um todo, coordenando-os com as práticas mais relevantes e arraigadas, tudo perpassado por uma abordagem deontológica. Assim é que se admite conceder peso à tradição no exercício do Direito, e se apreende o seu desenvolvimento como continuidade interpretativa que respeite o passado. Tal modo de encarar a fenomenologia jurídica elide a mera deferência a hábitos e práticas de fato; características de uma atitude reacionária.

A tradição não se traduz em convencionalismo nem pragmatismo, pois ambos a exasperam, levando-a a extremos inaceitáveis. O convencionalismo é deferência ao quadro fático estabelecido sem qualquer juízo moral ou jurídico a seu respeito. O pragmatismo está no extremo oposto, é uma imposição ditada pela moral em prejuízo das aspirações jurídicas de estabilidade reconhecida.

Especificamente, a integridade importa que o precedente seja cotejado com outras fontes de sentido normativo e deontológicas, de modo a possibilitar que seu uso não traga fraturas ou rupturas abruptas ditadas por motivos eventuais, e permita o desenvolvimento progressivo e gradual. Não que impeça que se operem mudanças firmes. Para ocorrerem, porém, será necessária uma convergência de fatores, além da mera guinada jurisprudencial volitivamente determinada.

A despeito da terminologia, quando se alude a justificação, não se a reduz a motivação. Justificação é a busca de embasamento material da decisão. É o recurso a critérios de integridade, justiça e equidade. É certo que, nos pronunciamentos judiciais, isso só pode ser obtido pela fundamentação. Uma está umbilicalmente ligada a outra: não se pode falar em justificação devida sem a adequada fundamentação, e esta não passará de sofisma se não se calcar naquela. Há, então, exigência própria de lógica a serem observadas. Não de lógica formal, tampouco observância de técnicas argumentativas, mas um enfrentamento das questões postas no processo em uma dimensão conteudista.

Na aplicação do precedente, sua força hermenêutica se submeterá, então, a essa aquilatação material, que comporá, juntamente com os critérios formais – em prol de segurança e previsibilidade – a completa análise. Terá força hermenêutica, ou seja, se apresentará como uma resposta próxima, caso ele seja capaz de responderá todas ou a maior parte das questões do novo caso, ofertando parâmetro coerente e justificado. Por sua vez, será uma resposta distante quando poucas questões do novo julgamento puderem ser resolvidas com o precedente ou forem resolvidas com algum défice de integridade, coerência ou justificação, demandando uma extensão de sentido para além do que se verificou no passado.

Essa aferição da força hermenêutica quantitativa e qualitativamente se dá primordialmente por elementos materiais, de conteúdo do julgado anterior. Mas há também elementos formais atuando. Um precedente de um tribunal superior ou do Supremo Tribunal Federal, sem dúvida, exerce maior influência do que o de um tribunal inferior. É sempre bom destacar que precedentes inferiores também contam, mas certamente com força menor. Não se trata da velha distinção entre precedentes vinculantes e persuasivos, pois, em assim se colocando a análise, se põe ênfase nesse requisito formal da hierarquia, o qual, repita-se à exaustão, não é único nem o mais determinante.

O tipo de processo, incidente ou recurso em que se produziu a decisão pretérita também importa. A que se tenha verificado em processo de controle abstrato de constitucionalidade, cuja legislação atribui eficácia *erga omnes* e efeito vinculante, independentemente de seu conteúdo, tem seu poder de constrição próprio ditado por essa prescrição formal. Não apenas decisões formalmente vinculantes, entretanto, são diferenciadas. Imagine-se uma decisão em embargos de divergência – sua função é justamente uniformizar jurisprudência, ou mesmo uma decisão em recurso especial fundamentado no art. 105, III, "c", da Constituição Federal. Por terem essa função unificadora, em que as linhas divergentes devem ser apreciadas e cotejadas, terão mais relevância do que as linhas isoladas de que tratam.

Ainda no campo formal, foi visto em levantamentos empíricos que indicam a modificação da composição do órgão emissor do precedente como fator determinante para eventual alteração de entendimento. Poucas alterações radicais de jurisprudência alhures ocorreram sem qualquer alteração dos membros. No Brasil, em que as orientações pretorianas são mais voláteis, é uma tendência que cada vez mais se confirma.

Portanto, é possível estruturar os elementos que determinam a força hermenêutica de um precedente da seguinte forma:

1) Formais

    a. Nível hierárquico da Corte emissora

    b. Tipo de processo, recurso ou incidente em que se emitiu o precedente

    c. Órgão interno do tribunal emissor

    d. Votação por maioria ou unanimidade

    e. Modificação da composição da corte emissora

2) Materiais

    a. Coerência

        i. Coerência paradigmática ampla (observância do paradigma sistêmico-hermenêutico)

        ii. Existência ou não de desafio ao precedente

        iii. Similitude hermenêutica das questões suscitadas

        iv. Guinada jurisprudencial e efeito *ex nunc*

        v. Observância a precedentes não judiciais

        vi. Modificação do plano legislativo ou constitucional

        vii. Modificação ou manutenção do quadro político e social geral

        viii. Apoio ou desafio acadêmico

    b. Justificação

        i. Fundamentação adequada e detida

        ii. Grau qualitativo e quantitativo de análise das questões de fato e de Direito envolvidas

        iii. O ramo do Direito envolvido e o grau de complexidade da causa

        iv. Idade do precedente

Esses elementos devem se somar à análise da integridade do julgado, seu alinhamento às bases principiológica macro do ordenamento jurídico, de modo a expressar um sistema único e convergente com o de justiça e equidade.

Destaque-se o fato de que esses elementos são propostos dentro do paradigma sistêmico-hermenêutico constituído, no capítulo anterior, sob a infraestrutura da Hermenêutica filosófica com o direito como integridade e a ideologia sistêmica das estruturas profundas. É importante destacar isso porque não se considera adequado analisar elementos que extravasam esse paradigma. Explique-se: não é correto propor os mecanismos de aferição da força hermenêutica desde o que esteja arraigado na prática Judiciária quanto ao uso do precedente, se os juízes se comportam dentro de um paradigma normativista de infraestrutura na Filosofia da consciência, com bases teóricas do positivismo normativista ou exegético, ou, então, se tomam o paradigma contextualista. Certamente, se os juízes se alinharem ao paradigma normativo, os elementos formais terão mais relevância, pouco importando, por exemplo, os elementos de coerência. É o risco que se corre atualmente no Brasil, principalmente ao se analisar a primeira doutrina a respeito do sistema de precedentes apresentados pelo atual Código de Processo Civil.

Caso se fosse elaborar uma obra meramente descritiva da prática judiciária brasileira, muitos dos elementos materiais há instantes propostos deveriam ser excluídos, como, por exemplo, a adequada e abrangente fundamentação. De fato, como visto, aqui, são usadas ementas como premissa maior de um silogismo formal. Se um tribunal superior muda de orientação, leva a reboque toda a linha decisória dos inferiores em amestramento acrítico, independentemente da fundação expedida. Se o Supremo Tribunal Federal decide, em um sentido, pensar diferente é um sacrilégio tomado como desobediência funcional a ser punida administrativamente.

Entende-se, porém, que as demandas do Direito atualmente não autorizam que qualquer proposta acadêmica se conforme com esse estado de coisas, sobretudo se ele vem acobertado por uma falsa alegação de se estar realizando o neoconstitucionalismo, ou porque é exigência do pós-positivismo. Deve-se bradar: a prática formal brasileira de lidar com precedentes e a dogmática que vem se fortalecendo mediante a importação de institutos da tradição inglesa com mixagem da tradição legalista brasileira ofendem até não mais poder aquilo que a Constituição e o constitucionalismo contemporâneo pregam.

Essa prática que atualmente se verifica e recebe aporte teórico é o velho positivismo em vestes do que se diz ser o *common law*. É a resistência das ilusões passadas e ultrapassadas, incabíveis nesta quadra histórica, que tentam se travestir para causar a mera aparência de mudança e novidade.

Por essa razão, esta obra é propositiva, toma efetivo compromisso com o constitucionalismo contemporâneo, trabalha com a ideia do que deva ser adotado pela prática judiciária se se quiser levar o Direito e a Constituição a sério, caso se intente verdadeiramente agir dentro das exigências do Estado de Direito Constitucional. Em se admitindo a modulação da força hermenêutica por aquelas incoerências denunciadas no Capítulo 2 (desalinhamento entre a busca de metas constitucionais com instrumentos vetustos do positivismo) e esquadrinhadas no Capítulo 3, estar-se-á cedendo às constrições de fato, e se adotando atitude acadêmica meramente descritiva e passiva ante uma realidade que se tem por indevida. A obra seria incoerente, pois incorporaria na proposta aquilo que critica.

Não se pode agir dessa maneira. Ou a Constituição vale e efetiva mudanças, orienta o Direito, seu estudo e teoria, e o constitucionalismo efetivamente causa a superação do Estado Legislativo, ou de nada valem, são simplesmente uma folha de papel e palavras ao vento.

Trabalhos como os de Siltala e Bustamante não comungam dessa dogmática posta a serviço do positivismo, entretanto, ao incorporarem uma análise de elementos que extravasam o paradigma sistêmico-hermenêutico aqui proposto, até fornecem uma visão panorâmica do assunto, porém, ao mesmo tempo, abrem espaço para a incrustação do formalismo que deve ser superado.

As obras dos autores são valorosíssimas, a de Siltala, especificamente, foi referência para traçar o roteiro desta abordagem, e a de Bustamante é a mais completa com que se teve contato em estádio avançado de redação dos estudos no Brasil sobre o tema especificamente; mas devem ser tomadas como premissas para se firmar o posicionamento aqui tido por devido.

Especificamente Bustamante, no início de sua colossal abordagem, escreve sobre os fatores institucionais que determinam a força de uma norma jurisprudencial: "Entre esses fatores, MacCormick enumera os seguintes: (1) contexto institucional, (2) tradição jurídica, (3) estrutura constitucional (*constitutional framework*), e (4) doutrina jurídico-teórica dominantes"[94].

Em se considerando o contexto institucional brasileiro, tem-se um Judiciário piramidal e hierarquizado que, nos últimos anos, experimenta recrudescimento de mecanismos formais de controle da base pelo ápice, não só propriamente processuais, mas também administrativos. Busca-se expressar as manifestações superiores como ordens a serem seguidas acriticamente. A tradição jurídica ainda vigente é fortemente influenciada pelo legalismo exegético e normativista. A dogmática jurídica impressiona-se com instrumentos vinculantes baseados em mera hierarquia funcional. A estrutura constitucional, com a nova jurisdição constitucional, e o constitucionalismo contemporâneo carreados principalmente pela doutrina e por algumas decisões judiciais, são, somente eles, que apontam em sentido diverso dos anteriores.

Portanto, estes últimos devem promover a evolução dos primeiros. Assim, conquanto tenha valor essa descrição do estado de coisas, não devem compor a determinação da força hermenêutica do precedente, pois a distorcerão em detrimento de uma análise pertinente ao constitucionalismo contemporâneo. O contexto institucional, a tradição jurídica positivista e a dogmática devem ser moldados pelo constitucionalismo contemporâneo.

---

94. BUSTAMANTE, Thomas da Rosa de., *op. cit.*, p. 307.

Quando se menciona, então, que o precedente incorpora a tradição jurídica, a qual deve ser observada, se alude a uma tradição deontologicamente orientada e juridicamente mediada, e não mero estado de fato, ou simples reacionarismo típico do convencionalismo há pouco descrito. A integridade a ser considerada é, como dito, o meio-termo entre convencionalismo e pragmatismo.

Por fim, também deve ser destacada outra relevante distinção para a proposta de Bustamante[95]. Ele dá ênfase a critério de mensuração da norma jurisprudencial que se localiza no precedente. Tece apurada análise como: 1) caracteres das normas jurisprudenciais; 2) o grau de generalidade; e 3) a estrutura interna. Entende-se, porém, que a norma pinçada do precedente não é passível de uma análise individualizada. Não é a norma isoladamente que determinará a aplicação ou não do precedente no futuro, é o conjunto de elementos propostos. Ademais, é possível se utilizar apenas parte do precedente.

Ao se despender análise sobre os elementos aqui propostos, se definirá o que será utilizado do precedente, se a integralidade do labor hermenêutico, tomando-o como uma resposta próxima ao novo caso, ou parte dele, na qualidade de resposta remota (a norma que possa dele ser erigida considerando o novo caso, se apenas a linha de argumentação antes desenvolvida etc.).

Enfim, assentar o peso do precedente na norma dele erigida é predeterminar que seu uso posterior só se dará por essa mesma norma, com o que não se concorda.

4.9 ELEMENTOS FORMAIS DE DETERMINAÇÃO DA FORÇA HERMENÊUTICA DO PRECEDENTE

Os elementos formais não se ocupam do conteúdo da decisão-paradigma, são plenamente alheios a eles. Decorrem de imposição legal expressa ou tácita que atenta para o aspecto subjetivo de quem emite a decisão ou o instrumento processual em que se verificou o julgado. Dada a tradição brasileira de apego ao positivismo e ao formalismo, são os que, de certa forma, a legislação prescreve e a dogmática mais recente ressalta e enaltece.

É preciso ter em mente a ideia de que reconhecer o papel dessas formalidades não significa derrocada perante o formalismo. Ao contrário, põe-se essa dimensão em seu devido lugar: apriorístico e superável.

Fala-se apriorístico porque, precisamente por carecer de qualquer análise de conteúdo, proporciona automaticamente uma força hermenêutica ao julgamento. Com efeito, sobretudo os que expressamente possuem efeito formalmente vinculante, atuam, por imposição normativa, no jogo hermenêutico posterior. Será destacado, aqui, é que

---

95. *Ibid.*, p. 338-353.

essa atuação não será autônoma nem determinante, justamente porque interagirá com os elementos materiais ou mesmo com outros formais.

Aquelas decisões que ainda que não possuam expresso efeito vinculante, mas que sejam pronunciadas por tribunais superiores ou em processos de uniformização, exigem, justamente em respeito à coerência, uma atenção diferenciada em relação a uma decisão em processo individual ordinário.

Passe-se a analisar detidamente cada um desses elementos formais.

4.9.1   Nível hierárquico da corte emissora

Ao longo de todo esse trabalho, criticou-se o uso do precedente, teses, súmulas e mesmo jurisprudência, levando em conta apenas o critério autoritário do nível hierárquico da corte emissora do julgado. Certamente, repita-se, assentar qualquer teoria única ou principalmente em uma deferência hierárquica consiste em consagrar um positivismo judicial de cúpula, incompatível com o constitucionalismo contemporâneo.

Não se pode negar, todavia, que esse elemento possui grande relevância. Precedente, súmula, tese e/ou jurisprudência do Supremo Tribunal Federal, sobretudo em matéria constitucional, devem, necessariamente, ser considerados pelos demais tribunais do País. Eis, porém, a atitude correta: devem ser considerados, jamais ignorados. Não há qualquer justificativa, calcada no livre convencimento do magistrado, que desonere quem quer que seja desse dever. Afinal, o juiz não deve julgar segundo sua consciência. Ele deve respeitar a tradição institucional (nos moldes corretos propostos pela Hermenêutica filosófica) de que faz parte e que tem nos órgãos de cúpula os formuladores de última instância.

Considerar, no entanto, não significa seguir cegamente ou hiperintegrar o sistema. O magistrado não pode se esconder em julgamentos superiores para se furtar de seu dever constitucional de julgar os casos mediante análise contraditória do que foi efetivamente produzido. Se o precedente é suficiente, não basta citá-lo, há que demonstrar, adicionalmente, essa suficiência.

Da mesma forma que o juiz inferior não pode se considerar uma ilha de cognição e interpretação do Direito, os tribunais superiores também não devem olvidar os precedentes da base. Não terão a mesma influência que exercem os superiores sobre os inferiores, mas, em causando expectativas, orientando comportamentos, os tribunais colocados em escalão mais elevado devem levar esses precedentes em conta. Já se deu exemplo disso no caso da linha jurisprudencial do Superior Tribunal de Justiça sobre a COFINS incidente sobre sociedades civis.

Não se pode ignorar, também, a função constitucional outorgada aos tribunais superiores de uniformização da jurisprudência. É mesmo função política relevante em um Estado federado em que agem forças de concentração e desconcentração. A unidade de entendimento pretoriano certamente é fator de agregação, permitindo que o povo, independentemente da unidade federativa em que se encontre, receba tratamento similar em face da legislação federal e constitucional.

O principal meio de se fazer valer o entendimento jurisprudencial superior é a esteira recursal de uma maneira geral. Tanto é assim que a tradição anglo-saxão tem nos recursos ordinários o único instrumento contra decisões divergentes. Não há, lá, reclamações, devolução de recursos para aplicação de tese, sustação de processos ou outro instrumento processual da espécie, os quais, no Brasil, são meios de fortalecer esse aspecto hierárquico, mas não suficiente.

Esse reconhecimento da importância da hierarquia não implica qualquer espécie de contradição com a proposta da ordem jurídica coerente em rede, pois a hierarquia é da Corte e não do precedente, conforme já exposto neste livro. O importante não é admitir a existência de uma hierarquia, mas sim excluir a lógica assimétrica formal rígida unicamente estruturada por essa dimensão hierárquica. Como destaca Bermejo, "una cosa es hablar de una 'imagen' vertical y otra defender que todos los principios del sistema se someten a un principio lógico de jerarquía"[96].

A disposição em níveis é relevante, coordena compreensões e oferece um instrumento à primeira mão para lidar com os conflitos, mas é superável ante outros critérios devidamente justificados. Ademais, deve ser compreendido que as partes mutuamente se relacionam, e não somente numa direção "de cima abaixo".

4.9.2 Tipo de processo, recurso ou incidente em que se emitiu o precedente

Esse é outro elemento superdimensionado pela dogmática recentemente formada no Brasil. A prescrição de que a decisão de alguns recursos, incidentes ou processos e mesmo súmulas terão efeito vinculante não pode ser traduzida como uma opressão que tolhe qualquer poder de conformação do juiz ou tribunal que irá aplicá-lo. Certamente terá peso influente, relevante, mas não elide (salvo única exceção) a possibilidade não só de *distinguish*, mas também de desafio, desde que seja justificado, e, quando se menciona justificado, se quer dizer calcado em outros fatores atuando em prol do desafio; não é o simples entendimento do magistrado explicado por qualquer motivação escrita.

É possível conceber-se mesmo uma graduação apriorística dos precedentes, inicialmente no primeiro círculo daqueles a que a legislação concede efeito vinculante: 1) decisão em controle abstrato de constitucionalidade que julga inconstitucional norma (esse é absoluto, não comporta desafio, uma vez julgada inconstitucional a norma, ela é expurgada do sistema, não podendo o julgamento sofrer desafio que permita o reingresso); 2) decisão em controle abstrato de constitucionalidade que julgou constitucional a norma (admite desafio, ou seja, possibilidade de inconstitucionalidade não alcançada no plano abstrato, e sua força está na existência de mecanismo da reclamação que permitir uma análise direta do desafio pelo STF); 3) linha de precedente resumida em súmula

---

96. BERMEJO, J.M. Pérez, *op. cit.*, p. 164.

vinculante (admite desafio em até maior medida dos anteriores, porque, comumente, representa um salto muito alto de generalização, pelo que o uso da súmula deve levar em conta os precedentes que a autorizaram e não sua literalidade); 4) decisão tomada em casos repetitivos (também admite afastamento porque o efeito vinculante é apenas para os casos padrões que considera, tanto que o *distinguish* é expressamente admitido na legislação); 5) incidente de assunção de competência, dotado de instrumentos de proteção e fomento à observância de seus julgados; e 6) súmulas do Supremo Tribunal Federal em matéria constitucional e do Superior Tribunal de justiça sobre assuntos infraconstitucionais, bem como as súmulas dos tribunais estaduais e regionais que, na condição de item arrolado no art. 927, do CPC, desfrutam também de medidas de proteção e fomento, da maneira exposta anteriormente

Em outro círculo, tem-se decisões que, a despeito de a legislação não lhes emprestar efeito vinculante, exercem o papel expresso ou tático de uniformização de jurisprudência. São eles: 1) decisão em controle concreto de constitucionalidade que julga inconstitucional a norma; 2) decisão em controle concreto de constitucionalidade em que se julga constitucional a norma; 3) decisão em recurso especial com base no art. 105, III, c, da Constituição Federal; e 4) outros precedentes não arrolados no art. 927 do Código de Processo Civil, por não contarem expressamente com medidas de proteção ou fomento em outras disposições codificadas.

O segundo círculo não parte com o mesmo grau de força dos integrantes do primeiro; contudo, não teria o menor sentido restringir seus efeitos à coisa julgada, elidindo seu uso em outros processos. A falta de reconhecimento mais amplo desse papel decorre da formação do Direito processual ligado ao positivismo exegético. De fato, os processualistas, na formulação dos conceitos básicos desse ramo do Direito, muito se ocupavam da isonomia dentro da relação triangular entre autor, juiz e réu. Como havia simples aplicação da lei no caso concreto, qualquer variação era tida como uma ofensa à lei, uma distorção patológica, portanto, o que demandava pronto e pontual reparo. Não se considerava uma variação fisiológica de entendimentos. Só ao se integrar esta nos estudos dos processualistas é que surgiram remédios com essa finalidade. Entretanto, a força como precedente para outros casos ainda se apresentou como estranha, merecendo atenção só mais recentemente.

4.9.3   Órgão interno do tribunal emissor

No âmbito interno, é sabida a existência de órgãos fracionários, plenários ou especiais, cada qual com sua função. Certamente, os fracionários são os mais suscetíveis de enfraquecimento justamente porque as diversas combinações de membros podem ensejar diversos posicionamentos. Na medida em que se adote o paradigma sistêmico-hermenêutico aqui proposto, e não se arraiga o mero temor hierárquico reverencial, essa instabilidade é mitigada, mas não inteiramente afastada. É imprescindível, pois, a existência de órgãos internos para, mediante a reunião de colegiados mais numerosos, se poder unificar entendimentos. Tanto é assim que o Incidente de Assunção de Competência, voltado justamente para levar o caso para um órgão interno mais ampliado, passa a ter força vinculante, constando expressamente no rol do art. 927 do Código de Processo Civil.

Eis, portanto, como, formalmente, se tentar realizar a coerência interna de um tribunal: reúnem-se em julgamento específico os vários integrantes de órgãos fracionários, facultando-lhes discutir com a integralidade dos pares que também podem se pronunciar sobre o assunto.

No Brasil, contudo, se percebe uma dificuldade específica: a reiterada ausência de parte dos integrantes desses órgãos internos, que, costumeiramente, funcionam com composição parcial. Nelson Rodrigues Netto adverte para noção de que tal fato é preocupante, tendo inclusive apontado dificuldades na legitimidade de julgamento proferidos com esse *quórum* prejudicado[97]. Realmente, isso prejudica a própria razão de ser desses órgãos, pois a composição parcial, indiscutivelmente, impede a obtenção de uma mais ampla base de decisão.

Ora, dadas essa posição institucional e a função delimitada, não se pode ignorar que, independentemente do conteúdo, os pronunciamentos provindos desses órgãos devem merecer uma deferência especial, dando-se atenção ao *quórum*.

Tal aspecto formal terá demandas materiais que lhes são próprias. Esse tipo de decisão exige que, na fundamentação, haja a análise das teses divergentes. Caso se faça uma análise das questões como se inexistisse divergência jurisprudencial, haverá um enfraquecimento por motivos materiais (fundamentação deficitária), a despeito dessa carga formal.

4.9.4 Votação por maioria ou unanimidade

Votação unânime fortalece o precedente e a divergência o enfraquece. A estabilidade formal é mitigada ante a divergência, pois dá indícios de que há a possibilidade mais fácil de modificação. Ao se ter em mente a função do precedente como economia argumentativa, percebe-se que o voto vencido, que também integra o precedente, coloca de antemão razões que podem ser aproveitadas e aprofundadas no futuro. Não existe qualquer impedimento formal para que, em julgado posterior, o juiz demonstre a maior precisão da tese derrotada.

Isso já se verificou no Supremo Tribunal Federal quanto à aplicação do precedente corporificado na ADI 1232, examinado detidamente no capítulo anterior. Conquanto o tribunal, por maioria, tenha reconhecido a constitucionalidade do art. 20, § 3º da Lei nº 8.742/1993, ao fixar o um quarto de salário mínimo *per capita* como parâmetro familiar

---

97. NETTO, Nelson Rodrigues. Os "Quora" nos tribunais superiores e a legitimidade de seus precedentes: a decisão sobre o recurso prematuro no Superior Tribunal de Justiça. **Revista Dialética de Direito Processual – RDDP**. São Paulo: Dialética, 09/2009. p. 70-80. fas.78.

CAPÍTULO 4 • AS FUNÇÕES E O USO DO PRECEDENTE **363**

para dar direito a benefício assistencial, a tese do voto vencido, que dava interpretação conforme à Constituição, foi paulatinamente sendo fortalecida em julgados posteriores dos juizados especiais federais, ao ponto de o próprio STF admitir outros critérios de aferição do estado de pobreza. Inegavelmente, o fato de haver à disposição dos juízes de primeiro grau argumentação já desenvolvida para a situação, facilita o desafio ao precedente, sobretudo porque se pode fortalecê-lo com elementos adicionais.

Não há qualquer empecilho formal para tanto, pois o voto vencido não é expurgado do sistema, ele também é uma proposta de solução hermenêutica que apenas não se confirmou naquele julgamento. Mudanças circunstanciais posteriores podem fazer que se apresentem elementos novos que o corroborem.

Esse é um critério formal que aponta justamente para a insuficiência de seus congêneres. O ganho hermenêutico e a economia argumentativa não são aprisionados por formalidades como vigência ou revogação. Seus usos e validades são ditadas por motivos materiais e não formais.

O desprezo que, costumeiramente, se confere a um voto vencido se deve ao apego à lógica formal do positivismo, a qual impõe, necessariamente, a invalidade de qualquer juízo contrário ao prevalecente. É a lógica binária do pertence e do não pertence, do tudo ou nada, a qual não é adequada, como exposto, para o estudo do precedente, passível de uma graduação de força.

4.9.5 Modificação da composição da corte emissora

Conquanto se pregue, aqui, o Direito como integridade, que aponta para uma visão não subjetiva do Direito, não se pode negar que haja interferência do aspecto subjetivo na intelecção e compreensão do caso. Conquanto a visão de mundo heideggeriana não seja egoísta e sim mediada pela cultura e historicidade, os pré-conceitos e pré-juízos do intérprete/aplicador interferem no círculo hermenêutico. Como cada um vive uma história diferente, a mudança subjetiva age em maior ou menor grau no resultado.

Como nenhum outro aspecto formal aqui proposto, ele não atua sozinho nem é determinante, mas tem sua parcela de contribuição, independentemente de qualquer conteúdo.

Foi demonstrado no Capítulo 2, com esteio nas lições de Gerhardt, que o período de permanência de um precedente na Suprema Corte dos EUA corresponde aproximadamente ao tempo de duração médio de permanência dos integrantes da corte. Foi verificado, ainda, que poucos *overrulings* ocorreram sem qualquer alteração da composição.

Não é incomum o estudo das tendências da *Supreme Court* verificada durante o período do mandato de um *Chief Justice*, que é vitalício, como testemunham as colocações feitas a respeito da corte de Warren (marcada por um ativismo) ou Renquist (mais conservadora).

A experiência estadunidense, entretanto, também situa esse aspecto subjetivo em seu devido lugar. Não foram poucas as tentativas de presidentes republicanos, como Reagan e Bush, nomearem *Justices* que se opusessem ao resultado do caso *Roe v. Wade* (que admitiu a constitucionalidade do aborto). Ao serem sabatinados no Senado, esse tema foi explicitamente abordado, posicionando-se os indicados contrários ao aborto. Ao ingressarem no tribunal, porém, não conseguiram impor pontos de vistas pessoais sobre a instituição.

Portanto, embora relevante, a mera composição do colegiado não é suficiente para ditar os rumos decisórios. Isso fortalece a compreensão defendida nesta obra de que há intensa interação dos vários elementos importantes.

No Brasil, não se pode negar, por exemplo, a ascendência que o ministro Moreira Alves exerceu, ao longo de anos, sobre o Supremo Tribunal Federal e, particularmente, sobre o controle concentrado de constitucionalidade. Isso é demonstrado em obra de Gilmar Ferreira Mendes, que descreve a influência pessoal dele em muitos pontos relevantes do tema:

> Não só o processo constitucional – definição da natureza do controle abstrato de norma, a distinção precisa entre intervenção interventiva e o processo de controle abstrato de normas, o significado especial da interpretação conforme à Constituição no âmbito do controle abstrato de normas, a adoção da declaração de inconstitucionalidade parcial sem redução de texto, a eficácia erga omnes das decisões proferidas no processo de controle abstrato –, mas também as reflexões materiais desenvolvidas a propósito do princípio da proporcionalidade e do controle de constitucionalidade do direito constitucional derivado revelam o significado ímpar e inconfundível da contribuição do Ministro Moreira Alves para o Direito Constitucional em geral e para o controle de constitucionalidade em especial[98].

O longo período em que permaneceu naquele Tribunal (junho de 1975 a abril de 2003) é indicativo de sua ascendência sobre o posicionamento da Corte. Somente após sua aposentadoria, perspectivas começaram a ser revisadas, como é exemplo, a figura do legislador negativo.

Portanto, não se pode negar que a composição influencia o modo de decidir, pelo que a alteração será indicativo da possibilidade de mudança. Destaque-se, no entanto, o fato de que é importante, mas não suficiente.

4.10 ELEMENTOS MATERIAIS DE DETERMINAÇÃO DA FORÇA HERMENÊUTICA DO PRECEDENTE

Menos comum de encontrar em livros da dogmática sobre precedentes, os elementos materiais têm direta relação com o conteúdo da decisão que se pretende usar como precedente. Muitos deles não são sequer cogitados na prática judiciária. O atual Código de Processo Civil não tece maiores considerações a este respeito, salvo o dever

---

98. MENDES, Gilmar Ferreira. **Moreira Alves e o controle de constitucionalidade no Brasil**. São Paulo: Saraiva, 2004. p. 215.

adequado de fundamentação com precedentes e súmulas, do modo prescrito pelo art. 489, § 1º. Não é comum, realmente, haver uma detida discussão conteudista do parâmetro utilizado; pinça-se dele uma norma que se reduz à premissa maior de um silogismo. Não se questiona e afere o porquê dessa premissa maior. Tomam-se, quando muito, elementos formais (como a hierarquia da corte) ou apenas a similitude entre os casos.

Propõem-se, então, elementos materiais próprios à coerência e outros à justificação, além de haver o dever de integridade, que se traduz na verificação da convergência do precedente com o conjunto de princípios que moldam o sistema jurídico como um todo. Além desses, há a integridade de um modo amplo, consistente na convergência principiológica do precedente com aqueles princípios de moralidade política incorporados ao direito, em especial na Constituição Federal.

Os referentes à coerência apuram a consonância do julgado (*rectius*: do ganho hermenêutico por ele obtido) com outras fontes de produção de sentido jurídico e mesmo com a linha jurisprudencial já existente. Ao se modular a força de um precedente em razão de sua adesão ou reforço por outras fontes, evita-se que os pronunciamentos jurisdicionais exerçam papel de protagonismo absoluto na formação do Direito. Combate-se o velho ceticismo realista de que o Direito é o que os tribunais dizem o que ele é.

Por sua vez, os elementos de justificação se relacionam com a justiça ("correção") da decisão, traduzindo-se eminentemente na constatação de que o precedente é uma resposta que adequadamente atende à exigência constitucional de fundamentação, ou, em termos de Dworkin, que é a resposta correta para o caso anterior e apropriada para o posterior. Em outras palavras: deve-se observar se o ganho hermenêutico produzido é suficientemente justificado ou se é apenas uma voluntarista manifestação de querer do julgador em compreender o Direito de determinada forma. Uma decisão que não tenha motivação nos termos constitucionais não pode pretender ser justa.

Inicia-se a abordagem pelos critérios de justificação, porque seu primeiro, a motivação adequada, será o âmbito próprio de se buscarem os demais elementos materiais necessários para aferição da força hermenêutica.

4.10.1 Elementos materiais de justificação: fundamentação adequada e detida

O art. 93, IX, da Constituição Federal, é expresso em exigir do Judiciário que suas decisões sejam fundamentadas e públicas. É um avanço em relação a outros países que não trazem essa exigência expressa, permitindo a divulgação apenas do resultado do julgamento.

É uma prescrição de incomensurável relevância, não só porque permite o controle da decisão, mas, também, por garantir a legitimação da atuação jurisdicional, transparecendo aquilo que levou o juiz a decidir de determinada maneira. Alinha-se às mais atuais exigências de atuação em contraditório, pois demanda que os argumentos e contra-argumentos sejam esquadrinhados, enfrentados e respondidos.

A tradição brasileira, contudo, ao colocar o silogismo dedutivo como o parâmetro de raciocínio jurídico, ainda que de maneira velada, amesquinhou esse dever constitucional, autorizando deturpações. Ainda é comum encontrar meras indicações de expressões vazias, tais como, "em face do que consta dos autos" ou "em atenção ao melhor direito". Mais recentemente, como visto, a maneira de desatender tal exigência é simplesmente citar uma ementa de julgamento sem qualquer explicação de sua específica pertinência ou o motivo da escolha. Também se deixa de fundamentar adequadamente uma decisão quando se remete simplesmente ao enunciado de súmula ou tese. Há muito, a doutrina resiste a essas falsas motivações. É clássica a lição de Nelson Nery Júnior a esse respeito:

> Fundamentar significa o magistrado dar as razões, de fato e de direito, que o convenceram a decidir a questão daquela maneira. A fundamentação tem implicação substancial e não meramente formal, donde é lícito concluir que o juiz deve analisar as questões postas a seu julgamento, exteriorizando a base fundamental de sua decisão. Não se consideram "substancialmente" fundamentadas as decisões que afirmam que "segundo os documentos e testemunhas ouvidas no processo, o autor tem razão, motivo por que julgou procedente o pedido". Essa decisão é nula porque lhe falta fundamentação[99].

Essa lição doutrinária vai ao encontro de pronunciamentos do Supremo Tribunal Federal no sentido de que

> [...] não satisfaz a exigência constitucional de que sejam fundamentadas todas as decisões do Poder Judiciário (CF, art. 93, IX) a afirmação de que a alegação deduzida pela parte é "inviável juridicamente, uma vez que não retrata a verdade dos compêndios legais": não servem à motivação de uma decisão judicial afirmações que, a rigor, se prestariam a justificar qualquer outra[100].

Eis o primeiro parâmetro: não se considera fundamentada uma decisão cuja generalidade de exposição autoriza a transposição para qualquer outro julgado.

Destaque-se que, conquanto Nelson Nery avance e faça uma exigência substancial, ainda gira a ideia de fundamentação em torno do esquema silogístico, com a divisão de fato e de direito. Ainda pressupõe que o juiz "conhece a causa" em busca dos *dados* para o juízo silogístico. Os argumentos das partes são situados em plano secundário porque eles, quando muito, somente explicitariam esses *dados* a serem inseridos no silogismo, não tendo valor intrínseco ou autônomo, como uma construção que efetivamente determine o Direito.

Os argumentos das partes importam, entretanto, não só para a determinação do Direito, como também para a legitimação da atividade jurisdicional, a qual obriga que o juiz considere e analise aquilo que foi arguido pelas partes. É a ideia de que aqueles que serão afetados pelo resultado final têm o direito de ter suas considerações apreciadas nele. Nesse sentido, o próprio Supremo Tribunal Federal vem assentando a ideia de que "a fundamentação constitui pressuposto de legitimidade das decisões judiciais". A isto

---

99. NERY JUNIOR, Nelson. **Princípios Constitucionais do Processo Civil na Constituição Federal.** 5. ed. São Paulo: Revista dos Tribunais 1999. p. 175-176.
100. RE 217631, Rel. Min. Sepúlveda Pertence, Primeira Turma, j. 09.09.1997, *DJ* 24.10.1997, p. 54194 ement vol-01888-12, p. 2408.

CAPÍTULO 4 • AS FUNÇÕES E O USO DO PRECEDENTE **367**

acrescenta que "a inobservância do dever imposto pelo art. 93, IX, da Carta Política, precisamente por traduzir grave transgressão de natureza constitucional, afeta a legitimidade jurídica da decisão e gera, de maneira irremissível, a consequente nulidade do pronunciamento judicial"[101]. No mesmo sentido,

> a exigência de motivação dos atos jurisdicionais constitui, hoje, postulado constitucional inafastável que traduz, em sua concepção básica, poderoso fator de limitação do próprio poder estatal, além de constituir instrumento essencial de respeito e proteção às liberdades públicas. Atos jurisdicionais que descumpram a obrigação constitucional de adequada motivação decisória são atos estatais nulos[102].

Assim, para um precedente ter força, é necessário que a decisão em que se corporifica tenha adequadamente cumprido o dever constitucional constante no art. 93, IX, da Constituição Federal, ou seja, é necessário que traga uma fundamentação substancialmente adequada.

A dificuldade, porém, está em determinar com precisão quando há uma decisão adequadamente fundamentada. Os julgados do Supremo Tribunal Federal tocam no assunto sem precisar critérios objetivos. Mencionam clareza, completude, convencimento e necessidade de enfrentar as matérias arguidas. É o que se percebe no seguinte exemplo:

> A decisão, como ato de inteligência, há de ser a mais completa e convincente possível. Incumbe ao Estado-juiz observar a estrutura imposta por lei, formalizando o relatório, a fundamentação e o dispositivo. Transgride comezinha noção do devido processo legal, desafiando os recursos de revista, especial e extraordinário pronunciamento que, inexistente incompatibilidade com o já assentado, implique recusa em apreciar causa de pedir veiculada por autor ou réu. O juiz é um perito na arte de proceder e julgar, devendo enfrentar as matérias suscitadas pelas partes, sob pena de, em vez de examinar no todo o conflito de interesses, simplesmente decidi-lo, em verdadeiro ato de força, olvidando o ditame constitucional da fundamentação, o princípio básico do aperfeiçoamento da prestação jurisdicional[103].

Chega-se ao cúmulo da imprecisão em se admitir atendida a exigência constitucional "se a fundamentação, existente, for mais ou menos completa"[104]. O que é uma fundamentação "mais ou menos completa"?

O dado objetivo que indica para averiguar a devida fundamentação é a resposta a todas as questões propostas, entendidas questões no sentido desenvolvido pelo Direito processual com espaldar nas lições de Francesco Carnelutti:

> A decisão judicial deve analisar todas as questões suscitadas pela defesa do réu. Reveste-se de nulidade o ato decisório, que, descumprindo o mandamento constitucional que impõe a qualquer juiz ou tribunal o

---

101. HC 80892, Rel. Min. Celso de Mello, Segunda Turma, j. 16.10.2001, *DJe*-147, divulg 22.11.2007, public 23.11.2007, *DJ* 23.11.2007, p. 115, ement vol-02300-02, p. 392.
102. HC 68422, Rel. Min. Celso de Mello, Primeira Turma, j. 19.02.1991, *DJ* 15.03.1991, p. 2650 ement vol-01612-03, p. 441.
103. RE 435256, Rel. Min. Marco Aurélio, Primeira Turma, j. 26.05.2009, *DJe*-157, divulg 20.08.2009, public 21.08.2009, ement vol-02370-06, p. 1253.
104. AI 351384 AgR, Rel. Min. Néri da Silveira, Segunda Turma, j. 26.02.2002, *DJ* 22.03.2002, p. 39, ement vol-02062-08, p. 1589.

dever de motivar a sentença ou o acórdão, deixa de examinar, com sensível prejuízo para o réu, fundamento relevante em que se apoia a defesa técnica do acusado[105].

Eis, então, o segundo parâmetro (o primeiro é evitar arrazoado genérico e menção a razões abstratas[106] transplantáveis para qualquer outro julgado): a decisão deve analisar todas as questões postas em juízos. Como questão é um ponto de fato ou de direito controvertido pelas partes, deve o Judiciário enfrentá-las. Acontece que, no Brasil, a questão, seja ela de direito[107], ou de fato, é desprendida da argumentação que a sustenta, tanto é assim que se consagrava o inválido entendimento de que é "desnecessária a análise de todos os argumentos apresentados"[108], conforme exposto.

Mais atenção deve ser dada ao entendimento do Supremo Tribunal Federal de que se "revela legítima e plenamente compatível com a exigência imposta pelo art. 93, IX, da constituição da República, a utilização, por magistrados, da técnica da motivação *per relationem*, que se caracteriza pela remissão que o ato judicial expressamente faz a outras manifestações ou peças processuais existentes nos autos"[109]. No mesmo sentido, já julgou que "não viola o art. 93, IX, da CF o acórdão que adota os fundamentos da sentença de primeiro grau como razão de decidir[110].

O atual Código de Processo Civil tenta solucionar essas dificuldades, incorporando vários desses precedentes. O art. 489, § 1º, dispõe:

> Art. 489. [...]
>
> § 1º Não se considera fundamentada qualquer decisão judicial, seja ela interlocutória, sentença ou acórdão, que:
>
> I – se limitar à indicação, à reprodução ou à paráfrase de ato normativo, sem explicar sua relação com a causa ou a questão decidida;
>
> II – empregar conceitos jurídicos indeterminados, sem explicar o motivo concreto de sua incidência no caso;

---

105. HC 74073, Rel. Min. Celso de Mello, Primeira Turma, j. 20.05.1997, *DJ* 27.06.1997, p. 227, ement vol-01875-03, p. 597.

106. "1. Ação penal. Prisão preventiva. Decreto carente de fundamentação idônea. Nulidade caracterizada. Menção a razões abstratas. Ofensa ao art. 93, IX, da CF. Constrangimento ilegal configurado. HC concedido. É nula a decisão que decreta prisão preventiva com base em razões abstratas. 2. Ação penal. Prisão preventiva. Decreto fundado na gravidade concreta do delito. Inadmissibilidade. Razão que não autoriza a prisão cautelar. Precedentes. É ilegal o decreto de prisão preventiva que se funda na gravidade concreta do delito. 3. Ação penal. Prisão preventiva. Decreto fundado na exigência do clamor público. Inadmissibilidade. Razão que não autoriza a prisão cautelar. Precedentes. É ilegal o decreto de prisão preventiva baseado em exigência do clamor público. 4. Ação penal. Prisão preventiva. Decreto fundado na periculosidade presumida dos réus. Inadmissibilidade. Razão que não autoriza a prisão cautelar. Ofensa à presunção constitucional de inocência. Aplicação do art. 5º, inc. LVII, da CF. Precedente. É ilegal o decreto de prisão preventiva que se funda na periculosidade presumida do réu" (HC 84311, Rel. Min. Cezar Peluso, Segunda Turma, j. 03.04.2007, *DJe*-032, divulg 06.06.2007, public 08.06.2007, *DJ* 08.06.2007, p. 45, ement vol-02279-02, p. 236).

107. Essa distinção, como exposto, não é absoluta, mas se menciona neste instante para efeitos meramente didáticos.

108. MS 26163, Rel. Min. Cármen Lúcia, Tribunal Pleno, j. 24.04.2008, *DJe*-167, divulg 04.09.2008, public 05.09.2008, ement VOL-02331-01, p. 64 RTJ vol-00206-01, p. 323.

109. MS 25936 ED, Rel. Min. Celso de Mello, Tribunal Pleno, j. 13.06.2007, *DJe*-176 divulg 17.09.200,9 public 18.09.2009, ement vol-02374-01, p. 168.

110. HC 98814, Rel. Min. Ellen Gracie, Segunda Turma, j. 23.06.2009, *DJe*-167 divulg 03.09.2009, public 04.09.2009, ement vol-02372-03, p. 540.

CAPÍTULO 4 • AS FUNÇÕES E O USO DO PRECEDENTE 369

III – invocar motivos que se prestariam a justificar qualquer outra decisão;

IV – não enfrentar todos os argumentos deduzidos no processo capazes de, em tese, infirmar a conclusão adotada pelo julgador;

V – se limitar a invocar precedente ou enunciado de súmula, sem identificar seus fundamentos determinantes nem demonstrar que o caso sob julgamento se ajusta àqueles fundamentos;

VI – deixar de seguir enunciado de súmula, jurisprudência ou precedente invocado pela parte, sem demonstrar a existência de distinção no caso em julgamento ou a superação do entendimento.

Diante de tudo isso, é preciso definir minimamente o que seja uma decisão fundamentada, avançando para além daqueles pontos observados nos precedentes do Supremo Tribunal Federal. Mais especificamente, é necessário definir como se considera adequadamente fundamentada uma decisão em precedentes, jurisprudência, tese ou súmula, de modo a evitar o vício de nulidade, mesmo porque o atual diploma processual dispõe quando não é fundamentada, mas nada diz quando é bem fundamentada, para além, claro, de não conter os vícios que enumera.

Nas palavras do Código, é preciso saber como identificar seus fundamentos determinantes e como expô-los para se operar o ajuste deles ao novo caso. No mesmo sentido, é preciso expor a motivação adequada para a distinção ou superação. Nesse tocante, são pertinentes as lições de Stephen Toulmin sobre os usos do argumento, as quais são úteis não só para definir como o juiz motiva com precedentes, jurisprudência, tese ou súmula, mas também como as partes devem arrazoar seus pleitos nesse aspecto, pois, conforme já exposto no capítulo 2, a obrigação de adequada fundamentação por parte do juiz somente existirá caso a parte também faça o uso adequado dos mesmos. Em ambas as hipóteses, deve ser evitado o erro já apontado de simplesmente colacionar ementas e pugnar por uma conclusão determinada por sua literalidade.

Certamente, a teoria toulminiana não exaure o conhecimento possível sobre o tema. As teorias da argumentação em geral não respondem plenamente às demandas atuais do Direito. Entretanto, a proposta de Toulmin, sem dúvidas, apresenta um *layout* mínimo (como ele mesmo chama) para clarificar o que seja uma proposição racionalmente estruturada e justificada, fugindo das três etapas exíguas do silogismo.

Nesse sentido, escreve Marcelo Lima Guerra sobre o tema:

Diante desse quadro, justifica-se examinar com a devida atenção a proposta de Stephen E. Toulmin para a argumentação racional – aqui denominada "modelo Toulmin". Mesmo diante das críticas que têm sido feitas, numa perspectiva geral, a este modelo, bem como daquelas que se lhe pode dirigir, de uma perspectiva puramente jurídica, é significativa a contribuição que ele pode dar à construção de um modelo normativo de fundamentação judicial, o qual estabeleça as condições mínimas de cumprimento do dever de fundamentação constitucionalmente imposto no art. 93, IX, da CF[111].

Portanto, é possível recorrer aos usos do argumento não como um instrumento definitivo para guiar o trato dos desafios jurídicos (os quais devem ser enfrentados por

---

111. GUERRA, Marcelo Lima. **O Modelo Toulmin e a Fundamentação das Decisões Judiciais.** Manuscrito oferecido pelo autor. (2012).

uma perspectiva hermenêutica), mas como um elemento adicional, uma contribuição para o tratamento do assunto, mediante a exposição das estruturas lógicas de um raciocínio. Ao se expor o encadeamento lógico cabível, não se estará, aqui, a propô-lo como uma estrutura rígida que se impõe aprioristicamente. Pretende-se apresentá-lo como um modelo, um padrão passível mesmo de alteração, mas que se apresenta regular na maior parte das oportunidades.

Toulmin estrutura seu pensamento tomando como paradigma o pensamento jurídico (jurisprudência no sentido de Ciência do Direito), ao que contrapõe o que chama de modelo matemático de raciocínio. Escreve:

> Temos diante de nós dois modelos rivais – um modelo matemático e um modelo jurisprudencial. Pode-se comparar a forma lógica de um argumento válido de certo modo quase geométrico, e o "desenho" de um triângulo ou paralelismo de duas linhas retas? Ou, por outro lado, o que está em questão tem mais a ver com procedimentos – argumento fortemente válido será aquele que tenha forma apropriada, como dizem os advogados, em vez de um argumento desenhado em forma geométrica fixa e simples? Ou será que a noção de forma lógica combina, de certo modo, estes dois aspectos, de tal maneira que desenhar um argumento na forma apropriada exija necessariamente que se adote um específico layout geométrico? Se esta última resposta for a certa, ela cria de imediato um outro problema para nós: ver como e por que o procedimento apropriado exige que se adote forma geométrica simples, e como essa forma garante, por sua vez, validade de nossos procedimentos. Supondo-se que os argumentos válidos possam ser moldados numa forma geometricamente fixa, como isto ajuda a torná-los mais cogentes?[112]

A partir dessas cogitações, ele propõe o mencionado *layout* mínimo de estruturação do raciocínio jurídico. Conquanto se defenda nesta tese um modelo substancial de argumentação, esse *layout* serve, conforme dito, como um parâmetro a ser considerado para se esquadrinhar a fundamentação judicial. Defender o acerto de uma fundamentação fora dessa estrutura por certo é possível, mas demandará esforço adicional e concorrência mais firme de elementos materiais, cuja combinação será rara e improvável.

Ele, então, parte de algumas noções como: 1) alegação (argumento), ao que ele denomina de *claim* (C), como o raciocínio estruturadamente proposto; 2) dado (D), mais bem compreendido como fundamento do argumento; 3) garantia (W, primeira letra da palavra inglesa *warranty*), como aquilo que assegura a pertinência do fundamento ao argumento; 4) qualificação (Q), que identifica o grau da pertinência entre o fundamento e a alegação; e 5) condições de refutação ou exceção (R). Assim, uma alegação é entendida fundamenta em um dado, em razão da pertinência assegurada pela garantia, com um grau de intensidade determinado pela qualificadora, ressalva certos casos de exceção.

---

112. TOULMIN, Stephen. **Os usos do argumento**. Tradução: Reinaldo Guarany. São Paulo: Martins Fontes, 2001. p. 136-137.

Baseado nessa proposta, Toulmin apresenta a seguinte estrutura:

Passe-se aos exemplos trazidos pelo autor. O argumento (C) "Harry é súdito inglês" é fundamentado na constatação de que ele "nasceu nas Bermudas" (D). Esse fundamento é garantia (W) para o argumento porque "a legislação inglesa prescreve que quem nasce nas Bermudas é, em geral, súdito britânico", salvo (R) se "seu pai ou sua mãe sejam estrangeiros ou ele tenha adotado a cidadania americana". Em razão desse encadeamento, Harry é, presumivelmente (Q), cidadão inglês, já que nada se diz sobre seus pais ou acerca de eventual cidadania americana.

O uso dessa proposta de Toulmin evidencia, por exemplo, por que fundamentação genérica não é suficiente para atender ao art. 93, IX, da Constituição Federal. Justamente por ser um fundamento genérico não há uma garantia assegurando sua pertinência específica à decisão dada. Imagine-se o argumento de que a pretensão de um autor X é "inviável juridicamente" (C), "uma vez que não retrata a verdade dos compêndios legais" (D). Qual é a garantia que liga (C) a (D) nessa motivação? Nenhuma.

Assim, para verificar a harmonia da fundamentação de uma decisão, é preciso atentar se a resolução de cada questão que compõe o caso é operada por um raciocínio completo e bem exposto segundo esse *layout* mínimo de Toulmin.

Repita-se: essa proposta é um padrão, não uma imposição inafastável. Elementos materiais podem enriquecê-la ou empobrecê-la, e mesmo assim ser válido o argumento que não se estruturado ou estruturado parcialmente.

Também é preciso reconhecer que esse modelo não evita o regresso ao infinito. Explique-se: cada um desses elementos – como o fundamento, a garantia, o qualificador e a refutação – pode ser considerado um argumento, cada qual demandando uma estruturação prévia específica. Sobre isso, Marcelo Lima Guerra, com a percuciência que lhe é peculiar, alerta:

> O problema é que não se pode dizer, de antemão, onde acaba a busca de razões. Com efeito, quaisquer que sejam as justificações apresentadas às razões utilizadas na justificação interna de uma decisão judicial, aquelas também podem ser questionadas, exigindo-se também delas a devida justificação e assim sucessivamente *ad infinitum*. Um dos mais sérios problemas em epistemologia vem a ser, precisamente, o da justificação última do conhecimento, conhecido como o "problema do regresso ao infinito". O caso da justificação das decisões judiciais nada mais é do que uma instância particular deste problema[...]
>
> Contudo, cumpre pontuar que Toulmin jamais sequer tentou resolver o problema do regresso ao infinito. Ao contrário, sua construção pode ser interpretada como voltada a "dissolver" (não resolver) esse problema, considerando-o, em parte, um pseudoproblema, na medida em que ele só se põe quando se adota um certo paradigma de racionalidade – a racionalidade "geométrica", como ele chama – paradigma que

ele rejeita. O que Toulmin se propõe, com seu modelo, é permitir a comparação qualitativa entre dois argumentos, ambos impossíveis de atenderem à exigência de "justificação última". Seu objetivo é construir um modelo que permita, dados dois (ou mais) argumentos, ambos "incompletos", por falta de justificação exauriente (dois argumentos indutivos ou derrotáveis), distinguir qual deles é o mais "forte", não obstante a "incompletude"[113].

Veja que a própria fundamentação em precedentes pode ser estruturada com procedência nas lições toulminianas: o julgamento entende-se fundado em um precedente, com grau maior ou menor de força, em atenção à garantia desde que aquilatados os elementos materiais e formais aqui propostos, ressalvados os casos de *distinguish* e *overruling*. Veja-se a seguinte estrutura:

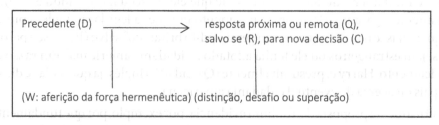

O uso de ementas como precedentes é refutado por esse padrão, porque não se expõe a garantia (W), senão por uma mera adesão semântica, e se considera que não há uma graduação (Q) na aplicação, e sim uma subsunção absoluta. Muito do raciocínio brasileiro por precedente verificado na prática é determinado por motivos semânticos: se o novo caso cabe na literalidade da ementa, ela se aplicará de maneira automática e infalível "até os seus limites". Resta evidente, entretanto, a pobreza desse raciocínio quando cotejado ao modelo Toulmin. Mas, repita-se, o dever de o juiz em assim proceder só surge se a parte argumentar com precedentes com igual grau de percuciência.

4.10.2 Elementos materiais de justificação: grau qualitativo e quantitativo de análise das questões de fato e de direito envolvidas

Ao se conceituar precedente como resposta que carreia um ganho hermenêutico, por óbvio se traz a ideia de pergunta que é respondida. Afinal, interpretar se dá por um jogo de perguntas e respostas. Normalmente, se fala na resposta ao caso posto em julgamento. Precisamente, o caso é composto pelas questões nos termos caneluttianos, pontos controvertidos sustentados diversamente por cada uma das partes. Dada referência em torno da qual gira o conceito proposto, a decisão que corporifica o precedente será tão mais forte quanto melhor analisar as questões do caso passado, e quanto mais elas forem similares às do novo caso.

Explica-se: uma lide engloba várias questões, e pode ser que o precedente sirva apenas para uma delas, carecendo parâmetro para as demais postas em juízo. Ademais,

---

113. *Ibid.*

CAPÍTULO 4 • AS FUNÇÕES E O USO DO PRECEDENTE | **373**

o julgado anterior pode responder à mesma questão, mas o faz de maneira deficiente, com parca ou equivocada fundamentação. Tudo isso interfere na relevância do precedente para o novo julgamento.

É por isso que se fala em análise quantitativa e qualitativa.

4.10.3 Elementos materiais de justificação: o ramo do Direito envolvido e o grau de complexidade da causa

Cada ramo do Direito tem nota que o individualiza, sem prejuízo para a ideia de um todo coerente e íntegro. Cada um tem características e história, as quais interferem, necessariamente, na compreensão de seus precedentes.

A tradição fortemente legislativa do Direito Civil, por exemplo, que possui como fulgurante luminar o Código Civil, e o prestígio que empresta à estabilidade das relações, afetam, sem dúvidas, o modo de se compreender seus precedentes. Tanto é assim que menos impacto têm sobre pontos há muito codificados, como os direitos reais. Somente assuntos há poucos sistematizados são passíveis de maior volatilidade jurisprudencial, como é exemplo a união estável.

A consideração desses ramos não se contrapõe à análise ampla do Direito. Não significa que se deva encilhar o estudo dentro de um específico campo, ignorando-se os demais. Em verdade, parte-se desse âmbito específico e se amplia para os demais. Conforme Bermejo[114] propõe, com amparo nas lições de Dworkin, parte-se da ideia de círculos concêntricos: inicia-se pelos mais restritos próprios do específico ramo, e passa-se, gradativamente, para os mais amplos, como o do Direito público ou do Direito privado, e assim seguindo.

É nesse percurso que o precedente vai sendo cotejado com os demais integrantes, revelando que há prejuízo da força de um precedente quando há uma aplicação transdisciplinar, ou seja, quando se utiliza um precedente erigido em caso que envolve ramo do Direito diverso daquele do novo caso em julgamento.

Outro aspecto a ser considerado é a complexidade da causa subjacente ao precedente: quanto mais rica em questões jurídicas que invoca, quanto mais detalhes e normas envolver, quanto mais argumentos fortes a favor e contra uma das partes, tudo vai implicar um ganho hermenêutico maior, ainda que uma nova causa com igual complexidade possa ser mais difícil de se repetir. Por outro lado, causa repetitivas e padronizadas podem até ocasionar precedentes menos robustos no aspecto hermenêutico, mas justamente a repetição posterior também sem maiores notas de individualidade autoriza a reprodução do precedente.

---

114. BERMEJO, J.M. Perez, *op. cit.*, p. 158-161.

4.10.4 Elementos materiais de justificação: a idade do precedente

O tempo de um precedente deve ser considerado com bastante cuidado. Não vale, de modo absoluto, o critério temporal de solução de antinomias, mesmo porque a contradição entre precedente não se traduz em uma contradição de normas. O posterior não revoga inexoravelmente o anterior. Isso já deve estar claro nesta altura do trabalho. Como visto, é comum ocorrer o contrário: um entendimento pretoriano há muito arraigado ganha força tal que a mera existência de um desafio posterior não lhe subtrairá plenamente a força.

Sob tal perspectiva, é bastante elucidativo o trabalho de Saul Brenner e Harold J, Spaeth[115], que realizaram detalhada amostragem sobre o tempo de observância de um precedente da Suprema Corte do EUA. Destacam que, dos 154 precedentes superados no período analisado, 26,6% tinham entre zero e dez anos da data de expedição, e 23,4% contavam entre 11 e 20 anos. Portanto, 50% dos julgados contavam menos de 20 anos. Por sua vez, julgados de mais de 90 somavam o percentual de 6,4%. Afirmam que, conquanto não se possa precisar um período em que um precedente adquire uma estabilidade diferenciada, entendem que, após passado o período crítico de instabilidade, a tendência é a manutenção longeva. Isso não significa, no entanto, que o critério temporal seja simples fator para indicar a mudança jurisprudencial, pois, enquanto precedente mais antigos são superados por unanimidade de votos ou maioria folgada, com os mais recentes só se dá mediante apertadas votações, muitas vezes com a diferença mínima.

Já por essa experiência americana resta evidente que o critério temporal não é autossuficiente. Mesmo a composição da corte influencia. A corte Warren foi a que mais promoveu alterações jurisprudenciais, inclusive sobre os seus julgamentos. Nela, se destacavam as atuações revisoras dos *Justices* Brennan, Renquist e White.

É natural, porém, que julgados mais recentes tragam o entendimento mais atualizado sobre o tema, mas não é sua simples enunciação que representará revogação de linha anterior. O *overruling* não se opera por critérios formais, como o temporal. Quando se fala em superação de um precedente se menciona uma rejeição ampla de sua parte ou de seu todo, o que não é obtido com um só julgado posterior. Não são raras as ocasiões em que um precedente contraria um anterior que, mesmo assim, resiste e continua a orientar condutas. Não pode, dessa forma, ser considerado superado.

O importante é isto: assim como um precedente não se insere no sistema por um ato de vontade, sua retirada também não se opera nesses termos. Não basta, então, que um tribunal, seja ele o mesmo ou superior, afirmar a superação de um precedente, é preciso aguardar como a prática jurídica absorverá a divergência jurisprudencial. Na figuração de Dworkin, ele é objeto de uma erosão.

---

115. BRENNER, Saul; SPAETH, Harold J. **Stare Indecisis**: The alteration of precedent on the Supreme Court, 1946-1992. Cambridge: Cambridge University Press, 2006. p. 29-33.

CAPÍTULO 4 • AS FUNÇÕES E O USO DO PRECEDENTE   **375**

Mesmo que seja superado plenamente, ele continuará à disposição dos aplicadores do Direito para muitos propósitos, como a própria análise histórica do assunto que versa, o que, certamente, é fator importante em situações futuras impossíveis de se imaginar previamente.

É possível exemplificar isso, mais uma vez, com o Direito Tributário. Antes da Constituição Federal de 1988, a definição do que seria serviço tributável pelo Imposto sobre Serviço – ISS se dava por critério econômico, segundo o qual prestar serviço se traduziria em um proveito econômico gerado a título oneroso para terceiro por atividade que não se materializa em um bem ou mercadoria. Como explica Fernando Aurélio Zilveti,

> o critério econômico significa, portanto, interpretação mais livre de conceitos jurídicos, mormente daqueles com significado flexível, com o objetivo de abranger estruturações iguais, o que não importa na sobreposição do direito tributário sobre outros ramos do direito, como o direito civil[116].

O Supremo Tribunal Federal, nesse período, comungava desse entendimento em seus julgados[117]. Sobrevinda a Constituição Federal de 1988, passou-se a adotar o critério jurídico de determinação do fato tributável: seria serviço a obrigação de fazer exercida de forma onerosa em favor de terceiro. Excluídas estavam as obrigações de dar e não fazer. O critério econômico foi abandonado como parâmetro principal para definir o fato gerador do imposto, ensejando inclusive súmula vinculante consagrando o critério jurídico[118].

Contudo, a complexidade das relações jurídicas abarcadas pela tributação fez surgir situações ao ponto de o critério jurídico não ser suficiente para determinar todos os contornos da relação tributária. É o que ocorre com a determinação do local onde se considera prestado o serviço quando ele envolver vários fazeres que se espraiam por mais de um município. Como o ISS é municipal, a qual deles cabe cobrar o imposto? Simplesmente verificar o local onde a obrigação de fazer é cumprida não é suficiente, pois, como dito, há situações em que há vários fazeres distintos praticados em municípios diversos. Imagine-se o serviço de coleta de lixo em que se recolhem os despejos em um local, se os transporta para depositá-los em aterro em outra localidade.

Recorre-se, aí, ao critério econômico como subsidiário, com o reforço de já ter sido critério principal para esse imposto. Verifica-se em qual dos fazeres está o provei-

---

116. ZILVETI, Fernando Aurélio. O ISS, a Lei Complementar nº 116/03 e a interpretação econômica. **Revista Dialética de Direito Tributário** nº 104. p. 39-40.

117. "Tributário. ISS na locação de bens móveis. O que se destaca, 'utilitatis causa, na locação de bens móveis, não e apenas o uso e gozo da coisa, mas sua utilização na prestação de um serviço. Leva-se em conta a realidade econômica, que e a atividade que se presta com o bem móvel, e não a mera obrigação de dar, que caracteriza o contrato de locação, segundo o artigo 1188 do Código Civil. Na locação de guindastes, o que tem relevo e a atividade com eles desenvolvida, que adquire consistência econômica, de modo a tornar-se um índice de capacidade contributiva do imposto sobre serviços. Recurso não conhecido" (RE 112947, Rel. Min. Carlos Madeira, Segunda Turma, j. 19.06.1987, *DJ* 07.08.1987, p. 15439, ement vol-01468-04, p. 784).

118. Súmula vinculante nº 31; "É inconstitucional a incidência do Imposto sobre Serviços de Qualquer Natureza – ISS sobre operações de locação de bens móveis".

to econômico contratado para, então, tomá-lo como principal, sendo os demais a ele acessórios. Onde ocorrer o principal, será onde se pagará o imposto[119].

O fato de o critério econômico já ter sido o majoritário para o ISS não oferece uma resposta próxima ao novo questionamento. De fato, há grande distinção entre os casos. Sem dúvidas, porém, adere ao estudo histórico da exação, dando-lhe o delineamento ao longo dos tempos, o que auxilia na solução de dúvidas. A análise histórica permite que o precedente superado se preste como resposta remota, na condição fraca de um reforço argumentativo para tratar do assunto, demonstrando, ao menos, quais são os contornos do critério econômico a ser tomado, o modo que o Judiciário o tratava quando era tomado como parâmetro principal, para, então, usá-lo como critério subsidiário. Perscrutam-se os antigos julgados do Supremo Tribunal Federal para averiguar os elementos definidores do critério econômico para o ISS.

Dessa forma, não se pode falar que um precedente é objeto de uma revogação formal absoluta, tornando-se, de um momento para o outro, imprestável para o Direito. Não há um expurgo absoluto. Um julgado não deixa de compor o mundo jurídico simplesmente porque o entendimento que consagra não é mais repetido. Ele persiste,

---

119. É nesse sentido o voto do Min. Luiz Fux, em recurso especial: "Como desdobramento da distinção fundamental entre prestações de dar e de fazer, surge a necessidade de admitir que um esforço humano, no contexto de uma relação jurídica contratual, não assegura ao intérprete, por si só, tratar-se de uma prestação de fazer, e ainda tributável pelo ISS. Muitas vezes a complexidade dos fatos jurídicos torna deveras difícil estabelecer os contornos precisos que permitem apartar, das prestações em geral, as figuras do dar e do fazer, o que acarreta importantes reflexos para a compreensão da norma tributária, ocasionando, em algumas vezes, dúvidas razoáveis sobre a incidência de determinados tributos diante de específicas hipóteses. Aires Fernandino Barreto esclarece que a prestação de serviço tributável é tão somente aquela que atinge o fim do contrato, 'Não as suas etapas, passos ou tarefas intermediárias, necessárias à obtenção do fim. Não a ação desenvolvida como requisito ou condição do facere...'. Sempre que o intérprete conhecer o fim do contrato, ou seja, descobrir aquilo que denominamos de "prestação-fim", saberá ele que todos os demais atos relacionados a tal comportamento são apenas "prestações-meio" da sua realização. Independe, para que um ato do devedor seja tido como prestação-meio, tratar-se de um fazer ou de um dar. O elemento decisivo está na prestação-fim, que definirá se há ou não incidência do ISS. Disso se extrai o critério não só aplicável para o estudo do tributo em exame. Serve, de igual modo e com a mesma precisão, para a explicação da incidência de outros tributos presentes no sistema. Identificado o fazer como uma atividade-meio do dar, é neste que se deve focar, quando relevante, a adequação do seu conceito à previsão normativa. Não se deve confundir, todavia, a prestação-fim com o ato concreto final do comportamento exigido do prestador, eis que este, mesmo tratando-se de prestação de serviço, pode consistir em um dar. Realmente. Quando um alfaiate é contratado para confeccionar uma roupa, a prestação-fim da relação é, não temos dúvidas, o comportamento de entregar a roupa feita a quem a encomendou. Isso não se altera pelo fato de que a prestação-fim somente poderá ser tida como ocorrida quando da entrega da roupa pelo alfaiate ao seu cliente que, em última análise, caracteriza um dar. Em outras palavras, a simples entrega do resultado da prestação do serviço, do prestador ao tomador, não é fato capaz de alterar a natureza jurídica da prestação, que é de fazer. Como será visto adiante, o 'serviço', entendido como o resultado da prestação de fazer, pode ser um bem corpóreo, que, de alguma maneira, será entregue ao tomador, sem que isso possua qualquer relevância para definir a incidência do ISS, haja vista não perfazer elemento suficiente para descaracterizar a prestação de serviço. [...] A prestação de serviço tributável pelo ISS é, pois, entre outras coisas, aquela em que o esforço do prestador realiza a prestação-fim, que está no centro da relação contratual, e desde que não sirva apenas para dar nascimento a uma relação jurídica diversa entre as partes, bem como não caracterize prestação de serviços de transporte interestadual, intermunicipal ou de comunicação, cuja tributação se dará pela via do ICMS' (in obra citada, 1ª Ed., Ed. Quartier Latin, São Paulo, 2005, págs. 281/286)" (REsp 805317/RS, Rel. Min. José Delgado, Rel. p/ Acórdão Min. Luiz Fux, Primeira Turma, j. 17.08.2006, *DJ* 21.09.2006, p. 229).

CAPÍTULO 4 • AS FUNÇÕES E O USO DO PRECEDENTE

377

podendo mesmo se falar de uma força abrandada, mais ainda latente, podendo emergir ante novas situações.

Assim, um precedente não se torna superado, velho, instantaneamente. O *overruling* se dá não por uma abrupta revogação, mas por uma gradual erosão, operada pela mitigação de vários elementos que determinam a força hermenêutica ora em análise.

A idade do precedente, portanto, pode agir tanto para incrementar quanto para diminuir sua força hermenêutica, sem qualquer regra absoluta de que o mais recente "revoga" o anterior.

4.10.5 Elementos materiais de coerência: coerência paradigmática ampla (observância do paradigma sistêmico-hermenêutico)

Para se tomar uma decisão pretérita como parâmetro de julgamento, é preciso considerar como esta se porta ante o constitucionalismo contemporâneo. Em outras palavras, decisões que reproduzem posições contrárias ou mesmo atentatórias ao Estado de Direito constitucional devem ser evitadas, pois a resposta hermenêutica que carreiam está imantada daquilo que se pretende superar. Só assim será possível romper com as práticas que resistem aos novos influxos jurídicos.

Ao longo desta obra, se desenvolveu e contextualizou o Direito exigido pelo constitucionalismo contemporâneo como sendo aquele que, efetivamente, supere a arbitrariedade do positivismo normativista e expurgue as ilusões ingênuas do positivismo exegético. É aquele que trabalha com a ideia de integridade, de um conjunto de partes em rede, sem determinação de hierarquia formalista única e determinante.

Em razão disso, precedentes que se portem em desacordo a tais exigência não podem desfrutar de uma força hermenêutica diferenciada, mas sim diminuída, sob pena de se fomentar o indevido e o que deve ser superado.

É possível exemplificar isso de várias maneiras. Julgamentos que exercem uma interpretação legislativa descompromissada com a Constituição; precedentes cuja fundamentação seja unicamente a indicação de ementas anteriores.

Em se reproduzindo tal sorte de resposta acrítica, se estará a perpetuar uma análise superficial e formalista do caso, o que, inegavelmente, não se concilia com a ideia de justiça substancial e particular devida. Só merecerão efetiva repetição julgados em que se tenha acertadamente se colocado na atualidade.

4.10.6 Elementos materiais de coerência: existência ou não de desafio ao precedente

A força de um precedente não é aferida unicamente na decisão que o corporifica. Com a permissão para uma figuração, é possível afirmar que não é uma força "atômica" que se irradia de uma partícula isolada, mas "molecular", uma vez que derivada da coerente e íntegra conjugação de várias partes. Nada mais natural. Em se propondo o Direito como integridade, e a ordem em rede, nada pode ser tomado individualmente, apenas em conjunto.

A existência de desafios a um precedente não deve ser traduzida como uma ilicitude a ser sancionada. De maneira alguma. Esse desafio faz parte da relação dialética entre os precedentes que, na verdade, compõem seu papel no sistema jurídico. Com efeito, a resistência mesmo de instâncias inferiores a seguir entendimento de julgamento superior não deve ser encarada simplesmente como uma insubordinação a ser reprimida, inclusive com medidas administrativas. Antes de ser um defeito dos aplicadores, é indício de que algo não se houve bem no precedente expedido. Destaque-se: se há uma reiterada resistência a uma linha jurisprudencial, a uma tese, súmula ou a um precedente tem-se indícios de que provavelmente está em dissonância em relação a outros fatores de irradiação de sentido jurídico ou à integridade do Direito. Assim, tomar a divergência como conduta punível é demonstração de autoritarismo e centralismo jurídico.

A consideração de que a divergência é algo a ser necessariamente expurgado deriva da concentração da força do precedente no critério subjetivo da corte emissora. Ao se propor uma análise substantiva, ao seu turno, não significa que seja natural ou mesmo útil a divergência, mas sim que se deve fazer uma investigação mais detida e profunda de seus motivos.

É possível perceber que os julgados desafiadores são mais precisos do que o precedente, merecendo aqueles e não este prevalecer. É possível inclusive se alterar a interpretação que se faz do precedente com suporte nos desafios. Mesmo que haja elementos formais agindo, como a prescrição normativa de efeito vinculante, essa mutação é possível, e já conhecida mesmo no Brasil, conforme foi estudado acima no caso da ADI 1.213 do Supremo Tribunal Federal desafiada por decisões dos juizados federais.

Portanto, a verificação de divergência e desafios não é indício de insubordinação por parte dos divergentes ou desafiadores, mas, sim, de fraqueza ou equívoco do precedente paradigma.

4.10.7 Elementos materiais de coerência: similitude hermenêutica das questões suscitadas

Na dogmática sobre precedentes, o comum é se propor o uso de um precedente baseado em um assemelhamento entre os fatos das causas. Tal posicionamento revela resquícios do normativismo dominante, pois remete à concepção de precedente como norma e aplicação como subsunção, daí se buscar os fatos a serem subsumidos.

Precedente, entretanto, deve ser abordado por uma perspectiva hermenêutica – repita-se à exaustão. Como proposto, ele se qualifica juridicamente por enriquecer o sistema com novos sentidos, os quais são obtidos por uma conjugação grande de fatores que agem no círculo hermenêutico, entre os quais os fatos. Estes são, portanto, um dos muitos agentes do círculo.

CAPÍTULO 4 • AS FUNÇÕES E O USO DO PRECEDENTE **379**

Consequentemente, a comparação entre os casos não pode se limitar a apenas um desses fatores. Deve se dar em padrões amplos, em que se consideram o Direito, as consequências sociais e jurídicas, o contexto político, social, econômico, a teoria dominante etc. Só agindo assim, será possível aferir com precisão a força de um precedente.

Quanto mais elementos em comum os casos possuírem, mais o precedente poderá ser tomado como uma resposta próxima ao novo caso, justamente por ser capaz de acobertar os mais diversos aspectos pertinentes.

4.10.8 Elementos materiais de coerência: guinada jurisprudencial e efeito *ex nunc*

O Direito como integridade remete à ideia de *chain novel*, como um coerente e seguido desenvolvimento do Direito, inclusive jurisprudencial. Esse romance em série é refratário a guinadas bruscas, que, ainda que possíveis, devem ser mitigadas.

Quando se estudou a função de coerência, viu-se a questão do efeito da modificação da linha jurisprudencial. Tal aspecto deve ser considerado pela corte que irá aplicar o precedente, e não somente pela que opera a mudança jurisprudencial. Essa coerência, como a dimensão adequada de segurança jurídica, não é dever que se concentra em órgão único, mas que se irradia por todos os que queiram observar precedentes.

Também consiste em tomar seriamente a ideia de que a jurisdição edifica o Direito. É mesmo paradoxal a atitude positivista em negar a teoria declaratória da jurisdição, mas admitir que as mudanças operem efeito *ex tunc*, como se apenas reconhecessem algo preexistente.

Assim, caso um precedente que se queira utilizar represente uma mudança de linha anterior, sua força deverá ser arrefecida de modo a não colher situações que tenham legitimamente se pautado no entendimento pretoriano anterior. Mesmo que a corte que opera essa mudança não aplique o efeito *ex nunc*, ainda assim ele poderá ser emprestado por outras cortes ou juízes ante a existência de motivos suficientes. Por isso que se defende que a previsão de modulação do art. 927, § 3º, do Código de Processo Civil não é uma mera faculdade estrita, mas obrigação ampla de preservação da segurança jurídica e respeito às justas expectativas.

Esse elemento de graduação da força de um precedente é cada vez mais comum no Supremo Tribunal Federal. Em julgado (RE 637485) sobre a vedação de candidatura de prefeito a um terceiro mandato, mas em município diverso, o Supremo cogitou sobre o efeito prospectivo da mudança que realizava do entendimento do Tribunal Superior Eleitoral, conforme noticiado:

Mudança de jurisprudência

Anteriormente, o Tribunal Superior Eleitoral entendia que o prefeito reeleito em determinado município podia candidatar-se ao mesmo cargo em outro município, observados os prazos de desincompatibilização, domicílio eleitoral e filiação partidária. Nas eleições de 2008, entretanto, o TSE alterou sua orientação ao julgar o Recurso Especial Eleitoral (Respe) 32507, em que se firmou o entendimento de que o artigo 14, parágrafo 5º, da CF veda a perpetuação no cargo, não sendo possível o exercício de um terceiro mandato subsequente, ainda que em município diverso.

Segurança Jurídica

O relator do processo, ministro Gilmar Mendes, deu provimento ao recurso extraordinário e reconheceu que ao caso incide o instituto da repercussão geral. Para ele, a alteração de jurisprudência realizada pelo TSE em dezembro de 2008 – período da diplomação dos eleitos – poderia ter ocorrido, mas, ao fazê-lo, não foi observado o princípio da segurança jurídica. Por esse motivo, o ministro entendeu que houve lesão.

De acordo com o relator, houve regular registro da candidatura, bem como legítima participação e vitória do candidato no pleito, tudo conforme as regras então vigentes e a sua interpretação pela justiça eleitoral. "As circunstâncias levam a crer que a alteração repentina e radical dessas regras, uma vez o período eleitoral já praticamente encerrado, repercute drasticamente na ideia de segurança jurídica que deve nortear o processo eleitoral, mas especificamente na confiança do candidato e do cidadão eleitor", afirmou.

O ministro Gilmar Mendes observou que em hipóteses de alteração de jurisprudência de longa data, "parece sensato considerar seriamente a necessidade de se modularem os efeitos da decisão, com base em razões de segurança jurídica". Ele comentou que essa tem sido a praxe do Supremo quando há modificação radical da jurisprudência.

O princípio da anterioridade eleitoral, previsto no artigo 16 da CF, também foi citado pelo relator. Ele afirmou que a mudança de jurisprudência do TSE está submetida a esse princípio, "de modo que seus efeitos somente podem valer para as eleições que se realizarem até um ano da data da sua prolação".

Eficácia prospectiva

No caso concreto, o ministro Gilmar Mendes avaliou que apesar de ter entendido ser inelegível para o cargo de prefeito cidadão que exerceu por dois mandatos consecutivos cargo da mesma natureza em município diverso, a decisão do TSE não pode retroagir para incidir sobre diploma regularmente concedido ao autor do RE, vencedor das eleições de 2008 para a prefeitura de Valença (RJ).

Dessa forma, o relator entendeu que as decisões do TSE que no curso do pleito eleitoral ou logo após o seu encerramento implicar mudança de jurisprudência não têm aplicabilidade imediata ao caso concreto, somente terão eficácia sobre outros casos do pleito eleitoral posterior. Acompanharam o voto do relator a ministra Rosa Weber e os ministros Luiz Fux, Dias Toffoli, Cezar Peluso, Marco Aurélio e Celso de Mello.

Como se vê, tem-se elemento a merecer cada vez mais atenção.

4.10.9 Elementos materiais de coerência: observância a precedentes não judiciais

Ainda trabalhando com o dever de coerência e com a constatação de que o Judiciário não é o único produtor de sentido jurídico, é necessário observar a coerência dos pronunciamentos judiciais com precedentes não judiciais.

Embora o Judiciário tenha o poder de controlar as respostas hermenêuticas de outros poderes e de entes privados, não pode deixar de considerá-los quando agem dentro do espectro de licitude. Todas a condutas estimuladas por tais precedentes devem ser respeitadas *a priori*. Não pode o Judiciário se arrogar da condição de arauto da verdade jurídica, isolando-se do mundo.

CAPÍTULO 4 • AS FUNÇÕES E O USO DO PRECEDENTE **381**

Divergência nesse âmbito fará prevalecer o entendimento judicial unicamente pelo poder de última palavra, o que, em verdade, enfraquece o precedente, justamente porque poderá instigar desafios e desrespeitos por outras decisões que sigam essas orientações não judiciais.

4.10.10 Elementos materiais de coerência: modificação do plano legislativo ou constitucional

O Direito brasileiro ainda é um direito legislado. Não há, como nos Estados Unidos e no Reino Unido, ramos jurídicos carentes de legislação e determinados pela jurisprudência. Conquanto não se possa acometer uma função meramente subsidiária ou interpretativa aos precedentes, é a legislação ainda o parâmetro prioritário. Por via de consequência, a modificação constitucional ou legislativa impacta na força do precedente.

Embora possa parecer que esse impacto seja sempre para diminuir a força dos precedentes, ele pode, em verdade, fortalecer uma linha jurisprudencial, justamente porque a incorpora no novo texto legislativo. Mais uma vez o Direito Tributário fornece exemplo.

O Decreto-Lei nº 406/1968 elegia como critério espacial do Imposto sobre Serviço – ISS o local do estabelecimento do prestador, ressalvado o serviço de construção civil. Em razão disso, se considerava que o serviço era prestado na sede do contribuinte. A ressalva à construção decorreria da facilidade em se detectar o local da obra, evidenciando onde se exercia o fazer gerador do imposto.

O Superior Tribunal de Justiça, no entanto, em procedendo a uma análise constitucional da matéria, entendeu que não era legítima a ficção de se considerar o serviço prestado no estabelecimento do contribuinte. Passou a consagrar o local da efetiva prestação do serviço como critério espacial da hipótese de incidência[120] do imposto.

---

120. Voto da Ministra Eliana Calmon no Recurso Especial nº 399.249 bem resume a análise da questão: "Em relação ao mérito do ISS, confesso que, quando cheguei ao STJ, encontrei uma jurisprudência reiterada na Casa de que o imposto deveria ser recolhido no local da prestação de serviço. Adotei o entendimento, segundo a jurisprudência da Corte. Porém, verifiquei que esse entendimento era objeto de diversas críticas e as reuni para estudá-las, quando tivesse oportunidade de vir a julgar a tese. A oportunidade apareceu quando o Sr. Ministro Francisco Peçanha Martins relatou o REsp 252.114/PR. Ao examiná-lo, verifiquei que, efetivamente, a jurisprudência deste Tribunal está em testilha com o previsto no art. 12 do Decreto-lei 406/68. Essa é a maior queixa, porque, examinado o referido dispositivo, encontraremos: Considera-se local da prestação de serviço: a) o do estabelecimento prestador ou, na falta do estabelecimento, o do domicílio do prestador; b) no caso de construção civil, o local onde se efetua a prestação. Pode se verificar que o fato gerador ocorre sempre no local do estabelecimento da prestação de serviço ou onde está domiciliado o prestador de serviço; com a exceção prevista na alínea 'b' – quando se referir à construção civil. Preocupei-me, porque o entendimento pretoriano está em confronto absoluto com a lei. Examinei toda a jurisprudência anterior; verifiquei o primeiro acórdão do Ministro Demócrito Reinaldo, que deu a interpretação que veio a prevalecer nos anos anteriores; consultei a doutrina e encontrei a explicação: o problema está na Constituição. Os juristas e os tributaristas mais autorizados: Roque Komatsu, Ives Gandra da Silva Martins Filho, Marçal Justen Filho e outros catalogados de uma série de artigos a respeito do ISS dizem que o grande problema é a Constituição afirmar, no seu art. 156, inciso III, que cabe ao município cobrar o ISS. Por sua vez, o imposto incidente sobre

Com o advento da Lei Complementar nº 116/2003, o parâmetro jurisdicional foi incorporado à legislação, passando o local da prestação do serviço a ser o prevalecente. A ficção do estabelecimento só se manteve para serviços imateriais, em que seria difícil ou quase impossível se determinar onde foi prestado. Por via de consequência, a força do precedente foi recrudescida, prestando-se para situações duvidosas mesmo após o advento da novel legislação.

Portanto, o precedente é bastante sensível a qualquer mudança no plano normativo, seja para enfraquecê-lo, seja para fortalecê-lo.

4.10.11 Elementos materiais de coerência: modificação ou manutenção do quadro político e social geral

Não só o quadro normativo interfere na força do precedente, mas também o político e social agem no círculo hermenêutico afetando o sentido produzido.

Na tradição inglesa, essa interação da jurisprudência com a política é bastante conhecida e estudada, conforme destaca Barry Friedman:

> Throughout American history, views about judicial review have been shaped more by political responses to judicial decisions in heated controversies than by any jurisprudential theory of what it means to live under a constitution. This was true during the first great clash of will between the courts and the "political" branches following the election of 1800. All the famous partisan skirmishes of that era—the Marbury litigation, the repeal of the Circuit Judges Act, and the impeachment of Samuel Chase—were motivated by the Federalist party's withdrawal to the judiciary and the immediate political challenge this withdrawal posed

---

a prestação de serviços realizados no seu território é criado por meio de uma lei municipal que obedece, por sua vez, a lei complementar. Assim, se ele é cobrado em um município diverso daquele do local da prestação de serviço, estar-se-á dando à lei municipal o caráter de extraterritorialidade. Tenho, então, dois dispositivos legais: um na Constituição, outro no Decreto-Lei 406/1968. Qual deve prevalecer? Dizem os juristas que deve prevalecer a Constituição. Entretanto, cabe um segundo questionamento: se tenho uma norma infraconstitucional que está em testilha com a norma constitucional, devo arguir a inconstitucionalidade. Mas o problema é que o art. 12 do Decreto-lei 406/68 não é inconstitucional em relação a todos os serviços, mas somente quando o serviço é prestado fora do local do estabelecimento, porque, de um modo geral, as prestadoras de serviço realizam seu trabalho no local onde está sua sede. Excepcionalmente elas prestam o serviço fora desta sede. De forma que não se pode arguir a inconstitucionalidade do decreto por inteiro. As dificuldades são grandes, pois, no caso, por exemplo, do Rio Grande do Sul, existe uma excepcionalidade que se repete em relação aos municípios que têm outros municípios circunvizinhos, como também a Grande São Paulo, Recife e Salvador, o qual tem o seu polo petroquímico fora do Município de Salvador e dá azo, inclusive, ao problema da guerra fiscal. Esta é uma dificuldade enorme para as empresas prestadoras de serviços porque a sede se estabelece no município e a prestação de serviço se espraia em diversos outros. O problema é tamanho que, dizem os tributaristas, muitas empresas preferem até recolher duas ou três vezes o ISS por causa das complexidades contábeis, resultantes de uma legislação municipal miúda. A pergunta que fica é a seguinte: não seria bem mais razoável ficar com a norma infraconstitucional, com o Decreto-lei 406/1968 e abandonar o dispositivo constitucional? Pode parecer que sim, momentaneamente, mas se a Constituição é desobedecida aqui e acolá começaremos a abrir mão de garantias. A conclusão de todos os tributaristas respeitáveis é no sentido de que não se pode ainda acusar o Superior Tribunal de Justiça de infringir a norma, porque a nossa jurisprudência está em sintonia com a Constituição" (REsp 399249/RS, Rel. Min. Francisco Peçanha Martins, Segunda Turma, j. 17.10.2002, *DJ* 02.12.2002, p. 279).

to Republican policy. Nonetheless, these disputes played out as debates about judicial independence, popular accountability, and the separation of politics and law[121].

Então, o aplicador do precedente deve considerar o quadro maior em que está inserido, sobretudo porque ele raramente é explicitamente exposto na decisão que o corporifica, o que reforça a compreensão de que o precedente não pode ser compreendido apenas analisando seu texto, ou mesmo perquirindo o que a corte emissora fez ou disse. A análise dos elementos que atuaram na pré-compreensão é igualmente importante.

4.10.12 Elementos materiais de coerência: apoio ou desafio acadêmico

A doutrina possui papel relevantíssimo no trato com os precedentes. Como informa a experiência de outros países, é o trabalho de acadêmicos que sistematiza e dá coerência às manifestações jurisdicionais. Malgrado o dever de fundamentar uma decisão, não é comum que os tribunais despendam atenção sobre os aspectos teóricos ou mesmo filosóficos que imantam sua decisão, mesmo porque, via de regra, são subjacentes, ou seguem o *main stream*. Daí, então, o papel da academia em cotejar os julgados e pô-los em categorias teóricas.

Não somente este trabalho acadêmico direto com precedentes, porém, é importante. A doutrina não pode ser reduzida a comentadores de decisões, é, igualmente, fonte produtora de sentido jurídico, pelo que o posicionamento a favor ou contra um precedente ou linha jurisprudencial interfere na força hermenêutica.

De fato, é mais fácil divergir de um precedente que possua ampla rejeição doutrinária, e, em sentido oposto, é mais difícil dissentir quando recebe aplausos nesse âmbito.

É possível exemplificar esse fenômeno mediante a modificação do entendimento do Supremo Tribunal Federal sobre o mandado de injunção, o qual apenas permitiria a declaração da mora legislativa tal qual uma ADI por omissão. Poucos entendimentos pretorianos foram tão criticados pela doutrina como esse, sendo um dos fatores determinantes para sua superação posterior, no caso do direito de greve de servidores públicos.

Não se pode concordar com a afirmação de que a doutrina não importa, já que seu papel teórico é relevante e não se pode separar prática da teoria.

---

121. FRIEDMAN, Barry. The Politics of Judicial Review. **Texas Law Review**. Volume 84, Number 2, December 2005, p. 257-337.

Capítulo 5
CONCLUSÃO

O constitucionalismo contemporâneo impede que o uso e estudo dos precedentes judiciais se deem por sua redução automática a uma regra geral e abstrata de modo a incidir em situações posteriores mediante subsunção, abarcando, necessária e infalivelmente, todas as hipóteses enquadráveis na literalidade do enunciado inferido e confundido com sua ementa, tema ou tese. Essa é uma atitude formalista arraigada na tradição jurídica brasileira que resiste à incorporação plena das exigências do Estado de Direito Constitucional. As aspirações do Estado Legislativo foram tão fortes que ainda se fazem presentes subliminarmente, mesmo ante a clara necessidade de evolução.

Assim, o precedente deve ser tomado por uma perspectiva hermenêutica que submeta sua apreensão e uso posterior a um cotejo sistêmico mais amplo com vários elementos. Isso evita reduções simplificadoras que, sob pretexto de garantir uma impossível segurança como previsibilidade, tornam o Direito judicial autoritário e de cúpula.

Para superar tais obstáculos, é necessário um redimensionamento do estudo dos precedentes pela incorporação da Hermenêutica filosófica, o Direito como integridade e do sistema coerentista para alinhavar e conectar logicamente os vários julgados. Em atenção a essas constatações gerais, extraem-se as seguintes conclusões:

1. Precedente é uma resposta institucional a um caso (justamente por ser uma decisão), dada por meio de uma *applicatio*, que tenha causado um ganho de sentido para as prescrições jurídicas envolvidas (legais ou constitucionais), seja mediante a obtenção de novos sentidos, seja pela escolha de um sentido específico em detrimento de outros ou ainda avançando sobre questões não aprioristicamente tratadas em textos legislativos ou constitucionais. Não se confunde, no entanto, com o texto que corporifica essa decisão, pois decisão, aqui, é sentido obtido mediante a análise da interlocutória, sentença ou do acórdão expedidos por algum órgão judicial. Interpretam-se interlocutórias, sentenças e acórdãos para se obter seu sentido decisório (justamente a decisão), que se tiver uma característica adicional poderá se qualificar como precedente.

2. Essa resposta é identificada em função não só dos elementos de fato (abstratos ou concretos) e de direito (em suas mútuas influências) considerados no julgamento e obtidos da análise da motivação apresentada, mas também dos elementos amplos que atuaram no jogo de-e-para do círculo hermenêutico e que integram as razões subjacentes do julgamento.

3. Essa resposta compõe a tradição institucional do Judiciário merecendo consideração no futuro, inclusive por tribunais superiores, pois mesmo os escalões mais

elevados não podem ignorar os outros elos do sistema em rede que integram. Sua utilidade na ordem jurídica é, adicionalmente, funcional, pois elide o desenvolvimento de outras decisões desde um grau zero, evitando subjetivismos, economizando tempo e garantindo uma igualdade de tratamento entre casos substancialmente iguais.

4. Há uma distinção entre precedente e caso julgado, que consiste na solução de uma lide sem qualquer acréscimo de sentido ao sistema jurídico.

5. Essa concepção hermenêutica de precedente permite uma análise adequada de seus aspectos estruturantes – de definição, sistemáticos, pragmáticos e de justificação.

6. No aspecto de definição, precedente não se reduz, como afirmado, a uma regra geral e abstrata inferida do julgamento e aplicável por subsunção. Embora seja possível se erigir uma norma do julgado, não é ela sua única dimensão nem a mais relevante, mas apenas parte dele. A generalização apregoada não é automática, por possuir força variável segundo as circunstâncias hermenêuticas posteriores. Então, aplicar precedente no tudo ou nada, da maneira típica de regras, é um equívoco, porque repristina método exegético.

7. Como não se reduz à regra, não se pode falar que o precedente tenha vigência – entendida como marco temporal fixo e bem definido em que integra a ordem jurídica em uma forma perfeita e acabada. Também não se pode afirmar que precedente possa ser revogado, ou seja, retirado do sistema jurídico de maneira abrupta, desde quando deixa de irradiar qualquer efeito jurídico. Precedente tem *authority* e não vigência, pois tanto o ganho quanto a perda de relevância de uma precedente no sistema jurídico se dá de maneira gradual, justamente porque, na qualidade de uma resposta, não é algo perfeito e acabado fruto do ato de vontade da corte emissora, é objeto de um trabalho conjunto depurado com o tempo. Também em atenção a isso é que a firme distinção entre *ratio decidendi* e *obiter dicta* esvai-se, porquanto não se pode firmar que apenas uma parte da decisão possui relevância enquanto outra seja desprovida de qualquer utilidade – tudo dependerá da gradação posterior de sua força hermenêutica.

8. No aspecto sistemático, o precedente rejeita a estruturação no sistema dinâmico, hierárquico e piramidal desenvolvido por Kelsen e Bobbio para as normas jurídicas em geral. Essa rejeição é decorrência lógica da constatação de que precedente não se reduz a uma norma. Como não é apenas norma, não pode esse seu aspecto ser o único considerado para organizar as várias partes em um conjunto. Assim, seu posicionamento segundo o nível hierárquico da corte emissora é rejeitado com veemência, ainda que se reconheça alguma relevância. Também não se admite relação meramente unidirecional entre as partes sistemáticas, ou seja, não há, entre os julgados, uma relação de subordinação, em que o inferior colhe seu fundamento de validade no superior. Essa estruturação sistemática "de cima para baixo" é fundacionalista, concebida sob o positivismo, tendo como referência as normas legislativas. O sistema adequado é o coerentista, que propõe uma estrutura em rede, com uma mútua interferência entre as partes, de maneira multidirecional, sem posição determinada por uma rigidez

hierárquica prévia que pré-estabeleça seus efeitos jurídicos. Com isso, não só julgados superiores devem ser considerados, pois, em uma coerência ampla, deve se perscrutar o que os demais tribunais, ainda que inferiores, estão a decidir; o mesmo deve se dar em relação a precedentes extrajudiciais; tudo sem uma obediência reverencial, mas pela aquilatação, caso a caso, de sua força hermenêutica, permitindo uma abertura argumentativa. O ordenamento jurídico, portanto, é um sistema complexo formado por dois subsistemas um de precedentes, estruturado em rede, e outro normativo, tendente a uma pirâmide hierárquica.

9. No aspecto pragmático, precedente não pode ser tomado como uma constrição inarredável para os julgadores posteriores. Na condição de resposta institucional que ocasiona um ganho hermenêutico, ele causa uma economia argumentativa, porque aspectos já decididos anteriormente prescindem de uma nova avaliação profunda. Contudo, ele deve abrir o sistema jurídico, ou seja, deve possibilitar a obtenção de novos entendimentos e conclusões, e não encerrar discussões estagnando-as como algo já definido, passível de alteração apenas pela corte que emitiu o julgado-padrão. Ao ser inserido no sistema, o precedente passa a ser moldado, trabalhado, erigido e reestruturado por seus vários operadores. Por essa razão, os critérios para uso ou não uso de um julgado não obedece exclusivamente a concepções formais pré-fixadas, ainda que prescritas por lei ou pela Constituição.

10. No aspecto de justificação, o precedente se impõe por causa de critérios de justiça substancial e não formal, reduzidos à mera previsibilidade e respeito hierárquico. Não é pelo simples fato de haver um entendimento superior e uma prescrição legislativa obrigando sua observância que se irá reproduzi-lo acriticamente. É necessário aferir os vários elementos que tornam um precedente mais ou menos relevante para o caso posterior, o que, além de elementos meramente formais, demanda uma análise de sua integridade, justificação e coerência ampla com outras fontes produtoras de sentido jurídico, afinal, o Direito não é apenas aquilo que os tribunais dizem o que ele é; nem os tribunais superiores nem o Supremo Tribunal Federal podem ser considerados ilhas cognitivas e de sentido, estão inseridos em uma rede sistêmica mais ampla.

11. Ainda no aspecto de justificação, a perspectiva ideológica diz respeito ao paradigma (padrão de referência) pelo qual se tomam e analisam os precedentes. Podem ser agrupados em três: a) normativista – típico das tradições francesa e germânica, e forjado sob a influência do positivismo exegético e normativista – que procura e eleva precedente como norma, como um ato de vontade da corte emissora; b) contextualista – próprio da tradição inglesa – arrefece o positivismo normativista e exegético, preocupando-se em compreender o contexto geral de produção do julgado e com o que o tribunal fez, e não com o que ele disse que fez; ainda que seja uma evolução, esse paradigma prestigia o subjetivismo da corte emissora; e c) sistêmico, erigido desde as ideias de Dworkin, que bem se amolda à Hermenêutica filosófica, formando mais propriamente um paradigma sistêmico-hermenêutico, e propõe o precedente como uma peça no quadro maior do Direito como integridade, desenvolvendo concepções que extravasam a dimensão nor-

mativa e subjetivista, primando pela concepção de *gravitational force*, que, em termos hermenêuticos, deve ser compreendida como força hermenêutica.

12. O paradigma próprio ao constitucionalismo contemporâneo é o sistêmico--hermenêutico, pois alia Direito como integridade, Hermenêutica filosófica e o sistema coerentista.

13. As funções dos precedentes devem ser buscadas em suas características próprias que os diferenciam das normas legislativas. Ao compreendê-los como uma resposta hermenêutica a um caso que ocasiona ganho hermenêutico, é na *applicatio* gadameriana – na qual se opera a mediação entre Direito e realidade – que deve ser procurada a função, e, por via de consequência, a razão de se seguirem precedentes. Assim, conclui-se que a função principal do precedente é enriquecer o sistema com sentidos que não são possíveis de serem obtidos por interpretação geral e abstrata. Dessa função principal, extraem-se outras acessórias.

14. A primeira função acessória do precedente é garantir segurança jurídica como coerência sistêmica e integridade, a qual é obtida mediante uma cuidadosa análise dos elementos hermenêuticos pertinentes ao precedente e ao novo caso sob julgamento: fundamentação desenvolvida e apropriada, servindo o modelo de Toulmin para argumentação como guia para mensuração de qualidade; consideração e respeito as expectativas justas que um precedente ocasiona na forma de previsibilidade apriorística, demandando instrumentos de modulação dos efeitos de eventual guinada jurisprudencial, de modo a impedir sua aplicação retroativa e evitar supressas por quebras abruptas. Na coerência sistêmica ampla, também merece necessária consideração, ainda que não uma obediência absoluta, os precedentes extrajudiciais, como decisões de tribunais administrativos, cortes de contas e pareceres vinculantes ou não produzidos por procuradorias e consultorias jurídicas. Atualmente, o uso desses precedentes extrajudiciais é plenamente arbitrário, variando segundo a conveniência argumentativa definida pelo líbito do julgador.

15. A segunda função acessória do precedente é garantir a igualdade em termos de afastamento de desintegração e hiperintegração do sistema. A desintegração ocorre quando se deixa de aplicar, sem qualquer motivo indicado ou determinante, um precedente a situação posterior similar (segundo uma perspectiva hermenêutica). A hiperintegração é quando se estende, unicamente por razões semânticas, a solução de um caso pretérito a outro que lhe é posterior, mas que não guardam qualquer similitude hermenêutica. O precedente, portanto, deve ser aplicado uma vez constatada sua importância para o novo caso, o que é aferido segundo a aquilatação de sua força hermenêutica.

16. A terceira e última função acessória dos precedentes é prática, porque ocasiona uma economia argumentativa. Com efeito, questões já solucionadas em julgados anteriores prescindem de uma nova análise plena, como que de um grau zero de cog-

nição. Deve se fazer a análise tendo como ponto de referência o ganho já auferido pelo precedente. A ilustração do romance em série de Dworkin, aqui, amolda-se à perfeição.

17. No Brasil, desde a edição do Código de Processo Civil de 2015, se dado ênfase à uma função meramente circunstancial e atribuída aos precedentes na gestão de acervo de processo com questões jurídicas que se repetem. Para tanto, foram criados instrumentos processuais para que o precedente aplicável seja submetido a um rito próprio. No entanto, essa função deve ser exercida em atenção às funções principal e secundárias detectadas desde uma avaliação teórica, conforme defendido nesta obra.

18. O uso do precedente deve ser definido considerando suas funções específicas, tanto a principal quanto as acessórias, as quais subordinam a contingencial função de testão de acervo. Então, a subsunção, tradicionalmente utilizada no Brasil, não se presta a este papel, porque erigida para aplicação de normas legislativas, não argumentadas. O precedente, justamente por trazer vários aspectos argumentados para a mediação entre lei e realidade, deve ter uma influência graduada, e não no tudo ou nada, típica de uma regra legislativa. Tem-se que aferir sua força hermenêutica, ou seja, o grau de influência que um precedente exerce na solução de um novo caso.

19. Os elementos de aferição da força hermenêutica são formais e materiais.

20. Os elementos formais não se ocupam do conteúdo da decisão, mas de sua forma e origem. Por isso, deve-se ter em mente: a) o grau hierárquico da corte emissora, o que prestigia, não em termos cogentes absolutos, os julgados dos tribunais superiores e do Supremo Tribunal Federal; b) o tipo de processo, recurso ou incidente em que foi produzido, dada a existência de normas prescrevendo expressamente efeito vinculante; c) órgão interno da corte em que é produzido, se fracionário, especial ou plenário; d) existência ou não de divergência, porque eventual voto vencido, por conter argumentação desenvolvida, pode, no futuro, ser elementos para uma guinada jurisprudencial, e d) modificação da composição da corte, porquanto levantamentos empíricos alhures evidenciam que é rara a mudança jurisprudencial com a permanência dos mesmos membros.

21. Os elementos materiais são subdivididos em elementos de integridade, coerência e de justificação, além do dever geral de integridade. São materiais porque se ocupam do conteúdo do precedente de modo a aquilatar suas bases de justificação e a coerência com as demais peças que integram o sistema jurídico.

22. Os elementos de justificação são: a) fundamentação adequada e detida, que cumpra adequadamente o dever fundamental de motivação dos julgados; b) grau qualitativo e quantitativo de análise das questões envolvidas; c) o ramo do Direito pertinente, porquanto há ramos que prestigiam mais uma estabilidade das relações sociais enquanto outros apregoam sua modificação e evolução; e d) a idade do precedente, o que implica que precedente mais recente não significa necessariamente precedente com maior força, dada a noção de superprecedentes, ou seja, aqueles cuja antiguidade

os fez arraiga-se na tradição jurídica moldando amplamente o estudo do Direito, pelo que o critério temporal concebido por Bobbio não se aplica ao Direito jurisprudencial.

23. Os elementos de coerência aferem a harmonia do julgado com outras fontes jurídicas. Quanto mais isolado um precedente, menor será seu grau de influência posterior. São eles: a) obediência ao paradigma sistêmico-hermenêutico amplo, de modo a se laborar sobre as bases da Hermenêutica filosófica e do Direito como integridade, evitando os equívocos dos paradigmas normativistas e contextualista porque incompatíveis com o constitucionalismo contemporâneo; b) existência ou não de desafio de precedentes, pois verificar que outros tribunais divergem do precedente deve ser significar indício de sua fraqueza, sua debilidade em convencer legitimamente os pares, e não demonstração de insubordinação punível disciplinarmente; c) similitude hermenêutica entre os casos, a qual é aferida pela comparação dos dois jogos hermenêuticos, e não apenas pelos fatos e pelo direito envolvido; d) aplicação de efeitos *ex nunc* a guinadas jurisprudenciais, de modo a preservar a previsibilidade apriorística; e) modificação do plano legislativo e constitucional; f) modificação ou manutenção do quadro político e social; g) apoio ou desafio acadêmico.

24. Os elementos de integridade apontam para uma convergência principiológica mais ampla entre o precedente e o conjunto de princípios de moralidade política que são incorporados na ordem jurídico, sobretudo na constituição.

25. Na aferição da força hermenêutica há uma mútua interferência desses elementos, razão por que não se pode falar que um deles seja, por si, determinante.

REFERÊNCIAS

AARNIO, Aulis. Precedent in Finland. In: MACCORMICK, D. Neil; SUMMERS, Robert S.; GOODHAT, Arthur L. **Interpreting precedents**. Great Britain: Aushgate Publishing Limited, 1997

ABBOUD, Georges. Súmula vinculante *versus* precedentes: notas para evitar alguns enganos. **Revista do Processo – REPRO**. São Paulo: Revista dos Tribunais, 11/2008. p. 218-230.v.33 fas.165.

ABRANCHES, Sérgio. **Presidencialismo de coalizão** – Raízes de evolução do modelo político brasileiro. São Paulo: Companhia das Letras, 2018.

ACKERMAN, Bruce. **The decline and fall of the American Republic**. Cambridge: The Balknao Press of Harvard University Press, 2010.

ALBUQUERQUE, Paulo Antonio de Menezes; BENEVIDES, R. Implicações sistêmicas da súmula vinculante. **Nomos (Fortaleza),** v. 26. p. 225-238, 2007.

ALEXANDER, Larry A.; SHERWIN, Emily L. Judges as rulemakers. **Legal Studies Research Paper Series**, Research Paper No. 05-14, September 2004. Disponível em: http://ssrn.com/abstract=591666. Acesso em: 24 jul. 2017.

ALEXANDER, Larry A.; SHERWIN, Emily L. Precedent. *Disponível em:* http://ssrn.com/abstract=591666. **Acesso em: 21 ago. 2012.**

ALEXY, Robert. **A Theory of legal argumentation**: The theory of rational discourse as theory of legal justification. Great Britain: Oxford Universit Press, 1989.

ALEXY, Robert. **Constitucionalismo discursivo**. Tradução: Luis Afonso Heck. Porto Alegre: Livraria do Advogado, 2007.

ALEXY, Robert. **Direito, razão, discurso**: Estudos para a Filosofia do Direito. Tradução: Luís Afonso Heck. Porto Alegre: Livraria do Advogado, 2010.

ALEXY, Robert. **Teoria dos direitos fundamentais**. Tradução: Virgílio Afonso da Silva. São Paulo: Malheiros, 2008.

ALEXY, Robert; DREIER, Ralf. Precedent in Federal republic of Germany. In: MACCORMICK, D. Neil; SUMMERS, Robert S.; GOODHAT, Arthur L. **Interpreting precedents.** Great Britain: Aushgate Publishing Limited, 1997.

APEL, Karl-Otto. **Transformação da Filosofia I**: Filosofia analítica, semiótica, hermenêutica. Tradução: Paulo Asfor Soethe. São Paulo: Edições Loyola, 2000.

ATAÍDE JÚNIOR, Jaldemiro Rodrigues de. **Precedentes vinculantes e irretroatividade do Direito no sistema processual brasileiro**. Curitiba: Juruá, 2012.

BANKWOSKI, Zenon; MACCORMICK, Neil; MARSHAL, Geoffrey. Precedent in the United Kingdom. In: MACCORMICK, D. Neil; SUMMERS, Robert S.; GOODHAT, Arthur L. **Interpreting precedents.** Great Britain: Aushgate Publishing Limited, 1997.

BARAVIERA, Ricardo Tavares. Da aplicação dos precedentes jurisprudenciais. **Revista de direito da AD-VOCEF**. Londrina: advocef, 05/2010. p. 135-147. v.5 fas.10.

BARBOZA, Estefânia Maria de Queiroz. **Precedentes judiciais e segurança jurídica** – Fundamentos e possibilidades para a jurisdição constitucional brasileira. São Paulo: Saraiva, 2014.

BARCELLOS, Ana Paula de. **Ponderação, racionalidade e atividade jurisdicional**. Rio de Janeiro: Renovar, 2005.

BARNETT, Randy E. Trumping precedent with original meaning: not as radical as it sounds. Disponível em: **http://www.bu.edu/law/faculty/papers. Ac**esso em: 12 jul. 2012.

BARROSO, Luiz Roberto. Neoconstitucionalismo e constitucionalização do Direito: o triunfo tardio do Direito Constitucional no Brasil. **Interesse Público**: Revista Bimestral de Direito Público. Belo Horizonte: Fórum, 09/2005 a 10/2005. p. 13-54. v. 6 fas.33.

BASTO, Antônio Carlos Pereira de Lemos. **Precedentes vinculantes e jurisdição constitucional** – eficácia transcendente das decisões do Supremo Tribunal Federal do controle difuso de constitucionalidade. Rio de Janeiro: Lumen Juris, 2012.

BERGEL, Jean-Louis. **Teoria Geral do Direito.** Tradução: Maria Ermanita Galvão. São Paulo: Martins Fontes, 2001.

BERMEJO, J.M. Pérez. **Coherencia y sistema jurídico.** Madrid: Marcial Pons, Ediciones Jurídicas y Sociales, 2006.

BINENBOJM, Gustavo. **A nova jurisdição constitucional brasileira**: legitimidade democrática e instrumentos de realização. 2. ed. Rio de Janeiro: Renovar, 2004.

BINENBOJM, Gustavo. **Uma teoria do Direito Administrativo**: direitos fundamentais, democracia e constitucionalização. Rio de Janeiro: Renovar, 2006.

BOBBIO, Norberto. **Teoria do ordenamento jurídico.** 10. ed. Tradução: Maria Celeste Cordeiro Leite dos Santos. Brasília: Editora da Universidade de Brasília, 1999.

BRENNER, Saul; SPAETH, Harold J. **Stare Indecisis:** The alteration of precedent on the Supreme Court, 1946-1992. Cambridge: Cambridge University Press, 2006.

BUENO FILHO, Edgard Silveira. Os precedentes no Direito brasileiro. **Revista dos tribunais**. São Paulo: Revista dos Tribunais, 06/1995. p. 24-26. v.84 fas.716.

BUSTAMANTE, Thomas da Rosa de. **Teoria do precedente judicial:** a justificação e aplicação de regras jurisprudenciais. São Paulo: Noreses, 2012.

BUZAID, Alfredo. **Estudos e pareceres de Direito Processual Civil.** São Paulo: Revista dos Tribunais, 2002.

CÂMARA, Alexandre Freitas. **Levando os padrões decisórios a sério** – Formação e Aplicação de Precedentes e Enunciados de Súmula. São Paulo: Atlas. 2017.

CANARIS, Claus-Wilhelm. **Pensamento sistemático e conceito de sistema na ciência do direito.** 3. ed. Lisboa: Fundação Calouste Gulbenkian.

CAPPALLI, Richard B. **The American Common Law Method.** New York: Transnational Publishers inc., 1996.

CAPPELLETTI, Mauro. **Juízes legisladores?** Tradução: Carlos Alberto Alvaro de Oliveira. Porto Alegre: Sérgio Antônio Fabris Editor, 1993.

CARBONELL, Miguel. **Neoconstitucionalismo(s).** Madrid: Editorial Trotta, 2009.

CARDOZO, Benjamin. **A natureza do processo judicial.** Tradução: Silvana Vieira. São Paulo: Martins Fontes, 2004.

CARNEIRO, Wálber Araujo. **Hermenêutica jurídica heterorreflexiva.** Porto Alegre: Livraria do Advogado, 2011.

CARNELUTTI, Francesco. **Sistema de Direito Processual Civil.** São Paulo: ClassicBooks, 2000. v. I.

CARPENA, Márcio Louzada. Os Poderes do juiz no *common law.* **Revista do Processo – REPRO.** São Paulo: Revista dos Tribunais, 02/2010. p. 195-220. v. 35 fas.180.

CARVALHO, Gustavo Marinho de. **Precedentes administrativos no direito brasileiro.** São Paulo: Almedina, 2015.

CAZETTA JÚNIOR, José Jesus. Os precedentes judiciais nos Estados Unidos: apontamentos para uma comparação. **Revista de Direito Administrativo.** Rio de Janeiro: Atlas, 01/2007 a 04/2007. p. 186-207. fas.244.

REFERÊNCIAS **393**

CHAMBERLAIN, Daniel Henry. **The Doctrine of** *Stare Decisis*: **its reasons and its extent.** New York: Baker, Voorhis & Co, Publishers, 1885.

CLAUS, Laurence. Montesquieu's mistakes and the true meaning of separation. **Oxford Journal of Legal Studies.** vol. 25. nº 3 (2005), 419-451.

COLE, Charles D. Precedente judicial – a experiência americana. **Revista do Processo – REPRO.** São Paulo: Revista dos Tribunais, 10/1998 a 12/1998. p. 71-86. v. 23 fas.92.

COLE, Charles D. *Stare decisis* na cultura jurídica dos Estados Unidos. O sistema de precedente vinculante do *common law*. **Revista dos tribunais.** São Paulo: Revista dos Tribunais, 06/1998. p. 11-21. v. 87 fas.752.

CORDEIRO, A. Menezes. In: CANARIS, Claus-wilhelm. **Pensamento sistemático e conceito de sistema na Ciência do Direito.** 3. ed. Lisboa: Fundação Calouste Gulbenkian.

COSTA, Pietro; ZOLO, Danilo (orgs.). **Estado de Direito**: História, teoria, crítica. Tradução: Carlos Alberto Dastonli. São Paulo: Martins Fontes, 2006.

CRAMER, Ronaldo. **Precedentes Judiciais** – Teoria e Dinâmica. Rio de Janeiro: Forense, 2016.

CROSS, Rupert; HARRIS, J.W. **Precedent in English Law.** New York: Oxford University Press Inc., 2004.

CRUZ, Juliana Lopes da. Considerações sobre o destino do agravo de instrumento na superveniência da sentença. **Revista do Processo – REPRO.** São Paulo: Revista dos Tribunais, 03/2009. p. 251-268. v. 34 fas.169.

DAMAŠKA, Mirjan R. **I volti della giustizia e del potere**: Analisi comparatistica del processo. Milano: Società editrice il Mulino, 2000.

DAVID, Renè. **O Direito inglês.** Tradução: Eduardo Brandão. São Paulo: Martins Fontes, 1997.

DAVID, Renè. **Os grandes sistemas do Direito contemporâneo.** São Paulo: Martins Fontes, 2002.

DIDIER JUNIOR, Fredie; BRAGA, Paula Sarno; OLIVEIRA, Rafael Alexandria de. **Curso de Direito Processual Civil.** 10. ed. Salvador: JusPodivm, 2015. v. 2.

DIDIER JUNIOR, Fredie; CUNHA, Leonardo Carneiro da; ATAÍDE JÚNIOR, Jaldemiro Rodrigues de; MACÊDO, Lucas Buril de. **Precedentes.** Salvador: JusPodivm, 2015.

DIMOLIUS, Dimitri; DUARTE, Écio (coords.). **Teoria do Direito Neoconstitucional**: Superação ou reconstrução do positivismo jurídico? São Paulo: Método, 2008.

DINAMARCO, Cândido Rangel. **Capítulos de sentença.** São Paulo: Malheiros, 2004.

DONOSO, Denis. Um novo princípio contraditório: análise de constitucionalidade das técnicas de massificação de soluções e da escalada da importância do precedente judicial. **Revista Dialética de Direito Processual – RDDP** São Paulo: Dialética, 04/2009. p. 22-35. fas.73.

DUXBURY, Neil. **The nature and the authority of precedent.** Cambridge: Cambridge Universit Press, 2008.

DWORKIN, Ronald. **A justiça de toga.** Tradução: Jefferson Luiz Camargo. São Paulo: Martins Fontes, 2010.

DWORKIN, Ronald. **A raposa e o porco-espinho** – Justiça e valor. São Paulo: Martins Fontes, 2014.

DWORKIN, Ronald. **Domínio da vida**: aborto, eutanásia e liberdades individuais. São Paulo: Martins Fontes, 2009.

DWORKIN, Ronald. **Levando os direitos a sério.** Tradução: Nelson Boeira. São Paulo: Martins Fontes, 2002.

DWORKIN, Ronald. **O império do Direito.** Tradução: Jefferson Luiz Camargo. São Paulo: Martins Fontes, 1999.

DWORKIN, Ronald. **Uma questão de princípios.** Tradução: Luiz Carlos Borges. São Paulo: Martins Fontes, 2005.

FALEIRO, Kelly Magalhães. **Procedimento de consulta fiscal.** São Paulo: Noeses, 2005.

FELDMAN, Adam; KAPPNER, Alexander. Finding Certainty in Cert: An Empirical Analysis of the Factors Involved in Supreme Court Certiorari Decisions from 2001-2015 (February 4, 2016). USC CLASS Research Paper No. 16-5; USC Law Legal Studies Paper No. 16-5; 61 Villanova Law Review 795 (2016). Disponível em SSRN: https://ssrn.com/abstract=2715631 or http://dx.doi.org/10.2139/ssrn.2715631. Acesso em: 12 ago. 2017.

FERRAZ, Taís Schilling. **O precedente na jurisdição constitucional**. São Paulo: Saraiva, 2017.

FILARDI, Hugo. **Precedentes obrigatórios inconstitucionais**. Rio de Janeiro: Lumen Juris. 2018.

FINE, Toni M. O uso do precedente e o papel do princípio do *stare decisis* no sistema legal norte-americano. **Revista dos Tribunais**. São Paulo: Revista dos Tribunais, 12/2000. p. 90-96. v. 89 fas.782.

FIORAVANTI, Maurizio. **Constitucion**: de La Antigüedad a nuestros dias. Madrid: Editorial Trotta, 2007.

FIORAVANTI, Maurizio. **Costituzionalismo**: percosi dela storia e tendeze attuali. Bari: Editori Laterza, 2009.

FREITAS, Juarez. Respeito aos precedentes judiciais iterativos pela Administração Pública. **Revista de Direito Administrativo**. Rio de Janeiro: Atlas, 01/1998 a 03/1998. p. 117-123. fas.211.

FRIEDMAN, Barry. The Politics of Judicial Review. **Texas Law Review**. Volume 84, Number 2, December 2005.

GADAMER, Hans-Georg. **Hermenêutica em retrospectiva:** a posição da Filosofia na sociedade. Petrópolis: Vozes, 2007. v. IV.

GADAMER, Hans-Georg. **Hermenêutica em retrospectiva**: a virada hermenêutica. Petrópolis: Vozes, 2007. v. II.

GADAMER, Hans-Georg. **Hermenêutica em retrospectiva**: Hermenêutica e a Filosofia prática. Petrópolis: Vozes, 2007. v. III.

GADAMER, Hans-Georg. **Verdade e método I** – Traços fundamentais de uma hermenêutica filosófica. 9. ed. Tradução: Flávio Paulo Meurer. Rio de Janeiro: Vozes, 2008.

GERHADT, Michael. **The power of precendent**. New York: Oxford University Press, 2008.

GOODHART, Arthur L. Determing the *ratio decidendi* of a case. **Yale Law Review**. Vol. XL, December 1930, nº 2.

GRECO, Rodrigo Azevedo. **Direito e entropia**. Fortaleza: Editora , 2015.

GUERRA, Marcelo Lima. **O modelo Toulmin e a fundamentação das decisões judiciais.** Manuscrito inédito fornecido pelo autor (2012).

GUIBOURG, Ricardo A. **Derecho, sistema y realidad**. Bueno Aires: Editoral Astrea, 1986.

HABERMAS, Jürgen. **Dialética e hermenêutica**: para a crítica da hermenêutica de Gadamer. Porto Alegre: L&PM, 1987.

HABERMAS, Jürgen. **Pensamento pós-metafísico**: Estudos filosóficos. Rio de Janeiro: Tempo Brasileiro, 2002.

HANSFORD, Thomas G; SPRIGGS II, James F. **The politics of precedent on the U.S. Supreme Court**. Princeton: Princeton University Press, 2006.

HART, Herbert L.A. **O conceito de Direito**. 3. ed. Tradução: A. Ribeiro Mendes. Lisboa: Fundação Calouste Gulbenkian, 2001.

HASEN, Richard L. A Critical Guide to Bush V. Gore Scholarship (2004). Loyola-LA Public Law Research Paper No. 2004-02. Available at SSRN: https://ssrn.com/abstract=491326. Acesso em: 23 nov. 2019.

HEIDEGGER, Martin. **História da Filosofia**: de Tomás de Aquino a Kant. Petrópolis: Vozes, 2009.

HEIDEGGER, Martin. **Introdução à Filosofia**. Tradução: Marco Antônio Casanova. São Paulo: Martins Fontes, 2008.

HIRSCHL, Ran. **Towards Juristocracy**: the origins and consequences of the ne constitucionalism. Cambridge: Harvard University Press, 2004.

KELSEN, Hans. **Teoria Geral do Direito e do Estado**. Tradução: Luiz Carlos Borges. São Paulo: Martins Fontes, 2005.

KELSEN, Hans. **Teoria Pura do Direito**. Tradução: João Baptista Machado. São Paulo: Martins Fontes, 1999.

KOLM, Serge-Christophe. **Teorias Modernas da Justiça**. Tradução: Jefferson Luiz Camargo e Luís Carlos Borges. São Paulo: Martins Fontes, 2000.

LAMEGO, José. **Hermenêutica e jurisprudência**. Lisboa: Editorial Fragmentos, 1990.

LARENZ, Karl. **Metodologia da Ciência do Direito**. Lisboa: Fundação Calouste Gulbenkian, 1997.

LIEBAMAN, Enrico Tullio. **Manuale di Diritto Processuale Civile**. Milano: Giuffrè Editore, 1984.

LIMA JUNIOR, Cláudio Ricardo Silva. **Precedentes Judiciais no Processo Civil brasileiro** – Aproximação entre *civil law* e *common law* e aplicabilidade do *stare decisis*. Rio de Janeiro: Lumen Juris, 2015.

LIMA, Augusto Carlos Rocha de. História do controle de constitucionalidade de atos normativos: precedentes e definição da sua concepção moderna. **Revista de Direito Constitucional e internacional**. São Paulo: Revista dos Tribunais, 01/2009 a 03/2009. p. 89-120. v. 17 fas.66.

LIMA, Manoel Pedro Ribas de. **Precedentes *Versus* Ponderação**. Curitiba: Juruá, 2018.

LIMA, Martonio Mont'Alverne Barreto. A democratização das indicações para o Supremo Tribunal Federal do Brasil. **Revista latino-americana de estudos constitucionais**. Fortaleza: Fundação Demócrito Rocha, 01/2003 a 06/2003. p. 595-606. Português. fas.1.

LIMA, Martonio Mont'Alverne Barreto; ALMEIDA, Plínio Régis Baima de. Constituição e idealismo: o dilema da efetivação constitucional sem a política. **Revista controle**: Tribunal de Contas do estado do Ceará. Fortaleza. 01/2011 a 06/2011. p. 11-35. Português. v.9 fas.1.

LIMA, Martonio Mont'Alverne Barreto; MARIANO, Cynara Monteiro (orgs.). **O Supremo Tribunal Federal e os casos difíceis**. Florianópolis: Conceito, 2012.

LIMA, Tiago Asfor Rocha. Primeiras impressões sobre os precedentes judiciais. **Revista de informação legislativa**, v. 48, n. 190, t. 2, p. 279-291, abr./jun. 2011.

LINDQUIST, Stefannie; CROSS, Frank B. Empirically testing Dworkin's chian novel: Studying the path of precedent, **New York University Law Review**, 1156, 2005.

LLOYD, Dennis. **A ideia de lei**. Tradução: Álvaro Cabral. São Paulo: Martins Fontes, 2000.

LOPES FILHO, Juraci Mourão. **Competências federativas na Constituição e nos precedentes do STF**. 3. ed. São Paulo: Foco, 2024.

LOPES FILHO, Juraci Mourão. Linguagem e método: abordagem hermenêutica do Direito como alternativa ao purismo metodológico. **Revista opinião jurídica**. Fortaleza: Faculdade Christus, 2009. p. 199-223. v. 7 fas.11.

LOPES FILHO, Juraci Mourão. Sistematização de precedentes e ordenamento jurídico: proposta de um paradigma teórico. **Revista de Direito Brasileira**. São Paulo. v. 18. n. 7. p. 149-172. set./dez. 2017.

LOPES FILHO, Juraci Mourão; BEDÊ, Fayga Silveira. A força vinculante dos precedentes administrativos e o seu contributo hermenêutico para o Direito. **A&C – Revista de Direito Administrativo & Constitucional**, Belo Horizonte, ano 16, n. 66, p. 239-265, out.-dez. 2016. Disponível em: https://doi:10.21056/aec.v16i66.367. Acesso em: 03 mar. 2020.

LOPES FILHO, Juraci Mourão; CIDRÃO, Taís Vasconcelos. A (in)constitucionalidade da vaquejada: desacordos, integridade e backlash. **Revista de Direito Econômico e Socioambiental**, Curitiba, v. 9, n. 3, p. 119-160, set.-dez. 2018. Disponível em: https://doi:10.7213/rev.dir.econ.soc.v9i3.21997. Acesso em 12 mai. 2023.

LOPES FILHO, Juraci Mourão; LOBO, Júlio César Matias; CIDRÃO, Taís Vasconcelos. O positivismo jurídico foi superado no neoconstitucionalismo? **Revista de Estudos Constitucionais, Hermenêutica e Teoria do Direito (RECHTD)** 10(3):348-361, set.-dez. 2018, Unisinos. Disponível em: https://doi.org/10.4013/rechtd.2018.103.11. Acesso em: 18 mai. 2023.

LORENZETTI, Ricardo Luís. **Teoria da decisão judicial**: fundamentos de Direito. 2. ed. Tradução: Bruno Miragem. São Paulo: Revista dos Tribunais, 2010.

LUZ, José Luis Brandão da. **Introdução à epistemologia**: Conhecimento, verdade e história. Lisboa: Imprensa Nacional – Casa da Moeda, 2002.

MACCORMICK, D. Neil; SUMMERS, Robert S.; GOODHAT, Arthur L. **Interpreting precedents.** Great Britain: Aushgate Publishing Limited, 1997.

MACCORMICK, Neil. **Argumentação jurídica e Teoria do Direito.** Tradução: Waldéa Barcellos. São Paulo: Martins Fontes, 2006.

MACÊDO, Lucas Buril de. A disciplina dos precedentes judiciais no direito brasileiro: do anteprojeto ao código de processo civil. *In*: DIDIER JR., Fredie; CUNHA, Leonardo Carneira da; ATAÍDE JÚNIOR, Jaldemiro Rodrigues; MACÊDO, Lucas Buril de. **Precedentes.** Salvador: JusPodivm, 2015.

MACÊDO, Lucas Buril de. **Precedentes judiciais e o direito processual civil.** 3. ed. Salvador: JusPodivm, 2019.

MACHADO SEGUNDO, Hugo de Brito. **Direito Tributário nas súmulas do STF e do STJ.** São Paulo: Atlas, 2010a.

MACHADO SEGUNDO, Hugo de Brito. **Fundamentos do Direito.** São Paulo: Atlas, 2010b.

MACHADO SEGUNDO, Hugo de Brito. **Por que dogmática jurídica?** Rio de Janeiro: Forense, 2008.

MANCUSO, Rodolfo Camargo. **Sistema Brasileiro de Precedentes.** Natureza, Eficácia, Operacionalidade. 2. ed. São Paulo: Revista dos Tribunais. 2016.

MARINONI, Luiz Guilherme (coord.). **A força dos precedentes**: Estudos dos cursos de mestrado e doutorado em direito processual civil da UFPR. Salvador: JusPodivm, 2010.

MARINONI, Luiz Guilherme. **Julgamento nas Cortes Supremas.** Precedente e Decisão do Recurso Diante do Novo CPC. São Paulo: Revista dos Tribunais, 2017.

MARINONI, Luiz Guilherme. Os precedentes na dimensão da segurança jurídica. **Revista jurídica.** São Paulo: Nota Dez, 12/2010. p. 25-42. v. 58 fas.398.

MARINONI, Luiz Guilherme. **A ética dos precedentes judiciais** – justificativa do novo CPC. São Paulo: Revista dos Tribunais, 2014.

MARINONI, Luiz Guilherme. Eficácia vinculante: a ênfase à *ratio decidendi* e a força obrigatória dos precedentes. **Revista do Processo – REPRO.** São Paulo: Revista dos Tribunais, 06/2010. p. 9-41. v. 35 fas.184.

MARINONI, Luiz Guilherme. **Precedentes obrigatórios.** São Paulo: Revista dos Tribunais, 2010.

MARMELSTEIN, George. **Curso de Direitos Fundamentais**. São Paulo: Atlas, 2008.

MARMOR, Andrei. **Direito e interpretação.** São Paulo: Martins Fontes, 2000.

MELLO, Patrícia Perrone Campos. Precedentes e vinculação. Instrumentos do *stare decisis* e prática constitucional brasileira. **Revista de Direito Administrativo**. Rio de Janeiro: Editora Fórum, 07/2005 a 09/2005. p. 177-208. fas.241.

MELLO, Patrícia Perrone Campos. **Precedentes**: o desenvolvimento judicial do direito no constitucionalismo contemporâneo. Rio de Janeiro: Renovar, 2008.

MENDES, Gilmar Ferreira. **Moreira Alves e o controle de constitucionalidade no Brasil**. São Paulo: Saraiva, 2004.

MESSITTE, Peter J. A Administração da justiça federal nos Estados Unidos da América. **Revista do Processo – REPRO**. São Paulo: Revista dos Tribunais, 09/2004 a 10/2004. p. 210-219. v. 29 fas.117.

REFERÊNCIAS **397**

MIRANDA, Tássia Baia. *Stare decisis* e a aplicação do precedente no sistema norte-americano. **Revista da AJURIS**. Porto Alegre: Ajuris, 06/2007. 346p. p. 259-292. v. 34 fas.106.

MITIDIERO, Daniel. **Cortes Superiores e Cortes Supremas.** Do controle à interpretação, da jurisprudência ao precedente. 3. ed. São Paulo: Revista dos Tribunais, 2017.

MITIDIERO, Daniel. **Precedentes** – Da persuasão à vinculação. São Paulo: Revista dos Tribunais. 2016.

MONNERAT, Fábio Vitor da Fonte. **Súmulas e precedentes qualificados:** Técnicas de formação e aplicação. São Paulo: Saraiva, 2019.

MONTEIRO, João Batista. O conceito de decisão. **Revista do Processo – REPRO**. São Paulo: Revista dos Tribunais, p. 61. fas. 23.

MORAES, Germana de Oliveira. **Controle jurisdicional da Administração Pública.** São Paulo: Dialética, 1999.

MOREIRA, José Carlos Barbosa. Súmula, jurisprudência, precedente: uma escalada e seus riscos. **Revista Dialética de Direito Processual – RDDP**. São Paulo: Dialética, 06/2005. p. 49-58. fas.27.

MOURA, Walter. Efeitos do agravo de instrumento (art. 524 do CPC) interposto contra liminares antecipatórias ou acautelatórias e a sentença posteriormente prolatada: estudo do REsp 742.512-DF do STJ. **Revista do Processo – REPRO**. São Paulo: Revista dos Tribunais, 09/2007. 375p., p. 241-274., v. 32 fas.151.

NERY JUNIOR, Nelson. **Princípios constitucionais do Processo Civil na Constituição Federal.** 5. ed. *São Paulo: Revista dos Tribunais, 1999.*

NETTO, Nelson Rodrigues. Os "Quora" nos tribunais superiores e a legitimidade de seus precedentes: a decisão sobre o recurso prematuro no Superior Tribunal de Justiça. **Revista Dialética de Direito Processual – RDDP**. São Paulo: Dialética, 09/2009. p. 70-80. fas.78.

NEVES, Antônio Castanheira. **Questão-de-facto – Questão de direito ou o problema metodológico da juridicidade**: ensaio de uma reposição crítica. Coimbra: Almedina, 1967.

NEVES, Lúcia Maria Bastos Pereira das. **Corcundas e constitucionais:** A cultura política da independência (1820-1822). Rio de Janeiro: Faperj, 2003.

NOGUEIRA, Gustavo Santana. **Precedentes no direito comparado e brasileiro.** 2. ed. Salvador: JusPodivm, 2013.

NOGUEIRA, Gustavo Santana. *Stare decisis et non quieta movere:* a vinculação aos precedentes no direito comparado e brasileiro. Rio de Janeiro: Lumen Juris, 2011.

NUNES, Dierle; VIANA, Aurelio. **Precedentes** – A mutação no ônus argumentativo. Rio de Janeiro: Forense, 2017.

OLIVEIRA, Manfredo de Araújo. **Reviravolta Linguístico-Pragmática na Filosofia Contemporânea.** 3. ed. São Paulo: Loyola, 2006.

OLLERO, Andrés. **Igualdad en la aplicación de la ley y precedente judicial.** Madrid: Centro de Estudios Políticos y Cosntitucionales, 2005.

OMMATI, José Emílio Medauar. A teoria jurídica de Ronald Dworkin: o direito como integridade. In: CATTONI, Marcelo (coord.). **Jurisdição e hermenêutica constitucional.** Belo Horizonte: Mandamentos, 2004.

PASSANANTE, Luca. **Il precedente impossibile** – Contributo allo studio del diritto giurisprudenziale nel processo civile. Torino: Gianppichelli Editore, 2018.

PEIXOTO, Ravi. **Superação do precedente e segurança jurídica.** Salvador: JusPodivm, 2015.

PEREIRA, Bernardo Augusto da Costa. **Os precedentes judiciais e a razoável duração do processo.** Rio de Janeiro: Lumen Juris, 2017.

PEREIRA, Paula Pessoa. **Legitimidade dos precedentes** – universabilidade das decisões do STJ. São Paulo: Revista dos Tribunais, 2014.

PETERS, J. Christopher J. **Precedent in the United Stade Supreme Court**. Baltimore: Springer. 2013.

POPPER, Karl. **A lógica da pesquisa científica**. São Paulo: Cultrix, 2007.

POPPER, Karl. **Conjecturas e refutações**: O progresso do conhecimento científico. 5. ed. Brasília: UNB, 2008.

PORTINARO, Pier Paolo. Para além do Estado do Direito: Tirania dos juízes ou anarquia dos advogados? In: COSTA, Pietro; ZOLO, Danilo (orgs.). **Estado de Direito**: História, teoria, crítica. Tradução: Carlos Alberto Dastonli. São Paulo: Martins Fontes, 2006.

POSNER, Richard A. **problemas da filosofia do Direito**. Tradução: Jefferson Luiz Camargo. São Paulo: Martins Fontes, 2007.

PUGLIESE, Wlliam. **Precedentes e a *Civil Law* Brasileira**. São Paulo: Revista dos Tribunais, 2016.

RAMIRES, Maurício. **Crítica à aplicação de precedentes do Direito brasileiro**. Porto Alegre: Livraria do Advogado Editora, 2010.

ROCHA, José de Albuquerque. **Estudos sobre o Poder Judiciário**. São Paulo: Malheiros, 1995.

ROCHA, José de Albuquerque. **Súmula vinculante e democracia**. São Paulo: Atlas, 2009.

RÖD, Wolfgang. **O caminho da Filosofia**. Tradução: Maurício Mendoza Cardozo, Caio Heleno da Costa e Roniere Ribeiro do Amaral. Brasília: Editora da Universidade de Brasília, 2008. v. 2.

SÁ, Alexandre Santos Bezerra. **Aplicação dos precedentes judiciais no Brasil**: uma análise a partir do novo paradigma epistemológico das ciências. Dissertação de mestrado. UNIFOR. 2019.

SABINO, Marco Antonio da Costa. O precedente jurisdicional vinculante e sua força no Brasil. **Revista Dialética de Direito Processual – RDDP**. São Paulo: Dialética, 04/2010. p. 51-72. fas.85.

SANTOS, Marcelo Paiva dos. **A história não contada do Supremo Tribunal Federal**. Porto Alegre: Sérgio Antônio Fabris Editor, 2009.

SCHAUER, Frederick. **Playing by the rules** – A philosophical examination of rule-based decision making in law and in life. New York: Oxford University Press. 2002.

SCHAUER, Frederick. Why Precedent in Law (and Elsewhere) is Not Totally (or Even Substantially) About Analogy, 2007. Disponível em: **http://ssrn.com/abstract=1007001**. Acesso em: 25 jun. 2012.

SCHEB, John M.; SCHEB II, John, M. **An introduction to the American legal system**. 2. ed. Austin: Wolters KLuwer, 2010.

SCHIMIDT, Andrei Zenkner. Violência simbólica e precedentes jurisprudenciais. **Revista jurídica**. São Paulo: Nota Dez, 05/2005. p. 89-92. v. 53 fas.331.

SCHWABE, Jügen. **Cinquenta anos de jurisprudência do Tribunal Constitucional Alemão**. In: MARTINS, Leonardo (org.). Tradução: Beatriz Hennig e outros. Montevideu: Fundação Konrad – Adenauer – Stiftung, 2005.

SELLERS, Mortimer N.S. The doctrine of precedent in the United States of America. Disponível em: **http://ssrn.com/abstract=1262933**. Acesso em: 6 jun. 2012.

SHAPIRO, David L. The Role of Precedent in Constitutional Adjudication: An Introspection. **Texas Law Review**, Volume 86, Number 5, April 2008.

SHAPIRO, Scott J. **The Hart-Dworkin Debate**: A Short Guide for the Perplexed, Mar. 2007. Disponível em: https://ssrn.com/abstract=968657. Acesso em: 19 maio 2018.

SILTALA, Raimo. **A Theory of the precedent** – from analytical positivism to a post-analytical Philosophy of law. Oxford: Portland, 2000.

SILVA, Christine Oliveira Peter da. Repercussão Geral em evolução: narrativa histórica, teórica e metodológica. **Revista Síntese Direito Civil e Processual Civil**. v. 19. nº 110 nov./dez. 2017. p. 9-31.

SILVA, Luis Renato Ferreira da. A regra do precedente no Direito inglês. **Revista de Direito Civil**: imobiliário, agrário e empresarial. São Paulo: Revista dos Tribunais, 01/1996 a 03/1996. p. 48-56. v. 20 fas.75.

SILVA, Virgílio Afonso da. Princípios e regras: mitos e equívocos acerca de uma distinção. **Revista latino--americana de estudos constitucionais**. Fortaleza: Fundação Demócrito Rocha, 01/2003 a 06/2003. p. 607-630. fas.1.

SOARES, Guido Fernando Silva. *Common Law* – Introdução ao Direitos dos EUA. 2. ed. São Paulo: Revista dos Tribunais, 2000.

SOUZA, Marcelo Alves. **Do precedente judicial à súmula vinculante**. Curitiba: Juruá Editora, 2008.

STARGER, Colin. The dialectic of Stare Decisis Doctrine. In: PETERS, J. Christopher J. **Precedent in the United Stade Supreme Court**. Baltimore: Springer, 2013.

STRANG, Lee J. Na originalist theory of precedent: originalism, nonoriginalist precedent, and the common good. **New Mexico Law Review**, 2006.

STRECK, Lenio Luiz. **Hermenêutica jurídica e(m) crise:** Uma exploração hermenêutica da construção do Direito. 8. ed. Porto Alegre: Livraria do Advogado, 2009a.

STRECK, Lenio Luiz. **O que é isto – decido conforme minha consciência?** Porto Alegre: Livraria do Advogado, 2010.

STRECK, Lenio Luiz. **Precedentes judiciais e hermenêutica:** o sentido da vinculação no CPC/2015. 2. ed. Salvador: JusPodivm, 2019.

STRECK, Lenio Luiz. Súmulas vinculantes em terrae brasilis: necessitamos de uma "teoria para a elaboração de precedentes"?. **Revista brasileira de ciências criminais**. São Paulo: Revista dos Tribunais, 05/2009 a 06/2009, 2009b. p. 284-319. v.17 fas.78.

STRECK, Lenio Luiz. Interpretando a Constituição: Sísifo e a tarefa do hermeneuta. Apresentação da obra de TRIBE, Laurence; DORF, Michael. **Hermenêutica constitucional**. Tradução: Amaríslis de Sousa Birchal. Belo Horizonte: Delrey, 2007.

STRECK, Lenio Luiz. Novo CPC decreta a morte da lei. Viva o *common law*. **Conjur**, 2013b. Disponível em: http://www.conjur.com.br/2013-set-12/senso-incomum-cpc-decreta-morte-lei-viva-common-law. Acesso em: 9 jan. 2016.

STRECK, Lenio Luiz. **Por que agora dá para apostar no projeto do novo CPC! Conjur**, 2013a. Disponível em: http://www.conjur.com.br/2013-out-21/lenio-streck-agora-apostar-projeto-cpc. Acesso em: 9 jan. 2016

STRECK, Lenio Luiz. **Verdade e consenso**: Constituição hermenêutica e teorias discursivas. São Paulo: Saraiva, 2011.

STRECK, Lenio Luiz; ABBOUD, Georges. **O que é isto – precedente judicial e as súmulas vinculantes?** Porto Alegre: Livraria do Advogado, 2013.

SUMMERS, Robert S. Precedent in the United States (New York State). In: MACCORMICK, D. Neil; SUMMERS, Robert S.; GOODHAT, Arthur L. **Interpreting precedents.** Great Britain: Aushgate Publishing Limited, 1997.

TARANTO, Caio Márcio Gutterres. **Precedente judicial:** Autoridade e aplicação na jurisdição constitucional. Rio de Janeiro: Forense, 2010.

TARUFFO, Michele. **La semplice verità**: il giudice e la costruzione dei fatti. Roma: Editori Laterza, 2009.

TARUFFO, Michele. Observações sobre os modelos processuais de *civil law* e de *common law*. **Revista de Processo**. São Paulo: Revista dos Tribunais, abr./jun. 2003, ano 28, p. 141-158, n. 110.

TARUFFO, Michele. Precedent in Italy. *In:* MACCORMICK, D. Neil; SUMMERS, Robert S.; GOODHAT, Arthur L. **Interpreting precedents.** Great Britain: Aushgate Publishing Limited, 1997.

TARUFFO, Michele. **Precedente e giurisprudenza**. Napoli: Editoriale Scientifica, 2007.

TATE, C. Neal; VALLINDER, Torbjörn (eds.). **The global expansion of judicial power**. New York: New York University Press, 1995.

TAVARES, André Ramos; OSMO, Carla. Interpretação jurídica em Hart e Kelsen: uma postura (anti)realista? *In:* DIMOLIUS, Dimitri; DUARTE, Écio (coords.). **Teoria do Direito Neoconstitucional:** Superação ou reconstrução do positivismo jurídico? São Paulo: Método, 2008.

THEODORO JÚNIOR, Humberto; NUNES, Dierle; BAHIA, Alexandre. Breves considerações sobre a politização do judiciário e sobre o panorama de aplicação no direito brasileiro – análise da convergência entre o *civil law* e o *common law* e dos problemas da padronização decisória. **Revista do Processo – REPRO.** São Paulo: Revista dos Tribunais, 11/2010. p. 9-52. v. 35 fas.189.

TIERSMA. Peter M. The textualization of precedent. Disponível em: **http://ssrn.com/abstract=680901.** Acesso em: 13 jul. 2012.

TOULMIN, Stephen. **Os usos do argumento.** Tradução: Reinaldo Guarany. São Paulo: Martins Fontes, 2001.

TRIBE, Laurence H. **The invisible constitution.** New York: Oxford University Press, 2008.

TRIBE, Laurence; DORF, Michael. **Hermenêutica constitucional.** Tradução: Amaríslis de Sousa Birchal. Belo Horizonte: Del Rey, 2007.

TROPER, Michel; GRZEGORCZYK, Christophe. Precedent in France. In: MACCORMICK, D. Neil; SUMMERS, Robert S.; GOODHAT, Arthur L. **Interpreting precedents.** Great Britain: Aushgate Publishing Limited, 1997.

TUCCI, José Rogério Cruz e. **Precedente judicial como fonte do Direito.** São Paulo: Revista dos Tribunais, 2004.

TWINING, William; MIERS, David. **How to do things with rules.** Fifth edition. New York: Cambridge University Press, 2010.

VASCONCELOS, Arnaldo. **Teoria da norma jurídica.** 3. ed. São Paulo: Malheiros, 2003.

VIANA, Emilio de Medeiros. **Padronização decisória e jurisdição ordinária:** análise da atuação dos tribunais estaduais e regionais federais a partir das disposições do CPC/2015 e da Resolução nº 235/2016 do CNJ. Tese de doutorado. UNIFOR. 2019.

WALDRON, Jemery. **A dignidade da legislação.** Tradução: Luís Carlos Borges. São Paulo: Martins Fontes, 2003.

WALDRON, Jeremy. As intenções dos legisladores e a legislação não intencional. In: MARMOR, Andrei. **Direito e interpretação.** São Paulo: Martins Fontes, 2000.

WALUCHOW, Wil. **Inclusive Legal Positivism.** Cambridge: Cambridge University Press, 1994.

WALUCHOW, Wil. **The living tree** – a Common Law theory of judicial review. Cambridge: Cambridge University Press, 2007.

WAMBIER, Teresa Arruda Alvim. **Direito jurisprudencial.** São Paulo: Revista dos Tribunais, 2012.

WAMBIER, Teresa Arruda Alvim. Interpretação da lei e de precedentes: *civil law e common law.* **Revista dos Tribunais,** nº 893, mar. 2010 – 99º ano.

WARAT, Luis Alberto. **Mitos e teorias na interpretação da lei.** Porto Alegre: Síntese, 1977.

WELLS, J.C. **A treatise on the doctrines of** *res adjudicata* **and** *stare decisis.* Des Moines: Mills & Company, Law Publishers, 1878.

WOLKART, Erik Navarro. **Precedente judicial no processo civil brasileiro** – Mecanismos de objetivação do processo. Salvador: JusPodivm, 2013.

ZAGREBELSKY, Gustavo. **Il Diritto mite.** Torino: Giulio Einaudi Editore, 1992.

ZAGREBELSKY, Gustavo. **La legge e la sua giustizia.** Torino: Il Mulino Saggi, 2008.

ZILVETI, Fernando Aurélio. O ISS, a Lei Complementar nº 116/2003 e a interpretação econômica. **Revista Dialética de Direito Tributário,** nº 104, São Paulo.